Vergangene Welten Faszinierende Funde

Vergangene Welten Faszinierende Funde

Abenteuer und Geheimnisse
der Archäologie

Verlag Das Beste Stuttgart · Zürich · Wien

Dieses Buch entstand in Zusammenarbeit
zwischen dem Verlag Das Beste GmbH, Stuttgart,
und dem Georg Westermann Verlag GmbH,
Braunschweig

Herausgeber: Rudolf Pörtner
Wissenschaftliche Beratung: Dr. Hans G. Frenz
Texte: Ulrich Schirm, Paul Otto Schulz
Illustrationen: Achim Kiel, PENCIL
Layout und Gestaltung:
ALI, Werkstatt für Gestaltung, Adalbert Homey
Karten: Joachim Zwick
Redaktion: Hiltrud Anlauf M.A., Ernst-Otto Röhrs
Technische Herstellung:
westermann druck GmbH, Braunschweig

Printed in Germany

ISBN 3 87070 266 4

Inhalt

Archäologie: Abenteuer und Wissenschaft

Das vorliegende Buch berichtet von den Sternstunden der Archäologie. Es schildert die Jahrhundertfunde, die nach einem von Ausgräbern gern zitierten Satz zwar alle zehn Jahre gemacht werden, die sich aber dadurch auszeichnen, daß sie über den begrenzten Kreis der Experten hinaus öffentliches Interesse wecken. Dieses Buch erzählt wahre Geschichten, die allesamt eins gemeinsam haben: daß sie dem Abenteuer ebenso verpflichtet sind wie der Wissenschaft.

Neugier und Entdeckerfreude ließen die Menschen schon zu Olims Zeiten nach verborgenen Schätzen in der Erde suchen. Bereits im Altertum hat man auch im archäologischen Sinn „gegraben", etwa nach den sterblichen Resten sagenhafter Städtegründer. Im Mittelalter hat man die Erde der Kirchhöfe durchwühlt, um die Gebeine von Heiligen und Märtyrern zu finden, deren wunderwirkende Kraft im Glauben fest verankert war. Auch die Knochen von „Riesen" oder „Drachen" standen hoch im Kurs, zumindest bei den Wunderheilern oder in jenen wahllos zusammengetragenen Kuriositätenkabinetten, die spätestens zu Beginn der Neuzeit die meist sehr kostspielige Passion kleiner und großer Potentaten wurden.

Der Kuriositätenmarkt rief bald auch einen lebhaft agierenden Geschäftssinn auf den Plan. Die Neugier verschwisterte sich mit dem materiellen Interesse. Die Zeit der Schatzgräberei begann. Und als sich erst herumgesprochen hatte, daß mit alten Münzen, antiken Marmorreliefs oder römischen Bronzegöttinnen, ja sogar mit profanen tönernen Töpfen, sofern sie nur aus der Erde kamen und alt aussahen, beträchtliche Umsätze zu tätigen seien, nahm die Schatzgräberei den Charakter eines Gewerbes an.

Aber auch das wissenschaftliche Interesse an den materiellen Hinterlassenschaften der Altvorderen ist schon früh erwacht. In Italien hat der Volkstribun Cola di Rienzo, der von der Wiederherstellung des antiken Rom träumte, schon im 14. Jh. Erbstücke des Imperiums nicht nur als Kuriosa, sondern auch als Objekte und Symbole einer glorreichen Vergangenheit gesammelt. In Deutschland haben Humanisten und andere „gelehrte Leute" archäologische Schrittmacherdienste geleistet. Als Wiegen der wissenschaftlich betriebenen Altertumskunde gelten jedoch die beiden verschütteten römischen Städte Herculaneum und Pompeji, die Mitte des 18. Jh. wiederentdeckt und dann von Spitzhacke und Spaten erschlossen wurden.

Bei der Auswertung der Funde waren zunächst fast ausschließlich die Kunsthistoriker federführend. Der ästhetische Wert der aus der erstarrten Lava geborgenen Gegenstände galt mehr als die Aussagekraft der Umgebung, in der sie entdeckt wurden. Die Fixierung auf den Kunstwert ist noch mindestens hundert Jahre lang das Kennzeichen der wissenschaftlichen Archäologie gewesen, vor allem in den Randländern des Mittelmeeres, den ertragreichen Äkkern und Nutzgärten der „klassischen Archäologie". Die eingebrachte Ernte rief dann aber auch das Interesse anderer Disziplinen hervor und schränkte damit den Ausschließlichkeitsanspruch der Kunstapostel nach und nach ein. Schrifttafeln und Papyrusdokumente zogen die Sprachwissenschaftler an, Bauten wie die Pyramiden und unterirdischen Grabpaläste der Pharaonen die Architekten und Ingenieure, Waffen die Militärs, Götterstatuen und Tempel die Religionswissenschaftler, Wand- oder Vasenmalereien die auf die Entschlüsselung des Alltags bedachten Kulturhistoriker.

Die Methodik des Grabens wurde jedoch vor allem durch die Vor- und Frühgeschichtler weiterentwickelt, die durch den ständigen Umgang mit ihren normalerweise fundarmen Böden gezwungen wurden, ein ganzes Arsenal von Kniffen und Raffinessen zu erdenken, um diese Böden dennoch zum Sprechen zu bringen.

Methode Nummer eins ist die Stratigraphie, die Kunst also, ein Bodendenkmal – ein Grab oder einen Grabhügel, die Reste einer eingetieften Holzhütte, einen Wall oder einen Graben – Schicht um Schicht, waagrecht und senkrecht freizulegen und die dadurch sichtbar werdenden Schichtprofile mit Argusaugen zu inspizieren. Englands „Spatenpapst" Mortimer Wheeler hat die stratigraphische Technik eine „dreidimensionale Berichterstattung" genannt und damit „das A und O der modernen Archäologie" auf eine denkbar kurze Formel gebracht.

Einen anderen wichtigen Fortschritt markierte die Entdeckung des „Pfostenloches" oder, um mit Carl Schuchhardt, dem bedeutenden deutschen Archäologen, zu sprechen: die Entdekkung, daß „nichts so dauerhaft wie ein Loch" ist. Einmal bewegte und gestörte Erde verfärbt sich nämlich, und diese Verfärbung zeichnet sich noch nach Jahrhunderten deutlich ab und zeigt dem Experten zumindest die Grundtatsachen der einstigen Bebauung an.

Darüber hinaus gibt es heute eine Reihe labortechnischer Verfahren, die Erde selbst zu analysieren und auf diese Weise gleichsam Steckbriefe des Bodens zu erstellen, die bei der Fahndung nach historischen Daten nützlich sind.

Die dritte Großtat der Vor- und Frühgeschichtler sowie der vornehmlich von ihnen erarbeiteten Feldarchäologie ist ihr keramisches Lehrgebäude. Sie haben durch ein detailliertes Tonscherbenstudium eine sowohl relative als auch absolute Chronologie aufgestellt, die noch immer die Grundlage aller Datierungsbemühungen ist. Es wirkt auf den Laien, der als Gast einer Grabung zuschaut, manchmal geradezu wie Spuk oder Scharlatanerie, wenn ein Archäologe vor Ort eine schäbige Scherbe in Sekunden-

schnelle als Rest eines bronzezeitlichen Bechers oder einer keltischen Schale zu identifizieren vermag, aber er bewegt sich dabei durchaus auf sicherem Boden. Man hat die Kenntnis der Keramik eben nicht von ungefähr „das Alphabet der Archäologen" genannt.

Dieses Alphabet ist im Lauf dieses Jahrhunderts durch weitere chronologische Verfahren ergänzt worden, die mit der „Scherbologie" hart konkurrieren, wenn es darum geht, Alter und Herkunft eines Gegenstandes zu bestimmen. Die drei wichtigsten Verfahren naturwissenschaftlicher Herkunft sind:

– der Fluortest, der auf der Erkenntnis beruht, daß sich Knochen und Zähne im Boden mit Fluor anreichern; vom meßbaren Fluorgehalt kann man also auf das Alter schließen;

– die Radiokarbonmethode, die den in menschlichen, tierischen und pflanzlichen Resten gespeicherten radioaktiven Kohlenstoff ermittelt und derzeit das gebräuchlichste Mittel darstellt, wenigstens die letzten 30 000–40 000 Jahre Menschheitsgeschichte zu datieren (wobei die Fehlerquote allenfalls 200 Jahre beträgt);

– die Dendrochronologie, die auf der Verschiedenartigkeit der Jahresringe der Bäume (in einem bestimmten Gebiet) basiert und hundertprozentig genaue Datierungen bis in die Steinzeit erlaubt.

Überhaupt ist ein komplettes Grabungsteam ohne eine ganze Phalanx ausgefuchster Spezialisten nicht mehr denkbar. Die Leitung einer Grabung setzt daher außer Bienenfleiß, Spürsinn und kriminalistischer Begabung auch ein hohes Maß organisatorischer Fähigkeiten voraus. Der verantwortliche Archäologe muß ein bißchen auch Anthropologe, Biologe und Zoologe, Geologe und Botaniker, Physiker und Chemiker sein. Man erwartet von ihm, daß er über die Grundkenntnisse der Kunstgeschichte, der Numismatik, der Epigraphik und der Paläographie verfügt. Es kann auch nicht schaden, wenn er ein wenig Mediziner, Architekt, Statiker und Ingenieur ist. Zumindest aber sollte er wissen, welche Spezialkenntnisse bei der Lösung der Probleme aufgeboten werden können.

Die Bereicherung der archäologischen Methodik führt allerdings auch zu Ergebnissen, von denen man früher nicht einmal zu träumen wagte – das vorliegende Buch bezeugt es. Es klingt verwegen, liegt aber doch dicht bei der Wahrheit, wenn von modernen Bodenforschern behauptet wird, daß sie in der Erde wie in einem offenen Buch zu lesen vermögen, daß sie Geschichte aus Kurven, graphischen Darstellungen und verschlüsselten Experimentalergebnissen rekonstruieren und tote Gegenstände regelrecht beatmen und zu neuem Leben erwecken können. Sie sind in der Lage, die Zahl der Einwohner eines jungsteinzeitlichen Dorfs zu errechnen, die hierarchischen Ordnungen sumerischer Priesterherrschaften zu beschreiben, die Krankheiten der Pharaonen zu diagnostizieren, die Haartracht einer trierischen Dame des frühen 4. Jh. zu beschreiben oder den Essensfahrplan eines Lübecker Bürgers im hohen Mittelalter zu erkunden.

Mit der archäologischen Methodik hat sich auch die Aufgabenstellung der archäologischen Arbeit gewandelt. Der heutigen Bodenforschung geht es vorwiegend um Fragen der historischen Infrastruktur, um wirtschaftliche, soziale und religiöse Tatbestände, um Herrschaftsformen und Gemeinschaftsleistungen, um Krankheiten und ihre Therapien, um baumeisterliche und technische Probleme, kurzum: um zivilisatorische Entwicklungen. Die Archäologie ist eine Wissenschaft vom Menschen geworden, vom Leben und Sterben des unbekannten kleinen Mannes – ganz im Sinne der Wheelerschen Forderung, nicht nur die Tonne, sondern auch Diogenes auszugraben.

Die 24 Kapitel des vorliegenden Buches bekunden gerade diese Komplexität der archäologischen Arbeit. Sie vermitteln einerseits einen nachhaltigen Eindruck von der außerordentlichen Sachlichkeit und Nüchternheit ihrer Methoden, lassen die Kompliziertheit der Verfahren ahnen und zeigen, daß die Bodenforschung zu fast universalen Erkenntnissen fähig geworden ist. Sie bestätigen aber auch, daß sie noch immer ein Abenteuer ist, sogar in einem sehr vordergründigen Sinn. Der Archäologe „vor Ort" lebt noch immer unter Ausnahmebedingungen, in wasserlosen Wüsten ebenso wie in wegelosen Urwäldern oder Hochgebirgen, im Untergrund der Städte oder in der Tiefe des Meeres. Entdeckerfreude und ein Schuß Vagantenlust sind auch im Zeitalter des Computers ein Teil seines Metiers geblieben. Es ist das Verdienst und, wenn man so will, das besondere Kennzeichen dieses Buches, daß es beide Elemente der archäologischen Arbeit, ihren abenteuerlichen und ihren wissenschaftlichen Gehalt, beschwört.

Rudolf Pörtner

Von Lucy zum Neandertaler

Vor Millionen von Jahren dämmerte in Afrika langsam der Morgen der Menschheit herauf.

Fundort 162

Seit Wochen bot sich das gleiche Bild: Das Lager der Expedition stand am Ufer des zu einem Rinnsal ausgetrockneten Flusses Awasch im Nordosten Äthiopiens, im sogenannten Afardreieck, in der Nähe von Hadar, etwa 350 Kilometer nordöstlich von Addis Abeba. Jeden Tag suchten hier die Männer mit aufmerksamen Blicken nach fossilen Knochenresten von Tieren und Hominiden. Als Hominiden bezeichnet man die Mitglieder der Familie der Menschenartigen; sie umfassen den Menschen sowie seine längst ausgestorbenen Vor- und Frühformen.

Das gesamte Gelände war kartographisch erfaßt. Sobald die Forscher auf Fossilien stießen, ein Schädelstück etwa, einen Arm- oder Beinknochen oder auch nur einen Knochensplitter, vermaßen, fotografierten und beschrieben sie den Fundort. Er erhielt eine Nummer und wurde in die Karte eingetragen.

Am Morgen des 30. November 1974 fuhren der Paläanthropologe Donald Johanson, der sich mit der Erforschung der Vor- und Frühformen des Menschen beschäftigte, und sein auf fossile Tiere und Pflanzen spezialisierter Kollege Tom Gray mit dem Landrover zum Fundort 162. Johanson hatte zuvor in seinem Tagebuch notiert: „30. November 1974. Vormittags mit Gray zum Fundort 162. Habe ein gutes Gefühl."

Am Mittag, als die Temperatur auf 42 °C gestiegen war, entdeckte er in einer Senke, die schon einige Mitglieder des Teams durchsucht hatten, ein Kochenstück, das er für die Reste eines hominiden Arms hielt. Gray dagegen meinte zunächst, es handele sich nur um das Fragment eines Affenskeletts, denn für einen hominiden Arm sei es zu klein. Doch dann stieß Johanson auf weitere Teile: auf ein Schädelfragment, auf Hüft- und Oberschenkelknochen, auf Rippen, Wirbel und das Bruchstück eines Beckens. Sie gehörten offenbar zu einem einzigen Individuum, denn kein Teil war doppelt vorhanden, und mehrere Fragmente paßten verblüffend gut zusammen. Becken und Beinknochen deuteten darauf hin, daß es sich um ein aufrecht gehen-

__Die Afarwüste__ liegt im Nordosten Äthiopiens und besteht aus dem Boden eines vor Jahrmillionen ausgetrockneten Sees. Ablagerungen aus Schlamm, Geröll und vulkanischer Asche und die Erosion durch Wind und Wasser haben ihr die heutige Form gegeben.

__Am Ufer des Flusses Awasch__ hatte die Expedition ihr Zeltlager aufgeschlagen. Nur 6,5 Kilometer davon entfernt lag Lucy.

des Wesen handelte. Insgesamt wiesen die Fragmente mehr Ähnlichkeit mit dem Körperbau eines Menschen als mit dem eines Affen auf.

Johanson und Gray ahnten die Sensation, die sich anbahnte. Sie eilten in das Lager zurück, riefen ihre Kollegen zusammen und überprüften noch einmal Lage und Form der Knochen sowie die Fundortschicht. Und obwohl die Hauptarbeit noch bevorstand, war am Abend sicher, daß Johansons „gutes Gefühl" nicht getrogen hatte: Man stand vor einem der ältesten und zugleich am besten erhaltenen hominiden Skelette. Man hatte einen der ältesten Vorfahren des Menschen entdeckt, der eine große Lücke im Stammbaum zu schließen versprach. Das durfte gefeiert werden. Als die Wogen der freudigen Erregung überschwappten, dröhnte immer wieder ein Song der Beatles vom Tonband in die dunkle Wüstennacht. „Lucy in the sky with diamonds" sangen sie, und schon hatte das Skelett einen Namen: Lucy.

Daß es eine „Sie" war, die hier vor unvorstellbar langer Zeit gestorben ist, ergab sich aus weiteren Fundstücken: Drei Wochen lang durchsiebten die Forscher das ganze Gelände und hatten am Ende etwa 40 Prozent des Skeletts gefunden, darunter auch das breite, für Schwangerschaft und Geburt eingerichtete Becken. Die Form des Beckens und der vom Körperbau des Affen abweichende, im Kniegelenk ansetzende Winkel zwischen Oberschenkel und Schienbein belegten zweifelsfrei den aufrechten Gang von Lucy, die mit 107 Zentimeter Körpergröße auffallend klein war. Dabei war sie voll ausgewachsen, wie die entwickelten Weisheitszähne bewiesen, und nach Johansons Schätzung etwa 25 bis 30 Jahre alt, als sie starb.

Dies alles ließ sich noch vor Ort feststellen, und auch das Alter des Skeletts konnte annähernd bestimmt werden: Lucy hatte mindestens drei Millionen Jahre unter der Erde gelegen, ehe sie durch Wasser oder Bodenverschiebungen freigelegt wurde.

Das im Osten Äthiopiens gelegene Afardreieck ist ein bevorzugtes Forschungsgebiet aller Wissenschaftler, die sich mit der Evolution, d. h. der allmählichen Entwicklung der Lebewesen und besonders mit der des Menschen, beschäftigen. Denn hier sind geologische Voraussetzungen gegeben, die für die Erhaltung und Datierung von Fossilien geradezu ideal sind. Dieses Gebiet liegt im Ostafrikanischen Grabensystem (Rift Valley), einem gewaltigen, über 6000 Kilometer langen, streckenweise über 1000 Meter tiefen und 40–50 Kilometer breiten Riß in der Erdkruste. Hervorgerufen wurde der Riß durch flüssige Magmaströme, die vermutlich seit mehr als 50 Millionen Jahren tief im Erdinnern gegen den afrikanischen Kontinent drücken und ihn allmählich in riesige Schollen teilen. Die Reibung der Schollen aneinander und der hinzutretende Vulkanismus machten den Graben, der vom Roten Meer über Äthiopien und Kenia bis Moçambique reicht, geologisch zu einer unruhigen Zone.

Die Ablagerungen, die man heute in den Schluchten und Senken des Afardreiecks erkennen kann, sind durch Erosion freigelegt worden. Der seltene, dann aber sintflutartige Regen hat in das fast vegetationslose Land tiefe Rinnen gespült, an deren Wänden die Sedimente wie Schichten eines Tortenstücks übereinanderliegen. Der Geologe liest darin wie in einem aufgeschlagenen Buch. Bei starken Regenfällen spülen die Wassermassen die Fossilien, die im Verlauf der Erdgeschichte durch die ständige Überlagerung mit Schlamm, Sand, Erde und vulkanischer Asche allmählich versteinerten, aus den Gesteinswänden heraus. Knochen, die Hunderttausende oder Millionen von Jahren alt sind, liegen dann offen zutage.

Dennoch ist es ein besonderer Glücksfall, wenn man auf einen Fund wie Lucy stößt. Johanson besaß offenbar dieses Glück, denn schon ein Jahr zuvor war er bei Hadar fündig geworden. Was er entdeckt hatte, war vergleichsweise dürftig, aber doch schon wie eine Ankündigung von Lucy. Johanson fand damals einen Knochen, bei dem es sich vermutlich um das obere Schienbeinende eines Affen handelte. Außerdem paßte dieser Knochen zu einem unteren Oberschenkelende, das nur wenige Meter weit entfernt lag. Johanson fragte sich, ob beides zum selben Affen gehöre, und legte die Teile versuchsweise aneinander; doch die gerade Linie, die von Ober- und Unterschenkel eines Affen gebildet wird, wollte sich nicht herstellen lassen. Es blieb ein leicht nach außen gerichteter Winkel zwischen dem Knie und dem nicht vorhandenen Becken, jener Winkel, der typisch ist für das Skelett des aufrecht auf zwei Beinen gehenden Hominiden.

Als sich bei der Datierung der Fundschicht herausstellte, daß die Fossilien etwa drei Millionen Jahre alt waren, kamen Johanson doch Zweifel: Aufrecht gehende Hominiden aus so früher Zeit gehörten bisher in den Bereich der Spekulation. Sollte es doch ein Affe sein? Um sicher zu gehen, verglich Johanson seinen Fund mit einem menschlichen Oberschenkelknochen. Der Vergleich beseitigte den letzten Zweifel: Die Knochen gehörten einem aufrecht gehenden, also menschenartigen Wesen, und insofern bestätigte Lucy ein Jahr später nur die Feststellung, daß schon vor einigen Jahrmillionen Zweibeiner die afrikanischen Baumsteppen bevölkert hatten.

Die Funde wurden in die USA gebracht, und dort verlor Lucy ihren Spitznamen. Das Skelett erhielt die Nummer AL 288/1 und den wissenschaftlichen Namen *Australopithecus afarensis* nach seiner äthiopischen Heimat. Sein Alter

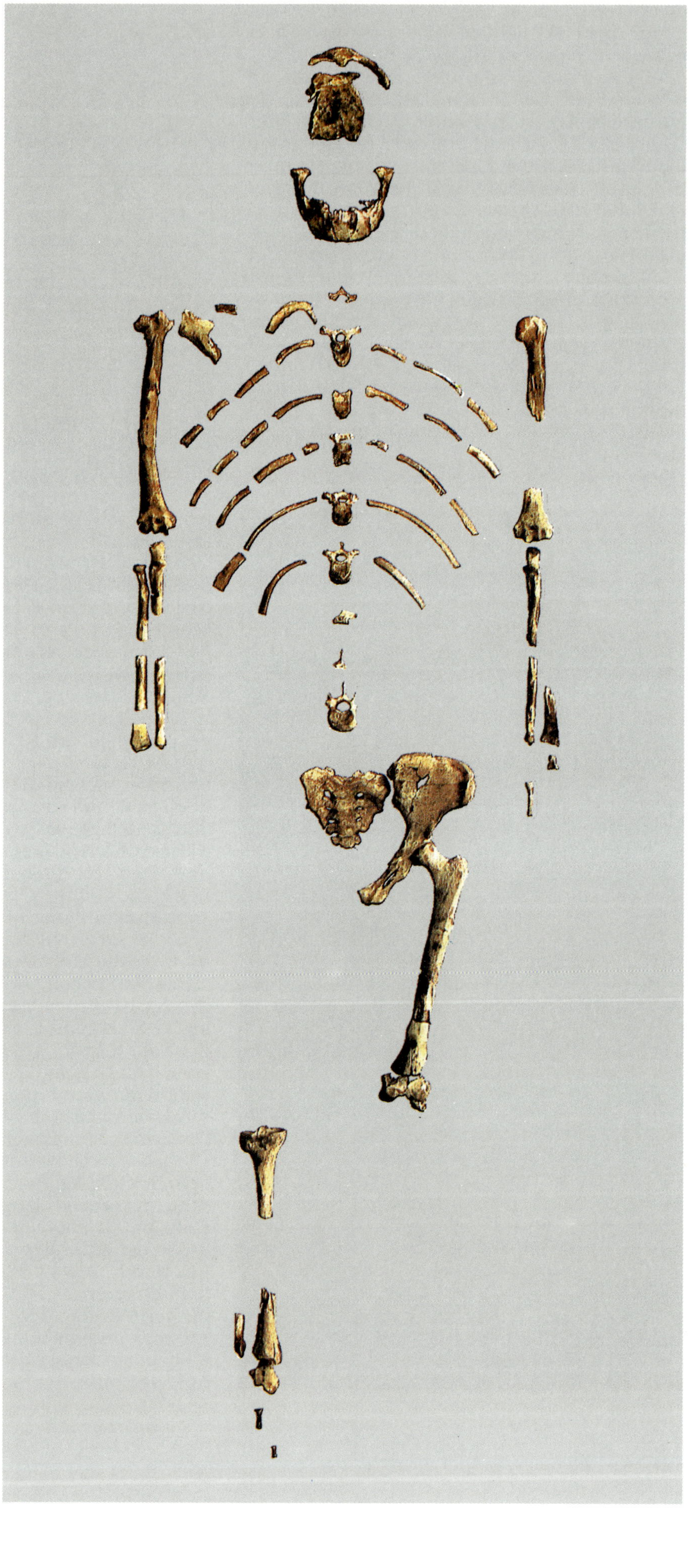

***Das Skelett des* Australopithecus afarensis,** *dem die Entdecker den Namen Lucy gaben, ist das vollständigste und mit 3,5 Millionen Jahren älteste Exemplar, das bisher gefunden wurde.*

Donald Johanson, der Entdecker des Skeletts von Lucy, *bei der Arbeit in der Afarwüste. Vorsichtig löst er den aus dem Pleistozän stammenden Unterkieferknochen eines Pferdes aus dem Geröll.*

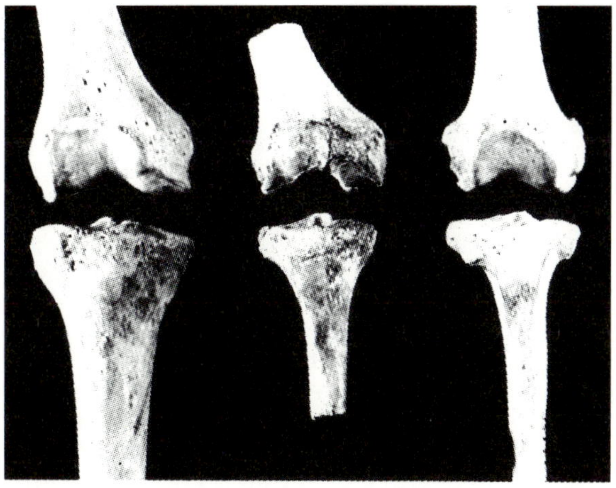

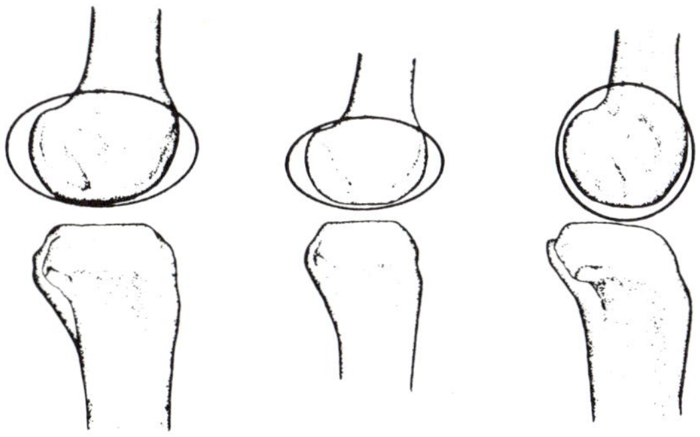

Die Kniegelenke von Mensch, Australopithecus afarensis *(Lucy) und Affe (oberes Bild, von links) zeigen, daß bei den Erstgenannten Ober- und Unterschenkel einen Winkel bilden: Merkmal des aufrechten Gangs. Die Gelenkhöcker (untere Reihe) sind oval im Gegensatz zum runden Knochen des Affen.*

wurde nach Abwägung aller Details und Auswertung aller radiologischen und chemischen Befunde auf 3,5 Millionen Jahre festgelegt. Es steht in der Ahnenreihe vor der Gabelung des Stammbaums, der einerseits zum *Australopithecus africanus* und andererseits zum *Homo habilis*, einem direkten Vorfahren des heutigen Menschen, führt. AL 288/1 läßt uns also einen weiteren Schritt zurückgehen in der Entwicklung des Menschen, der – wie man heute als sicher annimmt – von einem Vorfahren abstammt, den er mit den heutigen Menschenaffen gemeinsam hat. Lucy war bereits ein aufrecht gehendes, seine Hände nutzendes, menschenähnliches Wesen, das jedoch nur über ein affenartig kleines Gehirn verfügte.

Diese Charakteristik gab den Wissenschaftlern neue Rätsel auf, denn bisher lautete die These über den Zusammenhang zwischen aufrechtem Gang und Gehirnvolumen: Auf dem Weg zur Menschwerdung vergrößert und differenziert sich das Gehirn, und so entsteht die Voraussetzung für die Erfindung von Werkzeugen. Um sie in die Hand nehmen, also benutzen zu können, stellt sich der Hominide auf die Hinterbeine und entwickelt den aufrechten Gang. Lucys Gehirn aber war winzig (450 Kubikzentimeter), und dennoch ging sie bereits auf zwei Beinen. Da stimmte etwas nicht mit der Reihenfolge, und die bisherige Kausalkette zerbrach.

Anfechtbar ist aber auch die zweite These, wonach irgendeine Gruppe der frühen Hominiden den Schutz der Wälder verließ und in einen neuen Lebensraum, die Savanne, hinausging. Wollten sie dort überleben, mußten sie ihre Feinde rechtzeitig entdecken und vor ihnen fliehen können. Sie lernten also, sich aufzurichten und über das hohe Gras hinwegzusehen. Aber glich das erweiterte Blickfeld wirklich den Nachteil der eingeschränkten Beweglichkeit aus, fragten die Wissenschaftler.

Johansons aufregender Fund zwang die Forscher, das Problem neu zu überdenken. Nur der amerikanische Anatomieprofessor C. Owen Lovejoy sah seine bisherige Theorie bestätigt. Für ihn ergaben sich der aufrechte Gang der Hominiden und das außerordentliche Durchsetzungsvermögen, das diese Wesen im Verlauf der Entwicklungsgeschichte zeigten, aus einer Laune der Natur und einem besonderen Fortpflanzungsverhalten. Ein genetischer Zufall stellte einen Teil der Primaten (Säugetiere mit hochentwickeltem Gehirn) vor etwa zehn Millionen Jahren auf zwei Beine, während andere noch auf allen vieren liefen. Diese aufrecht gehenden Primaten hatten nur wenig Nachwuchs, dessen Aufzucht sie sich jedoch intensiv widmeten. Zu ihrem eigenen Schutz und dem Schutz der Nachkommen entwickelten sie ein ausgeprägtes Gruppenleben. Da die Kinder entsprechend umsorgt wurden, hatten sie Zeit, langsamer erwachsen zu werden und soziales Verhalten zu erlernen, was allmählich zu einer Vergrößerung des Gehirnvolumens führte mit allen sich daraus ergebenden Möglichkeiten. Mit anderen Worten: Lucy, die aus dem Dunkel der gemeinsamen Vorgeschichte von Mensch und Affe kam, trat ihren Siegeszug an.

Termiten zum Frühstück

Der Große traut dem Frieden zuerst nicht recht, aber den anderen, denen er sich morgens bei der Pavianjagd angeschlossen hatte, scheint es zu schmecken. Sie haben sich grüne, möglichst saftige Zweige von den Bäumen gebrochen und stochern damit in den Gängen und Kammern des gelbbraunen Termitenbaus herum. Das Gebilde ist einige Meter hoch, viel größer als die schmatzenden und unartikulierte Laute ausstoßenden Männchen, die es umstehen oder an den steinharten Platten und Kegeln emporklettern. Wenn man die Zweige wieder aus den Löchern herauszieht, hängen krabbelnde Insekten daran, die sich mühelos aufschlekken lassen. Nimmt man die Zweige vorher in den Mund, sind sie klebriger, und mehr Tierchen bleiben am Holz hängen, merkt der Große, der schnell auf den Geschmack kommt. Eine Antilopenkeule wäre ihm zwar lieber, aber in letzter Zeit ist die Beute knapp.

Vor ein paar Tagen konnte er wenigstens noch den Schakalen die Reste eines Zebras abjagen, das von Löwen geschlagen und nicht restlos aufgefressen worden war. Er nahm ein paar Stücke und trug sie nach Hause zu dem Geröllberg am Rand der Savanne, wo seine Sippe unter einem vorspringenden Felsdach lagerte. Da war die Freude groß, denn Früchte gibt es in diesem Jahr nur wenige, und die Wurzeln und Knollen, nach denen die Weibchen manchmal auch den ganzen Tag mit harten, spitzen Stöcken im trokkenen Erdreich graben müssen, bieten nur wenig Abwechslung.

Zusammen mit den besten Jägern seiner Gruppe war er dann noch einmal in das Löwenrevier gezogen. Vielleicht hatte der brüllende Räuber ja abermals Jagdglück gehabt und etwas übriggelassen. Tatsächlich: Das heisere Krächzen der Geier zeigte bald die Stelle, an der der Löwe eine Antilope gerissen hatte. Offenbar war er schon satt, hatte sich müde und schläfrig in den Busch zurückgezogen und würde so bald nicht wieder

Termiten *sind lichtscheue Insekten; die Tiere werden 0,1 bis 10 Zentimeter groß.*

Hohe, kunstvolle Termitenhügel *trifft man häufig in tropischen und subtropischen Gegenden. Die Insekten bilden Staaten und gliedern sich in Geschlechtstiere sowie fortpflanzungsunfähige Soldaten und Arbeiter. Aus zerkautem Holz und mit Speichel vermischter Erde bauen sie zunächst unterirdisch ihre Nester, die dann im Lauf der Zeit bis sechs Meter über den Erdboden emporragen. Die Hügel sind von Kammern und Gängen durchzogen. Termiten sind die Beute vieler Vögel und Säugetiere; auch den Vorfahren des Menschen dienten sie vermutlich als Nahrung.*

erscheinen. Der Große verteilte seine Gefährten, die den Umkreis sichern sollten, und erst, als er wußte, daß auch keine Hyänen in der Nähe waren, wagte er es, die Geier zu verscheuchen. Ein schönes Stück Fleisch lag da noch im Gras, und der Große hatte zunächst mit dem scharfkantigen Stein, den er bei der Jagd immer in der Hand trug, jedem eine schmale Scheibe abgeschnitten. Als sie den Rest nach Hause tragen wollten, merkten sie, daß der Löwe sein Mahl keineswegs schon verlassen hatte. Es war auch kein Löwenmann gewesen, sondern eine gereizte, unruhige Löwin, die nun mit ihren halbwüchsigen Jungen zurückkam und über die zweibeinigen Kostgänger herfiel.

Er hatte um sein Leben laufen müssen. Was aus den anderen geworden ist, wußte er nicht. Und als er in seiner Flucht endlich innehielt, stellte er fest, daß er in eine unbekannte Gegend geraten war. Die einbrechende Dunkelheit zwang ihn, sich ein geeignetes Lager zu suchen. Im Morgengrauen sah er die fremden Jäger kommen, die sich vorsichtig einem Baum näherten, auf dessen Ästen Paviane schliefen. Dann wurde er selbst von den Fremdlingen entdeckt. Sie beäugten ihn zunächst argwöhnisch, beruhigten sich aber, als sie feststellten, daß er allein war. Der Anführer drückte ihm einen Stein in die Hand und wies ihm eine Stelle im Kreis der Treiber zu. Doch die Jagd mißlang. Die Paviane wurden durch ein unvorsichtiges Geräusch zu früh geweckt, griffen selbst an und konnten den Ring durchbrechen.

Dem Großen gefällt, was er eben gelernt hat, und er beschließt, das Verfahren zu Hause bekannt zu machen. Wenn er einen großen Halbkreis schlägt, wird er auf seine eigenen Fluchtspuren stoßen und den Rückweg bald finden.

Wiege der Menschheit

Am Südostrand der Serengeti im Regenschatten des erloschenen Ngorongorokraters erstreckt sich eine über 35 Kilometer lange Schlucht, die bis zu 100 Meter tief ausgewaschen ist: die Oldowayschlucht. Sie gehört zum Ostafrikanischen Graben, in dem auch die Heimat Lucys, das Afardreieck, liegt. An den Rändern des Grabens und besonders in der Oldowayschlucht zeichnen sich in deutlich voneinander abgesetzten Schichten die Ablagerungen der letzten zwei Millionen Jahre ab. Vor jener Zeit, im Pleistozän (der älteren Periode des Quartärs, des gegenwärtigen Erdzeitalters), war die Gegend um die Oldowayschlucht flach und lag auf dem Niveau der tiefsten Stelle des heutigen Einschnitts. Vermutlich befand sich hier ein Seeufer, an dem reges Leben herrschte. Geologische Veränderungen führten im Verlauf von Hunderttausenden von Jahren zu hohen Ablagerungen. Erst später riß ein Fluß die tiefe Schlucht in die nun höher liegende Landschaft. In den Sedimenten der Talwände sind Fossilien von Tieren und Hominiden sowie das steinerne Werkzeug, das jene benutzten, eingeschlossen.

Die hohe Bedeutung dieser ostafrikanischen Region erkannte zu Beginn der 30er Jahre unseres Jahrhunderts der britische Paläontologe Louis Leakey, der 40 Jahre lang die Gegend um Oldoway durchforschte.

Bis weit ins 20. Jh. hinein besaß man nur recht ungenaue Vorstellungen von den Zeiträumen und Formen, die der Mensch während seiner Entwicklung zurückgelegt hatte. Im Jahr 1859 hatte der britische Naturforscher Charles Darwin (1809–1882) sein Buch *Die Entstehung der Arten durch natürliche Zuchtwahl* veröffentlicht. Er erläuterte darin seine Theorie, daß alles Leben auf der Erde sich allmählich entwickelt habe und daß die Arten – wie man an den Fossilien nachweisen könne – in einem bestimmten verwandtschaftlichen Verhältnis zueinander stünden. Die biblische Schöpfungsgeschichte bzw. deren wörtliches Verständnis und der Glaube an die besondere Stellung des Menschen gerieten ins Wanken.

Zur weiteren Verunsicherung trugen die anhaltenden Debatten über einige 1856 im Neandertal bei Düsseldorf gefundene Knochen bei, die man als fossile Menschenreste erkannt hatte. Das Alter dieses sogenannten Neandertalers schätzte man zunächst, sofern man ihn überhaupt als Glied in der Kette der Vorfahren des Menschen verstand, auf einige tausend Jahre. In den 80er Jahren des 19. Jh. fand man dann in Belgien ähnliche Skelettreste; sie lagen in der gleichen Sedimentschicht wie Mammutknochen und Fossilien andererausgestorbener Tierarten, über deren Alter man sich in etwa im klaren war, so daß die Forscher nun mit einigen zehntausend Jahren rechnen mußten.

Doch schon bald mußte man sich abermals auf neue, größere Zeiträume einstellen. 1891 entdeckte der niederländische Arzt und Anthropologe Eugène Dubois (1858–1940) auf Java Knochenreste des sogenannten Javamenschen (*Pithecanthropus*). Nach dem Fund von Skelettresten bei Heidelberg (1907, *Homo heidelbergensis*) und in der Höhle von Chou-Kou-Tien in der Nähe von Peking (1927, *Sinanthropus pekinensis*) wurde deutlich, daß die menschliche Ahnenreihe offenbar mehrere hunderttausend Jahre zurückreicht. Heute weiß man, daß die erwähnten Fossilien alle zu der Gattung *Homo erectus* gehörten, einem frühen Menschentyp, der Werkzeuge und Waffen benutzte, erfolgreich und geschickt zu jagen verstand, Hütten baute, Feuerstellen anlegte und sich allmählich über Europa, Asien und Afrika verbreitete.

1924 entdeckte der Anatomieprofessor Raymond C. Dart in einem Kalksteinbruch bei Taung in Südafrika Knochenfragmente, die er zu einem Schädel zusammensetzen konnte. Das geringe Gehirnvolumen ähnelte zwar dem eines Menschenaffen, doch Gebiß und Schädelform ließen darauf schließen, daß es sich um ein aufrecht gehendes menschliches Wesen, vermutlich ein Kind, gehandelt hatte. Dart schätzte das Alter des Fundes auf etwa eine Million Jahre. In der festen Überzeugung, den Vorfahren der bisher bekannten Frühmenschen gefunden zu haben, gab er dem Wesen einen neuen wissenschaftlichen Namen: *Australopithecus africanus*. Doch angesichts des lebhaften Widerstands seiner Kollegen, die das Fossil als Affenschädel deuteten, geriet der Fund zunächst fast in Vergessenheit.

Die als beklemmend empfundene Vorstellung, daß der Mensch vom Affen abstammen könnte, trübte den Forschern den Blick. Nur zögernd wandten sie sich der sinnvollen und entscheidenden Frage zu: Wo gabelten sich die Entwicklungslinien von Mensch und Affe?

1936 und 1938 fand der britische Arzt und Anthropologe Robert Broom in Südafrika weitere Schädelreste und Knochenfragmente eines vermutlich aufrecht gehenden Hominiden, der dem Typ *Australopithecus* entsprach. Aber

Louis Leakey und seine Frau Mary *bei Forschungsarbeiten in der Oldowayschlucht. Der 1903 als Sohn eines britischen Missionars in Kenia geborene Wissenschaftler, der als Kind die Landessprache Kikuju beherrschte, bevor er richtig englisch zu sprechen gelernt hatte, arbeitete jahrzehntelang in Ostafrika. Seine zahlreichen Fossilien- und Werkzeugfunde haben entscheidend zur Kenntnis der biologischen und kulturellen Entwicklung des Menschen beigetragen.*

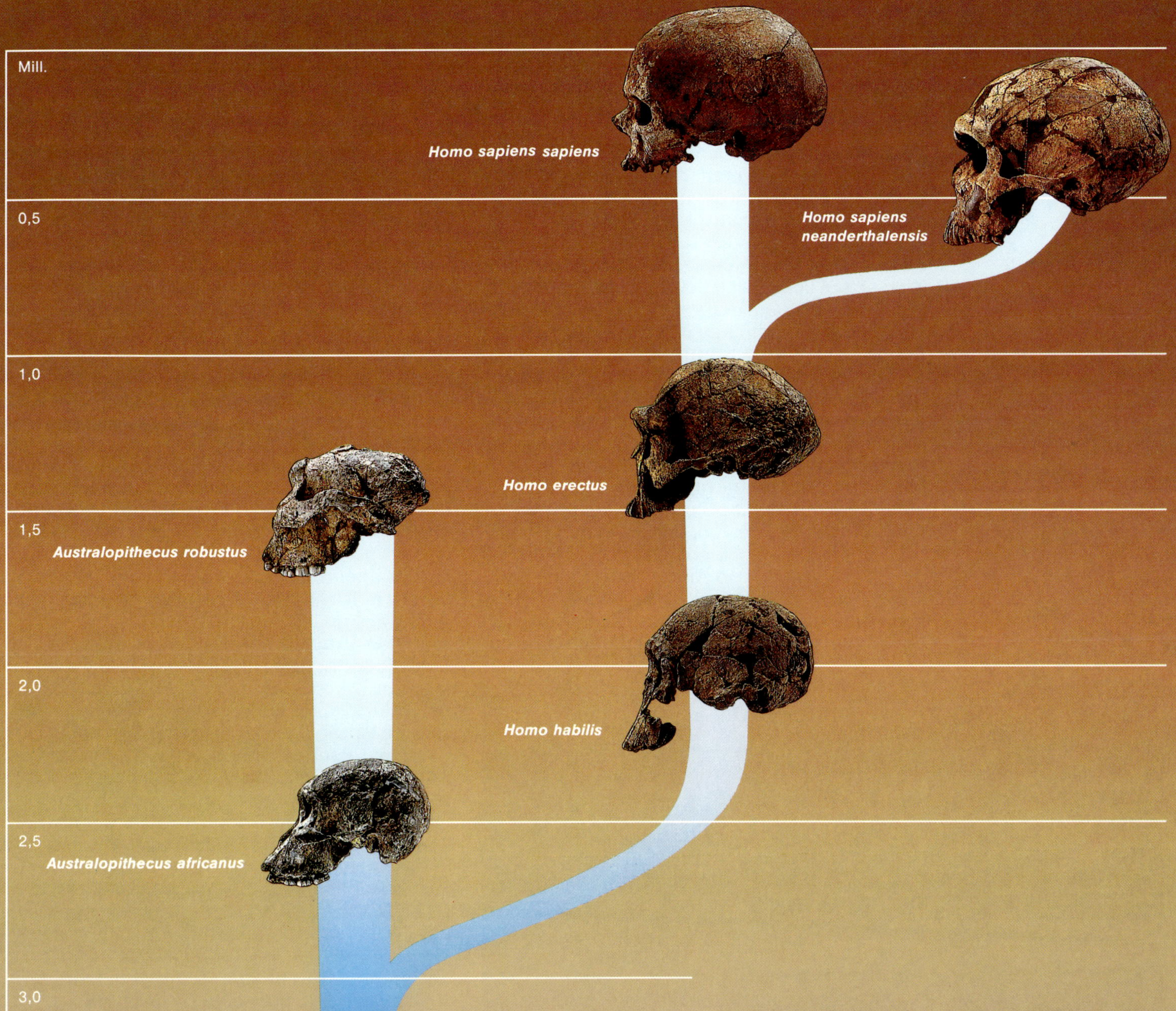

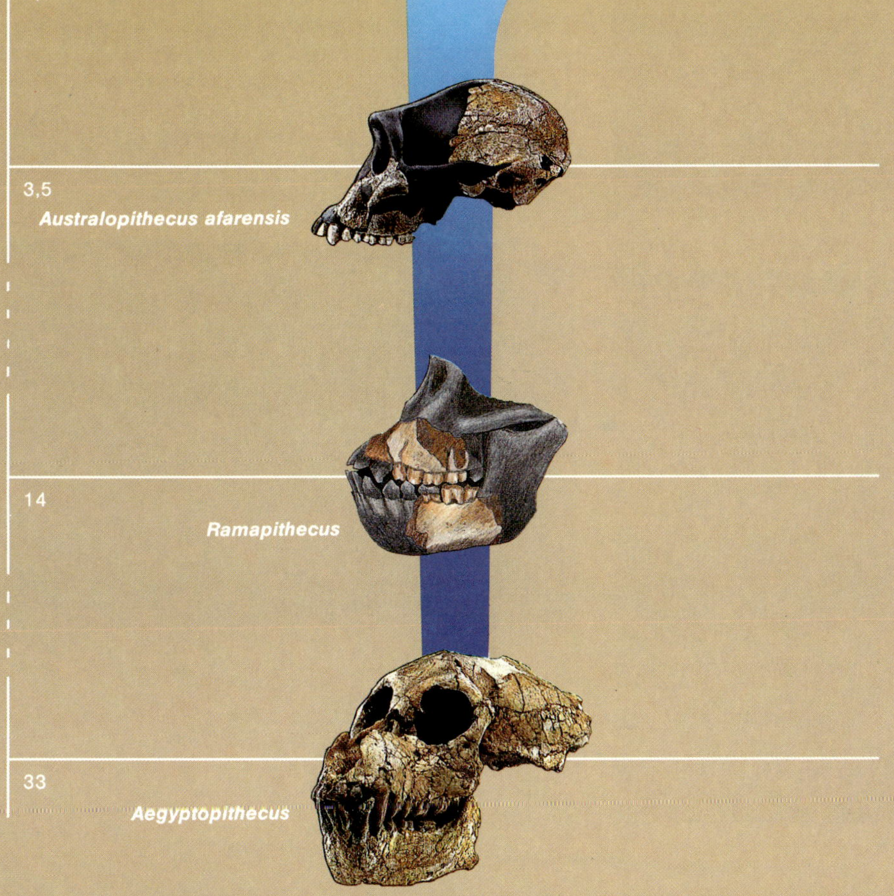

__Der Stammbaum des Menschen,__ der auf dieser Seite in einer stark vereinfachten, auf die wesentlichen Elemente beschränkten Fassung wiedergegeben wird, ist kompliziert und weitverzweigt. Die eingezeichnete, in Jahrmillionen rechnende Zeitleiste und die teils stark rekonstruierten Schädeltypen können nur einen groben, schematischen Überblick geben und berücksichtigen nicht die langen, zum Teil nur ansatzweise erforschten Entwicklungsprozesse, die dazwischen liegen. Jeder neue Fossilienfund kann bisher als gesichert geltende Erkenntnisse in Frage stellen. Die Paläanthropologen rechnen in Zeiträumen, die etwa 65 Millionen Jahre zurückgehen. Damals lebten in den riesigen tropischen Urwäldern Asiens, Afrikas und Europas frühe Halbaffen, die Urprimaten, aus denen sich allmählich Affen, Menschenaffen und Menschen entwickelten. 1966 fand man in der Senke der nordägyptischen Oase Faijum den fast vollständigen Schädel eines etwa 33 Millionen Jahre alten Wesens, das als Aegyptopithecus *bezeichnet wird. Das typische Zahnmuster (fünf Höcker auf den Backenzähnen) beweist, daß es sich schon um einen Menschenaffen handelte. Der aus indischen und afrikanischen Fossilien zusammengesetzte und nach der Kalium-Argon-Methode datierte Kiefer des* Ramapithecus *zeigt bereits die nur beim Menschen auftretende, weit gebogene Gebißform, bei der die Zahnreihen, anders als beim Menschenaffen, nicht mehr parallel verlaufen. Die Gabelung der Australopithecinen in den ausgestorbenen Zweig des Typs* Australopithecus robustus *und in die Linie der zur Gattung* Homo *zählenden Vorfahren war vermutlich einer der wichtigsten Schritte in der Evolution. Dem bereits mit Steinwerkzeug hantierenden* Homo habilis, *der von einigen Wissenschaftlern auch noch als* Australopithecus habilis *bezeichnet wird, folgte der erste „richtige" Mensch, der* Homo erectus.

noch immer gab es keine zuverlässige Datierung. Die Aussagekraft des südafrikanischen Fossilienmaterials war jedoch immerhin so groß, daß man begann, sich ernsthaft mit diesem frühen Hominiden und seiner Stellung im Stammbaum des Menschen zu beschäftigen. Zwei Arten ließen sich deutlich unterscheiden: eine feingliedrige, kleinere und eine untersetzte, kräftige. Sie erhielten den gemeinsamen Namen *Australopithecus* und zur Unterscheidung die Beinamen *africanus* für den schlankeren und *robustus* für den gröberen Typ. Beide Arten gingen aufrecht auf zwei Beinen, doch hatten sie nur ein sehr kleines Gehirn (wenig über 500 Kubikzentimeter; im Vergleich der heutige Mensch: 1350–1500 Kubikzentimeter).

Dies war etwa der Stand der Kenntnis, als Louis Leakey in den 30er Jahren seine Zelte neben der Oldowayschlucht aufschlug. Während der nächsten drei Jahrzehnte entdeckten er und seine Frau Mary in Zusammenarbeit mit Geologen, Paläontologen und anderen Spezialisten viele, zum Teil äußerst primitive Steinwerkzeuge (die ältesten sind etwa zwei Millionen Jahre alt) und zahlreiche hominide Fossilien aus den verschiedensten Zeiträumen. Die Sensation des Jahres 1959 war der Schädel eines *Australopithecus robustus*, des ersten, den man außerhalb Südafrikas fand. Der Schädel lag im sogenannten Bett I der Oldowayschlucht, der untersten geologischen Schicht, aus der schon viele Werkzeuge geborgen worden waren und deren hohes Alter von 1,8 Millionen Jahren durch stratigraphische Untersuchungen, also durch die geologische, mineralogische und paläobiologische Beschreibung der Aufeinanderfolge von Bodenschichten, zweifelsfrei feststand. Durch sogenannte Leitfossilien, also Reste ausgestorbener Tiere und Pflanzen bekannten Alters, durch Bestimmung von Art, Richtung und Reihenfolge der Ablagerungen und durch die Analyse von Erosionsspuren gewinnt man Aufschluß über die Entstehungszeit der Schichten.

Zudem hatte die Wissenschaft gerade damals wichtige Fortschritte auf dem Gebiet der radiologischen Altersbestimmung gemacht, so daß man die stratigraphischen Ergebnisse absichern konnte. Die Datierung von Ablagerungen anhand des Zerfalls eines darin enthaltenen radioaktiven Isotops beruht auf dem Gesetz der Halbwertzeit: Radioaktive Elemente sind instabil und zerfallen in exaktem Takt genau zur Hälfte in ihre stabilen, nicht radioaktiven Entsprechungen. Für lange Intervalle dient das Kalium-40-Isotop, das alle 1,3 Milliarden Jahre zur Hälfte in das Edelgas Argon zerfällt. Dieses Kalium-Argon-Verfahren wurde 1946 entwickelt.

Mit Leakeys Schädelfund, kurz Zinj genannt nach dem arabischen Wort für Ostafrika, war gesichert, daß ein menschenähnliches Wesen schon vor sehr langer Zeit aufrecht durch die afrikanischen Baumsteppen gezogen ist. Denn Zinj gehört zu den Hominiden, zu den Menschenartigen, auch wenn er noch kein *Homo*, kein Mensch im „modernen" Sinn, war. Gleiches gilt auch für den *Australopithecus africanus*, dessen nach den neuen Verfahren festgelegtes Alter mit rund 2,5 Millionen Jahren deutlich höher liegt als das des robusteren Typs.

Die über 35 Kilometer lange, durch Erosion entstandene Oldowayschlucht *liegt in Tansania und durchschneidet die Ablagerungen der letzten zwei Millionen Jahre. Man unterscheidet vier als Bett bezeichnete Sedimentschichten. Oben ein besonders auffälliger, aus der Schlucht herausgewaschener Gesteinsblock. In Oldoway wurden etwa 40 Fossilien von Hominiden sowie große Mengen des von ihnen hergestellten Steinwerkzeugs gefunden.*

Knochenreste eines Elefanten *aus der Oldowayschlucht. Das Gelände lag vor Jahrmillionen am Ufer eines Sees, der vermutlich von vielen Tieren zum Trinken aufgesucht wurde.*

Wie so oft in der Paläanthropologie, deren Bild stark von Zufallsfunden geprägt ist, geriet die gewisse Ordnung, die nun in der Ahnengalerie des Menschen herrschte, schon bald wieder ins Wanken, denn Leakey wurde erneut fündig: 1964 veröffentlichte er einen Bericht über vier in den vorhergehenden Jahren in Oldoway ausgegrabene hominide Kiefer- und Schädelfragmente. Das Gehirnvolumen dieser Wesen lag mit durchschnittlich 650 Kubikzentimetern deutlich höher als das der bisher gefundenen Australopithecinen, und auch die Gebisse wirkten merkwürdig „fortschrittlich". Die Schädel, die die Spitznamen Johnnys Kind, Cindy, George und Twiggy erhielten, waren mit einem Alter von 1,7 Millionen Jahren fast Zeitgenossen von Zinj, der daher kein Vorfahr von ihnen sein konnte. Sollten die vier eher von der Gattung *Australopithecus africanus* abstammen? Doch auch hier schien der zeitliche Abstand zu gering für die erhebliche Weiterentwicklung, die jene vier Wesen aus Oldoway durchgemacht hatten. Daher entschloß sich Leakey, seine neuen Funde der Gattung *Homo* zuzuordnen und gab ihnen den Beinamen *habilis* (d. h. geschickt).

Mitten in die Diskussion, ob der *Australopithecus africanus* nun der gemeinsame Ahn des *Australopithecus robustus* und des *Homo habilis* sei und damit an der Stelle stehe, wo sich die Entwicklungslinie in die Zweige der ausgestorbenen Australopithecinen und der Menschen gabele, fiel die Entdeckung von Lucy und veränderte das Bild grundlegend. Zwischen ihr und dem *Australopithecus africanus* lag eine Million Jahre, bis zum *Homo habilis* waren es etwa 1,8 Millionen Jahre. Diese Zeiträume scheinen lang genug zu sein für die Ausbildung beider Zweige, so daß der *Homo habilis* nun als der erfolg- und zukunftsreichere ferne Vetter der Australopithecinen erscheint. Diese starben vor etwa einer Million Jahren aus. Der *Homo habilis* dagegen mit einem Gehirnvolumen von 650 Kubikzentimetern konnte seine Fortpflanzungs- und „Denk"-Vorteile weiter ausbauen. Etwa eine Million Jahre alte Funde weisen bereits über 850 Kubikzentimeter Hirnraum auf und erhielten die neue Bezeichnung *Homo erectus* (d. h. aufrecht). Wenn auch das Gebiß stärker und das Gehirnvolumen mit 800–1225 Kubikzentimetern geringer war als beim Jetztzeitmenschen, so gilt der *Homo erectus* doch als unser eigentlicher Stammvater.

Ob Twiggy oder Lucy, Kind von Taung oder Zinj – alle Spuren von Australopithecinen und *Homo habilis* stammen aus Afrika. Erst der *Homo erectus* taucht auch in Europa und Asien auf. Ist also der Ostafrikanische Graben die Wiege der Gattung *Homo?* Die Tatsache, daß alle frühen hominiden Fossilien aus Afrika stammen, dürfte mehr sein als ein Zufall. Andererseits reicht wohl unsere Ahnenreihe weit über den *Australopithecus* hinaus, und dann spielen auch Funde aus anderen Weltgegenden eine Rolle: Erste hominide Merkmale zeigt schon der 14 Millionen Jahre alte *Ramapithecus*, dessen spärliche Fragmente in Asien, Europa und Afrika gefunden wurden, und von dem man nicht einmal weiß, ob er schon aufrecht ging.

Zähne mit Aussagekraft

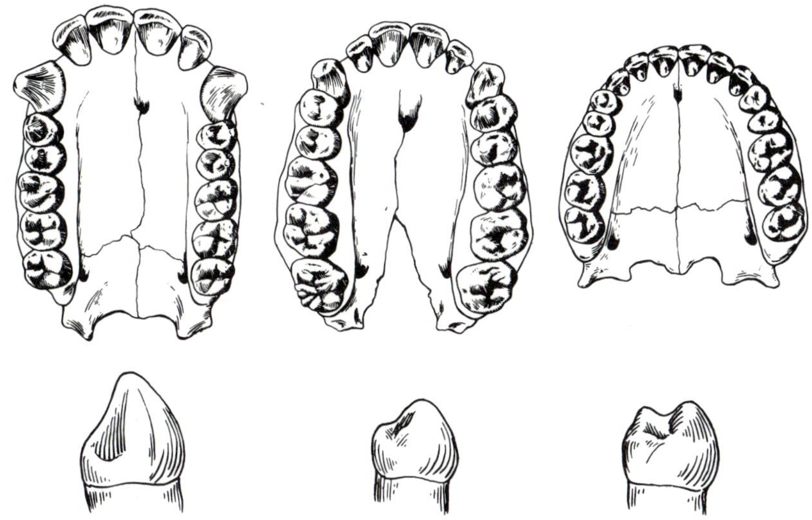

Die Zähne von Mensch und Tier sind außerordentlich hart und widerstandsfähig gegen unterschiedlichste Einflüsse. Sie bleiben deshalb auch über sehr lange Zeiträume hinweg verhältnismäßig gut erhalten. Nicht zufällig verfügt man daher über besonders umfangreiches fossiles Gebißmaterial. Es gibt wertvolle Auskünfte über die Art der Nahrungsaufnahme, und es eignet sich durch Vergleiche mit heutigen Gegebenheiten gut zur Einordnung von fossilen Funden.

Daß Lucy entwicklungsgeschichtlich zwischen Affe und Mensch steht, zeigt die Gebißanalyse. Der Schimpansenoberkiefer (obere Bildreihe, links) weist zwischen Eck- und Schneidezähnen eine deutliche Lücke auf, in die die Eckzähne des Unterkiefers passen. Sie ist bei Lucy (Mitte) sichtlich kleiner und fehlt beim heutigen Menschen (rechts) ganz. Bei den Schimpansen sind übrigens die Eckzähne der Männchen generell größer als die der weiblichen Tiere. Diesen geschlechtsbedingten Größenunterschied gibt es bei menschlichen Eckzähnen nicht. Der Schimpansenkiefer zeigt die typische Kastenform mit fast parallelen Backenzahnreihen, während das menschliche Gebiß ein klares Halbrund bildet. Lucys Kieferform liegt dazwischen.

Nicht nur die großen raubtierartigen Eckzähne des Schimpansen weichen von der menschlichen Zahnform deutlich ab, auch die Vorbackenzähne, die Prämolaren (zwischen Eck- und Backenzähnen), sind anders geformt. Beim Affen haben sie nur einen Höcker (untere Reihe, links), so daß sie ihre Schneidefunktion erfüllen, bei Lucy zeigt sich schon klar der Ansatz eines zweiten Höckers (Mitte), der beim heutigen Menschen (rechts) ganz ausgebildet ist, so daß sich der Zahn besser zum Zermahlen der Nahrung eignet. Auch die eigentlichen Molaren (Backenzähne) unterscheiden sich: Sie sind beim Menschen flach abgeschliffen, wie es auch das Gebiß des Australopithecus robustus *(unten) zeigt, während Affen zackige Grate auf den Backenzähnen behalten. Am meisten Ähnlichkeit haben noch die Schneidezähne, doch sind sie beim Schimpansen deutlich nach außen gestellt; menschliche Schneidezähne stehen wie schon beim* Australopithecus robustus *nahezu senkrecht.*

Vom Elektronenmikroskop sichtbar gemachte Abnutzungsspuren an den Zähnen lassen sogar Rückschlüsse auf den Speisezettel zu. Man weiß, daß Lucys Zeitgenossen Nüsse knackten und Wurzelkost zu sich nahmen, aber auch Fleisch aßen.

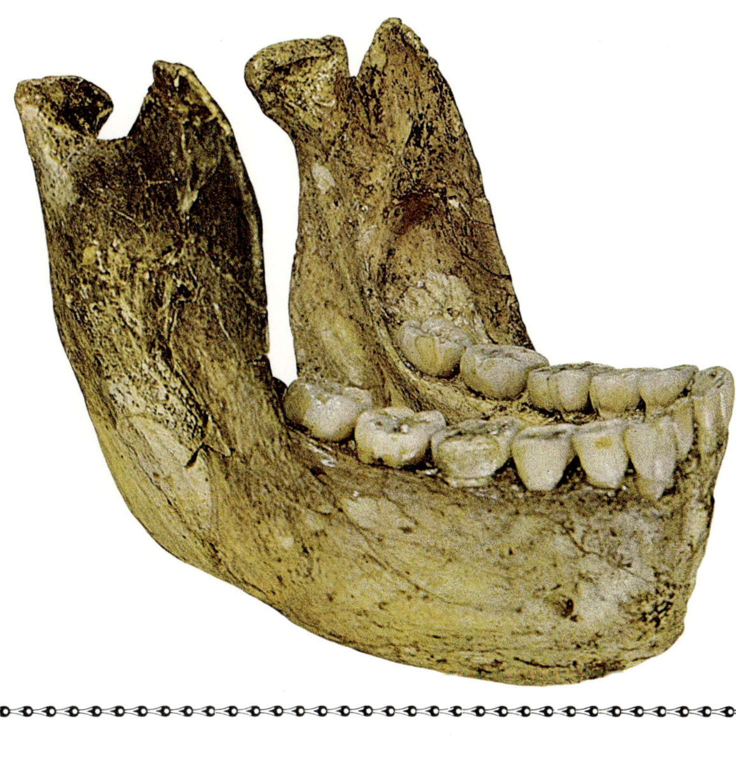

Faustkeil und Bogenschaber

Ein Göttinger Professor hielt ihn für einen alten Holländer, sein Bonner Kollege sah in ihm einen Kosaken aus dem napoleonischen Heer, und der deutsche Arzt Rudolf Virchow glaubte, Mißbildungen und die Folgen schwerer Gewalteinwirkung zu erkennen: Der die Wissenschaftler so entzweite, war ein teilweise erhaltener Schädel, der mit einigen anderen Skelettresten 1856 im Neandertal bei Düsseldorf aufgetaucht war. Arbeiter hatten die Knochen gefunden und sie dem Studienrat Johann Carl Fuhlrott gezeigt, der sie als Überreste vorgeschichtlicher Menschen in Verwahrung nahm. Wie vorgeschichtlich, ahnte er freilich so wenig wie die zerstrittenen Gelehrten.

Einer richtigen Einschätzung standen damals viele Hindernisse im Weg. Wie die Debatte über die drei Jahre später publizierten Thesen Darwins über die Entstehung der Arten zeigte, fiel es dem Menschen schwer, von seiner Sonderrolle in der Schöpfung Abschied zu nehmen und sich als ein Glied in dem Prozeß der Entwicklung des Lebens zu begreifen. Hinzu kam die äußerst dünne Beweisdecke, denn fossile Knochen waren eine ausgesprochene Seltenheit, und ihre Deutung steckte noch in den Kinderschuhen. Sehr verwirrend war zudem der Vergleich mit fossilen Skeletten, die man 1868 in einer Höhle beim Dorf Cro-Magnon in der Dordogne gefunden hatte: Sie konnten kaum jünger sein als der Neandertaler und wirkten doch bei weitem nicht so primitiv.

Tatsächlich stellte sich heraus, daß Cromagnonmensch und Neandertaler (heutiger wissenschaftlicher Name: *Homo sapiens neanderthalensis*) eine Weile lang zeitgleich in Europa, Teilen Asiens und in Afrika gelebt haben, ehe der Neandertaler fast abrupt verschwand. Das Rätsel dieses Untergangs beschäftigt die Wissenschaft bis heute und hat zu intensiver Erforschung der Lebensweise dieser urtümlichen Vorfahren geführt. Oder waren es gar keine direkten Ahnen? Anatomisch will es angesichts der schwer gebauten, muskulösen Neandertaler fast so scheinen, doch kulturell gehören sie eindeutig zu den Steinzeitmenschen.

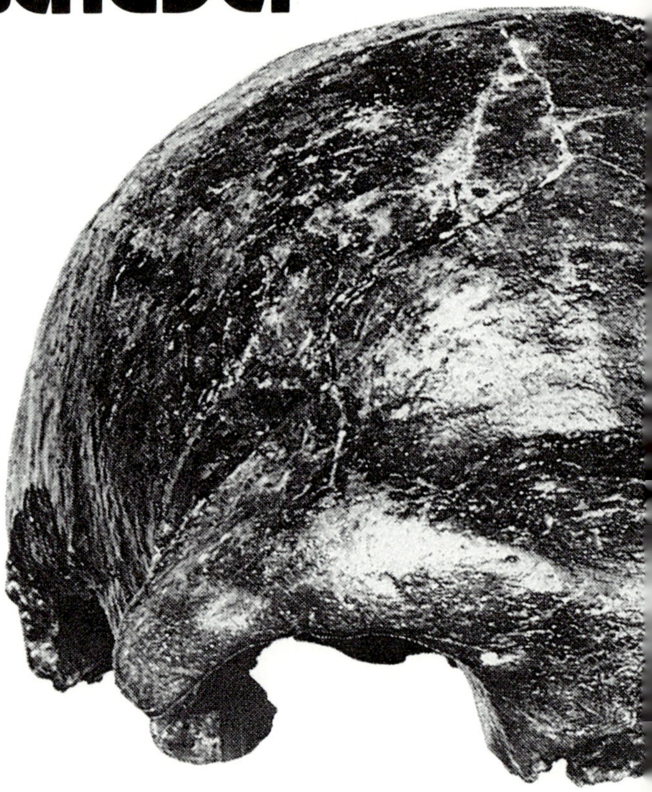

***Das Schädeldach** (rechts) gehört zu den Skelettresten des Neandertalers, die 1856 in der Nähe von Düsseldorf entdeckt wurden.*

***Der Faustkeil** war das erste Werkzeug des Menschen. Links unten ein Exemplar (Kern und Splitter) aus Feuerstein, der beim Zerschlagen besonders scharfe Kanten ergibt. Bei genau berechnetem Abschlag wird das Werkzeug immer leistungsfähiger. Das Herstellen von Steinwerkzeug erforderte sehr viel Zeit. Besonders wirksame oder vielseitig verwendbare Geräteformen änderten sich in Hunderttausenden von Jahren nur wenig: Unten ein Bogenschaber mit sorgfältig retuschierter (abgeschlagener) Kante, der zum Reinigen von Fellen benutzt wurde.*

Die meisten der zahlreichen Funde von Neandertalern stammen aus der mittleren Altsteinzeit (Mittelpaläolithikum), also aus der Zeit von 100 000 bis 35 000 v. Chr. Von Zentralasien bis nach England und Portugal trifft man die erfolgreichen Jäger, die schon gut mit den klimatischen Schwankungen und den durch sie ausgelösten unterschiedlichen Lebensbedingungen jenes Zeitalters fertig wurden. Die Gruppen lebten in Höhlen, unter überhängenden Felsen und in Fellzelten. Sie beherrschten das Feuer, das ihnen Licht spendete und sie wärmte, in dem sie Fleisch brieten und das ihnen bei der Jagd zum Aufscheuchen und Treiben der Tiere diente. Feuer und Pelzkleidung ließen sie selbst harte Winter überstehen, wofür auch eine gewisse Vorratswirtschaft nötig war.

In den einzelnen Fundschichten der Wohnstätten – es gibt Höhlen, die Tausende von Jahren bewohnt wurden – entdeckte man eine große Zahl vielseitiger Steinwerkzeuge. Durch das gezielte Zertrümmern von geeigneten Steinen – vorwiegend Feuersteinen –, durch Abschlagen und kunstvolles Behauen der Splitter gelang den Neandertalern die Fertigung zwar roher, aber recht scharfer Messer und Schaber, zugespitzter Faustkeile und Bohrer. Sie zerlegten mit diesen Geräten riesige Mammuts genauso geschickt, wie sie Felle zuschnitten, Knochen teilten und Holz zerkleinerten. Diese hochentwickelte, viel Erfahrung voraussetzende Steinspalttechnik wird nach dem Fundort Le Moustier in Frankreich als Moustérienkultur bezeichnet; sie begann vermutlich vor 120 000 Jahren und endete mit dem Auftauchen des Cromagnonmenschen etwa 35 000 v. Chr.

Doch wichtiger noch als ihre handwerklichen Fertigkeiten war im Kampf ums Überleben ein spezifisch menschliches Sozialverhalten. Der einzelne war aufgehoben in der Gruppe,

deren Fähigkeit zur Zusammenarbeit seit den Tagen von Lucy gewaltig angewachsen war. Wann der Mensch sprechen gelernt hat, läßt sich nicht genau feststellen, doch das, was man heute Sprache nennt, ist sicherlich eine Errungenschaft später Entwicklungsstufen. Bei den Neandertalern jedenfalls war die Fähigkeit zu sprechen bereits ausgebildet. Damit besaßen sie ein Mittel, Erfahrungen und Kenntnisse weiterzugeben, was den Prozeß der kulturellen Entwicklung erheblich beschleunigte.

Aus der Zeit des Neandertalers stammen auch die ersten Zeugnisse religiöser Kulte: Der Neandertaler bestattete seine Toten. Grabbeigaben lassen auf eine Art Jenseitsglauben schließen. So konnten mit Hilfe einer Pollenanalyse Spuren von Blumen in einem Höhlengrab im Irak nachgewiesen werden. Die an einem Fundort in der Schweiz aufgetretene Häufung und auffällige Anordnung von Schädeln und Knochen des Höhlenbären läßt an Rituale des Jagdzaubers denken. Überhaupt ist der Neandertaler aufgrund seines gedrungenen Skeletts und der flachen Stirn zu Unrecht lange als ein affenähnliches, besonders primitives Wesen verzeichnet worden. Seine Leistungen stehen jedoch denen der frühen Cromagnonmenschen kaum nach.

Die Neandertaler waren schwer gebaute, untersetzte, bis 1,6 Meter große Menschen mit starkknochigen Armen und Beinen. Das Gehirn war sogar eine Spur größer als das des heutigen Menschen, wenn auch gewiß nicht leistungsfähiger. Nasen- und Kieferpartie sprangen weit vor, die Stirn floh über mächtigen Augenbrauenwülsten flach nach hinten. Das Vorstehen des Gebisses ließ zwischen letztem Backenzahn und Kieferbogen eine Lücke entstehen, die zu den besonders typischen Merkmalen des Neandertalers gehört und etwa bei dem älteren Heidelbergmenschen (wissenschaftliche Bezeichnung: *Homo erectus heidelbergensis*) fehlt.

Die Neandertaler starben vor rund 40 000 Jahren in Asien und vor etwa 35 000 Jahren in Europa aus. Ihr Verschwinden in so relativ kurzer Frist ist trotz aller Forschungen ungeklärt geblieben. Man vermutete Vitaminmangel oder irgendwelche Krankheiten als Ursache, man dachte an kriegerische Auseinandersetzungen, die zur Vernichtung des Neandertalers führten; eine andere Theorie meint, daß das Mißverhältnis zwischen dem stark entwickelten Kopf des Neandertalers und dem nicht entsprechend mitgewachsenen weiblichen Becken eine erhöhte Todesrate bei Geburten zur Folge hatte und damit zum Aussterben beitrug.

Verschwand der Neandertaler innerhalb weniger Jahrtausende, so läßt sich seine Entwicklung bis zu einer halben Million Jahre zurückverfolgen. Die ältesten Zeugnisse wie etwa der Petralonaschädel aus Griechenland – rund 400 000 Jahre alt – weisen Ähnlichkeiten mit dem *Homo erectus* auf, der vor etwa einer Million Jahren auftauchte und auf den auch der Cromagnontyp zurückgeht. Hier fließen unsere Entwicklungslinien mit denen des Neandertalers zusammen, der damit wohl nicht als Stammvater, aber doch als Stammvetter des heutigen Menschen, des *Homo sapiens sapiens*, anzusehen ist.

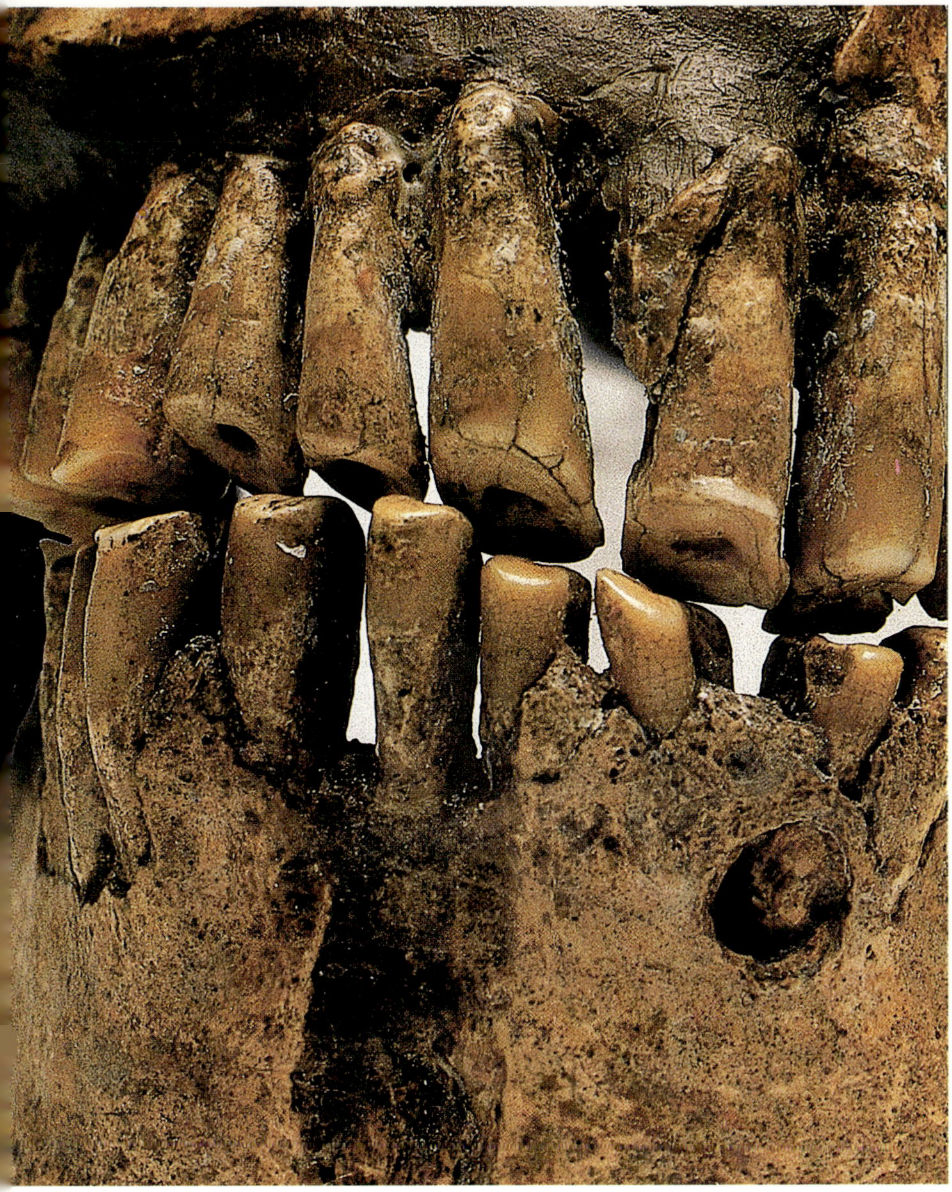

Die starke Abnutzung der Zähne *ist ein auffälliges Merkmal zahlreicher Gebisse von Neandertalern. Als Ursache vermutet man die heute noch bei Eskimos anzutreffende Gewohnheit, im Zusammenhang mit der Fellbearbeitung Leder weichzukauen.*

Jagd

szenen aus der Steinzeit

Aus dem Dunkel steinzeitlicher Höhlen treten uns prachtvolle Bilder entgegen und geben Auskunft über die Welt des Menschen in vorgeschichtlicher Zeit.

Kunst unterm Wurzelwerk

Die Umstände hätten nicht ungünstiger sein können. In Europa herrschte Krieg; die Truppen der Deutschen Wehrmacht hatten Polen überfallen und im Sommer 1940 den größten Teil Frankreichs besetzt. In normalen Zeiten hätte das, was am 12. September jenen Jahres bei Lascaux in der Gemeinde Montignac, nahe dem Fluß Vézère im Südwesten Frankreichs, geschah, schon Tage später als Sensation in allen Zeitungen gestanden. Aber die Zeiten waren nicht normal, und so blieb eine der aufregendsten Entdeckungen der Vorgeschichte der Öffentlichkeit zunächst verborgen.

Vier Jungen – der älteste von ihnen war 17 Jahre alt und hieß Marcel Ravidat – waren verschwörerisch übereingekommen, ein geheimnisvolles Loch in der Erde zu untersuchen, von dessen Existenz sie erst vor kurzem durch die Erzählung einer Bäuerin erfahren hatten. Die Frau hatte berichtet, sie habe, als sie ihren toten Esel begrub, ein merkwürdiges Loch entdeckt. Es handele sich um die Stelle, an der seit langer Zeit der umgestürzte Baum liege. Dort, wo seine Wurzeln beim Sturz aus dem Erdreich herausgerissen wurden, genau in jener Kuhle sei das Loch. Die Dorfbewohner hatten nur gelangweilt abgewinkt. Solche Geschichten kannten sie schon; immer wieder glaubte jemand, auf etwas Geheimnisvolles gestoßen zu sein. Dabei waren die sogenannten Löcher doch nur die Endpunkte der unterirdischen Gänge des Schlosses von Lascaux. Man hatte sie im Mittelalter als Fluchtwege angelegt, und inzwischen waren sie verschüttet und vergessen. Ein Geheimnis, sagten die Leute, sei dabei nicht im Spiel.

Die Jungen freilich, allen voran Marcel Ravidat, hatten die Ohren gespitzt. Sie lockte das Abenteuer. Begleitet von dem Terrier Robot machten sie sich auf den Weg. Sie nahmen Streichhölzer mit und achteten darauf, daß sie niemand beobachtete. Ravidat sprang in die Kuhle; sie war etwa einen Meter tief und auch einen Meter breit. Der Junge zog Strauchwerk beiseite, entdeckte das Loch und versuchte, mit den Streichhölzern hineinzuleuchten. Doch das Licht wurde verschluckt. Dann gab das Erdreich so plötzlich nach, daß Ravidat keine Zeit mehr blieb, sich irgendwo festzuhalten. Kopfüber stürzte er hinunter. Schreckensbleich starrten oben die drei Jungen in die Öffnung, in der ihr Freund verschwunden war. Aber dann hörten sie ihn rufen und sahen einen flackernden Lichtschein. Er war unverletzt und forderte sie auf, ihm nachzukommen.

Und so geschah es. Vorsichtig ließen sich die Jungen hinuntergleiten und machten sich dann gemeinsam auf den Weg. Sie tasteten sich Schritt für Schritt vorwärts. Dann weitete sich der Gang und wurde so groß wie ein Saal. Marcel Ravidat leuchtete die Wände ab, und sie meinten, irgendwelche gemalten Tiere zu erkennen. Sie traten näher – und ihre erstaunten Ausrufe hallten wider in der Höhle, die später „Saal der Stiere" genannt werden sollte.

Die Jungen weihten ihren Lehrer in das Geheimnis ihrer Entdeckung ein. Dieser wußte, welche große Rolle sein Heimatdepartement, die Dordogne, als Lebensraum des Steinzeitmenschen gespielt hatte, und deshalb begann er nach Besichtigung der Höhle und ihrer fremdartigen Wandgemälde, die Tragweite der Entdekkung zu ahnen. Er wandte sich an Abbé Henri Breuil, eine international anerkannte Kapazität auf dem Gebiet der steinzeitlichen Höhlenmalerei. Breuil kam nach Lascaux und begriff sofort, daß er vor den bisher umfangreichsten und bedeutendsten Steinzeitmalereien, vor einem der großartigsten Zeugnisse aus vorgeschichtlicher Zeit stand. An eine gründliche wissenschaftliche Untersuchung war jedoch im Moment nicht zu denken. Die Wissenschaftler und die Behörden verschwiegen den sensationellen Fund. Die Welt erfuhr von ihm erst nach dem Ende des Zweiten Weltkriegs.

Die Höhle von Lascaux war durch einen unterirdischen Fluß entstanden, der sich durch die Kalkfelsen bei Les-Eyzies-de-Tayac in der Dordogne gefressen und allmählich das Gestein ausgewaschen hatte. Vermutlich war die Höhle schon seit Zehntausenden von Jahren trocken, als Menschen sie betraten und ausmalten. Sie mißt insgesamt rund 100 Meter und besteht aus

Hinter dem unscheinbaren, sachlichen Eingang *der Höhle von Lascaux (rechts) liegt eine der bedeutendsten Schatzkammern prähistorischer Kunst. Die Cromagnonmenschen, die die berühmten Höhlenmalereien im Südwesten Frankreichs und Nordosten Spaniens schufen, lösten die Neandertaler ab, die bereits seit zigtausend Jahren in Europa lebten.*

In der sanften, grünen Landschaft *des Departements Dordogne verbergen sich unter Eichen, Kastanien, Kiefern und dichtem Unterholz die Felshöhlen, deren Wände die Menschen der Altsteinzeit mit herrlichen Malereien schmückten.*

Gängen, die sich zu großen Räumen mit kuppelartigen Decken erweitern und dann wieder verengen. Die Höhle ist – vom Eingang her gesehen – deutlich gegliedert in einen langen Trakt, in dessen Mitte sich der Saal der Stiere (15 Meter lang, zehn Meter breit und im Durchschnitt fünf Meter hoch) befindet, der – in die Tiefe des Raumes hin abfallend – in das sogenannte Axialdivertikel (Divertikel = sackartige Ausbuchtung, hier eine schlauchförmige Abzweigung, die in der Längsachse liegt) übergeht. Vom Saal der Stiere aus führt ein Gang fast rechtwinklig nach rechts. Dieser öffnet sich nach einigen Metern raumartig und bildet – wiederum nach rechts gerichtet – die Apsis, die im tiefer gelegenen Schacht endet. Der Gang selbst läuft geradlinig weiter; er wird im Anschluß an die Apsis Schiff genannt und mündet in das Kabinett der Katzen (siehe Plan auf Seite 26).

Die Steinzeitkünstler fanden einen erstklassigen Malgrund vor. Hell und großflächig war er im Saal der Stiere, wo sich Kalksinter abgelagert hatte. Hier gerieten denn auch die Malereien besonders ausladend und farbenprächtig. Die, vom Eingang her gesehen, linke Seite der Höhle füllt ein Fries bewegter und den Betrachter bewegender Bilder – Tiere auf der Wanderschaft, die einem fernen Ziel zuzustreben scheinen, teils temperamentvoll wie die Gruppe galoppierender Pferde, teils für einen Augenblick ruhig verweilend wie ein Geschöpf, das die Wissenschaftler als Einhorn bezeichnen und dessen Erscheinung ihnen bis heute Rätsel aufgibt. Bei den Pferden befindet sich auch ein Stier. Der Zug trifft auf mehrere Hirsche, die ihm entgegenkommen; es sind zarte, elegante Geschöpfe mit weitverzweigten Geweihen. Hinter ihnen hat sich ein mächtiger Stier aufgebaut, als wolle er seinem Artgenossen inmitten der Pferde den Weg versperren. Bei ihm befindet sich ein roter Wisent. An der gegenüberliegenden Wand zwischen Axialdivertikel und dem Gang zur Apsis stehen ein dritter und vierter Stier, eine Kuh, ein Bär und ein Hirsch.

Die Tiere sind bald kleiner, bald größer darge-

Wie zerbrochen *liegt der einzige Mensch, der in Lascaux dargestellt wurde, vor dem gewaltigen Wisent (oben). Die schwarze Umrißzeichnung befindet sich in dem tiefsten Teil des Höhlensystems, dem sogenannten Schacht (siehe Plan unten).*

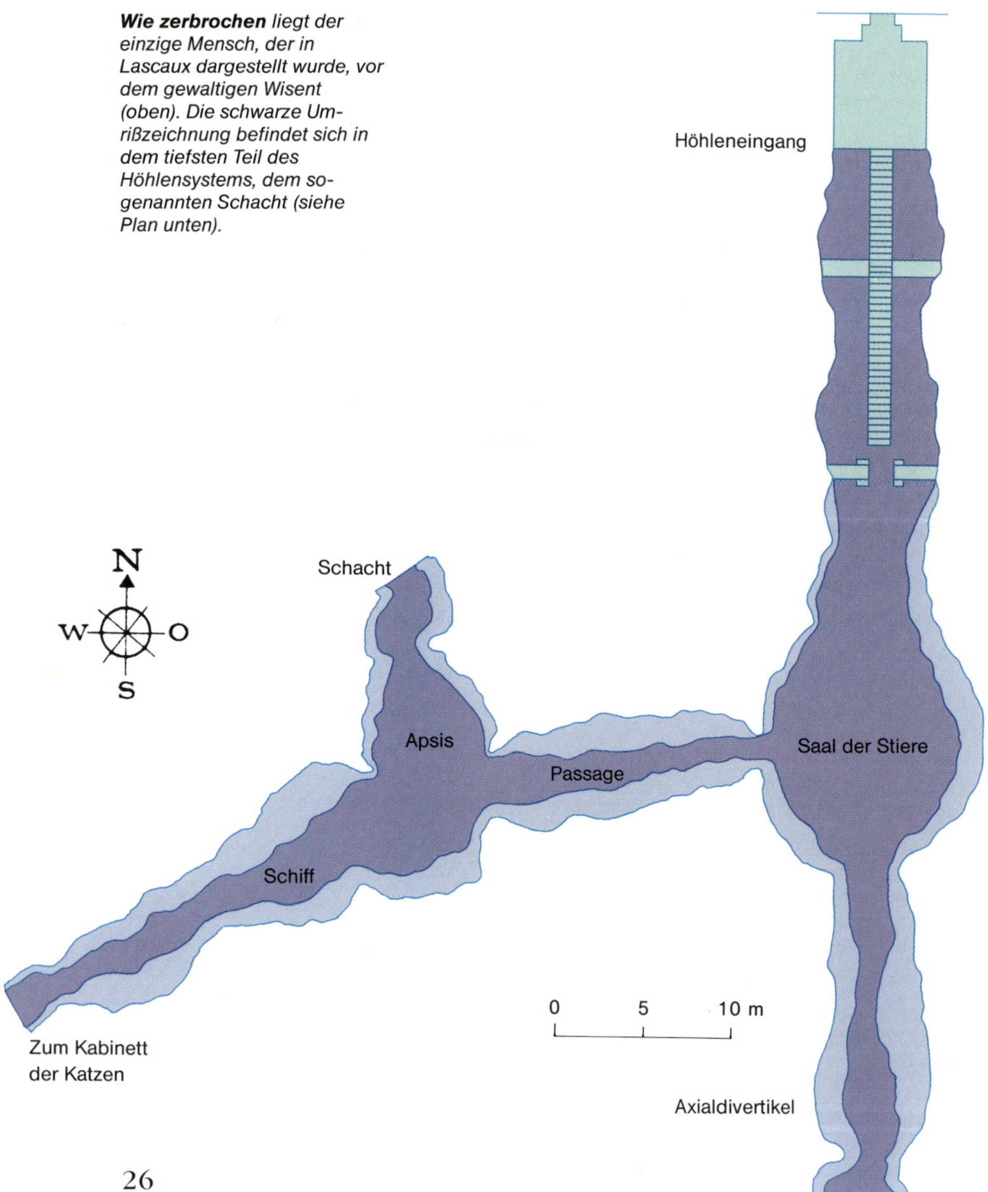

stellt; die größten sind die Stiere; einer von ihnen mißt rund 5,5 Meter. Mal sind die Tiere in ihren Konturen wiedergegeben (z. B. die Stiere), mal (wie Pferde und Hirsche) mit leuchtenden Farben voll ausgemalt. Manche Bilder überschneiden sich teilweise, andere stehen einzeln – es ist das Ensemble, das den Saal der Stiere so eindrucksvoll macht.

In den anderen Räumen der Höhle liegt der Akzent eher auf dem einzelnen Tier. Es sind Solisten, die sich an den Wänden tummeln. Wie z. B. die roten Kühe im Axialdivertikel und der schwarze Stier. Steinböcke sind hier zu sehen, ein Hirsch, zwei Kühe, kleinere Pferde und das berühmte chinesische Pferd, so genannt, weil es stark an die chinesische Art der Tierdarstellung erinnert.

Berühmt ist auch die Gruppe der Wisente im Schiff, kraftvolle, bullige Gesellen im Galopp. Zart und ein wenig verloren wirken demgegenüber die Hirsche, von denen nur Kopf und Hals dargestellt sind und die – wegen ihrer vorgereckten Hälse – aussehen, als würden sie schwimmen.

Ein einziges Mal haben die Künstler einen Menschen abgebildet. Er findet sich im Schacht und ist, im Gegensatz zu den Tieren, nicht naturalistisch dargestellt. Es ist eine Figur, wie Kinder sie zeichnen; sie scheint ausgestreckt am Boden zu liegen, die Arme weit vom Körper gespreizt, über ihr ein Wisent. Vielleicht ist es ein Jäger, der bei der Jagd ums Leben gekommen ist. Auf der linken Seite der Figur entfernt sich ein Nashorn. Das bildnerische Arrangement wird vervollständigt durch einen nur in den Umrissen gezeigten Vogel, der auf einer Stange sitzt – ein Detail, für das man bis heute noch keine befriedigende Erklärung gefunden hat.

Die Farben, die den Künstlern zur Verfügung standen, waren Eisenoxid für gelbe, ockerfarbene und rote Töne sowie Manganerde für Schwarz. Man bezweifelt heute, ob Bindemittel wie Honig, Eiweiß, Blut oder Tierfett verwendet worden sind, denn derartige Mittel hätten sich chemisch zersetzen müssen und dabei die Farbe in Mitleidenschaft gezogen. Fachleute meinen, es hätte genügt, die Farben lediglich mit Wasser ohne jede Zutat anzurühren.

Man hat die Farben mit bloßen Fingern aufgetragen oder hat sie durch Röhrenknochen wie durch ein Pusterohr auf die Wand geblasen. Möglicherweise benutzte man auch bereits eine Art Pinsel oder bemalte mit dem farbigen Stein direkt die Wand, etwa wie mit Kreide eine Tafel.

Abbé Breuil schätzte das Alter der Malereien in der Höhle von Lascaux auf 17 000–20 000 Jahre. Damit lag er gar nicht so weit von der Wahrheit entfernt. Spätere Untersuchungen ergaben, daß sie vor rund 15 500 Jahren entstanden sind.

In Europa herrschte damals eine Eiszeit, die letzte des gegenwärtigen Erdzeitalters, das man als Quartär bezeichnet und das sich in die Abteilungen Pleistozän und Holozän untergliedert. Den Beginn des Quartärs vermutet man vor rund zwei Millionen Jahren, als in Europa eine Zeit subtropischen und tropischen Klimas (das Tertiär) zu Ende ging. Während des Quartärs wechselten Eiszeiten (Glaziale) und wärmere

Zwischeneiszeiten (Interglaziale) einander ab. Das Eiszeitalter samt den eingeschlossenen wärmeren Perioden bezeichnet man als Pleistozän. Es endet mit der letzten Eiszeit, die etwa von 75 000 bis 8000 v. Chr. dauerte und nach einem bayerischen Fluß Würmeiszeit genannt wird. Danach beginnt dann das Holozän.

Die Eiszeiten entstanden, weil die Temperaturen weltweit im Jahresdurchschnitt zwischen 4 und 12 ° C absanken; die mittlere Meerestemperatur lag 7 ° C unter der heutigen. Worauf dieser Rückgang beruhte, ist wissenschaftlich noch nicht vollkommen geklärt. Man macht unter anderem eine geringfügige Veränderung des Winkels der Erdachse dafür verantwortlich, aufgrund deren die Sonnenstrahlen flacher auf die Erde trafen und diese nicht mehr so stark erwärmen konnten. Die Folge jedenfalls war, daß die Gebirgsgletscher zu wachsen begannen und sich überall weit ins Land vorschoben.

Am weitesten dehnten sie sich während des vorletzten Glazials, der Rißeiszeit, aus. Große Teile Europas lagen begraben unter Gletschern. Von Skandinavien waren sie südwärts vorgerückt, bis sie endlich an den Mittelgebirgen zum Stillstand kamen. Ganz Skandinavien, Norddeutschland und England boten damals einen Anblick wie Grönland heute. Von den Alpen aus drang das Eis bis zur Donau vor. Die Pyrenäen, der Schwarzwald und die Vogesen sowie das Zentralmassiv in Frankreich waren vereist. Die Würmeiszeit erreichte zwar nicht dieses Ausmaß, aber wiederum verschwanden Skandinavien und Norddeutschland unter Gletschern. Die Vereisung der Alpen hielt sich diesmal in Grenzen.

In dieser Zeit also entstanden die Höhlenmalereien von Lascaux. Nun war die Dordogne sicher ein vom Klima begünstigter Landstrich, in dem Fauna und Flora besser gediehen als in anderen Regionen. Als die kälteste Periode der Würmeiszeit vorüber war und sich das Eis allmählich zurückzog, wuchsen in den Flußtälern im Südwesten Frankreichs alsbald wieder Bäume, während in den deutschen Mittelgebirgsgegenden noch baumlose Tundra vorherrschte.

Zwischen 40 000 und 35 000 v. Chr., also etwa in der Mitte der Würmeiszeit, erscheint ein neuer Menschentyp, der den Neandertaler allmählich verdrängt. Diesen neuen Menschen nennt man nach dem Ort, an dem man 1868 zum erstenmal seine Gebeine gefunden hat, Cromagnonmensch. Cro-Magnon liegt, wie Lascaux, in der Dordogne. Der Cromagnonmensch gilt als Stammvater des heutigen Menschen, und ihm verdankt die Nachwelt jene großartigen Bildwerke, die man in zahlreichen Höhlen Frankreichs und Nordspaniens bewundern kann. Er ist ein Mensch der Altsteinzeit, des Paläolithikums, doch mit ihm beginnt ein neuer Abschnitt dieses Zeitalters: das Jungpaläolithikum. Davor (100 000 bis 35 000 v. Chr.), im Mittelpaläolithikum, liegt die Zeit des Neandertalers, während alles, was noch weiter in die Morgendämmerung der Menschheit zurückreicht, als Altpaläolithikum bezeichnet wird.

Der Cromagnonmensch lebte von der Jagd auf Tiere und sammelte Beeren, Wurzeln, Kräuter, Gräser. Weberei, Töpferei und Flechten waren noch unbekannt; der Mensch kannte auch keine Schrift. Er lebte in Zelten, Erdhöhlen und unter Felsüberhängen, nicht dagegen in Felshöhlen. In keiner der bekannten Höhlen sind bislang Spuren gefunden worden, die auf eine dauerhafte Wohnstatt hinweisen. Gleichwohl waren dem Menschen der Altsteinzeit diese Höhlen wichtig, wie die Malereien zeigen. Vielleicht dienten sie kultischen Zwecken.

Noch am Ende des 19. Jh. bestritt die Fachwelt die Existenz einer eiszeitlichen Kunst. Undenkbar schien es, daß die unbekannten Vorfahren, von denen man (noch) so wenig wußte, Jahrtausende vor dem Entstehen der ersten Hochkulturen vollendete Kunstwerke geschaffen haben sollten. Die 1880 in Lissabon tagenden Teilnehmer des „Weltkongresses für Anthropologie und prähistorische Archäologie" weigerten sich, die ein Jahr zuvor entdeckte Höhle von Altamira in Nordspanien, die erste Fundstelle eiszeitlicher Malerei, auch nur zu betreten, und erklarten ihre Bilder als Fälschung.

***Das rote Pferd** schwebt seltsam gelöst und wie aus dem Nebel auftauchend über einem Rudel Hirsche und zwischen den Hörnern zweier sich begegnender Stiere. Das Detail aus dem Saal der Stiere zeigt den für die Höhlenmalerei typischen Wechsel von kräftigen Umrißzeichnungen und voll ausgemalten Tierdarstellungen.*

Das Wild ist gestellt

Aufgeregt stürmt der kleine Junge in das Zelt seines Vaters. Er weist heftig gestikulierend rückwärts. Er ist völlig außer Atem. Die Mutter hatte ihn mitgenommen zum Beerensammeln; weit waren sie gegangen, bis zum Wald auf der anderen Seite des Flusses, und dann hatten sie die Mammuts gesehen, viele Mammuts, und die Mutter hatte ihn sofort ins Lager geschickt. Da ist er gelaufen und gelaufen, zurück über die kahle Steppe, auf der schon der erste dünne Schnee liegt, durch den Fluß, wo die Kiesbänke sind...

Aufmerksam hört der Vater zu, als der Kleine hastig berichtet. Er sieht seinen ältesten Sohn an, den Bruder des Kleinen. Er sitzt dem Vater gegenüber, jetzt aber erhebt er sich und geht aus dem Zelt. Mammuts – wie lange hatte man darauf gewartet, daß sie wiederkehren würden, wie hatte man sie herbeigesehnt, damit man endlich Vorräte für den Winter anlegen konnte. Nun ist der Tag gekommen.

In Windeseile hat sich die Nachricht im Lager verbreitet. Die Männer versammeln sich und mit ihnen die kräftigsten Jünglinge, darunter auch der Bruder des Kleinen. An ihm ist es diesmal, einem Mammut von vorn, Auge in Auge, entgegenzutreten und den ersten Speer zu werfen, der tief in den Körper eindringen muß, um eine gefährliche Wunde zu reißen. Wenn es auch schier unmöglich ist, das Herz zu treffen: Er muß es versuchen. Dazu braucht er Mut und Kraft, und die nutzt auch nur dann, wenn man dicht, ganz dicht an das Tier herangeht.

Er hat so etwas noch nie getan, aber er hat, seit er erwachsen zu werden begann, den Männern bei der Jagd geholfen. Er war auch dabei, wenn sie ein Mammut erlegten. Er hat schwere Steine geworfen, eine Fackel geschwenkt und mit dem Speer in die Flanken des schon zusammenbrechenden Tieres gestoßen. Aber er war noch nie an vorderster Stelle. Doch er weiß: Auch er muß ein Jäger werden und so dem Vater nachfolgen, wie der seinem Vater gefolgt ist. Er weiß, daß es gefährlich ist, ein Mammut anzugreifen; viele schon sind dabei zu Tode gekommen. Aber er ist mutig und geschickt, und er hat eine gute Waffe.

Die Männer brechen auf. Sie gehen zum Fluß und überqueren ihn. Auch die Tiere werden hierherkommen, um zu trinken. Und sie werden den Weg nehmen, den sie immer genommen haben. Das Lager ist vor ihnen sicher, weil sie das Wasser nicht überschreiten.

Während der junge Mann, die Speere geschultert, klopfenden Herzens mit seinen Gefährten der noch unsichtbaren Herde entgegengeht, fallen ihm die schrecklichen Ereignisse ein, von denen die älteren Leute noch manchmal am Lagerfeuer berichten. Er hat es so oft gehört, doch auch jetzt treibt ihm allein der Gedanke daran das Blut schneller durch die Adern. Damals befand sich das Lager an einer anderen Stelle. Das Gelände war offen, und die Männer hatten beschlossen, die Mammuts mit Hilfe des Feuers in einen Abgrund zu treiben. Sie hatten das vorher schon häufig mit Pferden getan. Also entzünde-

ten sie auch jetzt an vielen Stellen das Feuer; Gras und Büsche brannten lichterloh, und es qualmte heftig. Die Feuerkette fraß sich auf die Herde zu; hinter den Flammen schritten die bewaffneten Jäger und schrien und lärmten, so laut sie konnten. Doch als die Mammuts in Panik gerieten, durchbrachen sie den Feuerkreis und stürmten auf das Lager zu, in dem die Frauen und Kinder den glücklichen Ausgang der Jagd erwarteten, und die Männer wurden Zeugen eines grausigen Schauspiels. Da hatten sie beschlossen, sich nie wieder des Feuers bei der Jagd zu bedienen.

Seither bauten sie Gruben auf dem Weg, den die Mammuts nahmen, wenn sie zur Tränke zogen. Aber das lockere Erdreich gab im Lauf der Zeit immer wieder nach, und bald waren die Gruben dann nicht mehr tief und steil genug, um die Mammuts als tödliche Falle festzuhalten. Diesmal war auch der Winter so schnell gekommen, daß man keine Zeit mehr gehabt hatte, an den Gruben zu arbeiten. Der Boden ist schon fest und hart. Deshalb müssen sie jetzt das Tier auf freier Wildbahn mit den Waffen erlegen.

Nun sehen sie die Herde; sie ist schon nah am Fluß. Die Männer beginnen zu laufen, sie schreien und schwenken die Waffen, um die Tiere voneinander zu trennen.

Die Herde ist noch einen Steinwurf, dann nur noch einen Speerwurf weit entfernt. Gemächlich setzen die Kolosse Schritt vor Schritt und kommen immer näher. Nun bleiben die Tiere stehen, brechen zur Seite aus, nur eines kommt den Jägern entgegen. Der junge Mann löst sich aus der Gruppe, läuft nach vorn, fast könnte er das Tier berühren. Drohend ragen die gewaltigen, gebogenen Stoßzähne über ihm empor. Er sieht nur eine Stelle am Brustkorb, eine Stelle, die er treffen muß. Er springt aus seiner Dekkung hervor, den Speer fest in beiden Händen, sieht nichts als jene Stelle, wirft sich mit aller Kraft dem Riesen entgegen und stößt zu.

Das Mammut bäumt sich auf, schrill trompetet es und schlägt wild mit seinem Rüssel um sich. Der junge Mann greift nach einem anderen Speer und stößt noch einmal zu. Jetzt sind auch die anderen Jäger herangekommen und bohren ihre Waffen in das zottige Fell. Das verletzte Tier wirft einen der Jäger nieder, aber sie geben nicht auf. Sie werden den Kampf gewinnen, und der Junge weiß, daß er seinen Teil dazu beigetragen hat. Später, im Lager, wird man davon sprechen.

Kleine geschnitzte Elfenbeinfiguren *gehören zu den interessantesten Objekten der mobilen Kleinkunst. Sie wurden neben Steinwerkzeugen, Waffen und Geräten aus Knochen und Geweihen an vielen Lagerplätzen und in Höhlen des Steinzeitmenschen gefunden. Die beiden hier abgebildeten, aus den Stoßzähnen eines Mammuts geschnitzten Halbplastiken stammen aus der Geißenklösterle-Höhle in der Nähe von Blaubeuren und sind zwischen 32 000 und 33 000 Jahre alt. Die menschliche Figur (unten) wurde aus einer 3,8 Zentimeter langen flachen Platte herausgearbeitet; sie hebt die Arme wie zum Beten empor. Links unten ein 2,6 Zentimeter großer Bison.*

Algen und Abziehbilder

Ein großes nationales und internationales Ereignis sollte es werden, und die Verantwortlichen hätten den Tag, an dem die Höhle von Lascaux der Öffentlichkeit zugänglich gemacht wurde, gar nicht besser wählen können. Es war der 14. Juli 1948, der französische Nationalfeiertag, der Tag, an dem vor 159 Jahren das Volk von Paris die Bastille gestürmt und damit den Beginn der Französischen Revolution eingeläutet hatte.

Die Höhle von Lascaux sollte ein französisches Nationaldenkmal von internationaler wissenschaftlicher Bedeutung werden. Jedermann sollte sie nun besichtigen können, nachdem die ersten Forschungsarbeiten abgeschlossen waren und man den Eingangsbereich publikumsfreundlich hergerichtet hatte. Dort gab es nun bequeme Steintreppen und eine bronzene Tür, dazu eine Luftschleuse, und das Höhleninnere war beleuchtet.

Die Höhle mit den Steinzeitgemälden wurde zu einer touristischen Attraktion ersten Ranges. Besucherströme standen vor den Bildern und bewunderten ehrfurchtsvoll die Kunst eines Zeitalters, von dem man noch vor einem halben Jahrhundert kaum ernsthaft Notiz genommen hatte. Selbstverständlich durfte niemand die Bildwerke berühren; Wächter achteten darauf, daß alles in ruhigen, geordneten Bahnen verlief. Alle Vorsicht aber war vergeblich. Das Ein- und Ausgehen dieser Vielzahl von Menschen, ihre Ausdünstungen und die Unruhe, die sie mit sich brachten, veränderten allmählich die klimatischen Verhältnisse in den unterirdischen Räumen. Der Gehalt an Feuchtigkeit in der Luft stieg an, und die Konzentration von Kohlendioxid nahm zu. Die Luftschleuse an der Eingangstür bot keinen ausreichenden Schutz.

Besorgte Stimmen wurden laut. Man entschloß sich daher, eine Anlage zur Reinigung der Höhlenluft einzubauen. Sie wurde im Juli 1958, zehn Jahre nach der Eröffnung, in Betrieb genommen. Die Maßnahme war sinnvoll und schien erfolgreich zu sein. Um so größer war dann die Bestürzung, als man 1960 einen kleinen grünen Fleck an der Decke des Axialdivertikels bemerkte. Und die Bestürzung wuchs, als sich in den nächsten beiden Jahren weitere grüne Flecken zeigten, die die Malereien anzugreifen begannen. Was aber sollte man tun?

Der französische Kultusminister setzte 1963 eine wissenschaftliche Kommission ein, die alsbald zu dem einzig möglichen Schluß gelangte: Die Höhle muß geschlossen werden. Chemische und biologische Untersuchungen hatten ein eindeutiges Ergebnis gebracht. Die „grüne Krankheit", wie man die Wucherungen kurzerhand bezeichnete, wurde durch zahlreiche Arten von Algen, Bakterien, Pilzen und Amöben verursacht. Die Höhle war davon verseucht. Überall fanden die Biologen Spuren dieser pflanzlichen und tierischen Lebewesen.

Den Fachleuten war durchaus bewußt, daß es nicht genügte, Besucher fernzuhalten, die Beleuchtung auszuschalten und für saubere Luft zu sorgen. Wollte man bleibende, nicht wieder gutzumachende Schäden vermeiden, konnte nur eine Radikalkur helfen. Man versprühte also in der Höhle große Mengen antibiotischer Stoffe, die zunächst die in der Luft befindlichen Bakterien abtöteten. Dann bestäubte man die Wände und Böden mit pulverisierten Chemikalien, um den Schädlingen beizukommen. Die Kur schlug an. Pilze und Algen verschwanden in den nächsten Monaten, und die Farben der Malereien sahen wieder so frisch aus wie am Tag ihrer Entdeckung. Man kontrollierte nun regelmäßig den Algen- und Bakteriengehalt der Luft, damit man bei Gefahr rechtzeitig eingreifen konnte.

Diese gefährliche Krankheit durfte als besiegt gelten – da befiel den „Patienten" ein neues, mindestens ebenso schlimmes Übel: die „weiße Krankheit". Die Forscher mußten mit Entsetzen wahrnehmen, wie sich an bestimmten Stellen der Wände feinste Kristalle zu bilden begannen. Wie ein zarter Schleier legten sie sich über die Malereien: Vor allem der Fries der Hirsche an der Wand des Schiffs war davon betroffen. Analysen ergaben, daß es sich um Kalzit handelte, ein Mineral, das sich dort ausbreitete, wo aus den Wänden Feuchtigkeit austrat.

Gegen diesen heimtückischen Feind gab es kein Mittel, es sei denn, man wäre in der Lage, genau das Klima in der Höhle wiederherzustellen, das während der vielen Jahrtausende dort geherrscht hatte, in denen die Wandbilder offensichtlich keinen Schaden genommen hatten. Dies war die einzige Chance.

Eine aufwendige wissenschaftliche Arbeit begann; Geologen, Aerodynamiker und viele weitere Fachleute machten sich ans Werk. Insgesamt waren es 40 Wissenschaftler und 22 wissenschaftliche Institute, die sich mit der Aufgabe befaßten. Täglich beobachtete man das „Wetter" in der Höhle und maß vor allem Feuchtigkeit und Temperatur an den verschiedenen Punkten. Der leise Luftzug, der dort unten ständig herrscht, wurde nach Stärke und Richtung

__Den Rohbau für die Nachbildung des Saals der Stiere__ erstellte man aus hölzernen Spanten, die man im Abstand von 25 Zentimetern zusammenfügte. Die Anordnung der Spanten, die schon grob die Form der Höhle mit ihren Ausbuchtungen und Vertiefungen spiegelt, beruhte auf Meßdaten, die man durch entsprechende Fotografien für jeden Punkt des Höhleninnern gewonnen hatte. Aus diesen Daten ergab sich ein Netz von Höhenlinien, die genau das Relief des etwa 15 Meter langen, zehn Meter breiten und im Durchschnitt fünf Meter hohen Saals der Stiere wiedergaben.

bestimmt. Äußerst sorgfältig ermittelte man die Vielzahl der Faktoren, die für das Höhlenklima verantwortlich sind.

Dann endlich hatte das Team alle Daten zusammengetragen, um künstlich ein Klima erzeugen zu können, das eine weitere Kalzitbildung verhindert. Die Höhlenluft muß demnach eine Temperatur von 13 °C haben, die relative Feuchtigkeit der Luft 98 Prozent und der Anteil an Kohlendioxid ein Prozent betragen.

Wer immer gehofft haben mochte, daß die Höhle doch noch eines Tages wieder geöffnet werden würde, sah sich herb enttäuscht. Sie wurde 1965 für immer geschlossen; kein Tourist, kein Kunstfreund wird mehr hineingelassen. Das künstliche Klima verträgt keine Besucher. Nur in Ausnahmefällen und mit Sondergenehmigungen dürfen Wissenschaftler sie für wenige Stunden zu Forschungszwecken betreten. Die Höhle war gerettet; doch in die Freude darüber mischte sich die beunruhigende Gewißheit, daß nur noch sehr wenige Menschen die Schätze sehen würden, die sie barg.

So tauchte denn alsbald die Überlegung auf, die Höhle bzw. deren berühmtesten Teil – den Saal der Stiere – in Originalgröße und naturgetreu nachzubilden und damit einen Ersatz zu schaffen, an dem sich das Publikum erfreuen könne. Der Anstoß zu diesem Gedanken ging von einer geplanten Ausstellung in Paris aus: „Wissenschaft im Dienst der Kunst". Man erwog, die Höhle mit Hilfe spezieller Fotografien in ihren räumlichen Abmessungen zu rekonstruieren und dann auf den Wänden und Dekken Fotos der Tierbilder anzubringen – ein bestechender Vorschlag, der aber vor allem daran scheiterte, daß es unmöglich schien, die Fotos der Malereien so aufzukleben, daß sie ihren Vorbildern in der Höhle entsprachen. Die Höhlenwände sind nicht eben, folglich wären es auch deren Nachbildungen nicht. Auf eine bucklige oder rissige Fläche können zwar Fotos geklebt werden, doch sie würden zerknittern oder reißen. Ihr Schauwert wäre gleich Null.

Die Leiterin des Forschungslaboratoriums der Musées de France, Madeleine Hours, wandte sich auf der Suche nach Lösungen schließlich an den Filmhersteller Kodak-Pathè. Die Kodakleute verfügten in gewisser Weise über einschlägige Erfahrungen, denn ihnen war bereits die fotografische Rekonstruktion des Grabes der ägyptischen Königin Nofretari, der Gemahlin Ramses' II., gelungen. Zunächst versuchten sie es mit farbigen Diapositiven, die sie auf Wände projizierten, deren Form ungefähr den Höhlenwänden nachempfunden war. Die Versuche schlugen aber fehl, weil es sich schon beim Aufbau der Apparaturen als unmöglich herausstell-

***Schaumblöcke aus Polystyrol** füllten den Raum zwischen den einzelnen Spanten aus. Damit schuf man aus dem Holzgestell, das aus 27 Einzelelementen zusammengesetzt war, eine kompakte, gut zu bearbeitende Fläche, aus der man die Feinheiten des Reliefs sorgfältig herausschälen konnte (oben). Alle Teile besprühte man dann mit einer Mischung aus Polyesterharz und Glaswolle, die zu einer schlagfesten, sehr widerstandsfähigen Schicht erstarrte. Anschließend verschraubte man die Elemente auf einem Gerüst miteinander (links).*

te, Verzerrungen und Bildüberschneidungen zu vermeiden. Auch eine elastische Leinwand, auf der man die Dias abbilden wollte, brachte kein Ergebnis. Das Problem stellte sich als komplizierter heraus, als man angenommen hatte, doch fand man schließlich eine Möglichkeit, Fotos auf eine zerklüftete Fläche zu übertragen, ohne daß dabei Verzerrungen auftraten.

Dieses Verfahren – ein komplizierter chemisch-physikalischer Prozeß – funktioniert im Prinzip so, wie Kinder ein Abziehbild auf eine Unterlage anbringen. Man stellt ein Farbbild aus Papier her, auf dessen Oberfläche sich das aus organischen Farbstoffen bestehende Bild befindet, das in eine extrem dünne fotografische Emulsion eingebettet ist. Darauf preßt man ein spezielles Abziehpapier, das an der Emulsion festklebt. Ein Lösungsmittel trennt dann die gelatineartige Emulsion von ihrer ursprünglichen Unterlage, so daß sie nun auf dem Abziehpapier haftet. Jetzt kann man das Abziehpapier mit der Bildseite auf eine unregelmäßig gestaltete Fläche – die Nachbildung der Höhlenwände – geben und den Unebenheiten anpassen. Die Farbemulsion klebt dort fest. Das Abziehpapier löst man dann mit Wasser ab, und das naturgetreue Abbild des Originals ist fertig.

Das Hauptproblem – die Frage der Übertragung – hatte man also lösen können. Für die Rekonstruktion der Höhle standen stereografische Fotos zur Verfügung, d. h. Fotos, die einen räumlichen Eindruck vermitteln und die meßtechnischen Zwecken dienen. Man hatte sie schon 1966 aufgenommen. Anhand dieser Aufnahmen fertigte man exakte Zeichnungen vom Saal der Stiere an. Diese Zeichnungen benutzte man als Vorlagen für Schablonen, nach denen man aus Sperrholz Spanten sägte, die den senkrecht und waagrecht verlaufenden Kurven der Höhlenwände entsprachen. Diese Spanten fügte man im Abstand von jeweils 25 Zentimetern zu einem Gerippe zusammen. Es bestand aus 27 Einzelstücken, von denen jedes gerade so groß war, daß man es bei der weiteren Verarbeitung gerade noch ohne Schwierigkeiten bewegen konnte. Der Rohbau war fertig.

In die leeren Räume zwischen den einzelnen Spanten fügte man nun Polystyrol, einen Kunststoff, ein, den man dann nach den fotografischen Vorlagen zu eben jenem Relief formte, das die Wände der Originalhöhle aufweisen.

Damit war jedoch der Bau noch nicht beendet. Die Innenwände wurden jetzt mit Latex bestrichen, einer Chemikalie, die den Untergrund für die folgende Behandlung bildete. Man verfuhr dabei ähnlich wie beim Bootsbau. Werkstoffe waren Glasfaser und Polyesterharz, die man als Gemisch aus einer speziellen Spritzpistole auf den Latexanstrich auftrug und zu einer Schale aushärten ließ. Die Schicht war etwa fünf Millimeter stark und äußerst stabil. Man konnte nun ohne Gefahr für die Festigkeit des Höhlennachbaus die Polystyrolblöcke zwischen den Spanten wieder entfernen. Übrig blieben die Polyesterteile, die man nun auf einem Holzgerüst festschraubte. Die Wandteile, die später die Abziehbilder tragen sollten, grundierte man mit weißer Farbe. Die anderen Flächen erhielten einen Anstrich, wie er der Originalhöhle entsprach, oder wurden – ganz naturalistisch – mit Sand und farbiger Erde beschichtet.

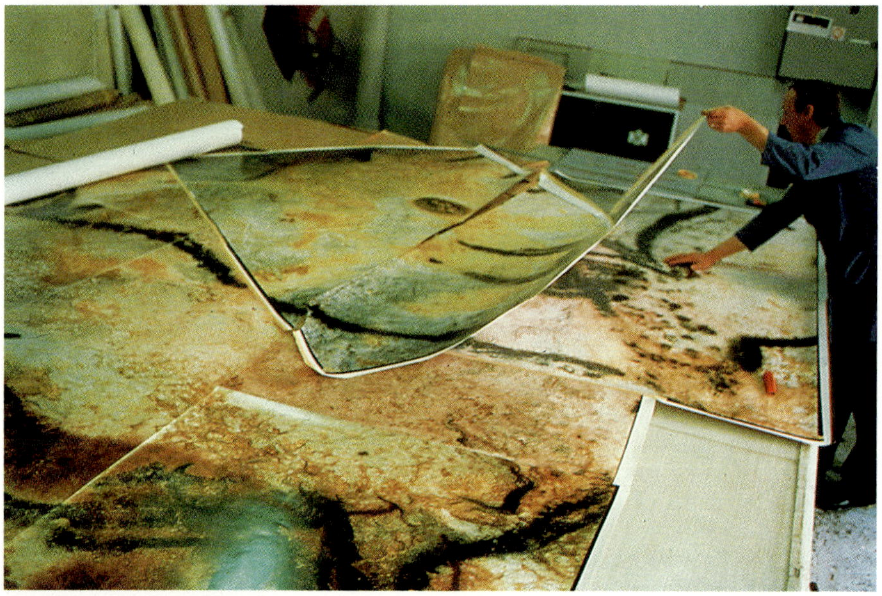

***Die 25 Farbaufnahmen,** die ein Fotografenteam 1980 im Saal der Stiere machen durfte, waren die Basis für ein kompliziertes, in dieser Form niemals zuvor gewagtes Unternehmen. Aus den Negativen entstanden Vergrößerungen, die man zu einem riesigen Mosaik zusammensetzte. Dabei galt es, die zwangsläufig auftretenden Verzerrungen, die die Aufnahmen aus der Höhle aufwiesen, weitgehend auszugleichen. Anschließend zerlegte man das Mosaik in 200 gleichgroße Einzelteile.*

Nun benötigte man zur Anfertigung der Abziehbilder flächendeckende Fotos der Wandmalereien aus dem Saal der Stiere. Es stellte sich heraus, daß ältere Aufnahmen der Malereien für den neuen Zweck nicht brauchbar waren. Die Höhlenverwaltung von Lascaux zeigte sich großzügig und erlaubte einem Fotografenteam, im Februar 1980 nochmals den Saal der Stiere abzulichten. Natürlich kontrollierte man genau die Veränderungen des Höhlenklimas und gestattete den Aufenthalt der Fotografen nur zu bestimmten Zeiten. Ausgerüstet mit Großbildkameras (18 mal 24 Zentimeter Filmformat) und Elektronenblitzgeräten stiegen sie nach unten. Mit 25 Aufnahmen im Gepäck kamen sie wieder ans Tageslicht.

Es begann eine aufwendige Arbeit im Fotolabor. Vergrößerungen im Maßstab 1 : 1 mußten angefertigt und dann zu dem Gesamtbild zusammengesetzt werden. Das war keine leichte Aufgabe, denn Fotografien geben den dreidimensionalen Raum auf einer zweidimensionalen Fläche wieder. Dabei kommt es – physikalisch bedingt – zu Verzerrungen, die, so gut es eben geht, wieder ausgeglichen werden müssen. Einem Physiker des Labors der Musées de France gelang es schließlich, alle Fotos nahtlos aneinanderzufügen, Bild paßte genau an Bild, die Übergänge waren nicht mehr kenntlich.

Die nächste Schwierigkeit bestand darin, exakt die Stellen in dem Höhlennachbau zu bestimmen, an welchen die Motive – entsprechend den Bildern in der wirklichen Höhle – angebracht werden mußten. Man hatte ja aus den 25 Fotos ein einziges Bild gemacht, das man in dieser Größe natürlich nicht einfach an die Wände kleben konnte. Also zerschnitt man das Riesenfoto in 200 rechteckige Teile, jedes 60 mal 80 Zentimeter groß. Die „Höhlenrekonstrukteure“ trauten sich allerdings nicht, das Puzzle an dem Originalnachbau auszuprobieren; zu groß schien ihnen die Gefahr, das komplizierte Höhlenrelief zu beschädigen. Um die

Das Prinzip der Abziehbilder *probierte man zunächst an einem verkleinerten Modell des Höhlennachbaus aus. Das zuvor auf das Abziehpapier aufgebrachte Foto wurde mit der Bildseite fest in das harte, mit einer dünnen Klebstoffschicht überzogene Kunststoffrelief eingerieben. Wenn man das Abziehpapier vorsichtig löste (rechts), blieb die Emulsionsschicht, in die das Bild eingebettet war, haften.*

Die fertigen Einzelteile der Höhle *setzte man am Schluß zusammen (links). Die im Abziehbildverfahren auf den harten Polyesteruntergrund des Reliefs aufgebrachten Fotos zeigen originalgetreu den Saal der Stiere. Die „nackten" Wandpartien, die keine Felsmalereien und demzufolge auch kein Abziehbild tragen, sind mit einer von Gelb über Rot bis ins Braune gehenden, mit Kunstharz gemischten Sandschicht überzogen. Sie entspricht dem Originalfarbton der Höhlenwände.*

korrekte Position für jedes Teilbild zu ermitteln, baute man noch eine zweite, kleinere Höhle, diesmal im Maßstab 1 : 6, und legte anhand dieses Modells in einem Layout fest, wo jedes Bild hingehörte.

Die Arbeit trat in ihre Endphase. Das Abziehpapier wurde auf die Fotos gepreßt und die farbige Emulsionsschicht von dem Fotopapier abgelöst. Sie haftete nun seitenverkehrt an dem Abziehpapier. Mit größter Sorgfalt begann man, jedes der 200 Abziehbilder an seine vorgesehene Stelle an der künstlichen Höhlenwand zu kleben. Als das geschafft war, befeuchtete man sie und rieb sie mit weichen Bürsten und Schwämmen vorsichtig in das Relief der Wand ein. Danach entfernte man das Abziehpapier. So entstand, seitenrichtig und farbgetreu, Stück für Stück der Saal der Stiere. Jetzt mußte man nur noch die Farbe der künstlichen Felswände den Malereien anpassen, so daß sie dem Original entsprachen. Nach letzten Retuschen und der Installation der Beleuchtungsanlage war das Werk vollendet.

Man hatte den Entdecker der Höhle von Lascaux, Marcel Ravidat, zur Eröffnung der Ausstellung nach Paris eingeladen. Völlig verblüfft stand er in der Zweitausgabe „seiner" Höhle und meinte, daß er auf Anhieb einen Unterschied zur echten nicht bemerkt hätte. Die transportable Höhle ging in Europa auf Wanderschaft und lockte Hunderttausende von Besuchern an. Nach einer Erholungspause, die sie zerlegt in einem Keller verbrachte, ist sie nun wieder in Paris zu besichtigen.

Höhlen voller Rätsel

Aus der Höhle von Altamira *in der nordspanischen Provinz Santander stammt das Bild der etwa 2,2 Meter großen rotbraunen Hirschkuh, die von einem kleinen, nur in Umrissen erkennbaren Bison begleitet wird. Die Malerei entstand um 12 000 v. Chr.*

Neben Lascaux, das man – wie auch Altamira – überschwenglich als „Sixtinische Kapelle der Steinzeit" feierte, gibt es in Europa noch viele andere Höhlen und Felsüberhänge, die mit Malereien, Ritzzeichnungen und Flachreliefs geschmückt sind. Man hat Höhlenmalereien auch in Portugal, Österreich, Italien, in der Türkei und in Sibirien gefunden, doch ist hier oft ungeklärt, ob die Kunstwerke tatsächlich der jüngeren Altsteinzeit zuzuordnen sind.

Das Zentrum der jungpaläolithischen Höhlenkunst liegt jedoch ohne Zweifel im Südwesten Frankreichs, in der Pyrenäenregion sowie im Kantabrischen Gebirge im Nordosten Spaniens. Allein in Frankreich kennt man 77 solcher Höhlen, so z. B. Les Combarelles, Rouffignac, Peche-Merle, Niaux, Gargas und Trois-Frères. Und in Spanien ist man bislang auf 46 Höhlen gestoßen, deren bekannteste die bereits erwähnte Höhle von Altamira ist. Ihre Malereien entdeckte 1879 die kleine Tochter des Don Marcelino de Sautuola, als sie ihren Vater begleitete, der seine Freizeit mit der Suche nach Spuren aus vorgeschichtlicher Zeit verbrachte.

Neben der ortsgebundenen Wandkunst gibt es aus dem Jungpaläolithikum auch noch Tausende von mehr oder weniger gut erhaltenen Funden der sogenannten mobilen Kleinkunst. Es handelt sich dabei um tragbare Gegenstände, die man nicht nur in Höhlen, sondern auch an den vielen Lagerplätzen der Steinzeitmenschen vom Süden Spaniens bis nach Sibirien gefunden hat. Zum einen sind es Geräte, Waffen und Schmuck, die aus Stein, Knochen, Elfenbein oder Ton bestehen und mit eingeritzten Darstellungen von Tieren und Menschen verziert sind. Zum andern umfassen die Funde sogenannte Venusstatuetten, Frauenfiguren, die vermutlich mit einem Fruchtbarkeitskult in Zusammenhang stehen, sowie andere kleine Plastiken.

Wie in Lascaux, so überwiegen auch in den anderen Höhlen die Tiermotive. Am häufigsten stößt man auf Hirsche, Stiere, Pferde, Steinböcke, Rene, Auerochsen, Mammuts und Nashörner, oft zieren aber auch Braunbären, Höhlenlöwen sowie Fische und Vögel die Decken und Wände. Seltener dagegen sind Menschen dargestellt; hier überrascht vor allem die starke Stilisierung. Daneben tauchen auch noch Fabelwesen wie z. B. das Einhorn von Lascaux und Mischwesen aus Mensch und Tier auf.

Rätsel gibt eine Reihe abstrakter Zeichen auf, die sich – gemalt oder geritzt – in vielen Höhlen finden. Es sind Punkte, Striche, Mäander, linienförmige Zeichen, große, unterteilte farbige Fel-

Das Nashorn *(rechts) aus der in der Dordogne gelegenen Höhle von Rouffignac gehört zu einer Gruppe von drei Tieren, die hintereinander über die Höhlenwand ziehen. Sie scheinen auf einer gedachten Grundlinie zu stehen – eine Anordnung, die sie von vielen anderen steinzeitlichen Höhlenmalereien unterscheidet. Meist sind die einzelnen Figuren scheinbar ungeordnet neben- und übereinandergesetzt oder fließen die Konturen sogar ineinander.*

der, ovale und runde Formen. Man vermutet, daß es sich hierbei um Symbole handelt, doch ist ihre Bedeutung unbekannt.

Bei den meisten Höhlenbildern fällt auf, daß man sie scheinbar ohne jedes Ordnungsprinzip auf Decken und Wände gemalt hat. So fehlen z. B. Bezugslinien – etwa, daß die Tiere in einer Reihe auf einer „gedachten" Grundlinie stehen. Sie sind willkürlich aneinander- und übereinandergereiht, und der heutige Betrachter vermißt häufig ein genau definiertes Oben und Unten.

Verwirrend wirkt zum andern, daß viele Bilder sich überschneiden bzw. gänzlich überlagern. In manche Bilder malte man immer wieder neue hinein, so daß die Konturen der einzelnen Abbildungen kaum zu unterscheiden sind.

Warum die Menschen des Jungpaläolithikums die Höhlen ausmalten und welche Bedeutung diesen Höhlen und ihren Malereien zukam, darüber streiten sich die Gelehrten noch immer. Einig ist man sich lediglich darin, daß die Höhlenmalereien nicht um ihrer selbst willen, aus rein ästhetischer Freude am Umgang mit Formen und Farbe und an der Betrachtung schöner Bilder entstanden sind. Denn dieser Annahme widerspricht, daß die Höhlen finster und schwer zugänglich sind und daß man die Bilder obendrein oft auch noch an für den Betrachter ausgesprochen ungünstigen Stellen anbrachte. Vielmehr hält man für erwiesen, daß die Höhlen Heiligtümer waren und daß ihre Ausstattung ganz bestimmten Regeln folgte. So hat man z. B. festgestellt, daß manche Tiere immer einander gegenüber angeordnet und daß bestimmte Zeichen und Motive nur in den entlegeneren Teilen der Höhlen zu finden sind.

An der weitergehenden Deutung der Höhlenmalerei jedoch scheiden sich die Geister. Abbé Henri Breuil sieht in den Bildern Zeugnisse eines Jagd- und Fruchtbarkeitszaubers. Seiner Meinung nach bedeutete für den Cromagnonmenschen ein Tier abbilden, es zu bannen, um es leichter jagen zu können. Mitunter sei der Jäger auch selbst in das Fell des Wildes geschlüpft, um es in seinen Bann zu schlagen. Ein berühmtes Beispiel dafür sei der „Zauberer" von Trois-Frères, ein Phantasiewesen, halb Mensch, halb Tier. Dieser Auffassung steht jedoch entgegen, daß in den Höhlen auch viele Tiere abgebildet sind, die nicht gejagt wurden.

Eine andere, neuere These stammt von dem französischen Völkerkundler und Vorgeschichtsforscher André Leroi-Gourhan. Aufgrund eingehender Untersuchungen der französischen Höhlen nimmt er an, daß die Darstellungen Ausdruck des weiblichen und männlichen Prinzips der Natur sind. Diesen beiden Polen ordnet er Tiere, Menschen und Zeichen zu. So wird die Höhlenmalerei zum Sinnbild einer Natur, deren Einheit aus dem Gegensatzpaar männlich – weiblich erwächst.

Welche Bedeutung den Höhlenmalereien auch im einzelnen innewohnen mag, sie beweisen in jedem Fall, daß der Cromagnonmensch bereits religiöse Vorstellungen hatte und daß er darüber hinaus auch Phantasie besaß und über die Fähigkeit verfügte, seine Vorstellungen künstlerisch auszudrücken.

Wild der Steinzeit

Unter den Tieren der Eiszeit gab es eine stattliche Zahl an jagdbarem Wild, das dem Menschen in vielfacher Weise nützlich war. Es lieferte ihm Fleisch, aus geeigneten Knochen fertigte er Werkzeuge und Waffen, und das Fell konnte er beim Zelt- und Hüttenbau, als Unterlage für das Lager sowie als Kleidungsstück verwenden. Welche Tiere der Mensch des Jungpaläolithikums jagte, läßt sich in den Höhlen wie in einem Bilderbuch nachlesen.

Das größte Tier war das Mammut, ein Riese von vier Metern Höhe mit gewaltigen, gebogenen Stoßzähnen. Es wanderte über die kalten Steppen und fraß im Sommer Gräser und Kräuter, im Winter auch Sträucher und Zweige von Birken, Weiden und Nadelbäumen. Sehr gut angepaßt war es an die Kälte. Sein zottiges Fell bestand aus Grannenhaaren, die bis zu 50 Zentimeter lang wurden und vor Nässe schützten, während das dichte Unterfell die Körperwärme speicherte.

In der Höhle von Lascaux ist keines dieser Tiere abgebildet worden, wohl aber in anderen Höhlen der Dordogne, deren Bilder aus einer älteren Zeit stammen. Man nimmt deshalb an, daß das Mammut in der Zeit, als die Höhle von Lascaux ausgemalt wurde, bereits ausgestorben war.

Das gleiche Schicksal ereilte etwas später auch das Wollhaarnashorn, einen Zeitgenossen des Mammuts und wie dieses ein Pflanzenfresser. Sein Bild haben die Künstler von Lascaux noch überliefert.

Ein anderes Tier überlebte hingegen bis ins 17. Jh.: der Auerochse, auch Ur genannt. Erst in dieser Zeit zerstörte der Mensch mehr und mehr den Lebensraum dieses Tieres, große, lichte Wälder und Flußniederungen, und der Auerochse starb aus. Von ihm stammen alle heutigen Arten des Hausrinds ab. Zoologen haben versucht, aus diesen Rassen den Auerochsen zurückzuzüchten, doch sind die Ergebnisse umstritten.

Auch das Wildpferd, das in der Eiszeit eines der am meisten gejagten Tiere war, drohte auszusterben. Nachdem der Zoologe Przewalski die letzten Tiere Ende des 19. Jh. auf innerasiatischen Steppen entdeckt hatte, konnte dieses urtümliche, nur ponygroße sogenannte Przewalskipferd erfolgreich nachgezüchtet werden (ganz oben).

Von der Eiszeit bis in die Gegenwart überlebte der Moschusochse. Man trifft das dichtbehaarte, kräftige, bis zu 1,4 Meter hohe Tier heute im Norden Alaskas, Kanadas und Grönlands an (oben).

Auch andere Tierarten, die der Steinzeitmensch jagte, kennen wir heute noch, so z. B. den Rothirsch, das Wildschwein und das Reh. Der Steinbock zog sich nach der Eiszeit in die Pyrenäen und Hochalpen zurück. Der Eisfuchs folgte gewissermaßen den abschmelzenden Gletschern und bewohnt jetzt polare Regionen. Der bedeutendste Fleischlieferant der Steinzeitmenschen war jedoch das Ren. 90 Prozent aller Knochenreste, die man in Lascaux gefunden hat, stammen von diesem Wild.

Die Höhlenmalereien zeigen noch zahlreiche weitere Tiere, unter anderen Wisente, Wölfe, Hasen, Höhlenlöwen und -bären und sogar Fische. Im übrigen gab es kaum Unterschiede zwischen der Tierwelt in der Dordogne und in anderen europäischen Regionen. Die Tiere waren überall vertreten, freilich nicht immer zur gleichen Zeit, weil das Klima in den verschiedenen Gebieten voneinander abwich.

Dokumente am Fels

Nicht nur in den Höhlen Europas stoßen wir auf Zeugnisse des Menschen aus vorgeschichtlicher Zeit, auch in Afrika, Amerika und Australien findet man in Stein geritzte Zeichnungen oder auf Fels gemalte Bilder. Besonders zahlreich und von beeindruckender Themenvielfalt sind die Felsbilder der Sahara. Als der deutsche Afrikareisende Heinrich Barth 1850 im Fessan die ersten Ritzzeichnungen entdeckte, war er begeistert, bezweifelte jedoch in europäischer Überheblichkeit den afrikanischen Ursprung der Kunstwerke, denn „sicherlich konnte ein Barbar, welcher nie Gegenstände der Kunst gesehen noch seine Hand darin versucht hatte, nicht mit solcher Festigkeit die Linien eingraben und allen Figuren jene leichte und natürliche Gestaltung geben ...". Mehr als ein halbes Jahrhundert später bezeichnete der Völkerkundler Leo Frobenius in einer klügeren Einschätzung des Phänomens die Felsbilder jedoch als das „Bilderbuch der Geschichte schriftloser Völker".

Als in Europa die letzte Eiszeit zu Ende ging, herrschte in der Nordhälfte Afrikas ein ganz anderes, wesentlich lebensfreundlicheres Klima als heute. In der Sahara fiel reichlich Regen, Flüsse rauschten von den Gebirgen zu Tal, die heute noch als Trockentäler (Wadis) existieren. Ein letztes Überbleibsel dieser feuchten Periode ist der Tschadsee, der vor etwa 10 000 Jahren noch bis zum Tibestigebirge reichte. Eine zusammenhängende, größere Waldregion war jedoch nicht vorhanden, die Vegetation folgte vor allem den Flußtälern, und in den höher gelegenen Gebieten dürfte es den typischen Bewuchs der Savanne gegeben haben. Damals waren diese klimatisch günstigen Gebiete der Sahara bewohnt, und es entwickelte sich hier eine frühe vorgeschichtliche Kultur. Die Wissenschaft unterteilt sie zunächst in das altsteinzeitliche Iberomaurusien (etwa 14.–9. Jt. v. Chr.) und Capsien (benannt nach der tunesischen Stadt Gafsa, lateinisch: *Capsa;* 8.–4. Jt. v. Chr.). Sich zeitlich überschneidend entstanden dann auch jungsteinzeitliche (neolithische) Kulturen: zunächst in der südlichen und zentralen Sahara bis etwa zum 27° nördlicher Breite das Sahara-Sudan-Neolithikum (7.–2. Jt. v. Chr.) und nördlich dieses Gebiets bis zu den Küstengebirgen des Maghreb das Capsien-Neolithikum (6.–2. Jt. v. Chr.).

Aus diesen Kulturepochen stammen die Felsbilder der Sahara. Sie finden sich vorwiegend in den Bergregionen des Tassili N'Ajjer, des Tibesti, des Ahaggar und im Fessan, einem Gebiet im Süden Libyens.

Man gliedert die Bilder nach stilistischen und inhaltlichen Merkmalen in fünf Perioden, deren zeitliche Eingrenzung nur in groben Umrissen und anhand archäologischen Vergleichsmaterials möglich ist.

Die mit teils feinen, teils groben Strichen ausgeführten Gravierungen und die ein- oder mehrfarbig in schwungvollen Linien auf den Fels gebrachten Malereien geben Auskunft über die Menschen jener Zeit, ihre Bekleidung und Bewaffnung sowie über die Tiere, die sie jagten oder – in späterer Zeit – in Herden hielten. Die

älteste Fundgruppe bezeichnet man als Jägerperiode. Sie begann noch während des Iberomaurusiens und endete etwa um 6000 v. Chr. Man fand Ritzzeichnungen, die Wildtiere darstellen: Elefanten, Giraffen, Nashörner, Flußpferde, Antilopen, Rinder und Strauße. Außerdem spielt der Bubalus eine wichtige Rolle, ein großes, büffelähnliches Wildrind, das wahrscheinlich schon lange vor der historischen Zeit ausgestorben ist. Hingegen sind Menschen zunächst nur vereinzelt abgebildet, und meistens tragen sie Tiermasken.

Gegen Ende der Jägerperiode tauchen in den Darstellungen die ersten gezähmten Rinder und – im Unterschied zu der Zeit davor – auch erste Herden auf. Jetzt sind auch häufiger Menschen zu sehen. Die Felsbilder lassen leider keinen Rückschluß auf den Alltag dieser Jägerkultur zu. Selbst Jagdszenen sind sehr selten. Erkennbar ist aber, daß die Menschen, die offenbar einen europid-mediterranen Typ verkörperten, mit Pfeil und Bogen umzugehen wußten, Keulen benutzten und auch Fallen stellten.

Die Rundkopfperiode (7000–6000 v. Chr.) überschneidet sich mit der vor ihr liegenden Jägerperiode und war wie jene vermutlich eine von Jägern geprägte Kultur. Die Viehhaltung war anders als in den zeitgleich liegenden neolithischen Kulturen des Vorderen Orients noch kaum bekannt. Abbildungen aus dieser Zeit finden sich hauptsächlich in der Zentralsahara, im Tassili N'Ajjer und im benachbarten Tadrart Akakus. Man hat 30 verschiedene Stile feststellen können. Es sind farbige Gravierungen, die Tiere wiedergeben, vor allem aber auch in Gruppen zusammengefaßte Menschen, deren Hauptmerkmal ein runder Kopf ist. Mensch und Tier treten fast nie gemeinsam auf. Diese Bilder stellen die Forschung vor große Rätsel. Im Dunkel bleibt, ob die Menschen jener Zeit mit dem Ende der Rundkopfperiode von anderen Stämmen verdrängt oder assimiliert wurden oder ob sie ihre Kultur, wenn auch abgewandelt, in der folgenden Rinderperiode fortsetzten.

Das Leben der Hirten in der Sahara, *die Verteidigung der Herden und Jagdszenen sind die Themen vieler Felsmalereien aus der Rundkopf- und Rinderperiode. Häufig benutzt wurden Ockerfarbtöne. Oben ein Bild aus Sefar in der algerischen Sahara.*

Die liegende Gazelle *(links) gehört in die älteste Epoche der Saharabilder und wurde etwa 6000 v. Chr. bei Tin Terirt im Gebirgsmassiv des Tassili N'Ajjer in den Felsen geschliffen.*

Australisches Felsbild *(rechts) am Nourlangie Rock im Norden des Landes, etwa 250 Kilometer östlich von Darwin. Mythische Gestalten umgeben die zentralen Götterfiguren. Das etwa 10 000 Jahre alte Bild wurde vermutlich von Ureinwohnern geschaffen, die am Ende der Eiszeit über eine damals noch bestehende Landverbindung mit Neuguinea einwanderten.*

Diese begann um 6000 v. Chr. und dauerte bis 1500 v. Chr. Im Mittelpunkt der Darstellungen stehen, wie schon der Name sagt, Rinder. Es sind jedoch keine Wildformen des Rindes mehr, sondern gezüchtete Haustiere. Die Künstler haben die Bilder dieser Periode entweder gemalt oder in die Felsen geritzt, wobei sie in den verschiedenen Regionen nur jeweils eine dieser beiden Techniken anwendeten. Viele der Bilder sind mehrfarbig. Rotbraun in zahlreichen Abstufungen und Weiß gehören zu den am häufigsten benutzten Farben. Daneben finden sich jedoch auch einfarbige Darstellungen. Warum in der Sahara zu jener Zeit Rinderherden lebten, ist nicht geklärt. Vielleicht wurde das Wildrind hier gezähmt, möglicherweise ist es aber auch aus dem Vorderen Orient, aus dem oberen Nilgebiet oder dem äthiopischen Hochland „eingewandert". Die Bilder erzählen viel über die Menschen, die den Herden folgen oder vor ihren Hütten ruhen. Offensichtlich setzten sich die Träger dieser Hirtenkultur aus dunkel- und hellhäutigen Stämmen zusammen.

Die Pferdeperiode, um 1500 v. Chr. bis zur Zeitenwende, spiegelt die Ankunft von Eroberern, die das bis dahin in der Sahara unbekannte Pferd und auch den Wagen mitbrachten. Statt der Rinder werden nun Pferde auf die Felsen gemalt.

Die Bilder der letzten, der Kamelperiode, gehen in die Zehntausende. Man fand sie in allen Gebieten der Sahara. Es sind flächige Malereien in Rot und Schwarz oder kunstlose Umrißzeichnungen. Der Mensch auf diesen Bildern reduziert sich zu einem Strichmännchen. Die hohe Zeit der Felskunst hatte ihr Ende gefunden.

Städte ohne Straßen

Im Hochland von Anatolien lag eine der ersten Städte der Menschheit: Çatal Hüyük, ein wabenähnliches Häusermeer, durch das kein Weg hindurch führte.

Ein Fund im Regen

Es war ein Tag im November 1958. Kalt war es geworden, empfindlich kalt, und über die anatolische Hochebene pfiff der Wind. Es regnete, wie es zu dieser Jahreszeit in dieser Gegend der Türkei, zwischen dem Taurusgebirge im Süden und den Salzsteppen im Norden, üblich ist. Der britische Archäologe James Mellaart und seine beiden Mitarbeiter waren froh, daß sie in dem Dorf Küçükköy, etwa 50 Kilometer südöstlich von Konya, noch ein Quartier gefunden hatten. Von hier aus bis zum eigentlichen Ziel ihrer Reise, zwei aus der Ebene aufragenden Hügeln, die durch einen Arm des Flusses Çarsamba Suyu getrennt werden, waren es nur noch anderthalb Kilometer südwärts.

Der Tag war schon weit fortgeschritten und die Abenddämmerung nicht mehr fern. Dennoch machte sich Mellaart mit seinen Begleitern auf den Weg. Die Hoffnungen, die er mit dieser seit langem geplanten archäologischen Expedition verband, waren so groß, daß er nun glaubte, keine Stunde länger warten zu können. Die drei Männer erreichten eine Weggabelung im Norden der Hügel. Sie hatte diesem Gelände den Namen gegeben: Çatal (Gabelung) Hüyük (Hügel) sagten die Einheimischen, wenn sie von den beiden Kuppen sprachen. Der östlich gelegene, etwas größere und bedeutend höhere Hügel war dicht mit Gras und Steppenraute bewachsen, doch es gab Stellen, an denen der vorwiegend aus Südwesten wehende Wind die Oberfläche kahlgefegt hatte, und hier fand Mellaart tatsächlich seine Hoffnungen bestätigt: Er entdeckte „unverkennbare Spuren eines von einer Feuersbrunst rotgebrannten, sich von grauen Aschenflecken abhebenden Luftziegelgemäuers, zerbrochene Knochen, Keramikscherben sowie Geräte und Waffen aus Obsidian. Zu unserer Überraschung fanden sich diese nicht nur an der Basis des Hügels, sondern setzten sich bis zu dessen Höhe – etwas mehr als 17 Meter über dem Geländeniveau – fort."

Die Archäologen stopften einige Fundstücke in die Taschen und begaben sich auf den Rückweg zum Dorf. Wenn sich auch Mellaart über das volle Ausmaß seiner Entdeckung noch nicht im klaren war, so ahnte er doch die wissenschaftliche Sensation, die sich hier anbahnte. Er hoffte, bei näherer Untersuchung Çatal Hüyüks nachweisen zu können, daß dieser Hügel die Überreste einer frühen, jahrtausendealten Zivilisation barg und hier das Zentrum einer schon seßhaften, Ackerbau treibenden Gesellschaft lag. Das würde bedeuten, daß die sogenannte neolithische Revolution, der in der Jungsteinzeit stattfindende Übergang vom Nomadentum zu Seßhaftigkeit, Ackerbau und Viehzucht, nicht nur, wie bisher angenommen, in den Stromtälern von Nil, Euphrat und Tigris ihren Ursprung hatte, sondern auch in anderen Regionen des Vorderen Orients, wie hier in den fruchtbaren Hochlandtälern Anatoliens.

Die Mauern Çatal Hüyüks bestehen aus luftgetrockneten Lehmziegeln. Beim Formen mengte man der Masse häufig Stroh, seltener Sand bei. Die Farbe der Ziegel ist meist grünlich, bei den sandigen Ziegeln jedoch braungelb. Die sorgfältig geschichteten Steine sind mit einem schwärzlichen Mörtel verbunden, der Asche und Knochenreste enthält. Die häufig erneuerte Putzschicht schützt vor Regen und Feuchtigkeit.

Das ausgegrabene Mauerwerk Çatal Hüyüks läßt die Anlage der Stadt gut erkennen, deren Häuser sich ohne trennende Straßen und Plätze wabenartig zusammenfügen. In einigen der elf übereinanderliegenden Schichten sind die Mauern durch Witterungseinflüsse stark abgeschliffen, in anderen jedoch so gut erhalten, daß man Details erkennen kann.

James Mellaart hatte als Assistent von Kathleen Kenyon, die in den 50er Jahren das biblische Jericho ausgrub, erste berufliche Erfahrungen gesammelt. Seither faszinierte ihn die Suche nach den ältesten Städten der Erde. Jahrelang durchstreifte er mit Rucksack und Fahrrad oder zu Fuß die weiten Ebenen Anatoliens. Schon 1952 war ihm aus der Ferne der Hügel von Çatal Hüyük aufgefallen; er konnte freilich nicht ahnen, welche Überraschungen er zu bieten hatte. Eine Krankheit hinderte den Forscher damals daran, sich den Hügel aus der Nähe genauer anzusehen. Aber auch jetzt, nachdem Mellaart wußte, daß sich eine Grabung an dieser Stelle lohnen würde, mußte er eingehende Forschungen zunächst vertagen. Bis 1960 beanspruchten ihn die Ausgrabungen bei Hacilar, einem 225 Kilometer westlich von Çatal Hüyük gelegenen Dorf, bei dem bereits eine kleine neolithische Siedlung zum Vorschein gekommen war.

Nach Abschluß der Arbeiten in Hacilar begannen Mellaart und ein stattliches Team von Mitarbeitern 1961 mit systematischen Grabungen in Çatal Hüyük. 1962 und 1963 setzte man die Erforschung der Fundstätte fort, und erneut nahm man nach einer einjährigen Pause 1965 die Ausgrabungen wieder auf. Von Anfang an beeindruckten Mellaart die ungewöhnliche Größe und Höhe des östlichen Hügels, auf den er seine Aufmerksamkeit konzentrierte. Die ovale Aufschüttung maß etwa 450 mal 275 Meter und bedeckte 13 Hektar. Die oberste Fundschicht lag 17,5 Meter über dem Niveau der Ebene, und

Probegrabungen haben ergeben, daß die archäologischen Schichten noch mindestens vier Meter tiefer als das heutige Niveau hinunterreichen. Çatal Hüyük gilt heute als die größte neolithische Siedlung im Vorderen Orient.

Mellaart verzichtete darauf, einen senkrechten Grabungsschnitt durch den Hügel anzulegen. Damit hätte man zwar schnell einen groben Überblick über die einzelnen Kulturschichten gewinnen können, aber die Gefahr, archäologisches Material unwiederbringlich zu zerstören, war zu groß. Statt dessen wählte Mellaart die zeitraubende und mühsame, dafür aber behutsame Methode, Schicht für Schicht horizontal abzutragen. Auf diese Weise konnte er den Grundriß und die Ausstattung der allmählich zutage tretenden Gebäudegruppen besser erforschen. Bislang umfassen die Ausgrabungen am Westhang des östlichen Hügels eine Fläche von rund 4000 Quadratmetern, also nur ein Dreißigstel der gesamten Aufschüttung. „Elf aufeinanderfolgende Besiedlungsniveaus" hat James Mellaart bei seinen Untersuchungen feststellen können, und er betont ausdrücklich, daß diese „für elf verschiedene Städte" stehen und nicht für „Bauphasen oder Instandsetzungen der einzelnen Gebäude".

Die Frage, wie alt die Siedlungen waren, konnte man mit Hilfe der Radiokarbonmethode (siehe Seite 70) ungefähr klären. Bei der Zeitbestimmung leistete verkohltes Bauholz, zumeist Eiche und Wacholder, gute Dienste. Weitere Daten erhielt man durch die Untersuchung von Herdasche. Die einzelnen Siedlungen waren in der Zeit von 6500 bis 5700 v. Chr. erbaut worden. Çatal Hüyük hatte demnach rund 800 Jahre existiert.

Wie Mellaart ferner ermittelte, wurde nach 5600 v. Chr. „aus unbekanntem Grunde der alte Hügel von Çatal Hüyük aufgegeben und jenseits des Flusses ein neuer Ort gegründet: Çatal Hüyük West. Dieser scheint mindestens weitere 700 Jahre bewohnt gewesen zu sein, bis auch er verlassen wurde, ohne daß sich jedoch ein offenkundiges Zeichen von Gewalt oder absichtlicher Zerstörung fände." Dieser nur 6,09 Meter hohe westliche Hügel wurde bisher noch nicht hinreichend erforscht, um genauere Angaben zu machen.

Was Mellaart im Lauf der Zeit freilegte, bestätigte ihn in der Überzeugung, daß hier bei Çatal Hüyük ein städtisches Zentrum lag und nicht etwa eine nur dörfliche Siedlung. Der Entwicklungsstand der Bevölkerung muß relativ hoch gewesen sein, denn die ausgegrabenen Gegenstände aus Obsidian und Feuerstein zeugen von hoher handwerklicher Geschicklichkeit; sie waren, wie Mellaart schreibt, „die elegantesten der Periode". Ebenfalls weit entwickelt waren die Wollverarbeitung sowie die Produktion von Holzgefäßen und Keramik.

Die größte Überraschung boten jedoch die Häuser von Çatal Hüyük bzw. die gesamte Anlage der Stadt, soweit sich diese aus den bisherigen Ausgrabungen erschließen läßt. Die Grabungsschichten II bis VII lieferten dafür wertvolle Erkenntnisse, vor allem aber die am besten erschlossenen Schichten VI A und VI B, die etwa aus der Zeit von 6000 bis 5780 v. Chr. stammen. Den Archäologen gelang es aufgrund ihrer Funde, für die Schichten II bis VII eine Art Stadtplan mit den Grundrissen der Häuser zu rekonstruieren. Die darüber liegende, jüngere Schicht I ist hingegen nur bruchstückhaft erhalten, und die dürftigen Ergebnisse der Probegrabungen in den darunter liegenden, älteren Schichten lassen ebenfalls keine sicheren Rückschlüsse zu. Doch Mellaart hat keinen Zweifel an dem Grundprinzip der Architektur, das sich noch nach Jahrtausenden an den Mauerresten ablesen läßt: „Ordnung und Planung herrschen überall vor; in der Größe der Ziegel, dem genormten Grundriß der Wohnhäuser und Kultstätten, der Höhe der Fachwerkhäuser, bei Türen, Herden und Backöfen sowie in hohem Maß an den Abmessungen der Räume. Hand und Fuß scheinen die Normalmaße gewesen zu sein – mit vier Handbreiten (je acht Zentimeter) zu einem Fuß (etwa 32 Zentimeter); dies zeigt sich sehr klar an den Ziegeln der Schicht VI, die eine Hand dick, zwei Hände breit und vier Hände lang sind (8 mal 16 mal 32 Zentimeter)."

Dicht an dicht drängten sich die flachgedeckten Häuser aneinander und kletterten terrassenartig hügelan. Es gab weder Straßen noch Gassen, die durch diese wabenartige Ansammlung von Gebäuden eine Schneise geschlagen hätten. Çatal Hüyük ist im Grunde ein einziger, verwinkelter Bungalow mit vielen, vielen Zimmern, jedes von einer Familie bewohnt.

Um zu ihrem Haus zu gelangen, mußten die Bewohner über Leitern auf die Dächer klettern und dort oben entlanglaufen, bis sie am Ziel waren. Die Hauseingänge befanden sich folgerichtig ebenfalls auf den Dächern, und wiederum führte eine Leiter in Form eines behauenen Baumstammes hinunter ins Innere. Höfe, die sich wie Baulücken ausnehmen, lockerten das kompakte Häusergefüge auf. Sie dienten aber nicht den Nachbarn als Stätte der Begegnung oder den Kindern als Spielplatz; es waren Müllkippen. Dorthin schütteten die Anwohner ihre Küchenabfälle und die Herdasche, und dort verrichteten sie auch ihre Notdurft; Infektionsherde waren die Höfe dennoch nicht, weil die Asche alles desinfizierte. Die Häuser selbst hielten sie peinlich sauber.

Die ungewöhnliche wabenartige Anlage der Stadt gibt den Forschern manches Rätsel auf. Sie vermuten, daß die Bewohner Çatal Hüyüks ihre Siedlung auf diese Art und Weise bauten, um sich wirkungsvoll gegen feindliche Überfälle zu schützen. Eine stabile Stadtmauer konnten sie nicht errichten, weil es in der Ebene keine Steine gab und die luftgetrockneten Schlammziegel, die man für den Hausbau verwendete, keinen ausreichenden Schutz gegen Angreifer geboten hätten. Wer Çatal Hüyük erobern wollte, stand vor tür- und fensterlosen Wänden. Die Dächer, auf denen die Verteidiger warteten, waren ohne Hilfsmittel nicht zu erreichen. Gelang es dem Feind dennoch, eine Wand zu durchbrechen, so befand er sich in einem geschlossenen Raum. Bei dem Versuch, sich Haus um Haus vorzukämpfen, blieb er irgendwann im Gewirr der Gebäude stecken. Das System funktionierte offenbar ausgezeichnet, denn man hat bisher keinerlei Hinweise entdeckt, die auf eine gewaltsame Eroberung der Stadt schließen lassen.

Während der gesamten Zeit, in der die Stadt bewohnt wurde, hat sich grundsätzlich an der Bauweise nichts geändert. Es herrscht eine gewisse Gleichförmigkeit, auch wenn die Häuser offenbar den jeweiligen familiären Bedürfnissen angepaßt worden sind. Es gibt kleinere mit einer Grundfläche von 11,25 Quadratmetern, aber auch größere mit 48 Quadratmetern. Die meisten Häuser haben 25–27 Quadratmeter; ihre Seitenlängen betragen etwa 6 mal 4,5 Meter. Neben den offensichtlich als Wohnstätten genutzten Gebäuden gab es – baugleich mit ihnen – eine große Zahl von Häusern, die sich durch ihre besondere Ausschmückung von den Wohnbauten unterschieden und nach Ansicht der Archäologen als Kultstätten dienten.

Mit dem Bild ihrer Stadt *(unten) schmückten die Bewohner von Çatal Hüyük die Wand eines Heiligtums, das in der Schicht VII ausgegraben wurde (siehe Markierungspunkt im Stadtplan rechts unten). Die auf etwa 6200 v. Chr. datierte Wandmalerei, die älteste Landschaftsdarstellung, die jemals entdeckt wurde, zeigt im Vordergrund die rechteckigen Häuser der Stadt und im Hintergrund einen ausbrechenden Vulkan (gepunktete Fläche). Es ist der Doppelkegel des 3253 Meter hohen Hasan Dağ, der 135 Kilometer von Çatal Hüyük entfernt liegt und bis zum 3. Jh. v. Chr. tätig war.*

Wurde ein altes Haus baufällig und unbewohnbar, riß man es nieder und errichtete über demselben Grundriß ein neues, wobei man allerdings kleinere Räume zu einem großen umgestaltete oder einen großen in kleinere verwandelte. Auf diese Weise veränderte sich zwar nicht die Gesamtanlage der Stadt, doch die Pläne der einzelnen Gebäudeschichten unterschieden sich deutlich voneinander.

Doch nicht nur über die Stadt, auch über ihre Einwohner weiß man einiges zu sagen, denn es stand eine große Zahl von Skeletten für eingehende Forschungen zur Verfügung. Man hat die Gebeine von 288 Männern, Frauen und Kindern untersucht, die in der Zeit von 6200 bis 5800 v. Chr. gelebt haben. Die Untersuchungsergebnisse zeigten, daß die Frauen durchschnittlich 1,56 Meter und die Männer 1,70 Meter groß wurden. Beide Geschlechter waren höher gewachsen und haben im Durchschnitt auch einige Jahre länger gelebt als die Menschen vor der Jungsteinzeit. Frauen wurden etwa 30 Jahre, Männer 34, bisweilen auch 40 Jahre alt.

Die gewonnenen Lebensjahre waren vermutlich eine Folge der Seßhaftigkeit und der ausreichenden Nahrungsmittelerzeugung und -konservierung sowie der Sicherheit, die das Leben in der Stadt den Menschen bot. Vor allem die höhere Lebenserwartung der Frauen war von entscheidender Bedeutung: Sie konnten – statistisch gesehen – wenigstens ein Kind mehr zur Welt bringen als ihre Vorfahren, d. h., gegenüber den früheren Zeiten nahm die Bevölkerungszahl langsam, aber stetig zu. Dennoch scheinen viele Frauen das Kindbett nicht überlebt zu haben, denn die Zahl der Skelette weiblicher Personen in gebärfähigem Alter war unverhältnismäßig hoch.

Auffallend ist auch, daß an zahlreichen männlichen Skeletten schwere Verletzungen feststellbar sind. Vielleicht sind die betreffenden Personen einst von den Dächern der Häuser oder bei der Jagd in tiefe Fallgruben gestürzt.

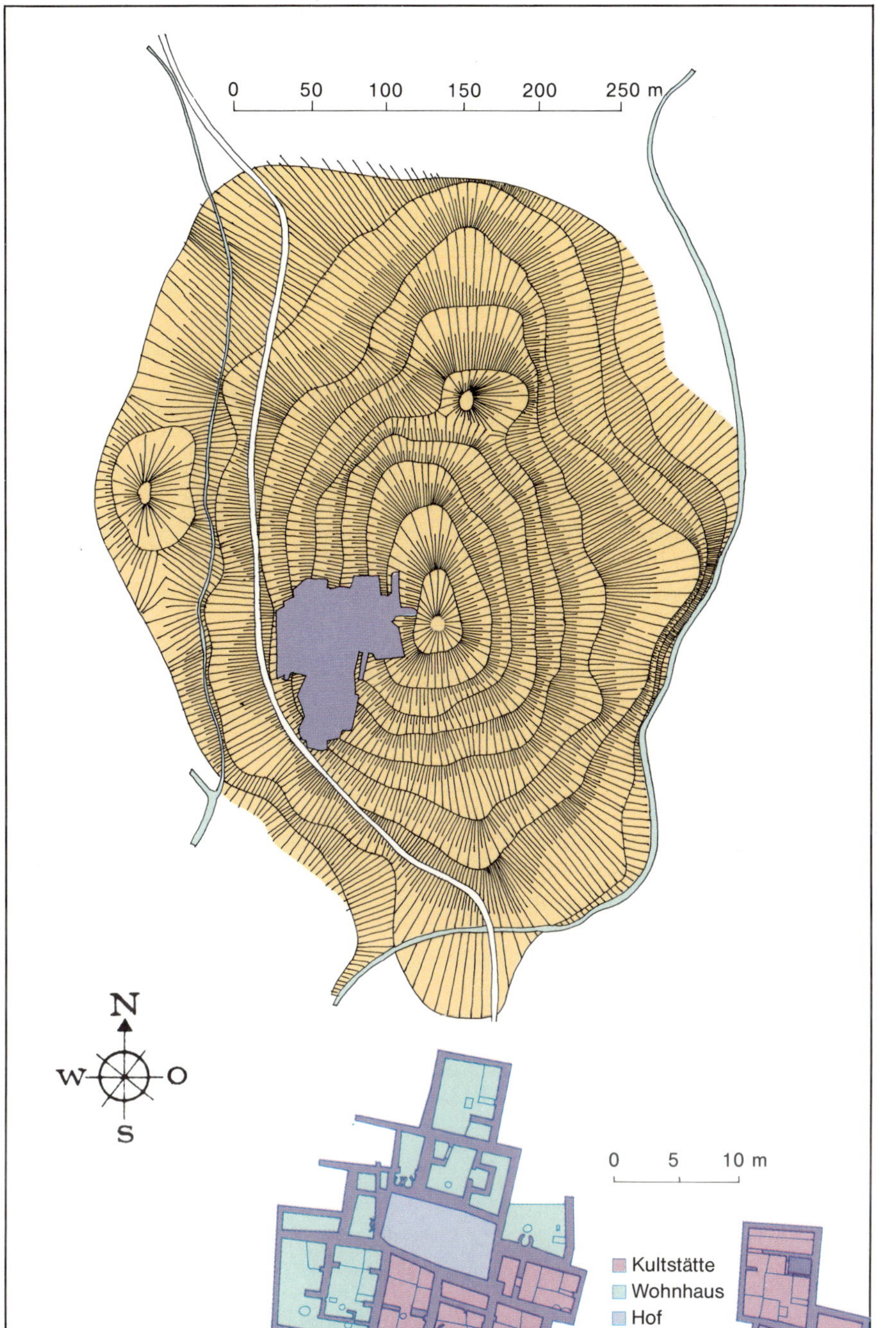

Nur einen kleinen Bruchteil *des zwischen zwei Flußarmen gelegenen Osthügels von Çatal Hüyük (ganz oben) haben die Archäologen bisher erforscht: 4000 Quadratmeter an der Westseite der Aufschüttung (lila Fläche). Darunter ein Grundriß der in Schicht VII freigelegten Häuser, Kultstätten und Innenhöfe.*

Haustür auf dem Dach

Wesentliche Merkmale aller Wohnhäuser Çatal Hüyüks sind ihr einheitlicher Baustil und, von kleinen Abweichungen abgesehen, ihre gleichartige Inneneinrichtung. Tragendes Bauelement war ein hölzernes Fachwerkgerüst, das mit Mauern aus Ziegeln ausgefüllt wurde. Die Ziegel bestanden aus Schlamm, dem man Stroh, manchmal auch Sand beimischte. Diese Masse gab man in eine Holzform und ließ sie an der Luft trocknen. Die Maße der Ziegel waren in den einzelnen Siedlungsschichten unterschiedlich, konnten aber auch innerhalb ein und derselben Schicht variieren. Verbunden hat man die Ziegel mit einem schwarzen, mit viel Asche und mit Knochenresten durchsetzten Mörtel. Auf diese Wände trug man innen und außen einen hellen Putz auf, den die Bewohner in jedem Frühjahr erneuerten, so daß man an der Zahl der Putzschichten in etwa ablesen kann, wie lange ein Haus stand. Das flache Dach ruhte auf zwei dikken Balken, über die dicht an dicht Latten gelegt wurden. Darauf schichtete man Schilfrohrbündel und überzog sie mit Schlamm, der, wenn er trocken war, die äußere Schutzschicht bildete.

Stets wurde an der Südseite im Dach eine Öffnung ausgespart: Sie war der einzige Zugang zum Innern des Hauses. Eine andere Möglichkeit, in ein Haus zu gelangen, gab es nicht. Über eine einfache Leiter, die nichts anderes war als ein viereckig zugehauener Baumstamm mit Trittkerben, kletterte man vom Dach hinab zum Fußboden. Dieser Baumstamm berührte mit einer Seite die Südmauer – in deren Putz er wahrnehmbare Spuren hinterließ – und führte von der Dachöffnung schräg nach unten. Weil diese einzige Öffnung auch als Rauchabzug diente, befanden sich unter ihr die Feuerstellen: der Herd und ein oder mehrere ovale Backöfen, deren hinterer Teil jeweils in die Südmauer eingelassen war, um die vom Feuer entwickelte Hitze besser zu nutzen.

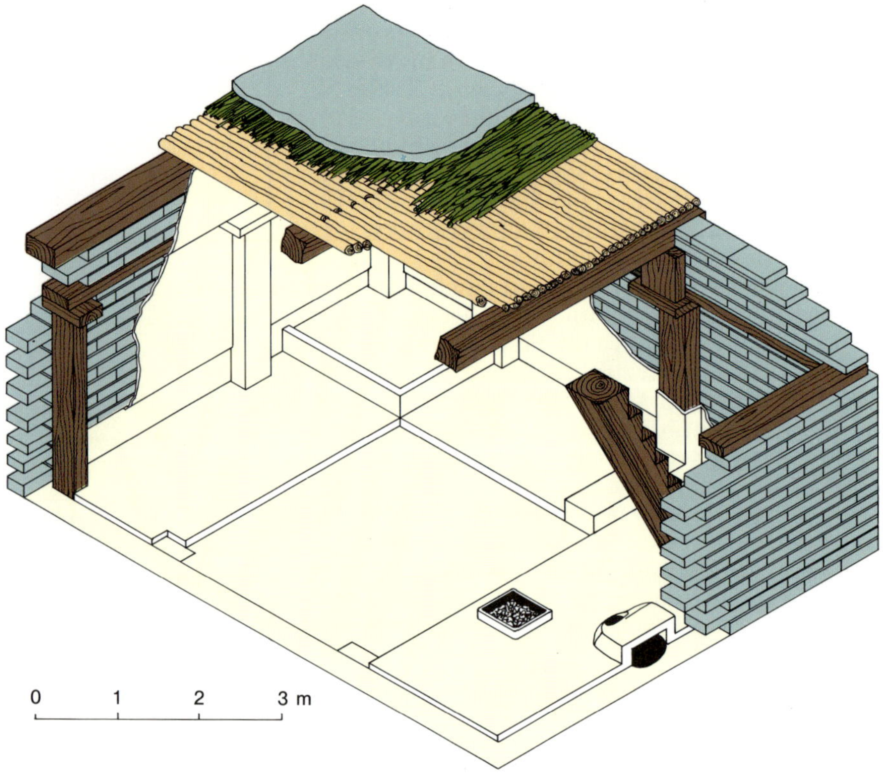

Die Häuser von Çatal Hüyük *sind alle nach dem gleichen Prinzip gebaut. Sie bestanden, wie die Skizze zeigt, aus Ziegelwänden, die von Balken unterteilt und hell verputzt waren. Mit Lehm überzogene Schilfbündel bildeten das Dach. Man betrat den Raum durch eine Öffnung im Dach und stieg einen leiterähnlichen Baumstamm hinab.*

Der Küchenteil nahm etwa ein Drittel des gesamten Raumes ein. Wollte die Hausfrau Brot backen, entnahm sie einem etwa ein Meter hohen Behälter in einer Vorratskammer das Korn, mahlte es und knetete den Brotteig. Gebacken wurde er entweder im eigenen Ofen oder, wie man aus den Bauresten der Schichten IV und V schließen konnte, in einem großen Gemeinschaftsofen mit einem Durchmesser von 1,5 bis 1,8 Metern, der auf einem der Höfe stand.

Die Qualität der in großer Zahl gefundenen Gebrauchsgegenstände, des Schmucks und der Waffen läßt vermuten, daß Çatal Hüyük über eine bereits stark spezialisierte Handwerkerschaft verfügte, die sich möglicherweise in einem noch nicht ausgegrabenen Stadtviertel niedergelassen hatte. Zwar hat man bislang noch keine Werkstatt gefunden, doch spricht James Mellaart z.B. von einer „Steinindustrie" in Çatal Hüyük, die „den Höhepunkt der jungsteinzeitlichen Kunst, Stein zu behauen und zu schleifen", bildete. Allerdings sei man, merkt er bedauernd an, „besser über die Fertigerzeugnisse unterrichtet als über die Technologie ihrer jeweiligen Herstellungsvorgänge". Auch über die Herkunft verschiedener Rohmaterialien herrscht noch teilweise Unklarheit. Außer Ton, Schilf und Holz war in der nächsten Umgebung von Çatal Hüyük nichts vorhanden. Die Rohstoffe mußten also aus anderen Gebieten herangeschafft werden, was einen entwickelten Handel voraussetzt.

Werkzeuge und Waffen wurden aus schwarzem Obsidian angefertigt. Dieses glasartige Gestein ist vulkanischen Ursprungs und entsteht, wenn sich Magma sehr rasch abkühlt. Bis zu 18 Zentimeter lange Speer- und Pfeilspitzen aus

Geometrische farbige Muster *schmückten die Innenwände der Häuser. Sie wurden aufgemalt und bisweilen zusätzlich eingeritzt. Ähnliche Ornamente benutzte man wohl auch beim Weben. Rechts ein Prunkdolch mit einer Klinge aus Feuerstein und einem geschnitzten Griff aus Knochen.*

Obsidian, den man in dem vulkanischen Gebiet im Osten Çatal Hüyüks abbaute, haben die Archäologen gefunden. Aus diesem Material ließen sich zwar scharfe Schneiden herstellen, aber das Werkstück zerbrach verhältnismäßig leicht. Deshalb verwendeten die Handwerker auch gern den widerstandsfähigeren Feuerstein, der aber ebenfalls am Ort nicht vorhanden war und den man z. B. aus dem Südtaurus einführen mußte. Dolche hat man daraus geschlagen, die teilweise kleine Kunstwerke waren; ihre Griffe bestehen vorwiegend aus Holz. Ein herausragendes Fundstück ist ein Dolch, vermutlich eine Prunkwaffe, der eine sorgfältig gearbeitete, sehr feine Klinge besitzt. Sein Griff besteht aus einem Knochen, der in Form einer verschlungenen Schlange geschnitzt ist.

Auffällig sind auch die zahlreichen polierten Gegenstände aus Obsidian und anderem Gestein. Spiegel fanden sich darunter, Steinschüsseln, Mörser und Stößel, Äxte, Keile und viele durchbohrte Perlen. „Es scheint, als habe es wenig Gesteine gegeben, die die neolithische Bevölkerung Çatal Hüyüks nicht zu bearbeiten, zu schleifen, zu polieren, zu durchbohren verstand. Ausnahmen bilden Granit, Gneis, Basalt, Diorit und andere harte … Felsgesteine“, bemerkt der Ausgräber Mellaart.

Nach einer verheerenden Feuersbrunst, der die Stadt etwa 5880 v. Chr. – das Datum markiert das Ende der Siedlungsschicht VI A – zum Opfer fiel, begann das Töpferhandwerk aufzublühen. Diese Brandkatastrophe wie auch die in der folgenden Zeit immer wieder auftretenden schweren Brände, deren Spuren die Archäologen in den oberen, jüngeren Schichten (VI A–I) fanden, konnten die kulturelle Entwicklung der Stadt nicht beeinträchtigen. Fortan wurden viele Gefäße, die man zuvor aus Holz gefertigt hatte, aus Ton hergestellt. Keramik fand sich von Schicht V an in jedem Haus.

Natürlich spielte auch die Jagd im Leben der Männer von Çatal Hüyük eine große Rolle. Auerochsen, Wildschweine und Rothirsche waren die Beute, aber auch Gazellen und Leoparden. Als Haustiere hielt man Schafe, Ziegen und Rinder, die Lieferanten für Wolle, Milch und Fleisch. Auf den Feldern vor der Stadt wurden Getreide und andere Nutzpflanzen angebaut. Insgesamt haben die Wissenschaftler 14 Kulturpflanzen ermitteln können, darunter Erbsen sowie die Getreidesorten Emmer, Einkorn und Gerste. Wahrscheinlich kannten die Leute von Çatal Hüyük auch Wein und Bier.

Wenn die Männer sich abends wieder in ihren Häusern einfanden und das Tageslicht, das durch kleine Öffnungen im oberen Teil der Wände einfiel, allmählich schummerig wurde, begab sich die Familie zur Ruhe. Man bettete sich auf Plattformen, die sich L-förmig an den Wänden entlangzogen und mit Fellen und Matten ausgelegt waren. Tagsüber dienten sie als Arbeitsplatz. Die größte Plattform gehörte der Frau und den Kindern. Der Hausherr lag auf einer kleineren Schlafbank an der Nordwand des Hauses. Man schlummerte auf Gräbern, denn unter den Plattformen waren seit Generationen die Gebeine der Vorfahren bestattet worden.

Häuser wie in Çatal Hüyük

Die Architektur Çatal Hüyüks ist zwar ungewöhnlich, doch keineswegs ein Einzelfall. Die Wissenschaftler sprechen von agglutinierender (anhäufender) Bauweise, wenn Menschen ihre Häuser wabenartig ineinander schachteln. So entstehen Dörfer und Städte ohne Straßen und Plätze. Diese Bauweise findet man z. B. in Mittel- und Ostanatolien, ebenso im Kaukasus und im Bergland des westlichen Iran bis auf den heutigen Tag, aber auch in Amerika bei den Pueblo-Indianern, deren Dörfer wohl die bekanntesten Beispiele für diese Bauweise sind.

Ihren Namen verdanken diese im Südwesten der USA lebenden Indianer den Spaniern, die Mitte des 16. Jh. als Eroberer ins Land kamen. „Pueblo“ bedeutet „Dorf“ – ein deutlicher Hinweis auf die Lebensform dieser Menschen.

Die Stämme, die zu den Pueblo-Indianern gezählt werden, bilden eine kulturelle Einheit, doch sie unterscheiden sich in der Sprache. Sie sind Träger der Anasazikultur, die sich um Christi Geburt im Gebiet von Arizona, New Mexico, Utah und Colorado zu entwickeln begann. Im Unterschied zu den kriegerischen Stämmen der Navaho und Apachen, die in der gleichen Region als Jäger ihrem Lebensunterhalt nachgingen und in Zelten lebten, waren die Pueblo-Indianer seit jeher friedfertige Menschen, die Ackerbau betrieben und in festen Siedlungen wohnten.

Als Höhepunkt der langen kulturellen Entwicklung der Pueblo-Indianer gilt die Zeit von 1100 bis 1300. Der Ackerbau und das Bewässerungssystem waren weit entwickelt. Die Bevölkerung stellte farbige Keramiken und dekorative Webarbeiten her. Man baute gewaltige, terrassenförmig angelegte mehrstöckige Siedlungen, die wie Festungen wirkten. Oben der sogenannte Klippenpalast im Mesa-Verde-Gebiet im Südwesten Colorados. Die Anlage besteht aus über 200 Räumen, darunter 23 Kultkammern, die dem Fruchtbarkeitszauber dienten. Das kleine Bild zeigt einen Teil des Dorfes Taos in New Mexico. Es entstand um das Jahr 1000 und wurde seither ständig von Pueblo-Indianern bewohnt.

Im Banne der großen Göttin

Alle Häuser Çatal Hüyüks betrat man durch die Dachöffnung, in allen Gebäuden gab es Herde und Backöfen und Schlafplattformen, unter denen die Gebeine der Toten beigesetzt wurden. Und dennoch unterscheiden sich 40 der 139 ausgegrabenen Gebäude deutlich von den einfachen Wohnhäusern. Hier entdeckte der Archäologe „Wandmalereien besonders sorgfältig ausgearbeiteter Art, die offensichtlich rituelle oder religiöse Bedeutung hatten; Gipsreliefs, die Götter, Tiere oder Tierköpfe darstellen; Stierhörner, die in Bänke eingelassen sind; Votivfiguren, die in den Wänden steckten; Menschenschädel, die man auf Sockel gestellt hatte, und dergleichen mehr". Diese Häuser dienten vermutlich als Kultstätten oder Heiligtümer.

Im Gegensatz zu den einfachen geometrischen Figuren und Mustern, mit denen die Wände der Wohnhäuser geschmückt waren, stieß man in den Kultstätten auf prächtige naturalistische Wandmalereien in ockerfarbenen Tönen sowie in roten, braunen, blauen, grünen oder gelben Farben, die aus Mineralien gewonnen wurden. Beim jährlichen Frühjahrsputz tünchte man die Wände und erneuerte die Gemälde, aber die Motive änderten sich kaum: Man malte große rote und schwarze Stiere und jagdbares Wild, Hirsche, Bären, Wölfe, Wildschweine und Widder, aber auch Haustiere wie Hund und Esel. Jäger, in Leopardenfelle gehüllt und mit Pfeil und Bogen in den Händen, stellten dem Wild nach; zwischen ihnen bewegten sich unbewaffnete Tänzer und Tänzerinnen.

Einen deutlichen Hinweis auf Totenkult und Bestattungsriten geben zwei Wandgemälde, die in den Schichten VI B und VII gefunden wurden. Das Bild aus einer Kultstätte in Schicht VII zeigt riesige Geier, die über kopflosen menschlichen Körpern kreisen. Die zweite Malerei läßt menschliche Schädel und Knochen erkennen, die unter einem viergiebeligen, mit Schilfmatten gedeckten Gebäude liegen. Mellaart hält es für ein Beinhaus oder die Leichenhalle, „wo vor der Bestattung, welche innerhalb der Ansiedlung stattfand (in den Häusern nämlich), von den Skeletten der Toten das Fleisch entfernt wurde". Man vermutet, daß die Geier diese grausige, aus hygienischen Gründen jedoch unerläßliche Aufgabe übernahmen.

Die Malereien in den Kultstätten waren nicht nur Wandschmuck, sondern dienten dem Fruchtbarkeits- und Jagdzauber und vermitteln noch heute ein Bild der religiösen Vorstellungen in jener frühen Zeit. Ähnliches gilt auch für die Skulpturen und Reliefs. Viele der kleinen Statuetten aus Stein oder Ton – sie sind meistens nur 5–20 Zentimeter hoch – zeigen eine Frauengestalt, die offenbar die wichtigste Gottheit verkörperte. Diese Muttergöttin wird meistens mit üppigen Formen oder im Zustand der Schwangerschaft dargestellt. Sie dürfte eine allgewaltige Erdmutter symbolisiert haben; sie schenkte Leben, schützte und bewahrte es.

In vielen der sakralen Räume finden sich in Form von bemalten Gipsreliefs „Figuren der Göttin mit hochgehobenen Armen und Beinen in der Stellung des Gebärens", schreibt James Mellaart, „und in mindestens drei Fällen wird der Kopf eines Stieres oder Widders unmittelbar unter den Schenkeln der Göttin gezeigt, als ob sie gerade geboren hätte". Die Stierköpfe, die nebeneinander oder übereinander aufgereiht die Wände der Kultstätte schmücken, müssen wohl als Verkörperung der männlichen Fruchtbarkeit gedeutet werden.

Wir wissen nicht, in welcher Form die Menschen in Çatal Hüyük ihre Götter verehrten. Zu spärlich sind die bisher gefundenen Spuren. Sicher scheint, daß innerhalb der sakralen Räume keine Tieropfer dargebracht wurden, denn bisher wurde kein Opferstein entdeckt.

Die Vermutung liegt nahe, daß die Kultstätten nicht nur Schauplatz ritueller Handlungen waren, sondern der Priesterschaft Çatal Hüyüks als ständige Wohnung dienten. Ihre „Einrichtung" entspricht immerhin der von gewöhnlichen Wohnhäusern. Das Maß der Ausschmückung mit Malereien, Reliefs und Skulpturen ist jedoch recht unterschiedlich. Das läßt, falls die Häuser tatsächlich von Priestern bewohnt wurden, auf eine gewisse hierarchische und damit auch soziale Gliederung innerhalb dieser Priesterschaft schließen. Es könnte eine Oberschicht gegeben haben, die in den großen Heiligtümern lebte und sicher einen nicht geringen Einfluß auf die Bewohner der Stadt ausübte.

Die kniende Göttin *aus Marmor (unten) ist eine der ausdrucksstärksten Skulpturen, die in den Kultstätten der Schicht VI A von Çatal Hüyük gefunden wurden. Die üppigen Formen der Figur symbolisieren Fruchtbarkeit; der grimmige, eulenhafte Gesichtsausdruck läßt jedoch auch an eine Todesgöttin denken.*

Weibliches Idol *aus Speckstein (rechte Seite). Die mit einem Linienmuster bemalte Figur wurde in Hacilar ausgegraben und stammt aus dem 6. Jt. v. Chr. Ähnliche Kultfiguren kennt man auch von vielen anderen Siedlungsplätzen jungsteinzeitlicher Menschen.*

Der Mensch wird seßhaft

„Wenn man die gesamte Menschheitsgeschichte von ihren Anfängen bis heute in zwei Hauptabschnitte teilen müßte, würde man die Zäsur zwischen Paläolithikum und Neolithikum legen", erklärt der Vorgeschichtler Hermann Müller-Karpe. Die Menschen des Paläolithikums (der Altsteinzeit) fühlten sich der Natur unterworfen. Sie waren abhängig von ihr in allem, was sie taten. Ihr Verhältnis zur Natur war passiv. Sie bestritten ihren Lebensunterhalt mit dem, was sie fanden: Sie sammelten Kräuter, Beeren, Wurzeln und Früchte. Sie fischten und gingen auf die Jagd. Sie fingen das Wild in Fallgruben oder erlegten es mit Knüppeln, Speeren, Pfeil und Bogen. Die Waffen fertigten sie aus Holz, Knochen und Stein. Sie folgten den jahreszeitlich bedingten Wanderungen der Herden. Sie „wohnten", wenn sich die Gelegenheit bot, in Höhlen, unter Felsvorsprüngen, Bäumen und Dächern aus Gras.

Im Verlauf dieser Jahrhunderttausende andauernden Entwicklungsstufe zogen sie, immer auf der Suche nach Nahrung, von Afrika bis nach Europa und Asien; sie erreichten den amerikanischen Kontinent und wanderten von Alaska bis nach Patagonien; und sie gelangten nach Australien. Aber sie machten sich die Erde nicht untertan. Sie waren als Teil der Natur inmitten der Natur und nahmen, was sich ihnen bot. Sie lebten von der Hand in den Mund.

Der Zeitpunkt, an dem sich das Bewußtsein dieser Menschen aus uns unbekannten Gründen allmählich veränderte, an dem sie aufhörten, sich vom Rhythmus der Natur treiben zu lassen, und erstmals anfingen, bewußt und gestaltend in den Ablauf ihres Lebens einzugreifen, läßt sich nicht sicher bestimmen. Unbestritten ist jedoch, daß der Steinzeitmensch in einer bisher ungewohnten Weise zu handeln begann. Er machte gleichsam einen gewaltigen Schritt nach vorn. Was er tat, war von solcher Tragweite, daß die Wissenschaft das griffige Wort von der „neolithischen Revolution" prägte.

Diese tiefgreifende Neuerung vollzog sich – mit zeitlicher Verzögerung – fast überall auf der Erde. Aufgrund der Funde, die vom Samenkorn bis zur Hausmauer reichen, datieren die Archäologen den Beginn jener Periode etwa auf das 8./7. Jt. v. Chr., wohl wissend, daß der Entwicklungsprozeß sehr lange Zeit in Anspruch genommen hat und daß neue Ausgrabungen ihre Erkenntnisse jederzeit korrigieren können.

Eine der tiefgreifenden Neuerungen war die „Erfindung" des Ackerbaus, genauer: des Pflanzen-, vor allem aber des Getreideanbaus. Der Mensch begann, Felder anzulegen und Nutzpflanzen zu züchten. Der dänische Paläobotaniker Hans Helbaek, ein Mitglied des von Mellaart geleiteten Grabungsteams in Çatal Hüyük, hat fast drei Millionen der zahllosen dort gefundenen Getreide- und Samenkörner untersucht und dabei festgestellt, daß um 6000 v. Chr. (Schicht VI) 14 verschiedene Arten von Nahrungspflanzen bekannt waren. Es handelte sich dabei nicht um wilde Formen, sondern um das Ergebnis von Züchtungen.

Çatal Hüyük ist also ein wichtiger Schauplatz dieser revolutionären Entwicklung. „Tatsächlich haben nur wenige andere Fundstätten solch einen Reichtum und solch eine Vielfalt von Lebensmitteln bewahrt, und der bloße Umfang der noch unerforschten akeramisch-neolithischen (akeramisch = vor der Erfindung der Töpferei) Aufschüttung läßt die Vermutung nicht abwegig erscheinen, daß die gleichen Bedingungen, die wir etwa vom Jahre 6500 v. Chr. (Schicht X) an finden, mindestens ein Jahrtausend zuvor – wenn nicht beträchtlich früher – herrschten", schreibt James Mellaart.

Die ältesten bislang bekannten Überreste von Getreidekörnern und Hülsenfrüchten stammen aus der Zeit um 7000 v. Chr. und wurden bei Ausgrabungen in Hacilar – wie Çatal Hüyük in Anatolien gelegen – und in Beidha in der Nähe von Petra (Jordanien) gefunden. Mellaart glaubt jedoch, daß die Landwirtschaft weit vor jener Zeit begonnen hat, denn selbst diese frühen Formen „zeigen bereits übereinstimmend eine Spezialisierung mit geschälter zweizeiliger Gerste als der Hauptfrucht, mit Emmer – in kultivierter oder wilder Form – an zweiter Stelle, mit etwas wildem Einkorn, mit Linsen, Erbsen oder Wik-

***Die Kenntnis der Töpferei** ist ein wichtiger Schritt in der Entwicklung der neolithischen Kultur. Aus der jungsteinzeitlichen Fundstätte in der Nähe des Dorfes Hacilar, etwa 225 Kilometer westlich von Çatal Hüyük, stammen die Statuette eines Wasserbüffels (oben) und der Tonkrug (6. Jt. v. Chr.).*

ken als Hülsenfrüchte sowie Pistazien und Eicheln".

Der zweite Grundpfeiler der neolithischen Revolution war die Viehzucht, d. h. die Domestikation bestimmter Tierarten. Sie befreite den Steinzeitmenschen von dem gnadenlosen Zwang zu erfolgreicher Jagd. Obgleich der Viehzucht in wildreichen Gegenden wie um Çatal Hüyük keine so entscheidende Bedeutung zukam, hielt man auch dort Schafe und Ziegen, wie Funde bereits aus den älteren Siedlungsschichten beweisen.

Die neuen Fertigkeiten schufen ein bisher nicht gekanntes Maß an Sicherheit und Unabhängigkeit und hatten weitreichende Folgen: Die Menschen wurden seßhaft. Sie bauten zunächst Hütten, dann errichteten sie feste Wohnhäuser aus Lehm, Holz oder Stein. Vor allem führten sie die Vorratswirtschaft ein, die sie weitgehend unabhängig von den Umweltbedingungen machte. Um die Vorräte lagern zu können, bedurfte es der Entwicklung neuer Techniken, beispielsweise der Keramikherstellung und der Steinschleiferei. In gebrannten

Handel in der Steinzeit

Erste Funde von Werkzeugen, die aus Gesteinsarten hergestellt waren, die am Fundort selbst nicht vorkamen, stammen schon aus der Altsteinzeit. Ob man jedoch für diese Zeit schon einen bewußten Austausch von Waren annehmen kann oder ob diese Funde nur die zufällige Folge der Wanderungen einzelner Menschengruppen sind, läßt sich nicht sagen.

Als in der Jungsteinzeit im Vorderen Orient bzw. in den Randzonen des östlichen Mittelmeeres die ersten Städte entstanden, wie z. B. Jericho, Çatal Hüyük und Chirokitia auf Zypern, entwickelte sich in ihnen auch bald eine spezialisierte Handwerkerschaft, deren Fertigkeiten sich immer mehr verfeinerten. Man stellte Gebrauchsgegenstände, Schmuck und Kultgerät her, und eines Tages überstieg die Produktion den Eigenbedarf der Stadt. Bis zur „Erfindung" des Handels war es nur noch ein Schritt. Und tatsächlich stießen die Archäologen bei der Untersuchung jungsteinzeitlicher Funde immer wieder auf ortsfremde Gegenstände, die darauf hinwiesen, daß ein beabsichtigter Austausch von Rohstoffen oder Fertigwaren zwischen den frühen Städten des Vorderen Orients stattgefunden hat.

Man handelte unter anderem mit Kupfer und Blei, Feuerstein, Alabaster, Holz und Marmor, Salz und Hämatit, einem Mineral, das roten Farbstoff für Keramik und Schminke lieferte. Dabei wurden zum Teil erhebliche Entfernungen überbrückt. So entdeckte man z. B. in den frühen Siedlungsschichten Jerichos Türkise von der Sinaihalbinsel und Obsidian aus der Türkei.

Obsidian, aus dem man scharfe Werkzeuge, Kultgeräte und Luxusartikel herstellen konnte, wurde offenbar im Vorderen Orient sehr geschätzt (siehe z. B. das in die Karte eingeklinkte glänzend polierte Obsidianstück, das als Spiegel diente). Abgebaut wurde Obsidian in den anatolischen und armenischen Gebirgen mit ihren zahlreichen Vulkanen. Der Handel damit blühte; er erstreckte sich von Knossos auf Kreta bis östlich von Susa. Mit Hilfe der Spektrographie, einem Analyseverfahren, das charakteristische Eigenarten eines untersuchten Stoffes optisch erkennbar macht, kann man sogar feststellen, aus welchem Vulkan der Rohstoff für das jeweilige Obsidianfundstück stammt. Die Karte zeigt das Verbreitungsgebiet des Obsidianhandels in der Zeit von 8000 bis 2500 v. Chr. Die ältesten Handelsbeziehungen (8000–5500 v. Chr.) erstreckten sich über das Dreieck zwischen Hacilar, Acigöl und Beidha.

Tonkrügen und in Steingefäßen bewahrte man dann die Lebensmittel auf.

Erstmals wurde in ausreichendem Maß Nahrung produziert. Der Hunger war nicht länger ein unausweichliches Schicksal. Das Leben wurde sicherer und bequemer. Die Lebenserwartung der Menschen stieg, und die Bevölkerungszahl nahm zu. Vielleicht zum erstenmal hatten die Menschen Zeit, über das Problem der notwendigen Nahrungsbeschaffung hinaus zu denken.

Und noch eine Entwicklung nahm in dieser Zeit ihren Anfang: Es entstanden erste stadtartige Siedlungen. Was die Menschen damals veranlaßte, Städte zu gründen, darüber sind sich die Fachleute – unter anderen Historiker, Soziologen und Archäologen – bis heute nicht einig. Die früher vertretene These, daß die Produktion von pflanzlichen und tierischen Nahrungsmitteln die alleinige Ursache und unabdingbare Voraussetzung für die Entstehung städtischen Lebens sei, läßt sich nicht aufrechterhalten. Zwar sind ein ausreichendes Angebot an Nahrungsmitteln und das Vorhandensein von Wasser die Voraussetzung für das Zusammenleben größerer Menschengruppen, andererseits aber führt selbst ein durch intensiven Ackerbau erzielter Nahrungsüberschuß nicht zwangsläufig zur Gründung von Städten. So stieß man z. B. auch in Mexiko auf Spuren prähistorischer Völker, die schon in der Zeit von 7000 bis 5000 v. Chr. etwa zehn verschiedene Kulturpflanzen, darunter Mais, anbauten, doch stadtartige Siedlungen schufen diese Völker nicht.

Umgekehrt weisen die Ursprünge Jerichos, der bislang ältesten bekannten Stadt, in eine Zeit, in der Ackerbau und Viehzucht noch nicht nachweisbar sind. Erstmals besiedelt wurde der Ort im Jordantal um 8000 v. Chr., und in der Folgezeit wuchs Jericho rasch zur Stadt heran. Die Einwohner ernährten sich zunächst von der Jagd und von wildem Getreide. Ob sie das Getreide in Wildform möglicherweise schon anbauten, mag man angesichts der Größe Jerichos für wahrscheinlich halten. Nachweisbar ist Akkerbau jedoch erst, wenn Kulturpflanzen angebaut werden.

Etwa um 7000 v. Chr. sicherten die Bewohner Jerichos ihre etwa vier Hektar Fläche bedeckende Stadt mit einer gewaltigen Befestigungsanlage: mit einem bis zu neun Meter breiten Graben und einer dicken, etwa vier Meter hohen Mauer. Neben dieser Mauer stand noch ein Wachturm, der einen Durchmesser von neun Metern hatte und etwa genauso hoch war. Ein solches „öffentliches" Bauwerk setzt bereits einen hohen Grad an Planung und Organisation sowie eine recht fortgeschrittene Arbeitsteilung innerhalb der Bevölkerung voraus, die typisch für städtisches Leben sind.

War die Produktion von Nahrungsmitteln nicht die unabdingbare Voraussetzung für die Entstehung einer Stadt, so förderte ihr Wachstum doch rasch die Entwicklung und Intensivierung von Ackerbau und Viehzucht. Eine Stadt wie Jericho beherbergte um 7000 v. Chr. schätzungsweise 2000 Menschen, die ernährt werden mußten. Zwar überwiegen noch weiterhin die Knochenfunde von wilden Tieren, doch tauchen im Lauf der Zeit auch Knochen von domestizierten Tieren, nämlich von Schaf und Ziege, auf. Ebenso gewinnt der Ackerbau mehr und mehr an Bedeutung, so daß man auch schon erste Bewässerungssysteme entwickelte, um die landwirtschaftlichen Nutzflächen zu vergrößern.

Die Vorteile der Stadt für den Menschen der Jungsteinzeit liegen auf der Hand: Sie bot Schutz und Sicherheit. Die Mauern von Jericho, aber auch die sinnvoll verschachtelte Anlage von Çatal Hüyük trugen diesem Schutzbedürfnis Rechnung. Sicherheit gewährte die Stadt in größerem Maß auch vor Hungerkatastrophen, denn schon bald produzierte man in den ersten Städten Nahrungsmittel über den unmittelbaren Bedarf hinaus und legte Vorräte an. Die Vielzahl der in einer Stadt zusammenlebenden Menschen, ihre unterschiedlichen Fertigkeiten und ihr planvoll organisierter Einsatz ermöglichten vieles, was eine kleinere Gruppe nicht hätte verwirklichen können.

Aus der Vielzahl der Faktoren, die die Entwicklung städtischer Gemeinwesen begünstigten, ragt einer deutlich heraus: der Handel. Er befriedigt die Nachfrage nach bestimmten Gütern und erzeugt Nachfrage durch das Angebot anderer Güter. Das Vorhandensein natürlicher Rohstoffquellen dürfte eine Ansiedlung begünstigt haben. Die Rohstoffe konnte man als Tauschmittel verwenden, man konnte sie aber auch selbst bearbeiten und schöpferisch mit ihnen umgehen. So trugen die Rohstoffe nicht nur zur Entwicklung des Handels bei, sondern auch zu der des Handwerks, das sich im Lauf der Zeit immer mehr spezialisierte. An den Funden aus Çatal Hüyük läßt sich dies ablesen. Korbmacher verdienten dort ihren Lebensunterhalt ebenso wie Töpfer und Holzschnitzer, die Schüsseln und Gefäße herstellten. Zimmerleute waren unter anderem für das Fachwerk der Häuser zuständig; Werkzeugmacher lieferten ihnen das notwendige Gerät aus Stein und fertigten zugleich Dolche, Speer- und Pfeilspitzen an. Andere produzierten Schmuck, spannen Garn, webten Stoffe und schneiderten Kleidung; sie gerbten Häute und schmolzen Blei und Kupfer. Die Handwerker in Çatal Hüyük schufen Gegenstände, die innerhalb der Stadt benötigt, aber auch „exportiert" wurden. Diesen Fernhandel besorgten Kaufleute.

Jedes Gemeinwesen benötigt Regeln für das Zusammenleben seiner Mitglieder und entwikkelt alsbald Herrschaftsstrukturen, um diese Regeln auch durchzusetzen. So entstand in den Städten allmählich ein kompliziertes Geflecht von gegenseitigen Abhängigkeiten, von Über- und Unterordnungen, von unterschiedlichen Verantwortlichkeiten, Aufgaben und Vorrechten. Die Stadt förderte aber nicht nur Kräfte, die für das materielle Wohlergehen sorgten, sie bot auch dem schöpferischen Gestaltungswillen des Menschen den nötigen Spielraum. Sogar das Verhältnis des Menschen zu seinen Göttern änderte sich: Er verehrte sie nicht mehr an Kultplätzen in der Natur, sondern baute ihnen Tempel und Heiligtümer.

Jericho, die älteste Stadt der Welt, *liegt unter einem ausgewaschenen, von tiefen Grabungsschnitten zerfurchten Hügel (links). Der ovale, etwa 20 Meter hohe Hügel erhebt sich am Stadtrand des modernen Jericho aus der westjordanischen Ebene und birgt die Überreste von zehn übereinanderliegenden Siedlungsschichten. Die berühmten Stadtmauern, von denen die Bibel berichtet, daß sie unter dem Feldgeschrei der Israeliten umfielen, hat man nicht gefunden, wohl aber die Reste von Befestigungswerken, die etwa 6000 Jahre älter sind. Dazu gehört auch dieser gewaltige, etwa neun Meter hohe Turm (oben), dessen Lage auf dem großen Foto etwa in der Mitte des Hügels (in dem kreuzförmigen Einschnitt) zu erkennen ist.*

Häuser auf

Stelzen

An den unwirtlichen Gestaden von Seen bauten in vorgeschichtlicher Zeit die Menschen ihre Häuser. Sie leisteten dabei Erstaunliches – und das mit nur einfachsten Hilfsmitteln.

Vom Wasser bedroht

Der „Tatort" liegt am westlichen Ufer des Bodensees. Über ihn wölbt sich ein tonnenförmiges Metallgerippe, das mit einer lichtdurchlässigen Plastikfolie bespannt ist. Die Konstruktion bietet Schutz gegen Niederschläge und macht die winterliche Kälte erträglicher. In ihrem Inneren bergen Experten verrottete Gegenstände aus dem feuchten Untergrund. Sie reinigen, vermessen und registrieren sorgfältig die Funde. Eine Barriere aus Sandsäcken verhindert, daß Seewasser eindringt, und erlaubt, fast trockenen Fußes zum Arbeitsplatz im flachen Wasser des Sees zu gelangen, der an dieser Stelle von unscheinbaren, unregelmäßig angeordneten Pfahlstümpfen durchragt wird. Unter dem Wetterschutz liegt ein versunkener Siedlungsplatz. Die Pfahlreste markieren die Geschichte der jungsteinzeitlichen Siedlung Hornstaad.

Ortswechsel: Unterhalb eines Pontonbootes skizziert ein Taucher im winterlich-kalten Wasser auf dem Grund des Bodensees auf einer Plexiglasscheibe Teilbereiche eines über 800 Meter langen Pfahlfeldes. Sein „Arbeitsplatz" befindet sich unweit der Einfahrt des Jachthafens von Sipplingen. Aufgabe des Tauchers ist es, den Bestand einer der größten vorgeschichtlichen Pfahlbausiedlungen des Bodensees aufzunehmen und zu dokumentieren.

Aber nicht nur hier und in Hornstaad werden in fieberhafter Eile Rettungsgrabungen durchgeführt. Derzeit sind etwa 70 sogenannte Pfahlbausiedlungsplätze an den deutschen und 24 Plätze an den schweizerischen Ufern des Bodensees bekannt; 15 weitere wurden im Niedermoorgürtel des oberschwäbischen Federsees entdeckt. Doch nicht nur hier, sondern im gesamten Voralpenraum stößt man auf derartige Siedlungen, die alle in der Jungsteinzeit und in der Bronzezeit, also zwischen dem 4. Jt. und dem 9. Jh. v. Chr. entstanden sind.

Genaugenommen bestanden nicht alle der entdeckten Ufer- oder Moorsiedlungen aus Pfahlbauten, d. h. aus Häusern, die auf Holzpfählen ruhten. Gemeinsames Charakteristikum dieser Siedlungen ist vielmehr, daß sie alle auf feuchtem Baugrund standen. Diesem Baugrund trugen die Siedler mit durchaus unterschiedlichen Konstruktionen des Unterbaus ihrer Häuser Rechnung.

Die Überreste der Ufer- und Moorsiedlungen haben sich, durch Schlamm und Moor vom Luftsauerstoff abgeschlossen, über die Jahrtausende erhalten. Neben Baumaterialien finden sich Gegenstände des täglichen Gebrauchs, wie Gefäße, Werkzeuge, Schmuck, Textilien, Reste von Nahrungsmitteln oder Jagd- und Angelgerät.

Doch die Archäologen arbeiteten gegen die Zeit. Für die in Südwestdeutschland gelegenen Pfahlbausiedlungen zeigt die Uhr – bildlich gesprochen – fünf Minuten vor zwölf. In jüngster Zeit drohen durch Menschenhand in Gang ge-

Eine archäologische Grabung *im Bodensee bei Wangen wird vorbereitet. Die Motorpumpe und die Entwässerungsgeräte haben bereits ihren Teil der Arbeit geleistet, um den eingedämmten Flachwasserbereich über der Fundstätte zu entwässern. Nun legt man einen Boden aus Schalbrettern über den morastigen Untergrund und richtet die Verstrebungen auf, die später ein als Wetterschutz dienendes Plastikzelt tragen sollen. Die Grabung soll Aufschluß über die Lebens- und Wirtschaftsweise der Pfahlbaubewohner in vorgeschichtlicher Zeit geben.*

setzte Entwicklungen die noch verborgenen archäologischen Schätze des westlichen Bodensees und des Federsees unwiederbringlich zu vernichten.

Es waren besonders die neu angelegten Jachthäfen, die vielen Siedlungsresten den Garaus machten, aber auch Uferauffüllungen und andere Bautätigkeiten. Um einen Hafen für Sportschiffe anzulegen, muß der Seegrund vertieft werden. Saugbagger rücken an; ihre Saugrüssel bohren sich in den Grund und schürfen ihn auf mit allem, was sich darin befindet. Über Rohre wird der Boden ins tiefe Wasser gepumpt. Reste von jungsteinzeitlichen und bronzezeitlichen Häusern, Tonscherben, kurz alles, was von kulturhistorischem Belang ist, geht auf diese Weise verloren.

Und noch ein weiterer Umstand trägt zur Zerstörung bei: Durch veränderte Umweltbedingungen stirbt an den Ufern das Schilf ab mit der Folge, daß die Brandung nun ungehindert den Uferboden abtragen kann. Die Siedlungsreste, die bislang geschützt unter dem Boden lagen, werden freigelegt und sind schutzlos dem Wetter ausgesetzt, das sie rasch verrotten läßt.

Ähnliches gilt für die Moorsiedlungen in Oberschwaben. Durch Entwässerungsmaßnahmen, die dem Menschen neue landwirtschaftlich nutzbare Gebiete bringen sollen, trocknen die Moore aus und mit ihnen die Siedlungsreste. Das uralte Holz reißt, Bakterien und Pilze dringen ein und machen den Verfall komplett.

Die Wissenschaftler schlugen Alarm, und das baden-württembergische Landesdenkmalamt reagierte. 1979 wurde das „Projekt Bodensee-Oberschwaben“ mit Unterstützung der Deutschen Forschungsgemeinschaft ins Leben gerufen. Das Ziel war zunächst, die Reste der Ufer- und Moorsiedlungen systematisch zu erfassen.

Eisgang und kalte Witterung *stellen kein Hindernis für die an der Fundstätte Hornstaad-Hörnle I grabenden Archäologen dar. Da im Winter das Wasser am niedrigsten steht, herrscht in dieser Jahreszeit Hochbetrieb bei der Erforschung der Pfahlbausiedlungen am Bodensee.*

Seit 1983 führt das baden-württembergische Landesdenkmalamt unter dem Titel „Pfahlbauarchäologie Bodensee-Oberschwaben“ konsequent Rettungsgrabungen in sehr gefährdeten Gebieten durch. Und die Deutsche Forschungsgemeinschaft richtete 1983 ein Schwerpunktprogramm „Siedlungsarchäologische Untersuchungen im Alpenvorland“ ein, das großflächig Grabungen in ausgewählten Siedlungsgebieten am Bodensee und im Federseemoor vorsieht.

In einem Wettrennen gegen die Zeit und die zerstörerischen Umwelteinflüsse gilt es, die Geschichte der Siedlungen und die Lebensumstände ihrer Bewohner zu erforschen.

Zu den Schwerpunkten gehört zum einen am Bodensee Hornstaad-Hörnle, das an der Landspitze der Halbinsel Höri liegt, genau dort, wo der nördlichere Zeller See in den südlicheren Untersee übergeht. Zum anderen konzentriert sich das Interesse auf die Moorsiedlung Forschner am Federsee, so benannt nach dem Amateurarchäologen Heinrich Forschner, der die Siedlung schon in den 20er Jahren unseres Jahrhunderts entdeckt hatte. Archäologen und Naturwissenschaftler unterschiedlicher Disziplinen sollen diese Siedlungen und ihr Umland systematisch erkunden. Die archäologischen Untersuchungen in Hornstaad und am Federsee gelten einerseits der baugeschichtlichen Rekonstruktion, andererseits hofft man, anhand der Funde auch Einblick in das alltägliche Leben der Menschen in der Jungsteinzeit und der Bronzezeit zu gewinnen.

Als wissenschaftlich besonders ergiebig betrachten die Archäologen die Siedlungsreste bei Hornstaad. Bisher gelang es, acht Siedlungsplätze nachzuweisen, die zum Teil von der frühen Jungsteinzeit bis in die späte Bronzezeit reichen.

Am weitesten fortgeschritten sind die Arbeiten an dem als Hornstaad-Hörnle I bezeichneten Platz. Zwei Siedlungsschichten aus der Jungsteinzeit hat man hier ausmachen können. Die obere und damit auch jüngere hat – von wenigen Resten abgesehen – die Zeitläufe nicht überstanden. Aber sie hat die unter ihr liegende ältere Schicht aus der ersten Siedlungsphase um 4000 v. Chr. geschützt, und das macht diesen Platz archäologisch so bedeutend.

Auch wenn einst die Pfahlbauten aufgrund ihres Alters und durch Wetterunbilden zusammenbrachen oder durch Feuer zerstört wurden, so behielten die Menschen den alten Siedlungsplatz doch bei und bauten ihre Häuser an gleicher Stelle wieder auf. Daher kann es nicht verwundern, daß die Archäologen bei ihren Grabungen auf mehrere Siedlungsphasen stießen.

So ist auch das Dorf, das vor Jahrtausenden an der Stelle des heutigen Hornstaad-Hörnle I gegründet wurde, im Lauf der Zeit mehrfach umgebaut worden. Generationen von Menschen der Jungsteinzeit haben ihr Leben hier verbracht und Spuren hinterlassen, nach denen die Forscher jetzt fahnden. Wenigstens einmal ist das Dorf einer Feuersbrunst zum Opfer gefallen, und das ist für die Archäologen ein besonders günstiger Umstand. Denn die zusammenstürzenden Häuser haben viele Gerätschaften, Textilien, Gefäße und Lebensmittelvorräte unter sich begraben; und unter Wasser, abgeschlossen vom Luftsauerstoff, blieben all diese Dinge durch die Jahrtausende hindurch gut erhalten. Auch Teile der Hölzer, aus denen man die Häuser gebaut hatte, wurden auf diese Weise konserviert. Dem Fachmann geben sie Aufschluß darüber, wie einst ein solches Haus konstruiert war. Außerdem erlauben die Holzreste eine exakte Altersbestimmung der Siedlung.

Weitere Grabungen werden neue Funde zutage fördern, und eingehende Untersuchungen werden das Bild von dieser Siedlung weiter vervollständigen.

Reichhaltige Erkenntnisse bringen auch die Grabungen in der Siedlung Forschner im Federseemoor. Es ist eine Anlage aus der Bronzezeit, und zwar eine große. Bis jetzt ist man auf Reste von Häusern gestoßen, hat Bohlenwege freilegen können und hat einen fünffach hintereinander gestaffelten Palisadenzaun entdeckt. Die äußeren drei Reihen dieses Schutzwerks bestehen vor allem aus Kiefernhölzern, die einen Durchmesser von zehn bis zwölf Zentimetern haben und die mehr als drei Meter tief in den Boden gerammt sind. Die beiden inneren Reihen hat man aus Laubhölzern errichtet. Ein schmaler Durchlaß in den Palisadenreihen gewährte Zugang zum Siedlungskern.

Wie es innerhalb dieser Einfriedung ausgesehen hat und wie die Häuser angeordnet waren, ist bis jetzt nur andeutungsweise zu erkennen. Man hat Eichenstämme gefunden, mit deren Hilfe man die Siedlung auf die Zeit zwischen 1764 und 1492 v. Chr. datieren kann.

Die Ausgräber vermuten, daß schon in vorgeschichtlicher Zeit der Siedlungsplatz durch ein Ansteigen des Grundwasserspiegels überflutet wurde, wobei ein Großteil der – damals nur noch als Ruinen existierenden – Häuser weggespült wurde. Aber auch hier können erst weitere Grabungen mehr Klarheit bringen.

Mit diesem aktuellen Forschungsprogramm nimmt man nun die in Deutschland mehr als 40 Jahre ruhende Pfahlbauforschung wieder auf. Die letzten großen Grabungen an den deutschen Ufern des Bodensees fanden 1930, am Federsee 1937 statt. Nach der durch den Zweiten Weltkrieg bedingten Unterbrechung fand die Bundesrepublik Deutschland nicht mehr den Anschluß an die alpenländische Pfahlbauforschung, die vor allem in Ostfrankreich, in der Schweiz, in Oberitalien und Österreich vorangetrieben wurde.

Begonnen hatte die Geschichte der Pfahlbauforschung in der Schweiz im Jahr 1854, als Arbeiter in Obermeilen am Zürichsee beim Bau einer Uferanlage auf die Reste von Pfahlbauten stießen. Der Wasserspiegel des Zürichsees war im Winter 1853/54 so extrem abgefallen, daß die im Schlamm steckenden Pfähle sowie Knochen und Steinwerkzeuge zutage traten. Der Lehrer Johannes Aeppli teilte diese Entdeckung

Mit einem neuartigen Bohrer, *einem großen Plastikrohr, entnehmen die Archäologen Bodenproben aus einem ehemaligen Pfahlbau-Siedlungsplatz. Dabei müssen sie bis an die Hüften im eiskalten Bodenseewasser stehen.*

Stümpfe und umgestürzte Teile von Pfahlbauten *(rechts) aus der Jungsteinzeit hat man in Hornstaad-Hörnle freigelegt. Zunächst bestimmen die Forscher die Holzarten und hoffen, dadurch Aufschluß über die Bauphasen der Siedlung zu erhalten. Häufig verwendeten nämlich die Erbauer in einer Epoche das gleiche Holz.*

Mit äußerster Behutsamkeit *mußten die Archäologen vorgehen, um die Reste des Holzfußbodens eines jungsteinzeitlichen Hauses freizulegen, auf das man im Moor bei Reute/Bad Waldsee in Oberschwaben gestoßen war. Ein Teil der Holzbohlen ist auf dem Foto noch gut erkennbar. An den Platz einer einst mit Steinen gepflasterten Feuerstelle hat man Lehmbrocken gelegt.*

dem Archäologen und Leiter der Antiquarischen Gesellschaft in Zürich, Ferdinand Keller, mit.

Anhand dieser ersten Funde fertigte Keller eine Rekonstruktionszeichnung der ehemaligen Pfahlbausiedlung an, die die Phantasie der Altertumsforscher beflügelte und breites öffentliches Interesse fand. Eine Art europäisches „Pfahlbaufieber" brach aus. Kellers 1854 veröffentlichte Darstellung – ein pfahlgetragenes Dorf über dem offenen Wasser des Zürichsees – basierte jedoch nicht auf Ausgrabungsergebnissen, sondern war angeregt durch ihm bekannte schweizerische Fischerhütten und durch Berichte über Pfahlbausiedlungen in der Südsee.

Die sich daran anschließenden Forschungen am Bodensee (1856) und am Federsee (1875) fanden in Europa ebenfalls viel Beachtung, konnten aber das von Keller entworfene Bild eines „jungsteinzeitlichen Venedigs" nicht erschüttern.

Es war ein romantisches Bild, das sich die Welt von derartigen Siedlungen machte: das Pfahlbaudorf, wie eine Insel vom Wasser umschlossen; die Häuser alle auf einer gemeinsamen Plattform, die auf Pfählen hoch über dem Wasser ruht; und draußen auf dem See sitzt fischend der Familienvater im Einbaum – diese idyllische Vorstellung liegt fast allen Rekonstruktionszeichnungen des 19. und des beginnenden 20. Jh. zugrunde.

In den 20er und 30er Jahren unseres Jahrhunderts entstand in Unteruhldingen am Bodensee ein Freilichtmuseum mit Pfahlbauten. Die Idee zu diesem Museum stammt ursprünglich von dem damaligen Bürgermeister Unteruhldingens, Georg Sulger; wissenschaftlichen Beistand bei der Verwirklichung seiner Idee leistete ihm der Vorgeschichtsforscher Hans Reinerth.

1922 begann man mit dem Modell einer Siedlung aus der Jungsteinzeit. Man orientierte sich dabei an den Ausgrabungsergebnissen vom Federsee, wo man durchweg ebenerdige Siedlungen angetroffen hatte. Danach rekonstruierte man die Häuser, die man dann – weit vom Ufer entfernt – auf einzelne, über das Wasser abgehobene Plattformen stellte. Direkt daneben, also ebenfalls weit in den See hinein, errichtete man 1931 ein bronzezeitliches Dorf, dessen Häuser – ganz den Kellerschen Vorstellungen entsprechend – auf einer einzigen gemeinsamen Plattform stehen.

Heute weiß man, daß zum einen die Häuser vorgeschichtlicher Siedlungen niemals auf einer einzigen gemeinsamen Plattform standen und daß zum andern die Dörfer nicht wie Inseln im Wasser lagen, sondern sich immer nur im allenfalls zeitweise überfluteten Uferbereich befanden.

1938–1940 baute man in Unteruhldingen eine neue jungsteinzeitliche Siedlung auf. Wieder war es Hans Reinerth, der die Rekonstruktion wissenschaftlich betreute und der die neuen Erkenntnisse, die er 1929/30 bei Grabungen in Sipplingen gewonnen hatte, nun in die Modellbauten einbrachte.

Diese Grabungen bei Sipplingen gaben vor allem Aufschluß über das Aussehen und die Bauweise jungsteinzeitlicher Pfahlbauten. Entsprechend kommt die neue steinzeitliche Siedlung in Unteruhldingen, wie sie heute noch zu sehen ist, den ursprünglichen Verhältnissen in vorgeschichtlicher Zeit schon näher, zumal man nun die Modellbauten auch – durchaus richtig – im Uferbereich errichtete.

Im Moor und Uferschlamm

Nur zu bestimmten Jahreszeiten können die Archäologen nach den Überresten der Moor- und Ufersiedlungen aus der Jungsteinzeit und der Bronzezeit graben. Am Bodensee ist die günstigste Jahreszeit der Winter, denn dann steht das Wasser am niedrigsten und ist am klarsten; am Federsee dagegen arbeiten die Archäologen im Sommer, wenn der Grundwasserspiegel gesunken und das Moor am trockensten ist.

Luftbildaufnahmen der Regionen, wo man hofft, auf Funde zu stoßen, verschaffen vorab wertvolle Informationen. Vor allem im Frühjahr, wenn das Wasser noch nicht durch Algen getrübt ist, werden diese Aufnahmen am Bodensee gemacht. Bei günstigen Lichtverhältnissen lassen sich aus der Luft ganze Pfahlfelder, die vom Wasser bedeckt sind, erkennen. Das geübte Auge des Luftbildarchäologen vermag den einstigen Standort der Häuser, die Ausrichtung der Palisaden, die früher die Siedlung umgaben, sowie ungewöhnliche Steinansammlungen zu erkennen. Dem Fachmann verschaffen die Aufnahmen einen ersten, groben Gesamtüberblick über eine Siedlung.

Ebenso geben im Moor typische Merkmale in der Oberflächenstruktur Auskunft darüber, wo sich Siedlungsreste verbergen. Auch hier können die Experten aus den Luftbildaufnahmen gleichsam herauslesen, wo sie den Spaten ansetzen müssen.

Der nächste Schritt sind Sondierungsbohrungen, bei denen meterlange Erdpfropfen aus dem Grund geholt werden, die dem Experten sagen, ob sich hier eventuell eine Grabung lohnt. Bohrkerne zeigen, wie sich Ablagerung auf Ablagerung schichtet. Sie verraten, ob auf eine natürlich gewachsene Schicht eine – gewissermaßen künstlich entstandene – Kulturschicht folgt, eine Schicht also, in der sich z. B. Überreste von Hausabfällen, Holzkohle und anderes mehr finden. Können derartige Ablagerungen identifiziert werden, weiß der Fachmann, daß am Ort der Sondierungsbohrung Menschen gelebt haben.

Hat man sich entschlossen, im Uferschlamm und im Flachwasserbereich zu graben, so deicht man das Gebiet mit Sandsäcken ein und schüttet schmale Dämme auf, um den Grabungsplatz vor

Eine Tauchuntersuchung (rechts) führt man in der Regel in den tieferen Seebereichen durch, wo man nicht mehr eindeichen oder mit Senkkästen arbeiten kann. Vom Pontonboot ① aus begibt sich der Taucharchäologe ⑩ in die Tiefe. Die Signalleine ⑨ verbindet ihn mit dem Boot. Ein Tauchhelfer ② läßt einen Plastikkorb ③ hinunter, in den der Archäologe das Fundmaterial füllt, damit es später untersucht werden kann. Auf der Grundplatte ⑧ befestigt ist ein Stahlrohr mit zahlreichen Düsen ⑦, das über einen Druckschlauch ⑥ mit einer Motorpumpe ④ samt Wasseransaugstutzen ⑤ verbunden ist. Das durch die Düsen gepreßte Wasser erzeugt eine Strömung, die den aufgewirbelten Schlamm mitzieht und so für klare Sicht sorgt.

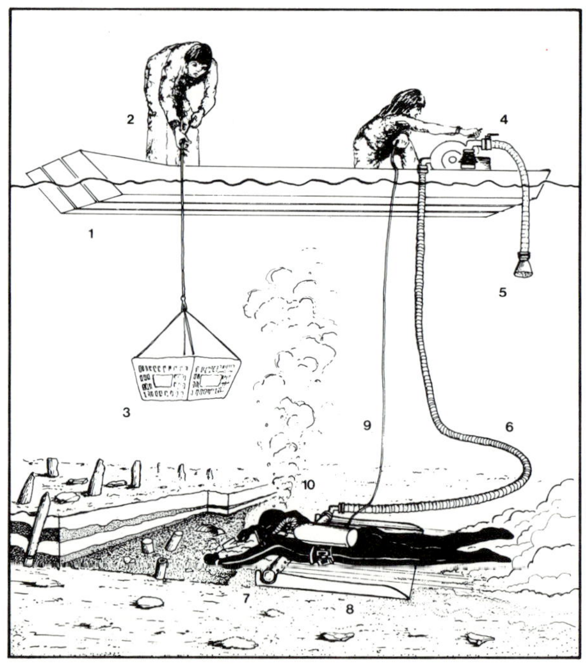

Für Sondierungsbohrungen (oben) in den Mooren Oberschwabens nutzt man die trockenen Sommermonate. Mit einem bis in etwa zehn Meter Tiefe reichenden Bohrgestänge entnimmt man eine Probe der in Jahrtausenden übereinander abgelagerten Bodenschichten und untersucht dann ihre Bestandteile.

Spezielles Papier und wasserfeste Stifte (links) erlauben es den Taucharchäologen, auch unter Wasser an Ort und Stelle Aufzeichnungen über ihre Funde zu machen. Auf dem Bild hält der Archäologe Einzelheiten eines jungsteinzeitlichen Pfahlfeldes in der Nähe des Sipplinger Jachthafens fest.

dem eindringenden Wasser zu schützen. Gräben und Pumpen sorgen dafür, daß das Wasser abfließen kann.

Ist es – in vom Ufer weiter entfernten Bereichen – nicht möglich, den Fundplatz einzudeichen, so arbeiten die Archäologen mit Senkkästen. Diese hohen, viereckigen Kästen, die seitlich wasserdicht sind, werden in den Grund gestoßen und anschließend leergepumpt. Schon dieses Verfahren ist recht kostspielig. Als zu teuer und daher bei Grabungen am Bodensee bislang nicht durchführbar erwies sich jedoch die Idee, Spundwände, die ganze Pfahldörfer umschließen, in den Seeboden zu rammen und die eingeschlossene Fläche zu entwässern.

Doch auch dort, wo die Verhältnisse weder das Eindeichen noch die Verwendung von Senkkästen erlauben, können die Archäologen heute dank moderner Hilfsmittel den Grund des Bodensees untersuchen und Bemerkenswertes, das unter dem Wasser liegt, notieren, skizzieren und fotografieren. Sie verwenden dann sogenannte Schwimmkästen mit einem nicht reflektierenden Glasboden. Ein solcher Schwimmkasten wird über die Bordwand eines Bootes nach außen gehalten, und mit seiner Hilfe kann man die auf dem Seegrund gelegenen Fundstellen einer ersten Prüfung unterziehen. Entdeckt man auf diese Weise Interessantes, so muß ein Taucharchäologe den viele Meter unter dem Seespiegel liegenden Grund genauer erforschen. Ein Pontonboot wird an der betreffenden Stelle verankert, und von diesem Boot aus steigt der Taucher, ausgestattet mit einem Gummianzug, Preßluftatemgerät und einer Signalleine, ins winterlich-kalte Bodenseewasser hinab. Schon zuvor hat man eine Grundplatte hinabgelassen, eine Art übergroßes Kuchenblech, dessen Ränder auf zwei gegenüberliegenden Seiten hochgezogen sind. Auf diese Grundplatte legt sich der Taucher bäuchlings.

Da auf dem Seegrund jede Handbewegung, mit der der Taucharchäologe einen Fund freilegt, Schlamm aufwühlt, könnte er in kürzester Zeit nichts mehr erkennen, wenn nicht eine hilfreiche Konstruktion die Schlammwolken rasch beseitigen würde. In Achselhöhe des Tauchers ist auf der Grundplatte ein Rohr mit vielen Düsen befestigt, deren Öffnungen alle nach hinten, von der Ausgrabungsstelle weg, weisen. Das Rohr ist durch einen Schlauch mit einer Motorpumpe auf dem Pontonboot verbunden. Diese Pumpe saugt auf der einen Seite Wasser an und drückt es dann durch den Verbindungsschlauch nach unten in das Rohr der Grundplatte. Durch den Druck wird das Wasser durch die Düsen gepreßt, und die dadurch entstehende Strömung zieht den aufgewühlten Schlamm mit sich fort. Auf diese Weise behält der Taucher ein klares Blickfeld.

Was er an Funden freilegt, gibt er in einen Korb, der von Zeit zu Zeit an Bord des Pontonboots gezogen wird. Ist es notwendig, Funde an ihrem Platz zu belassen, so greift der Taucher zu einer großen Plexiglasscheibe und zum Fettstift, legt die Scheibe vorsichtig über das, was er entdeckt hat, und zeichnet maßstabgetreu die Konturen nach.

Unterwasserarchäologie 1854

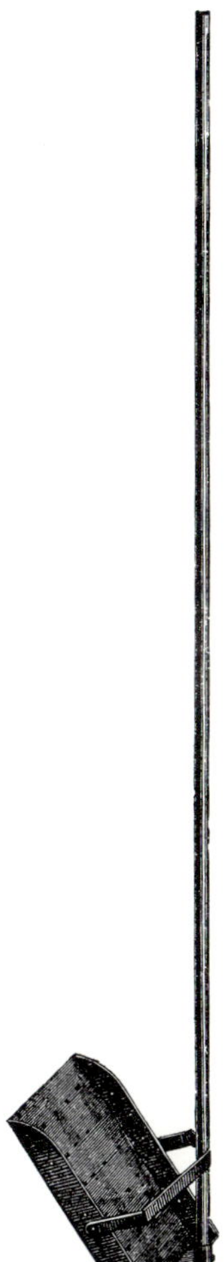

Noch 1854, im selben Jahr also, in dem der schweizerische Archäologe Ferdinand Keller mit seinem Bericht über die Pfahlbauten im Zürichsee Aufsehen erregt hatte, stieg sein Landsmann, der Geologe Adolphe von Morlot, bei Morges von einem Boot aus in den Genfer See. Er wollte sich ähnliche Relikte aus nächster Nähe ansehen und sie – wenn möglich – bergen.

Es war am 22. Mai, als Morlot sich seinen selbstgebastelten Taucherhelm aus Zinkblech mit einem Sichtfenster über den Kopf stülpte, sich mit Bleigewichten beschwerte und auf den Grund des Sees hinabstieg. Die Stelle war verhältnismäßig seicht; über seinem Kopf war das Wasser nur etwa „zehn Fuß hoch" (rund drei Meter), wie Frédéric Troyon, einer der Teilnehmer dieser Kahnpartie, später schrieb. Troyon sicherte auch den mutigen Taucher mit einer Leine, während ein dritter Teilnehmer des Unternehmens im Boot eine Luftpumpe betätigte, die über einen Schlauch mit dem Taucherhelm verbunden war, so daß der „Unterwasserarchäologe" mit Luft versorgt wurde. Die Luft quoll unter dem Rand des Helms wieder hervor und stieg in großen Blasen zur Oberfläche.

Morlot hantierte mit einer Art langstieligem Geologenhammer in der Rechten und mit einer Art Kescher in der Linken. Er hat später diese Szene in einem Aquarell festgehalten (Abbildung oben). Es dürfte sich um die erste Unterwassergrabung auf der Welt überhaupt gehandelt haben.

Morlot war begeistert von seinem Tauchgang und seiner Ausrüstung. „Mein Tauchapparat ist vollständig geraten", schwärmt er im Oktober 1854 in einem Brief an Ferdinand Keller und zitiert Verse von Schiller: „Da unten aber ist's fürchterlich / und der Mensch begehre nimmer zu schauen / was die Götter bedecken mit Nacht und Grauen." Doch gar so fürchterlich war es denn wohl doch nicht, denn er schreibt weiter: „Jedenfalls war's ergreifend poetisch, inmitten dieser uralten Pfähle im bläulichen Dämmerlicht zu stehen."

Die Pfahlbauforscher indessen konnten sich für den „Tauchapparat" Morlots nicht erwärmen. Die Vorstellung, ihre Studien unter Wasser zu betreiben, schien ihnen denn doch zu abenteuerlich. Sie zogen es vor, vom Boot aus mit einer langstieligen Zange, die mittels eines Seilzugs geschlossen werden konnte (Abbildung rechts), und mit einem Scharrlöffel (Abbildung links) auf dem Seegrund entlang zu kratzen und Kleinfunde einzusammeln.

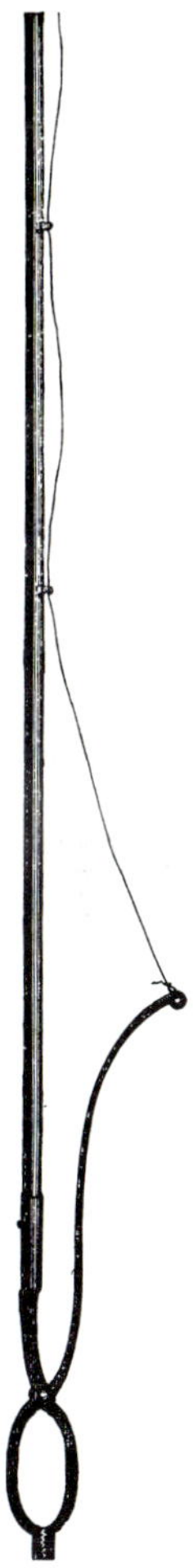

Zwei geschliffene Steinaxtklingen *aus der Jungsteinzeit. Um sie an einem Holzgriff befestigen zu können, wurden sie durchbohrt.*

Ein Einbaum wird gebaut

Ein wenig haben sich die Männer des Dorfes vor der schweren Arbeit schon gefürchtet, dann aber haben sie beherzt zugepackt. Ein neuer Einbaum mußte gebaut werden, ein alter hatte im Lauf der Jahre Risse bekommen. Dann war er eines Tages bei stürmischem Wind im flachen Wasser am Ufer gekentert, als der Fischer eine ungeschickte Bewegung machte. Das Unglück wollte es, daß gerade hier große Steine auf dem Grund lagen; gegen diese Steine war die Bordwand geschlagen und dadurch an einer Stelle aufgesplittert – ein Schaden, der nur zu deutlich zeigte, wie morsch das Boot geworden war.

Früh am Morgen waren sie in den nahen Wald aufgebrochen, die schweren Steinäxte geschultert, Wasserkrüge in der Hand. Hügelan hatte sie ihr Weg geführt. Als die Sonne eine Handbreit über dem See stand, hatten sie einen passenden Baum gefunden. Sie machten sich ans Werk, und der Wald hallte wider von den wuchtigen Hieben der Äxte.

Sie setzten die Axthiebe so in den Stamm, daß der Baum – nach menschlichem Ermessen – hangaufwärts fallen mußte, denn dann ließe er sich besser zu Tal schleifen, als wenn er quer zur Steigung kippen sollte.

Endlich war es soweit. Der Riese schlug in der gewünschten Richtung auf dem Waldboden auf. Nun mußte man am Stamm Maß nehmen und die Länge des künftigen Bootes bestimmen. Dort wurde er durchtrennt.

Einige Tage später beginnen die Männer, das trocken gewordene Holz zu behauen. Viereckig muß der Stamm werden, damit sie ein Boot daraus machen können. Allmählich flacht die Rundung, die zuoberst liegt, ab. Hier wird die Höhlung geschlagen, in welcher der Fischer und seine Gehilfen stehen werden, wenn sie zum Fang auf den See hinausfahren. Mühsam hacken die Männer Span um Span heraus, und bald ist eine Mulde entstanden.

In diese Vertiefung häuft einer der Männer leicht entflammbare Späne, während ein anderer Feuer reibt. Er dreht dazu einen harten Holzstab zwischen den Händen auf einer weichen Holzunterlage, bis sich das abgeriebene Holzmehl entzündet und die Funken auch die Späne in Brand stecken. Zufrieden schaut der Mann zu, wie das Feuer die ganze Mulde erfaßt. Es erleichtert den Äxten die Arbeit und hilft so mit, die notwendige Höhlung zu schaffen.

In die beiden noch runden Seiten des Stammes schlagen die Bootsbauer mächtige Kerben. Hier setzen sie Keile an, die sie in Längsrichtung in den Stamm treiben. Dicke Scheite spalten sich ab, und allmählich gewinnen die Außenwände des künftigen Bootes Kontur.

Noch aber bleibt viel zu tun, noch wird es Tage dauern, bis die Männer den Einbaum, grob zugehauen, zum See hinunter schleifen können. Der nächste Arbeitsgang steht bevor; dafür brauchen sie alle Arme. Der Rohling muß gedreht werden, um auch den äußeren Boden des Bootes fertigen zu können. Die Männer halten starke Äste in Händen, stoßen sie schräg unter das Werkstück ins Erdreich und drücken nun alle gemeinsam dagegen. Der Rohling kippt auf die Seite; der Boden, noch rund, liegt frei. Viel Sorgfalt ist nötig, ihn so eben wie möglich zu machen, denn der Boden entscheidet darüber, wie gebrauchstüchtig ein Boot ist – ob es stark schwankt, ob es sich leicht steuern läßt, kurz, wie es im Wasser liegt.

Über Tage hinweg schuften die Männer. Manche Axt ist zersprungen, und es hat ein böses Unglück gegeben, als eine splitternde Klinge einem der Männer ins Bein drang. Sie haben ihn nach unten ins Dorf gebracht. Dort liegt er nun in seinem Haus und hadert mit dem Geschick.

Die Arbeit droben im Wald geht ihrem Ende entgegen. Auch ein Fremder, der zufällig des Wegs käme, würde in dem behauenen Stamm nun ein künftiges Boot erkennen. Noch aber ist es nicht gänzlich vollendet, noch verlangt es von den Männern weiteren Schweiß. Mit feinen Beilen und Messern müssen sie die Grate abtragen, müssen Wände und Boden von innen und außen geglättet und Bug und Heck in die endgültige Form gebracht werden. Diese Arbeiten aber werden sie erst unten am See erledigen.

Der Abstieg ist nicht einfach. In den vergangenen Tagen hat es heftig geregnet, und das Erdreich ist an manchen Stellen glitschig geworden. Das ist einerseits gut, denn so kann das Boot besser zu Tal gleiten. Es ist aber auch schlecht, denn die Füße finden nicht immer den Halt, den sie brauchen. Eine Schneise durch den Wald haben die Männer längst gefunden und, wo erforderlich, auch schon hinderliche Äste und Wurzelwerk beseitigt. Groß ist die Gefahr, daß ihr Boot unkontrolliert ins Rutschen gerät. Es ist schon vorgekommen, daß dabei ein Mann zerquetscht wurde. Auch das Boot selber könnte Schaden nehmen: Seine Wände könnten eingedrückt werden, und die ganze Arbeit wäre dann vergeblich gewesen.

Diesmal aber gelingt es, den Einbaum sicher zum See hinab zu bringen – ein Grund für die Männer, ein großes Fest zu feiern, bevor die Feinarbeiten beginnen.

***Die Hirschhornhacke** (oben) und der Hirschhorngriff an der Feuersteinklinge (links) weisen darauf hin, daß der Bodenseeraum, aus dem die Werkzeuge stammen, noch in der Jungsteinzeit ein geschlossenes Waldgebiet war, denn der Hirsch ist im Gegensatz zum Reh ein reiner Waldbewohner.*

Häuser in Schuhen

Es gibt besseren Baugrund als den, welchen die Pfahlbaubewohner der Jungsteinzeit und der Bronzezeit für ihre Siedlungen gewählt hatten. Warum auch immer sie sich im Uferbereich der Seen oder in den Moorrandgebieten niederlassen wollten – der weiche Boden jedenfalls erforderte eine besondere Bauweise. Wo es möglich war, rammten sie zugespitzte Pfähle ins Erdreich, bis diese in festen Schichten Halt fanden und das Haus nicht einsinken konnte.

War die Bodenbeschaffenheit jedoch auch in tieferen Schichten nicht fest genug, um den schweren Oberbau eines Hauses zu tragen, so verwendete man sogenannte Schlammplatten, die von den Pfahlbauforschern auch als Flecklinge bezeichnet werden. Das sind starke, bis zu einem Meter lange Bretter, in deren Mitte die Erbauer der Häuser rechteckige Löcher geschnitten haben. In diesen Löchern steckten die am unteren Ende gleichfalls rechteckig behauenen Pfähle der Hauskonstruktion. Die ebenso einfache wie wirkungsvolle Erfindung sollte das Bauwerk vor dem Einsinken bewahren.

Zahlreiche dieser Flecklinge haben die Archäologen in der als Hornstaad-Hörnle I bezeichneten Siedlung am Bodensee gefunden. Der Fundplatz birgt eine steinzeitliche Pfahlbauanlage, die mit zu den am besten erhaltenen zählt. Fachleute haben hier komplette Hausgrundrisse ausmachen können. Außerdem haben sie mancherlei Gerätschaften, Gefäße, Reste von Stoffen sowie von tierischer und pflanzlicher Nahrung gefunden. Die Fundstelle gibt also sehr weit Aufschluß über das Leben in diesem Pfahlbaudorf, das erstmals um 4000 v. Chr. besiedelt war.

***23 gut erhaltene Hausböden** einer jungsteinzeitlichen Moorsiedlung – das Bild unten zeigt einen von ihnen – wurden zwischen 1919 und 1928 in Aichbühl am Federsee ausgegraben. Hier baute man ebenerdig. Damit die Bodenbretter nicht in den vermoorten Untergrund einsanken, lagen sie auf einem Fundament aus Schwellhölzern.*

Aus den vielen Einzelheiten, die die Wissenschaftler bisher über die Pfahlbauten zusammengetragen haben, läßt sich ein solches jungsteinzeitliches Haus rekonstruieren. Es war etwa sieben bis zehn Meter lang, drei bis vier Meter breit und stand mit seiner Längsseite in Ost-West-Richtung. Die Pfähle, die in den Flecklingen fußten, ragten vier bis fünf Meter aus dem Boden heraus. An ihrem oberen Ende trugen sie eine Astgabel. Etwa acht solcher Pfähle – von ihrer Funktion her bezeichnet man sie besser als Ständer – waren in einer Reihe angeordnet und durch eine Stange verbunden, die man über die Astgabeln gelegt und dort befestigt hatte. Parallel zu dieser Reihe befand sich in drei bis vier Meter Abstand eine zweite, die in gleicher Weise aufgebaut war. Beide Ständerreihen bildeten später die Längswände des Hauses. Daneben gab es wahrscheinlich noch tief in den Seegrund eingerammte Pfähle ohne Flecklinge, die die Last des über den Untergrund abgehobenen Hausbodens trugen.

Die Anwohner des Bodensees bevorzugten Giebeldächer, die als Wetterschutz das Haus an der Vorder- und Rückseite überragten und den geräumigen Vorplatz teilweise überdeckten. Den Dachfirst konstruierte man wie die Wände: In der Mitte zwischen den beiden Wandständerreihen errichtete man eine dritte, höhere Reihe, deren Ständer ebenfalls in Flecklinge eingezapft waren. Diese Firstständer verband man zum einen untereinander mit einer Stange, dem First, und zum andern mit den Wandständern durch die quer zum First verlaufenden Sparren. Zwischen den Sparren brachte man dann die Dachplatten an und deckte vermutlich Schilf, Stroh oder Rinde darüber.

Da neben den Sparren vor allem die drei Ständerreihen die Hauptlast des Daches zu tragen hatten, verwendete man hierfür meist Eichen- oder Eschenholz, das besonders starke Belastungen aushält. Um dem Haus die notwendige Stabilität zu verleihen, mußte man die Längs- und Querstangen besonders sorgfältig miteinander verbinden. Wahrscheinlich benutzte man dazu aus Bast geflochtene Stricke, die man an den Verbindungsstellen der Hölzer zu kunstvollen Knoten knüpfte.

Die Fußböden der Häuser von Hornstaad-Hörnle I lagen nicht auf der Erde auf. Wenn das Gelände im Sommer bei Hochwasser überflutet war, befanden sich die Böden direkt über der Wasseroberfläche. Im Winter dagegen standen die Häuser im trockenen Uferbereich, und die Fußböden lagen damit weit oberhalb des Erdbodens. Diese Bauweise mit den hochliegenden Böden unterscheidet die Häuser hier von den Siedlungen, die im Uferbereich kleiner Seen und im Moor standen. Da dort kein Hochwasser

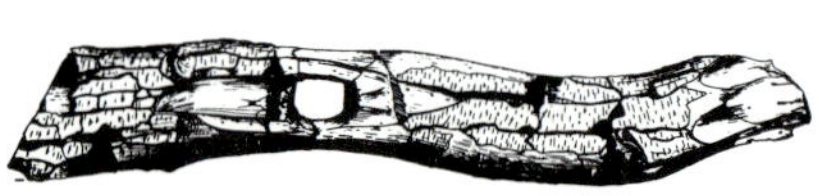

***Die nötige Standfestigkeit** erhielten Häuser in Ufernähe durch eine Verzapfung der Dach- und Wandständer mit den Flecklingen.*

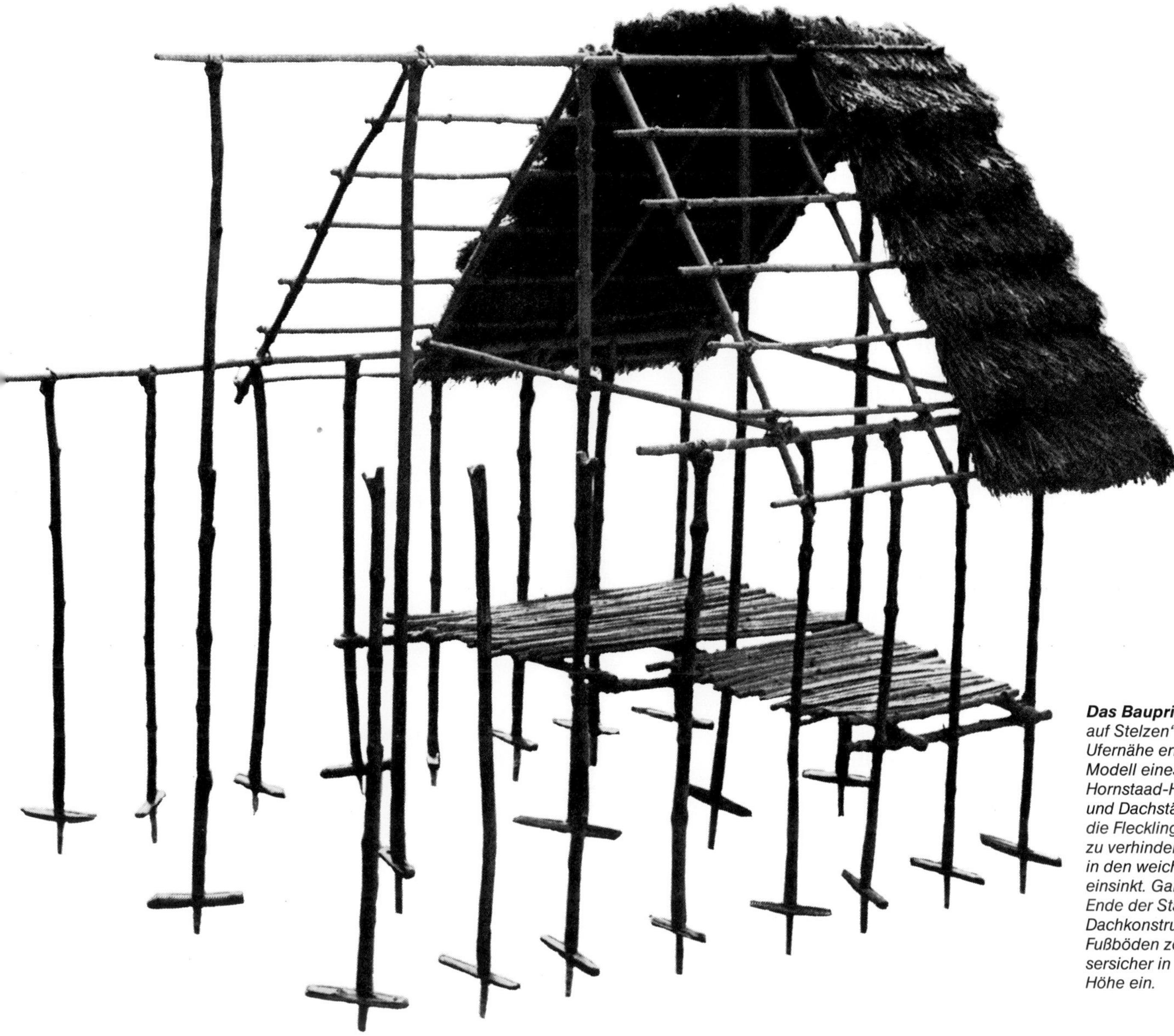

***Das Bauprinzip** der „Häuser auf Stelzen", die man in Ufernähe errichtete, zeigt das Modell eines Pfahlbaus aus Hornstaad-Hörnle. Die Wand- und Dachständer sind unten in die Flecklinge eingezapft, um zu verhindern, daß das Haus in den weichen Seegrund einsinkt. Gabeln am oberen Ende der Ständer tragen die Dachkonstruktion. Die Fußböden zog man hochwassersicher in entsprechender Höhe ein.*

zu befürchten war, konnte man ebenerdig bauen. Doch auch dann mußte man dafür sorgen, daß die Häuser nicht in den weichen, morastigen Untergrund einsanken. Darum legte man erst ein Fundament aus Schwellhölzern, auf denen dann die Bodenbretter ruhten.

Wie dagegen die Fußböden in Hornstaad-Hörnle I konstruiert waren, ist noch nicht eindeutig geklärt. Man weiß aber von anderen Grabungen, daß die Böden oft aus Rund- und Spalthölzern bestanden.

Die Wände der Pfahlbauten hatten einen Kern aus Ästen und Spaltholz und waren dick mit Lehm verstrichen. Der Eingang lag, wie mehrere Siedlungen am Federsee vermuten lassen, auf der wetterabgewandten Seite.

Ein solches Haus bestand meist nur aus einem einzigen Schlaf- und Aufenthaltsraum. In einigen Siedlungen Oberschwabens kannte man allerdings auch schon zweiräumige Häuser. Hier lag in der Regel ein kleiner Wirtschaftsraum mit Backofen und steingepflasterter Feuerstelle vor dem eigentlichen Wohnraum.

Jedes Haus stellte eine eigene kleine Wirtschaftseinheit dar, in der alle wesentlichen Dinge erledigt wurden. Hier befanden sich Vorratsgefäße, Geschirr, Kochtöpfe, Körbe, Werkzeuge und Angelgeräte. Darüber hinaus gab es wahrscheinlich Schlafstellen, Sitzgelegenheiten und auch Webstühle.

Wie alt eine solche Siedlung oder ein einzelnes Haus ist, läßt sich mit Hilfe der Radiokarbonmethode (siehe Seite 70), genauer noch durch die Dendrochronologie, feststellen. Man benötigt dazu Hölzer, deren Jahresringe noch gut zu erkennen sind. Der Abstand von Ring zu Ring – jedes Jahr bildet sich ein neuer – ist unterschiedlich groß. Je stärker das Wachstum des Baumes, desto größer der Abstand. In klimatisch guten Jahren wächst mehr Holz als in schlechten. Die aufeinanderfolgenden Ringe bilden ein bestimmtes Muster, das bei allen Bäumen der gleichen Art aus gleicher Zeit und gleicher Region identisch ist.

Um die Zeit, in der ein Baum gewachsen ist, feststellen zu können, braucht man ein „Eichmaß", d. h. ein Holz, dessen tatsächliches Alter genau bekannt ist – z. B. einen Balken, von dem man weiß, wann er für einen Haus- oder Schiffsbau verwendet wurde. Von mehr als 10 000 Holzproben ist es gelungen, für Südwestdeutschland einen „Jahresringkalender" zu erstellen, der von der Jungsteinzeit bis in die Gegenwart reicht. Vergleicht man nun die Muster oder auch nur Teilbereiche dieser Muster, die die Hölzer der ehemaligen Pfahlbauten aufweisen, mit diesem Jahresringkalender, so kann man recht genau die Zeit bestimmen, aus der diese Hölzer stammen und damit auch die Pfahlbausiedlungen datieren.

Alltag im Pfahlbau

Die Frage, warum manche Menschen der Jungsteinzeit und der Bronzezeit sich ausgerechnet in Niedermooren und an den Seeufern niedergelassen haben, kann man mit letzter Sicherheit nicht beantworten. Plätze dieser Art laden nicht gerade dazu ein, dort Häuser zu bauen, denn im Normalfall waren es unwirtliche Orte, die den Menschen viel Tatkraft abverlangten, wollten sie ihr Leben auch nur einigermaßen sicher und auskömmlich gestalten.

Vieles spricht dafür, daß die Menschen die Nähe zum See suchten, weil er sie ausreichend mit Fischen versorgte. Ein weiterer Grund könnte gewesen sein, daß sich die Siedler hier verhältnismäßig sicher vor Feinden fühlen durften. Jeder, der sich von der Wasserseite her näherte, war schon von weitem zu sehen. Ob Feind oder Freund, entschied sich dann spätestens an der Palisadenumzäunung, die man rings um die Siedlung gezogen hatte. Bis dahin hatte man aber auch alles Notwendige vorbereiten können, um das Dorf zu verteidigen.

Eine Annäherung von der Landseite her dürfte ebenfalls nicht ganz einfach gewesen sein. Meist säumten dichte Wälder das Land, und das Ufer war mit Buschwerk bestanden. Die Dorfbewohner konnten sich also recht sicher vor Überfällen wähnen und in Ruhe ihrem Tagewerk nachgehen.

Dazu gehörte jetzt, in der Jungsteinzeit, vor allem der Ackerbau. Im Urwald hatten die Menschen kleine Flächen gerodet, möglicherweise mit Hilfe des Feuers, das den niedrigen Baumbestand und die Sträucher wegfraß. Mühselig haben sie dann mit ihren Steinäxten die großen Bäume geschlagen und Baumstümpfe und Wurzelwerk beseitigt. Anschließend griffen sie zur Hacke und lockerten den Boden auf. Pflüge, die die obere Bodenschicht wenden, waren zu jener Zeit noch unbekannt, die Saat konnte also nicht sehr tief in den Boden eingebracht werden. Die vom Abbrennen des Strauchwerks verbliebene Asche düngte den Boden. War die fruchtbringende Kraft des Erdreichs verbraucht, mußten die Pfahlbaubewohner ein neues Feld roden. Angebaut wurden Wildgetreide wie Emmer und Einkorn, aber auch Hülsenfrüchte. Das Getreide zerrieb man auf geeigneten Steinen zu Mehl und backte daraus Brot in Form flacher Laibe oder als Fladen. Beeren, Wurzeln und andere Früchte des Waldes ergänzten zu jener Zeit den Speiseplan.

Fleischlieferanten waren Schweine, Rinder, Ziegen und Schafe, die als Haustiere gehalten wurden. Außerdem gingen die Menschen der Jungsteinzeit auch noch auf die Jagd. Sie stellten dem Hirsch nach, fingen aber auch Rehe und Hasen, und ebenso dürfte so mancher Birk- und Auerhahn als Braten geendet haben. Ein wichtiger Jagdgehilfe war der Hund, der sich schon in

Verkohlte Gewebereste *(links) aus dem 4. Jt. v. Chr. konnte man in Hornstaad-Hörnle freilegen. Es handelt sich um ein grobes Bastflechtwerk, das mit der Hand geknüpft worden war.*

Eine jungsteinzeitliche Perlenkette *(unten) belegt, daß schon damals die Menschen Schmuckstücke anfertigten. Die Perlen bestehen aus behauenem und geschliffenem weißem Marmor, den man mit feinen Feuersteinspitzen durchbohrt hat. Auf dem Foto ist der Fund so abgebildet, wie die Ausgräber in Hornstaad-Hörnle ihn entdeckten.*

Tonwaren *wie diesen jungsteinzeitlichen, in Fundlage abgebildeten Krug verwendeten die Siedler zum Kochen; sie benutzten sie als Wasserbehälter oder lagerten Vorräte in ihnen ein. Im Verlauf der Jungsteinzeit nahmen die Qualität und der Formenreichtum der Tongefäße ohne ersichtlichen Grund ab. Muster und Ornamentbänder traten in den Hintergrund, um schließlich einer glatten, von Verzierungen freien Oberfläche zu weichen.*

grauer Vorzeit – damals noch Wolf – dem Menschen angeschlossen hatte.

Nahrung in Fülle bot auch der See. Mit ihren Einbäumen fuhren die Pfahlbaubewohner hinaus aufs Wasser, um Fische zu fangen. Sie verstanden sich gut darauf, Fischernetze zu knüpfen, mit denen sie ganze Schwärme kleinerer Fische aus dem Wasser zogen. Auch Angelhaken fertigten sie an, meist aus zweckmäßig geformten Knochen, aber auch aus den Zähnen des Ebers, die zu Haken geschliffen wurden. Kamen die Fische zur Laichzeit in Ufernähe, erlegte man sie dort mit Harpunen.

Für schlechte Zeiten legten die Menschen damals Vorräte an, die sie in Tongefäßen aufbewahrten. Eine Drehscheibe kannten sie noch nicht, also fügten sie Ring auf Ring übereinander und stellten auf diese Weise Töpfe her. Archäologen haben in Scherben Reste von Milchprodukten gefunden und daraus geschlossen, daß man wohl schon damals Käse herzustellen verstand.

Kleidungsstücke fertigte man aus Flachs, den man mit der Handspindel zum Faden spann und dann auf einfachen Webstühlen zu Stoff verarbeitete. Sicher dienten auch Felle als Kleidung. Man reinigte, trocknete und gerbte die Tierhäute, schnitt sie je nach Verwendungszweck zu und nähte sie zusammen. Mit Pfriemen aus Röhrenknochen stach man die Löcher, mit Nadeln aus gleichem Material heftete man die Einzelteile aneinander.

Später, in der Bronzezeit, stellte man Werkzeuge und Geräte nicht mehr aus Stein und Knochen, sondern aus Metall her. Harpunen- und Speerspitzen, Beile, Messer, Sicheln, Nadeln, Angelhaken und anderes mehr hielten jetzt sehr viel länger. Erhebliche Probleme dürfte anfangs die Gußtechnik bereitet haben. In kleinen Öfen aus Lehm und Steinen wurde die Schmelze hergestellt, die man dann in Gußformen aus Sandstein füllte. Wie die archäologischen Funde zeigen, gerieten die Werkstücke mit der Zeit immer vollkommener.

Das Bedürfnis, sich zu schmücken, scheint dem Menschen angeboren. Und so schnitzte man auch schon in der Jungsteinzeit knöcherne Schmuckstücke. Eberzähne und Hirschhorn verwendete man, die weißen Gehäuse des Röhrenwurms fügte man zu Ketten zusammen, und auch Gerölle aus weißem Marmor dienten als Schmucksteine. Mit dem Gebrauch von Metall verfeinerten sich die Schmuckstücke. Unter anderem zierten jetzt fein ziselierte Bronzenadeln die Gewänder.

Das Leben der jungsteinzeitlichen Pfahlbaubewohner war dennoch alles andere als beschaulich. Es war ein ständiger Kampf ums Überleben. Die Natur, so sehr sie einerseits zum Lebensunterhalt beitrug, konnte andererseits auch grausam sein. Hagelschläge vernichteten die Ernte, Tiere verwüsteten die Saat. Besonders setzte den Menschen der Winter zu. Gegen Sturm und Nässe boten ihre Häuser nur wenig Schutz: Sie waren zugig und feucht. Die Felldekken wurden klamm, das Feuer wärmte nur wenig. Und als Folge davon litten die Menschen oft unter rheumatischen Erkrankungen.

Der Hirsch wird verwertet

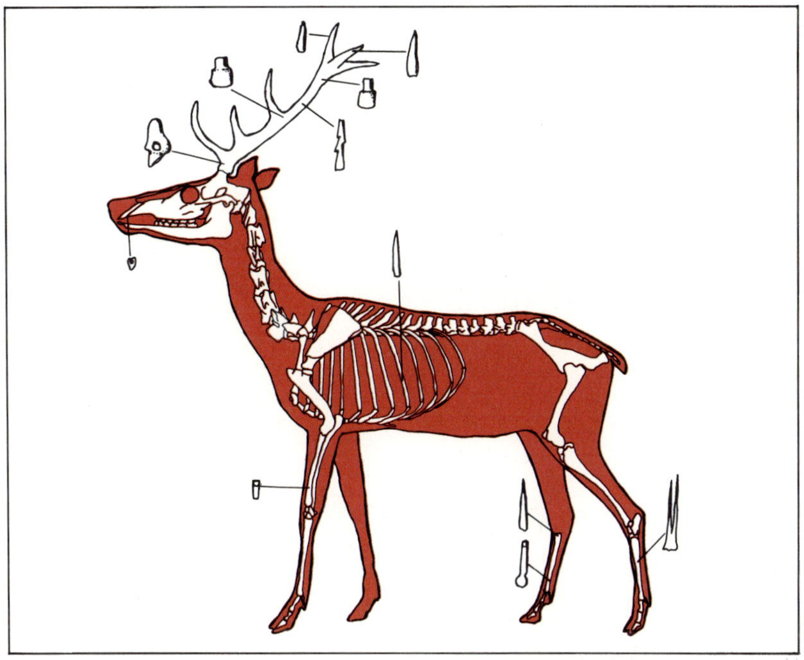

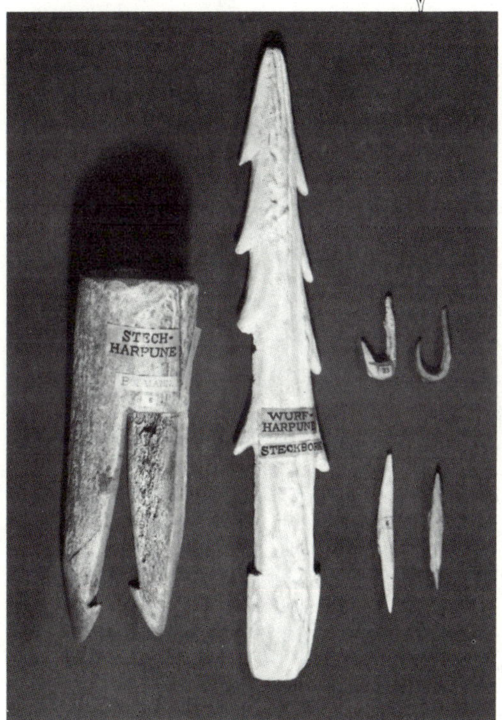

Zwar hatte sich der Mensch der Steinzeit im Lauf der Jahrtausende vom Sammler und Jäger zum seßhaften Ackerbauer und Viehzüchter entwickelt, doch verzichtete er darum noch lange nicht auf die Jagd. Das Wild bereicherte nicht nur die Tafel: Die starken Knochen ließen sich sehr gut verwenden, um daraus Arbeitsgeräte für Haus und Hof anzufertigen. Knochenfunde belegen, daß man vor allem Hirschknochen verarbeitete. Da Hirsche typische Waldtiere sind, waren sie in den kaum gerodeten Urwäldern, die bis an die Seeufer reichten, heimisch.

Ihr Geweih und ihre Knochen bildeten ein ausgezeichnetes Rohmaterial, um Werkzeug herzustellen (siehe Schemazeichnung). So fertigte man z. B. aus dem Geweih stabile Stichel, Pfrieme und als Faustwaffen Messer und Axtköpfe. Teile der Geweihstangen ergaben das Zwischenfutter für feingeschliffene Steinklingen, die damit im Beilschaft befestigt wurden.

Geweihspäne, Rippen und Unterschenkelknochen verarbeitete man zum einen zu Harpunen, und zwar entweder zu den zweizackigen Stichharpunen oder zu den mit vielen Widerhaken versehenen Wurfharpunen, wie die Abbildung rechts zeigt. Ferner fertigte man daraus verschieden starke Nadeln und Angelhaken. Stumpfere und dikkere Partien des Gebeins und des Geweihs ergaben Hacken, mit deren Hilfe man den Boden auflockern konnte. Aus den Zähnen schliff man Schmuckstücke.

Aus Horn oder Knochen bestanden auch die Schiffchen für den Querfaden auf den Webstühlen. Mehrere blankgeputzte und zweizinkig zugespitzte Rippen band man zu Kämmen zusammen, mit denen man das Fasermaterial vor dem Spinnen hechelte.

Es versteht sich von selbst, daß auch das Fell des Hirsches sehr begehrt war. Wärmende und widerstandsfähige Kleidungsstücke ließen sich daraus herstellen, und es diente auch für die Lagerstatt. Därme und Sehnen des Hirsches gehörten keineswegs in den Abfall. Man trocknete sie und gebrauchte sie dann als Riemen und Schnüre.

Fleisch, das man nicht sofort verzehren konnte, wurde getrocknet oder geräuchert und für magere Zeiten aufbewahrt. Auf diese Weise verwertete man das erlegte Tier fast restlos.

Der Hirsch gehört mit zu dem Wild, auf das der Mensch seit alters her Jagd macht. Die ältesten bildlichen Darstellungen von Hirschen hat man in Höhlen Südfrankreichs und Nordspaniens gefunden. Sie stammen aus der jüngeren Altsteinzeit (etwa 35 000 bis 8000 v. Chr.).

Auf eine solche Jagd gingen meist mehrere Männer gemeinsam. Schon um Fallgruben auszuheben, brauchte man viele starke Arme. Bewaffnet waren die Männer mit Speeren und Lanzen, Pfeilen und Bogen. Die Spitzen der Waffen bestanden aus Feuerstein oder Knochen. Aber vor allem auch Mut brauchten die Jäger, um Hirsche und anderes Wild, wie den Wisent und den Auerochsen, durch Dickicht und Wald zu verfolgen, zu stellen und zu töten. Denn damals war die Jagd alles andere als ein vergnüglicher Zeitvertreib; sie gehörte zum Kampf ums Überleben.

Begraben im Moor

Moore sind düster und unheimlich, ein Schauplatz gruseliger Geschichten.
In germanischer Zeit wurden dort Menschen geopfert und begraben.
Doch nur der Zufall gibt die Moorleichen frei.

Torfstecher als Ausgräber

Das Moor (unten), in dem man den Tollundmann fand, gehört zum Bjaeldskovdal, einem Tal, das zehn Kilometer westlich von Silkeborg liegt. Das an Humussäure reiche Hochmoor hatte die Leiche gut erhalten.

Das eingeklinkte Bild zeigt einen Torfstich, so wie er – vor dem Einsatz von Maschinen – mehr als 2000 Jahre lang betrieben wurde.

Im Tollundmoor westlich von Silkeborg wird seit der Eisenzeit Torf gestochen. Dieses Gebiet ist seit den ältesten Tagen besiedelt gewesen, wie unzählige behauene Flintsteine beweisen. Möglich, daß sich hier auch ein heiliger Hain (Lund) befunden hat, der dem germanischen Gott Thor geweiht war. Der Name „Tollund" könnte darauf hinweisen; noch im 15. Jh. ist die Bezeichnung „Torlund" urkundlich verbürgt.

Hier stieß der Spaten der Torfstecher am 8. Mai 1950 auf eine gut erhaltene Leiche. Man rief die Polizei, doch es war kein Fall für die Beamten. Die Moorleiche, deren Kopf als der besterhaltene aller Funde gilt, wurde nach dem Ort benannt, in dem sie versunken war.

Der Tollundmann scheint tief und ruhig zu schlafen. Dennoch: Der Mann war vermutlich ein Verbrecher, oder er war das Opfer einer rituellen Tötung. Er wurde hingerichtet durch den Strang. Dies geschah im 1. Jh. n. Chr. Was er getan hat, aus welchem Grund er hat sterben müssen, ist unbekannt und wird unbekannt bleiben. Die Leichenschau und Obduktion nach 1800 Jahren ergab folgendes: Der Tote war unbekleidet. Auf dem Kopf trug er eine spitz zulaufende Lederkappe, die aus acht Fellstücken genäht war. Die behaarte Seite war nach innen gekehrt. Unter dem Kinn lief eine Schnur durch, welche die Kappe an ihrem Platz hielt. Um die Hüften war ein glatter Ledergürtel geschlungen. Die Schlaufe eines aus zwei schmalen Lederstreifen geflochtenen Riemens lag straff gespannt um den Hals. Das freie Ende war abgeschnitten und fiel locker über Schulter und Rücken. Er war auf die rechte Seite gebettet, die Beine angewinkelt. Eine zweieinhalb Meter hohe Torfschicht hatte ihn bedeckt. Man hatte den Toten in einer seinerzeit schon vorhandenen Grube versenkt, wie eine nähere Untersuchung ergab.

Moorleichen werden durch Zufall an den Tag gebracht und nicht durch systematische Grabungen. Ein hoffnungsloses Unterfangen wäre

es, wollten Archäologen die Moore auf dieser Welt nach den Spuren vergangener Zivilisationen und Kulturen absuchen. Jeglicher Anhaltspunkt fehlt, wo etwas zu finden ist. Das Moor hat sich seine Opfer geholt, oder sie wurden ihm dargebracht. Lautlos hat es sie verschlungen. Keine Überlieferung, keine Sage gibt Nachricht, wo dies geschah und wann; Ort und Zeit sind vergessen. Geblieben ist das Schweigen. Torfstecher sind es gewesen, die die verborgenen Gräber freigelegt haben. Unversehens stießen ihre Spaten auf Tote oder auf einzelne Körperteile, und es kam vor, daß zunächst die Kriminalpolizei gerufen wurde, weil die Arbeiter an ein Verbrechen glaubten. So gut hat das Moor die Körper konserviert. Tatsächlich aber war es ein Fall für die Archäologen.

Weltweit sind bislang rund 1500 Moorleichen oder Teile von ihnen registriert worden, vor allem in einem Gebiet, das sich von den Niederlanden über Nordwestdeutschland bis nach Nordjütland erstreckt. Schwerpunkt der Funde ist der um Nord- und Ostsee gelegene Raum. Von den insgesamt 711 in Europa, einschließlich der europäischen Sowjetunion, gefundenen Moorleichen sind allein 644 in diesem Gebiet lokalisiert worden. 445 davon sind in Norddeutschland und Dänemark gefunden worden. Ihr Zustand reicht von „ganz hervorragend“ bis „sehr schlecht“. Bei manchen hat sich das Skelett erhalten, und die Weichteile haben sich aufgelöst, in anderen Fällen ist es genau umgekehrt. Unter besonders günstigen Bedingungen ist fast die ganze Leiche unversehrt geblieben, mit Haut und Haaren, Weichteilen und Knochen. Entscheidend dafür, wie gut eine Leiche konserviert wurde, ist die Konzentration der Humussäure im Moorwasser. Ist sie nicht zu hoch, bleiben die Knochen erhalten. In einzelnen Fällen haben auch die Wurzeln der Sumpfpflanzen die Knochen entkalkt. Dadurch veränderte sich ihre Substanz, aber sie wurden nicht deformiert. Die Mehrzahl der Moorleichen ist männlich, Frauen sind in der Minderheit, ebenso Kinder. Es gibt nur wenige einleuchtende Erklärungen dafür, wie diese Menschen ins Moor geraten sein mögen. Wenn Selbstmord und Unglücksfälle außer Betracht gelassen werden, bleiben nur noch Menschenopfer und reguläre Bestattung nach Vollzug der Todesstrafe oder nach einem natürlichen Tod.

Sicher sind auch in den vergangenen Jahrhunderten schon Moorleichen ausgegraben worden. Ende des 16. Jh. begann die gezielte Torfgewinnung für niederländische Ziegeleien, Tran- und Seifensiedereien, wenig später folgte die Nutzung des Moores als Siedlungsgebiet. Bauern und Arbeiter werden damals Moorleichen gefunden haben. Aber furchtsam und abergläubisch brachten sie die Toten schnell wieder unter die Erde, diesmal jedoch in geweihte. Die Moorarchäologen blicken besorgt in die Zukunft. Moore verschwinden immer häufiger aus dem Landschaftsbild; sie werden trockengelegt, und der Torf wird großräumig mit Maschinen abgebaut. Daß hierbei auf Funde Rücksicht genommen wird, dürfte unwahrscheinlich sein.

***In dieser Lage** wurde der Tollundmann beim Torfstechen gefunden: auf die Seite gebettet und mit angezogenen Knien. Die Gestalt, die als besterhaltene aller Moorleichen gilt, lag etwa 60 Meter vom Rand des Moors entfernt in einer Tiefe von zweieinhalb Metern. Zur Bergung wurde ein Kasten um die Leiche herum gebaut.*

Der Mann von Tollund

Gerste und Windenknöterich *(unten) waren einige der Bestandteile jener breiartigen Grütze, die der Mann von Tollund zwölf bis 24 Stunden vor seinem Tod als letzte Mahlzeit zu sich genommen hat.*

Das Essen, das zwei Archäologen aus London und aus Cambridge einnahmen, war von besonderer Art. Aufgetragen wurde ein wenig appetitlicher Grützebrei. Sie tunkten ihre Löffel in die graue Pampe und kosteten vorsichtig. Der Brei war gallebitter. Die Wissenschaftler löffelten eine Henkersmahlzeit, die gleiche, die der Tollundmann vor seinem Ende zu sich genommen hatte. Das Rezept dazu hatten Gerichtsmediziner in ihren Labors nach Analysen des Magen- sowie des Dünn- und Dickdarminhalts der Leiche zusammengestellt. Rein vegetarisch war die Kost, sie bestand aus fein zerkleinerten Pflanzenteilen, Früchten und Samen von nahezu allen Kräutern dieser Region, nur Disteln fehlten. Das Gericht bestand aus ungerösteter Gerste, Leinsamen, Leindotter, Knöterich, Buchweizen, Hafer, Hirse, Weißem Gänsefuß, Ackerwinde, Hohlzahn, Flachs, Ackerspark, Finkensamen – alles zu einem Brei verrührt. Der Tollundmann sei allein durch diese Grütze genügend bestraft worden, meinte einer der Archäologen. Auch bei zwei anderen Moorleichen, dem Mann von Grauballe (gefunden 1952) und dem von Borremose (entdeckt 1946), führten die Untersuchungen zu ähnlichen Ergebnissen. Das letzte Essen vor dem Tod war rein pflanzlich gewesen, und – eine weitere bemerkenswerte Übereinstimmung – es fehlten alle Früchte des Sommers und des Herbstes, wie z. B. Erdbeeren, Brombeeren, Himbeeren, Äpfel und Hagebutten. Alle drei müssen also im Winter oder Vorfrühling umgebracht worden sein, vielleicht waren sie zu Opfern der Fruchtbarkeitsriten auserkoren gewesen.

Die Röntgenaufnahme *(unten links) zeigt das stark geschrumpfte Gehirn des Mannes von Tollund. Unten der Tote, mit Lederhaube, Gürtel und dem Strick. Er liegt, bald nach der Bergung, in einer Formalinlösung, die jedoch den Körper nicht erhalten konnte. Der 30 bis 40 Jahre alte und etwa 1,6 Meter große Mann war im Moor etwas eingeschrumpft. An der gut erhaltenen rechten Fußsohle hatte er zwei Narben. Der Kopf (gegenüberliegende Seite) wurde in einem aufwendigen chemischen Verfahren mit Hilfe von Formalin, Alkohol, Paraffin und Wachs konserviert.*

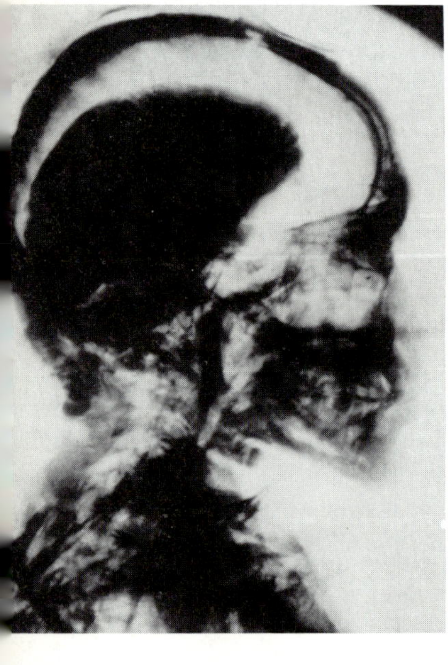

Die Altersbestimmung von Moorfunden geschieht mit Hilfe der Pollenanalyse und/oder der Radiokarbonmethode, kurz C 14-Methode genannt. Torfmoos ist die Pflanze des Hochmoores schlechthin. Schicht um Schicht wächst sie in die Höhe, die abgestorbenen Lagen vertorfen. Die untersten sind die ältesten, die oberen die jüngsten. In diesen Schichten finden sich Blütenpollen, Sporen, einzellige Tiere und anderes mehr. All diese Kleinfossilien behalten ihre Lage im Torf durch die Jahrtausende bei. Sie können noch heute identifiziert werden. Jede Torfschicht wird also durch ihren Bestand an derartigen Kleinstorganismen charakterisiert. Bei der Pollenanalyse zählt man die Anzahl von Pollen und Sporen und bestimmt die Pflanze, von der sie stammen.

Bei der C 14-Methode geht man von dem Kohlenstoff 14 (C 14) aus, dem radioaktiven Isotop des normalen Kohlenstoffs (C 12). C 14 bildet sich an der oberen Grenze der Atmosphäre. Jeder Organismus nimmt es auf, solange er lebt, und speichert es in seinen Zellen. Nach dem Tod wird der C 14-Anteil im Körper ständig geringer, aber die Strahlungsintensität, die von dem abgestorbenen Organismus ausgeht, ist meßbar. Komplizierte Rückrechnungen aufgrund der Halbwertzeit (die Zeit, in der die Hälfte des Elements zerfällt; bei C 14 beträgt sie 5730 Jahre) ermöglichen dann die Altersbestimmung.

Mit Hilfe dieser Methoden konnte man den Tollundmann zeitlich einordnen: Er lebte in der jüngeren Eisenzeit (400 v. Chr. – 400 n. Chr.), vermutlich im 1. Jh. v. Chr. Da man bis 1950 nur geringe Erfahrungen mit der Erhaltung von Moorleichen hatte, entschloß man sich, den Körper des Tollundmannes (abgesehen von den Füßen und Teilen der Hände) eintrocknen zu lassen und sich ganz auf die Konservierung des ohnehin gut erhaltenen Kopfes zu konzentrieren. Dabei ließ sich eine gewisse Einschrumpfung um etwa zwölf Prozent nicht vermeiden, aber selbst Details des Kopfes wie Haare, Falten und der Gesichtsausdruck blieben erhalten.

Letzter Gang

Wind weht durch die dürren Zweige, unstet springt er hin und her, bald stärker, bald schwächer. In wilder Flucht die Wolken, zerfetzt, an der bleichen Scheibe des Mondes vorbeieilend. Fahles zerrissenes Licht beleuchtet spärlich den Pfad in das heilige Moor. Viele Menschen gehen in dieser Nacht dorthin. Sie sprechen kein Wort miteinander. Der schweigende Zug erreicht die geweihte Stätte, sie setzen sich nieder, dort, wo der Baum steht. Der Wind macht sie frösteln, fester hüllen sie sich in die Decken und warten. Priester haben das Opfer vorbereitet. Es ist ein Mann. Trotz der kärglichen Vorräte haben sie ihn den Winter über gut durchgefüttert; der Gott, dem er dargebracht werden soll, wäre sonst erzürnt. Eben haben sie dem Mann eine Mahlzeit bereitet, es ist seine letzte. Aus allen vorhandenen Körnern und Samen haben sie ihm eine Grütze gekocht, er hat sie gegessen. Jetzt führen sie ihn zu dem Baum. Feierlich entkleiden sie ihn. Er spürt die Kälte nicht. Sie legen ihm eine geflochtene Lederschlinge um den Hals und hängen ihn an einem starken Ast auf. Der tote Körper pendelt im Wind. Es könnte der Mann von Tollund gewesen sein, der hier sein gottgefälliges Ende nahm. Er teilte das Schicksal vieler anderer Menschen, auch Missetäter waren darunter und Sklaven und Kriegsgefangene, die so sterben mußten. „Verräter und Überläufer knüpfen sie an Bäumen auf, Feiglinge, Drückeberger vor dem Kriegsdienst und der Unzucht Überführte versenken sie im Schlamm und Moor und bedecken sie mit Reisig. Die Verschiedenartigkeit der Todesstrafe geht auf die Vorstellung zurück, daß man die Bestrafung gemeiner Verbrecher gleichsam sichtbar vollziehen, ehrenrührige Handlungen mit Schweigen zudecken müsse“, schreibt der Römer Tacitus (um 55 – nach 115) über die Gerichtsbarkeit der Germanen in seinem berühmten Buch *Germania*. Von einem anderen, weit grausigeren Ritual berichtet der griechische Geograph Strabo (63 v. Chr. – 20 n. Chr.). Bei den Kimbern schnitten grauhaarige, in weiße Gewänder gehüllte Priesterinnen mit einem Schwert den Opfern die Kehle durch. Aus der Weise, wie das Blut in die Bronzekessel strömte, prophezeiten sie die Zukunft. Aus der Lage der Eingeweide ihrer Opfer weissagten sie Sieg oder Niederlage bei einem bevorstehenden Kampf. Wer den Göttern opfert, begehrt etwas von ihnen, oder er bedankt sich für das, was er von ihnen erhalten hat. In der agrarisch-kriegerischen Gesellschaft der Germanen kreisten die Bitten und der Dank naturgemäß um die Früchte des Feldes und um Siege über den Feind. Wie in diesem Zusammenhang die Tötung von Straftätern zu bewerten ist, bleibt unklar. Es kann sich, wie manche Rechtshistoriker meinen, um Menschenopfer handeln, die den wegen des Verbrechens erzürnten Göttern dargebracht wurden; möglicherweise hat man es hier auch nur mit einem rein juristischen Akt zu tun, nämlich dem Vollzug der Todesstrafe, bei dem die Religion keine Rolle spielte.

Menschenopfer gehörten gewiß nicht zum alltäglichen Ritual, sondern wurden nur bei

***Der geflochtene Lederriemen** (links), den der Tollundmann um den Hals trug; oben seine spitze Haube aus Schafleder. Rechts außen ein Torfspaten aus der Eisenzeit; er wurde neben dem Tollundmann gefunden.*

besonderen Gelegenheiten vorgenommen. In vielen Fällen mögen die Geopferten Wotan – auch Odin genannt – geweiht gewesen sein, der von den Germanen als Kriegsgott verehrt wurde. Die Moorleichenfunde bestätigen im wesentlichen die knappe Schilderung von Tacitus. Bei einer großen Anzahl von ihnen sind tatsächlich Strauchwerk, Ruten und Äste über die Leichen gelegt worden, wohl ein Zeichen dafür, daß der Tote endgültig aus der Gemeinschaft der Menschen ausgestoßen werden sollte. Mitunter hat man die Leiche durch schräg in den Boden gerammte Pfähle festgehalten, ohne daß diese Pflöcke den Körper durchbohrt haben. Manchmal ist sie auch mit Steinen beschwert worden, damit sie nicht wieder an die Oberfläche komme. Man fürchtete sich vor einem Wiederkommen des Toten, vor einem Wiedergänger, der sein Unwesen treiben könnte.

Untersuchungen an gut erhaltenen Moorleichen haben ergeben, daß die Menschen nicht ertränkt, sondern vorher getötet wurden. Häufig hat man sie erhängt oder erdrosselt, bevor man sie dem Moor übergab. Über den eigentlichen Sinn eines solchen Opfers ist sich die Fachwelt immer noch nicht einig. Ging es wirklich um eine Vernichtung, um das „Verschenken“ eines Teils der Kriegsbeute oder eines Missetäters an die Götter? Oder lag die Bedeutung auf einer anderen Ebene: Hatte vielleicht die Kraft der Götter abgenommen, und wurde sie durch ein solches Opfer wieder verstärkt? Die germanische Religion wirft mehr Fragen auf, als die Quellen beantworten können.

Das Mädchen von Windeby

Das Mädchen von Windeby
mit Fellkragen und der Augenbinde, die von manchen Forschern auch für ein herabgerutschtes Haarband gehalten wird. Der zerbrochene Birkenstab im Arm des Mädchens wurde als Symbol für ein Todesurteil gedeutet, ein Symbol, das man heute noch in der Redewendung „über jemanden den Stab brechen" wiedererkennen kann.

Der flüchtige Eindruck könnte darauf hindeuten, daß dieser Mensch plötzlich vom Tod überrascht wurde, z. B. bei der Arbeit auf dem Feld. Die rechte Armbeuge mit dem angewinkelten Unterarm hält noch den zerbrochenen Stiel einer Hacke oder eines anderen Ackergerätes, das Schweißband ist von der Stirn über die Augen gerutscht. Der Leib liegt auf dem Rücken, von der Hüfte abwärts ist er nach rechts gedreht, wobei sich das linke Bein über das rechte geschoben hat. Der linke Arm ruht ausgestreckt auf der Hüfte, der Kopf, ein wenig in den Nacken verschoben, ist auf die rechte Seite gefallen, die Lippen haben sich etwas geöffnet. Dieser erste Eindruck trügt. Bei der Leiche, die im Mai 1952 im Domlandsmoor bei Gut Windeby, südöstlich von Eckernförde, gefunden wurde, handelt es sich um ein etwa 14 Jahre altes Mädchen, gestorben im 1. Jh. n. Chr. Die meisten Wissenschaftler sind davon überzeugt, daß das Mädchen keines natürlichen, sondern eines gewaltsamen Todes starb. Es ist hingerichtet worden. Das Band ist nicht über die Augen gerutscht, es war dort absichtlich befestigt. Diese mehrfarbige, drei Zentimeter breite und 49 Zentimeter lange Binde, die aus 38 Wollfäden geflochten war, saß so straff vor den Augen, daß sie sich in die Nasenwurzel und in den Nacken eingeschnitten hat.

Um den Hals trug das Mädchen einen Kragen aus Rinderfell, sonst war es nackt. Auffällig an dem gut erhaltenen Kopf ist das einst hellblonde, durch die Moorsäure rötlich verfärbte, sehr feine Haupthaar: abrasiert auf der linken Seite, rechts auf vier bis fünf Zentimeter gestutzt. Da man aus den Berichten des Tacitus weiß, daß die Germanen den Ehebruch einer Frau mit dem Abscheren des Haupthaares (und mit Auspeitschung) bestraften, liegt der Verdacht nahe, daß die junge Frau zunächst auf diese Weise für ihr Vergehen büßte, dann zum Tode verurteilt und, nur mit einem Fellkragen bekleidet und mit der Binde vor Augen, ins Moor geschleppt wurde. Sie wurde in eine Torfgrube gestoßen, auf deren Grund genügend Wasser stand, um sie zu ertränken. Dann brach man den Stab über sie – jene Hölzer, die sie in der Armbeuge hielt – und beschwerte die Leiche mit einem großen Stein, damit sie nicht an die Oberfläche komme. Die Grube wurde ihr Grab, der Frevel war gesühnt. Die Haltung ihrer rechten Hand gab Anlaß zu phantasievollen Interpretationen: Daumen, Zeige- und Mittelfinger bilden den Gestus der „Feige", ein altes Sexualsymbol – ein Hinweis auf ehebrecherische Beziehungen? Vielleicht unterstrichen durch die Tatsache, daß fünf Meter von ihrem Grab entfernt ein männlicher To-

***Die Fingerstellung an der rechten Hand** der Toten veranlaßte die Betrachter und auch die Wissenschaftler zu phantasievollen Deutungen. Der Daumen berührt leicht die Fingerkuppen von Mittel- und Ringfinger, und man glaubte, in dieser Haltung die in den sexuellen Bereich deutende Geste der sogenannten Feige zu erkennen. Heute gilt jedoch mit Hilfe der Gerichtsmedizin als erwiesen, daß es sich dabei um eine natürliche Muskelanspannung zum Zeitpunkt des Todes handelt.*

ter gefunden wurde? Hatten die beiden miteinander zu tun? Jeder Beweis fehlt.

Die Leiche des Mannes, im Grunde genommen nicht mehr als eine lederartige Hauthülle, war bedeckt mit Grassoden und armdicken Holzstangen. Sie lag auf dem Rücken, die Arme auf der Brust verschränkt. Auch diesen Menschen hatte man hingerichtet, denn um den Hals wand sich eine Schlinge aus Haselruten. Neben seinem Kopf lagen die Überbleibsel eines Tongefäßes; dem Mädchen hatte man vier solcher Behältnisse mit ins nasse Grab gelegt. Ihr Inhalt war vergangen. Was immer Sinn und Zweck dieser Beigaben gewesen sein mochte, es bleibt ein Rätsel. Der Körper des Mädchens von Windeby hatte sich verhältnismäßig gut erhalten, er konnte medizinisch untersucht werden. Dabei stellte man fest, daß das Mädchen elfmal kurz vor dem Hungertod gestanden hatte. Erkennbar war dies an den sogenannten Wachstumslinien an den Röhrenknochen, die geröntgt wurden. Diese markanten Linien bilden sich nach einem Wachstumsstillstand, verursacht durch Krankheit oder mangelnde Ernährung, und werden im Lauf des Lebens nicht wieder abgebaut.

Am Beispiel dieser Moorleiche und der in den letzten Jahren an ihr vorgenommenen Untersuchungen wird jedoch auch deutlich, wie leicht bisherige Interpretationen erschüttert werden können, so daß ganz neue Gesichtspunkte auftauchen. Demnach war die junge Frau keineswegs eine Ehebrecherin, zumal Ehebruch nicht bei den Germanen, sondern erst im Mittelalter mit dem Tode bestraft wurde. Das Haar wurde möglicherweise nicht gewaltsam abgeschnitten, sondern freiwillig geopfert, vielleicht im Zusammenhang mit einer Heilmagie. Die Druckspuren im Gesicht waren keine Folge der straff angezogenen Augenbinde, sondern entstanden später durch die Lage im Moor, durch Äste und Zweige, die ihre Spuren hinterließen. Bei Windeby wurde, so scheint es nun, eine junge, vielleicht an Unterernährung gestorbene Frau in einem Moorgrab beigesetzt.

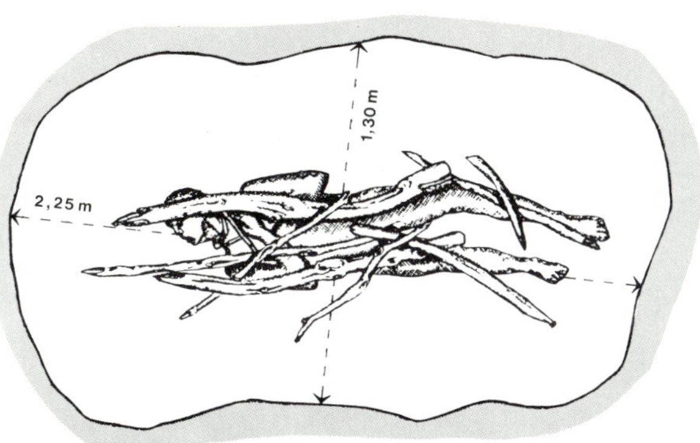

Mit Neugier und Schauder *betrachten die Besucher das Mädchen von Windeby (rechts), das im Schleswiger Museum für Vor- und Frühgeschichte zu sehen ist. Die Skizze oben zeigt die Anordnung des Strauchwerks, das Moorleichen (hier ist es der Mann von Windeby) am Hochtreiben hindern sollte.*

In Stiefeln begraben

Es war am 23. Juli 1957. Ein Bagger trug im Schwarzen Laich – einem Moor bei Peiting, einer Ortschaft in der Nähe von Schongau in Bayern – eine Torfwand ab und stieß dabei auf einen großen Holzkasten, der in der senkrechten Torfwand stak. Ein Schatz, dachten die Umstehenden, brachen hoffnungsfroh den Deckel auf und klappten ihn augenblicks wieder zu. Ein Totenschädel hatte sie angestarrt. Die Kiste war ein Sarg.

Die Moorleiche war überraschend gut erhalten. Sie war in einem faltenreichen Wollkleid und anderen Textilien zur letzten Ruhe gebettet worden und trug ein Paar neue Lederstiefel, eine recht ungewöhnliche Ausstattung für den Aufenthalt im Jenseits.

Die Polizei wurde benachrichtigt, erklärte sich aber für nicht zuständig. Dann wandte man sich an das bayerische Landesamt für Denkmalspflege in München. Im Prinzip sei man schon kompetent, aber die Erfahrung im Umgang mit Moorleichen, die in alte Textilien gehüllt seien, fehle. Die Denkmalsbeamten schalteten Neumünster ein. Das dortige Textilmuseum hat sich nämlich auf die Erforschung früherer Kleidung und deren Webtechnik spezialisiert und bildet alte Trachten getreu in Schnitt und Farbe nach.

Und so unternahm die Frau aus dem Moor bei Peiting ihre mutmaßlich weiteste Reise rund tausend Jahre nach ihrem Ableben. Ein gut gefederter Lieferwagen brachte sie in das schleswig-holsteinische Neumünster. „Rosalinde", wie die Museumsleute sie nannten, fiel – verglichen mit ihren Schicksalsgefährten andernorts – auch sonst aus dem Rahmen. Sie reiste in einem Kiefernsarg. Dies bedeutete, daß sie vorzeiten nicht hingerichtet worden war, sei es als Straftäterin oder als Opfergabe an die Götter, sondern daß man sie ordentlich beerdigt hatte, seltsamerweise im Moor. Woran war sie gestorben, welches Alter hatte sie erreicht – Fragen, die durch eine gerichtsmedizinische Untersuchung geklärt werden sollten. Nur die Haut- und Fleischteile, die offenbar längere Zeit außerhalb der Moorflüssigkeit gelegen hatten, zeigten Auflösungserscheinungen: so das Gesicht, die unter dem Kinn liegenden Hände und Teile der Brust. In sehr gutem Zustand befanden sich die Knochen. Die Haut selbst war dort, wo sie erhalten geblieben ist, wie bei allen Moorleichen festgegerbt und widerstandsfähig. „Rosalinde" war relativ klein, nur 1,52 Meter groß, dafür aber von kräftigem Körperbau. Auffällig ist die eingesunkene Bauchdecke: Sie war in der Länge gefaltet und fiel etwas nach den Seiten hin über. Bis kurz vor ihrem Tode mußte sie stark gewölbt und gedehnt gewesen sein. In hervorragendem Zustand befand sich auch der gesamte Magen-Darm-Kanal. Magen und Dünndarm waren leer, ihre letzte Mahlzeit hatte sie demnach mindestens sechs bis acht Stunden vor ihrem Ableben eingenommen. Der Befund der Lunge ergab, daß sie einige Jahre vor ihrem Tod eine Lungenentzündung gehabt hatte. Starke Kohlepigmentablagerungen in den Lymphknoten der Lungenwurzel stammten wahrscheinlich aus der rauchgeschwängerten Luft des offenen Herdfeuers.

Festgestellt wurde auch, daß sie in jüngeren Jahren eine Entzündung am Dickdarm durchgemacht hatte. Sonst fanden sich keine Anzeichen irgendwelcher schweren Krankheiten. An den Knochen ergab sich keinerlei Hinweis darauf, daß sie etwa Hunger gelitten hatte; das Wachstum war störungsfrei verlaufen. „Rosalindes" Herz war das mit Abstand am besten erhaltene Organ. Es sah so aus, als habe es erst vor zwei oder drei Tagen aufgehört zu schlagen. Selbst die feinsten Strukturen waren noch erkennbar.

Die in Peiting geborgene Moorleiche *war in einen 1,8 Meter langen und 39 Zentimeter breiten Kiefernsarg gebettet (ganz unten). Er war zu schmal, als daß die Arme seitlich am Körper hätten liegen können. Man winkelte sie deshalb an den Ellenbogen ab und steckte die Hände, eine über der andern, unter das Kinn. Die auffälligen großen Schaftstiefel bestehen aus Ziegen- und Rindleder. Die Einzelteile (unten) lassen die ungewöhnliche Machart und den zylinderförmigen Schaft erkennen.*

Auch ihr Gehirn hat sich hervorragend erhalten, wenngleich es etwas geschrumpft war. Die Untersuchungen des Schädels und der Zähne ergaben, daß sie höchstens 25 Jahre alt geworden ist. Ihr Gebiß war teilweise von Karies befallen und hatte einige Lücken. Außerdem fanden sich an den Zähnen entzündliche Stellen, die sehr schmerzhaft gewesen sein müssen.

Die Obduktion führte zu der sicheren Erkenntnis, daß sie jedenfalls nicht eines gewaltsamen Todes gestorben war. Aber auch ein anderer Befund war sicher: „Rosalinde“ war schwanger gewesen und hatte ein Kind geboren. Vielleicht war sie während der Geburt oder kurz danach gestorben.

Rätsel gaben auch die Stiefel auf. Daß eine Frau solches Schuhwerk trug, war ungewöhnlich, zumindest in unseren Breiten; und ihr Schnitt entsprach auch nicht der „Mode“, die in Mitteleuropa zu „Rosalindes“ Zeit üblich war. Stiefel dieser Machart, das ergaben Vergleiche, wurden in Südrußland und im Gebiet des Kaukasus getragen, und zwar auch von Frauen. Nach eingehenden Untersuchungen stellte man die Theorie auf, die Tote habe einem Stamm angehört, der im südosteuropäischen Raum beheimatet war. Diese Volksgruppe muß aus Südosteuropa nach Bayern gekommen sein. Ob „Rosalinde“ nun zu den Baiern gehörte, den Awaren oder Hunnen, konnte zuverlässig nicht entschieden werden. Gewisse Merkmale an ihrem Schädel deuten darauf hin, daß sie Baierin war. Trugen baierische Frauen vor 1000 Jahren Stiefel im Sarg? Im Regelfall wohl nicht. Was also war der Grund, daß man „Rosalinde“ in dieser Weise ausgestattet hatte?

Niemand wußte zunächst eine einleuchtende Erklärung. Ein Volkskundler schließlich war es, der einen möglichen Weg zur Lösung des Rätsels aufzeigte. Einem alten Volksglauben zufolge mußte eine im Wochenbett verstorbene Mutter noch geraume Zeit später nach ihrem Kind sehen, ob es auch gut versorgt sei. Unter Umständen muß sie dabei lange Fußmärsche zurücklegen und braucht dazu gutes Schuhwerk. „Rosalinde“ trug es.

Nicht beantwortet ist bisher die Frage, warum sie im Moor bestattet wurde, eine Frage, die wahrscheinlich niemals wird beantwortet werden können. Als sie starb (um 1100 n. Chr. plus/minus 80 Jahre), war Europa christianisiert. Sie hätte demnach auf einem Friedhof in geweihter Erde zur letzten Ruhe gebettet sein müssen. Statt dessen wurde ihr Sarg in einem sumpfigen Gewässer versenkt. Wahrscheinlich brachte man den schweren Holzsarg mit einem Boot an die betreffende Stelle, fädelte Weidenruten durch Öffnungen im Sargdeckel und befestigte an den Enden jeweils einen Stein. Der Sarg sank auf den Grund. Irgendwann im Lauf der Jahrhunderte muß sich dann die Befestigung gelöst haben, und der Sarg ist nach oben gestiegen. Vielleicht war „Rosalinde“ keine Christin, vielleicht hatte man sie aus ihrer Dorfgemeinschaft ausgestoßen, vielleicht entsprach irgend etwas in ihrer Lebensführung nicht der herrschenden Norm, so daß man sie weitab von menschlichen Behausungen bestattet hat.

Einen Knoten ins Haar geschlungen

„Jetzt habe ich von den Sueben zu berichten … Ein Kennzeichen des Stammes ist es, das Haar seitwärts zu streichen und in einem Knoten hochzubinden. So unterscheiden sich die Sueben von den übrigen Germanen, so bei ihnen selbst die Freien von den Sklaven. Auch andere Stämme kennen den Brauch, sei es durch Verwandtschaft mit den Sueben oder, wie es häufig geschieht, durch Nachahmung … Das ist Schönheitspflege, aber von harmloser Art. Denn nicht um zu lieben oder geliebt zu werden, richten sie sich her, sondern um recht groß und furchtbar zu erscheinen, wenn sie in den Krieg ziehen: Für das Auge des Feindes ist der Putz bestimmt.“

Diese oft zitierte Stelle des römischen Staatsbeamten und Schriftstellers Tacitus in seiner Germania *beschreibt die Haartracht des germanischen Suebenstammes. Seither wird auch das seitlich am Kopf zusammengeknüpfte Haar als Suebenknoten bezeichnet. Angeblich diente also diese Frisur nicht der Schönheit und damit der menschlichen Eitelkeit, sondern man benutzte sie, um den Feind zu erschrecken, und dachte dabei wohl vornehmlich an die römischen Legionäre.*

Diese Beschreibung des Tacitus deckt sich mit der Haartracht eines Marmorkopfes, der sich in den Musées royaux du Cinquantenaire in Brüssel befindet (oben links). Es ist die älteste bekannte Darstellung eines Germanen, sie stammt aus der Zeit um 200 v. Chr. Das Haupthaar ist in dünnen, sorgfältig geordneten Strähnen vom Hinterkopf und von der linken Kopfseite her quer über den Schädel nach der rechten Seite gekämmt und über der rechten Schläfe zu einem Knoten gebunden. Der Mann sieht eigentlich keineswegs wild, sondern recht manierlich aus.

Sehr viel Furcht und Schrecken will bei diesem Anblick nicht aufkommen — was nun von dem Fund bei Osterby, Kreis Eckernförde, nicht eben behauptet werden kann (oben rechts): Es handelt sich hier nämlich um einen Totenschädel, der 1948 beim Torfstechen entdeckt wurde. Man stellte fest, daß es sich um einen 50- bis 60jährigen Mann gehandelt haben muß, dem mit einer scharfen Waffe das Haupt vom Rumpf getrennt worden war. Der Kopf war seinerzeit in einen aus Rehfellen zusammengenähten Umhang gepackt und ins Moor versenkt worden. Wahrscheinlich handelt es sich um ein rituelles Menschenopfer. Das Haupthaar war einst blond gewesen, jetzt schimmert es durch die lange Lagerung im Moor rötlich. Der Tote trägt einen Mittelscheitel, das Haar ist 28 Zentimeter lang, nach rechts herübergekämmt und zu dem bekannten Suebenknoten verknüpft.

Eine weitere, sehr schön erhaltene Frisur dieser Art wurde 1958 in der Nähe von Neumünster gefunden. Dieser Mann war etwa 30 Jahre alt und wurde durch einen Stich ins Herz getötet. Bevor man die Leiche ins Moor versenkte, hatte man ihm die Beinknochen gebrochen und den Kopf abgeschlagen. Danach wurden Kopf und Körper in wassergefüllte Vertiefungen auf der Mooroberfläche gelegt und mit armdicken Knüppeln befestigt.

Geopfert im heiligen Moor

Unheimlich, vielleicht sogar bedrohlich, haben Moore zu allen Zeiten gewirkt. Kein Wunder also, wenn unsere Vorfahren solche Stätten einer Gottheit weihten und ihr Opfer darbrachten – Menschenopfer und, in weit größerer Zahl, Gegenstände.

Menschenopfer haben mit Sicherheit nicht zum alltäglichen Ritual gehört. Sie wurden nur bei besonderen Anlässen vorgenommen, etwa während der drei großen Feste, die die Germanen innerhalb eines Jahres feierten. Snorri Sturluson (1178–1241), ein berühmter isländischer Dichter und Staatsmann, der die vielfältigen Zeugnisse heidnischen Götterglaubens und alte Sagen sammeln und bearbeiten ließ, datiert das erste dieser Feste auf Mitte Oktober, zur „Mittwinterzeit" das zweite und das letzte schließlich zum Sommeranfang. Diese Datierung ist jedoch unsicher; ebenso ist nicht sicher überliefert, welchen Göttern bei dieser Gelegenheit geopfert wurde.

Weitaus besser als über Menschenopfer sind die Wissenschaftler über Sachopfer informiert. Das konnten einfache Dankopfer der Bauern sein oder Gaben, mit denen eine reiche Ernte beschworen werden sollte: z. B. Tongefäße, Haustiere, Ackergeräte, Textilien, Schmuck, aber auch hier und da menschenähnliche Holzfiguren, die wahrscheinlich Gottheiten der Fruchtbarkeit darstellen sollen.

Neben den vereinzelten und verstreuten Individualopfern, wie sie genannt werden, wurden auch große Gemeinschaftsopfer in der Mitte des vorigen Jahrhunderts entdeckt, wie die von Thorsberg in Süderbrarup (Schleswig-Holstein) und Nydam (Dänemark).

Süderbrarup ist ein unscheinbares schleswigholsteinisches Landstädtchen mit 3500 Einwohnern, einem Bahnhof, Marktplatz und einem Hügel, der Thorsberg heißt. Zu Füßen dieser bescheidenen Anhöhe liegt ein kleiner gepflegter Park aus Nadelhölzern. Ein Spazierweg von zehn Minuten führt rund um den Weiher in der Mitte, ein stilles Wässerchen von blauschwarzer Farbe, dessen Oberfläche von herumpaddelnden Enten gekräuselt wird. Es ist der idyllische Rest eines uralten Moorbeckens, das früher Thorsmoor genannt wurde.

Zufällig wurden in diesem unscheinbaren Tümpel vor über hundert Jahren einige archäologisch interessante Gegenstände entdeckt. Systematische Grabungen förderten dann einen der reichsten Funde zutage – Opfergaben, die im Lauf der Jahrhunderte im Moor versenkt worden waren. Die ältesten Stücke stammen noch aus der Stein- und Bronzezeit, vereinzelt sind Töpfe datierbar auf etwa 400 v. Chr.; die meisten der Gegenstände wurden jedoch um 100 v. Chr. bis 300 n. Chr. dem Gott übergeben. Speise- und Tieropfer sind es zunächst gewesen, ihnen folgten vermehrt wertvoller Schmuck, Trachten und Waffen – der Wandel von einem friedlich-bäuerischen Milieu zu einem kriegerischen im 3. Jh. n. Chr. könnte deutlicher kaum dargestellt werden.

Fast alle Gegenstände sind vor der Niederlegung absichtlich zerstört oder stark beschädigt worden. Der Grund dafür ist unbekannt, wahrscheinlich war dies ein Teil des Opferritus.

Die Thorsberger Funde machen einen eher zivilen Eindruck, dagegen wirken die Gegenstände, die in Nydam gefunden wurden, ausge-

Das Moor war im Altertum ein heiliger Ort. *Das bestätigen die vielen, oft durch Zufall aufgefundenen schönen und wertvollen Gegenstände, die dort als Opfergaben versenkt worden sind. Unten der Kessel von Gundestrup (Dänemark). Das Gefäß – Durchmesser 65 Zentimeter, Gewicht neun Kilogramm – besteht aus getriebenen Silberplatten und wurde wahrscheinlich im keltischen Gallien angefertigt.*

Ein Wagen als Opfergabe. *Solche Gefährte, die in unterschiedlicher Größe und aus verschiedenen Materialien hergestellt wurden, sind als Teil der Grabausstattung aus vielen Kulturen bekannt. Dieser Wagen wurde im Dejbergmoor in der Nähe von Ringkøbing (Dänemark) gefunden.*

sprochen kriegerisch. Aber sie gehören zu den kostbarsten Schätzen aus dem Altertum Mittel- und Nordeuropas. Mehr als hundert Schwerter haben die Ausgräber aus dem Boden geholt, hervorragend gearbeitete Waffen sind es, die meisten mit damaszierten Klingen, was auf eine hochentwickelte Schmiedetechnik schließen läßt. Unzählige Speerspitzen aus Eisen, Bögen, Pfeile, Pfeilspitzen, Äxte, Schilde und ein komplettes Pferdeskelett lagen ebenfalls im Moor. Der bedeutendste Fund ist jedoch ein geklinkertes Boot aus Eichenplanken, 22,84 Meter lang, mit einer größten Breite von 3,26 Metern – das älteste bekannte seetüchtige Schiff der Germanen. Gebaut wurde es zwischen 300 und 350 n. Chr. Das Boot ist ausschließlich zum Rudern eingerichtet und hat auf jeder Seite Platz für 18 Ruderer.

Das Boot war eine Opfergabe, kein Begräbnisschiff. Die germanische Mythologie kennt solche Bootsopfer, sie kennt auch Götter, die bei Schiffen wohnen. Njörd z. B., der über den Wind herrscht, der für Jagd und Fischfang zuständig ist, wohnt im Noatun, dem „Gehege der Schiffe" – offenbar ein Heiligtum, das aus Wasserfahrzeugen besteht. Vielleicht war das Moor bei Nydam diesem Gott geweiht.

Die germanische Mythologie ist bunt und vielgestaltig. Die Götter werden zwei verschiedenen Geschlechtern zugeordnet: den älteren Wanen, die in den Tiefen der Erde und des Meeres wohnen, und den jüngeren, vorwiegend für Jagd und Krieg zuständigen Asen. Zu letzteren gehören der Donnergott Thor (Donar), der mit seinem Hammer das Chaos besiegt, und Odin (Wotan), der Herr des Kampfes. Aber Odin ist mehr als der erste und größte aller Krieger. Er ist zugleich der Patron der Sänger, denen die frühen Germanen ihre Hymnen, Lieder und Zaubersprüche verdanken, er ist der Meister der Runen und der Herr der Wahrsagekunst. Bei den Asen wohnten als unfreiwillige Gäste Njörd, sein Sohn Freyr und seine Tochter Freyja, Abkömmlinge des Wanengeschlechts und zuständig für Fruchtbarkeit von Mensch, Vieh und Acker. Sie waren Geiseln, die den Frieden zwischen Asen und Wanen garantieren sollten.

In Nydam wurde man übrigens später in der nächsten Nähe des Bootes noch einmal fündig: Silberbeschläge von Schwertern waren es, ausgesucht schöne Stücke, die das Moor freigab. Die Verzierungen lassen eine recht genaue Datierung auf 450 n. Chr. zu.

„Die Zeit der großen Mooropfer mit ihren vielfältigen Opfergaben geht zu Ende", schreibt der Vorgeschichtler Herbert Jankuhn. „Eine neue Auffassung hat Platz gegriffen, und sie erfordert nicht mehr große Massenopfer, sondern die Weihung weniger, materiell wertvoller Gegenstände von ganz bestimmter, eng begrenzter Zweckbestimmung. In Nydam waren es Beschläge der Schwertscheide. In einem eng verwandten jütländischen Fund sind es Teile des Pferdezaumzeugs, die man nun den Göttern zum Opfer bringt. Gewiß stehen hinter dem Wandel des Opferritus auch Veränderungen der religiösen Vorstellungen. Sie mit Sicherheit zu ergründen sind wir nicht in der Lage."

Unbekannte Götter

Vom Wohlwollen der Götter hängt es ab, ob menschliche Arbeit Erfolg hat, die Felder Früchte tragen und das Vieh sich vermehrt. Man kann ihren Beistand herabflehen, man kann ihn auch herbeizwingen wollen. Im einen Fall ist der Kult ein religiöser, im anderen ein magischer, zauberischer.

Verschiedentlich sind, vorwiegend während der letzten 30 Jahre, im Moor Holzfiguren von mehr oder weniger menschenähnlicher Gestalt gefunden worden. Welche Götter sie symbolisieren, ist unbekannt. Immerhin bezeugen sie, daß sich Tacitus, der im allgemeinen so vorzüglich informierte römische Historiker, irrte, als er behauptete: „Die Germanen kennen keine Götterdarstellungen." Sein vorschnelles Urteil überrascht wenig, wenn man bedenkt, daß Tacitus bei seinen vergleichenden Beobachtungen natürlich ständig von der griechisch-römischen Kulturtradition mit ihrem schier überquellenden Bestand an Götterfiguren ausging.

Aus einem Moor bei Braak in der Nähe von Eutin, Schleswig-Holstein, wurde 1948 das hier abgebildete große Götterpaar geborgen. Man konnte die aus Eichenholz geschnitzten Figuren in das 5. Jh. v. Chr. datieren.

Aufgrund der Fundsituation läßt sich vermuten, daß die Figuren einst auf einem Kultplatz standen, der einen Durchmesser von etwa zwölf Metern hatte. Der Boden war mit Asche und einigen Schichten aus Tonscherben bedeckt. Die Bruchstücke sind Reste von Gefäßen, die an diesem Platz, vermutlich im Zusammenhang mit einem Fruchtbarkeitskult, zerschlagen wurden. Der bei uns heute noch übliche Brauch des sogenannten Polterabends vor einer Hochzeit zeigt die Tradition solcher Sitten. Auch das Feuer muß bei den Riten auf germanischen Kultplätzen eine große Rolle gespielt haben.

Offenbar sollen die beiden Figuren Gottheiten der Fruchtbarkeit darstellen. Vielleicht verkörpern sie sogar die Geschwister Freyr und Freyja. In einem Lied der Edda, *einer Sammlung altisländischer Sagas, ist von einem „Holzmann" die Rede, der nackt draußen auf der Heide steht. Man bringt ihm Kleider als Opfergaben. Eine andere Erzählung berichtet von Wikingern, die im Wald auf eine riesige Holzfigur trafen und sich darüber Gedanken machten, wer wohl diesem Gott geopfert haben mag.*

Leben in der Eisenzeit

Sehr reizvoll kann das Leben der Germanen in der Eisenzeit (etwa 400 v. Chr. – 400 n. Chr.) nicht gewesen sein. Jedenfalls nicht nach heutigen Vorstellungen. Einzig der Kampf ums Überleben bestimmte das Dasein, und Überleben hieß, genug zu essen zu haben. Ackerbau und Viehzucht waren die beiden Eckpfeiler, auf die sich das Leben stützte. An der Küste und an größeren Binnengewässern trat noch der Fischfang hinzu.

Der Mensch war ein Spielball der Götter. Wenn es ihnen gefiel, zu wenig oder zu viel Regen zu schicken, den Sommer zu heiß und den Winter zu lang und zu kalt zu machen, Rinder, Ziegen, Schafe und Schweine mit Unfruchtbarkeit zu schlagen – wenn es ihnen also gefiel, dem Menschen zu schaden, konnte dieser letztlich wenig dagegen ausrichten. Opfer, Gebete, Beschwörungen ... sicher, aber eine Garantie dafür, daß sie angenommen und erhört wurden, gab es nicht.

Man mußte die Götter schon auf seiner Seite wissen, um das Leben meistern zu können. Vor allem auch dann, wenn man sich in einer Gegend niedergelassen hatte, die den unberechenbaren Launen der Natur, d. h. der überirdischen Mächte, ausgeliefert war, wie z. B. das düstere Moor oder das Küstenland mit seiner Ebbe und Flut, den schweren Stürmen und Überschwemmungen. Vielleicht bevorzugten die Götter gerade eine solche Landschaft, so daß es ratsam war, sich besonders gut mit ihnen zu stellen. Manche Plätze beanspruchten die Gewaltigen ganz für sich allein. Kein Mensch durfte seinen Fuß dorthin setzen, es sei denn der mit den Göttern vertraute Priester. Heilige Haine waren solche Orte, aber auch Moore. Hier forderten die Herren über das Schicksal der Menschen ihre Opfer ein: Menschen, Tiere, Waffen, Schmuck, Gebrauchsgerät.

Ein ungeschützter, den Elementen preisgegebener Wohnplatz war Feddersen Wierde, eine Wurt (anderer Name: Warft) bei Bremerhaven. Wurten sind von Menschenhand geschaffene Hügel, die Schutz vor Sturmfluten bieten und auf denen Wohnhäuser und Stallungen errichtet werden. Seit dem ersten nachchristlichen Jahrhundert sind solche künstlichen Aufschüttungen bekannt, die im Lauf der dann folgenden Jahrhunderte mitunter bis zu sieben Meter hoch wuchsen und mehrere Hektar Grundfläche umfassen konnten.

Feddersen Wierde wurde in den Jahren 1955 bis 1963 archäologisch erschlossen. Grabungsleiter Werner Haarnagel beschreibt ihre Lage: „Wie Bohrungen zeigten, faßten zwei breite Prielarme das Siedlungsgebiet im Norden und Süden ein. Es war also eine Insel von halligartigem Charakter. Im Verlauf der Besiedlung verlandeten der im Norden gelegene Prielarm und seine Zuflüsse. Sie wurden zum Teil eingeebnet und übersiedelt. Der südlich gelegene Priel dagegen blieb geöffnet und diente als Wasserweg,

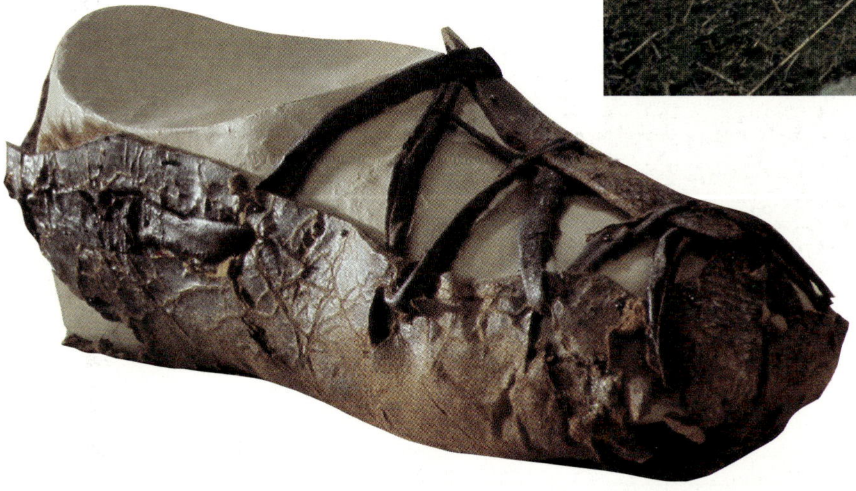

Rekonstruktion eines Hauses *aus der Eisenzeit (ganz oben). In Jütland z. B. wurden viele solcher Gebäude ausgegraben. Sie waren rechteckig angelegt und bis zu 20 Meter lang. Die Menschen und ihr Vieh lebten unter einem Dach dicht beieinander. Darunter ein Schuh aus der gleichen Zeit.*

__Die Geräte,__ die von den Bauern in der frühen Eisenzeit zur Bewältigung ihres harten und einförmigen Alltags benutzt wurden, waren einfach und sachgerecht geformt wie diese Axt (unten). Zum Bestellen der Felder verwendete man einen primitiven Pflug, der von Ochsen gezogen wurde. Als Haustiere hielt man Kühe, Schafe, Ziegen und Schweine, natürlich auch Pferde und Hunde. Das Klima war in Südskandinavien und Norddeutschland zu jener Zeit vermutlich feucht mit mäßigen Temperaturen.

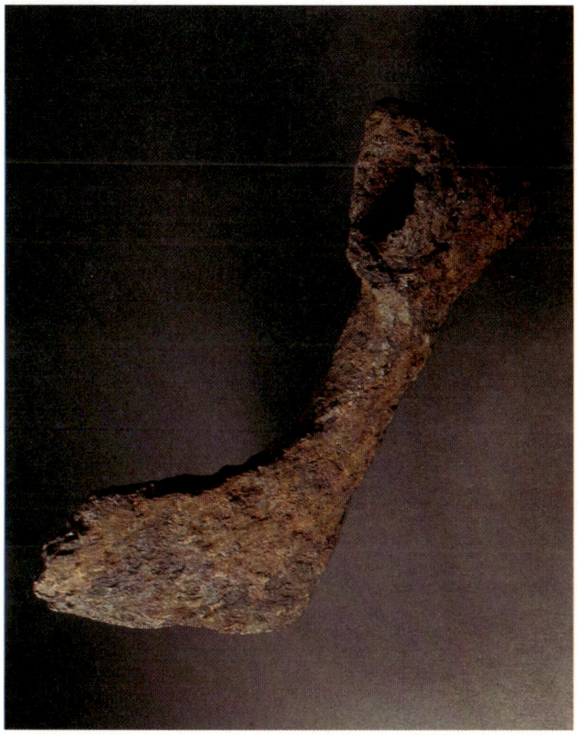

__Besonders interessant sind diese Bronzeschmuckstücke__ — sogenannte Wendelringe —, die aus der älteren Eisenzeit stammen. Sie wurden meistens zu mehreren Exemplaren, aber auch einzeln aus kleinen Flachmooren geborgen. Die Ringe zeigen Spuren der Abnutzung, sind also wirklich getragen worden. Vermutlich wurden die kostbaren Schmuckstücke von den Frauen, denen sie gehörten, einer Gottheit geopfert und im Moor versenkt. Man nimmt an, daß diese Sitte Teil eines Fruchtbarkeitskultes war.

während seine Ufer günstige Anlegeplätze für die Schiffe boten ... Die Landnahme fand in der letzten Hälfte des 1. Jh. v. Chr. statt."

Insgesamt wurden sieben Wurtstadien nachgewiesen. Die Wurt erreichte zuletzt eine Höhe von vier Metern. Auf ihr hatten im Stadium der größten Ansiedlung 23 Bauernhöfe und drei Handwerksbetriebe gestanden. Schmiede, Metallgießer und Töpfer waren hier ihrem Gewerbe nachgegangen.

Wie die Grabung ergab, hat sich die Sozialstruktur im Lauf der Jahrhunderte verändert. Zu Beginn der Besiedlung verfügten alle Bauern über einen etwa gleich großen Besitz. Seit dem 2. Jh. treten dann aber deutliche Klassenunterschiede auf. Die Bevölkerung gliederte sich, laut Haarnagel, in eine Häuptlingsfamilie, in Bauern unterschiedlichen Besitzes und in Hintersassen (= zinspflichtige, von einem Grundherrn abhängige Kleinbauern) sowie in bäuerliche Handwerker und Berufshandwerker.

Beim Häuptlingshof befand sich eine große dreischiffige Halle, in der sich die freien Männer zu gemeinsamen Beratungen versammelt haben dürften. Es war ein Bauwerk von imponierenden Ausmaßen: 25 Meter lang und 6,5 Meter breit. Ein Pflaster aus Scherben, bedeckt mit einer geglätteten Lehmschicht, bildete den Fußboden. In der Mitte befand sich eine Feuerstelle. Dieses Haus muß von ganz besonderer Bedeutung gewesen sein, denn man entdeckte gleich zwei Tieropfer, mit deren Hilfe die Gunst der Götter erwirkt werden sollte. Unter der Schwelle des Mitteleingangs lag ein Hund, unter der Feuerstelle ein Schwein. Der innere Bezug von Opfertier und Opferstelle ist unverkennbar: Der Hund als Wächter und Beschützer von Haus und Hof liegt unter der Tür; das Schwein als Nahrungsspender unter dem Herd. Es war ein uralter Brauch, Tiere für solche Zwecke zu verwenden. Aber sie mußten lebend begraben oder eingemauert werden, damit ihr Opfer auch wirksam war. Beinahe selbstverständlich erscheint es, daß in grauer Vorzeit auch Menschen in dieser Weise geopfert wurden — welches Lebewesen sonst hätte noch mehr göttliche Kräfte entbinden können? Die Menschen auf der Wurt lebten von dem, was die Felder hergaben: Hafer, Gerste, Bohnen und Raps. Flachs wurde zu Textilien verarbeitet. Auf den Weiden grasten vorwiegend Rinder, sie machten fast die Hälfte des Viehbestands aus. Es folgten Schafe, Schweine und Pferde.

Verglichen mit den heutigen Stall- und Weidebewohnern waren die eisenzeitlichen Nutztiere allesamt Zwerge. Rinder zum Beispiel maßen am Widerrist durchschnittlich nur 1,1 Meter, Pferde erreichten knapp 1,4 Meter, Hunde höchstens 0,6 Meter. Die gegenwärtigen Größen dieser Tiere sind Ergebnisse der Zucht und nicht einer natürlichen Entwicklung.

Das Ende von Feddersen Wierde kam zwischen dem 4. und 5. Jh. Der Wasserspiegel begann allmählich zu steigen, immer öfter wurde das Land überflutet, und Äcker und Weiden versalzten. Die Höfe verschwanden. Die Wurt wurde aufgegeben. Die Götter hatten alle Opfer verschmäht und das Land wieder an sich genommen.

Hieroglyphen Keile Runen

Lange Zeit hüteten die Schriftzeichen längst vergangener Kulturen ihr Geheimnis. Viel Mühe und detektivisches Gespür war nötig, um den Schlüssel zu den rätselhaften Zeichen zu finden und sie wieder zum Sprechen zu bringen.

Der Felsen von Behistun

Am Ostrand der Ebene von Kermanschah schüttelten die Einheimischen nur verständnislos den Kopf: Der Engländer, der kürzlich mit ein paar Leuten angekommen war, schien sich unbedingt den Hals brechen zu wollen. Tag für Tag zog er ins Gebirge und kraxelte ausgerechnet an der steilsten Stelle herum, an der senkrecht aus der Ebene emporragenden Ostwand des fast 600 Meter hohen Felsmassivs von Behistun. Die uralten Steinfiguren, die dort aus einer Höhe von etwa 60 Metern über das Land schauten, hatten es bereits vielen Fremden angetan, und man war wohl auch schon zu ihnen hinaufgeklettert. Doch was der spleenige Engländer tat, grenzte an Verrücktheit: Er schleppte Leitern bis in die schwindelnde Höhe eines kleinen Simses direkt unter den Figuren, balancierte allmählich empor und schrieb dabei emsig in sein Notizbuch. Er male die Zeichen ab, die wie ein riesiges Teppichmuster um das Denkmal in den Stein gehauen waren, erklärte er.

Diese Szene spielte 1835, und der „Verrückte" war der britische Offizier Henry Creswicke Rawlinson (1810–1895), seit ein paar Jahren für die Ostindische Kompanie in Persien tätig. Fasziniert von der Geschichte des Landes, hatte er begonnen, altorientalische Sprachen zu studieren, und widmete sich nun den Altertümern, denen er auf Schritt und Tritt begegnete. Vor allem die seltsamen Zeichen, die er auf Ruinen und Scherben aus altpersischer Zeit fand, fesselten sein Interesse. Als „Keilschrift" bezeichneten die Orientalisten diese Zeichen etwas ratlos wegen der spitz zulaufenden Striche.

Rawlinson stieß – wie schon viele Reisende vor ihm – auf Tontäfelchen, auf denen sich eindeutig drei unterschiedliche Keilschriften befanden; offenbar handelte es sich hierbei um mehrsprachige Dokumente. Funde im Zweistromland ließen vermuten, daß neben den altpersischen Texten auch eine babylonische Übersetzung aufgeführt war. Nur, die konnte man schon gar nicht lesen. Nein, man mußte beim Altpersischen ansetzen, und da konnte vielleicht der Felsen von Behistun weiterhelfen. Der ebenfalls in drei verschiedenen Keilschriften verfaßte umfangreiche Text war kaum durch Verwitterung zerstört, und man wußte, daß der persische Großkönig Darius I. – er regierte von 522 bis 486 v. Chr. – dieses Denkmal errichtet hatte.

So lange war es noch nicht her, daß man die keilförmigen Zeichen als Schrift erkannt hatte. Schon im 4. Jh. v. Chr., also etwa mit dem Niedergang des Perserreichs, hörte auch die Verwendung der altpersischen Keilschrift auf, und schon bald vermochte sie niemand mehr zu lesen. Ja, mit der Zeit verlor sich sogar die Kenntnis, daß die Keile Schriftzeichen waren. Erst europäische Forscher, die im 17. und 18. Jh. den Orient bereisten und im Gebiet des ehemaligen persischen Großreichs immer wieder auf jene keilförmigen Zeichen stießen, stellten die Ver-

In der senkrecht aufragenden Felswand von Behistun *ließ vor rund 2500 Jahren der Perserkönig Darius I. ein Denkmal setzen.*

mutung auf, daß es sich hierbei um eine Schrift handeln könnte.

Einer der ersten, der darüber berichtete, war der spanische Gesandte in Persien, García Silva Figueroa. Er hatte die Zeichen in der Nähe von Schiras in den Ruinen von Persepolis, der einstigen Residenz der persischen Großkönige, entdeckt. Rund 150 Jahre später untersuchte dann Carsten Niebuhr (1733–1815), der im Auftrag des dänischen Königs jahrelang den Nahen und Mittleren Osten durchstreifte, die Ruinen von Persepolis und ihre Inschriften genauer. Beim Kopieren der Zeichen fiel ihm auf, daß viele der Inschriften doppelt vorhanden waren, denn ihre Zeichen und deren Abfolge stimmten genau überein. Doch die einzelnen Zeilen endeten unterschiedlich, eine Tatsache, die Niebuhr erlaubte, die Schreibrichtung genau festzustellen. Die Keilschrift verlief von links nach rechts.

Inzwischen kursierten in Europa zahlreiche Keilschriftkopien – nur entziffern konnte sie bislang noch niemand. Der erste Ansatz zu einer Entzifferung entstammte buchstäblich einer Schnapsidee: 1802 wettete der Sprachwissenschaftler und Gymnasiallehrer Georg Friedrich Grotefend (1775–1853) bei einem Zechgelage, er – der noch nie einen Fuß auf orientalischen Boden gesetzt hatte – werde das Rätsel der Keilschrift lösen.

Grotefend stellte zunächst fest, daß viele der von Niebuhr in Persepolis kopierten Inschriften offensichtlich in drei verschiedenen Sprachen bzw. Keilschriften verfaßt waren, denn die Texte waren in parallelen Spalten angebracht, und deutlich ließen sich drei Keilschriftentypen unterscheiden. Weiterhin ging Grotefend davon aus, daß die Sprache der Herrscher – in Persepolis also das Altpersische – sich als wichtigste in der Mitte befinden müsse. Entsprechend den überall üblichen Inschriftengebräuchen nahm Grotefend ferner an, daß auch in den Texten aus Persepolis Königsnamen und Geschlechterfolgen dominieren müßten, d. h., daß das Wort für „König" die wohl häufigste Gruppe von Zeichen sein und dieses Wort gemäß der Formel „König A, Sohn des Königs B..." in zwei Formen vorkommen müsse.

Als Grotefend nun unter diesen Gesichtspunkten die Inschriften untersuchte, fiel ihm auf, daß der in einem Fall als Vater Genannte im andern Fall als Sohn eines Mannes aufgeführt wurde, der jedoch nicht mit dem Zeichen für das Wort „König" bezeichnet war. Es ergab sich also die Folge: König A, Sohn des Königs B, Sohn des C. König B mußte demnach der Begründer der Dynastie sein. Anhand der griechisch überlieferten Königslisten der Achämenidenherrscher konnte diese Folge nur zutreffen auf König Xerxes, Sohn des Königs Darius, Sohn des Hystaspes. Auf diese Weise hatte Grotefend zwölf Zeichen erschließen können, unter denen sich bis auf eines auch die Zeichen für das

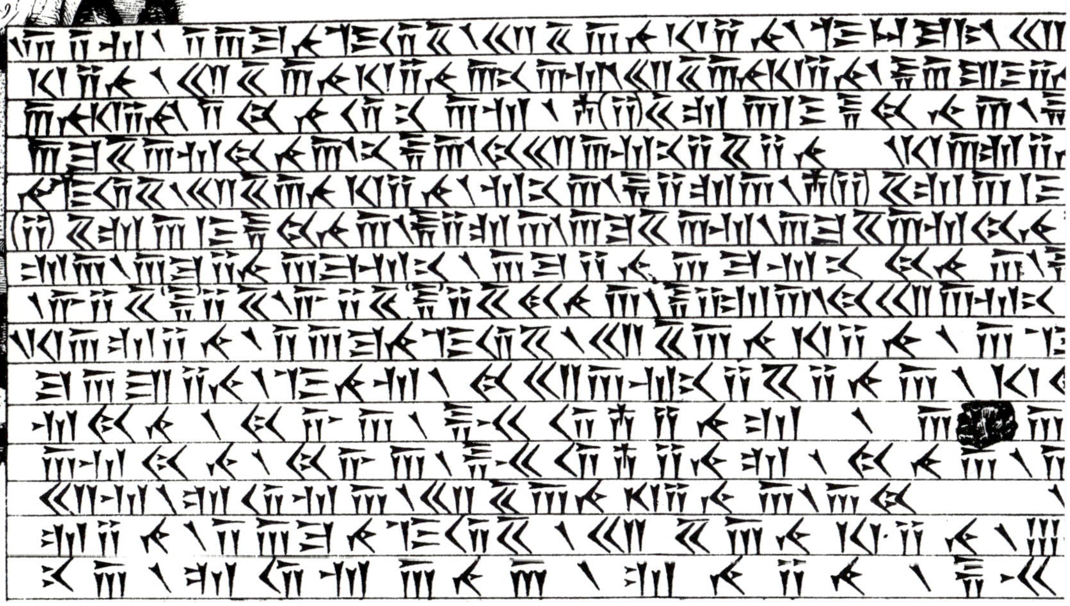

__Behistun__ – altpersisch Baghistan – bedeutet „Platz der Götter". Deshalb wurde das Monument lange Zeit als Heiligtum angesehen, und die 14 Keilschrifttafeln wurden als kultische Zeichen gedeutet. Die Tafeln sind in altpersischer, elamischer und babylonischer Keilschrift verfaßt. Henry Creswicke Rawlinson gelang es, die altpersische Version des Textes (unten der Beginn der ersten Kolumne) zu entziffern. Das Relief (links) zeigt Darius, der triumphierend den Fuß auf seinen Widersacher setzt, zusammen mit zwei Gefolgsleuten sowie neun gefesselten Unterworfenen.

Wort „König" befanden. Für eine weitere Entschlüsselung der Texte reichten jedoch die Kenntnisse des Altpersischen nicht aus.

Grotefends Arbeit war ein erster Ansatzpunkt, der von dem Norweger Christian Lassen (1800 bis 1876) und dem Franzosen Eugène Burnouf (1801–1852) weitergeführt wurde. Vor allem die vergleichende Sprachwissenschaft – das Altpersische ist verwandt mit dem altindischen Sanskrit und dem Awesta, der alten, heiligen Sprache der Parsen – machte weitere entscheidende Lösungsansätze möglich. Der endgültige Durchbruch jedoch blieb Rawlinson vorbehalten. Und der Ruhm, den er dadurch gewann, ließ die Verdienste seiner Vorgänger in den Schatten treten.

Als Rawlinson dem Monument von Behistun zu Leibe rückte, befaßte er sich zunächst nur mit dem altpersischen Text. Wie Grotefend ging auch er von den Eigennamen aus, die er sehr bald schon identifiziert hatte, und wandte sich mit Hilfe der Lautwerte, die er aus den Namen gewonnen hatte, den anderen Wörtern und ihren grammatischen Formen zu, die er aufgrund seiner umfassenden Kenntnisse der altorientalischen Sprachen durch Vergleiche erschließen konnte. Und so erfuhr er, daß mit dem Monument von Behistun aus dem Jahr 516 v. Chr. Darius I. den Sieg über seinen Thronrivalen Gaumata gefeiert hatte. Der Durchbruch war gelungen, das Geheimnis der persischen Keilschrift war gelöst.

Georg Friedrich Grotefend, *einem Göttinger Gymnasiallehrer, gelang es erstmals, ansatzweise dem Geheimnis der altpersischen Keilschrift näher zu kommen. Er konnte immerhin drei Eigennamen und den Titel der persischen Großkönige auf den Inschriften von Persepolis entziffern.*

Noch nicht zu lesen aber vermochte man die beiden anderen Keilschriften von Behistun – Elamisch und Babylonisch. Elamisch, die Sprache des altorientalischen Reiches Elam, dessen Hauptstadt Susa war, wurde bis etwa 460 v. Chr. als offizielle Kanzleisprache im Reich der persischen Großkönige benutzt. Elamisch ist mit keiner der Nachbarsprachen verwandt, und auch die Keilschrift, die man gegen Ende des 3. Jt. v. Chr. aus dem Zweistromland übernahm, entwickelte sich durchaus eigenständig weiter. Die Erschließung des elamischen Textblocks von Behistun gelang 1854 dem Dänen Niels Ludvig Westergaard.

Wesentlich folgenreicher für unsere Kenntnis der altorientalischen Kulturen war jedoch die Entschlüsselung der babylonischen Keilschrift. Die Aufgabe, das Geheimnis dieser Schrift zu lösen, stellte sich damals, in den 40er Jahren des 19. Jh., um so dringlicher, als bei den Grabungen in Nimrud und in Ninive der Franzose Paul Emile Botta und der Brite Austen Henry Layard Tausende von Inschriften zutage gefördert hatten, die in assyrischer Keilschrift verfaßt waren. Das Babylonische und das Assyrische sind eng miteinander verwandt, und beide gehen zurück auf das Akkadische, eine semitische Sprache.

Als Rawlinson nach Abschluß seiner Arbeiten über die altpersische Keilschrift nun daranging, auch den babylonischen Text von Behistun zu entziffern, mußte er bald feststellen, daß hier offensichtlich keine reine Buchstabenschrift vorlag – eine Tatsache, die seine Aufgabe erheblich erschwerte. Die Zeichen waren meist Silbenzeichen, oft aber auch standen sie für ganze Wörter. Und was noch zusätzlich zur Verwirrung beitrug: Ein Zeichen konnte zwei, wenn nicht gar mehr verschiedene Laute wiedergeben.

Dennoch gelang es Rawlinson, etwa 200 babylonische Wörter zu identifizieren, die er teilweise genau übereinstimmend, teilweise mit nur geringen Abweichungen in assyrischen Texten wiederfand. Das inzwischen umfangreiche Keilschriftmaterial und vorsichtige Rückschlüsse von anderen, bekannten semitischen Sprachen erlaubten, die Zahl der entzifferten assyrischen und babylonischen Wörter Schritt für Schritt weiter zu erhöhen. Doch immer noch unterlagen die Ergebnisse, die man bei den zumindest ansatzweisen Übersetzungen erzielte, heftigen Zweifeln. Erst ein Experiment der Asiatischen Gesellschaft in London bewies, daß man durchaus auf dem richtigen Weg war.

Die Gesellschaft beauftragte die vier besten Keilschriftenkenner der Zeit, darunter auch Rawlinson, unabhängig voneinander den erst kurz zuvor gefundenen Tatenbericht des assyrischen Herrschers Tiglatpileser III. (er regierte von 745 bis 727 v. Chr.) zu übersetzen. 1857 veröffentlichte man das Ergebnis dieses Experiments: vier nahezu gleichlautende Texte! Das Rätsel der assyrisch-babylonischen Keilschrift konnte als gelöst gelten.

Die Möglichkeit, die zahlreichen keilschriftlichen Dokumente aus dem Zweistromland lesen zu können, trug mehr als alles andere dazu

***Altpersische Keilschriftzeichen** zieren eine große Zahl von Tonscherben und Tafeln, die in Persepolis gefunden wurden. Unten abgebildet ist eine Inschrift vom Palast des Perserkönigs Darius I. In den Ruinen der einstigen Residenz der persischen Großkönige in der Nähe der Stadt Schiras sammelte Carsten Niebuhr die Schrifttafeln, mit deren Hilfe Georg Friedrich Grotefend erste Ergebnisse bei der Entzifferung der Keilschrift erzielte.*

bei, unser Wissen über die alten Hochkulturen Mesopotamiens zu erweitern. Sie erlaubten nicht nur einen Einblick in die Herrschafts- und Wirtschaftsverhältnisse zu damaliger Zeit, sondern man entdeckte auch staunend die Verwandtschaft zwischen biblischen Erzählungen und literarischen Werken des Zweistromlands.

1872 beugte sich ein bleicher junger Mann in seiner Londoner Studierstube über Keilschrifttafeln, die soeben aus Ninive angekommen waren, wo man die „Bibliothek" des assyrischen Herrschers Assurbanipal (668–627 v. Chr.) ausgegraben hatte. Der gelernte Kupferstecher George Smith (1840–1876), der sich im Selbststudium erhebliche Kenntnisse der Assyriologie angeeignet hatte und nun Assistent am Britischen Museum war, „las" mit wachsender Spannung von Gilgamesch und seinem Urahn Utnapischtim, der als einziger Mensch der großen Flut entkommen war. Smith war auf einen Sintflutbericht gestoßen, der weitaus älter war als die biblische Überlieferung (siehe auch Seite 182). Ärgerlicherweise fehlte ausgerechnet der entscheidende Teil der Erzählung. Dennoch entschloß sich George Smith, seine aufregende Entdeckung zu veröffentlichen. Der Londoner *Daily Telegraph* griff den Fall auf und versprach demjenigen, der nach Ninive fahren und das fehlende Textstück dort finden würde, die Kosten der Reise zu bezahlen. Smith nahm die Herausforderung an. Er reiste nach Ninive und barg aus dem schier endlosen Trümmerfeld 384 Tontafelscherben. Und das, was niemand für möglich gehalten hatte, gelang: Er fand tatsächlich die gesuchten Zeilen.

Und noch etwas anderes wurde mit der fortschreitenden Erforschung der altorientalischen Kulturen immer deutlicher: Die Keilschrift wurde einst im gesamten vorderasiatischen Raum von verschiedenen Völkern für verschiedene Sprachen benutzt.

Etwa um 3000 v. Chr. hatten die Sumerer die Keilschrift aus einer Bilderschrift entwickelt. Die in Mesopotamien eindringenden semitischen Stämme, die das Reich von Akkad gründeten, übernahmen sie für ihre Sprache. Aus der akkadischen leitete sich später dann die assyrisch-babylonische Keilschrift ab.

Aber auch nichtsemitische Völker verwendeten sie. So z. B. übernahmen die Elamiter sie, aber auch die Churriter, ein altorientalisches Volk, das im Norden des Zweistromlands und in Nordsyrien siedelte, ferner die Urartäer, die im armenischen Hochland beheimatet waren, und schließlich die Perser. Selbst die Hethiter, ein indogermanisches Volk im Hochland von Anatolien, benutzten die Keilschrift für Handel und Diplomatie, während sie im religiösen Bereich eine den ägyptischen Hieroglyphen ähnliche Schrift verwendeten.

Die assyrische Tontafel mit Holzgriffel *(oben) entdeckte der britische Forscher Austen Henry Layard in der „Bibliothek" des assyrischen Herrschers Assurbanipal im Palast von Ninive. Diese Bibliothek umfaßte mehr als 25 000 Tontafeln, auf denen die ältesten Mythen und literarischen Überlieferungen aus dem Zweistromland aufgezeichnet waren.*

Geheimnisvolle Hieroglyphen

Die alten Ägypter scheinen ein geradezu schreibwütiges Volk gewesen zu sein. Überall, auf Wänden, Säulen, Sarkophagen, auf Schmuckstücken, ja selbst auf Möbeln und Gebrauchsgegenständen, finden sich jene „heiligen Zeichen", auf griechisch „Hieroglyphen" genannt.

Obwohl die Hieroglyphenschrift bis ins 4. Jh. n. Chr. fortlebte, war sie doch auch schon Griechen und Römern ein Rätsel. Zwar erwähnen die antiken Schriftsteller hin und wieder die ägyptische Schrift, doch ihre Hinweise sind spärlich und entstammen eher dem Reich der Spekulation als der Realität. Lediglich Horapollon, ein im 4./5. Jh. n. Chr. in Ägypten lebender Grieche, beschäftigt sich ausdrücklich mit den Hieroglyphen, die er als reine Bilderschrift deutet. Auch er kannte offensichtlich das System der Hieroglyphenschrift nicht mehr.

Da Horapollon aber den Hieroglyphenschreibern zeitlich noch sehr nahe stand, kam niemand auf die Idee, er könnte sich geirrt haben, zumal der Augenschein seine Ansicht ja zu bestätigen schien. Als im 17. Jh. die alte ägyptische Schrift wieder in das Blickfeld der Forscher trat, scheiterten alle Versuche, die Hieroglyphen zu entschlüsseln, jetzt und in der Folgezeit daran, daß man von Horapollons Vorstellung einer Bilderschrift ausging. Die vermeintlichen Übersetzungen, die nun in wachsender Zahl veröffentlicht wurden, waren Meisterleistungen der Phantasie, mit den tatsächlichen Inhalten der Hieroglyphentexte jedoch hatten sie wenig gemein.

Als besonders phantasievoll erwies sich der deutsche Jesuit Athanasius Kircher (1602 bis 1680), der gleich vier Bände herausgab, in denen sich auch nicht ein einziges richtig gedeutetes Zeichen finden läßt. Eine wichtige Erkenntnis trug er dennoch bei: Er erkannte nämlich, daß das Koptische sich aus dem Ägyptischen entwickelt hatte. Koptisch war in christlicher Zeit am Nil die offizielle Kirchensprache, bis es mit der Ausbreitung des Islam durch das Arabische verdrängt wurde. Ebenfalls im 17. Jh. entdeckte man diese Sprache wieder und erforschte sie Schritt für Schritt.

Zum Schlüssel für die Lösung des Geheimnisses wurde ein Beutestück, das dem napoleonischen Heer während des Ägyptenfeldzugs in die Hände gefallen war. 1799 hatte man bei Rosette im westlichen Nildelta einen schwarzen Basaltstein gefunden, der auf einer Seite poliert war und eine Inschrift in drei verschiedenen Schriften trug. Einer der Texte war in Griechisch verfaßt; ihn konnte man lesen und erfuhr, daß die Inschrift eine Lobpreisung der Priesterschaft

Die Schreiber im alten Ägypten *(unten eine Darstellung aus der Zeit um 2470 v. Chr.) sorgten nicht nur für eine reibungslose Verwaltung des Reiches, sondern auch für die Überlieferung literarischer Werke. Die meisten dieser Werke sind auf Papyrus geschrieben, der anschließend aufgerollt wurde. Das Bild ganz unten zeigt einen Ausschnitt aus einer solchen Papyrusrolle.*

Der Stein von Rosette *(rechts), benannt nach seinem ägyptischen Fundort, bildete den Schlüssel zur Entzifferung der Hieroglyphen. Mit Hilfe dieser teilweise verwitterten Basaltplatte aus dem 2. Jh. v. Chr. gelang dem französischen Gelehrten Jean-François Champollion der Nachweis, daß die Hieroglyphen eine Lautschrift sind. Der Text auf dem Stein von Rosette ist in drei Versionen eingemeißelt: 14 Linien in Hieroglyphen, der traditionellen und offiziellen Schrift (oben), 32 Linien in Demotisch, der einheimischen Gebrauchsschrift (Mitte), und 54 Zeilen in Griechisch, der Sprache der hellenistischen Herrscher.*

von Memphis auf Ptolemäus V. aus dem Jahr 196 v. Chr. war. Die beiden anderen, inhaltlich gleichen Texte waren in ägyptischer Sprache verfaßt und einmal in demotischer Schrift, zum andern in Hieroglyphen geschrieben.

Da man den Inhalt der Inschrift kannte, schien die Entschlüsselung der Hieroglyphen nur noch eine Frage der Zeit zu sein. Doch zunächst stand weiterhin Horapollons Auffassung, die Hieroglyphen seien eine Bilderschrift, der Lösung des Problems im Weg. Selbst ein Mann wie der weltberühmte französische Orientalist Antoine Silvestre de Sacy (1758–1838) kapitulierte.

Der nächste, der dem Text auf dem Stein von Rosette näher zu kommen versuchte, war der britische Naturwissenschaftler und Arzt Thomas Young (1773–1829), doch auch er scheiterte. Er erkannte zwar, daß die demotischen Schriftzeichen „eine auffallende Ähnlichkeit zu den entsprechenden Hieroglyphen aufweisen" – und in der Tat ist die demotische Schrift ein direkter Abkömmling der Hieroglyphen, gleichsam eine vereinfachte Gebrauchsschrift der komplizierten Bildzeichen. Doch half diese Erkenntnis Young auch nicht weiter. Den Schritt, konsequent nach Lautzeichen, statt nach Symbolen zu suchen, wagte er nicht.

Erst 1822 gelang es einem Schüler de Sacys, dem Franzosen Jean-François Champollion (1790–1832), das Rätsel der Hieroglyphenschrift zu lösen. Bereits in jungen Jahren hatte ihn das alte Ägypten in Bann gezogen, und schon lange befaßte er sich mit koptischen Schriften. Er entdeckte in der Hieroglyphenschrift des Steins von Rosette zunächst den Namen des Ptolemäus. Der Name tauchte in gleicher Form, umschlossen von einem ovalen Ring, einer Kartusche, auf einem Obelisken auf, den man 1815 auf der Nilinsel Philae gefunden hatte. Mit Hilfe der griechischen Inschrift am Fuß des Obelisken konnte Champollion ferner den Namen der Kleopatra im Hieroglyphentext ermitteln und hatte nun zwei Wörter mit einigen gleichlautenden Buchstaben.

An diesem Punkt wagte Champollion als erster, die Autorität Horapollons in Frage zu stellen und neue Wege zu beschreiten. Vielleicht kam es gar nicht auf die Abbildung selbst an, sondern auf den Wortlaut der durch die Zeichen dargestellten Dinge. Kamen die gleichen Laute in einem anderen Wort vor, so benutzte man das gleiche Zeichen. Nach und nach gelang es Champollion, diese These zu untermauern und ihre Richtigkeit zu beweisen. Die Schwierigkeit, die Hieroglyphen zu „lesen", lag vor allem darin, daß die Zeichen nur Konsonanten wiedergeben, wobei ein Zeichen bis zu vier Konsonanten verkörpern kann. Die fehlenden Vokale mußte Champollion aus dem Koptischen erschließen. Ferner gab es Bestimmungszeichen, die keinen Lautwert besaßen, sondern ein Wort nur einer bestimmten Begriffsklasse zuwiesen.

Mit Champollions *Brief an Monsieur Dacier über das phonetische Hieroglyphenalphabet* von 1822 war das Geheimnis der „heiligen Zeichen" gelüftet. Die Hieroglyphen gaben über die Jahrtausende hinweg wieder Kunde von Leben und Kultur der alten Ägypter.

Das Papier des Altertums

So groß die Zahl der überlieferten Dokumente uns heute auch erscheint, sind sie doch nur ein geringer Teil jener Vielzahl von Schriften, die in den altägyptischen Schreibstuben entstanden. Das meiste nämlich wurde auf Papyrus festgehalten, der die Jahrtausende nur unter günstigen Umständen unbeschadet überstand.

Dennoch: Obgleich die Blattstärke des Papyrus die heutiger Schreibpapiere kaum übertraf, erwies sich das Material als äußerst widerstandsfähig. Seine Dauerhaftigkeit verdankt er zum einen der Herkunft aus dem Mark der zähen Papyrusstaude (Abbildung oben), zum anderen der Aufbewahrung in Rollenform, die oft wenigstens den Innenteil vor Verwitterung bewahrte.

Die bis zu drei Meter hohen Papyrusstauden mit ihren etwa zehn Zentimeter dicken dreikantigen Stämmen wachsen in den Feuchtgebieten des Nils. In den „Schreibwarenmanufakturen" wurden die Stämme geschält. Das weiße Mark schnitt man in etwa 40 Zentimeter lange Streifen, legte sie überlappend nebeneinander auf Holzplatten, schichtete quer dazu in halber Breite eine zweite Lage darüber und preßte das Ganze zu einem Blatt von etwa 40 mal 20 Zentimeter Größe. Unebenheiten auf der Oberfläche des Papyrusblattes wurden anschließend mit Hilfe eines „Glätters" (Abbildung rechts) beseitigt.

Zusammengehalten wurden die Folien durch die Klebewirkung des Pflanzensaftes und vermutlich durch eine zusätzliche Behandlung mit Stärke und Eiweiß. Die ganz weißen, erst allmählich nachdunkelnden Blätter verklebte man zu Rollen mit der senkrecht laufenden Faser nach außen, die wie ein Scharnier das Rollen erleichterte. Die quer verlaufenden Innenfasern bildeten gleichsam ein Liniensystem, auf dem man schreiben konnte. Die längste uns erhaltene Bahn, der Papyrus Harris des Pharaos Ramses IV. (um 1100 v. Chr.), mißt 40 Meter. Beschrieben wurden die Blätter mit hölzernen Schreibgeräten (links) in roter und schwarzer Farbe, wobei man Rot vorwiegend für die optische Textgestaltung benutzte, z. B. um Überschriften hervorzuheben.

Zu Ehren des Pharaos

Der Schreiber hockt vor dem letzten, äußeren Hieroglyphenband des Sarkophags. Er taucht den Pinsel in das Gefäß, das neben ihm steht. Mit roter Farbe malt er mit sicherem Strich die Zeichen auf den Stein. Später wird der geschickteste Steinmetz der Werkstatt die Linien und Figuren herausmeißeln. Der Steinmetz weiß zwar, daß es sich um schwierige Texte aus den Totenbüchern handelt, aber natürlich kann er die Hieroglyphen nicht lesen. Wozu auch? Niemand in diesem Raum kann lesen und schreiben. Nur er, der Schreiber, weiß, was die Symbole bedeuten.

Jahrelang ist er bei einem Beamten der Tempelverwaltung in die Lehre gegangen. Es ist recht mühselig gewesen, sich die etwa 1000 Hieroglyphen einzuprägen, die man beherrschen muß, um mit literarischen Texten, mit Akten aller Art und mit der Sprache der Wirtschaft und der Verwaltung umgehen zu können. Außerdem hat er Pech gehabt, daß seine Ausbildung gerade in jene Zeit des Umbruchs fiel, in der das seit Jahrhunderten vertraute Mittelägyptisch durch neuägyptische Formeln und Schreibweisen abgelöst wurde. Die Ägypter verdanken das einem Erlaß des Pharaos Amenophis IV., der sich später Echnaton nannte und der ohnehin alle Traditionen in Frage gestellt hat – ganz im Gegensatz zu seinem kürzlich verstorbenen Nachfolger Tutanchamun, an dessen Sarkophag hier gearbeitet wird. Der Schreiber seufzt und blickt abschätzend an dem Hieroglyphenband empor.

Der Aufseher hebt mit herrischer Geste den Arm und gibt mit lauter Stimme ein paar Anweisungen. Er weiß, daß die Zeit drängt. Der teure Steinblock aus dem bräunlichgelben Quarzit der Ostberge muß neu mit Holz unterfüttert werden, damit bei den noch ausstehenden Bildhauerarbeiten kein Bruch entsteht. Die Steinmetzen, die in der heißen, von staubfeinen Sandkörnchen und aufgewirbeltem Gesteinsmehl erfüllten Luft den schweren Holzhammer schwingen, sind erschöpft und gereizt. Sie ahnen, daß ihnen nichts Gutes bevorsteht, wenn ihnen der Meißel aus Bronze oder Kupfer aus der Hand gleitet und die vorgezogene Linie verläßt oder eine Scharte in die Kante des Sarkophags schlägt. Auch der Vorarbeiter hat seine Augen überall, und Fehler entgehen ihm nicht.

Die Vorderseite des Blocks ist längst fertig. Die Schutzzeichen der Isis und des Osiris auf dem unteren Fries sind sauber herausgearbeitet, und auch die Reliefs der geflügelten Göttinnen Isis, Nephthys, Neith und Selket an den Ecken sind schon gut zu erkennen.

Aber die Hieroglyphen! Es ist, als wollten sie nicht weniger werden. Der Schreiber überprüft noch einmal den Text, und schon entdeckt er einen Fehler: Da hat er doch ein Zeichen doppelt gesetzt! Die Hitze in der Werkstatt ermüdet ihn, und der gebeugte Rücken schmerzt. Der Schreiber legt den rot triefenden Pinsel fort und korrigiert seinen Fehler, wie es die Vorschrift verlangt, mit schwarzer Farbe.

Rätsel der Runen

Als im frühen Mittelalter die missionierenden christlichen Mönche die germanischen Völker Mittel- und Nordeuropas zum Christentum bekehrten, war dies zugleich auch eine „Bekehrung" zur lateinischen Schrift. Denn die Schriftzeichen, die die Missionare bei den Germanen vorfanden, die Runen, galten ihnen als heidnisches Zauberwerk – und so ganz unrecht hatten sie damit nicht.

Schon der Name „Rune" weist auf Geheimnisvolles hin. Unser Wort „raunen", das mit dem Wort Rune eng verwandt ist, läßt noch heute diesen Zusammenhang erahnen. Gewißheit geben die Sprachforscher, die festgestellt haben, daß das gotische Wort „runa" Geheimnis, Mysterium bedeutet.

Wo aber kamen sie wirklich her, jene germanischen Schriftzeichen, die seit dem Ende des 2./Anfang des 3. Jh. n. Chr. nachweisbar sind? Wir finden die Runen auf Lanzenspitzen, Schwertern und Schilden, aber auch auf Kämmen und Fibeln. Meist sind die Inschriften sehr kurz und sollen Heil bringen oder Unheil abwehren.

Diese ältesten uns überlieferten Zeugnisse lassen deutlich erkennen, daß zu jenem Zeitpunkt die Runenschrift bereits fertig ausgeprägt war; ihre Entstehungszeit muß also weit früher liegen. Doch wo und wann genau sie entstand, ist unbekannt. Sie war gewiß keine germanische „Erfindung", wie es die Keilschrift im Zweistromland oder die Hieroglyphen im alten Ägypten waren. Vielmehr geht man heute davon aus, daß der Runenschrift ein fremdes Alphabet zugrunde liegt. Als mögliche Vorbilder sah man lange Zeit das griechische oder lateinische Alphabet an. Inzwischen jedoch sucht man die Ursprünge eher im nordetruskisch-alpinen Raum, da man zwischen der Runenschrift und den hier geübten Schriften deutliche Beziehungen zu erkennen glaubt.

Als Vermittler werden oft die Markomannen genannt, aber denkbar ist auch, daß Angehörige anderer germanischer Stämme die Schrift aus Norditalien mit nach Hause brachten. Für all diese mehr oder minder vagen Vermutungen spricht ein Fundstück aus dem 3./2. Jh. v. Chr., ein Helm, der in einem alpinen Alphabet eine germanische Inschrift trägt.

Die Runenschrift, die uns im 2./3. Jh. n. Chr. entgegentritt, ist zum einen eine Lautschrift, d. h., jedem Runenzeichen ist ein bestimmter Laut zugeordnet. Doch gleichzeitig ist die Runenschrift auch eine Begriffsschrift: Jedes Runenzeichen gibt nicht nur einen bestimmten Laut wieder, sondern steht auch für einen Begriff, dessen Anfangsbuchstabe mit dem Lautwert der Rune identisch ist. So kann z. B. das Runenzeichen ᛟ für den germanischen Begriff „othala", auf hochdeutsch: „ererbter Besitz", stehen, es kann aber auch nur den Laut „O" bezeichnen. Auf diese Weise konnte man beliebig Wörter bilden, indem man Rune an Rune, Laut an Laut reihte, wie wir es heute auch mit den Buchstaben unseres Alphabets tun.

Das früheste uns bekannte Runenalphabet umfaßte 24 Zeichen und wird nach den ersten sechs Zeichen „Futhark" genannt, wobei das „th" ein Zeichen ist und dem englischen th-Laut entspricht. Dieses ältere Futhark hatte bis etwa ins 8. Jh. im gesamten germanischen Raum Geltung. Die allmähliche Auseinanderentwicklung der germanischen Sprachen findet ihren sichtbaren Ausdruck in der Tatsache, daß wir im 8. Jh. im nordgermanischen Raum einem jüngeren, nur noch 16teiligen Futhark gegenüberstehen. Man kann diese Entwicklung nicht im einzelnen verfolgen, denn dafür liegen zu wenig

Runensteine aus der Wikingerzeit *geben uns heute Auskunft über die Lebensverhältnisse und die Sprache der Wikinger. Anhand des Verbreitungsgebietes der Steine kann man unter anderem feststellen, wo überall die Wikinger siedelten und wohin sie Fahrten unternahmen. Aus Schweden, wo Tausende von Steinen gefunden wurden, stammen die abgebildeten Inschriften. Der behauene Findling (unten) steht in Södermanland; das mit Schlangen und einem schlangenförmigen Schriftband verzierte Felsbild (rechts) befindet sich in Uppland. Ferner entdeckte man Runeninschriften in Dänemark, Norwegen, Island, Großbritannien, Rußland, Griechenland, auf Grönland und in Istanbul.*

Dokumente vor. Insgesamt kennt man heute etwa 5000 Runeninschriften; davon sind etwa 220 im älteren Runenalphabet verfaßt.

Runenschrift ist nie „geschrieben" worden, sondern ihre Zeichen wurden stets in Holz, Metall oder Stein geritzt. Daraus erklärt sich auch die Form der Runen, ihr eckiges Aussehen, denn die Maserung des Holzes ließ nur senkrechte oder schräge Striche zu und verbot Rundungen oder gar Querstriche.

Über den frühen Gebrauch der Runen kann man nur Vermutungen anstellen. Ursprünglich wurden die Runen wohl nur als magische Zeichen verwendet, und aus dieser frühen Zeit stammen wohl auch die Begriffswerte der einzelnen Runen. Da uns aus der Anfangszeit der Runenschrift keine Funde vorliegen, ist man hier auf andere Quellen angewiesen. Eine solche Quelle ist Tacitus und seine *Germania.* Er erzählt uns, daß die Germanen Holzstäbchen „mit bestimmten unterschiedlichen Zeichen versehen und sie dann planlos, und wie es der Zufall will, über ein weißes Tuch streuen. Danach … hebt (in öffentlicher Angelegenheit der Stammespriester, bei einer persönlichen Sache das Familienoberhaupt) dreimal je ein Stäbchen auf und deutet sie dann gemäß dem vorher eingekerbten Zeichen." Was Tacitus hier beschreibt, ist eine Form des Orakels, genauer: ein Losorakel. Und das Wissen um die magische Bedeutung der Runenzeichen war damals sicher nicht allgemein, sondern nur wenigen Eingeweihten vorbehalten.

Eine runenverzierte Brosche, *die aus der westschottischen Gemeinde Hunterston/Strathclyde stammt, informiert über ihre einstige Besitzerin. Die Inschrift verkündet nämlich: „Die Spange gehört Melbridga" – und dieser Name ist keltischen Ursprungs. Verfaßt wurde der Text in skandinavischer Sprache, in dem zur Wikingerzeit nur 16 Buchstaben umfassenden Runenalphabet, dem jüngeren Futhark.*

Erst im 2./3. Jh. n. Chr. scheint eine Entwicklung eingesetzt zu haben, in deren Verlauf die Runen zu einer wirklichen Schrift wurden, die nun auch breiteren Kreisen zugänglich war. Zunächst diente die Runenschrift noch immer magischen Zwecken. Man ritzte sie jetzt auch in Gegenstände aus Metall oder Horn sowie in Stein, und sie dienten dem Liebeszauber, als Glücksbringer oder als Fluch gegen Frevler und Feinde. Sehr bald aber schon gebrauchte man die Runenschrift auch für profane Zwecke, z. B. für Eigentumsvermerke, Grenzpfosten, Entfernungshinweise oder für Herstellerinschriften.

Dennoch hat sich auch jetzt, als die Runen allgemein Verwendung fanden, bei den Germanen nicht eine Schriftkultur entwickelt wie etwa bei den Hochkulturen des Zweistromlands oder in Ägypten. Es gibt keine in Runen geschriebene Literatur, auch nicht aus späterer Zeit und aus Skandinavien, wo die Wikinger diese Schrift noch bis ins hohe Mittelalter hinein (12.–14. Jh.) gebrauchten. Hier finden wir die Runenschrift vor allem auf den Bautasteinen, auf Grabsteinen, auf denen neben dem Namen des Toten auch oft seine Taten und – in manchen Fällen – der Name des Runenmeisters aufgeführt sind. Natürlich sind viele dieser Inschriften als Geschichtsquelle von erheblichem Wert.

Botschaften über Zeit und Raum

Ein dem Menschen wohl angeborenes Bedürfnis ist es, sich mitzuteilen. Die in kleinen Gruppen lebenden und als Jäger und Sammler umherziehenden Steinzeitmenschen konnten sich ihre Erlebnisse erzählen, doch offensichtlich reichte bereits ihnen diese Form der Mitteilung nicht aus. Sie bemalten Fels- und Höhlenwände, und noch heute – Jahrtausende später – können wir diese Bilder bewundern und erfahren durch sie vieles über die damalige Welt.

Im Lauf der Zeit aber wurden die Menschen seßhaft, bebauten das Land und züchteten Vieh. Damit einher ging ein bislang unbekanntes Wachstum der Bevölkerung, die Siedlungen wurden größer, wuchsen zu Städten heran, und schon bald spezialisierten sich die Menschen in ihren Arbeiten. Das enge Zusammenleben so vieler Menschen aber erforderte verbindliche Regeln, und die Aufteilung der verschiedenen Arbeiten ließ eine Verwaltung notwendig werden. Es verwundert nicht, daß man dort, wo die Menschen am frühesten diese Entwicklung vollzogen, auch die ersten Ansätze einer Schrift findet, z. B. in Mesopotamien und am Nil.

Die frühesten Aufzeichnungen aus dem Zweistromland waren wohl Vorratslisten, die die Verwaltungsbeamten aufstellten. Um Warenlisten anzulegen und Eingänge und Ausgänge festzuhalten, reicht eine Schrift aus, die nur aus Wortzeichen, aus Bildern also, besteht, die genau darstellen, was gemeint ist.

Nicht ausdrücken aber lassen sich mit einer Bilderschrift abstrakte Begriffe, Eigennamen oder gar grammatikalische Unterscheidungen. Wer irgendwann auf diese Idee kam, bestimmte Zeichen ihrer Aussprache und nicht nur ihrer Bedeutung nach in einen Text einzufügen und damit eine Art Silbenschrift zu entwickeln, wissen wir nicht. Aber mit diesem Schritt war ein Anfang gemacht, Sprache lautlich zu fixieren, und der Weg war frei, auch längere, komplizierte Texte darzustellen.

Doch auch Silbenschriften benötigen noch immer eine ungeheure Vielzahl von Zeichen, die das Lesen und Schreiben zu einer schwer überschaubaren Kunst machen. Daher war die Erkenntnis, daß sich einzelne Wörter oder Silben jeweils aus einer verhältnismäßig geringen Zahl von Grundlauten zusammensetzen, ein weiterer wichtiger Schritt in der Entwicklung.

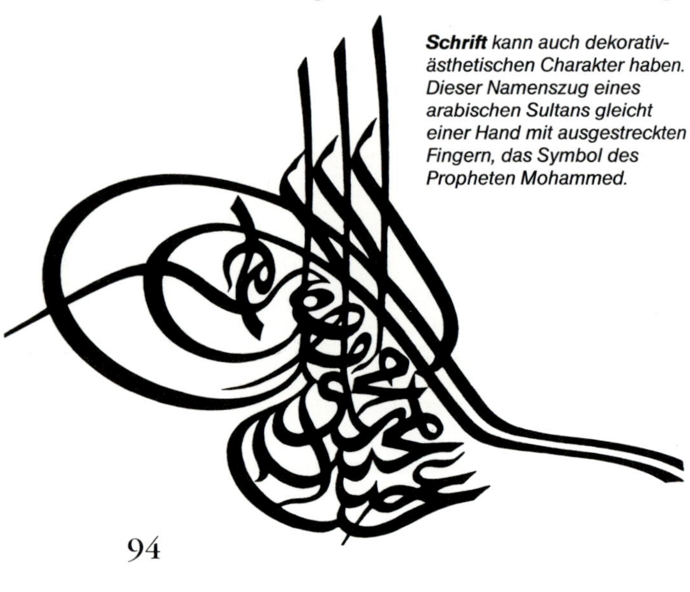

Schrift *kann auch dekorativ-ästhetischen Charakter haben. Dieser Namenszug eines arabischen Sultans gleicht einer Hand mit ausgestreckten Fingern, das Symbol des Propheten Mohammed.*

Das Verdienst, diese Erkenntnis in die Tat umgesetzt zu haben, schreiben die meisten Schriftforscher den Phönikern zu, einem Volk, das die Landschaft an der heutigen syrisch-libanesisch-israelischen Mittelmeerküste bewohnte. Als Ausgangsbasis diente den Phönikern vermutlich die Keilschrift der Sumerer, doch reduzierten sie die Anzahl der Zeichen auf etwa 30, wobei jedes Zeichen einen Grundlaut bezeichnete. Dies war die Geburtsstunde der alphabetischen Schrift, die sich über Griechen und Römer über ganz Europa verbreitete, auch wenn die Buchstabenzeichen selbst unterschiedlich aussehen.

Mit der „Erfindung" der Schrift hatte der Mensch ein Mittel gefunden, sich über Zeiten und Entfernungen hinweg anderen mitzuteilen. Die Schrift ermöglichte, Erkenntnisse jeglicher Art festzuhalten und über Generationen weiterzugeben. Sie erst begründete eine weitgehend stabile Kulturtradition, und sie ist das einigende Band, das die verschiedenen, oft auseinanderstrebenden Elemente eines Kulturkreises zusammenhält. So eint z. B. die hebräische Schrift die Juden in aller Welt und verbindet die arabische Schrift als Symbol des Islam die verschiedenen Sprachbereiche miteinander. Das Christentum wiederum untergliederte sich mit der Trennung in Ost- und Westrom in zwei Kulturkreise, die jeweils auch ihre eigene Schrift entwickelten: in den griechisch- bzw. russisch-orthodoxen Kulturkreis, dessen Schrift sich vom griechischen Alphabet ableitet, und in den römisch-katholischen Kulturkreis mit dem lateinischen Alphabet. Die Eroberung und Erschließung anderer Kontinente durch Angehörige des römisch-katholischen Kulturkreises führte dazu, daß sich auch dort das lateinische Alphabet durchsetzte und oft einheimische Schriftsysteme verdrängte.

Ein eindringliches Beispiel dafür ist die Vernichtung der Schrift der indianischen Hochkulturen Mittelamerikas. Heute herrscht dort überall das lateinische Schriftsystem, doch zu jener Zeit, als die Europäer den Kontinent zu erobern begannen, verfügten die indianischen Hochkulturen über eine eigene, sehr ausgeprägte Bilderschrift, deren Kenntnis sich jedoch mit der Zerstörung der Kulturen weitgehend verlor, so daß uns heute die Bilderschrift der Mayas beispielsweise noch immer weitgehend ein Rätsel ist.

Schriftformen und ihr Aussehen sind fast immer abhängig von dem Schreibwerkzeug und dem Material, auf dem man schreibt. Solange man die Zeichen in Stein, Ton, Holz oder Wachs einritzte, war es kaum möglich, eine fließende Schreibschrift zu entwickeln. Erst Rohrfeder und Pergament erlaubten ein flüssiges Schreiben, und entsprechend der Hand, die schrieb, sahen die Schriftbilder oft sehr unterschiedlich aus und waren schwer zu entziffern. Ein erneuter Wandel im Erscheinungsbild der Schrift trat mit der Erfindung des Buchdrucks ein. Neben der Schreibschrift entstand nun die Druckschrift, eine allgemeingültige Schriftform.

Während sich bei uns Schreib- und Druckschrift nebeneinander her und durchaus unterschiedlich entwickelt haben, kennt man z. B. in Ostasien und im arabischen Kulturraum diese

Auf die Verständlichkeit der Bilderschrift *auch im Weltraum vertrauten die Wissenschaftler, als sie der 1977 von Cape Canaveral gestarteten unbemannten Raumsonde* Pioneer 10 *eine Botschaft von der Erde mit auf den Weg gaben. Eingraviert in eine Platte (rechts) sind folgende Informationen: oben der Bau des Wasserstoffmoleküls, in der Mitte eine kosmische Strahlungsquelle sowie Mann und Frau in den Umrissen einer Raumsonde und unten das Planetensystem mit der Flugbahn von* Pioneer 10.

Unterscheidung nicht, im Gegenteil: Schreib- und Drucktypen sind gleich. Und noch etwas unterscheidet die europäische von der ostasiatischen und arabischen Schrift: Bei uns hat Schrift in erster Linie die Aufgabe, der Verständigung und Unterrichtung zu dienen. Bei Chinesen und Japanern wie auch bei den Arabern kommt der Schrift darüber hinaus eine ästhetische Aufgabe zu. Auf chinesischen und japanischen Bildern oder Holzschnitten tritt uns die Schrift nicht als zusätzlicher Schmuck, sondern als ein eigenständiges Gestaltungsmittel entgegen. Und auch die Araber, deren Religion verbietet, Lebendiges im Bild darzustellen, verwenden ihre Schriftzeichen als Ornament, zu ästhetisch-künstlerischen Zwecken.

Doch wie auch immer die einzelnen Schriften aussehen mögen, jede Schrift dient dem Mitteilungsbedürfnis des Menschen und lebt fort, unabhängig von Zeit und Raum. Schon in einem altägyptischen Preislied auf die Schreiber heißt es: „Der Mensch vergeht, sein Leben ist Staub, die Seinen alle, sie werden zu Erde – die Schrift ist es, die ihn am Leben hält im Mund des Vorlesers."

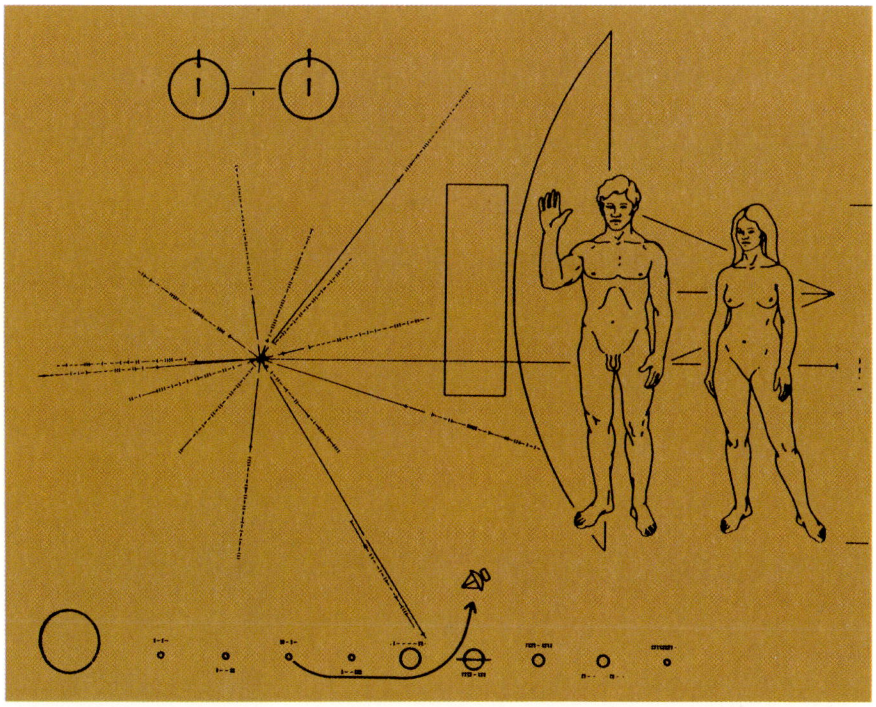

Arabische Schrift und persisches Rankenmuster *vereinen sich auf der Kuppel der Schah-Moschee in Isfahan zu einem eindrucksvollen Ornament (links). Die Textstellen aus dem Koran sind in drei verschiedenen Schrifttypen geschrieben. Schwer verständlich und nur teilweise entziffert ist die im 10. Jh. entwickelte Bilderschrift der Mixteken, eines lateinamerikanischen Indianerstammes. Oben ein Ausschnitt aus einer ihrer Bilderhandschriften.*

Im Labyrinth des Minotaurus

Griechische Sagen berichten von König Minos,
der einst über die Insel Kreta herrschte.
In seinem Palast in Knossos saß
– eingeschlossen in einem Labyrinth – der Minotaurus,
das Ungeheuer, halb Mensch, halb Stier,
und wartete auf Menschenopfer.
Der Brite Arthur Evans folgte den Spuren der Sage.
Er entdeckte das Labyrinth, nämlich Knossos,
und zugleich das Volk
mit der ersten Hochkultur Europas.

Erste Spatenstiche

Herrliche Schätze, Bildwerke, Paläste dem Boden und dem Vergessen zu entreißen, geheimnisvolle Schriftzeichen zum Reden zu bringen, dunkle Mythen, die wie Ammenmärchen klingen, durch handfeste Entdeckungen über die Beweisschwelle ins Licht der verbürgten Geschichte zu heben, so daß sich die bewußte Vergangenheit der Menschheit um weitere Jahrhunderte zurück erhellt – das alles gehört zu den großen Taten der viel bewunderten Zunft der Archäologen. Doch es ist ein seltenes Glück, wenn einer allein von all diesen Wundertaten ein Gutteil auf sich vereinigen kann und darüber hinaus noch ein bislang völlig unbekanntes Kulturvolk der Weltöffentlichkeit vorzustellen vermag. Der Brite Arthur Evans hatte dieses Glück.

***Sir Arthur Evans** (1851–1941) entstammte einem Elternhaus, das seinen Lebensweg gleichsam vorzeichnete. Sein Vater, ein reicher Papierfabrikant, befaßte sich in seiner Freizeit mit vorgeschichtlichen Themen. Nach dem Studium der Geschichte und Altertumskunde in Oxford und Göttingen kam Evans als junger Zeitungskorrespondent schon früh auf dem Balkan mit der griechischen Welt in Berührung. Eine Begegnung mit Heinrich Schliemann, dem Ausgräber von Troja und Mykene, lenkte sein Interesse auf die ägäischen Kulturen und auf Kreta, das ihn nicht mehr losließ.*

So geschah es, daß Großbritannien und von dort aus die ganze Welt im Jahr 1900 aus der *Times* von dem bisher völlig unbekannten glanzvollen Volk der Minoer erfuhren, das älter als die Griechen und sogar noch älter als die 1876 von Heinrich Schliemann entdeckten Mykener war.

Ist es möglich, hatte sich Evans gefragt, daß eine so hochentwickelte Kultur wie die Mykenes keine Schrift besessen haben sollte? Schliemann hatte keine zutage gefördert. Evans mochte sich damit nicht abfinden. In Athen hatte der Brite vor Jahren auf der Suche nach alten Steinen mit Eingravierungen einige drei- oder vierseitige Siegel aufgespürt, deren Flächen mit Gruppen von hieroglyphischen oder linearen Zeichen bedeckt waren. Nachforschungen ergaben, daß diese Siegel alle von Kreta stammten. Das erschien Evans als ein wichtiger Hinweis, dem es sich nachzugehen lohnte.

Die Insel Kreta, bei Homer das Land des Königs Minos, befindet sich auf dem Weg vom Orient nach Europa, knappe 1000 Kilometer von Syrien und Ägypten entfernt, wo die Wiege der Schreibkunst stand. Evans führte in Mittel- und Ostkreta eine Reihe von Untersuchungen durch. Vasen, bronzene Weihgaben und feingravierte Gemmen kamen ans Licht, die besagten, daß die Hochblüte dieser Insel weit vor der geschichtlichen Zeit lag. Und Evans fand weitere Siegel und eine steinerne Votivtafel mit jener „frühkretischen" Schrift, die ihm bereits in Athen aufgefallen war.

Nun entschloß sich Evans, gezielt zu graben. Schon Heinrich Schliemann, der der Minossage Homers nachging, waren bei Iraklion (der Stadt, die im Verlauf ihrer wechselhaften Geschichte mehrfach den Namen änderte und damals Chandia hieß) am Hügel Kephala urtümliche Mauerruinen aufgefallen. Grabungen scheiterten jedoch an dem Widerstand der Türken, den damaligen Herren der Insel. Evans gelang es 1895, ein Viertel jenes Hügelgrundstücks zu erwerben – die Mauerblöcke trugen nämlich eigenartige Zeichen. Dann brach ein blutiger Aufstand der Griechen gegen die Türkenherrschaft aus, der weitere Unternehmungen zunächst zunichte machte. Im November 1898 war Kreta endlich frei. Evans hatte die Griechen unterstützt, und als er nun seine Grabung vorbereitete, kam ihm der gute Wille der Bevölkerung zu Hilfe.

Am 23. März 1900 stieß der Spaten in den steinigen Boden des Kephala. Schon am zweiten Tag wurde ein Haus mit Fresken entdeckt, am dritten Tag Mauern, die von einem Großbrand geschwärzt waren. Zum Vorschein kamen Tonwaren, Ränder riesiger Vorratskrüge, Fresken: ein Stück eines ungeheuren Fisches, ein anmutiger Blätterzweig. Binnen weniger Tage hoben die Ausgräber einen wahren „Schatz", Tontäfelchen mit schriftlichen Aufzeichnungen in einer „unbekannten Sprache", wie Arthur Evans in der *Times* triumphierend verkündete.

Am Ende der ersten Grabungssaison – die Junisonne schien zu unbarmherzig auf den blanken Kephala – war das Ergebnis wiederum Schlagzeilen wert. Die zunächst 80, dann 150

***Die Aufnahme des Palastes von Knossos** vermittelt einen Eindruck von dem labyrinthischen Grundriß und den unterschiedlichen Ebenen der Anlage, zeigt jedoch andererseits auch den Betoncharakter der Rekonstruktion. Auf der linken Seite befindet sich der Nordeingang, der vermutlich von den Besuchern benutzt wurde, die aus der Richtung des Hafens kamen. Der Eingang führt auf den in Nord-Süd-Richtung verlaufenden großen Innenhof.*

Arbeiter hatten rund 8000 Quadratmeter eines noch umfangreicheren Palastkomplexes freigelegt – jetzt schon weit großartiger als der von Mykene: Es war Knossos, die Residenz des bisher nur aus der Sage bekannten Priesterkönigs Minos. Die Minoer, so taufte Evans das namenlose Volk nach seinem sagenhaften Herrscher, erhielten ihren in der Weltgeschichte verlorengegangenen Platz zurück.

Die Ausgrabungen, die Erforschung und Rekonstruktion wurden zum Lebenswerk Sir Arthur Evans', der dabei über drei Jahrzehnte lang von seinem Assistenten Duncan Mackenzie unterstützt wurde. Die Entzifferung der geheimnisvollen Schriften, die er Linear A und Linear B nannte, war dem Archäologen freilich nicht vergönnt.

Auf Irrwegen

„Kreta ist ein Land im dunkelwogenden Meere. / Fruchtbar und anmutsvoll und rings umflossen. Es wohnen / Dort unzählige Menschen, und ihrer Städte sind neunzig… / Ihrer Könige Stadt ist Knossos, wo Minos geherrscht hat, / Der neunjährig mit Zeus, dem großen Gotte geredet." So erzählt Homer in seiner *Odyssee.*

Um Kreta rankt sich eine Vielzahl der klassisch-griechischen Sagen. Zeus wurde hier von Rhea in einer Höhle der Dikte, einem Gebirge im Südosten der Insel, geboren, heimlich, da Vater Kronos seine Kinder zu verschlingen drohte. Zeus soll auch auf Kreta begraben sein, ein naiver Glaube, den Kallimachos, ein griechischer Dichter des 3. Jh. v. Chr., mit einem geflügelten Wort kommentierte: „Kreter sind allzeit Lügner… Du (Zeus) starbst aber nicht, du bist ewig."

Der herangewachsene Zeus verliebte sich in Europa, die Tochter eines phönizischen Königs. Er näherte sich ihr in Gestalt eines schönen Stiers, und als sich Europa auf den Rücken des Tieres setzte, entführte er sie nach Kreta. Dort gebar Europa dem Zeus die Söhne Minos, Rhadamanthys und Sarpedon. Minos, der Gesetzgeber und Priesterkönig, herrschte in Knossos. Vielleicht ist diese Sage eine mythologisierte Erinnerung an einen historischen Vorgang, der von der Wissenschaft nicht mehr dokumentarisch belegt werden kann.

Minos „ist ein kretischer Mose, der sich alle neun Jahre zur Grotte des Zeus entweder auf dem kretischen Ida oder auf der Dikte begab, um vom Gott des Berges die Gesetze für sein Volk zu empfangen", so Arthur Evans, der Entdecker der Minoer. Der 1851 geborene Archäologe, der als junger Zeitungskorrespondent für den *Manchester Guardian* auf dem Balkan gearbeitet hatte, erlag wie viele andere Forscher der Faszination der griechischen Mythologie, deren Inhalte ihm wertvolle Hinweise für seine Forschungen lieferten.

Das Attribut des kretischen Zeus war die „labrys", die Doppelaxt, seine Tiergestalt der Stier. Stiere scheinen die Vorstellungskraft der alten griechischen Sagenerzähler nachhaltig beherrscht zu haben. Denn – so die Sage –, als Minos König geworden war, erbat er von dem Meeresgott Poseidon eine Bestätigung seiner Macht und Würde. Er erhielt sie in Gestalt eines Stiers, den er dem Gott opfern sollte. Doch der Stier war so schön, daß Minos ihn für sich behielt und statt dessen ein anderes Tier auf dem Altar opferte. Die Strafe folgte auf dem Fuß. Der erzürnte Gott ließ Minos' Gattin Pasiphae, die Tochter des Sonnengottes Helios, in Liebe zu diesem Stier entbrennen. Aus dieser Liebesbeziehung ging der Minotaurus hervor, ein menschliches Wesen mit einem Stierkopf. Im übrigen besaß der Minotaurus noch sechs normale Halbgeschwister: Katreus, Deukalion (dessen Sohn Idomeneus vor Troja kämpfte), Glaukos, Androgeus, Phädra und Ariadne. Das Ungeheuer hauste im Labyrinth, einem Irrgarten, den Dädalus, ein erfinderischer Künstler aus Attika, erbaut hatte und der sich vorzüglich

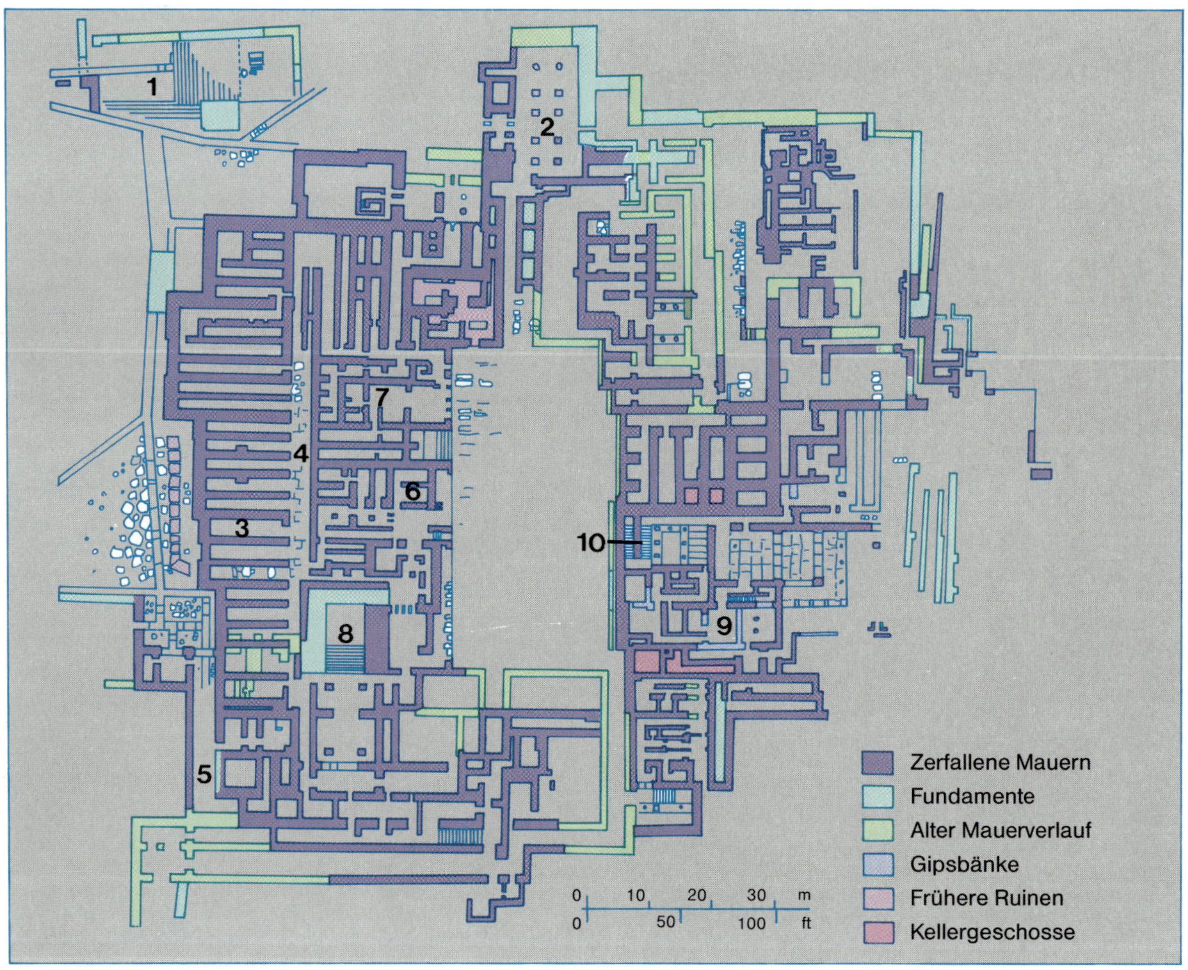

Der Grundriß der Palastanlage von Knossos *offenbart die Weitläufigkeit und vielgliedrige Aufteilung der minoischen Residenz. Von der Heiligen Straße und Schautreppe (1) führt der Weg durch den Nordeingang (2) in den geräumigen Innenhof (etwa 28 mal 50 Meter), in dem Feste und kultische Stierspiele stattfanden. Hinter dem Westeingang liegen die Magazine (3) und der lange Korridor (4), in dem die Pithoi, die großen Vorratsgefäße aus Ton, standen. Vom Westeingang gelangt man auch in den Prozessionskorridor (5), in dem die berühmten Prozessionsfresken gefunden wurden. Der Westflügel barg das Heiligtum (6) und den Thronsaal (7). Eine breite Treppe (8) führt in das Obergeschoß. Im Ostflügel lag das Gemach der Königin (9). Auch hier befindet sich eine durch drei Stockwerke reichende Treppenanlage (10).*

als Versteck eignete. Dem Minotaurus mußten regelmäßig junge Menschen geopfert werden. Deshalb schickte die Stadt Athen, die dem Minos Tribut schuldete, seit dessen Sohn Androgeus dort hinterlistig getötet worden war, alle neun Jahre sieben Jünglinge und sieben Jungfrauen. Als das Opfer zum dritten Mal fällig wurde, segelte Theseus, Sohn des Königs Ägeus, mit nach Kreta, um den Minotaurus zu töten. Ariadne, die Tochter des Minos, verliebte sich in den Helden Theseus und versprach, ihm bei seinem gefährlichen Auftrag behilflich zu sein. Ausgerüstet mit dem berühmten Faden ihres Wollknäuels, das ihm den Rückweg sicherte, wagte sich Theseus in das Labyrinth, tötete den Minotaurus und entfloh mit der Prinzessin. Dennoch endete das Abenteuer tragisch: Theseus vergaß, das weiße Segel als Zeichen der glücklichen Heimkehr zu setzen, wie sein Vater es erbeten hatte. So näherte er sich Attika mit der schwarzen Leinwand, mit der er ausgezogen war. Ägeus, der glauben mußte, sein Sohn sei tot, stürzte sich ins Meer, das seitdem das Ägäische genannt wird.

Und das sagenhafte Labyrinth des Minotaurus? Es kann „kaum noch Zweifel bestehen", notierte Evans, „daß dieses ausgedehnte Bauwerk – das wir im weiteren historischen Sinn ‚Palast des Minos' zu nennen berechtigt sind – ein und dasselbe ist wie das ‚Labyrinth' der Überlieferung. Ein Großteil des Grundrisses … zeigt in der Tat viele charakteristische Merkmale eines Irrgartens".

Die minoischen Säulen *(links) bestanden aus Holz. Ihr Durchmesser war oben am größten; nach unten verjüngten sie sich. Die Doppelaxt (rechts) diente als Kultgerät. Dieses aus Gold gearbeitete Stück wurde in der heiligen Höhle von Arkalochori in Ostkreta gefunden. Im Palast von Knossos war die Doppelaxt („labrys") an vielen Stellen in die Wände eingemeißelt. Evans vermutete, daß diese Bezeichnung dem Labyrinth seinen Namen gab. Oben der Thronsaal des Priesterkönigs.*

Die Erde bebt

Der Wind vom Meer fährt durch den Olivenhain. Die Blätter kehren wie unter heftigen Kammstrichen ihre silbrigen Unterseiten zuoberst und flirren in der Sonne wie kleine Spiegel. In den Duft der frühen Blüten mischt sich das Aroma von Parfüms. Der schrille Gesang der Zikaden wird vom Klang der Kitharen, Lyren, Doppelflöten und den Schlägen des Sistrums übertönt. Das Frühlingsfest des jungen kretischen Zeus ist im vollen Gang — heiter, berauschend, sinnenbetörend. Die Frauen tanzen immer schneller, die Arme ausgestreckt, den Kopf mit wehenden Haaren weit zurückgelehnt, um die Bewegung der Welt neu zu schaffen. Zeus, der frühlingshafte Gott der Natur, der Fruchtbarkeit, Zeus, der Sohn der Großen Göttin, fordert Huldigung und Opfer. Der Ruf nach Wein, Öl und Samenkörnern wird laut. Und wo bleiben die Opfergaben?

In die Gewölbe unter dem „Labyrinth" von Knossos dringt kein Laut des Festtrubels. Der Magazinverwalter schreitet gemessen die Reihen der gefüllten Getreide- und Ölkrüge, der Pithoi, ab. Er hat zu zählen, zu rechnen und seine Liste zu schreiben. Die Krüge sind alle so geräumig, daß ein Mann sich bequem in ihnen verstecken könnte.

Auf der Treppe sind die Geräusche flinker Füße zu hören, die sich nähern. Die Boten vom Fest, ein Mann und eine Frau, kommen, um die Opfergaben zu holen. Der Magazinverwalter beugt sich zu den Gefäßen herab, die er bereitgestellt hat. Da ist es ihm, als spielten ihm seine fünf Sinne einen Streich: Noch bevor er nach dem Krug greifen kann, bewegt sich dieser seinen Händen entgegen. Die Reihen der Krüge ruckeln hin und her. Das Licht der Öllampen tanzt über die Wände, wischt über das magische Zeichen der Doppelaxt, das dort abgebildet ist und Erdbeben bannen soll. Noch ist kein einziger Laut zu hören. Da! Auf der Treppe zerschellt eine kleine Tonschale.

Der Magazinverwalter richtet sich horchend auf. Ein Zittern läuft durch seinen Körper. Aus den Steinfugen des Gewölbes rieselt Sand. Dann ist ein leichtes, mahlendes Geräusch zu vernehmen. Die Tonkrüge schlagen dumpf aneinander. Der Mann wendet sich instinktiv zum Ausgang. Die beiden Boten, ohnehin verwirrt von der Stille und Abgeschiedenheit der Vorratskammern, sind längst entsetzt zurückgewichen. Von der Treppe her dringen Schreckensrufe, Tongeschirr zerbricht, Schritte entfernen sich überhastet. Wieder Rufe. Dann stößt eine gewaltige Faust den Boden unter den Füßen des Mannes weg. Er scheint für die Dauer eines Herzschlags zu schweben. Als nächstes fühlt er, wie die Kanten der Stufen von oben herab sich gegen seinen Körper pressen. Und wieder dreht sich das Bild. Nun scheint er auf den Stufen kopfunter zu liegen. Er rudert mit Händen und Füßen und hat nur einen Gedanken: Hinaus!

Staubwolken füllen den Lagerraum wie Nebel. Eine Öllampe zerspringt an der Wand. Öl läuft aus, entzündet sich mit einem Fauchen. Wieder stößt die Faust zu. Der Mann, schon auf allen vieren, fällt auf die Krüge. Nun dringt ein dunkles Grollen aus der Tiefe. Der Boden beginnt zu tanzen. Aus der Deckenkonstruktion löst sich krachend der erste Quader. In der Tiefe brüllt plötzlich der wütende, menschenvernichtende Stier! Ein schwarzer Riß, gezackt wie der

Blitz des Zeus, teilt mit einem Donnerschlag das Gewölbe, und die Säulen scheinen zu kreisen. Der Mann erreicht mit letzter Not das Tageslicht.

Eine plötzliche unnatürliche Stille läßt jeden den Atem anhalten. Und dann scheint die Erde wie Meereswellen zu wogen. Das Grollen aus dem Bauch der Erde steigert sich zu einem fürchterlichen Schrei, der das Bersten der Palastmauern, das Zerspringen und Poltern der Steinblöcke, das Rufen, Flehen und Wimmern der Frauen, Männer und Kinder in sich vereint. Wie ein Echo ertönt vom Festplatz Klagen. Überall fliehen Menschen, verfolgt von den langen Schatten der Rauchwolken.

Die ganze große Insel Kreta scheint wie ein Schiff auf stürmischer See zu schwanken.

Als sie nach wer weiß wie langer Zeit wieder still inmitten der Wellen liegt, ist das Reich des Minos mit seiner Seemacht, seiner hohen Kultur, Phantasie, Schöpferkraft, seiner Lebenslust und Lebensart nur noch eine Erinnerung – und bald vergessen.

Die Minoer haben sich immer wieder nach verheerenden Naturkatastrophen zu noch größeren Leistungen aufraffen können. Nun aber (etwa 1450 v. Chr.) sind ihre Kräfte versiegt. Das minoische Volk geht auf in den Festlandsgriechen, die in Kreta eindringen.

Licht und Schatten

Der mykenischen Kultur fehlte der Frühling, Knossos dagegen war frühlingshaft heiter. Er habe diesen „Frühling" entdeckt, sagte Sir Arthur Evans: Knossos, das Optimismus, Sinnlichkeit, Vitalität, Fröhlichkeit, Liebe zum Luxus, Eleganz, ja Weiblichkeit ausstrahlt. Auch die unheilvolle Sage vom menschenfressenden Minotaurus – wessen Gemüt sollte sie hier in der strahlenden, pastellfarbenen Pracht verschatten, da doch sogar ein riesiges Fresko den Stierkampf als ein schwereloses artistisches Spiel schildert. Und die Stierhörner auf den Dächern, Simsen und Balustraden wirken eher als rustikale Dekoration, denn als dunkle magische Zeichen. Befestigungen gibt es hier nur andeutungsweise, etwa bei den Toren, wo sie jedoch festlich, nicht abweisend wirken.

Knossos erscheint wie ein Sommerpalast, gebaut für einen ewig heiteren Aufenthalt, umgeben von einer lieblichen, fruchtbaren Landschaft mit sanften Hügeln. Der städtebauliche Organismus erhebt sich, gestuft und gestaffelt, auf dem niedrigen Kephala, dessen Hänge nach Norden, Osten und Süden ins Tal des Kératos abfallen. Die Winde vom Meer im Norden – der Hafen liegt nur fünf Kilometer entfernt – und von den Höhen ringsum bringen Kühlung, selbst jeder Lufthauch, der aus dem Tal aufsteigt und durch die Schächte, Lichthöfe, Treppenhäuser und Galerien zieht. Springbrunnen plätschern, aus einem ausgeklügelten Röhrensystem gespeist, das auch die städtische Wasserversorgung sicherte.

Die Palastbezirke gruppieren sich um einen langgestreckten, rechteckigen Innenhof, dessen Längsachse fast genau von Nord nach Süd verläuft, und es gibt einen Westhof für festliche Anlässe. Dieses Schema galt auch für die Palastanlagen von Phaistos (Festós) und Mallia (Mália). Phaistos liegt im Süden Kretas und wurde der Sage nach von Rhadamanthys, einem Bruder des Minos, beherrscht. Die Palastanlage wurde 1884 von dem italienischen Archäologen Federico Halbherr entdeckt.

Im Palast von Mallia im Nordosten der Insel regierte Sarpedon, neben Minos und Rhadamanthys der dritte Sohn des Zeus und der Europa. Der griechische Archäologe Joseph Hazzidákis begann im Mai 1915 mit den ersten Ausgrabungen.

Die minoischen Paläste waren politische, religiöse und wirtschaftliche Zentren mit allen entsprechenden Einrichtungen. Evans schätzte, daß in Knossos, mit dem Palast als Zentrum, eine Stadtgesellschaft mit 80 000 Einwohnern lebte (eine andere Schätzung nennt 50 000).

Die Eingänge des Palastes führten vor allem zum großen Innenhof, der auch Handelszentrum war. So konnte man das Kommen und Gehen leichter beobachten. Nach außen bildete die Anlage keine geschlossene Front, sondern ein scheinbar zufälliges, aber dennoch sinnvolles, von den jeweiligen Aufgaben der einzelnen Gebäudeteile bestimmtes Neben- und Übereinander. Schaufassaden mit Säulen und Fresken erhoben sich nur im Innern, wo sie in der unmittelbaren Umgebung des Herrschers festlich-repräsentativ beeindruckten.

Der Priesterkönig legte offenbar keinen Wert darauf, Abstand zu seinem Volk zu halten, mit

Das rekonstruierte Gebäude *(rechts) ist Teil einer ehemaligen Säulenhalle. Sie säumte mit einem ihr entsprechenden Gegenstück eine tiefer liegende enge Gasse, die zum Nordausgang des Palastes führte. In dieser westlich gelegenen Halle wurden Reste eines Freskos gefunden, das einen überlebensgroßen Stier zeigt, der in vollem Galopp auf einen Olivenbaum zurennt. Das fragmentarische Original des Stierkopfes (siehe Bild am Beginn des Kapitels) befindet sich heute im Archäologischen Museum in Iraklion.*

der Ausnahme, daß er zum Wohnen wie zum Regieren die stilleren Räume im Obergeschoß bevorzugte. Die fürstliche Familie erfreute sich an prachtvoll ausgemalten Salons und Boudoirs, und die Badezimmer entsprechen durchaus modernen Vorstellungen. Aber auch das Erdgeschoß wies repräsentative Räume auf: Im Ostteil lagen das Gemach der Königin und das königliche Archiv, im Westteil der Thronsaal und Andachtsstätten. Im übrigen befanden sich hier ausgedehnte Magazine, die Werkstätten der Töpfer, Steinschneider, Vasenmaler und Fayencekünstler und, wie Evans nachwies, auch eine Schule. Im Keller waren ebenfalls Magazine angelegt, in denen riesige für Wein, Öl, Getreide und Hülsenfrüchte bestimmte Tonkrüge (Pithoi) standen, ferner befanden sich hier eine Getreidemühle und eine Ölpresse. Der Großen Erdgöttin, die Erdbeben abzuwenden vermochte, waren hier unten verschwiegene Kapellen geweiht.

Wer heute durch die weite Palastanlage von Knossos treppauf und treppab wandert, mag die Zahl der ursprünglich 1300 Räume nicht bezweifeln; man ist von den rund 800 gerade erkennbaren, rekonstruierten oder guterhaltenen Räumen hinreichend beeindruckt, die sich über ein Areal von 20 000 Quadratmetern erstrecken. Die von Evans angeordneten und zum Teil aus seiner Privatschatulle finanzierten Rekonstruktionen bewirken, daß hier auch der Laie minoische Architektur von wahrhaft faszinierender Illusionskraft vor Augen bekommt. Freilich führte die „Bauwut" des Briten zu dem Schmähwort „Beton-Knossos", doch selbst gegnerische Wissenschaftler bestreiten nicht die Richtigkeit der auffälligen, unten schlanken, sich nach oben verdickenden Säulen. Evans hatte sie, wie andere verrottete Holzteile und wichtige Mauerecken, durch Gußbeton ersetzen lassen. Auch die üppige Farbigkeit der Rekonstruktionen – Säulen, Wände und Fresken – stieß auf Kritik. Die bruchstückhaften Wandmalereien seien, so lautet der Vorwurf, zu „gewagt" ergänzt worden. Evans war jedoch von der Genialität wie Ehrenhaftigkeit seines Hofmalers, des Schweizers Emile Gilliéron (er gab am königlichen Hof zu Athen Malunterricht), überzeugt.

Knossos sei überhaupt keine Stadt für Lebende, sondern für Tote gewesen. Mit dieser kühnen These erregte der deutsche Geologieprofessor Hans Wunderlich 1971 Aufsehen. Die Vorräte, die man gefunden hatte, erklärte er als Grabbeigaben, die Schrifttafeln als deren Inventarlisten. Der Alabasterstein (Gips), der beim Bau der Treppen und Räume eingesetzt worden war, sei zu weich für einen intensiv genutzten Palast, in dem täglich vermutlich Hunderte von Menschen ein- und ausgingen. Auch fehlten die Küchen, meinte Wunderlich, und die vielen fensterlosen Räume, die nur indirektes Licht erhielten, seien besser für den Totenkult geeignet als zum Aufenthaltsort der Lebendigen. Das lebensprühende, im wechselnden Spiel von Licht und Schatten liegende Knossos eine Totenstadt?! Diese Vorstellung mochte die Wissenschaft noch nicht akzeptieren. Und dem Laien fällt sie doppelt schwer.

***Das sogenannte Zollhaus** (oben) am Nordeingang des Palastes. Die Bezeichnung stammt von Evans, der vermutete, daß hier die Besucher der Residenz ihre Opfergaben und Geschenke niederlegten, die möglicherweise als eine Art Zoll verstanden wurden. Hinter dem Nordportal begann die Heilige Straße, die zum Hafen von Knossos führte. Schichtuntersuchungen brachten Teile der alten, noch aus minoischer Zeit stammenden Wegpflasterung zutage.*

***Kulthörner** (oben ein restauriertes Exemplar) spielten bei den Minoern eine wichtige Rolle. Die aus Stein, Terrakotta oder Gips gefertigten symbolischen Stierhörner standen als Einzelstücke auf Plätzen und an Eingängen und zierten aneinandergereiht und vermutlich bunt bemalt Fassaden und Dächer der Paläste.*

In Frieden und Luxus

Die Minoer lebten in Frieden auf ihrer Insel. Knossos, Phaistos und Mallia sowie die anderen palastartigen Villen konnten auf Befestigungsanlagen verzichten. Zwar waren die Außenmauern von Knossos durch Gipsblöcke verstärkt, doch von einer Akropolis, einer Burg, konnte nicht die Rede sein. Arthur Evans wunderte sich zunächst über diesen Befund, doch ein Vergleich zwischen dem seinerzeit mit Festungswerken umgebenen Paris und der offenen Stadt London wies ihm den Weg zu einer Erklärung. London benötigte keine Festungsmauern, weil es durch die „Wände von Holz", durch die stärkste Flotte der Welt, geschützt wurde. Auch Kreta wurde durch solche „Wände von Holz" gesichert.

Noch in der frühen Bronzezeit (2600–2000 v. Chr.) beherrschte die Flotte der Kykladen das östliche Mittelmeer. Nun war sie durch die minoische Seemacht – Ruder- wie Segelschiffe – abgelöst worden. Seemacht bedeutete auch Handelsmacht, und die Verbindungen der Minoer reichten bis nach Zypern, Syrien und Ägypten. Die Epoche der Älteren Paläste Kretas (2000–1700 v. Chr.) überschnitt sich mit der des blühenden Mittleren Reichs am Nil. In den fremden Häfen wurde minoische Keramik als Handelsware entdeckt, und das Motiv der minoischen Spirale dringt bis in die Paläste der Pharaonen. Minoer, deren technische Fertigkeiten offensichtlich hoch eingeschätzt wurden, halfen beim Bau der Pyramiden.

Um 1700 v. Chr. erlitten die Älteren Paläste schwere Schäden – ob durch Erdbeben oder kriegerische Eindringlinge verursacht, ist ungeklärt. Nur 100 Jahre später wurden die Jüngeren Paläste erneut zerstört. Knossos wurde offenbar von Feinden geplündert, darum stellt sich die Frage, ob nicht zuvor die Flotte der Minoer durch eine von einem Erdbeben ausgelöste Flutwelle angeschlagen worden ist, so daß sie die Insel nicht mehr verteidigen konnte.

Der Wiederaufbau führte die minoische Kultur nun zu ihrer schönsten, aber auch letzten Blüte. Dieses „goldene Zeitalter" reichte von etwa 1560 bis 1450 v. Chr. Die Ausgrabungsergebnisse vermitteln den Eindruck eines höchst raffinierten Lebensstils. Selbst Dinge des täglichen Bedarfs, wie Trinkgefäße, Krüge oder Fruchtschalen, waren mit Ornamenten reich verziert. Die Motive entstammen der Natur:

***Diese Schnabelkanne** (oben) wurde in einem Grab bei Knossos gefunden und stammt aus der Zeit um 1400 v. Chr. Das bauchige Gefäß ist mit höckerartigen Verzierungen versehen und mehrfarbig bemalt. Die Kanne wurde vermutlich für Kultzwecke verwendet. Einige der in Knossos freigelegten Fresken (siehe gegenüberliegende Seite, unten) geben unserer Vorstellung von dem Umgang mit solcher Keramik nützliche Hinweise.*

***Delphinfresko** aus den Gemächern der Königin in Knossos (unten). Die Kopie – das fragmentarische Original befindet sich im Archäologischen Museum in Iraklion – zeigt spielende Delphine, Fische und Pflanzen. Die Türrahmen sind, wie auch an anderen Stellen des Palastes, mit Rosetten und Spiralen geschmückt.*

Tiere der Felder und des Meeres, Pflanzen, Blüten und Blätter. Siegel, mit einer unglaublichen Genauigkeit graviert, zeigen Tierkämpfe, die wahrscheinlich den Kampf des Guten gegen das Böse symbolisieren sollen, Menschen, die einen Löwen bändigen, eine Göttin zwischen Greifen, die Doppelaxt über ihrem Haupt. Fayencen stellen mit einem bewundernswerten Gefühl für natürliche Formen – was für die minoische Kunst so charakteristisch ist – z. B. Mutterrinder dar, die ihre Jungen säugen. Einzigartig sind auch die Statuetten von Göttinnen. Der Goldschmuck – der früheste Europas – nimmt ebenfalls höchst phantasievoll Tierformen auf; so zeigt z. B. ein Halsbandanhänger zwei Wespen, die an einem Honigtropfen saugen. Es fanden sich auch Ringe mit tanzenden Frauen mit nackten Brüsten, engen Taillen und den typischen langen Röcken.

Der Alltag war mit seinen gewöhnlichen wie heiligen Handlungen durch und durch stilisiert. Ein besonders augenfälliges Beispiel hierfür bietet das farbige Fresko des sogenannten Prinzen mit den Lilien. Dieser Prinz mit der modisch eingeschnürten Taille wirkt auf uns eher weich als kämpferisch. Bis zu den harten klassischen Tugenden des griechischen Heldentums war es immerhin noch ein weiter geschichtlicher Schritt von rund 1000 Jahren.

Fresko des sogenannten Lilienprinzen *aus dem Prozessionskorridor von Knossos. Der überschlanke Jüngling führt mit tänzerischer Anmut vermutlich ein heiliges Tier am Strick, das leider nicht erhalten ist. Die langen schwarzen Haare sind gewellt wie die einer Frau; bekleidet ist er mit einem Lendenschurz. Auf dem Kopf trägt er eine Krone mit Lilien und Pfauenfedern.*

Tasse aus Eierschalenkeramik *mit Pflanzendekor (oben). Das 7,5 Zentimeter hohe Gefäß wurde im Palast von Knossos gefunden.*

Großformatige Prozessionsfresken *berichten von Lebensstil und Kultur der Minoer. Herausgeputzte Jünglinge, Schmuckreifen an Armen und Fußknöcheln, präsentieren Gefäße und Opfergaben mit weit vorgestreckten Händen und zurückgebogenem Oberkörper (links).*

Die Frauen der Minoer

***Die „Pariserin"**, Bruchstück eines Freskos aus dem Prunksaal im Westflügel des Palastes. Das Werk des unbekannten Künstlers besticht durch große, ägyptisch anmutende Mandelaugen, einen frisch geschminkten vollen Mund und die gewellte Frisur.*

***Fayencestatuette** einer Göttin mit Schlangen (rechts außen) aus dem Hauptheiligtum des Palastes.*

„Aber das sind doch Pariserinnen!" Dieses Urteil, gemünzt auf die Minoerinnen, wurde berühmt. Es stammt von einem Kenner, nämlich von einem Gelehrten aus Frankreich, der Arthur Evans in Knossos besuchte und Zeuge der Restaurierung wurde, die der Maler Emile Gilliéron einem Freskofragment angedeihen ließ. Eine dieser Pariserinnen wurde für das Museum in Iraklion zu einer vergleichbaren Attraktion wie die Mona Lisa für den Louvre. Die Haltung der Dame verrät ein ausgeprägtes Selbstbewußtsein, ja, sie scheint geradezu mit den Besuchern zu flirten. Dabei deutet das im Nacken zu einem Knoten geschlungene Haar darauf hin, daß dieses Profilporträt eine Priesterin darstellen soll.

Aber es gibt in der Tat noch andere „Pariserinnen": Sie füllen Reihen der besten Plätze einer Tribüne und harren auf den Beginn eines Schauspiels – die Männer, erkenntlich an einer dunkleren Hautfarbe, sitzen seitlich zurückgezogen. Bei Opferritualen verrichten diese schönen Frauen oft die wichtigsten Handlungen, dabei anwesende Männer tragen Frauenroben, um so dem Gott der Frauen näherzukommen. Statuetten zeigen den Mann als „Adoranten", als Huldiger, Verehrer. Selbst an dem riskanten Stierspringen sind junge Frauen beteiligt.

Kann man aus all dem ableiten, daß in der minoischen Gesellschaft die Frauen nicht nur gleichberechtigt, sondern dem Mann übergeordnet waren? Gab es auf Kreta eine Frauenherrschaft, ein Matriarchat? Da es darüber keine schriftlichen Zeugnisse gibt, sind wir auf die Sprache der Bilder angewiesen und auf Beispiele vergleichbarer Kulturen.

Bevor die „vaterrechtlichen" indogermanischen Stammväter der Griechen – Hirtenstämme aus den Steppen hinter dem Kaspischen Meer – um 2000 v. Chr. in den Balkan und die Inselwelt des östlichen Mittelmeerraums eindrangen, bestanden dort „mutterrechtliche" Sippenverbände noch aus der Zeit des vorderasiatischen Kultureinflusses. Aufgrund der abgelegenen Insellage blieb Kreta lange Zeit von Einflüssen und Eroberungen der Griechenstämme verschont, so daß die mutterrechtliche Struktur erhalten blieb – in welchem Ausmaß, ist jedoch unbekannt. Mutterrechtlich heißt: Die Erbfolge vollzieht sich in der weiblichen Linie, der Besitz geht von der Mutter auf die Tochter über. Der Mann heiratet gewissermaßen in den Besitz der Frau ein.

Die minoische Kultur, das geistige und seelische Klima, waren ausgesprochen weiblich geprägt. Wie in einem Haushalt, in dem man allenthalben die ordnende, schmückende Hand einer selbstbewußten, kultivierten Frau bemerkt, so war in der minoischen Gesellschaft das „Prinzip Frau" vorherrschend. Daraus zu folgern, der Mann wäre recht- und machtlos gewesen, hieße jedoch, moderne Anschauungen in die Frühantike verlagern zu wollen.

Ganz und gar weiblichen Vorstellungen entsprach der Götterhimmel. Mütterlichkeit und Fruchtbarkeit waren höchste Gebote, also genoß die Große Göttin oder Große Erdmutter in vielerlei Gestalt höchste Verehrung. Die Muttergöttinnen waren rein irdische Wesen. „Mater", das lateinische Wort für Mutter, besitzt dieselbe Wortwurzel wie Materie: Die Muttergöttinnen lebten in der Materie, im Erdreich, in Höhlen, in der Unterwelt, im Mutterleib. Früheste Darstellungen zeigen die Große Göttin nackt; mit den Händen an den Brüsten, dickbäuchig, mit betonten Geschlechtsmerkmalen. Auf anderen Abbildungen hebt sie segenspendend die Arme. Dieses primitive Urbild verfeinerte sich im Lauf der Zeit mit dem Grad der kulturellen Entwicklung: Der Unterkörper wurde mit einem langen Rock bekleidet, der die Taille einschnürte, der Oberkörper mit einem Jäckchen, das die Brüste betont frei ließ. Das Haupt schmückte eine Art Krone. Schlangen wiesen sie als Göttin des Erdreichs, der Unterwelt aus (siehe Fayencestatuette, rechts). Zu ihr betete man nicht nur um Fruchtbarkeit, sondern auch um Schutz vor Erdbeben, dem Schicksal der Kreter. Der Partner der Großen Göttin war der Stier. Bedeutender war jedoch der sterbliche Vegetationsgott, der alljährlich im Frühling ihr Geliebter wurde und im Sommer unter der Sonne dahinstarb. Doch immer gebar die Erdmutter einen neuen Sohn, den sie im Frühjahr zum Geliebten nahm ... ein immer wiederkehrender Triumph der weiblichen Natur.

Die Minoer kannten keine übermächtigen Götterbilder, zumindest wurden keine gefunden. So erlaubt sich der aus Kreta stammende Schriftsteller Nikos Kazantzakis die liebenswerte Folgerung: „Die gewaltigen ägyptischen oder assyrischen Standbilder wurden auf Kreta klein, graziös. Der Körper geriet in Bewegung, der Mund lächelte, Gesicht und Gestalt Gottes nahmen Gesicht und Gestalt des Menschen an." Er vergaß nur hinzuzufügen: „... des weiblichen Menschen."

Über den Rücken des Stiers

Dieses Fresko des Stierspringens *stammt aus dem Ostflügel des Palastes von Knossos. Die dynamische und zugleich tänzerische Szene zeigt zwei Frauen und einen Mann bei ihrem lebensgefährlichen Spiel mit dem Stier. Die beiden weiblichen Figuren sind, einer aus dem alten Ägypten stammenden künstlerischen Tradition folgend, mit weißer Haut gemalt, der Mann hingegen in einem rotbraunen Ton.*

Hassan, ein Arbeiter in der Gräberkolonne Sir Arthur Evans', schrie vor Entsetzen auf, als er in dem Trümmerberg von Knossos auf den Teufel stieß. Zu seinem Glück entpuppte sich der mutmaßliche Herr der Hölle als Teil eines Stierfreskos. Hassans Reaktion ist interessant. Er brachte spontan das mächtige Tier mit der Gewalt der Unterwelt in Zusammenhang – nicht anders als die Kreter der minoischen Zeit.

Stierdarstellungen und -symbole, wie die Weihehörner, wurden an vielen Stellen des Palastes gefunden, aber auch an anderen Orten der Insel. Evans hat sich über die große Rolle des Stiers sehr gewundert und bemühte sich um ihre Deutung.

Das wohl künstlerisch wie zirzensisch sensationellste Großfresko aus Knossos schildert den sogenannten Stiersprung, der sogleich Spekulationen herausforderte. Das Wandbild zeigt gleichzeitig drei Phasen des Sprungs, die hintereinander ablaufen müßten: Der Stier greift im Galopp einen Menschen an, dieser erfaßt die Hörner und läßt sich in einem Salto mortale über den Stierrücken in den Stand schleudern. Die Geschicklichkeit der drei halbbekleideten Personen, zwei Mädchen und ein Mann, ist mit dem Ausdruck akrobatisch nur ungenügend gewürdigt. Die Bewegungen sind anmutig, ja elegant, wie es sich für den „Schaukampf", eine von Zuschauermassen umringte Vorstellung, geziemt. Nur – der Stier spielte ja nicht, er meinte es ernst. Gewiß gab es bei den Darbietungen auch Tote und Verletzte.

Das Stierspringen scheint regelmäßig stattgefunden zu haben. Ursprünglich war es, wie es die Sage vom Minotaurus nahelegt, ein Opferritual, bei welchem dem Stier Menschenopfer zugeführt wurden. Unter ihnen befanden sich möglicherweise Gefangene, wenn es an Freiwilligen mangelte.

Evans reiste nach Madrid, um festzustellen, ob es sich bei dem Stierspringen möglicherweise um eine Version des spanischen Stierkampfes handle, doch er entdeckte keinerlei Überein-

stimmung in den Techniken. Von Rodeoreitern des Wilden Westens bekam er die Information, ein Mensch habe nicht die geringste Chance, Balance zu halten, wenn der Stier voll gegen ihn anrenne.

Der englische Mythenforscher Robert von Ranke-Graves sieht im Stierspringen eine Koppelung von Opfer und Zirkus: „Archäologische Funde in Kreta berechtigen zu dem Schluß, daß die Fiesta in einem alljährlichen Fest wurzelt, bei dem akrobatische Mondgöttinnen ihre Herrschaft über den Stier vorführten, nachdem dieser durch das Jagen und Töten von Männern ermüdet war; und daß der Stier ein Stellvertreter des Sakralkönigs war." Der Mond war das Zeichen der Großen Göttin.

Den Stier zu überwinden bedeutete, einen Sieg über unheilvolle Mächte zu erringen. In dem Schütteln des gewaltigen Stierhauptes mögen die Menschen vorgeschichtlicher Zeit die Ursache des Erdbebens, das Kreta immer wieder heimsucht, gesehen haben. Jedenfalls ist die religiöse Bedeutung des Stiers als Weihgeschenk schon in der Jungsteinzeit bekannt.

__Elfenbeinfigur eines Springers__ aus einer Stierspielgruppe. Die kleine Figur, die in freier Bewegung im Raum schwebt, ist anatomisch exakt geformt; selbst die Venen auf Armen und Handrücken sind zu erkennen. Die Statuette wurde im Ostflügel des Palastes gefunden, auf einer kleinen Nebentreppe in der Nähe des Haupttreppenhauses.

Die Festfreude der Minoer, die in vielen Darstellungen zum Ausdruck kommt, mag sich in der Spätblüte der Kultur mit weniger blutigen Stierkämpfen begnügt haben, aber genau wissen wir es nicht. Der Charakter der Massenbelustigung scheint sich jedoch gewandelt zu haben; man ist geneigt, dabei an den provençalischen Stierkampf zu denken, der – normalerweise – für Mensch und Tier unblutig ausgeht. Gewiß ist, daß die Heiligkeit des Stiers allmählich auf das Symbol der Doppelaxt mit den Kulthörnern reduziert wurde. Der Stier selbst diente nun häufiger als Opfertier.

Bei hohen Anlässen, wie etwa bei einem Totenfest, ertönte Musik, und es wurde getanzt. Der Tanz vor zahlreichem Publikum gehörte zu den wichtigsten Bestandteilen des Festprogramms. Er fand im Olivenhain statt oder auf blumiger Wiese. Die Frauen tanzten sich bei solchen Gelegenheiten mitunter in Ekstase, um so die Erscheinung der Gottheit herbeizuführen. Ganz vom Schaucharakter geprägt waren auch die volkreichen Prozessionen.

Ein Höhepunkt des Jahres war das Einbringen der Ernte und das Erntefest. Das Landvolk formierte sich zu Umzügen, marschierte singend mit Arbeitsgeräten und Musikinstrumenten durch Felder und Haine.

Versunken in Rätseln

Knossos, die Palastruine auf dem Kephala, verfiel. Einige Jahrzehnte nach der Erdbebenkatastrophe von 1450 v. Chr. mochten nur noch Mauerreste aus dem Schutt emporragen. Man kann sich leicht vorstellen, wie der verschachtelte Grundriß, der noch immer zwischen der dürren Vegetation abzuschreiten war, die Phantasie der anlandenden, damals noch vergleichsweise primitiven Griechen überforderte. Erst als sich aus den vielen bunten Schilderungen und Mutmaßungen über seinen Ursprung die Sage vom Labyrinth ausformte, vermochten sie ihrer Verwirrung, nicht aber ihrer Verwunderung über das seltsame Bauwerk Herr zu werden.

Kretas kulturelle Blüte welkte zusehends nach dem Eindringen der Griechen. Für eine kurze Übergangsphase schmückten sich die Fremden noch mit den Errungenschaften der minoischen Kultur, doch waren sie nicht in der Lage, dieses kulturelle Erbe zu erhalten, geschweige denn, es durch eigene Zugaben weiterzuentwickeln.

Ein einfaches Beispiel, die Kleidung, mag dies deutlich machen: Die Minoerinnen nähten Gewänder aus mehreren Teilen, und sie verwendeten Knöpfe zum Schließen. Ihre „Mode" setzte eine Verarbeitung der Stoffe nach Mustern voraus. Ihre raffinierten Kreationen wurden mit der Pariser Haute Couture verglichen. All das verschwand, da es die Einwanderer nicht verstanden, diesen zivilisatorischen Standard zu erhalten, geschweige denn, ihn weiterzugeben. Sie gingen bald wieder in Hüllen aus einem Stück und in Fellen umher.

Daß die Mykener auf dem griechischen Festland bis zu Knossos' furchtbarem Ende schöpferische Eigenständigkeit bewiesen hätten, bestritt Sir Arthur Evans entschieden.

„Das Ende kam plötzlich", so heißt es im vierten Band seines Lebenswerks *Der Palast des Minos*, „und das Beweismaterial deutet darauf hin, daß ein Erdbeben die Ursache war, dem ein ausgedehnter Flächenbrand folgte, an den sich wiederum zweifellos die Plünderung der noch übrigen Ruinen anschloß. Zwar nisteten sich nach ein paar Jahren illegale Hausbesetzer in den Bauüberresten ein, die den neuen Bewohnern wahrscheinlich noch immer hinreichend Schutz boten, doch die minoischen Seher mögen sich damit beschieden haben, daß sich die Mächte der Unterwelt nicht besänftigen ließen. So gab man das lange Siedlungsexperiment auf, und es fehlt nicht an Gründen für die Annahme, daß die Residenz der Priesterkönige von Knossos – vielleicht zum ersten Male – an einen Punkt nach dem Festland verlegt wurde, höchstwahrscheinlich sogar nach Mykene, das man damals nach der neuesten minoischen Mode ausschmückte."

Auf diese These Arthur Evans' von der Verpflanzung minoischer Kultur aufs griechische Festland antworteten die Archäologen Carl Blegen und Alan Wace 1939 mit der Gegenthese, Mykene sei schon im 2. Jt. v. Chr. bedeutender als Knossos gewesen; dies würden Tonwarenfunde in Ägypten beweisen.

Nun konterte John Pendlebury, Evans' Nachfolger im Forschungszentrum von Knossos: „So

***Teil der Schautreppe** im Theater des Palastes. Die Stufen, die rechtwinklig aufeinander zulaufen, dienten den Zuschauern als Sitzbank. Das Theater lag außerhalb der Palastmauern im Nordwesten der Anlage, an der Heiligen Straße.*

***In solchen großen, zum Teil mannshohen Pithoi** (rechts) wurden die Vorräte der Minoer aufbewahrt: Wein, Öl, Getreide, Honig. Die Archäologen schätzen, daß etwa 400 bemalte und verzierte Tonkrüge in den Magazinen untergebracht waren.*

sehr (wurde) der Rest der Ägäis minoisiert, daß (man sich) zumindest nicht der Schlußfolgerung erwehren kann, daß sie sich auch politisch unter Kretas Herrschaft befand." Beim derzeitigen Wissensstand könne man Evans' Beweisgebäude nicht umstoßen. Pendlebury rückte allerdings von der Erdbebentheorie seines Lehrers ab: „Alles deutet vielmehr auf eine gewaltsame Zerstörung durch Feinde hin..."

Eine andere höchst dramatische These über das „Wann" und „Wie" des Untergangs der minoischen Palastkulturen erregte die Gemüter weit mehr. 1967 begann der Grieche Spyridon Marinatos auf der Insel Santorin, in der Antike Thera genannt, zu graben. Unter dicken Schichten vulkanischer Asche kamen Ruinen zwei- bis dreistöckiger Häuser mit Fresken wie in Knossos zum Vorschein: Thera war das minoische Handelszentrum der Kykladen. Die Insel sei — vermutet Marinatos — um 1500 v. Chr. von einer unvorstellbaren Vulkanexplosion gesprengt worden und bis auf einen (bis heute existierenden) Kraterrand im Meer versunken. Diese freigesetzten Urgewalten, für die 1883 der Ausbruch des Krakatau in der Sundastraße einen neuzeitlichen Parallelfall lieferte, hätten eine Flutwelle ausgelöst, welche die nur 112 Kilometer entfernte kretische Küste verwüstete. Nur das höhergelegene Knossos soll, so Marinatos, verschont geblieben sein, seine Macht sei durch die Katastrophe jedoch so geschwächt worden, daß es den mykenischen Eroberern keinen Widerstand bot.

Zweifellos ist dies die farbigste aller Untergangstheorien. Es dauerte über ein Jahrzehnt, bis Hans Pichler und Wolfgang Schiering dieses Wassergespenst von einer Flutwelle mit ihren Untersuchungen verscheuchten. Sie berechneten zwar, daß auch Knossos von den Wassermassen hätte erfaßt werden müssen, aber sie bezweifelten grundsätzlich deren Existenz. Thera sei Stück für Stück ineinandergebrochen, und dabei habe sich gar keine Flutwelle bilden können. Es konnten auch keine Aschenablagerungen auf Kreta nachgewiesen werden, die auf eine plötzliche Vulkanexplosion des geschilderten Ausmaßes hindeuten. „Zerstörungen zum Zeitpunkt des... Ausbruchs des Theravulkans um 1500 v. Chr. sind auf Kreta nur lokal und in geringem Ausmaß nachzuweisen... Einschneidend sind erst die Zerstörungen um 1450 v. Chr. ..."

Als Naturkatastrophe komme daher am ehesten ein größeres (oder mehrere) tektonische Erdbeben in Betracht, die durch Bewegungen innerhalb oder unter der Erdkruste entstünden. Knossos habe dabei geringen Schaden erlitten. Das Fazit der beiden Deutschen: Die „Kombination einer Naturkatastrophe mit bürgerkriegsähnlichen Aufständen leitete... das Ende der minoischen Kultur ein".

Als die Römer in den Jahren 69—67 v. Chr. Kreta besetzten, war Knossos vergessen. In der Nähe des ehemaligen Palasthügels entstand eine blühende Siedlung. Die Ortschaft Górtis, 30 Kilometer südlich von Knossos gelegen und schon zu minoischer Zeit besiedelt, bauten sie zu einer prächtigen Hauptstadt aus.

Geheimnisvolle Zeichen

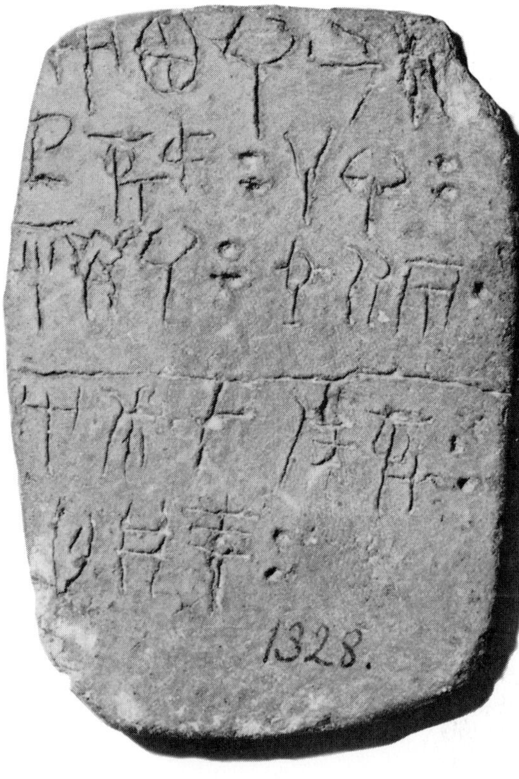

Das früheste auf Kreta gefundene Schriftzeugnis hat eine gewisse Ähnlichkeit mit den ägyptischen Hieroglyphen und entstand vor der Älteren Palastzeit (2000—1700 v. Chr.). An deren Ende entwickelten sich linienförmige Schriftzeichen, das sogenannte Linear A, das bisher nicht entziffert wurde (oben eine Tontafel aus Hagia Triada, Kreta). Überliefert sind etwa 300 eingeritzte Inschriften auf Siegeln, Tontafeln und Gefäßen. Tinteninschriften auf zwei Vasen lassen vermuten, daß Linear-A-Texte auch auf Papyrus geschrieben wurden, der jedoch die Katastrophen auf Kreta nicht überdauert hat. Zusammen mit einigen Linear-A-Täfelchen wurde 1908 der berühmte sogenannte Diskus von Phaistos gefunden, dessen Inschrift mit keinem der minoischen Schriftsysteme verwandt ist. In beide Seiten der tönernen Scheibe, die aus der Zeit um 1700 v. Chr. stammt, ist ein spiralförmig verlaufender Hieroglyphentext eingeritzt. Man vermutet, daß die Schriftbänder von außen nach innen zu lesen sind. Da sich einige Zeichenkombinationen häufig wiederholen, könnte es sich um einen kultischen Text handeln. Am Ende der Jüngeren Palastzeit (1700—1450 v. Chr.) entstand die aus 90 Zeichen bestehende Linear-B-Schrift (unten eine Tontafel aus Knossos). Die meisten der etwa 4000 Schrifttäfelchen wurden in Knossos gefunden, einige jedoch auf dem griechischen Festland. Arthur Evans bemühte sich jahrzehntelang vergeblich um die Entzifferung.

1953 gab der englische Architekt Michael Ventris, ein ehemaliger Mitarbeiter des Dechiffrierdienstes der Royal Air Force, die Entzifferung von Linear B bekannt, das er als ein frühes Griechisch identifizierte. Die Übersetzung der Schriftzeugnisse ergab, daß es sich größtenteils um Inventarlisten handelte, nicht um literarische oder juristische Texte. Die Leistung von Ventris geriet während der letzten Jahrzehnte in das Kreuzfeuer der Kritik. Viele Wissenschaftler sind der Meinung, daß bei den zahlreichen Kombinationsmöglichkeiten eher von einer Deutung als von der Entzifferung gesprochen werden könnte. Linear B hat sein Geheimnis noch nicht völlig preisgegeben.

Auf den Spuren Homers

Unbeirrt durch alle Widerstände hielt Heinrich Schliemann an seinem Jugendtraum fest, eines Tages den Schauplatz des Trojanischen Krieges zu finden und auszugraben. 48 Jahre war er alt, als er den ersten Spatenstich tun und sich diesen Traum erfüllen konnte.

Suche in der Troas

Für Heinrich Schliemann gab es keinen Zweifel. Mochten auch Fachgelehrte, sofern sie überhaupt an die Existenz Trojas glaubten, behaupten, es läge bei dem Dorf Bunarbaschi, er wußte es besser. Troja lag seiner Meinung nach unter dem Hügel Hissarlik begraben. Schliemann wußte das mit der Unbeirrbarkeit eines Gläubigen, den kein Einwand vom rechten Weg abbringen kann. Seine Bibel war die *Ilias*, jenes gewaltige Versepos Homers, das den Kampf der Griechen gegen Troja schildert, gegen die beherrschende Stadt in der Troas, wie die Landschaft an der Dardanellenküste in Kleinasien genannt wird.

Schliemann nahm das Epos wörtlich, so z. B. den Vers: „Also kreiseten sie dreimal um Priamos' Feste rings mit geflügeltem Fuß..." Achilles, Held der Griechen, hatte seinen trojanischen Gegner Hektor zum Kampf gestellt. Der aber floh, und Achilles eilte ihm nach. Schliemann kam zu dem Ergebnis, daß dies aufgrund des steilen Geländes bei Bunarbaschi unmöglich sei, hingegen bei Hissarlik sehr wohl stattgefunden haben könnte. 15 Kilometer würden die beiden zurückgelegt haben, wenn sie dreimal die Stadt umrundet hätten. Das mochten, so dachte der künftige Ausgräber, gut trainierte Kämpfer wohl leisten. Vers für Vers ging Schliemann das Werk Homers an Ort und Stelle durch, verglich, prüfte und wußte, daß er recht hatte.

Die Mehrheit der Wissenschaftler und Gelehrten dagegen vermutete Troja bei Bunarbaschi, so z. B. der Altertumswissenschaftler Ernst Curtius, der führende altertumskundliche Kartograph Heinrich Kiepert und der preußische Feldmarschall Helmuth von Moltke. Dennoch war Schliemann nicht der erste, der Troja unter dem Hügel Hissarlik suchte. 1865 hatte der amerikanische Konsul Frank Calvert, dem ein Stück des Hügels gehörte, entdeckt, daß die obere Schicht aus Überresten der griechisch-römischen Stadt Ilium Novum bestand. Bereits gut 300 Jahre zuvor hatte der französische Diplomat Pierre Belon diese Gegend bereist und er-

Der Hügel Hissarlik *nach einem zeitgenössischen Holzstich, von Norden aus gesehen. Heinrich Schliemann war bereits bei seiner ersten Geländebesichtigung in der Troas 1868 davon überzeugt, nur an dieser Stelle Troja finden zu können.*

Die umfangreichen Ausgrabungen von Troja *(rechts) leitete in sieben Grabungskampagnen, die zwischen 1871 und 1890 stattfanden, Heinrich Schliemann. Nach seinem Tod führte sein engster Mitarbeiter Wilhelm Dörpfeld die Grabungen fort. Auf den im Bildvordergrund gezeigten Nordeingang zu Troja VI waren die beiden Forscher bei ihrer letzten gemeinsamen Grabungskampagne 1890 gestoßen. Zum Nordtor führte ein langer, windungsreicher Torweg.*

forscht, und ein halbes Jahrhundert später folgte der Engländer George Sandys und suchte Troja bei Hissarlik. Nach ihnen kamen noch einige Abenteurer und Glücksritter. Schliemann stand also in der Tradition einer buntgemischten Gruppe, die nur einen – scheinbaren – Nachteil hatte: Es waren keine Archäologen oder Historiker von Rang und Namen unter ihnen, ein Umstand, der ihm später noch zu schaffen machen sollte, als es um die wissenschaftliche Anerkennung seiner Arbeiten ging.

Am 9. April 1870 war es soweit. Der erste Spatenstich auf Hissarlik wurde getan. Eine Grabungserlaubnis hatte Schliemann nicht. Allerdings sah er diese anfänglichen Arbeiten ohnehin nur als Probe an, die eigentlichen Grabungen begannen erst ein Jahr später.

Die erste Kampagne war verhältnismäßig kurz; sie dauerte nur vom 11. Oktober bis zum 24. November 1871. Dabei legte man Gebäude aus griechisch-römischer Zeit frei. Schliemann ließ in zehn Meter Tiefe die Grabungen einstellen. Mehrere Tongefäße und Steinwerkzeuge waren die Ausbeute.

Die zweite, diesmal in großem Stil geplante Kampagne fand von Ende März bis Mitte August 1872 statt. Von mehreren Seiten aus ließ Schliemann Gräben zur Mitte des Hügels ausheben, denn dort vermutete er das homerische Troja. In Nord-Süd-Richtung zog er einen Graben von 40 Meter Breite; in 17 Meter Tiefe stieß er auf den gewachsenen Fels. Außerdem durchschnitt er das Gelände mit einem Ost-West-Graben. An diesen beiden großen Gräben entzündete sich später die Kritik. Schliemann hatte durch sie mehrere Siedlungen auf dem Hügel zerstört. Er wußte noch nicht, daß Hissarlik aus dem Bauschutt von neun Siedlungen (bezeichnet mit den römischen Zahlen I–IX) bestand, die dort im Verlauf von mehr als drei Jahrtausenden nacheinander angelegt worden waren. Der bemerkenswerteste Fund dieser ersten Kampagne waren die Reste eines Athenatempels, vor allem ein Relief, das den Sonnengott Helios auf einem Viergespann darstellt.

Bei der dritten Kampagne von Februar bis Juni 1873 glaubte sich Schliemann am Ziel, als er auf eine große Menge verbrannten antiken Baumaterials stieß. Die Stadt des Königs Priamos, die Homer besingt, war ja in Flammen aufgegangen. Schliemann legte Mauern und ein Tor frei. Kurz bevor er die Grabungen beenden wollte, entdeckte er den sogenannten „Schatz des Priamos" und die Fundamente des sogenannten Hauses HS, das er als „Palast des Priamos" bezeichnete.

Nachdem Schliemann widerrechtlich den „Schatz des Priamos" außer Landes gebracht hatte, verweigerte ihm die türkische Regierung in den folgenden Jahren die Grabungserlaubnis. So konnte er erst während der vierten Kampagne im Herbst 1878 das Haus HS vollständig freilegen. Vorsichtiger geworden, nannte er es jetzt das „Haus des letzten Königs" bzw. „des Oberhaupts" von Troja.

An der fünften Kampagne im Jahr darauf (März bis Juli 1879) nahm der deutsche Arzt und

Anthropologe Rudolf Virchow teil. Er und Schliemann erforschten die Botanik sowie die geologischen und klimatischen Bedingungen der Troas. Die Mauern von Troja II, der zweituntersten Kulturschicht, wurden weiter freigelegt.

Während der sechsten Kampagne (von März bis Juli) 1882 untersuchte der erstmals anwesende Architekt Wilhelm Dörpfeld die Abfolge der Kulturschichten genauer. Neue Toranlagen von Troja I und II wurden entdeckt. Man trug die gefundenen Bauteile des Athenatempels zusammen und zeichnete sie. Überreste der griechischen und hellenistisch-römischen Siedlung wurden untersucht.

Die siebte Kampagne (wiederum von März bis Juli) 1890 war die letzte von Schliemann geleitete Ausgrabung. Er starb noch im gleichen Jahr. Der Plan von Troja II wurde vervollständigt. Vor dessen Mauern stießen die Ausgräber zum erstenmal auf Fundamente von Bauten einer späteren Siedlung, der Schicht VI, sowie auf mykenische Keramik. Außerdem fanden sie den sogenannten Schatz L, zu dem die berühmten Prunkäxte aus Nephrit gehören.

Nach Schliemanns Tod setzte Wilhelm Dörpfeld 1893 und 1894 die Ausgrabungen fort. Schliemanns Witwe Sophia finanzierte zum großen Teil die Arbeiten, die noch fehlenden Mittel beschaffte Richard Schöne, Generaldirektor der Berliner Museen. Dörpfeld legte weitere Bauten von Troja VI sowie dessen Mauern mit Toren und Türmen frei. Hatte Schliemann die Stadt Homers in Troja II gesehen, so kam nun Dörpfeld zu der Überzeugung, daß es Troja VI gewesen sein müsse, das im Trojanischen Krieg durch die Griechen vernichtet worden war.

In einer Gedenkrede auf seinen Freund Heinrich Schliemann sagte Rudolf Virchow 1891: „Er hat Großes gewollt und Großes vollbracht. Er hat die Ungunst der äußeren Verhältnisse durch treue und umsichtige Arbeit zu überwinden gewußt, und er hat in aller Bedrängnis des geschäftlichen Lebens die Ideale nicht aufgegeben, welche in die Brust des Kindes gepflanzt waren. Was er erreicht hat, ist von ihm durch eigene Kraft erzwungen worden. Unter allen Wechselfällen ist er sich selbst treu geblieben."

Das Leben eines Selfmademans war zu Ende gegangen, ein Leben, das am 6. Januar 1822 in Neubukow in Mecklenburg begonnen hatte. Heinrich Schliemann war der Sohn eines protestantischen Pfarrers. Er wuchs mit sechs Geschwistern in dem Dorf Ankershagen bei Neustrelitz auf und ging dort zur Schule. Das Einkommen geistlicher Herren war seinerzeit mehr als kärglich. Darum sah sich der Vater Ernst Schliemann außerstande, seinem Sohn Heinrich den Besuch des Gymnasiums zu ermöglichen, und so ging Heinrich 14jährig zu einem Krämer in die Lehre. „Von fünf Uhr morgens bis elf Uhr abends war ich im Geschäft und hatte keinen freien Augenblick zum Studieren", schrieb er später über diese Zeit.

Acht Jahre alt war er gewesen, als ihm sein Vater zu Weihnachten Jerrers *Weltgeschichte für Kinder* schenkte, die zum Auslöser für seinen Traum von Troja werden sollte. Der Sagenstoff vom Trojanischen Krieg beflügelte die Phantasie des Jungen. Schon als zarter Knabe habe er

__Äneas auf der Flucht,__ mit seinem Vater Anchises auf dem Rücken und seinem Sohn Ascanius an der Hand. Dieser Kupferstich, der das brennende Troja mit seinem gewaltigen skäischen Tor im Hintergrund zeigt, bewog Schliemann, bereits in seiner Kindheit an die Existenz der Stadt zu glauben. Das Bild bestärkte ihn in seiner festen Überzeugung, Troja sei nicht verschwunden, sondern lediglich verschüttet.

__Heinrich Schliemann__ zählt wohl zu den berühmtesten deutschen Archäologen. Vom einst armen Krämerlehrling arbeitete er sich empor zum erfolgreichen Kaufmann und erwarb ein Millionenvermögen. Dieses Vermögen erlaubte ihm, sich in seinem zweiten Lebensabschnitt leidenschaftlich der Aufgabe zu widmen, den Wahrheitsgehalt der homerischen Dichtung aufzudecken.

beschlossen, Troja auszugraben, sagte Schliemann einmal.

An Ausgrabungen war aber vorerst nicht zu denken. Von 1842 an arbeitete Schliemann bei einer niederländischen Firma in Amsterdam. 1846 schickte ihn seine Firma nach Petersburg, wo er sich 1847 selbständig machte. 1852 heiratete er eine Russin, doch die Ehe, aus der drei Kinder hervorgingen, war unglücklich und wurde 1868 geschieden.

In den Jahren seiner Petersburger Tätigkeit erwarb sich Schliemann ein Millionenvermögen. „Der Himmel hatte meine Handelsunternehmungen auf wunderbare Weise gesegnet, so daß ich am Ende des Jahres 1863 mich im Besitz eines Vermögens befand, nach welchem zu streben mein Ehrgeiz niemals gewagt hatte. Ich zog mich daher vom Handel zurück, um mich ausschließlich den Studien, welche den größten Reiz für mich haben, zu widmen." Heinrich Schliemann, ein gemachter Mann, hatte seine Kinderträume nicht vergessen. 1866 begann er in Paris Archäologie zu studieren und betrat 1868 zum erstenmal die Heimat der trojanischen Helden. Die Ergebnisse dieser Studienreise faßte er in einem Buch zusammen, für das er 1869 den Doktortitel der Philosophischen Fakultät der Universität Rostock erhielt. Im selben Jahr heiratete er die Griechin Sophia Engastromenos. 1870 verlegte er seinen Wohnsitz nach Athen und begann Troja auszugraben. Fortan gehörte sein Leben der Archäologie. Während der Jahre, in denen die Arbeit an Troja ruhte, grub er Mykene (1876), Orchomenos (1880 bis 1881) und Tiryns (1884–1885) aus.

Major Bernhard Steffen und Heinrich Schliemann *betrachten prüfend Gesteinsschichten des Hügels Hanai-Tepeh südöstlich von Troja. Der preußische Major war zusammen mit dem Wiener Professor Georg Niemann auf Einladung Schliemanns in die Troas gereist. Hier fand vom 1. bis 6. Dezember 1889 die erste sogenannte „Hissarlik-Konferenz" statt, bei der Schliemann unter Zeugen den Streit mit Hauptmann a. D. Ernst Bötticher beenden wollte.*

Schliemanns palastartiges Wohnhaus in Athen *(ganz oben) zeigt im Vergleich mit dem Pfarrhaus in Ankershagen, in dem Schliemann seine Kindheit verbrachte, zu welchem Wohlstand er sich emporgearbeitet hat.*

Kampf der Edlen

Das Schlachtenglück hat sich wieder einmal gewendet. Hin und her wogte der Kampf zwischen Griechen und Trojanern. Bald gewannen die Belagerten die Oberhand, wenn sie aus der Festung ausfielen und die Belagerer bis zu deren Schiffen an die Küste zurückdrängten; dann wieder rückten die Griechen vor und setzten den Trojanern so zu, daß sie eilends hinter die starken Mauern der Stadt flohen.

Priamos, der greise König Trojas, steht auf einem Turm und muß ohnmächtig zusehen, wie seine Krieger in hellen Scharen zurückströmen, ungeordnet und in wilder Flucht. Entsetzt sieht er, daß Achilles, der am meisten gefürchtete Feldherr der Griechen, unter den Trojanern ein schreckliches Blutbad anrichtet.

Niemand ist diesem Helden der Griechen gewachsen. Er mäht nieder, was sich ihm in den Weg stellt, und seine Truppen folgen ihm begeistert im Rausch des Kampfes. Achilles! Beim Zeus und allen Göttern des Olymps – Troja hatte damit rechnen müssen, daß dieser gewaltige Kämpe eines Tages wieder in die Schlacht ziehen würde. Nach einer Auseinandersetzung mit seinem Oberbefehlshaber Agamemnon, der ihm eine schöne Sklavin genommen hatte, hatte Achilles dem griechischen Heer den Rücken gekehrt und war, anstatt zu kämpfen, auf die Jagd gegangen. Doch der Tod seines Freundes Patroklos, den Hektor, der heldenhafte Verteidiger Trojas und Priamos' Sohn, im Kampf niedergestreckt hatte, ließ Achilles Rache schwören und trieb ihn auf das Schlachtfeld zurück.

Fürchterlich wütet Achilles unter den Fliehenden. „Die Tore öffnen!" gellt der Befehl des Königs vom Turm. Die Trojaner stürzen in die Stadt hinein, einer fällt über den anderen, erschöpft lassen sie sich nieder, wo sie gerade sind. Nur Hektor bleibt draußen, um den anstürmenden Achilles zu erwarten. Vergeblich versucht Priamos, seinen Sohn zur Rückkehr hinter die schützenden Mauern zu bewegen, doch Hektor bleibt taub. Auch die Mutter kann keinen Sinneswandel herbeiführen. Er steht unbeweglich auf seinem Platz und hält nach dem Griechen Ausschau. Dennoch durchzucken ihn Zweifel – wie, wenn er seine Waffen niederlegte und Achilles Helena und alle Schätze anböte, die sein Bruder Paris einst geraubt hatte; wie, wenn er also versuchen würde, den Grund für diesen unseligen Krieg aus der Welt zu schaffen? Aber er verwirft den Gedanken sofort. Achilles würde ihn, obwohl unbewaffnet, erbarmungslos niederhauen. Der Kampf ist unvermeidlich. Hektor weiß es nur zu genau.

Doch als er den haßerfüllten Feind auf sich zustürmen sieht, packt ihn die Furcht, und er sucht sein Heil in der Flucht. Er rennt an den Mauern Trojas entlang, umkreist die Stadt, dicht verfolgt von seinem Gegner. Die griechischen Truppen stehen abseits. Achilles hat befohlen, daß niemand einen Speer auf Hektor werfen dürfe. Er allein will den Mörder seines Freundes Patroklos bezwingen.

Dreimal geht die Jagd rund um die Stadt, und im Olymp sitzen die Götter und sehen diesem Schauspiel zu. Da erhebt sich Zeus, nimmt eine Waage und legt in jede Schale ein Todeslos, eines für Hektor, das andere für Achilles. Dann ergreift er die Waage in der Mitte – und Hektors Schale senkt sich. Zu Achilles aber tritt Pallas Athene, seine Beschützerin, und flüstert ihm zu: „Bleib stehen und erhole dich. Ich werde Hektor zureden, mit dir zu kämpfen."

Der Kampf auf Leben und Tod beginnt. Achilles schleudert seinen Speer, Hektor duckt sich sofort und entgeht ihm nur knapp. Athene bringt dem Griechen die Waffe zurück. Jetzt schickt der Trojaner seinen Speer gegen Achilles, der ihn mit dem Schild abwehrt. Hektor dringt mit gezücktem Schwert auf Achilles ein. Doch der Vorteil ist auf Achilles' Seite; er entdeckt bei Hektor eine verwundbare Stelle: die unbewehrte Kehle. Dorthin stößt Achilles blitzschnell den Speer und durchsticht den Hals Hektors. Blut sprudelt hervor, aber noch kann der tödlich Getroffene flehen: „Laß nicht die Hunde mich zerreißen! Nimm Erz und Gold, soviel du willst, und schicke dafür meinen Leib nach Troja, daß Männer und Frauen ihm dort die Ehre des Scheiterhaufens zuteil werden lassen!" Achilles aber will davon nichts wissen, er schüttelt sein Haupt. „Ich kenne dich", stöhnt Hektor sterbend, „ich ahnte, daß du nicht zu erweichen sein würdest. Dein Herz ist eisern. Denk an mich, wenn die Götter vergelten und du am hohen skäischen Tor, vom Geschoß Apollos getroffen, im Staube endest, wie ich jetzt!"

Doch Achilles triumphiert über den Feind, läßt den Leichnam an seinen Streitwagen binden und schleift ihn um die Stadt, begleitet vom Wehklagen der Trojaner. Aber schließlich ereilt auch ihn das Schicksal. Paris, der Entführer Helenas, sendet einen tödlichen Pfeil von der Stadtmauer herab. Achilles sinkt, an der Ferse getroffen, in den Staub.

Der zwölf Zentimeter lange Schwertgriff, *bei dem zwei Drachenköpfe die Klinge halten, ist ein mykenischer Grabfund aus dem 14. Jh. v. Chr. Ähnlich aufwendig verziert dürften auch die Prunkschwerter der griechischen Helden beim Kampf um Troja ausgesehen haben.*

Die mykenische Bronzerüstung *mit Eberzahnhelm aus der Zeit um 1400 v. Chr. gehört zu den Schätzen, die Heinrich Schliemann in den Gräbern von Dendra, östlich von Argos auf dem Peloponnes, bei Mykene gelegen, bergen konnte. Die Rüstung besteht aus mehreren Einzelteilen: einem Brust- und Rückenpanzer, einem Stehkragen oder Nackenschutz, Schulterstücken und breiten, rundgebogenen Bändern zum Schutz von Bauch und Unterleib.*

Der Trojanische Krieg

Die *Ilias* ist das älteste erhaltene Werk der europäischen Literatur. Der Name bedeutet „Gedicht von Ilion“, von der Stadt und Festung also, die auch Troja genannt wurde. Sie lag auf einem flachen Hügel in der Troas, nahe der Küste des Hellespont, der heutigen Dardanellen. Hier öffnet sich die Ebene zum Meer.

Der Trojanische Krieg – wobei es zweifelhaft ist, ob „der“ Trojanische Krieg überhaupt stattgefunden hat und ob es sich nicht um eine ganze Reihe von Auseinandersetzungen handelte –, dieser Krieg also dauerte zehn Jahre und endete mit dem Untergang der Stadt. Die *Ilias* freilich schildert nur die entscheidenden 50 Tage im zehnten Kriegsjahr. Homer wählte eine Fülle packender Szenen aus: Er beschreibt den beleidigten Achilles, der im Streit mit seinem griechischen Oberbefehlshaber Agamemnon liegt; er schildert, wie Achilles sich vom Kampf zurückzieht und erst wieder zu den Waffen greift, nachdem sein Gefährte Patroklos getötet wurde. Achilles nimmt furchtbare Rache an Hektor, dem Verteidiger Trojas. Unzählige andere Ereignisse ziehen durch die Handlung, und über allen Menschen schweben die launischen Götter, die in das Schicksal eingreifen und die Kämpfe lenken.

Die *Ilias* behandelt nicht, wie es – der Mythologie zufolge – zu diesem Krieg gekommen war. Was das Epos nicht berichtet, las der achtjährige Heinrich Schliemann in Georg Ludwig Jerrers *Weltgeschichte für Kinder.*

„Griechenland war unter einer Menge kleiner Könige geteilt“, heißt es da, „unter welchen Agamemnon, König von Argos, der seine Residenz zu Mykene im Peloponnes hatte, einer der mächtigsten war. Er hatte einen Bruder namens Menelaos, der die Erbin des Königreichs Sparta, ebenfalls im Peloponnes, geheiratet hatte. Sie hieß Helena und war weltberühmt durch ihre Schönheit. Einst erhielt Menelaos einen Besuch von Paris, dem Sohne des damaligen Königs von Troja. Er war ein schöner blauäugiger Jüngling, der sich mit seinen süßen Tändeleien bei allen Weibern und Mädchen einzuschmeicheln wußte und auch bald mit tausend glatten Worten die liebliche junge Königin von Sparta so sehr betörte, daß sie sich von ihm entführen ließ. Ihre

Eine Darstellung der Helena, *die den trojanischen König Priamos bedient (unten rechts), ziert eine griechische Kylix, eine Trinkschale, aus dem 5. Jh. v. Chr.*

Marmorbüste Homers *aus dem 3./2. Jh. v. Chr. (unten). Der nach der Überlieferung älteste Dichter des Abendlandes lebte wahrscheinlich in der zweiten Hälfte des 8. Jh. v. Chr. und gilt als der Verfasser der 16 000 Verse umfassenden* Ilias.

Flucht machte großes Aufsehen, und ganz Griechenland war aufgebracht über den undankbaren Paris, der die freundliche Aufnahme in Menelaos' Palast mit einem so schändlichen Raube belohnte."

„Es wurden Gesandte nach Troja geschickt", fährt Jerrer fort, „daß sie die entführte Königin zurückforderten. Allein der alte König Priamos meinte, sein Sohn habe ganz recht getan", und verwies auf die Untaten, die die Griechen bislang schon an den Trojanern verübt hatten. Erklärlich, daß die Griechen diesen Schimpf nicht auf sich sitzen lassen wollten. Man rüstete zum Krieg.

Griechenland bot für den Feldzug gegen Troja alles auf, was Rang und Namen hatte. „Hunderttausend Mann und über 1200 Schiffe wurden zusammengezogen", berichtet Jerrer. Die größten Helden in diesem Heer waren außer dem Menelaos der listenreiche Odysseus, der weise Nestor, der schnellfüßige Achilles, Sohn eines Königs von Thessalien, Ajax von Salamis, Diomedes von Argos, Idomeneos von Kreta und Patroklos, der Freund des Achilles.

Auch die Trojaner blieben nicht untätig. Sie sammelten eine große Zahl von Bundesgenossen, die alle dem Oberbefehl von Hektor, einem weiteren Sohn des Königs Priamos, unterstellt wurden. In offener Feldschlacht waren die Trojaner nicht zu besiegen, es entwickelte sich ein Belagerungskrieg vor den Festungswerken Trojas von zehn Jahren Dauer. Natürlich kämpften auch die Heere vor der Stadt miteinander. Es kam zu Zweikämpfen der Heerführer, bei denen die Krieger beider Seiten ihren jeweiligen Helden anfeuerten, und es galt keineswegs als Schande zu entfliehen, wenn man besiegt worden war. Zu entschwinden, ohne gekämpft zu haben, wurde freilich mit Verachtung gestraft.

Die Erstürmung Trojas hatte sich für die Griechen als unmöglich erwiesen. Da kam Odysseus der rettende Gedanke: Er ließ ein großes, der Göttin Athene geweihtes Holzpferd zimmern, in dessen Bauch die tapfersten Helden Platz finden konnten. Die übrigen Krieger sollten sich auf die Schiffe begeben und ein Stück davonsegeln. Damit sollte bei den Trojanern der Eindruck erweckt werden, als ob die Griechen die Belagerung endlich aufgeben wollten. Währenddessen sollte das Pferd mit den Kriegern zurückbleiben, und die neugierigen Trojaner würden es sich nicht entgehen lassen, das hölzerne Ungetüm in die Stadt zu bringen. Dafür aber mußten sie ein Stück der Stadtmauer einreißen, und damit wäre die von den Göttern Apollon und Poseidon errichtete Mauer zerstört, deren Unverletztheit eine Garantie für den Bestand der Stadt war.

Odysseus' Plan klappte. Die ahnungslosen und vor Freude über das unverhoffte Kriegsende trunkenen Trojaner brachen ein Loch in die Mauer, um das Pferd in die Stadt zu ziehen.

Das Ende ist bekannt. Die Griechen richteten ein fürchterliches Blutbad an und äscherten die Stadt ein. Aeneas aber konnte mit seinem Vater und seinem Sohn fliehen und segelte nach Italien. Seine Nachkommen Romulus und Remus gründeten Rom.

Achilles, der Held des griechischen Mythos, *dargestellt auf einer Amphore aus dem 5. Jh. v. Chr. Als Vorlage diente wahrscheinlich ein mykenischer Krieger aus dieser Zeit. Achilles bezwang während des Kampfes um Troja den trojanischen Thronfolger Hektor, Sohn des Königs Priamos.*

Eine Szene aus dem Trojanischen Krieg, *die die Grausamkeiten am Rande des Geschehens verdeutlicht. Hektors Sohn Astyanax wird auf Befehl des Odysseus über die Mauern Trojas geschleudert. Das Bild stammt von einer Vase aus dem 4. Jh. v. Chr.*

Ein Kaufmann mit Spaten

Heinrich Schliemann war kein Schatzsucher. Ihn interessierte nicht der Wert von Kunstwerken und Gegenständen, sondern er sah sie in bezug zu ihrem historischen Hintergrund. Er war nach seinem Selbstverständnis ein Geschichtsforscher mit dem Spaten.

Seine Persönlichkeit fasziniert bis auf den heutigen Tag. Auf der einen Seite blieb er der nüchterne Kaufmann, der alle Kosten seiner Grabungen kalkulierte, während er auf der anderen Seite sein Vermögen bereitwillig opferte, um historische Erkenntnisse zu gewinnen und um die Fachwelt von diesen Erkenntnissen zu überzeugen. Sein Leitstern war Homer, und mit dessen antiker Welt identifizierte er sich ganz und gar. So pflegte er z. B. die Marotte, seinen Dienern und Arbeitern Rufnamen aus der Welt Homers zu geben. Als er 1879 eine Erzieherin aus seiner mecklenburgischen Heimat engagierte, forderte er, „daß sie, solange sie bei uns ist, einen anderen Namen trägt; falls ihr der Name Hekuba nicht zusagt, so mag sie sich Klytemnästra, Laodike, Briseis, Nausikaa, Tyro, Hippokaste oder, bei welchem anderen homerischen Namen sie sonst will, nennen lassen, nur nicht Marie, denn wir leben in der griechischen Welt".

Bevor er mit den Ausgrabungen begann, erkundigte sich Schliemann bei Frank Calvert, dem ein Teil des Hissarlik gehörte und der selbst schon kleinere Grabungen durchgeführt hatte, eingehend, was man für eine solche Unternehmung benötige, welche Jahreszeit zum Graben am günstigsten sei, welche Medikamente er vorsorglich mitnehmen solle, wie er sich am besten bewaffne, wie teuer die Grabung komme, ob er vielleicht sein eigenes Bett mitbringen solle und welcher Hut am besten gegen die Sonne schütze. Er wollte wissen, ob genügend Arbeiter in der Gegend zur Verfügung ständen und zu welchem Preis, ob es Schwierigkeiten mit den anderen Besitzern des Hügels geben werde und vieles andere mehr. Schliemann bereitete seine Grabungen sorgfältig vor, er wollte sich – trotz aller Begeisterung für Troja – nicht blind in ein Abenteuer stürzen. Nach der ersten Probegrabung 1870 berechnete er die Gesamtkosten für die Aufdeckung Trojas auf 100 000 Francs, setzte fünf Jahre mit einer je dreimonatigen Grabungskampagne und etwa 100 Arbeitern an. „Aber ich werde dies mit größtem Vergnügen unternehmen und werde mir dazu aus Rom oder Pompeji einen Pionier im Ausgrabungsgeschäft – oder besser noch einen Ingenieur besorgen, um das große Unternehmen mit größtmöglichem Erfolg durchzuführen."

Schliemann nahm zwei Ingenieure in Dienst, später auch noch einen Landvermesser, außerdem Fotografen und Zeichner. Einen gewaltigen Aufwand trieb Schliemann, um seine Arbeiten zu dokumentieren. Dazu gehörten zahlreiche Briefe an namhafte Wissenschaftler und vor allem regelmäßige Berichte an Zeitungen, die er im Abstand von zwei bis drei Wochen verschickte. Außerdem führte er von Anfang an Grabungstagebücher. Zeichnungen und Fotografien unterstützten diese Dokumentationen. Die Sorgfalt, mit der dies alles geschah, läßt hinter dem Archäologen den Kaufmann hervorscheinen, der mit Hilfe einer genauen Buchführung jederzeit Klarheit über seine „Lagerbestände" haben möchte.

Daß Heinrich Schliemann Mitarbeiter unterschiedlichster Fachgebiete zu Rate zog, zeigt sein modernes Denken. 1876 stieß der Franzose Emile Louis Burnouf, Orientalist und Leiter des Französischen Archäologischen Instituts in Athen, zu ihm. Seine Tochter zeichnete und aquarellierte Funde und Fundstellen, Burnouf selbst arbeitete Architekturpläne aus. 1879 wurde der Berliner Arzt und Anthropologe Rudolf Virchow Schliemanns Gefährte in Troja. Spe-

Die beiden Tongefäße *stammen aus den Schichten Troja II–V. 16 Zentimeter hoch ist das Oberteil eines Schnurösenkruges (oben links). Das Ringgefäß mit drei aufgesetzten Tüllen hat eine Höhe von 10,5 Zentimetern (links). Der noch vorhandene Bestand der Schliemann-Sammlung befindet sich im Besitz des Museums für Vor- und Frühgeschichte in Berlin.*

zielle Probleme legte Schliemann Fachleuten vor: Naturwissenschaftlern, Altphilologen, Althistorikern, Orientalisten und Ägyptologen. Schliemann schuf so die Basis für eine archäologische Teamarbeit, die zu seiner Zeit ein unbekanntes wissenschaftliches Verfahren war.

Eine bedeutende Rolle bei Schliemanns archäologischen Forschungen spielte seine zweite Frau Sophia, die – wesentlich jünger als er – von seiner Begeisterung für die Antike mitgerissen wurde. Sein Freund Rudolf Virchow erinnerte in seiner Gedächtnisrede 1891 an Sophia: „Als im September 1871 die erste Kampagne der Ausgrabungen auf Hissarlik eröffnet werden sollte, erschien er mit seiner jungen Frau, einer geborenen Athenerin. Beide Ehegatten, so verschieden im Alter und ihrer bisherigen Entwicklung, trafen doch in einem Punkte zusammen: in der begeisterten Schätzung der Großtaten der alten Hellenen und in der Pflege der poetischen Traditionen, welche die Großtaten in der Erinnerung der späten Enkel erhalten hatten.“ So wurde sie zur engsten Mitarbeiterin ihres Mannes, und sie war es auch, die nach seinem Tod 1890 die weiteren Grabungen unter Wilhelm Dörpfeld mitfinanzierte.

Tiefe Gräben *(oben) legte Schliemann an, in der Hoffnung, das Troja Homers zu finden. Er ahnte nicht, daß er dabei mehrere archäologisch bedeutsame Kulturschichten zerstörte. Bei der Grabung stieß das Team auf riesige Vorratsgefäße, sogenannte Pithoi (ganz oben). Die Abbildung links zeigt Troja von Süden.*

Schatz des Priamos

1873 glaubte sich Heinrich Schliemann am Ziel. Er hatte sein Troja gefunden – die Stadt der antiken Helden und Götter. Es war die Schicht II, die zweitälteste Siedlung auf Hissarlik, die er als das Troja Homers identifizierte. Daß er sich irrte, konnte er noch nicht wissen. Mitte Juni wollte er die Grabungen beenden.

Dann war es soweit, ein paar Spatenstiche noch, ein paar Schläge mit der Hacke, seine Hilfskräfte mochten sich bereits ausrechnen, wieviel Lohn sie für die geleistete Arbeit erhalten würden. Nachdem die Fundamente vom „Palast des Priamos" freigelegt worden waren, befand man sich nun bei Grabungen im Westabschnitt der Befestigungsmauer von Troja II. Für Schliemann war diese dritte Kampagne bereits ein voller Erfolg.

Und dennoch: Diese Kampagne barg noch einen weiteren Höhepunkt. Schliemann beschreibt die folgenden Ereignisse in seinem Tagebuch: „... Während wir an dieser Umfassungsmauer vordrangen und immer mehr von ihr aufdeckten, traf ich direkt neben dem alten Hause, etwas nordwestlich von dem Tore, auf einen großen kupfernen Gegenstand von sehr merkwürdiger Form, der sogleich meine ganze Aufmerksamkeit um so mehr auf sich zog, als ich glaubte, Gold dahinter schimmern zu sehen. Auf dem Kupfergeräte aber lag eine steinharte, 4 3/4 bis 5 1/4 Fuß starke Schicht rötlicher und brauner kalzinierter Trümmer, und über dieser zog sich die 5 Fuß dicke und 20 Fuß hohe Befestigungsmauer hin, die kurz nach der Zerstörung Trojas errichtet sein muß. Wollte ich den wertvollen Fund für die Altertumswissenschaft retten, so war es zunächst geboten, ihn mit größter Eile und Vorsicht vor der Habgier meiner Arbeiter in Sicherheit zu bringen; deshalb ließ ich denn, obgleich es noch nicht die Zeit der Frühstückspause war, unverzüglich zum Paidos rufen. Während nun meine Leute durch Ausruhen und Essen in Anspruch genommen waren, löste ich den Schatz mit einem großen Messer aus seiner steinharten Umgebung, ein Unternehmen, das die größte Anstrengung erforderte und zugleich im höchsten Maße lebensgefährlich war, denn die große Befestigungsmauer, unter welcher ich graben mußte, drohte jeden Augenblick auf mich herabzustürzen. Aber den Anblick so zahlreicher Gegenstände, deren jeder einzelne für die Archäologie von unschätzbarem Wert sein mußte, machte mich tollkühn und ließ mich an die Gefahr gar nicht denken."

Schliemanns Frau hielt einen Schal bereit, in den sie die sensationellen Fundstücke einschlug und schnell in die Hütte trug. Dort breitete man den Schatz auf dem Tisch aus. Diademe waren darunter, Spangen, Ketten, Knöpfe ... Schliemann glaubte, den Schatz des trojanischen Königs Priamos gefunden zu haben. Was lag auch näher, er hatte ja nach seinem Urteil das von Homer beschriebene Troja entdeckt.

Mit Hilfe der Verwandten seiner Frau schmuggelte Schliemann den Schatz nach Athen. Doch die Nachricht von dem Goldfund in Troja sickerte durch. Als Beamte dann auf Betreiben des türkischen Gesandten Schliemanns Haus in Athen durchsuchten, war keine Spur mehr von den Kostbarkeiten zu finden. Schliemann hatte sie inzwischen sicher versteckt.

***Sophia Schliemann** (links unten) trägt den Schmuck aus dem „Schatz des Priamos", den sie mit ihrem Mann 1873 bergen konnte. Nachbildungen des seit dem Zweiten Weltkrieg verschollenen Schatzfundes sind Stirnband, Diadem, Ohrgehänge und die sechsfädige Perlenkette (rechts unten).*

***Das dreibeinige durchlöcherte Gefäß aus Terrakotta** mit Bügelhenkel und seitwärts geneigter Öffnung (gegenüberliegende Seite) wurde in den Schichten Troja II–V freigelegt. Seine bemerkenswerte Farbgebung hat sich über die Jahrhunderte hinweg erhalten.*

Im Streit der Meinungen

„Schliemann war wie kaum ein zweiter Anfeindungen und Polemiken ausgesetzt. Die Zahl seiner Gegner war um vieles größer als die Zahl seiner Freunde. Vor allem Deutschland spielt in dieser Hinsicht eine unrühmliche Rolle: Zwar kommen Angriffe auch aus England, Frankreich oder Rußland, doch nur vereinzelt, werden zum Teil auch bald wieder zurückgenommen. In Deutschland jedoch sind es nicht nur Angriffe, sondern in noch stärkerem Maß Gleichgültigkeit gegenüber Schliemanns Forschungen, eine bewußte Mißachtung seiner Arbeiten und Schenkungen, die Stilisierung Schliemanns zur Witzfigur in den Salons der Gesellschaft oder in den satirischen Blättern.“ So beschreibt der Archäologe Hartmut Döhl das blamable Verhalten der deutschen Gelehrten.

Den heftigsten Streit um Schliemanns Arbeiten jedoch entfesselte ein blutiger Laie, der Artilleriehauptmann a. D. Ernst Bötticher, der 1883 Troja schlicht zu einem Gräberfeld für Feuerbestattungen erklärte. Er bezichtigte Schliemann, die Quermauern der Öfen zur Leichenverbrennung niedergerissen und anschließend gefälschte Pläne herausgegeben zu haben. Schliemann bemühte sich, ihn zu überzeugen, aber es war vergeblich. Schließlich kam ihm eine Idee, mit der er glaubte, doch noch den Beweis seiner Rechtschaffenheit antreten zu können: ein persönliches Zusammentreffen mit Bötticher in Troja, zu dem auch zwei Zeugen, der preußische Major Bernhard Steffen, der sich als Kartograph von Mykene einen Namen gemacht hatte, sowie der Professor der Akademie der Bildenden Künste in Wien, Georg Niemann, geladen waren.

Auf dieser sogenannten ersten Hissarlik-Konferenz mußte Bötticher zwar seinen Irrtum eingestehen, doch hinderte ihn dies nicht, seine Angriffe fortzusetzen. Alle Rechtfertigungen Schliemanns sowie Verteidigungsschriften Dörpfelds, Virchows und anderer Freunde nützten nichts. Bötticher war nicht mundtot zu machen. Immer wieder fand er Blätter, die seine Meinungen veröffentlichten. Schließlich äußerte Schliemann: „... ich denke, Bötticher wird es nun ebenso machen, als es der ausgezeichnete Philologe Brentano in Frankfurt a/M gemacht hat; nachdem er nämlich sechs Jahre lang Schmähschriften gegen mich losgelassen und sogar zwei Bücher gegen mich geschrieben hatte und keinen Erfolg sah, entleibte er sich selbst am Ostertage 1883.“ Leider hatte der Offizier nicht ein so sensibles Gemüt. Er setzte seine Angriffe selbst über Schliemanns Tod hinaus fort.

Ein weiterer und gewichtiger Gegner war der in Berlin lehrende Ernst Curtius, eine Kapazität der historischen Wissenschaft, der 1871 in die Troas reiste. Schliemann nahm brieflichen Kontakt mit ihm auf, schickte ihm Artikel und bat um Veröffentlichung der Grabungserfolge auf Hissarlik in der *Archäologischen Zeitung*. Seitens Curtius' erfolgte keine Reaktion. Als Schliemann 1872 das Relief des Sonnengottes Helios gefunden hatte, schrieb er einen weiteren Bericht. Curtius versprach: „Ich werde so bald als möglich die Inschrift und die Skulptur mit Ihren Bemerkungen publizieren!“, und dies geschah tatsächlich. Nur, daß der Gelehrte Curtius eine eigene Darstellung verfaßte und lediglich zehn Zeilen aus Schliemanns Bericht verwendete. So wie mit Curtius erging es Schliemann auch mit anderen Vertretern der Gelehrtenwelt.

Allerdings gewann er auch Freunde und Mitstreiter unter ihnen. 1875 machte er die Bekanntschaft Rudolf Virchows, der einer seiner engagiertesten Freunde wurde. Schon zwei Jahre zuvor, 1873, hatte Schliemann schriftlich mit dem Archäologen Alexander Conze ein Streitgespräch aufgenommen. Conze wurde 1877 zum Leiter der Antikenabteilung der Königlichen Museen nach Berlin berufen. Seine anfängliche Ablehnung schwand zusehends, und Schliemann hatte in ihm einen zwar kritischen, aber doch verläßlichen Partner gewonnen. Schließlich schloß sich Schliemanns Auffassungen auch noch Richard Schöne an, der seit 1880 Generaldirektor der Königlichen Museen in Berlin war. Schöne sorgte später dafür, daß staatliche Gelder für den Fortgang der Grabungen in Troja bewilligt wurden.

Das Frauenköpfchen aus Terrakotta *(oben) wurde in den Schichten Troja VIII–IX sichergestellt und stammt aus der späten Phase der Stadt von etwa 700 v. Chr. bis 400 n. Chr. Nur 5,4 Zentimeter hoch ist der Kopf, den ein Kranz und Ohrgehänge zieren.*

Die Feldeisenbahn *(rechts) war eine Neuerung, auf die Heinrich Schliemann besonders stolz war, weil sie die Grabungsarbeiten wesentlich erleichterte. Nun war es möglich, auf bequeme Weise die anfallenden enormen Schuttmassen fortzuschaffen. Die Bahn wurde erstmals eingesetzt während der siebenten Kampagne vom 1. März bis 31. Juli 1890, der letzten Grabung vor Schliemanns Tod am 26. Dezember desselben Jahres in Neapel.*

Aus der späten Bronzezeit *(etwa um 1275–1100 v. Chr.) stammt der 32 Zentimeter hohe Krug (rechts) mit den drei Buckeln, der in der Schicht Troja VII entdeckt wurde. Die Trojaner benutzten ihn zum Mischen von Wasser und Wein.*

Dennoch: Der große Durchbruch gelang Schliemann nicht. Der deutsche Wissenschaftsbetrieb sperrte sich gegen den Außenseiter – mit Ausnahmen freilich: 1877 machte ihn die Deutsche, 1881 die Berliner Gesellschaft für Anthropologie, Ethnologie und Urgeschichte zu ihrem Ehrenmitglied. In beiden Fällen geschah dies auf Betreiben Rudolf Virchows. 1881 wurde Schliemann Ehrenbürger Berlins. Sehr spät, erst 1885, ernannte ihn das Deutsche Archäologische Institut zum ordentlichen Mitglied. Die Berliner Akademie dagegen ignorierte das Schaffen Schliemanns, ebenso die Berliner Archäologische Gesellschaft.

Außerhalb Deutschlands hatte Schliemann eine Fülle von Ehrungen und wissenschaftliche Anerkennung erfahren, dort stand man dem Ausgräber Trojas offener gegenüber. Nachdem er 1883 die höchste wissenschaftliche Auszeichnung der Universität Oxford, die Ehrendoktorwürde, erhalten hatte, verlieh ihm der britische König 1885 die Große Königliche Goldmedaille für Kunst und Wissenschaft. 1890 organisierte Schliemann eine zweite Konferenz auf Hissarlik, diesmal auf internationaler Ebene. Festgestellt und in einem Protokoll niedergeschrieben wurde, daß Schliemanns und Dörpfelds Deutungen der Funde zuträfen.

Ursprünglich hatte Schliemann geplant, die Sammlung archäologischer Funde in seinem Haus in Athen unterzubringen, das er später zu einem Museum machen wollte. Doch der Plan zerschlug sich. In seiner Autobiographie *Ilios* schrieb er 1880: „Meine großen Sammlungen trojanischer Altertümer haben einen unschätzbaren Wert, doch sollen sie nie verkauft werden. Wenn ich sie nicht noch bei meinen Lebzeiten verschenke, so sollen sie kraft letztwilliger Bestimmung nach meinem Tode dem Museum derjenigen Nation zufallen, die ich am meisten liebe." Diese Nation war zum Erstaunen der Welt die deutsche.

Im Januar 1881 bestätigte ihm Richard Schöne den Empfang der ersten Kisten. Schon im Juli wurden die Funde im neueröffneten Kunstgewerbemuseum in Berlin gezeigt, später verlagerte man die Sammlung ins Völkerkundemuseum. Ihr Umfang erweiterte sich ständig durch die Grabungen nach 1880. Schließlich umfaßte sie über 9000 Objekte, die teils legal, teils illegal nach Deutschland gelangt waren. Den größten Schaden richtete der Zweite Weltkrieg an. Die wertvollsten Stücke – Goldfunde, Silbergefäße, Prunkäxte und erlesene Tongefäße – überstanden den Bombenhagel in einem Berliner Bunker. Anderes war ausgelagert worden und verschwand zum Teil spurlos. Bitter traf es die Fachwelt, daß der „Schatz des Priamos" die letzten Kriegswirren nicht überlebte. Was gerettet werden und nach Kriegsende wieder zusammengetragen werden konnte, befindet sich heute in West- und Ost-Berlin.

Trojanische Geschichte

Kein deutscher Archäologe ist so populär geworden wie Heinrich Schliemann. Der ungewöhnliche Lebenslauf des ehemaligen Kaufmanns, der sich aus kleinsten provinziellen Verhältnissen emporgearbeitet und es zum Millionär gebracht hatte, der sein Vermögen der Wissenschaft zur Verfügung stellte, der allem Neid und aller Mißgunst die Stirn bot und der über ein phänomenales Sprachvermögen verfügte, verankerte sich im Gedächtnis der Nachwelt. Der Streit um Schliemanns Person und seine Forschungen wirkt heute nur noch kleinkariert, besserwisserisch und bösartig. Schliemann hat das homerische Troja ausgegraben, in welcher Schicht er es auch immer vermutete. Daß er nicht starr an seinen einmal gefaßten Überzeugungen festhielt, sondern für neue Erkenntnisse offen war, belegen zahlreiche Äußerungen von ihm. Schon 1873 unterschied er fünf verschiedene Kulturschichten, d. h. fünf Siedlungen aus verschiedenen Epochen. 1881 waren es bereits sieben, und 1890 unterteilte er Troja in neun Siedlungsschichten.

Er hatte Schneisen durch den Hügel Hissarlik geschlagen, breite und tiefgehende Breschen, an denen er die Schichtenfolge ablas. Seine einfache Überzeugung war: Je älter eine Kulturschicht ist, um so tiefer muß sie liegen. Erst wenn die übereinander gelagerten Schichten im Schnitt erkennbar seien, so betonte Schliemann, wäre es auch möglich, die Geschichte des Ortes von seinen Anfängen her abzulesen. Diese Erkenntnis würdigt heute der Göttinger Archäologe Hartmut Döhl: „So selbstverständlich uns heute dieser Gedanke ist, damals wurde er im klassisch-archäologischen Bereich allein durch Schliemann vertreten.“ Der Berg Hissarlik sollte „schichtenweise von oben, bis zur verbrannten Stadt, abgegraben“ werden, bis das seiner Meinung nach homerische Troja in der Schicht II erreicht war.

Schliemanns Mitarbeiter Wilhelm Dörpfeld vermutete dieses Troja später in der Schicht VI. Die Keramik, auf die man in dieser Schicht gestoßen war, datierten Dörpfeld und Schliemann

Wilhelm Dörpfelds Grabungsmannschaft *posierte 1894 für ein Erinnerungsfoto. Das Team bestand damals aus nahezu hundert Männern. Dörpfeld selbst (mit hellem Anzug) steht in der Mitte der unteren Reihe.*

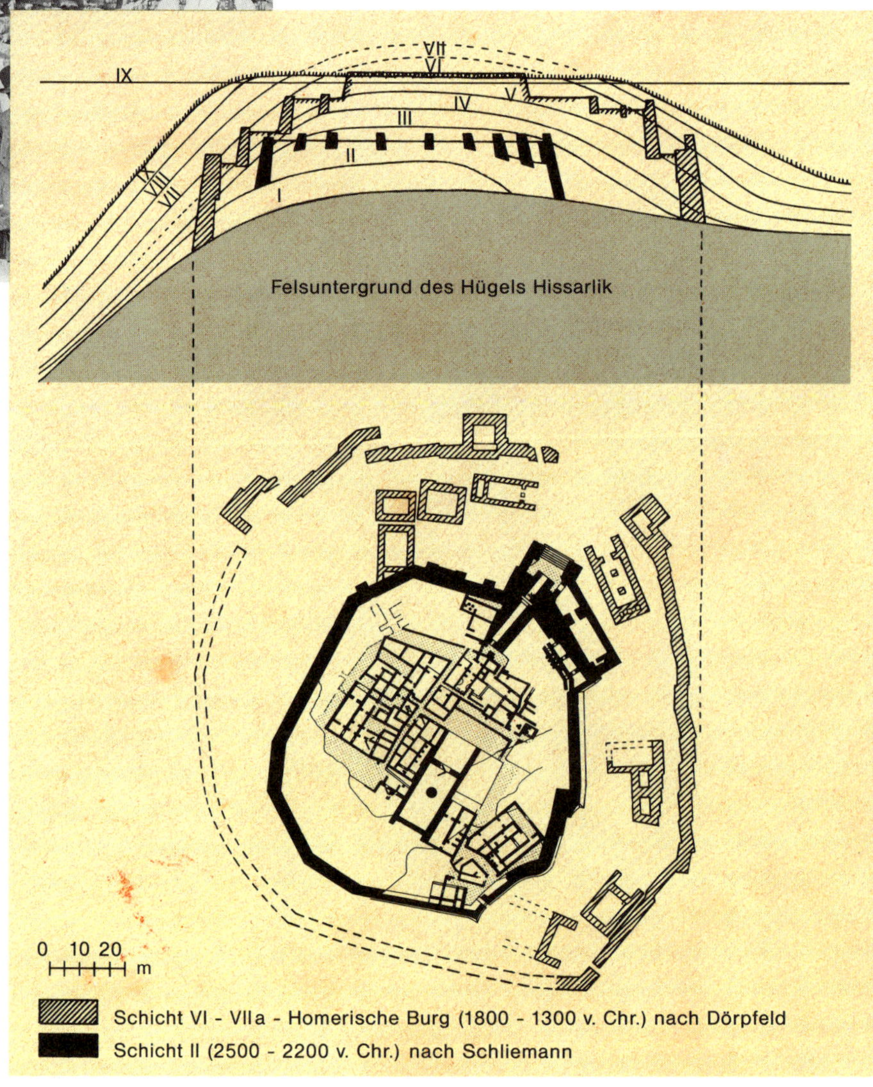

***Einen Nord-Süd-Schnitt durch den Hügel Hissarlik** (nach Wilhelm Dörpfeld) in Verbindung mit den Grundrißplänen Troja II g und Troja VI (nach Carl William Blegen und James Mellaart) gibt die Abbildung (rechts) wieder. Die Schichtenabfolge I–IX entspricht den neun großen Siedlungsphasen von Troja. Jede der Siedlungen wurde auf den Ruinen der vorhergehenden erbaut. Den hohen Stellenwert, der Troja II und VI im Verlauf der Siedlungsgeschichte der Stadt zukommt, verdeutlichte Dörpfeld durch die Einzeichnung dieser beiden Fundamente in den Nord-Süd-Schnitt. Im Zentrum des Hügels liegt unmittelbar auf der Schicht V die Schicht IX, d. h. die Schichten VI, VII und VIII fehlen. Dies läßt sich dadurch erklären, daß die Römer 85 v. Chr. die Siedlung Troja VIII zerstörten und den Hügel planierten, um ihn neu bebauen zu können. Der Grundrißplan mit dem schwarz dargestellten Mauerring zeigt Troja II g, das Schliemann mit dem Troja Homers gleichsetzte. Es hatte eine Siedlungsfläche von etwa 10 000 Quadratmetern. Außer dem Haupttor im Südosten besteht noch ein Nebentor im Westen. Die in der Abbildung schraffiert gezeichnete Stadtmauer von Troja VI entdeckte Dörpfeld bei Ausgrabungen am Rand des Hügels. Von der einst etwa 20 000 Quadratmeter umfassenden Grundfläche der Siedlung konnten nur noch Gebäudereste in der Randzone zwischen den Stadtmauern von Troja II und VI freigelegt werden.*

anhand paralleler ägyptischer Funde in die Zeit Ramses' II. (13. Jh. v. Chr.). Ende Juni 1890 entdeckten sie in der Schicht VI ein Megaron (von griechisch mega = groß), ein „Großhaus", einen Palast, „dessen Plan vollkommen mit dem ... der Paläste von Tiryns (über)einstimmt". Dörpfeld zog aus dieser Feststellung den Schluß, daß Schicht VI das homerische Troja sein müsse.

Schliemann wurde und wird noch heute vorgeworfen, seine Grabungen zu rücksichtslos vorangetrieben zu haben. Besonders die beiden großen Gräben von 1872 haben, soviel ist sicher, wertvolle Zeugnisse der Vergangenheit vernichtet. Aber schon bald erkannte Schliemann selbst diesen Fehler und lernte daraus für die Zukunft. So schrieb er 1873 an Giuseppe Fiorelli, den ehemaligen Grabungsleiter von Pompeji: „Ich machte Fehler in Troja, ich habe alle trojanischen Häuser zerstört, die ich in der Tiefe von sieben bis zehn Metern gefunden habe, doch nachdem ich meinen Irrtum erkannte, habe ich sie bewahrt."

Heinrich Schliemann, nach ihm Wilhelm Dörpfeld und in den dreißiger Jahren dieses Jahrhunderts der Amerikaner Carl William Blegen haben alles getan, um Licht in das Dunkel um Troja zu tragen. Jeder hatte gute Gründe, die homerische Stadt in einer anderen Schicht zu sehen. Blegen vermutete sie in der Schicht VII a. Letzte Gewißheit fehlt allerdings.

Der Hügel wurde erstmals um 3000 v. Chr. besiedelt, und von Anfang an war er eine Festung. Auf dieses älteste Troja folgten ohne Unterbrechung weitere Siedlungen, bis um 1100 v. Chr. eine 400jährige Siedlungspause einsetzte. Eine der mächtigsten trojanischen Kulturen entstand gegen 1800 v. Chr. mit Troja VI. Die Bewohner dieses Trojas besaßen eine hochentwickelte militärische Technik, die man mit den in dieser Schicht gefundenen Pferdeknochen in Verbindung brachte. Mit großer Wahrscheinlichkeit war es das Pferd, das den trojanischen Bewohnern militärische Überlegenheit gegenüber ihren Vorgängern verschaffte. Mykenische Keramiken aus dieser Zeit lassen ferner auf eine enge Verbindung mit Griechenland schließen.

Gegen 1300 v. Chr. wurde dieses Troja VI durch eine Katastrophe zerstört, möglicherweise eher durch ein Erdbeben als durch einen Krieg. Troja VII a, von Blegen freigelegt, wurde dann durch Menschenhand vernichtet. Ob dies im Verlauf der Dorer-Einfälle oder durch Einfälle der Griechen geschah, ist unbekannt.

Trojas Bild bleibt unscharf – eine ferne Silhouette im Nebel der Vergangenheit. „Die Ausgrabungen zeugen von Katastrophen, die hier und da stattgefunden haben, aber die Archäologie kann weder über die näheren Umstände Auskunft geben noch sagen, wer in solche Umwälzungen verwickelt war", bemerkt der englische Historiker Moses I. Finley und fährt fort: „Die Herrscher von Knossos, Mykene und Troja unterließen es, ihre Erinnerung zu verewigen; so kann man an Minos, Agamemnon oder Priamos glauben, wenn man will, aber niemand hat sie in irgendwelcher Form bei einer Ausgrabung gefunden, sei es auch nur als Namen auf einer Steinplatte oder einem Siegel."

3000 Jahre lang besiedelt

Der amerikanische Archäologe Carl William Blegen nahm 1932 bis 1938 noch einmal die Grabungen in Troja auf. Von der Universität Cincinnati aus führte er sieben Grabungskampagnen durch, die jährlich drei bis vier Monate dauerten. Dank verfeinerter Grabungsmethoden gelang es ihm, die einzelnen Schichten genauer zu untersuchen. Die neun Siedlungen, die schon Wilhelm Dörpfeld identifiziert hatte, unterteilte er in insgesamt 46 Bauphasen.

Troja I war die älteste Siedlung auf Hissarlik. Blegen konnte in der etwa vier Meter dicken Kulturschicht zehn Bauphasen (a–j) unterscheiden. Der Ort existierte ungefähr von 3000 bis 2600 v. Chr. und war ein durch Wall und Mauer befestigter Herrschersitz. Die Einwohner lebten von Ackerbau, Jagd und Fischfang, trieben aber auch Handel mit der ägäischen Welt. In der mehrfach verstärkten Umfassungsmauer entdeckte das Grabungsteam in den Schichten d–f mit dem Südtor die älteste bekannte Toranlage im kleinasiatischen Raum. Ein bedeutender Fund waren darüber hinaus die Gebäudereste des „Hauses 102" aus der Bauphase Troja I b, des bislang ältesten Megarons in Kleinasien.

Troja II bestand von etwa 2600 bis 2300 v. Chr. Hier lassen sich sieben Bauphasen (a–g) unterscheiden, von denen Troja IIc und IIg wahrscheinlich die bedeutendsten waren. Keramikfunde weisen auf Handelsbeziehungen zu Mesopotamien, Nordsyrien und dem Südwesten Anatoliens hin. Schatzfunde, die Schliemann aus dieser Schicht bergen konnte, zeugen von großer Kunstfertigkeit der Bewohner in der Metallverarbeitung. Die Bauphase II g, die „verbrannte Stadt", war für Schliemann das Troja Homers. Zentral gelegen befand sich das Megaron II A, um das sich Wohngebäude gruppierten, die durch schmale Gassen voneinander getrennt waren. Ein stark befestigtes Haupttor im Südosten sicherte den Zugang zur Stadt, die sich auf einer Grundfläche von rund 10 000 Quadratmetern ausdehnte.

Die Siedlungen III bis V, die etwa von 2300 bis 1900 v. Chr. existierten, hatten kaum Bedeutung. Erst Troja VI, das etwa von 1900 bis 1275 v. Chr. bestand, war wieder ein Zentrum Nordwestanatoliens. Es wurden insgesamt acht Bauphasen (a–h) festgestellt, und die Siedlungsfläche war auf 20 000 Quadratmeter gewachsen, umschlossen von einer 552 Meter langen Mauer, in die sich erstmals auch Türme eingliederten. Für Wilhelm Dörpfeld war dies das homerische Troja, das von den Griechen zerstört worden war; nach Blegens Ansicht jedoch vernichtete ein Erdbeben die Stadt.

Für das etwa in die Zeit von 1275 bis 1100 v. Chr. datierte Troja VII lieferten die Trümmer der Häuser aus Schicht VI das Material für den Wiederaufbau. Zwei große Bauphasen (a–b) waren erkennbar. Troja VII a wurde durch einen großen Brand vernichtet. Carl William Blegen vermutete in dieser Schicht das Troja Homers. Die Stadt wurde danach erneut aufgebaut, doch auch sie wurde ein Opfer der Flammen. In Troja VII b fand sich eine vom üblichen Erscheinungsbild abweichende Keramik, sogenannte Buckelkeramik (siehe Abbildung oben), die möglicherweise auf thrakische Einflüsse hinweist.

Danach bleibt Troja für etwa 400 Jahre unbewohnt. Um 700 v. Chr. erbauten äolische Griechen Troja VIII, das bestand, bis die Römer es im Jahr 85 v. Chr. eroberten. Diese Siedlung existierte zwar recht lange, doch sind nur wenige Reste ihrer Bauten erhalten geblieben.

Troja IX, das etwa von 85 v. Chr. bis ins 4. Jh. n. Chr. bestand, wurde durch das der Göttin Athene geweihte Heiligtum geprägt. Mit einer Größe von 9500 Quadratmetern nahm es nahezu die Hälfte der Stadtfläche ein.

Das

Tal der Gräber

Nach Jahren vergeblichen Suchens stieß der britische Archäologe Howard Carter 1922 auf das Grab Tutanchamuns, das, seit Jahrtausenden unberührt, unermeßliche Schätze barg.

Endlich am Ziel

Die Sonne verbreitete an jenem 4. November 1922 schon gleißende Hitze, als Howard Carter wie jeden Tag zum Ausgrabungsgelände in das Tal der Gräber kam. Die Arbeiter standen stumm im Kreis, die Hacken und Schaufeln tatenlos in den Händen. Während Carter auf die schweigende Gruppe zuging, sagte ihm sein Gefühl, daß etwas Außergewöhnliches geschehen sein mußte. Und er täuschte sich nicht: Die Arbeiter hatten eine in den Felsen gehauene Stufe freigelegt. Vielleicht führte sie zur Erfüllung seiner Träume und Hoffnungen, zum Grab des Pharaos Tutanchamun, nach dem er seit 1917 vergeblich in Geröll und Fels gegraben hatte.

Rasch wurden nun in Gegenwart Carters weitere elf Stufen ausgegraben. Dann stießen die Männer auf den oberen Teil einer vermauerten Tür und legten mit äußerster Vorsicht die nächsten drei Stufen und die halbe Tür frei. Carter erkannte, daß die Tür schon einmal aufgebrochen worden war. Das überraschte ihn nicht; denn allzu oft waren die Grabräuber den Archäologen im Tal der Gräber zuvorgekommen. Doch diese Tür war nach der Beschädigung wieder mit Nilschlamm verschlossen worden und trug das Siegel der Verwaltung des Königsfriedhofs aus der 18. Dynastie.

Carter mußte seine Geduld noch drei lange Wochen auf die Probe stellen, denn er wollte die Öffnung des Grabes nicht ohne seinen Freund und Auftraggeber Lord Carnarvon vornehmen. Das Telegramm, das er nach England schickte, sprach von einer „wunderbaren Entdeckung“ und bat um den Besuch des Lords.

Carter und Carnarvon hatten sich bereits 1907 in Ägypten kennengelernt. Carnarvon, der seit seinem Autounfall 1901 immer kränkelte, hatte damals Erholung und Zerstreuung zwischen den Pyramiden und Altertümern gesucht und sein Interesse für die Archäologie entdeckt.

Er finanzierte mit großen Teilen seines Vermögens Ausgrabungsarbeiten in dem berühmten Tal der Könige und hatte in Howard Carter schon bald nicht nur einen unermüdlichen For-

Teilansicht des Tals der Gräber *(unten), das von einer 489 Meter hohen Bergspitze als natürlicher Pyramide überragt wird. Hinter der niedrigen Mauer im Vordergrund liegt der Eingang zum Grab Tutanchamuns. Der in das Foto eingeklinkte Plan des Kammersystems entspricht den tatsächlichen Lageverhältnissen.*

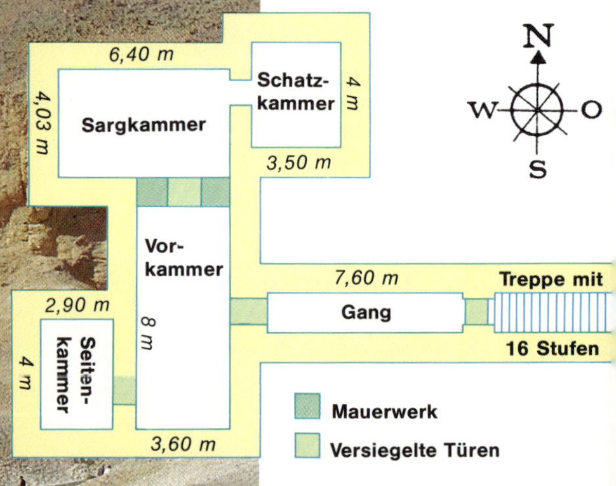

Lageplan der Grabanlage Tutanchamuns, *die Howard Carter unter dem Schutt 3000 Jahre alter steinerner Bauarbeiterhütten fand. Die einzelnen Räume waren durch versiegelte Türen miteinander verbunden. Gemessen an den Königs- und Beamtengräbern der vorausgegangenen Dynastien mit ihren geraden und geknickten Achsen, geräumigen Pfeilerhallen und vielen Kammern ist die winklige Grabanlage Tutanchamuns einfach und unauffällig.*

scher, sondern auch einen treuen Freund und Bewunderer gewonnen. Doch im Jahr 1922 gingen die finanziellen Mittel Lord Carnarvons zur Neige, und er teilte Carter in London mit, daß er keine weiteren Grabungen mehr finanzieren werde. Aber Carter, der – allen anderen Meinungen zum Trotz – nach wie vor davon überzeugt war, das Grab Tutanchamuns finden zu können, war notfalls zum Alleingang entschlossen. Diese Haltung beeindruckte Carnarvon so sehr, daß er ihm eine letzte Chance gab.

Kein Wunder also, daß Lord Carnarvon in Windeseile die Koffer packte, als er das verheißungsvolle Telegramm aus Theben in den Händen hielt. Er kündigte seine Ankunft für den 23. November an. Am 24. November war es endlich soweit. Carter und Carnarvon ließen die Treppe zu dem Grabeingang, die wieder zugeschüttet worden war, abermals freilegen. Insgesamt waren es 16 Stufen. An der vermauerten Tür wurden zwei weitere Siegel sichtbar; sie trugen das Königszeichen Tutanchamuns.

Einen Tag später wurde die Tür abgebaut, und dann mußte ein 7,6 Meter langer Flur vom Schutt befreit werden. Danach kam für Carter endlich der „Tag aller Tage", wie er ihn in seinen Aufzeichnungen nennt. Er durchstieß mit einer Eisenstange eine zweite Steintür am Ende des Ganges. Heiße Luft schoß ihm entgegen und verschlug ihm für Sekunden den Atem. Dann leuchtete er in den Raum hinein. Der schien mit blendender Helligkeit erfüllt, so daß Carter zunächst nichts sehen konnte. Ganz allmählich erkannte er eine Fülle von Gegenständen, die wahllos herumlagen. Viele davon bestanden aus Gold, und es glitzerte und gleißte, denn das Gold hatte seine Leuchtkraft in 3000 Jahren nicht verloren. Die Arbeiter und Freunde, die hinter Carter standen, spürten seine Erregung. Carnarvon fragte, was er sehe, und Carter antwortete mit heiserer Stimme: „Ich sehe wunderbare Dinge!" Er hatte das Grab des früh verstorbenen Königs Tutanchamun gefunden, und es war offensichtlich unversehrt.

Das Tal der Könige mit der Fülle von bereits freigelegten Gräbern war um eine Weltsensation reicher. Dabei fehlte es diesem Ort auch schon bisher nicht an begeisterten Besuchern und Bewunderern. Bereits die Griechen und Römer kamen als „Touristen" zu den Pyramiden und Königsgräbern. Die älteste datierte Inschrift eines Besuchers, die im Grab Ramses' VII. eingeritzt wurde, stammt vermutlich aus dem Jahr 278 v. Chr. In spätantiker Zeit wählten christliche Eremiten die leeren, ausgeraubten Grabgewölbe als Behausungen. Mit der Eroberung Ägyptens durch die Araber im 7. Jh. und dem Beginn des islamischen Zeitalters versanken die Gräber in Vergessenheit. Erst im 18. Jh. pilgerten wieder Gelehrte und Archäologen scharenweise durch die Grabanlagen. Der anglikanische Geistliche Richard Pococke lieferte 1743 die erste wissenschaftliche Beschreibung von den Gräbern und ihrer farbenprächtigen Dekoration. Der Schotte James Bruce veröffentlichte einige Jahrzehnte später originalgetreue Drucke von den Wanddekorationen, die halb Europa in einen Begeisterungstaumel versetzten.

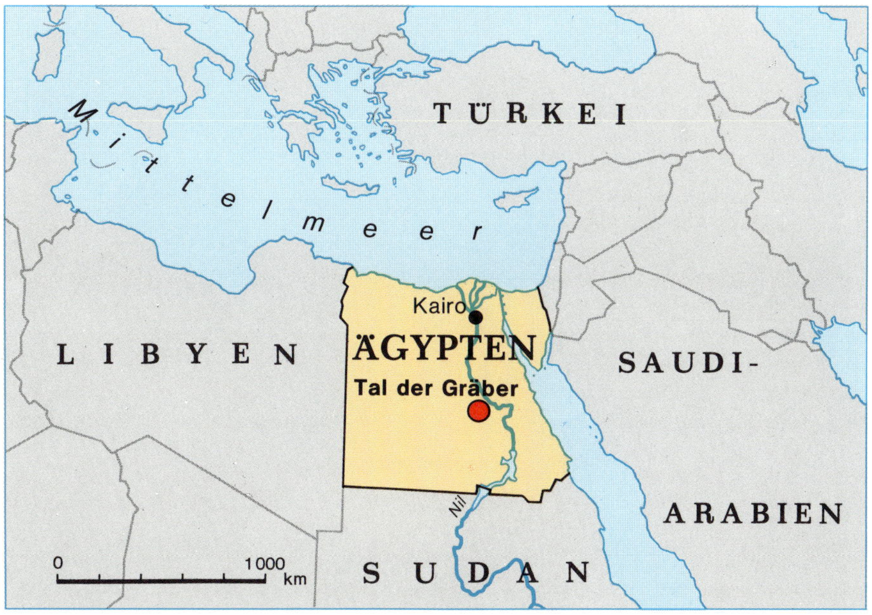

Lord Carnarvon und Howard Carter (rechts) vor der Sargkammer Tutanchamuns. *In der Putzschicht der Tür befinden sich die Siegel des Pharaos und der Nekropolenverwaltung sowie Spuren eines in die Tür geschlagenen und später wieder verschlossenen Durchschlupfs. Diese Spuren weisen auf Grabräuber hin, die hier vor langer Zeit eingedrungen waren. Die beiden Archäologen haben den Putz vom Mauerwerk geklopft und die oberen Steine herausgebrochen, um einen ersten Blick in die dahinterliegende Kammer werfen zu können.*

Im Jahr 1817 gelang es dem Italiener Giovanni Battista Belzoni, die Gräber von Sethos I. und Ramses I. freizulegen. Das Grab Sethos' I. gilt noch heute als das bedeutendste ägyptische Grab, obwohl es wie die anderen von Räubern bereits gänzlich geplündert worden war. Gaston Maspéro, seit 1881 Leiter der ägyptischen Altertümerverwaltung, gelang es schließlich, einige Königsmumien auf abenteuerlichem Weg zu bergen und die Herkunft von Grabbeigaben zu klären, die seit einigen Jahren immer wieder im Kunsthandel auftauchten. Maspéro und der amerikanische Geschäftsmann Theodore M. Davis, der zu Beginn des 20. Jh. zahlreiche Ausgrabungen im Tal der Könige finanziert hatte, waren übereinstimmend der Ansicht, daß es nach ihren bedeutenden Funden aus den Jahren 1902–1908 an diesem Ort nichts mehr zu entdecken gebe. Aber Carter ließ sich bei seiner Suche nach dem Grab Tutanchamuns nicht entmutigen. Seine Beharrlichkeit führte zum Ziel.

Die Bergung der Schätze

Die Grabanlage Tutanchamuns war gefunden. Wenn auch kein Zweifel daran bestand, daß hier bereits vor mehr als 3000 Jahren Grabräuber eingedrungen waren, so zeigte doch der erste Blick in die mit Kostbarkeiten überfüllte Vorkammer, daß die Räuber keinen großen Schaden angerichtet hatten.

Die Hauptarbeit stand Carter und seinen Mitarbeitern noch bevor. Der Inhalt der Grabanlage – mehr als 5000 Einzelstücke – mußte an Ort und Stelle sorgfältig dokumentiert werden. Jedes noch so kleine Fundstück mußte fotografiert, registriert und dann vorsichtig abtransportiert werden.

Für diese Arbeiten benötigte man elektrisches Licht und ein Fotolabor, Materialien und Arbeitsräume – Voraussetzungen also, die im abgeschiedenen felsigen Tal der Gräber gar nicht so leicht zu schaffen waren. Aber Carter war nicht nur ein erfolgreicher Archäologe, er besaß auch Organisationstalent. Die ägyptischen Behörden sicherten ihm ihre Unterstützung zu. Weitere Hilfe kam von einer Gruppe amerikanischer Ägyptologen, die im Auftrag des New Yorker Metropolitan Museums zufällig zur gleichen Zeit in Theben arbeiteten. Die Amerikaner stellten Carter vier Mitarbeiter ihrer Gruppe zur Verfügung, darunter einen erfahrenen Fotografen, der sogleich daranging, sich in der nur etwa 250 Meter entfernten Grabkammer des Pharaos Sethos II. ein provisorisches Labor einzurichten.

Die Methode der Dokumentation war einfach und wirkungsvoll. Man fotografierte zunächst die mit Grabbeigaben – Möbel, Kleidung, Schmuck, Gebrauchs- und Kultgegenstände – vollgestopften Kammern, bevor auch nur ein Stück berührt wurde. Nachdem jedes Fundstück ein Schildchen mit einer Nummer erhalten hatte, wurde die Aufnahme wiederholt. Sobald die Funde aus dem Grab geborgen waren, fotografierte man sie – diesmal einzeln – ein drittes Mal. Zusätzlich wurden Bleistiftskizzen angefertigt.

Vier vergoldete Holzschreine *umgaben ineinandergeschachtelt den steinernen Sarkophag Tutanchamuns. Das obere Foto zeigt Carter (kniend), der gerade die Flügeltür des dritten Schreins geöffnet hat und auf den letzten Schrein blickt. Der Sarkophag enthielt drei eng ineinandergefügte Särge in Mumienform, die mit Flaschenzügen emporgehoben wurden. Rechts rollt Carter das Leintuch zurück, das über den zweiten (mittleren) Sarg gebreitet war.*

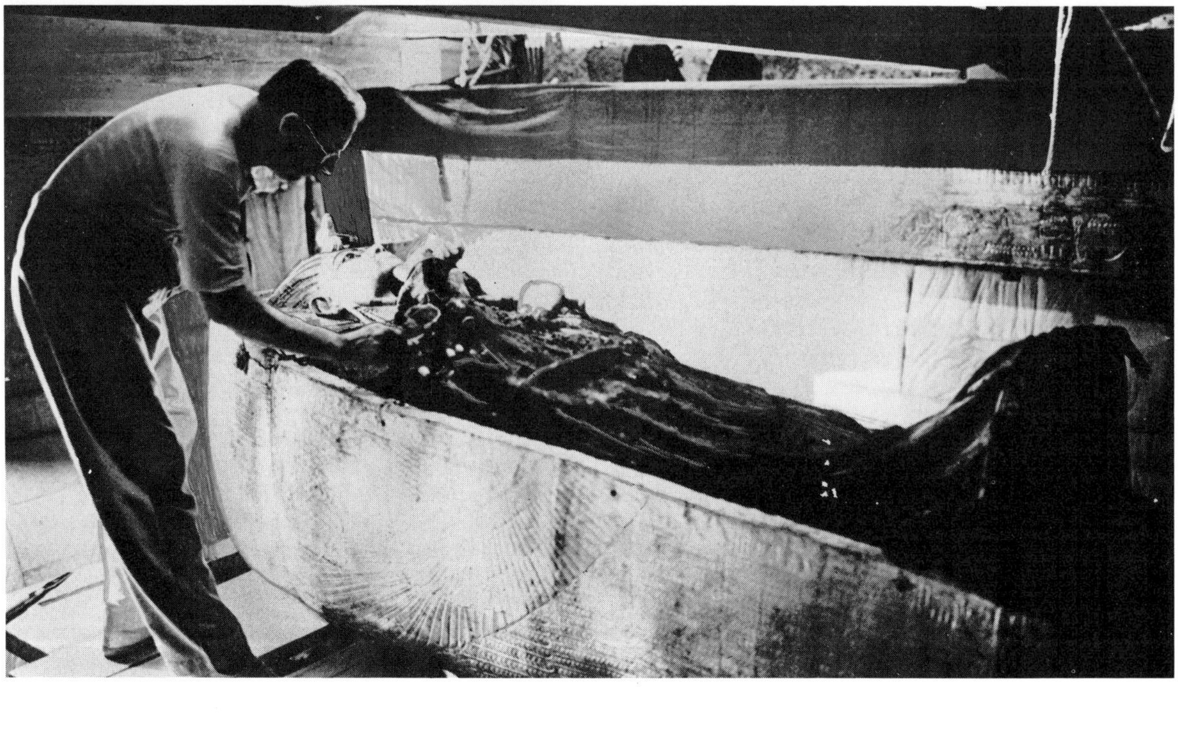

Manche Funde mußten sogleich zur Konservierung mit Chemikalien behandelt werden. Ein Botaniker zeichnete und bestimmte die im Grab gefundenen Blumen und Früchte. Alle Gegenstände wurden sorgfältig in Tücher gewikkelt oder in Kisten verpackt; besonders zerbrechliche Fundstücke legte man in Kleie. Dann wurden sie zu der Feldbahn getragen, die den Transport zum acht Kilometer entfernten Nil übernahm.

Drei Monate dauerte die mühevolle Bestandsaufnahme der in der Vorkammer angehäuften Grabbeigaben. Dann konnte Carter darangehen, die Vermauerung zwischen Vor- und Sargkammer zu öffnen. Er hatte aus diesem Anlaß eine Reihe von Ehrengästen eingeladen. Die belgische Königin, die zu dieser Zeit gerade eine Ägyptenreise machte, sagte ihre Teilnahme ab, um mögliche protokollarische Schwierigkeiten zu umgehen; aber ihr Interesse an dieser neuen Entdeckung im Tal der Könige war so groß, daß sie sich einen Tag später von Carter durch das Grab führen ließ. Am Tag der offiziellen Graböffnung, am 17. Februar 1923, drängten sich Journalisten und Schaulustige im Tal der Gräber. Lord Carnarvon hatte die Veröffentlichungsrechte über die Grabungsergebnisse an die britische Tageszeitung *The Times* verkauft. Ein Reporter berichtete über die Öffnung der Sargkammer: „Während drei Stunden wurden jeder Laut und jeder Vorfall ausgedeutet und festgehalten. Manchmal wurde ein Stück Mauerwerk herausgetragen, manchmal hörten wir Meißelschläge oder das Hämmern auf Holz. Die Erregung der Zuschauer auf der Schutzmauer stieg aufs höchste, als sie sahen, wie Arbeiter Körbe mit Schutt heraustrugen."

Lord Carnarvon, seine Tochter, Carter und 20 weitere Personen, darunter hohe Vertreter der ägyptischen Regierung, waren zugegen, als am 17. Februar 1923 ein riesiger vergoldeter Holzschrein sichtbar wurde. Carters Hoffnung, hinter dieser schimmernden äußeren Hülle den unversehrten Sarkophag und die Mumie Tutanchamuns zu finden, erhielt neuen Auftrieb.

Die Arbeiten wurden nach der bewährten Methode fortgesetzt. Schritt für Schritt enthüllte Carter die Geheimnisse des Grabes, barg er die Schätze. Von der Sargkammer aus gelangte er in die Schatzkammer, in der er die vier goldenen Kanopenkrüge, die Särge für die Eingeweide des Königs, fand. Und erst 1927, also fünf Jahre, nachdem er das Grab zum ersten Mal betreten hatte, begann er mit der Auswertung der letzten, der Seitenkammer.

Auf die Hilfe seines Freundes und Geldgebers Carnarvon mußte Carter schon bald verzichten. Im März 1923 wurde der Lord im Tal der Gräber von einem Moskito gestochen. Er bekam eine Blutvergiftung und starb am 6. April in Kairo.

Carter und seine Helfer *stehen in der weitgehend ausgeräumten Vorkammer des Grabes (oben). Hinter der herausgebrochenen Tür zur Sargkammer erkennt man den äußersten der vier Schreine. Neben der Tür standen zwei lebensgroße Standbilder des Königs aus geschwärztem Holz, von denen das eine bereits in schützende Baumwolltücher verpackt ist. Eine Feldbahn (unten) besorgte den Transport der Schätze zum Nil. Die Schienen reichten nicht für die gesamte Strecke und mußten immer wieder neu zusammengesetzt werden.*

Tutanchamun mit Geißel und Hirtenstab. *Die vergoldete Holzstatuette des Königs steht auf einem schwarzen Sockel, der seinen Namen trägt. Die weichen Körperformen und die nachlässige Haltung erinnern an Darstellungen seines Vaters Echnaton. Der König trägt die Krone Unterägyptens, die mit einer Kobra, der Uräusschlange, geschmückt ist.*

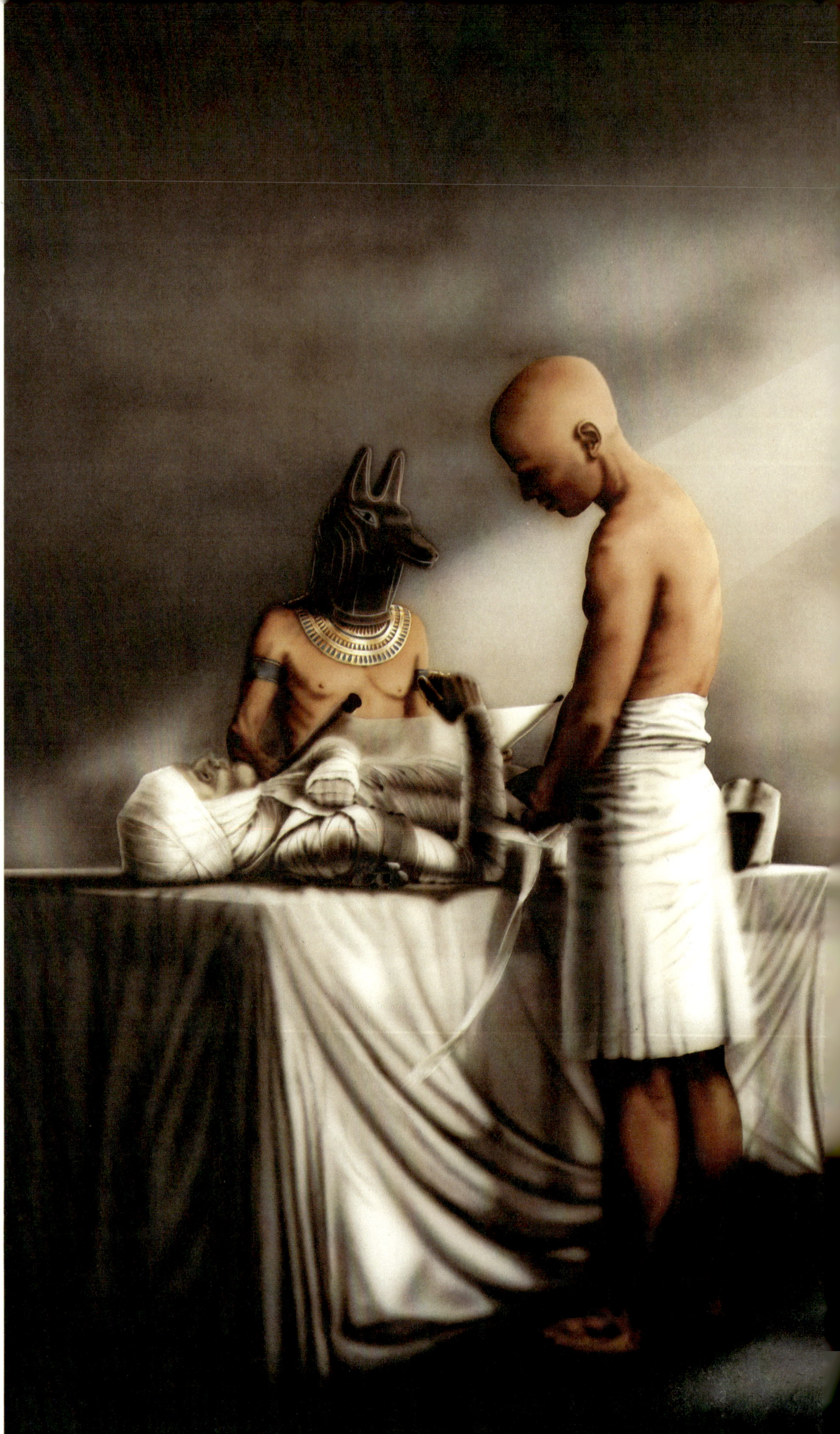

Bandagiert für die Ewigkeit

Der Pharao ist tot. Noch hallt das Echo der Klagelieder durch Säle und Flure des Palastes und pflanzt sich fort über das Land – Ägypten trauert. Kaum 19 Jahre alt ist Tutanchamun geworden. Auf Druck der Opposition und seiner Berater hat er vieles wieder rückgängig machen müssen, was sein Vater Echnaton im politischen und religiösen Bereich eingeführt hatte. Nicht länger mehr ist Achetaton am Tell el-Amarna die Hauptstadt, es ist wieder Theben. Nicht länger mehr ist Aton der einzige Gott; alle alten Götter sind wieder in ihre Rechte eingesetzt, und die mächtige Priesterschaft des Gottes Amun hat ihren Einfluß zurückgewonnen.

Jetzt liegt der junge Pharao aufgebahrt und wird für sein Leben in der Ewigkeit vorbereitet. Denn der Tod bedeutet keinen endgültigen Schlußstrich, er ist nur eine Zeit des Übergangs, in der sich Körper und Seele voneinander trennen. Wenn sie sich wieder vereinigt haben, beginnt das neue Leben. Bis zu jener Stunde schwebt die Seele frei durch Zeit und Raum. Damit sie ihren Körper auch wiederfindet, muß er vor dem Verfall bewahrt werden. Dies geschieht durch die Mumifizierung.

Es gibt verschiedene mehr oder minder aufwendige Methoden, einen Körper zu konservieren, und für einen Pharao ist die beste gerade gut genug. Die erfahrensten Einbalsamierer des Reiches haben sich des Verstorbenen angenommen. Mit einem langen Bronzehaken haben sie das Gehirn durch die Nasenlöcher herausgezogen; sie haben mit einem besonders präparierten Kieselstein den Leib aufgeschnitten und die Eingeweide entnommen und gereinigt. Sie werden gesondert in vier sogenannten Kanopen – Eingeweidegefäßen, in die im Falle Tutanchamuns noch zusätzliche mumienförmige Innenbehälter eingefügt werden – bestattet. Nur das Herz ist im Körper zurückgeblieben. Es gilt als Zentrum der Persönlichkeit.

Der leere Körper wird innen und außen mit Palmwein gewaschen und anschließend in trockenes Natronsalz gebettet, das ihm die Flüssigkeit entzieht. Dort liegt er 70 Tage, dann wird er ausgestopft, damit er wieder ein möglichst lebensechtes Aussehen bekommt, und mit Öl und Salben und duftenden Essenzen behandelt. Alles, was mit dem Körper des Toten in Berührung gekommen ist – jedes Tuch, jeder ölgetränkte Lappen und das Natron, in dem er lag –, sammeln die Einbalsamierer in großen Krügen, die sie später in der Nähe des Grabes im Erdreich vergraben.

Nun ist der Leichnam konserviert. Zahllose Tücher und Binden liegen bereit, um den Toten zu bandagieren. Sie bestehen aus Leinen unterschiedlicher Qualität; der feinste Stoff wird der Haut am nächsten liegen. Der Gebrauch von Wolle ist verboten. Nun beginnen die Einbalsamierer, die Mumie nach einem traditionellen, ausgeklügelten Verfahren in Tücher zu hüllen und mit Leinenstreifen zu umwickeln. Sie polstern den eingesunkenen Körper aus und bandagieren jeden Finger und jede Zehe. Zwischen die einzelnen Leinenstreifen schieben sie Goldschmuck von erlesener Qualität: Amulette, die den Toten auf seinem gefahrvollen Weg durch die Unterwelt begleiten. Man legt sie auf alle Körperteile, die geschützt werden sollen.

Währenddessen rezitiert ein Priester mit der Maske des schakalköpfigen Gottes Anubis, des Schutzherrn der Toten, Kapitel aus dem Totenbuch, einer Sammlung von Gebeten, Sprüchen und Beschwörungsformeln. Sie sollen den Toten schützen, aber sie verheißen ihm auch eher weltlich anmutende Freuden, wie z. B., daß es in den vier Öffnungen des Himmels, in den Regionen der Glückseligkeit, „wohl tut, mit ein wenig Geflügel seine Kräfte zu beleben, inmitten von Göttern, die die Welt geschaffen, und von Pharaonen, die Jahrhunderttausende über Ägypten regiert haben“ – eine Anspielung auf die Nahrungsmittel, die man dem Toten mitgibt. Tutanchamun wurde zudem mit 36 großen Krügen mit Wein für das Jenseits versorgt.

__Krummstab und Geißel__ sind die Herrschaftsinsignien der ägyptischen Könige und zugleich die Machtzeichen des Totengottes Osiris, die er über der Brust gekreuzt trägt. Die aus Gold, Bronze, Glas und Edelsteinen gearbeiteten Embleme sind eine Weiterentwicklung jener einfachen Geräte, die von den Nomaden des vorgeschichtlichen Oberägyptens beim Hüten ihrer Viehherden benutzt wurden: Mit der Geißel trieben sie ihre Tiere an, mit dem Krummstab faßten sie nach den Hinterbeinen.

Vor Räubern bewahrt

Tutanchamun, der als Kind den Thron bestieg und sehr jung starb, hat fast keine Spuren in der Geschichte seines Landes hinterlassen – aber sein Grab wurde zu einer Offenbarung der ägyptischen Kunst und Kultur. Es war die einzige Grabstätte im Tal der Könige, die von den Archäologen nahezu unversehrt vorgefunden wurde. Zwar waren auch hier schon in alter Zeit Grabräuber eingedrungen, aber sie hatten offenbar keine Zeit und Gelegenheit gehabt, die Kammern auszuräumen. Vielleicht hatten sie auch nur nach Krügen mit wertvollen Ölen, Salben und duftenden Essenzen gesucht, die leichter zu transportieren waren als das sperrige Mobiliar, das die Grabräume füllte. Natürlich nahmen sie auch einzelne Schmuckstücke mit, die sie beim flüchtigen Durchwühlen der Truhen fanden. Als Carter und Lord Carnarvon die Tür zur Vorkammer geöffnet hatten, standen sie vor einem Durcheinander von aufeinander gestapelten oder umgeworfenen Gegenständen. Wenn es nicht respektlos wäre, angesichts eines solchen Grabes von einer „Rumpelkammer“ zu sprechen, würde sich dieser Begriff vorzüglich eignen, um den Anblick zu charakterisieren, der sich den fassungslosen Archäologen bot. Nur handelte es sich eben nicht um Gerümpel, sondern um hervorragende Stücke der altägyptischen Kunst und des Handwerks. Viel Gold sah Carter, überall glänzendes, schimmerndes Gold. Direkt vor ihm stand eine Liege oder Bahre (so nannte Carter das Möbelstück) mit Kuhköpfen. Zwei andere ähnliche Gestelle, ebenfalls aus Holz und mit Gold überzogen, trugen Nilpferd- und Löwen- bzw. Gepardenköpfe. Unter einer der Liegen waren hölzerne, kissenförmige Behälter gestapelt, die, nach den einzelnen Aufschriften zu schließen, Nahrungsmittel enthalten sollten; der Inhalt entsprach jedoch nur selten der Aufschrift.

Da eine systematische Untersuchung der Funde auf diesem beengten Raum nicht möglich war, ließ Carter die Gegenstände Stück für Stück in das provisorische Labor im Grab Sethos' II. bringen. Zuverlässige Träger schafften die Kostbarkeiten auf einer hölzernen Trage oder in einer Kiepe dorthin. Stets war Carter dabei; Soldaten bewachten den Transport. Es kam vor, daß Touristen manchmal stundenlang warteten, um sich eine solche Prozession anzusehen. Und wann immer es zu verantworten war, ließ Carter die Gegenstände unverhüllt tragen, so daß das Publikum auf seine Kosten kam.

So konnte es z. B. ein Prunkstück ersten Ranges bewundern: den Thronsessel des jungen Königs. Dieser Sessel ist aus Holz gefertigt und mit Goldblech überzogen. Die Füße wurden von Löwentatzen gebildet. Den vorderen Sitzrand zieren zwei Löwenköpfe, Symbole des östlichen und westlichen Horizonts, über den diese Tiere nach ägyptischer Vorstellung wachen.

Ein weiterer kleiner Stuhl wurde ins Freie gebracht – wahrscheinlich der Kinderstuhl Tutanchamuns. Das gefällige Möbelstück ist aus Ebenholz gearbeitet und mit Elfenbein ausgelegt. Man fand auch die Einzelteile von vier Wagen in der Vorkammer. Diese Fahrzeuge waren zu groß für den knapp acht Meter langen und 3,6 Meter breiten Raum; sie mußten eigens zerlegt worden sein, um überhaupt Platz zu finden. Carter barg weitere Stühle und Schemel, Gefäße verschiedener Art, einen Kelch aus Alabaster und einige Truhen, deren Inhalt (vermutlich Schmuck) zum Teil geraubt worden war. In einer der Truhen lagen ein holzgeschnitzter und vergoldeter Leopardenkopf mit Augäpfeln aus Bergkristall sowie ein Krummstab, eines der Machtzeichen des Gottes Osiris und zugleich Bestandteil des königlichen Ornats. Ferner entdeckte man einen kleinen hölzernen Schrein, der mit Blattgold auf Gipsgrund überzogen war. Ursprünglich hatte dieser Schrein neben anderen Gegenständen auch eine goldene Statuette enthalten, die allerdings von den Grabräubern gestohlen worden war; das Fußgestell, auf dem sie gestanden hatte, war leer. Auf den Außenwänden des Schreins sind König und Königin bei verschiedenen zeremoniellen Handlungen dargestellt.

Und noch einen weiteren, allerdings etwas seltsamen Fund barg die Truhe: ein zusammengeknotetes Tuch, das in seinem Inneren acht Fingerringe aus massivem Gold enthielt. Das Tuch war so gefaltet und geknotet, daß es einen Beutel bildete, in dem die Schmuckstücke transportiert werden konnten. Man vermutet, daß die Grabräuber das Tuch in dieser Weise zusammengeknotet haben. Warum sie es allerdings bei ihrer Flucht zurückließen, weiß niemand mehr zu sagen; vielleicht haben sie es einfach vergessen oder aber – überrascht von den Wächtern des Königsfriedhofs – bei ihrer raschen Flucht liegenlassen müssen.

Der goldene Brustschmuck *(Pektorale) trägt zwischen den Schwingen der Göttinnen Isis und Nephthys die Namenskartuschen Tutanchamuns (links). Der geflügelte Skarabäus (rechts) wurde als Anhänger getragen. Der Käfer und die Sonnenscheibe, die er vor sich her zu schieben scheint, symbolisieren den Gedanken der Erneuerung des Lebens durch den Tod. Beide Schmuckstücke sind in Einlegetechnik zwischen Stegen aus Golddraht gearbeitet. Sie wurden in der Sarg- bzw. Schatzkammer gefunden.*

Allmählich hatten sich Carter und sein Team bis zu der Tür durchgearbeitet, die zur Sargkammer führte. Als sie die Vermauerung aufgebrochen hatten, standen die Archäologen vor einem goldüberzogenen, gewaltigen Holzschrein. Es war ein Kasten von riesigen Ausmaßen: 5 Meter lang, 3,3 Meter breit und 2,7 Meter hoch. Dieser Schrein füllte fast die ganze Sargkammer aus. Nur ein schmaler Umgang, in dem weitere kleine Grabbeigaben lagen, war frei geblieben. Verblüfft sagte Carter: „Das ist die größte vergoldete Fläche, die es auf Erden gibt."

Das also war nun der Ort, wo der jung dahingeschiedene Pharao ruhte – in einem kostbaren Schrein, der wie ein goldenes Häuschen aussah. Als Carter und seine Gehilfen darangingen, den Schrein zu öffnen, stellten sie fest, daß es nur das äußerste von insgesamt vier Gehäusen war, die alle keinen Boden besaßen und übereinander gestülpt worden waren. An einer Stirnseite war jeder der vier Schreine durch zweiflügelige Türen verschlossen. Die vergoldeten Wände und Türflügel sind mit einer überwältigenden Fülle von Abbildungen, magischen Szenen, Formeln und Symbolen bedeckt, die Texte und Bilder aus den Totenbüchern wiedergeben bzw. in Zusammenhang mit dem Unterweltsglauben der Ägypter stehen. Die Hieroglyphenschrift wird ergänzt durch eine Art Geheimschrift, die auch heute, über 60 Jahre nach der Entdeckung des Grabes, noch immer nicht völlig entziffert ist. Selbst wenn die Wissenschaftler in der Lage sind, einen Text zu lesen, so wissen sie nicht sicher, was er bedeutet.

Die Bauart der Schreine ließ bald erkennen, daß sie sozusagen vor Ort montiert worden waren, und dies mußte geschehen sein, bevor man die Trennmauer zwischen Vor- und Sargkammer gezogen hatte. Es erforderte viel Geduld, Einfallsreichtum und Sorgfalt, bis die Schreine wieder in ihre Einzelteile zerlegt waren, doch dann standen die Ausgräber vor dem wuchtigen, makellos gearbeiteten Sarkophag. Er besteht aus einem einzigen bräunlichgelben Quarzitblock mit einem Deckel aus rötlichem Granit. Rings an den Wänden sind magische Symbole eingemeißelt. An den vier Ecken stehen, reliefartig gearbeitet, die vier Göttinnen Isis, Nephthys, Neith und Selket, die ihre Arme und Flügel schützend um den Sarkophag legen.

Dieser Sarkophag barg wiederum drei Särge, alle ineinandergestellt und geformt in der traditionellen Gestalt des Gottes Osiris, der in seinen über der Brust gekreuzten Händen Krummstab und Geißel hält. Der Gesichtsteil des Sarges zeigt die Züge des Tutanchamun, womit sinnfällig zum Ausdruck gebracht wird, daß der König im Tod mit Osiris eins wurde und wie dieser wieder von den Toten auferstehen würde.

Die Särge waren so eng ineinandergefügt, daß sich die Silberstifte, mit denen die Deckel befestigt waren, nur wenige Millimeter bewegen ließen. Carter mußte den zweiten Sarg mit einer Winde anheben lassen, um die Stifte entfernen zu können. Dieser mittlere Sarg ist mit Einlegearbeiten überzogen. Um sie herstellen zu können, hatten die Handwerker den Holzsarg zunächst mit einem dünnen Goldblech überzogen. Darauf wurden dann Golddrahtstege gelötet und in die dadurch entstehenden Zellen vorgeformte bunte Glasplättchen geklebt.

Der dritte, innerste Sarg bestand aus massivem Gold, war 1,8 Meter lang und hatte etwa drei Millimeter dicke Wände. Sein Gewicht: etwa 110 Kilogramm. Als man den Deckel entfernt hatte, wurde endlich die Mumie des Königs sichtbar. Kopf und Schultern des Pharaos bedeckte eine Goldmaske mit Einlagen aus blauem Glasfluß. Den Hals schmückte eine dreifache Kette aus Ringen und Scheibchen aus Gold und blauer Fayence. Ein schwarzer Skarabäus lag auf der Brust. Darunter schwebte mit ausgebreiteten Schwingen ein Vogel mit Menschenkopf – Sinnbild der Seele. Die Mumie selbst trug zwischen den einzelnen Bandagen zauberkräftige Amulette sowie viele Schmuckstücke des Pharaos. Insgesamt 143 Gegenstände verbargen sich in den Mumienhüllen Tutanchamuns, darunter auch ein goldener Dolch und 17 vorwiegend aus Goldblech gearbeitete

Alabastermodell eines Schiffes, *dessen Bug und Heck mit Steinbockköpfen geschmückt sind. Unter dem auf Säulen ruhenden Baldachin steht ein Gebilde in Form eines Sarkophags oder einer Kajüte. Die Bedeutung dieses Kunstwerks, das an die heilige Barke des Sonnengotts und der Gottkönige erinnert, konnte noch nicht geklärt werden.*

Der Thronsessel Tutanchamuns *besteht aus mit Goldblech überzogenem Holz. Auf der Rücklehne ist in Einlegetechnik eine Szene dargestellt, die in ihrer Intimität das Lebensgefühl und den Stil der Amarnazeit spiegelt. Anchesenamun, die Gemahlin Tutanchamuns, salbt den Pharao. Auf beide richtet Gott Aton, symbolisiert in der Sonnenscheibe, seine Strahlen.*

Kragen. 13 Armbänder hatte man der Mumie übergestreift, sieben am rechten und sechs am linken Unterarm. Weitere elf Armreifen waren in die Mumienbinden gewickelt worden. 15 Ringe hatte man ihm mit ins Grab gegeben, zwei davon trug er an der linken Hand. Es fand sich ein Brustgehänge, ein sogenanntes Pektorale, gefertigt aus massivem Gold, das den Geier der oberägyptischen Reichsgöttin Nechbet darstellt. Gearbeitet ist es in Zelltechnik; die Einlagen aus farbigem Glasfluß passen perfekt.

So wertvoll die Schmuckstücke auch waren, die die Mumie des Königs zierten, an Schönheit, Einmaligkeit und Wert wurden sie noch übertroffen durch die Beigaben, die in der eigens dafür vorgesehenen Schatzkammer neben der Sargkammer lagen. Dort fand Carter unter anderem vier Kanopensärge aus massivem Gold, Nachbildungen des großen mittleren Mumiensargs. In ihnen waren die Eingeweide des Königs beigesetzt. 22 schwarze Holzschränkchen enthielten Statuetten verschiedener Götter, teils aus Holz, teils aus purem Gold. In anderen Truhen lagen Gegenstände, die Tutanchamun im Laufe seines kurzen Lebens wichtig gewesen waren – Spielzeug, Schreibgeräte, Spiegel und kleine Zepter. Außerdem fanden sich in der Schatzkammer 14 Schiffsmodelle; alle Schiffe zeigten mit dem Bug in Richtung Westen. Sie sollten den König von den „himmlischen Fährleuten“ unabhängig machen, wenn er die Gefilde der Seligen durchqueren wollte.

Erst fünf Jahre, nachdem er zum ersten Mal das Grab betreten hatte, konnte Carter seine Arbeit in der letzten der insgesamt vier Kammern, in der sogenannten Seitenkammer, fortsetzen. Hier waren die Spuren der Grabräuber unübersehbar. Wie durcheinandergewürfelt wirkten die Gegenstände, die Carter sah.

Da lagen 34 Alabastergefäße in der Form von Flaschen, Krügen und Tieren. Die Ornamente und die Details der Figuren bestanden aus Gold, Bronze, Elfenbein, Fayence und Glas. Alle Behältnisse, in denen ursprünglich Salben, Öle und duftende Essenzen aufbewahrt wurden, waren von den Grabräubern geleert worden; die letzten Spuren des Inhalts ließen sich nicht mehr eindeutig bestimmen. An der Nordwand der Seitenkammer lagen über 100 geflochtene Binsenkörbe, die Lebensmittel enthalten hatten. Außerdem fand man drei Dutzend Vorratskrüge; einige waren mit Binsen und einer aus Lehm geformten Kappe verschlossen. Die Analyse der Rückstände der längst verdunsteten Flüssigkeiten und die Tuscheaufschriften der Krüge ließen erkennen, daß in ihnen Wein aufbewahrt wurde.

Unter den Möbelstücken, die man hier fand, waren ein schlicht geformtes, aus Zedernholz gearbeitetes Schränkchen mit aufklappbarem Deckel und ein dreiteiliges Klappbett, das mit Hilfe von Bronzescharnieren doppelt gefaltet werden konnte. Neben Kopfstützen aus Elfenbein, einem Brettspiel, reich verzierten Sandalen, einem Handschuh und vielen anderen Gegenständen fand Carter hier auch ein hölzernes, mit Goldblech überzogenes Königszepter und Waffen: Wurfgeschosse und einen Bogen, der aus mehreren Schichten von Holz und Horn zusammengeleimt war. Die Bauart dieser Waffe hatten die Ägypter von den Hyksos übernommen, die um 1710 v. Chr. in das Land am Nil eingedrungen waren.

Die antike Friedhofsverwaltung hatte sich nicht mehr die Mühe gemacht, die Kammer in Ordnung zu bringen, als sie das Grab nach dem Eindringen der Räuber wieder herrichtete. Auf dem Deckel eines Kastens konnte man sogar noch den Fußabdruck eines Einbrechers erkennen. Carter hingegen widmete auch den letzten Fundstücken der Kammer die gleiche Sorgfalt und Aufmerksamkeit, mit der er die Bergungsarbeiten im Tal der Könige begonnen hatte.

Leben nach dem Tode

Das Volk des Niltals zeichnete sich gegenüber anderen Völkern des Altertums nicht allein durch seine überaus hohe Zivilisation und Kultur aus, sondern auch und vor allem durch die Art und Weise, in der die Toten für die Reise ins Jenseits ausgestattet wurden. Das Jenseits war ein Geheimnis, das die alten Ägypter zutiefst bewegte. Der Tod wurde nicht gefürchtet, nicht als Ende erlebt, sondern er galt als faszinierender und vielversprechender Neubeginn.

Der Tod markierte einen Neuanfang, eine zweite Geburt, die dem Verstorbenen nach dem irdischen, zeitlich begrenzten Dasein das ewige Leben bescherte. Deshalb wurden viele Anstrengungen unternommen, den Toten darauf vorzubereiten, in einer anderen Welt den Göttern zu begegnen und ihnen gleich zu werden. So wie an jedem Morgen die Sonne aus der Finsternis wiedergeboren wurde und alles in strahlendes Licht tauchte, so sollten auch die Toten als Lichtgestalten strahlend und schön wiederkehren. Und damit die Wiederkehr aus dem Reich der Finsternis und der Übergang in das neue Leben nach dem Tod auch ohne Schwierigkeiten und schmerzliche Entbehrungen vollzogen werden konnten, taten die Angehörigen und Hinterbliebenen alles, um die leiblichen und seelischen Bedürfnisse des Dahingeschiedenen zu erfüllen.

Innerhalb der Totenkults hatte das Totenbuch eine besondere Bedeutung. Es wurde entweder in den Sarg gelegt oder in die Mumienbinden eingewickelt und diente der Seele des Verstorbenen als Anleitung für die Reise in das Unbekannte. Es enthielt unter anderem magische, erlösende Formeln und Gebete, eine Art Gebrauchsanweisung für die Läuterung der Seele und Hinweise, wie den vielfältigen Gefahren, die in der Unterwelt lauerten, zu begegnen sei. Während der Bestattung gehörte es zu den Aufgaben der Priester, die einzelnen Texte aus dem Totenbuch zu rezitieren. Am Schluß eines jeden Kapitels finden sich sogar Anweisungen, wie die Texte gelesen und interpretiert werden müssen, damit sie von den Göttern gnädig und zugunsten der Toten aufgenommen werden.

Im alten Ägypten spielte die Totenliteratur zu allen Zeiten eine hervorragende Rolle. Die frühen Pyramiden- und Sargtexte, die sogenannten Unterweltsbücher (z. B. das *Buch der verborgenen Wohnung* oder das *Pfortenbuch*), sowie die im Neuen Reich verwendeten Totenbücher hatten die gleiche Aufgabe: das Jenseits anschaulich zu machen und den Toten vorzubereiten

Die ägyptischen Totenbücher *enthielten eine Sammlung von Sprüchen, magischen Formeln und praktischen Verhaltensvorschriften, die es dem Verstorbenen erleichtern sollten, vor dem Totengericht des Osiris zu bestehen. Der Beginn des Totenpapyrus des Anchef-enchonsu aus der Zeit der 20. oder 21. Dynastie (unten) zeigt den Toten vor dem Opfertisch. Die Figur in der Mitte ist Osiris, der die königlichen Insignien in seinen Händen hält.*

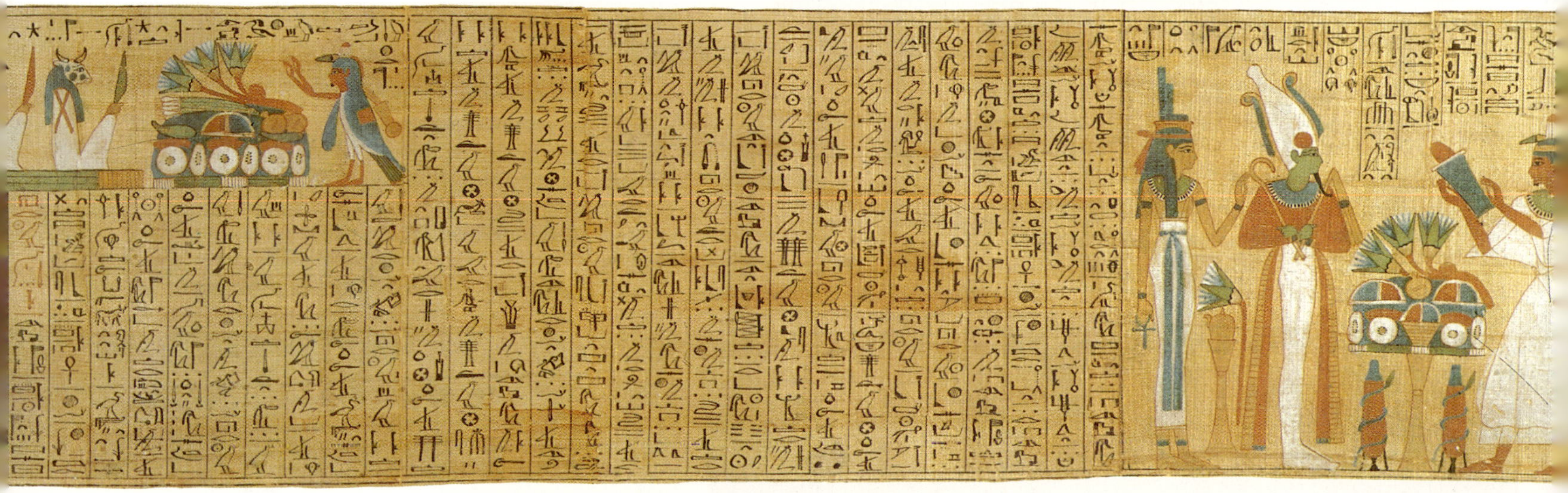

Die vielgestaltige Götterwelt, *die auch Tiere, Gestirne und Fabelwesen einschloß, spiegelt sich in den Illustrationen der Totenbücher. Das rechte Bild zeigt die verstorbene Djed-maat-is-anch bei einem Opferritus, umgeben von Göttern und Dämonen. Solche Szenen empfand der Ägypter, der ohne Furcht vor dem Jenseits aufwuchs, als nützlichen Hinweis auf Bevorstehendes, nicht als Grund zum Erschrecken.*

auf das, was ihn auf dem Weg zum Jenseits und dort selbst erwartete.

Eine weitere zentrale Funktion im Totenkult nahm die Zeremonie der sogenannten Mundöffnung des Toten ein. Diese auf den Wandmalereien der Grabanlagen häufig dargestellte Handlung sollte dazu dienen, dem mumifizierten Toten den Atem, die Sprache, die Schöpferkraft des Wortes und schließlich die gesamte sinnliche Wahrnehmung zurückzugeben.

Die Ägypter hatten konkrete Vorstellungen über das Totenreich. Es ähnelte der Welt, in der sie lebten: Es war wie Ägypten. Die Unterwelt wurde durch einen langen Strom in zwei Teile geschnitten und umfaßte zwölf Regionen, die sogenannten *duat*. Sie waren durch mächtige Pforten voneinander getrennt, an denen gefährliche Ungeheuer Wache hielten. Erst nach der Überwindung dieser Hindernisse und nach dem Totengericht begann für den Verstorbenen das zweite, ewige Leben.

Beim Totengericht wurde unter dem Vorsitz des Totengottes Osiris und im Beisein von 42 Totenrichtern (deren Zahl den 42 Gauen Ägyptens und 42 besonderen Sünden entspricht) das Herz des Verstorbenen gegen eine Feder, das Symbol der Wahrheit, aufgewogen. Der Tote, der schon zu Lebzeiten versucht hatte, sich durch gute Taten und Einhaltung der sittlichen Normen das ewige Leben gleichsam zu verdienen, durfte auf ein mildes Urteil hoffen. Befragt nach seinen Sünden, beteuerte er, keine begangen zu haben, und entkam damit, falls er die Wahrheit sprach, einem Ungeheuer mit dem Maul eines Krokodils und dem Leib eines Nilpferds, das gierig neben der Waage lauerte.

Diese unbefangene Einstellung zum Tod hatte zur Folge, daß die Ägypter eine Beerdigung eher als Fest denn als Trauerfeier empfanden. Zwar gehörten zum Leichenzug auch Priester und Klageweiber, aber Angehörige und Freunde begleiteten den Verstorbenen in der frohen Gewißheit, daß er den Freuden des ewigen Lebens entgegenging, und die Diener trugen Speisen und Getränke, um ihm den Weg ins Jenseits zu erleichtern.

Götter der Ägypter

Die alten Ägypter stellten sich ihre Götter nicht als ferne, abstrakte Wesen vor, sondern sie sahen in ihnen Geschöpfe, die dieselben Bedürfnisse und Wünsche hatten wie die Menschen. Die Götter wurden deshalb manchmal in Gestalt der Menschen, manchmal in Gestalt eines Tieres, teilweise auch als Mischwesen dargestellt. Sie waren aus keinem Bereich des ägyptischen Lebens wegzudenken, sie bestimmten den Alltag und den Rhythmus der Natur.

Es kam im Verlauf der sehr langen ägyptischen Geschichte auch vor, daß Götter verschiedener Herkunft miteinander verschmolzen. Während der vielen Jahrhunderte, in denen der Kult des Sonnengottes Re Staatsreligion war, konnten die Priester durch Angleichung oder Gleichsetzung der regionalen Gottheiten mit Re ihre lokalen Kulte am Leben erhalten, während sie gleichzeitig dem Staatsgott die ihm gebührende Ehre erwiesen. Ein Beispiel dafür ist Amun, der Stadtgott Thebens, der durch die Hinzufügung des Namens Re (Amun-Re) neue Schöpfereigenschaften erhielt.

Es wundert nicht, daß es bei der Vielzahl der Götter immer wieder zu Rivalitäten und Streitereien hinsichtlich ihrer Bedeutung kam, aber die ägyptische Religion war vielschichtig und flexibel genug, um solche Schwierigkeiten ohne Schaden überwinden zu können. So wurde der falkenköpfige Gott Horus, Sohn der Isis und des Osiris, der den Mord an seinem Vater rächte, ebenso verehrt wie Seth, der Gott der Unruhe und der Unordnung, der den Mord an Osiris begangen hatte. Der mächtige Horus, Welt- und Lichtgott und Herrscher über Ägypten, war einer der wichtigsten Götter. Die Pharaonen betrachteten sich als seine irdische Verkörperung.

Um Osiris (links), den Herrscher des Totenreichs, der mit Krummstab und Geißel dargestellt wurde, rankten sich zahlreiche Mythen. Er galt auch als Erd- und Vegetationsgott und symbolisierte mit seinem Tod (nach der Legende ist er zerstückelt und in den Nil geworfen worden) die jährliche Trockenheit im Niltal. Seine Wiedergeburt bedeutete, daß nach der Dürre die Fruchtbarkeit zurückkehrte und das Getreide gedeihen konnte.

Zu den volkstümlichsten Göttinnen gehörte Isis, die Gemahlin und Schwester des Osiris. Auf vielen Abbildungen trägt sie ein Kuhgehörn auf dem Kopf, in das eine Sonnenscheibe eingebettet ist.

Immer wieder dargestellt findet sich auch Anubis mit dem Kopf eines Schakals (oben), der Wächter der Gräber. Er hält das heilige Zepter der Könige und Götter in der Hand und nimmt an den Riten teil, denen sich ein Verstorbener vor dem Eintritt in die Unterwelt unterziehen muß.

Arbeiter in der Totenstadt

Dienerfiguren *wie diese Frau, die Getreide mahlt, sind als Grabbeigaben seit dem Alten Reich bekannt. Die zahllosen Uschebtis, die für die Gräber im Tal der Könige hergestellt wurden, entstanden in Deir el-Medine (unten).*

Wer einmal die gewaltigen Tempel in Theben, die tiefen Schächte der Felsengräber im Tal der Könige und die exakt und detailgenau gezeichneten Bilder an den Wänden der Grabkammern gesehen hat, der wird sich immer wieder fragen, wie solche umfangreichen Arbeiten organisiert wurden und wo und wie die Menschen gelebt haben, die dort beschäftigt waren.

Zum Glück haben die Archäologen die Stadt entdeckt, in der die Arbeiter und Handwerker wohnten, denen die Könige des Neuen Reiches (1552–1070 v. Chr.) und ihre Gemahlinnen, die Prinzen sowie die hohen und niederen Beamten ihre prunkvollen Gräber verdanken: Deir el-Medine im thebanischen Wüstengebirge. Möglicherweise wurde die Arbeitersiedlung bereits von dem Pharao Thutmosis I. gegründet, der von 1506 bis 1493 v. Chr. regierte. Aus dieser Zeit wurden gestempelte Ziegel ausgegraben. Zuverlässige Funde, die über die Verhältnisse in Deir el-Medine während der 18. Dynastie (1552–1306 v. Chr.) Auskunft geben könnten,

sind nicht vorhanden. Erst etwa ab 1300 v. Chr. sind viele „Verwaltungsakten" der damaligen Behörden überliefert – in Form von Tausenden sorgfältig beschrifteter Ton- und Kalksteinscherben. Sie vermitteln ein farbiges und recht genaues Bild jener Zeit und lassen erkennen, wie die Arbeiter und Beamten in Deir el-Medine, einer öden, weit abgeschiedenen Siedlung von etwa 70 Häusern, gelebt haben.

„Diener an der Stätte der Maat" nannten sich die Handwerker, und sie bezogen sich mit dieser Bezeichnung auf die Göttin der Wahrheit, die beim Totengebet Aufsicht an der Seelenwaage führte. Teilweise nannten sie sich auch die „Mannschaft des Pharaos". Sie waren in eine sogenannte linke und eine rechte Seite eingeteilt. Die merkwürdige Bezeichnung hängt vielleicht mit ihrem jeweiligen Einsatzort auf der linken oder rechten Seite der langgestreckten Gräber zusammen. Jede der beiden Seiten hatte einen Vorarbeiter als Vorgesetzten, hochangesehene Leute, die vom höchsten Beamten, dem Wesir, oder vom König selbst ernannt wurden. Sie führten die tägliche Aufsicht über die Arbeiten, schlichteten Streitereien unter den einzelnen Mitgliedern ihrer Mannschaft, nahmen sich aber auch ihrer Probleme und Kümmernisse an.

Den Vorarbeitern standen jeweils zwei „Schreiber des Königsgrabs" zur Seite. Zu den wichtigsten Aufgaben der Schreiber gehörte die Buchführung über die Arbeitsstunden und den entsprechenden Lohn. Ein Vorarbeiter beispielsweise erhielt pro Monat 7,5 Sack Getreide; die Arbeiter mußten sich mit 5,5 Sack zufriedengeben. Die Bezahlung in Naturalien war üblich, man rechnete pro Sack Getreide den Gegenwert von zwei Deben (etwa 180 g) Kupfer, und nach dieser „Währung" wurde der Wert aller übrigen Produkte bemessen. Ein Paar Sandalen z. B. hatte den Wert von etwa drei Deben, für einen Stuhl mußte man bis zu 25 Deben zahlen, und ein Ochse kostete sogar über 100 Deben.

Die tägliche Arbeitszeit betrug acht Stunden, einschließlich einer Mittagspause. Jeden Morgen wurde das Werkzeug, z. B. Meißel aus Bronze oder Kupfer und hölzerne Hämmer, gegen eine Quittung ausgegeben und am Abend ordnungsgemäß wieder eingesammelt. Zahlreiche Fest- und Feiertage verkürzten die Arbeitszeit.

Die „Mannschaft" war nicht immer gleich stark; sie schwankte zwischen 40 und 120 Personen. Hinzu kamen Hilfskräfte und Familienangehörige, die in Deir el-Medine wohnten. Einige Arbeiter waren so wohlhabend, daß sie sogar Sklaven halten konnten.

Zur Zeit von Ramses III. (er regierte seit etwa 1186 v. Chr. und wurde um 1153 v. Chr. ermordet) verschlechterten sich die wirtschaftlichen Verhältnisse des Landes, denn der Pharao mußte lange und aufwendige Kriege gegen die aus dem Mittelmeerraum nach Ägypten vordringenden Seevölker führen. Auch Deir el-Medine blieb von den Folgen nicht verschont. Die Lebensmittel wurden zusehends knapper, Korruption griff um sich, und die Arbeiter mußten immer länger und immer häufiger auf die Auszahlung ihres Lohns warten. So kam es 1156 v. Chr. zum ersten bekannten Streik in der Geschichte. Im sogenannten Turiner Streikpapyrus wurden die Ereignisse genau protokolliert: Die gesamte „Mannschaft" überschritt die Mauern der Totenstadt und zog mit der Parole „Wir haben Hunger" zum Westufer des Nils, wo sie einen Sitzstreik durchführte. Die Behörden sahen sich gezwungen, die letzten Getreidevorräte an die Arbeiter auszugeben.

In der Folgezeit stiegen die Preise um etwa 100 Prozent, und viele der Arbeiter gerieten plötzlich in eine solche Notlage, daß die Angst vor Entdeckung und moralische Bedenken außer Kraft gesetzt wurden: Trotz eines engmaschigen Wach- und Kontrollsystems begannen die Männer mit der Plünderung der mit unermeßlichen Schätzen angefüllten Gräber. Da sie die Örtlichkeiten gut kannten, mußten sie nicht einmal die Eingangssiegel aufbrechen. Oft kam es vor, daß bei der Anlage eines neuen Grabes ein Verbindungsgang zum Nachbargrab geschaffen wurde, um die Schatzkammer unauffällig ausräumen zu können.

Uschebtis sind kleine Figuren in Menschengestalt, *die aus Holz, Stein oder Fayence hergestellt und den Toten ins Grab gelegt wurden. Sie dienten als Ersatzpersonen des Verstorbenen und sollten für ihn die im Jenseits geforderten Arbeiten verrichten. Unten zwei Abbilder des noch kindlich wirkenden Tutanchamun, eingehüllt in Mumienbinden, die mit Texten aus dem Totenbuch beschriftet sind. Eine ähnliche Funktion haben die sogenannten Dienerfiguren, die typische Tätigkeiten aus dem ägyptischen Alltag zeigen. Im Grab Tutanchamuns wurden 413 Uschebtis gefunden.*

Thebens Totentempel

Die oberägyptische Stadt Theben lag auf dem rechten Nilufer beim heutigen Karnak und Luxor, wo die Touristen täglich den Spuren der Geschichte nachgehen. Dort befanden sich die Wohngebiete und die Hauptheiligtümer. Die Stadt erlangte während der 11. Dynastie (2040 bis 1991 v. Chr.) große politische Bedeutung, nachdem die Gaufürsten von Theben das in lokale Dynastien zersplitterte Unterägypten mit Oberägypten wiedervereinigten. Man errichtete öffentliche Bauten und die ersten monumentalen Tempel.

Unter der 18. Dynastie (1552–1306 v. Chr.) wurde Theben die Hauptstadt des Neuen Reiches. Seit dieser Zeit bis in die 20. Dynastie (1186–1070 v. Chr.) entstanden auf dem Westufer des Nils in der Ebene und am Fuß des Gebirges die gewaltigen Totentempel der Könige und Königinnen. So baute man z. B. das Ramesseum, den Totentempel des Pharaos Ramses II., und den Tempel der Hatschepsut in Deir el-Bahari.

„Hatschepsut ist die wahre Friedensfürstin, sie stellte wieder her, was zerstört war, sie brachte Frieden, wo Krieg war, und sie brachte Glück über das Land wie der Nil, wenn er den Feldern Wasser spendet", priesen die Untertanen ihre Königin.

Berühmt und geschätzt war Hatschepsut nicht nur wegen ihrer Friedfertigkeit und der Organisation von Forschungs- und Handelsexkursionen in ferne Länder; ihr Name ist für immer verbunden mit einer der eigenwilligsten und schönsten Tempelanlagen Ägyptens. In jener Zeit veränderten die Grabstätten der Könige ihren Charakter. Früher wurden die Mumien der Pharaonen in Pyramiden

***Sistrumkapitell an der Hathorkapelle** im Totentempel der Hatschepsut. Die Form des Kapitells ist einem Sistrum, einer Art Rassel, nachempfunden, die beim Kult der Göttin Hathor Verwendung fand. Der Griff des Sistrums bildet gleichsam den Säulenschaft; das Kapitell am oberen Ende ist mit dem Gesicht der Hathor geschmückt. Der Würfel, der das Gebälk trägt, erinnert an den Schallkasten des Instruments.*

beigesetzt, zu denen – räumlich nah zugeordnet – eine dem Kult des Toten dienende Tempelanlage gehörte, die aus einem sogenannten Taltempel, einem Aufweg und einem Statuen-bzw. Opfertempel bestand. Im Neuen Reich wurden der Totentempel, in dem der Kult stattfand, und das Grab deutlich getrennt. Um dem Verstorbenen die ewige Ruhe zu sichern und ihn vor Plünderern zu schützen, schuf man das Felsengrab: ein Kammersystem in Stollen, die tief in das Wüstengebirge am Westrand Thebens hineingetrieben wurden. Die Eingangstüren wurden weitgehend unkenntlich gemacht.

Der Totentempel der Königin Hatschepsut ist terrassenförmig in das ansteigende Gebirge hineingebaut. Die harmonische und elegante Linienführung verbindet das Bauwerk mit der Natur und integriert den Tempel in vollkommener Weise in die herbe Wüstenlandschaft. Die drei gestaffelten Terrassen sind durch sanft ansteigende Rampen miteinander verbunden. Die beiden unteren Terrassen waren von Säulenhallen umgeben. An der Nordseite befanden sich ein Tempel mit Hof und Altar für Re-Harachte, eine mit dem Sonnengott Re verwandte Gottheit, die speziell die morgendliche Sonne verkörperte, sowie eine kleine Kultkammer, die eine Statue von Thutmosis I., dem Vater der Königin, enthielt. Gegenüber lagen eine Halle und mehrere Räume für den Totendienst.

Zu den künstlerischen Höhepunkten des Tempels gehören jedoch die Reliefs, die in den einzelnen Hallen gefunden wurden. Sie sind nicht nur äußerst eindrucksvoll durch die differenzierte Farbgebung, sondern fallen auch durch die Detailbeobachtungen und die genaue, teilweise fast spöttische oder karikaturistische Skizzierung der verschiedenen Menschentypen auf. Wer die Reliefs chronologisch betrachtet, liest gleichsam eine Bildgeschichte.

In der Geburtshalle beispielsweise sind die legendäre Zeugung der Hatschepsut durch den Gott Amun und ihre Geburt dargestellt. Auch die Expeditionen, die auf Veranlassung der Königin in das sagenhafte Goldland Punt unternommen wurden, lassen sich in allen Einzelheiten nachvollziehen. Ägyptische Unterhändler gestikulieren beim Tauschgeschäft mit der einheimischen Fürstin, die Rundhütten und Palmen der Dörfer sind genausogut zu erkennen wie die Aktivitäten am Anlegeplatz der Boote.

Hatschepsut, die Witwe Thutmosis' II., war zwar nicht die erste Frau auf dem ägyptischen Thron, aber ihre lange Regierungszeit (1490 bis 1468 v. Chr.) und ihre erfolgreiche Friedenspolitik, bei der sie von ihrem Hofarchitekten und Berater Senenmut unterstützt wurde, machen sie zu einer der eindrucksvollsten Herrscherpersönlichkeiten. Um die tiefverwurzelten Traditionen nicht zu verletzen, ließ sie sich offiziell als Mann darstellen. Sie trug also nicht wie die schöne Nofretete, die Gemahlin Echnatons, Schmuck und prachtvolle Frauenkleider, sondern trat bei offiziellen Anlässen in Männerkleidung auf, mit Lendenschurz und Zeremonialbart. Hatschepsut regierte 22 Jahre lang, bis sie von ihrem Stiefsohn Thutmosis III. gestürzt wurde.

Unter dem Röntgenschirm

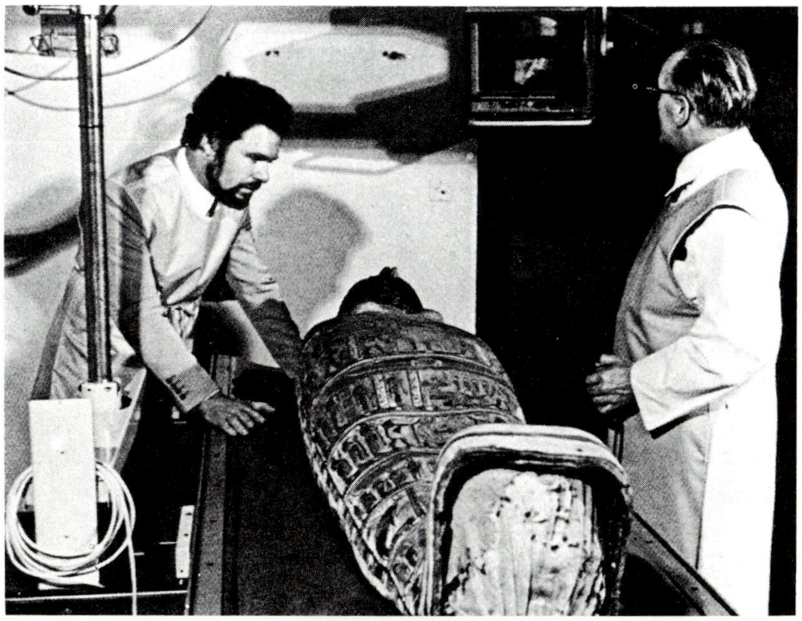

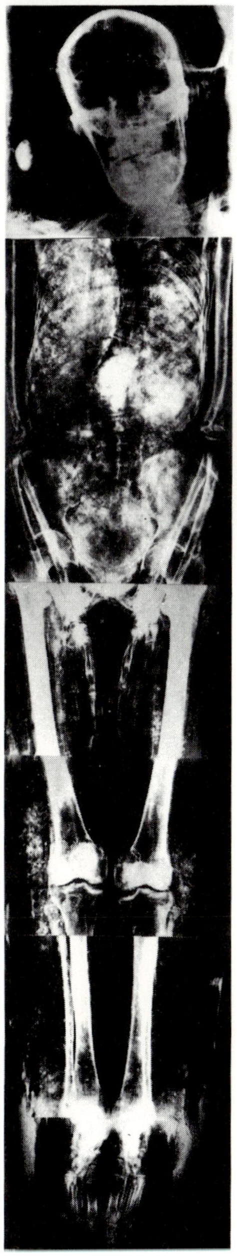

Lange Zeit standen die Forscher bei der wissenschaftlichen Untersuchung von Mumien vor dem gleichen Problem: Sie mußten die Körper öffnen, wobei die Gefahr der Zerstörung nicht auszuschließen war. Die Entdeckung der Röntgenstrahlen bot einen Ausweg. Bereits Ende des 19. Jh. wurde im Senckenberg-Museum in Frankfurt am Main der erste Sarkophag durchleuchtet. Heute gibt die verfeinerte Technik sogar zuverlässig Auskunft über die Krankheiten, die der im Sarkophag ruhende Mensch hatte.

Im Auftrag des Hildesheimer Pelizaeus-Museums wurde in den letzten Jahren auch die Mumie des Priesters Penju (um 600 v. Chr.) untersucht (Bilder oben und rechts). Die Ganzkörper- und Detailaufnahmen ergaben, daß Penju 1,54 Meter groß und zwischen 50 und 70 Jahren alt war, als er starb. Die genaue Todesursache war nicht festzustellen; allerdings erkannte man eine Verbiegung der Wirbelsäule. Das Röntgenbild machte außerdem sichtbar, daß die Mumie mit bis zu 25 Leinenlagen bandagiert ist; die Hände liegen gekreuzt zwischen den Oberschenkeln. Die Schichtaufnahmen zeigten einen tennisballgroßen Schatten im linken Brustraum, vermutlich das Herz, das nach getrennter Mumifizierung wieder in den Körper zurückgelegt wurde. Man entdeckte ferner zylinderförmige Stäbchen aus Fayence, die man als Reste des Totenhemdes identifizierte. Das Totenhemd symbolisierte das Federkleid des Horusfalken – ein Hinweis auf die Vorstellung, daß die Seele in Vogelgestalt weiterlebt.

Luxus und Dekadenz

Als der Franzose Jean-François Champollion 1822 seine erste Niederschrift über die Entzifferung der Hieroglyphen veröffentlichte, schlug die Geburtsstunde der Ägyptologie. Viele der Hypothesen über das geheimnisvolle Volk am Nil wurden bisher genährt von der Phantasie empfindsamer Kunstfreunde und den Hoffnungen und Vermutungen ehrgeiziger Wissenschaftler. Sie verloren ihre Gültigkeit, als man nun daranging, Dokumente zu sichten und Zusammenhänge herzustellen. Allmählich gewannen Geschichte, Kultur und Leben der Ägypter klarere Konturen.

Die gewaltige Zeitspanne von der Reichsgründung um 3000 v. Chr., dem Beginn der historischen Zeit, bis zu Alexander dem Großen, der 332 v. Chr. die letzte, die 31. Dynastie zerstörte und das bereits seit Jahrhunderten von assyrischen und persischen Herrschern regierte Land eroberte, füllte sich mit Daten und Fakten. Unterbrochen von einigen sogenannten Zwischenzeiten schälten sich die bedeutenden Perioden des Alten Reiches (2620–2100 v. Chr.), des Mittleren Reiches (2040–1650 v. Chr.) und des Neuen Reiches (1552–1070 v. Chr.) heraus.

So unterschiedlich die politische Entwicklung und die kulturellen Leistungen auch sein mochten, es zeigte sich, daß der griechische Historiker Herodot im 5. Jh. v. Chr. mit einem sicheren Gespür für grundsätzliche Strömungen nicht zu Unrecht von Ägypten als einem „Geschenk des Nils“ gesprochen hatte. Der Nil war die Lebensader des Landes, und die immer wieder aufbrechende Rivalität zwischen Unter- und Oberägypten begleitete die Geschichte der Dynastien durch die Jahrtausende.

Um 1710 v. Chr. drangen die Hyksos (ihr Name bedeutet „Herrscher aus fremden Ländern“), ein asiatisches Nomadenvolk, nach Unterägypten vor. Sie waren hervorragende Krieger mit einer überlegenen Waffentechnik, zu der auch der Einsatz von Pferden und Streitwagen gehörte. Die Hyksos gründeten im Nildelta eine Dynastie, die als Fremdherrschaft empfunden und besonders von den lokalen Herrschern in Oberägypten erbittert bekämpft wurde. Theben wurde zum Zentrum des Widerstands; von dort kamen, nach der Vertreibung der Hyksos, die Impulse zur Gründung des Neuen Reiches.

Es war die glanzvollste Periode der ägyptischen Geschichte. Die Armee der Pharaonen eroberte Palästina, Syrien und Nubien. Ägypten war nun eine Weltmacht; Theben wurde zur Metropole, und deren lokale Gottheit Amun entwickelte sich zum allmächtigen Staatsgott, dem prächtige Tempel gebaut wurden, die zugleich – wie in Ägypten üblich – bedeutende Wirtschaftszentren waren. Waffengewalt hatte das Reich gegründet, Kriege schufen seine Machtstellung, und so ist es nur folgerichtig, daß die Bedeutung des Militärs ständig zunahm. Zugleich wuchs die Macht der Priester, die längst dem Tempeldienst entwachsen waren.

Unter der Herrschaft Amenophis' III. (Regierungszeit 1402–1364 v. Chr.) erreichten Wohlstand und luxuriöses Leben in Ägypten ihren Höhepunkt. Die Oberschicht verfügte über genügend Zeit und Geld, ihren Interessen nachzugehen und sich fremden Einflüssen zu öffnen. In dieser Atmosphäre wuchs der Sohn und Thronerbe des Amenophis III. heran: Amenophis IV., eine der interessantesten Persönlichkeiten der ägyptischen Geschichte.

Mit großer persönlicher Leidenschaft förderte er den Kult des bis dahin ziemlich unbekannten Gottes Aton. Aton war eine der Formen des Sonnengottes Re und wurde verkörpert durch die sichtbare Tagessonne, d. h. die Sonnenscheibe. Amenophis, der sich bald Echnaton („dem Aton gefällig“) nannte, erklärte Aton zum alleinigen Gott und begriff sich, den Pharao, als einzige Verbindung zwischen dem Göttlichen und dem Volk. Er gab die Reichshauptstadt Theben auf und gründete eine neue Residenz, die er Achetaton („Lichtberg des Aton“) nannte. Sie liegt bei dem heutigen Amarna am Ostufer des

Die berühmte Büste der Nofretete, *der Gemahlin Echnatons, wurde in der Werkstatt des Bildhauers Thutmose in Amarna gefunden. Sie besteht aus bemaltem Kalkstein und diente vermutlich als Muster für andere Statuetten der Königin.*

Nils auf halbem Weg zwischen Memphis und Theben. Echnaton verbot den Amunkult und befahl die Auflösung der Tempel des alten Reichsgottes, was zu schweren Differenzen mit dessen mächtiger Priesterschaft und zu politischer Unruhe führte. Plastik, Malerei und Literatur der Amarnazeit lösten sich von der üblichen typisierenden Darstellung und dem verbindlichen Formenkanon. Die Künstler durchbrachen die Konventionen und schilderten z. B. das Familienleben Echnatons und seiner schönen Gemahlin Nofretete in naturalistischen, persönliche Züge betonenden Szenen. Eine nervöse Verfeinerung, die dem Abbau der Traditionen entspricht und in der sich der Verlust des Maßes spiegelt, ist unverkennbar.

Nach dem Tode Echnatons 1348 v. Chr. bestiegen nacheinander seine älteste Tochter und zwei seiner Söhne den Thron. Der jüngere war Tutanchamun, der als Kind zum Pharao gekrönt wurde und 1337 v. Chr. – noch nicht neunzehnjährig – verstarb. Während seiner Regierungszeit, die von einflußreichen Beratern aus Militär und Beamtenschaft geprägt war, wurde Echnatons Kulturrevolution rückgängig gemacht; die Hauptstadt verlegte man wieder nach Theben, und die Amunpriesterschaft erhielt ihre alten Rechte zurück.

Unveränderlich und beständig war hingegen die Urkraft, die das Land und seine Menschen prägte: der Nil. Am Nil und in seinem gewaltigen Delta lagen die wechselnden Hauptstädte des Landes: Memphis und Abydos, Theben und Achetaton. Links und rechts des 1200 Kilometer langen Flußabschnitts zwischen Assuan am ersten Katarakt und dem Mittelmeer erstreckte sich ein schmaler Streifen grünen Landes; die periodisch in jedem Jahr wiederkehrende Überschwemmung des Nils garantierte die Fruchtbarkeit und symbolisierte zugleich die göttliche Weltordnung, die Maat.

Trotz ihrer starken Bindungen an Totenkult und Jenseitsvorstellungen waren die Ägypter lebensbejahende, eher heitere Menschen. Sie besaßen einen ausgeprägten Sinn für das Nützliche und Praktische.

Das Leben der Landbevölkerung war gewiß hart, aber sie litt keinen Hunger. Brot und Bier gehörten zu den Grundnahrungsmitteln. Ägypten produzierte genügend Getreide, um auch einige magere Jahre überstehen zu können. Auf der Speisekarte der Oberschicht standen Rindfleisch, Geflügel, auch Wasservögel, und Wein.

Männer und Frauen schätzten, besonders in der Spätphase des Reiches, Schmuck und Kosmetik. Sehr beliebt waren Perücken. Die Frau besaß in Ägypten mehr Freiheit und Rechte als in den anderen Kulturen des östlichen Mittelmeerraumes. Sie konnte Eigentum besitzen und verkaufen und als Erbin auftreten. In der Ehe bestand Gütertrennung, und eine Scheidung war möglich – auch auf Veranlassung der Frau.

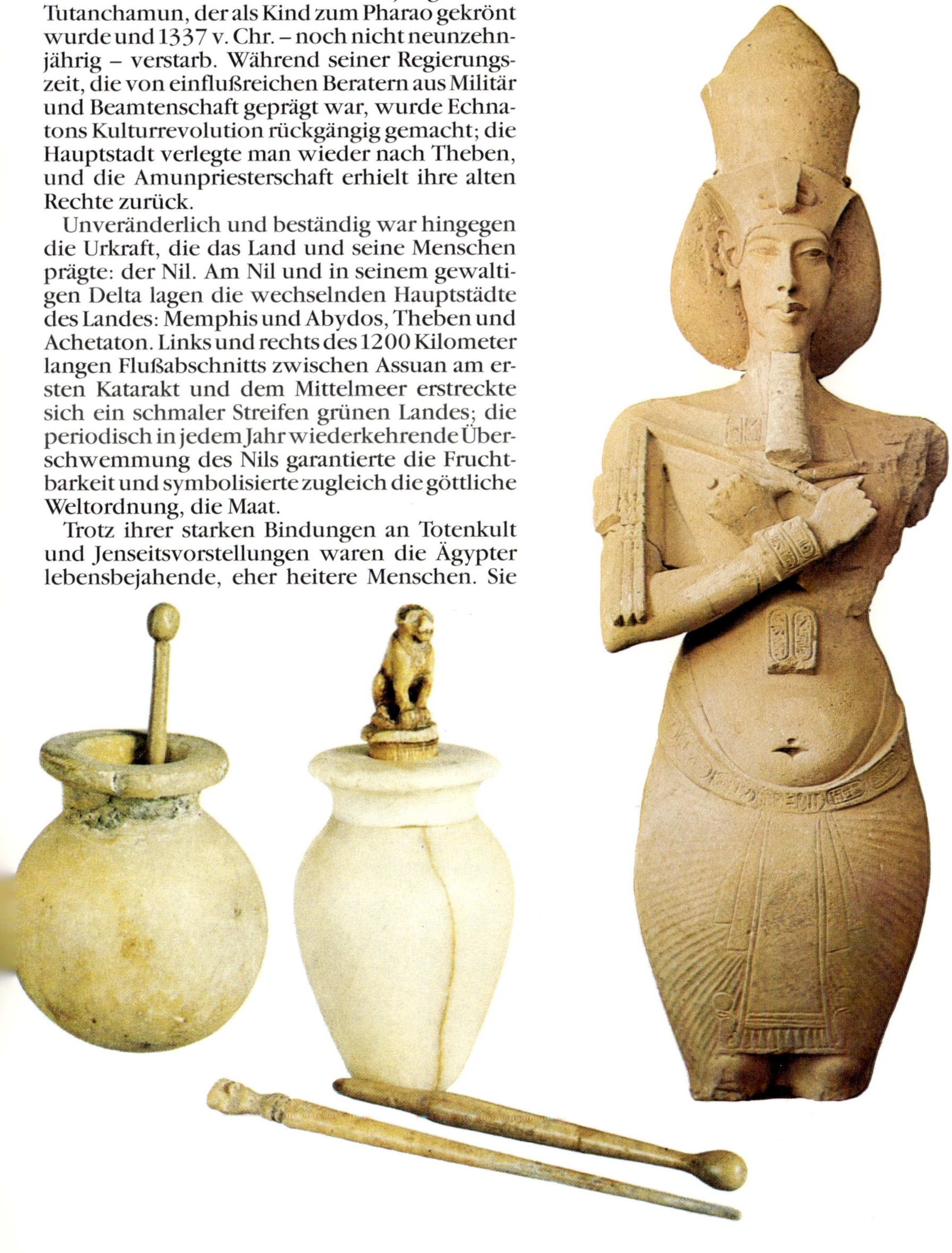

Die Büste Echnatons *dokumentiert das neue Stilempfinden der Amarnazeit: Der Pharao zeigt sehr individuelle Züge und fast weibliche Körperformen. Neben dem König zwei Schminkgefäße und Stäbchen zum Auftragen von Salbe.*

Dramatische Rettung

Als der Assuanstaudamm die Fluten des Nils steigen ließ, drohten die berühmten Felsentempel von Abu Simbel für immer im Wasser zu versinken. Eine beispiellose internationale Rettungsaktion bewahrte die Bauwerke, die Ramses II. im 13. Jh. v. Chr. hatte errichten lassen, vor diesem Schicksal.

Baustelle Abu Simbel

Es war die gewaltigste, kostspieligste und riskanteste Aktion zur Rettung von Baudenkmälern, die je gewagt worden war. Die Welt blickte auf Abu Simbel, wo 280 Kilometer hinter dem riesigen Staudamm von Assuan die beiden in den Sandstein des westlichen Nilufers geschlagenen Tempel des Pharaos Ramses II. – er regierte von 1290 bis 1224 v. Chr. – in den Fluten eines künstlichen Sees zu versinken drohten.

Ein Wettlauf mit der Zeit unter der glühenden Sonne Nubiens begann, und er wurde zu einem Beispiel internationaler Zusammenarbeit, das ohne Vorbild war.

Die monumentalen Tempel mit ihren Kolossalfassaden sollten in Einzelteilen aus dem Nilufer herausgeschält und 180 Meter landeinwärts an einem 65 Meter höher gelegenen Platz wiedererrichtet und neu in den Fels eingebettet werden, aus dem Ramses II. sie vor mehr als 3200 Jahren hatte herausmeißeln lassen.

Die Welt schaute nicht nur gebannt auf den Bauplatz Abu Simbel, sie half auch in seltener Einmütigkeit einem Land, das vor den finanziellen Anforderungen des Unternehmens kapitulieren mußte. Der feierliche Aufruf Ägyptens an die (damals) 82 Mitgliedsländer der UNESCO im Frühjahr 1960 fand ein Echo.

Fast zur selben Zeit donnerte in Assuan die erste Sprengung über den von den alten Ägyptern als Gottessymbol verehrten Nil, Startschuß für den Assuandamm, hinter dem der lebenspendende, aber auch lebenvernichtende Fluß zu einem mehr als 500 Kilometer langen See gestaut werden sollte. Dem nubischen Niltal drohte die Sintflut.

Doch es vergingen noch gut drei Jahre vom Baubeginn in Assuan bis zur gesicherten Finanzierung und der Vorlage eines technisch ausgereiften Konzepts für Abu Simbel. Denn man entschied sich für die wohl anspruchsvollste Lösung, für Millimeterarbeit mit tonnenschwerem Gestein.

Die Lage der beiden Tempel zueinander sollte unverändert bleiben. Getreu der Kunstfertig-

***Der erste Block** aus der Decke des großen Tempels wird vom Kran gehoben. Man erkennt die Stahlanker, die in vorgebohrte Löcher eingelassen und mit Kunstharzklebern dort befestigt wurden. Sie werden beim Wiederaufbau die Verbindung der Deckensteine mit den Elementen der Stahlbetonkonstruktion erleichtern, die über dem Tempel errichtet werden muß.*

***Die Baustelle** wird durch einen aufgeschütteten Damm mit Spundbohlen vor den steigenden Fluten des Nils geschützt. Die Fassade des großen Tempels liegt unter einem angehäuften Sandberg verborgen, der sie vor Steinschlag schützen soll. An der Vorderfront des Sandhaufens ist der Beginn der Tunnelröhre zu erkennen, die den Zugang zum Tempelinnern freihält. Der Fries der Paviane am oberen Ende der Fassade wird durch ein Stahlgerüst gesichert.*

keit ihrer einstigen Erbauer würden die Fassaden wieder im exakten Winkel zueinander der aufgehenden Sonne zugewandt sein, deren Strahlen an zwei genau berechneten Tagen des Jahres, nämlich am 20. Oktober und am 20. Februar, durch den schmalen Eingang des großen Tempels das Allerheiligste im hintersten Teil der geradlinig ausgemeißelten Grotte treffen.

Von diesem Sonnenwunder ahnte der Entdecker der Tempelanlage noch nichts. Es war der Schweizer Johann Ludwig Burckhardt, der 1813 auf einer Forschungsreise die Tempel wiederfand. Die in den Sandstein des Ufers gehauenen Kolossalfassaden waren fast vollständig mit Sand bedeckt, so daß Burckhardt nicht einmal ermitteln konnte, ob die teilweise sichtbaren Köpfe zu sitzenden oder stehenden Figuren gehörten. Erst vier Jahre später befreite der Italiener Giovanni Battista Belzoni den großen Tempel vom Sand und legte den Eingang frei.

Seltsamer Kreislauf der Geschichte: Fast 150 Jahre danach mußten die beiden Fronten der Kultstätten wieder mit Massen von Sand zugeschüttet werden, um sie bei der Rettungsaktion vor Beschädigungen zu schützen. Ihnen drohte Steinschlag, denn der Berg über den Tempeln sollte abgetragen werden, damit man zunächst die in den Hang gebauten unersetzlichen Decken und Wände als tonnenschwere Quader bergen konnte.

Zu diesem Zeitpunkt, im Frühjahr 1965, bot sich Abu Simbel als wohl ungewöhnlichste Baustelle der Welt dar. Nach der Aussiedlung von 100 000 Nubiern aus dem Stauseegebiet war das Land fast ohne Leben gewesen. Im langsam steigenden Wasser ertranken die Palmen und zerkrümelten die Lehmziegelwände der Häuser. Dann aber entstand auf dem hochgelegenen Ufer eine künstliche Oase der Arbeit, in der zeitweise bis zu 2000 Menschen fast aller Nationalitäten beschäftigt waren. Versorgt wurden sie und die Baustelle auf dem Wasserweg vom 280 Kilometer entfernten Assuan, das wiederum per Lkw vom 1000 Kilometer weiter nördlich gelegenen Haupteinfuhrhafen Alexandria beschickt wurde.

Abu Simbel verfügte unter anderem über eine Wasseraufbereitungs- sowie eine Eisbereitungsanlage, über ein Hospital, eine Bücherei, ein Postamt, ein Gästehaus, einen Friseur, Bars, ein Schwimmbad, über Sportplätze und eine Moschee. Perfekt ausgestattete technische Werkstätten waren vorhanden.

Daß sich wirklich alles mit großer Präzision eingespielt hatte, konnte man an jenem glühendheißen 21. Mai 1965 sehen, als plötzlich jeder Lärm auf der Baustelle von Abu Simbel erstarb. Ein zwölf Tonnen schwerer Sandsteinblock schwebte an seinem Haken aus dem fast unsichtbaren Schnitt im Fels und wurde behutsam auf dem Sandbett eines Lkw abgesetzt. Der Block, liebevoll „Baby" gerufen, wurde mit GA1AO1 signiert. Er war Nr. 1 seiner Art aus der ersten Reihe hinter der sorgfältig abgesicherten Fassade des großen Tempels. GA1AO1 bewies, daß Vorbereitung und Methode zur Rettung der Tempel von Abu Simbel richtig waren.

An Plänen fehlt es nicht

Der große und der kleine Tempel *wurden an ihrem ursprünglichen Standort durch einen sanften Bergeinschnitt getrennt, der mit einem Sandstrom gefüllt war. Die vier Kolossalstatuen, die den vergöttlichten Ramses II. darstellen, sind 20 Meter hoch. Die Figur links vom Eingang zerbrach vermutlich schon während des Altertums. Beide Tempel wurden in der Regierungszeit Ramses'II. gebaut; das kleine Heiligtum ist jedoch älter als der große Tempel.*

Hinter dem 121 Meter hohen Assuanhochdamm drohte eine uralte Kulturlandschaft in einem der größten je von Menschenhand geschaffenen See zu versinken. Tempel, Gräber, Städte, Kirchen, Festungen, Inschriften, Felszeichnungen – all diese Zeugnisse, die ein halbes Dutzend Zivilisationen hier hinterlassen hatten, würden für immer verschwinden. Deshalb arbeitete 1960 bei Baubeginn des Dammes ein Heer von Forschern fieberhaft im archäologisch gefährdeten Nubien, um zu archivieren, zu retten und zu bergen, was die Fluten zu verschlingen drohten.

Der Tempel von Kalabscha, der größte Freibau Nubiens, wurde abgetragen und nilabwärts in Sichtweite des „Sadd-el-Ali“, des „Hohen Dammes“, millimetergenau wieder aufgebaut. Der kleine Tempel von Amada konnte wegen seiner kostbaren Malereien nicht zerlegt werden. Er wurde mit Stahlbändern verschnürt und mit einer stabilen Platte unterlegt. Auf Schienen schob man dann das ganze Paket 2,6 Kilometer weit an einen wassersicheren Ort. Die „Perle Ägyptens“, die Tempelinsel Philae, wurde eingedeicht.

Nur das Schicksal der beiden Tempel von Abu Simbel blieb weiter ungewiß. Dabei mangelte es nicht an Plänen für ihre Rettung. Ein Amerikaner schlug vor, die Juwele aus der Pharaonenzeit aus dem Fels zu befreien, unter ihnen Pontons anzubringen und sie durch die Flut aufschwimmen zu lassen. Ein polnischer Ingenieur empfahl Betonschalen vor den Tempelfassaden. Bei einer anderen polnischen Studie befand sich der große Tempel innerhalb einer halbkreisförmigen Schutzmauer, der kleine in einem oben verglasten Betonzylinder.

Ausgereifter waren bis 1962 zwei andere Vorschläge. Die französische Ingenieurfirma Coyne und Bellier wollte beide Tempel mit einem 80 Meter hohen Wall aus Sand und Gestein umgeben, der in einem Bogen um das Steilufer schwingen sollte. Und das italienische Unternehmen Italconsult setzte sich dafür ein, die beiden Kolossalbauten hydraulisch als Ganzes zu heben. Die überlagernden Felsen sollten vorher

abgetragen und die Tempel aus dem Gestein gelöst werden. Dann wollte man sie mit Eisenbetonplatten unterlegen und 65 Meter hoch in Sicherheit liften: 440 Pressen unter dem großen, 94 Pressen unter dem kleinen Tempel – bei einem Stückgewicht von 265 000 und 55 000 Tonnen – wären dazu nötig gewesen.

Die Idee des Dammbaus wurde verworfen, weil für den porösen Sandstein der Tempel das Sickerwasser eine zu große Gefahr gewesen wäre. Auch war man aus ästhetischen Gründen gegen eine Art Einbunkern der dem Sonnenaufgang zugewandten Heiligtümer. Der Umzug von Ramses auf italienische Art war mit 90 Millionen Dollar unerschwinglich. Das wurde Anfang 1963 schmerzlich klar, als man Kostenvoranschläge einholte. Das Projekt geriet ins Stokken. Eine neue Idee des Franzosen Alain Caquot wurde diskutiert: Er wollte nicht auf das Ansteigen des Pegels im Stausee warten, sondern die aus dem Gestein gelösten Tempel in riesigen Betonwannen aufschwimmen lassen. Doch für die Prüfung des Plans war es zu spät.

Da einigten sich Ägypten und die UNESCO im letzten Augenblick auf einen Vorschlag, den der Bildhauer Ahmad Osman, Leiter der Kunsthochschule in Alexandria, gemacht hatte und der von der schwedischen Ingenieurfirma Vattenbyggnadsbyrån (VBB) ausgearbeitet worden war. Die Tempel sollten in möglichst große Blöcke zerlegt und 65 Meter höher sowie 180 Meter landeinwärts wieder zusammengesetzt werden. Die Kosten: 36 Millionen Dollar.

Ägypten übernahm ein Drittel, ein weiteres Drittel zahlten die USA, den Rest die UNESCO. Am 16. November 1963 wurde der Vertrag über die Rettungsaktion mit dem internationalen Konsortium „Joint Venture Abu Simbel" unterzeichnet. Es war eine Arbeitsgemeinschaft der Firmen Grands Travaux de Marseille (Paris), Hochtief (Essen), Impregilo (Mailand), Skanska und Sentab (Stockholm) sowie Atlas (Kairo). Die Firma Hochtief, die bereits aus Nubien Erfahrungen mitbrachte, weil sie den Tempel von Kalabscha versetzt hatte, stellte die Bauleitung. VBB überwachte das Vorhaben.

Meisterwerk der Ingenieure

Im Frühjahr 1964 stehen sie sich gegenüber: der göttliche Herrscher eines einstigen Weltreichs und seine Retter. Zu seinen Füßen wächst in der Einöde der Nubischen Wüste eine moderne Großbaustelle. Während der Pegel des Nils schon bedenklich steigt, kann nun endlich das gewaltige Werk beginnen. Um die beiden in den Sandstein geschlagenen Kolossalbauten vor den gurgelnden Fluten zu retten und an einem sicheren, höher gelegenen Platz wieder aufbauen zu können, müssen sie zunächst sorgfältig in Einzelteile zerlegt werden. Ein genauer Schnittplan liegt vor.

Danach wird das große Bauwerk in 807 eigentliche Tempelsteine zersägt, das kleinere in 235. Hinzu kommen die Einzelteile des der Fassade sich anschließenden Felsrahmens: 1010 Blöcke des sogenannten Treatments A und rund 5840 des Treatments B. Das Gewicht der teilweise mit der Handsäge herausgeschnittenen porösen Sandsteinblöcke darf je nach ihrer bisherigen Lage 20 oder 30 Tonnen nicht überschreiten. Jeder Block wird mit Meßmarken versehen, die Schnittstärke ist auf maximal sechs Millimeter festgelegt, wird jedoch zumeist unterschritten.

Ab- und Wiederaufbau werden zum Prüfstein für die Kunst der Vermesser. 300 000 Ablesungen mit dem Theodoliten, dem wichtigsten Winkelmeßgerät der Geometer, werden gemacht. Die Arbeit der Vermesser garantiert die Lage der Blöcke und der beiden Tempel zueinander auf den Millimeter genau. Die Geometer überwachen auch den Zusammenbau der 143 Tonnen Stahlprofile, die der Abstützung der Tempelinnenräume dienen und Veränderungen im Spannungsverhältnis, die beim Abtragen des Deckgebirges auftreten, abfangen sollen. Auf diese Weise hofft man, der Gefahr von Rissen und Sprüngen vorzubeugen.

Die Stahlprofile, die beim Abbau als Stützgerüst dienten, werden in der gleichen Weise für den Wiederaufbau benutzt und erleichtern das Zusammensetzen der Blöcke. Ein Elektronenrechner liefert für die Meßpunkte des geschnittenen Steins die neuen Koordinaten. Hydraulische Pressen manövrieren die Quader in Feinbewegungen nach dem Abhaken vom Kran, bis der Vermesser mit der Lage der Blöcke zufrieden ist. Das Justieren kann bisweilen Stunden dauern.

Durch diesen millimetergenauen Wiederaufbau bleibt jenes „Lichtwunder" der eindringenden Sonnenstrahlen erhalten, das durch die Kunstfertigkeit der einstigen Architekten des großen Tempels möglich wurde, und das noch heute jeden Augenzeugen fasziniert.

Die hier abgebildete Skizze verdeutlicht die gigantischen Anforderungen, die an die Techniker gestellt wurden. Sie zeigt die ursprüngliche und die neue Lage des großen Tempels (der rechts daneben liegende kleine Tempel ist verdeckt), dazu das veränderte Niveau des Flusses, der zum Stausee wurde. Lagegetreu eingeklinkt ist der Grundriß des großen Tempels: Hinter dem Vorhof stehen an der Wasserfront die vier Kolossalstatuen. Ihnen folgt, bereits im Berginnern liegend, der Saalhof. Aus dem Felsen wurden drei Schiffe ausgehauen, die durch zwei Reihen von je vier Pfeilern voneinander getrennt werden. Vor den Pfeilern stehen, dem Mittelschiff zugewendet, acht riesige Statuen. Links und rechts sind an den Saalhof Nebenkammern angesetzt, in denen Kultgegenstände untergebracht waren. Es schließen daran an der fast quadratische Pfeilersaal, die schmale, quer zur Längsachse liegende Vorkammer und das Allerheiligste, in dem die Barke, das Fahrzeug der Gottheit, aufbewahrt wurde.

Neben der Tempelskizze ist zur Verdeutlichung der Größenverhältnisse die Fassade von Notre-Dame in Paris (69 Meter) eingezeichnet worden. Die schwarzen und weißen Quadrate der Meßlatte bedeuten jeweils zwei Meter.

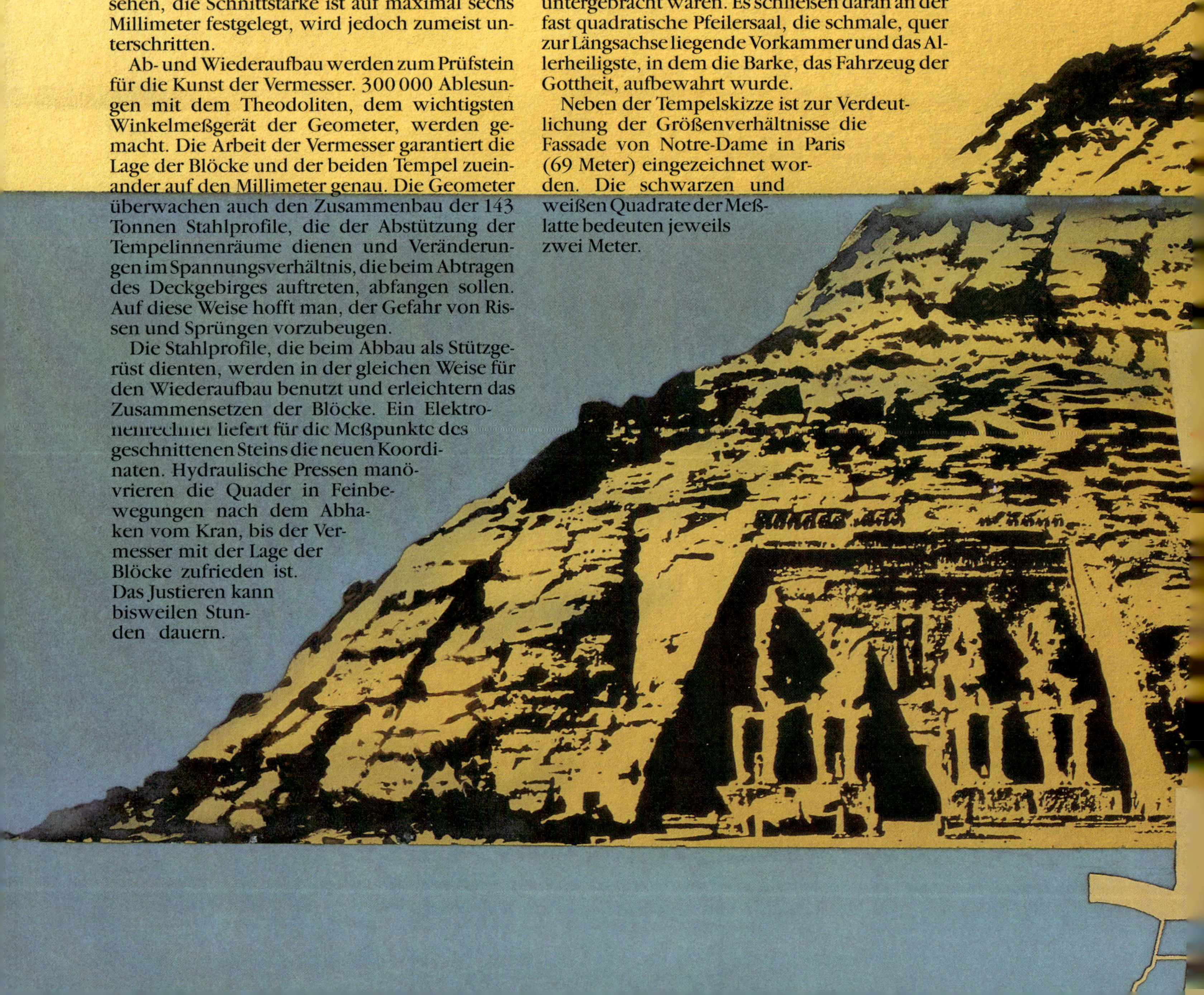

Tempel auf Wanderschaft

Das Gesicht des Pharaos, *der zuvor von seiner schweren Krone befreit wurde, schwebt am Kran. In siebzehnstündiger Arbeit haben zwei Marmisti die Maske des Gottkönigs vom Kopf getrennt. Der geringste Fehler wäre tödlich für den Pharao gewesen.*

Nur Wochen trennen im Frühjahr 1964 den Beginn der Rettungsarbeiten in Abu Simbel vom Abschluß der ersten Bauetappe am Hochdamm von Assuan. Die Sprengung, die dem Nil den Weg in sein neues Bett öffnet, wird für die Männer bei den Tempeln zum Startschuß für ein Wettrennen gegen die steigenden Fluten.

Ein Schutzdeich muß gebaut werden. In fieberhafter Eile schütten ihn die Ingenieure und Techniker der Joint Venture bis zum Frühjahr 1965 an. In einen Kern aus Gestein und Sand senken sie zur Abdichtung eine Wand, die aus bis zu 24 Meter langen Spundbohlen besteht. Aus einem Steinbruch wird schweres Material herangekarrt. Mit einer Länge von 372 Metern und einer Höhe von 25 Metern über dem Flußbett ist dieser Damm ein imponierendes Werk. Er legt sich von der Felsnase südlich des großen Tempels bis zum Felsabsturz nördlich des kleinen Tempels abschirmend um die Baustelle. Die Wände aus Spundbohlen haben eine Oberfläche von etwa 11 000 Quadratmetern, der Deichkörper schluckt 96 000 Kubikmeter Sand und 276 000 Kubikmeter Fels. Dennoch blikken die Männer in Abu Simbel sorgenvoll auf den anschwellenden Fluß. Im November 1964 steht die Flut nur zwei Meter unter der Deichkrone.

Weil der nubische Sandstein außerordentlich porös ist, muß mit Wassereinbrüchen durch das Gebirge und einem ansteigenden Grundwasserspiegel gerechnet werden. Gräben und Stollen fangen das Sickerwasser ab. Doch der Damm ist überraschend dicht. Die Pumpen mit einer Soll-Leistung von 500 Litern pro Sekunde brauchen nur einmal in einer kritischen Hochwasserphase 150 Liter pro Sekunde zu schaffen. Später droht sogar das Trinkwasser für die Beschäftigten knapp zu werden, so weit sinkt der Grundwasserspiegel ab.

Während der Nildeich vollendet wird, müssen noch vor dem eigentlichen Abbau der Tempel weitere Schutzmaßnahmen getroffen werden. Der Felseinschnitt zwischen den beiden Monumentalbauten wird von losem Geröll gereinigt. Planierraupen schieben Sandmassen vor die Fassaden der Tempel, durch Rohrleitungen wird weiterer Sand von oben geschüttet. Er soll die Sandsteinkolosse vor Steinschlag schützen, wenn der Fels über den Heiligtümern abgetragen wird. Der Pavianfries über dem großen Tempel wird zusätzlich durch eine Stahl- und Holzkonstruktion gesichert.

Durch die Sandwälle führen zwei riesige Rohre als Eingangstunnel in die Tempel, damit die Techniker dort ohne Unterbrechung weiterarbeiten können. Sie steifen mit einem Stahlgerüst – auf Luftkissen, die später mit Zementmörtel ausgegossen werden – die Kulträume beider Heiligtümer aus. Das Gerüst soll das Gewicht der Deckensteine aufnehmen, sobald diese freigeschnitten sind.

Gleichzeitig werden Probleme geklärt, die sich in der zweiten Phase des Abbaus ergeben. In wie große Blöcke dürfen die Denkmäler nach dem Abtrag des überlagernden und des rundum anstehenden Gesteins zerteilt werden? Man entscheidet: Das Höchstgewicht für Deckenplatten und Wandblöcke darf 20 Tonnen betragen, das der Fassadenteile 30 Tonnen. Auch die größte zulässige Oberfläche der geschnittenen Steine wird festgelegt: 15 Quadratmeter für flache Fassadensteine, 10 Quadratmeter für Deckensteine und 12 Quadratmeter für Wandsteine aus den Tempelräumen. Womit aber sollen die präzise vorgeschriebenen Schnitte gemacht werden?

Tieflader transportieren *die drei Köpfe, einen nach dem andern, auf den Lagerplatz. Das Gesicht ruht, um Spannungen zu vermeiden, aufrecht auf einem Sandbett, das die Erschütterungen während der Fahrt weitgehend abfangen soll.*

Das Ansetzen der Gesichter *gehört für die Besucher der Baustelle und für die Arbeiter zu den aufregendsten Augenblicken. Die in die Rückseite der Maske eingearbeitete keil- und winkelförmige Stahlbetonkonstruktion soll ein Abkippen verhindern.*

Man kommt zu dem Ergebnis, daß in Abu Simbel die Säge das ideale Rettungsinstrument ist. Zur Demonstration sägen Ingenieure der schwedischen Firma VBB in einem Stockholmer Konferenzzimmer in Anwesenheit von UNESCO-Experten eigenhändig ein Stück Beton durch. Seine Eigenschaften entsprechen denen des härtesten Sandsteins von Abu Simbel.

Verschiedene Sägetypen werden getestet und jeweils für ganz bestimmte Aufgaben eingesetzt. Die Anforderungen an die Techniker sind hoch: Bei allen Ansichtsflächen darf die Schnittbreite vertragsgemäß sechs Millimeter nicht überschreiten. Doch der Sandstein von Abu Simbel ist sehr empfindlich – mehr Sand als Stein. Bald wird klar, daß die Schnitte bei sichtbaren Partien nur in Handarbeit befriedigend zu legen sind. Motorsägen und Kettenfräsen kommen nur für das Zerteilen der Blöcke von der Rückseite her in Frage.

Auch der Transport des bröckeligen nubischen Schichtgesteins bereitet Sorgen. Hubstaplerähnliche Geräte, Schlingen, Gurte und Seile sind nicht verwendbar, denn der starke Abrieb, der bei ihrer Benutzung unvermeidbar ist, könnte die schweren Steinbrocken ruinieren. Die Projektleitung schlägt deshalb vor, die Blökke an eingesetzten Stahlankern zu bewegen. Auf der Baustelle wird dieses entscheidende technische Prinzip verfeinert. Durchmesser und Anzahl der Anker aus quergerippten Rundeisen richten sich nach Form und Gewicht des zu hebenden Steins, ihre Lage nach dem errechneten Schwerpunkt. Wegen des bröseligen Materials müssen die Bohrlöcher für die Anker bei einem 2,5 Meter dicken Block z. B. 2,3 Meter tief sein. Die Hubkraft soll aus Sicherheitsgründen nur ganz unten am Block angreifen, und nur dort soll der Anker auch befestigt werden. Dabei darf man keinen wasserhaltigen Mörtel verwenden. Der Stein hätte die Feuchtigkeit aufgesogen und dabei möglicherweise farbliche Schäden erlitten. Die Experten entscheiden sich für Epoxidharze, die fester haften als Zement. Ein Chemiker testet auf der Baustelle Tausende von Harz-Härter-Mischungen bei wechselnden Temperaturen. Wenn die Stahlanker sitzen, werden sie mit einer Traverse (Querträger) verschraubt, an der später der Seilhaken des sogenannten Derricks, des Mastendrehkrans, eingehakt wird.

Zur Zwischenlagerung der geschnittenen Steine werden in der Nähe des Wiederaufstellungsortes zwei riesige „Parkplätze" gebaut. Wie Bücher in einer Bibliothek sollen die Blökke dort sortiert und numeriert abgestellt werden, absolut bruchsicher natürlich.

Der Abbau beginnt Anfang 1965. Das überlagernde Gebirge wird abgetragen, um an die Tempeldecke heranzukommen. Monatelang rumpeln schwere Raupenfahrzeuge, deren Stahlzahn den Fels aufreißt, über den Tempeln, das Material poltert über jeweils zwei Rutschen beiderseits der Tempelfassade herab. Es folgt der Feinaushub. Mit Preßluftbohrern, die vorsichtig mit der Hand geführt werden, arbeiten sich die Männer von oben und von den Seiten an die Innenräume des Tempels heran, bis Tempeldecke und -wände nur noch 80 Zentimeter stark sind. Der Abbau dieser unmittelbar über der Decke liegenden Schicht erfordert bereits größte Aufmerksamkeit. Spezialisten aus den norditalienischen Marmorbrüchen, sogenannte Marmisti, sägen mit der Kettenfräse 110 Zentimeter tiefe Entlastungsschnitte schräg in den Fels, die dort auftreffen, wo die Decke mit der Wand zusammenstößt. Dadurch sollen gefährli-

***Risse und Sprünge** im brüchigen Sandstein sind bei den vielen Arbeitsgängen, denen die einzelnen Blöcke ausgesetzt werden, unvermeidlich. Die kleinste Fuge wird sofort mit Kunstharzinjektionen geschlossen. Wie die Nase des Gottkönigs müssen auch zahllose andere Stücke behandelt werden.*

***Wie verlassen** sitzen die vier Statuen unter der heißen Sonne Nubiens. Sie warten auf die Wiederherstellung der Landschaft, die sie sozusagen in den vertrauten Rahmen zurückversetzt. Über beiden Tempeln wird ein Kuppelbau aus Stahlbeton errichtet. Er soll die gewaltige Last der Steinplatten und des Gerölls tragen, die über den Bauten angehäuft werden, bis der Gesamteindruck dem ursprünglichen Landschaftsbild entspricht. Über dem vorderen Teil des großen Tempels spannt sich das Schalungsgerüst, in das drei Betonbögen von je 2,5 Meter Breite gegossen werden.*

che Spannungen neutralisiert werden. Andere Marmisti ziehen nach dem Sägeplan zehn Zentimeter tiefe senkrechte Schnitte in die bemalte Decke. Bohrlöcher werden in die Schnitte getrieben und Stahlspinnen hindurchgesteckt, die auf der Außenseite anzeigen, wie hier mit Kettenfräse oder Motorsäge gearbeitet werden muß. Der gröbere Schnitt spielt dort eine geringere Rolle. Dann ist es soweit: Am 21. Mai 1965 hebt der Kran den Stein mit der Bezeichnung GA1AO1 aus den Fugen. Seit der Unterzeichnung des Vertrages sind anderthalb Jahre vergangen.

Die Zeit drängt. Am 1. September 1966 soll der Nil eine kritische Stauhöhe erreichen. Die untere Baustelle muß dann geräumt sein. Doch die Eile darf die Aufmerksamkeit für jeden abzubauenden Block nicht schmälern. Stoffstreifen über den Schnittstellen der Ansichtsseiten verhindern ein Abbröckeln der Kanten. Die Derrickkrane, mit Seilen am Felsmassiv und am Damm festgezurrt, arbeiten im Zeitlupentempo, aber mit Präzision. Wichtige Blöcke werden zunächst nur fingerbreit gehoben und mit einer Waage am Kranhaken gewogen. Eine hydraulische Presse erhöht dann das Gewicht versuchsweise um zehn bis zwanzig Prozent. Droht der Stein zu brechen, wird er entweder in kleinere Stücke gesägt, oder die Schwachstelle wird mit Einspritzungen verfestigt. Zur chemischen Verfestigung werden überwiegend Polyesterharze verwendet. Doch die Injektionen dürfen keinesfalls an den Sichtflächen austreten, denn dann würden sie Flecke hinterlassen.

Am 12. August 1965 wird der erste Deckenstein des großen Tempels gehoben. Anfang Oktober beginnt das Zerlegen der Fassadenkolosse. Pharao Ramses II. – die südlichste Sitzfigur – verliert die Krone und dann, am 10. Oktober, das Gesicht. Derlei Zerstückelung erregt bei manchem Kunstfreund unterdrückten Unwillen. Doch das komplette Herrscherhaupt – als ganzes gehoben – hätte selbst ausgehöhlt das erlaubte Höchstgewicht von 30 Tonnen pro Block erheblich überschritten.

Am 16. April 1966 verlädt der Kran den letz-

Im Saalhof des großen Tempels *stehen nach dem Wiederaufbau die Königsstatuen vor den acht Pfeilern, die in zwei Viererreihen den Mittelgang säumen.*

Die Arbeit an den Deckenfresken *im Tempelinnern erfordert Kraft und Ausdauer. Die Männer, die in Staub und Hitze auf einem Gerüst unter der Decke hocken, müssen per Hand mit den Sägen präzise Schnitte anlegen und jede Fuge exakt vermessen. Jedes Meßergebnis wird registriert.*

ten Quader zur Fahrt auf den Lagerplatz. Der Abbau ist beendet. Material aus der Felsschüttung des Nilschutzdammes wird mehr als 60 Meter hoch auf den Hang transportiert, wo es zur Wiederherstellung der Tempelhügel verwendet werden soll. Dann bricht eine Planierraupe eine Bresche in den Deich, und der Nil nimmt vom alten Standort der Tempel Besitz.

Abbau und Wiederaufbau überlappen einander. Nie sind alle Blöcke komplett auf dem Sammelplatz. Bereits am 26. Januar 1966, als der letzte Block die Baustelle noch nicht verlassen hat, findet 180 Meter landeinwärts und 65 Meter höher die feierliche Grundsteinlegung für den großen Tempel statt. Die Lage der beiden Tempel zueinander soll auch am neuen Standort unverändert sein; doch dann fordert der Bauherr, die Schwelle des kleinen Tempels 2,5 Meter höherzulegen: Ägyptens Wasserbauingenieure hatten das Stauziel für den Assuanspeicher um einen Meter erhöht. 31 Blöcke müssen wieder ausgebaut und umgesetzt werden. Es zeigt sich jedoch, daß eine Höhenverschiebung von zwei Metern genügt.

Beide Tempel werden über denselben Stahlprofilen, die beim Zerlegen ihr Inneres ausgesteift haben, wieder zusammengebaut. Dekken-, Wand- und Fassadenblöcke werden an einer Stahlbetonkonstruktion aufgehängt oder verankert. Die breiten, durch die Motorsägen verursachten Trennfugen werden mit einem Mörtel aus Wasser, Sand und Zement verklebt. Jute-und Schaumgummieinlagen verhindern, daß Flüssigkeit austritt. Ein Überzug mit Kunstharz imprägniert die Auflageflächen aller Blöcke, um sie gegen die Feuchtigkeit des frischen Betons zu schützen.

Am 14. September 1966 sind die Kolossalstatuen der Fassade so weit wieder aufgebaut, daß dem Pharao das Gesicht zurückgegeben werden kann. Am Jahresende stehen beide Tempel am neuen Ort.

Noch fast anderthalb Jahre dauert die Wiederherstellung des ursprünglichen Landschaftsbildes. Dazu gehören die Felsenrahmen um die Fassaden und die künstlichen Hügel mit Felsverkleidung über den Bauwerken. Natürlich können die neu zusammengesetzten Tempel die gewaltigen Aufschüttungen nicht tragen. Große Betondome sollen die Gebäude deshalb völlig vom Druck entlasten. In den Schutzgewölben ist außerdem Platz für Entlüftungseinrichtungen und für Räume zur Touristenbetreuung.

Die Konstruktion der Betondome aus Dutzenden von Einzelbogen stellt die Statiker vor große rechnerische Probleme. Man spricht von einem der umfangreichsten Computerprogramme, die je für einen solchen Zweck erstellt wurden. Für die Aufschüttungen über den Gewölben werden 320 000 Kubikmeter Material gebraucht. Sie kommen vom alten Bauplatz Abu Simbel und aus einem neuen Steinbruch.

Debatten gibt es schließlich darüber, ob man die Schnittstellen in den Tempeln kunstvoll abdecken soll oder nicht. Man entscheidet sich für perfekte Kosmetik. Die heutigen Besucher, die alle wissen, daß die Tempel zersägt worden sind, haben Mühe, die Fugen zu finden.

Ein Staudamm bändigt den Nil

„Nassers Pyramide“ nennen die Ägypter den Assuanstaudamm. Er ist das größte Bauwerk Afrikas. Mit der ersten, eigenhändig gezündeten Sprengung hatte Staatspräsident Gamal Abd el Nasser (1918–1970) am 9. Januar 1960 das Startsignal zum Bau der gewaltigen Sperrmauer für den 6671 Kilometer langen Nil gegeben. Gut zehn Jahre dauerten die Arbeiten und kosteten fast drei Milliarden DM. Entstanden ist ein Stahl-und Betongigant, der die Landschaft Ägyptens veränderte.

Der Damm hat eine Länge von vier Kilometern und ist 121 Meter hoch. Seine Stärke an der Basis beträgt 980 Meter; über die 40 Meter starke Krone führt eine Asphaltstraße. Aus der Baumasse von 4,3 Millionen Kubikmetern hätte man 17 Cheopspyramiden aufschichten können. Die 100 000 Tonnen Stahlträger würden für 15 Eiffeltürme reichen.

Mehr als 500 Kilometer lang und bis zu 20 Kilometer breit ist der weit in den Sudan hineinreichende künstliche See, den der „Sadd-el-Ali“, der „Hohe Damm“, aufstaut. Die 157 Milliarden Kubikmeter gespeichertes Wasser entsprechen der Menge, die der Nil in seinem gesamten Lauf innerhalb von zwei Jahren transportiert; die 5000 Quadratkilometer große Fläche des Sees entspricht etwa der neunfachen Größe des Bodensees.

Nur knapp vier Prozent der rund eine Million Quadratkilometer umfassenden Bodenfläche Ägyptens sind landwirtschaftlich nutzbar. Der größte Teil des Landes besteht aus Wüste. Doch mehr als die Hälfte der Bevölkerung lebt von der Landwirtschaft. Der Damm, mit sowjetischer Hilfe errichtet, ist von fundamentalem Nutzen. In trockenen Jahren sichert der See Ägyptens Wasserversorgung. Andererseits bewahrt er das Land vor katastrophalen Hochfluten. Weite Gebiete in Oberägypten können ganzjährig bewässert werden: Dort gibt es nun bis zu drei Ernten im Jahr.

Auf dem Nil und auf den Kanälen verbesserten sich die Schiffahrtsbedingungen. Die Industrialisierung wurde durch die Elektrizität aus den zwölf Turbinen (oben eine Teilansicht der Anlage) mit einer Jahreskapazität von zehn Milliarden Kilowattstunden gefördert. Das Land spart pro Jahr 300 Millionen DM an Energiekosten.

Aus dem „Nassersee“ werden jährlich 20 000 Tonnen Fische gefangen. Und aus einem Überlaufkanal 240 Kilometer südlich von Assuan soll in einer Wüstensenke ein zweiter künstlicher See gespeist werden, der 120 Milliarden Kubikmeter Wasser fassen wird.

„Sadd-el-Ali“ hat den Nil gebändigt und gibt kontinuierlich das lebenspendende Naß. Dafür waren während der zehnjährigen Bauzeit unter der Leitung von 2000 sowjetischen Technikern 34 000 ägyptische Arbeitskräfte im Einsatz. 451 Menschen kamen bei Unfällen auf der riesigen Baustelle ums Leben, ein Drittel der Zahl der Todesopfer, die der Bau des Suezkanals 1859–1869 kostete.

Ökologen beobachten jedoch inzwischen mit Sorge die unübersehbar negativen Folgen des Stausees: Der fruchtbare Nilschlamm bleibt im Stausee zurück und setzt sich dort ab. Die Fellachen müssen mehr und mehr Kunstdünger verwenden. Für die Herstellung der traditionellen Lehmziegel müssen sie wertvollen Boden abtragen.

Die Bilharziose, eine Wurmkrankheit, nimmt zu, weil die Zwischenwirte der Erreger – vor allem Schnecken – in den ständig gefüllten Kanälen bessere Lebensbedingungen finden. Der Grundwasserspiegel steigt, und wegen der hohen Verdunstung nimmt die Versalzung zu. Brückenfundamente sind gefährdet, und selbst die Sphinx zeigt Spuren von Feuchtigkeit. Zu allem Übel beginnt der „Nassersee“ zu „blühen“, denn die Wasserpflanzen haben sich in Unmengen vermehrt.

Auferstanden am neuen Ort

Die in altem Glanz an neuer Stelle wiederaufgebauten Heiligtümer von Abu Simbel gehören zu den bedeutendsten Tempelbauten, die während der Regierungszeit Ramses' II. (1290–1224 v. Chr.) errichtet wurden. Die einzigartige Anlage besteht aus zwei Tempeln, die – obgleich räumlich getrennt – thematisch zusammengehören und vollständig in das Innere des Berges verlegt sind. Bemerkenswert ist der Bau auch deshalb, weil bis dahin an keiner Fassade eines Heiligtums an der Seite des Herrschers seine königliche Gemahlin, seine Mutter und einige seiner Kinder dargestellt worden sind. Möglicherweise geschah dies mit Vorbedacht und bedeutet, daß Ramses II. die bedeutungsvolle Rolle der Frauen innerhalb der königlichen Familie hervorheben wollte.

Im Gegensatz zu den meisten anderen Felsentempeln des Neuen Reiches, bei denen die Ausgestaltung der äußeren Felswand kaum eine Rolle spielte, sind die Architekten im Fall von Abu Simbel offenbar angewiesen worden, ihr ganzes Können und ihre Erfindungsgabe auch auf die Gestaltung der Tempelfassade zu konzentrieren.

Die vier kolossalen Sitzfiguren des großen Tempels, die in Zweiergruppen aus dem Sandstein herausgemeißelt wurden, stellen nicht den Pharao selbst dar, sind also nicht der Versuch, ein subjektives Bild des Herrschers zu vermitteln. Die Kolosse sind vielmehr – ganz im Einklang mit der in Ägypten üblichen Auffassung vom Gottkönigtum – die ins Göttliche erhobenen Abbilder des Ramses.

Der allgemeine Eindruck, den der Besucher in Abu Simbel gewinnt, ist die ins Kolossale übersetzte Bestätigung des Männlichen im großen Tempel und die des Weiblichen im kleinen Tempel. Das Innere des großen Tempels betritt man durch ein schmales Portal in der Mitte der Fassade. Die folgenden Räume bilden, hintereinander gestaffelt, die Längsachse des Tempels. Die Wände des ersten und größten Raumes, des rechteckigen Saalhofs, sind mit Reliefs geschmückt, die ursprünglich mit leuchtenden Farben bemalt waren. Diese Reliefs erzählen das Leben des Königs; sie berichten von seiner Frömmigkeit, seinen Heldentaten, seiner Großmut und seinen militärischen Triumphen wie z. B. der berühmten Schlacht von Kadesch (1286/85 v. Chr.), in der Ramses die Hethiter besiegte. Die Anordnung der religiöse Szenen darstellenden Bilder im folgenden Pfeilersaal zeigt jene Zweiteilung, die im ganzen Tempel immer wiederkehrt: Auf der Südseite dominiert der Gott Amun, auf der Nordseite der Gott Harachte. Der schmalen Vorkammer folgt der letzte Raum, das eigentliche Heiligtum, das dem Kult der heiligen Barke diente. Dieses Fahrzeug der Gottheit ist auf den Seitenwänden abgebildet; ein aus dem Felsen herausgeschlagener Sockel zeigt den Platz an, auf dem die Barke ruhte. An der Rückwand des Raumes sitzen vier überlebensgroße, zum Teil stark beschädigte Figuren: der Gott Ptah von Memphis, Amun, der Stadtgott Thebens, Ramses II. und der Gott Horus, der in seiner Verbindung mit dem Sonnengott Re von Heliopolis auch als Harachte auftritt.

Der große Tempel von Abu Simbel diente der heiligen Barke als Ankerplatz und Ruhestätte während ihrer Reise auf dem Nil, der Lebensader des Landes. In dem Fahrzeug des Gottkönigs vereinigten sich Macht und göttliche Kraft. Die Barke, die möglicherweise von Abu Simbel ausfuhr, garantierte den Ägyptern die jährlich stets wiederkehrende Wasserflut des Nils, die dem Boden Leben spendete und den Menschen eine Verheißung war.

Die astronomischen Kenntnisse der alten Ägypter und ihre architektonischen Fähigkeiten gestatteten es, den Tempel so anzulegen, daß zweimal im Jahr die Strahlen der aufgehenden Sonne durch das schmale Portal, der Längsachse folgend, bis in das Allerheiligste vordringen und dort die Figuren an der Rückwand in mystisches Licht tauchen.

Ein Geist tiefer Frömmigkeit umhüllt auch den kleinen Tempel. Die Gesamtanlage ist bescheidener als die des großen Tempels, und die Fassade mit sechs in schmalen Nischen stehenden Figuren wirkt schlichter und intimer. Zur Zeit der Nilflut lag das Niveau des Flusses so hoch, daß der Tempeleingang direkt vom Was-

Wie von einer Riesenhand versetzt *stehen die Tempel oberhalb ihres alten Standorts. In den sauber ausgehöhlten Buchten, die dort zurückblieben, steigt das Wasser des Nils. Teile des großen Tempels sind noch eingerüstet; oberhalb des kleinen Tempels erkennt man den Lagerplatz der Blöcke.*

ser aus erreicht werden konnte. Deshalb gab es auch einen kleinen Landeplatz für Boote. Der Tempel ist der Gemahlin Ramses' II., der Königin Nofretari, geweiht, zugleich jedoch auch eine Kultstätte der Göttin Hathor.

Doch trotz der unlösbaren Verbindung zwischen den jeweiligen Gottheiten und dem Königspaar, die die beiden Tempel sichtbar machen sollten, war das kleine Heiligtum nicht zuletzt auch ein Hohelied auf die Schönste aller Schönen, auf die Herrschergemahlin Nofretari, die im Kreise der Götter Aufnahme gefunden hat. In keinem anderen von Ramses erbauten Tempel wurde der Königin eine solche Stellung eingeräumt. Gerade im kleinen Tempel spürt man die tiefe Liebe, die der Pharao für seine Gemahlin empfand.

Nach dem Tode des Herrscherpaares sind die beiden Tempel nur geringfügig verändert worden. Sie wurden auch nicht – was einzig dasteht – in christliche Kirchen umgewandelt, wie das bei anderen nubischen Heiligtümern der Fall war. So kann man sagen, daß seit Ramses, also seit fast 3250 Jahren, kein Architekt und kein Ingenieur Hand an diese Wohnstätte der Götter gelegt haben. Einzig die Gewißheit, daß sie in den Nilfluten endgültig versinken würden, vermochte das kühne und großartige Abenteuer ihrer Verlegung zu rechtfertigen.

***Als Bauherr** leistete Ramses II. Außerordentliches. Unzählige Denkmäler, die er sich selbst zu Ehren zwischen dem Nildelta und Abu Simbel errichten ließ, erinnern an den Pharao, der den Niedergang seines Reiches nicht aufhalten konnte. Die Lieblingsfrau des Ramses, dem nachgesagt wird, insgesamt 150 Kinder gezeugt zu haben, war Nofretari, die hier aufrecht neben dem rechten Bein des Königs steht.*

***Die 22 Paviane** über der Fassade des großen Tempels (oben) grüßen wieder die Sonne. Das Bauwerk Ramses' II. ist dem Wasser entkommen. Das kulturelle Bewußtsein der Völker und die Technik standen, jenseits nationaler Schranken, im Dienst der Rettungsaktion.*

Babylonische

**Jeremia prophezeite Babylon,
daß es zur Wüstenei werde.
Und wie die Ruinen der einst so stolzen Stadt zeigen,
hat sich diese Prophezeiung erfüllt.**

Verwirrung

Studierstube am Euphrat

„Die Engländer haben in Babylon und Assyrien meist in Schächten und Tunneln gegraben, und davon sind noch manche zugänglich – aber meist recht beschwerlich und unangenehm. Ich pflege immer erstmal reinzuschießen, um das Getier zu vertreiben: Eulen, Hyänen, die manchmal vor Angst nicht wissen, ob sie einen auffressen sollen oder nicht." So beschreibt der Architekt und Archäologe Robert Koldewey die Umstände, unter denen er die Ausgrabungen in Babylon vornehmen mußte. Aber diese Widrigkeiten nahm er gern in Kauf, denn für den 44 Jahre alten Forscher hatte sich 1899 ein Wunschtraum erfüllt.

Bereits im Jahr zuvor hatte er an einen Freund geschrieben: „Ich bin Leiter der Ausgrabungen ... Ich könnte aus dem Häuschen sein vor Vergnügen ..., denn wenn ich mir vorstelle, daß mir einer vor 16 Jahren gesagt hätte, ich solle Babylon ausgraben, so würde ich ihn wohl für verrückt gehalten haben."

Eine bessere Wahl als Robert Koldewey hätten die Verantwortlichen der Deutschen Orient-Gesellschaft nicht treffen können. Er hatte schon 1896/97 in Mesopotamien gegraben und einen Bericht abgeliefert, der dann zu seiner Ernennung als Grabungsleiter geführt hatte.

Im Februar 1899 brach Koldewey mit seiner Mannschaft in Aleppo (Syrien) auf, am 22. März endlich erreichte er Babylon. Der Weg dorthin war sehr beschwerlich. Am Tag brannte glühend heiß die Sonne auf sie nieder, und in der Nacht fielen die Temperaturen oft bis unter die Nullgradgrenze.

Über ihre Ankunft in Babylon schrieb Robert Koldewey: „Wir hielten über den Tell el-Kasr (Tell = Ruinenhügel), den Königshügel und das vermutliche Feld unserer künftigen Tätigkeit, unseren Einzug in das nunmehrige Heimatdorf Kuwairisch ... Hier sitzen wir jetzt dicht am Flusse, am alten lieben Euphrat, dessen Wasser wir mit Behagen schlucken ..." Dann machte der Ausgrabungsleiter auf eine Besonderheit aufmerksam: „Unser jetziges Wohnzimmer ist für uns ein höchst interessanter Raum, weil er aus lauter schönen großen gestohlenen Nebukadnezar-Ziegeln gebaut ist ..."

Am 26. März erfolgte der erste Spatenstich am Tell el-Kasr, wo Koldewey bald auf die riesige babylonische Stadtmauer stieß. Entlang dieser Mauer fand er Relieftrümmer, unter anderem mit Löwenzähnen, -schwänzen, -klauen, -augen. Auf einer Strecke von nur acht Metern grub er tausend solche Fragmente aus.

Die Stärke der Mauern beeindruckte den Archäologen mächtig: „Die äußere Ziegelschale ist etwa sieben Meter dick, der Sandkern bis jetzt etwa neun Meter! Die Befestigung war also über 16 Meter dick – so etwas habe ich bisher noch nicht ausgegraben!"

Robert Koldewey arbeitete fast 20 Jahre lang in Babylon. Es wurde sein Lebenswerk. Er zog aus seiner „Studierstube am Euphrat" erst aus, kurz bevor die Briten im Ersten Weltkrieg 1917

***Robert Koldewey,** geboren 1855 in Blankenburg am Harz, gestorben 1925 in Berlin, leitete von 1899 bis 1917 im Auftrag der Deutschen Orient-Gesellschaft die Ausgrabung Babylons. Zu seinem großartigen Werk gehört die Freilegung von neubabylonischen Palästen und Tempeln sowie der Prozessionsstraße mit dem Ischtartor. Hier ein zeitgenössischer Holzschnitt, der den damals etwa fünfzigjährigen Archäologen zeigt.*

Bagdad besetzten. Im Jahr zuvor hatte ihn der berühmte schwedische Forschungsreisende Sven Hedin besucht. Aus seiner Feder stammt ein Bericht, der das Erstaunen über diesen Mann nur schwer verbergen kann: „Unvergeßlich wird mir das Arbeitszimmer des Gelehrten sein, das zu betreten eine Auszeichnung bedeutete, die nur wenigen Fremden zuteil wurde. Es hatte etwas von einer Eremitenklause, in der sich Staub und Tabaksrauch aus den vier Fuß langen Pfeifen seines Besitzers einträchtig vermischten ..." Hedin beschreibt die „phantastische Sammlung" unzähliger Gegenstände. Federn, Messer, Dolche, Papiere in allen Formaten und Tinte in verschiedenen Farben lagen herum, Thermometer und alte Briefe, ein Spirituskocher und eine Maultrommel, „auf der der große Forscher eine lustige Melodie spielte". Dazwischen fanden sich Bücher, Karten und Pläne der Ausgrabungsstätte, Fotografien, Kaffeetassen, Gläser und Teller sowie unzählige Ausgrabungsstücke.

Koldewey verfügte auch über eine kleine Bibliothek, die alle möglichen wissenschaftlichen Bereiche abdeckte: Handbücher der Chirurgie und Anatomie, um die Darstellung menschlicher Körper in den Plastiken der Babylonier mit der Wirklichkeit vergleichen zu können, dickleibige Werke der Zoologie und über Lebewesen aus längst vergangenen Erdzeitaltern fanden sich in seinen Regalen, daneben die unentbehrlichen Werke über Architektur, Ornamentik und Kunstgeschichte.

***Die Ausgrabungen Babylons** werden von der irakischen Regierung heute fortgeführt. Auf der Abbildung sieht man die Ruinen der Südburg, der eigentlichen Residenz Nebukadnezars II. Die Nord- und Hauptburg dagegen lag als gesonderter befestigter Komplex außerhalb der Stadtmauern.*

Auch nach dem Ende des Ersten Weltkriegs kehrte Koldewey nicht mehr auf das babylonische Grabungsfeld zurück. Seine Arbeit nahmen nach der Eroberung des Iraks zunächst britische, später amerikanische Archäologen und 1928 Mitarbeiter und Schüler Koldeweys auf.

Mesopotamien, das Land zwischen Euphrat und Tigris, war eine der Wiegen der frühen Hochkulturen. Hier lebten seit dem Ende des 4. Jt. v. Chr. die Sumerer, Babylonier und Assyrer – kein Wunder also, wenn dieses Land sich des archäologischen Interesses erfreute. Und wie so oft waren es zunächst wissenschaftliche Laien, die Fundstücke nach Europa brachten und die Forschung anregten.

Einer der ersten Forscher war Claudius James Rich, von 1808 bis 1821 Resident (d.h. Geschäftsträger) der britischen „Ostindischen Kompanie" in Bagdad. Er gab unter anderem eine genaue Lagebeschreibung der gewaltigen Ruinenstätte Babylons. Es folgte der französische Arzt Paul Emile Botta, der 1840 Konsul in Mossul wurde und erfolgreiche Ausgrabungen in Assyrien vornahm.

Der nächste bedeutende Archäologe in Mesopotamien war Henry Creswicke Rawlinson, der ab 1843 britischer Konsul in Bagdad war. Neben der Entzifferung der Keilschrift sind ihm auch zahlreiche Anregungen zu weiteren Grabungen im Zweistromland zu verdanken.

Eine weitere große Persönlichkeit aus der Anfangszeit der vorderasiatischen Archäologie ist der Brite Austen Henry Layard. Er leitete einige erfolgreiche Ausgrabungen in Assur, Nimrud und Ninive. Zu seinen bedeutendsten Entdeckungen zählt die etwa 25 000 Tontafeln und Bruchstücke umfassende Keilschriftenbibliothek des assyrischen Königs Assurbanipal, der von 668 bis 627 v. Chr. regierte.

An den Wassern zu Babel

Am 11. Februar 1913 begann Robert Koldewey den babylonischen Turm „Etemenanki" auszugraben. Am 7. Juni desselben Jahres beendete er diese Arbeiten. Es war ihm gelungen, Teile der Fundamente und einige Treppenstufen freizulegen. Dieser „Turm zu Babel" war allerdings nicht der in der Bibel als Symbol menschlicher Überheblichkeit und Gotteslästerung genannte Turm. Die biblische Erzählung hatte vermutlich einen aus assyrischer Zeit stammenden Vorgängerbau vor Augen.

„Zikkurat" nennt man ein solches Bauwerk. Als Sammelname gilt er für alle sumerisch-babylonischen Stufentürme. Den Bau der Zikkurat zu Babylon, die Koldewey entdeckte, hatte Nabopolassar (er regierte von 625 bis 605 v. Chr.) begonnen, und sein Sohn Nebukadnezar II. (605–562 v. Chr.) hatte die Arbeiten fortgeführt. Etwa 90 Meter im Quadrat maß die Grundfläche der Zikkurat, und 90 Meter ragte sie auch ursprünglich in die Höhe. Das erste Stockwerk erreichte 33 Meter, das zweite 18 und je sechs Meter das dritte bis sechste. 15 Meter maß dann schließlich der Tempel des babylonischen Hauptgottes Marduk, der auf der Spitze dieses sich von Stockwerk zu Stockwerk verjüngenden Turms stand. Eine breite rampenartige Treppe, die man heute noch auf den Luftbildern der Ruine erkennen kann, sowie seitlich direkt an den Bau angelehnte Treppen führten nach oben.

Rund 85 Millionen Ziegelsteine, so haben Fachleute geschätzt, wurden für diesen Bau benötigt. Die äußeren Ziegel waren blau glasiert und haben in der Sonne Mesopotamiens weit ins Land hinein geleuchtet. Ein Reisender konnte nicht fehlgehen, wenn er auf diesen Punkt zuhielt. Er kam sicher nach Babylon.

Robert Koldewey war von seiner Entdeckung begeistert: „Aber was sind alle diese schriftlichen Nachrichten im Vergleich zu der Klarheit und Anschauung, die wir aus der Ruine selbst gewinnen, wenn sie auch stark zerstört ist! Das kolossale Massiv des Turms, den die Juden des Alten Testaments als Inbegriff menschlicher Überhebung betrachteten, inmitten der stolzen Priesterpaläste, der weiten Vorratshäuser, der zahllosen Fremdengelasse . . ., es muß ein überwältigender Eindruck der Größe, der Macht und der Fülle gewesen sein, wie er ähnlich selten in dem weiten babylonischen Reiche gewonnen werden konnte."

Lange hat die Fachwelt gerätselt, was es wohl mit einem solchen turmartigen Tempel auf sich habe. Am sichersten läßt sich noch die Bedeutung aus dem Begriff „Zikkurat" erschließen. Das Wort bedeutet „Bergspitze" – und auf der Bergspitze ist jeder Mensch den Göttern am

***Ein Luftbild von Babylon** zeigt die zentrale Lage des früher siebenstufigen Tempelturms Etemenanki in der Stadt, die – für orientalische Städte unüblich – von langen, geraden Straßen durchzogen ist. Die Treppenstufen zu dem einst 90 Meter hohen Bauwerk, die auf dem Foto oben abgebildet sind, bilden zusammen mit den Resten des etwa 90 mal 90 Meter großen, heute von Pflanzen überwucherten Fundaments die einzigen Zeugnisse der bedeutenden Zikkurat.*

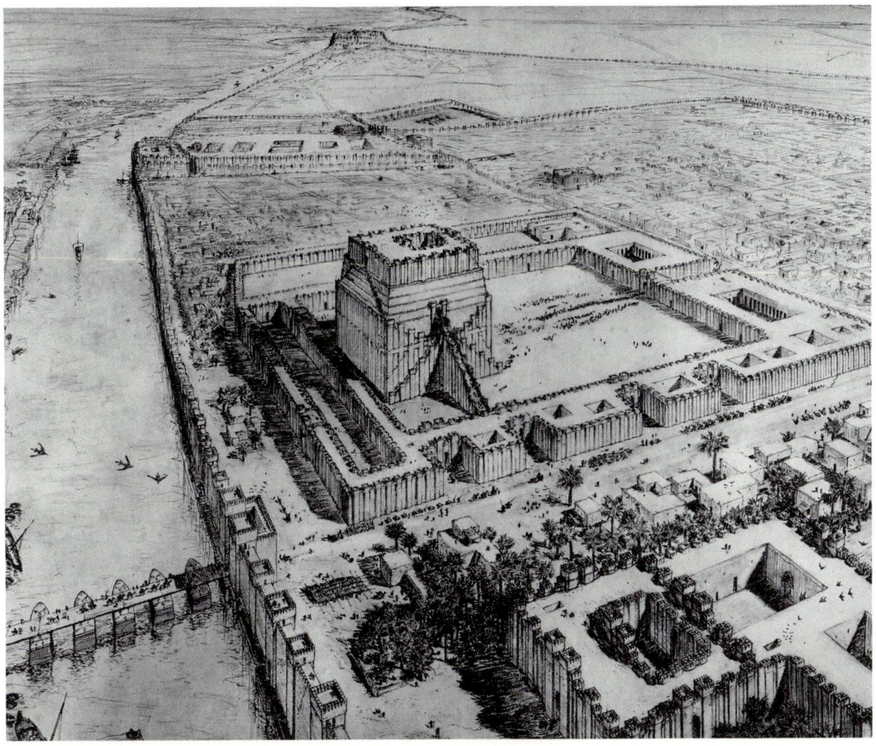

***Robert Koldeweys „Würfelschema“** des babylonischen Turms, das er 1917 anfertigte, war ein unrealistischer Rekonstruktionsversuch. Aufgrund der spärlichen Überreste war es für den Archäologen schwierig, das ursprüngliche Aussehen des Bauwerks zu bestimmen. Er kannte wahrscheinlich nicht die in Uruk gefundene Esagila-Tafel, deren Inhalt 1876 von George Smith veröffentlicht worden war und die über die genauen Maße der Stockwerke der babylonischen Zikkurat Auskunft gab. Im Vordergrund des Bildes liegt der Tieftempel Esagila, links im Bild der Euphrat.*

nächsten. Das religiöse Bedürfnis der Menschen damals verlangte nach einer solchen Anhöhe. Aber die Ebenen zwischen Euphrat und Tigris boten keine Erhöhungen. Und so hat man sich eben einen künstlichen Berg, die Zikkurat, geschaffen.

Die Zikkurat von Babylon, auf die Koldewey gestoßen war und die aus der Zeit Nabopolassars und Nebukadnezars II. stammt, hatte Vorgängerbauten. Erstmals erwähnt wird ein solcher Stufentempel in Babylon gegen Ende des 2. Jt. v. Chr. In der wechselvollen, meist kriegerischen Geschichte der Stadt wurde der Turm immer wieder zerstört und mußte neu aufgebaut werden. Auch der prachtvolle Turm aus der Zeit Nebukadnezars II. verfiel rasch nach dem Ende des neubabylonischen Reiches (539 v. Chr.). Als gut 200 Jahre später Alexander der Große Babylon zur neuen Hauptstadt machen wollte, fand er von dem Turm nur noch Schutt vor. Zwei Monate lang sollen 10 000 seiner Soldaten gearbeitet haben, um die Trümmer beiseite zu räumen. Schließlich beschäftigte Alexander sein ganzes Heer damit. Zu einer Wiedererrichtung des Turms, wie Alexander sie plante, kam es jedoch nicht. Als er 323 v. Chr. starb, hatte man noch nicht einmal mit dem Neubau begonnen. Erst 22 Jahrhunderte danach geriet der Turm zu Babylon wieder in das Blickfeld der Öffentlichkeit, als Robert Koldewey seine Fundamente ausgrub.

Die Könige Nabopolassar und Nebukadnezar II. zählten zu den größten Bauherren des babylonischen Reiches. Nach langer assyrischer Vorherrschaft hatte Babylon seine politische Eigenständigkeit wiedergewonnen. Die Tempel wurden erneuert, die Südburg mit dem königlichen Palast ausgebaut, das berühmte Ischtartor mit den bunt emaillierten Tierreliefs geschmückt und – eine technische Meisterleistung – die steinerne Brücke über den Euphrat errichtet.

Für die Befestigungsanlagen führte der König eine Neuerung ein: Hatte man früher im allgemeinen mit getrockneten Lehmziegeln gebaut, so verwendete Nebukadnezar II. jetzt in großem Umfang gebrannte Ziegel. Das Baumaterial war so gut, daß es in den Jahrtausenden nach dem Untergang des babylonischen Reiches immer noch Verwendung fand. Die neuzeitlichen Dörfer in der Umgebung sind zum Teil mit den Ziegeln aus der Zeit Nebukadnezars II. errichtet worden, und so kam es, daß auch Robert Koldewey in seiner Behausung Ziegel mit dem Stempel Nebukadnezars fand.

Nabopolassar war es, der Babylon von der assyrischen Herrschaft befreite und das babylonische Reich zu neuer Blüte führte. Die Assyrer hatten in langen, wechselvollen Kämpfen ihre Herrschaft über ganz Mesopotamien bis nach Ägypten und bis nach Syrien ausgedehnt. Dieses riesige Reich war kaum mehr zusammenzuhalten. Es kam überall zu gewaltsamen Auseinandersetzungen, und schon bald nach dem Tod des letzten großen assyrischen Herrschers Assurbanipal (668–627 v. Chr.) begann das Reich zu zerfallen. Den Todesstoß versetzten ihm dann die Babylonier unter Führung von Nabopolassar im Verbund mit den Medern unter Kyaxares. Nabopolassar bemächtigte sich des babylonischen Throns.

Kampflos aber wollten die Assyrer nicht abtreten. Allein konnten sie das wiedererstarkte Babylon kaum bezwingen, und so machten sie sich auf die Suche nach Verbündeten. Sie fanden sie in den Ägyptern, die wahrscheinlich eine Chance sahen, ihre alten Ansprüche auf Syrien erneut geltend machen zu können. Dennoch gelang es den verbündeten Assyrern und Ägyptern nicht, die babylonischen Heere zu besiegen. Assyriens Macht war endgültig 612 v. Chr. gebrochen, und 608 v. Chr. teilten die Babylonier und Meder das assyrische Reich unter sich auf. Babylon sollte über den Süden und den Westen mit Teilen Mesopotamiens, über Syrien und Palästina herrschen, die Meder über den Norden und Osten mit Ostkleinasien. Wie es scheint, respektierten beide Völker die vereinbarten Grenzen. Der Freundschaftsbund der beiden Völker wurde endgültig besiegelt durch

Der Löwe *war das Symbol der Ischtar, der Göttin des Kampfes, und auch Nebukadnezar verbildlichte sich durch den „König der Tiere". Löwen waren an vielen Plätzen Babylons zu finden. Sie schmückten sowohl die Thronsaalfassade von Nebukadnezars Südburg als auch das Ischtartor und die Wände der Prozessionsstraße, von denen die Abbildung stammt. Das weitaufgerissene Maul des Tieres zeigt die Kampfbereitschaft an, die der Ischtar zugeschrieben wurde.*

die Heirat des Kronprinzen Nebukadnezar mit der Mederprinzessin Amytis.

Noch aber waren die ägyptischen Heere unbesiegt. König Nabopolassar, inzwischen schwer krank, übertrug den Oberbefehl über die babylonischen Truppen seinem Sohn Nebukadnezar II. Dieser schlug 605 v. Chr. bei Karkemisch am Euphrat die Ägypter vernichtend. Syrien und Palästina, die zuletzt unter ägyptischer Oberhoheit standen, gerieten nun unter die Herrschaft Babylons.

Das Königreich Juda, Teil Palästinas, wollte sich aber mit der neuen Situation nicht abfinden. König Jojakim (608–598 v. Chr.) verweigert nach 601 v. Chr. die jährlichen Tributzahlungen, und es kommt zu Aufständen gegen die babylonische Herrschaft. 597 v. Chr. schließlich zieht Nebukadnezar nach Jerusalem, erobert die Stadt und führt den eben inthronisierten Jojachin, Sohn des Jojakim, nach Babylon. Ebenso müssen der Hofstaat, hohe Beamte, Adelige und fachlich besonders spezialisierte Handwerker mit ins Zweistromland ziehen. Aber auch in dieser „Babylonischen Gefangenschaft" scheint es den Judäern nicht schlecht gegangen zu sein, und auch Jojachin wurde als König von Juda anerkannt. Dies jedenfalls geht aus den Tontafeln mit Öl- und Gerstezuteilungen an Mitglieder des babylonischen Hofes für das Jahr 593 hervor, auf denen auch König Jojachin von Juda angemessen bedacht wird.

Die Judäer in der Heimat spalteten sich in der Folgezeit in zwei Lager: Die einen waren für eine rigorose Fortsetzung der Aufstände gegen Babylon, die andere Partei riet nachdrücklich zur Mäßigung und sprach von der Nutzlosigkeit eines solchen Widerstandes. Nebukadnezar hatte einen Mann seiner Wahl zum neuen König von Juda bestellt – er hieß Zedekia, der aber bald unter den Einfluß der Aufständischen geriet. Es kam, wie es kommen mußte: 588 v. Chr. erschienen Nebukadnezars Heere erneut vor Jerusalem und belagerten die Stadt.

Anderthalb Jahre dauerte das Ringen, dann wurde die Lage der Hauptstadt aussichtslos. Jerusalem mußte kapitulieren. Zedekia versuchte sich durch Flucht zu retten. Nebukadnezar ließ Zedekias Söhne töten, ihn selbst blenden und

nach Babylon bringen. Jerusalem wurde völlig zerstört. Nebukadnezar ließ die Stadtmauer schleifen, den Tempel, den Palast und andere Bauwerke niederbrennen. Und erneut mußten Tausende Judäer nach Babylon ziehen.

Über die Lebensumstände der deportierten Judäer ist bekannt geworden, daß sie nicht wie Gefangene behandelt wurden, sondern frei ihrem Beruf nachgehen konnten. Wahrscheinlich ging es ihnen sogar besser als dem in der Heimat verbliebenen Volk, den kleinen Handwerkern und Bauern. Die babylonischen Judäer waren gute Geschäftsleute, die es bald zu Wohlstand brachten.

Darüber hinaus gestand ihnen Nebukadnezar eine gewisse Selbstverwaltung zu. Sie wurden von „den Ältesten“ geleitet oder vertreten.

So versammelten sich die Judäer häufig an den Ufern des Euphrat und des Kebar. Dann beweinten sie ihr Los, das objektiv gar nicht so beklagenswert war: „An den Wassern zu Babel saßen wir und weinten, wenn wir an Zion gedachten. Unsere Harfen hingen wir an die Weiden, die daselbst sind ... Vergesse ich dein, Jerusalem, so werde meiner Rechten vergessen. Meine Zunge soll an meinem Gaumen kleben, wo ich dein nicht gedenke, wo ich nicht lasse Jerusalem meine höchste Freude sein ... Du verstörte Tochter Babel, wohl dem, der dir vergilt, wie du uns getan hast! Wohl dem, der deine jungen Kinder nimmt und zerschmettert sie an dem Stein“ (Psalm 137).

Hin und wieder mußten die Judäer, ebenso wie die Babylonier selbst auch, Fronarbeiten verrichten, z. B. beim Ausheben der Bewässerungsgräben. Nebukadnezar lag es allerdings fern, dadurch die Juden körperlich zu stark zu beanspruchen.

Insofern ist die Verketzerung Nebukadnezars im Alten Testament, wo er als Inbegriff des Tyrannen dargestellt wird, der die Bevölkerung Judas in eine erbärmliche Gefangenschaft geführt haben soll, unbegründet. Ja, als es den Juden nach der Einnahme Babylons durch die Perser 539 v. Chr. endlich freigestellt war, in ihre Heimat Juda zurückzukehren, sollen nur wenige von diesem Angebot Gebrauch gemacht haben.

Zu Ehren Marduks

König Nebukadnezar II., die engen Vertrauten des Herrschers und die Priester des Gottes Marduk haben sich in den Tempel begeben. Der König hat beschlossen, gegen das abtrünnige Reich Juda zu Felde zu ziehen. Bevor es soweit ist, will er Marduk danken, dem höchsten aller Götter, dem Lenker der Gestirne und der irdischen Geschicke.

Man hat die Gestirne beobachtet, die Zeichen stehen günstig. Der Gott hat gesprochen und den Sieg verheißen. Jojakim, der ungetreue Vasall auf dem Königsthron in Juda, ist tot, und sein Sohn Jojachin hat seit kurzem die Nachfolge angetreten. Das ist ein Wink des Himmels. Der neue, junge Herrscher ist noch unsicher, ihm fehlt Erfahrung. Es gilt, die Gunst der Stunde zu nutzen und dem Land Juda zu zeigen, wer Herr im Hause ist.

Nebukadnezar weiß, was die Juden über ihn reden, was Jeremia, Prophet des Judengottes Jahwe, verbreitet. Der König von Babylon werde kommen, das Land verheeren und alle Menschen und alles Vieh vernichten, so hat er verkündet. Und er hat auch gesagt, daß Jahwe all diejenigen mit Schwert, Hunger und Pest heimsuchen werde, die ihren Hals nicht unter das Joch des babylonischen Königs beugen wollen. „Hast du gehört, Marduk, größter und höchster der Götter, Weltenlenker du? Ich, Nebukadnezar, Sohn des Nabopolassar – ich soll das Schwert des Jahwe sein? Lächerlich! Dieser Jeremia muß verrückt sein!“

„Ein gefährlicher Frevler ist er“, ruft ein Priester, „wenn er dich, o König, zum Werkzeug Jahwes erklärt.“ „Ich, der König von Babylon, dein Diener, großer Marduk, ich werde den Frevel tilgen. Dir zum Ruhme, Babylon zur Ehre. Wer ist schon Jahwe, wer ist sein Prophet? Großer Marduk, wir danken dir, daß du uns die Zeichen gegeben hast.“

„Bis nach Jerusalem wollen wir ziehen und Juda strafen“, sagt ein anderer Priester, und er denkt dabei an die Gerüchte, die man sich erzählt. Der König habe Angst, Krieg dorthin zu tragen, weil der Judengott Jahwe mächtiger sein könnte als Marduk. Man erzählt auch, wie er die Namen mehrerer Städte in Juda auf Tontafeln geschrieben und mit Pfeilen auf sie geschossen habe. Als er die mit dem Namen Antiocha traf, zerbrach der Pfeil, und so erging es auch mit allen anderen. Als der Pfeil aber Jerusalem traf, zerbrach er nicht, sondern durchbohrte die Tontafel. Da erst habe der König gewußt, was er zu tun habe.

Einen Umstand aber gilt es noch zu bedenken. Die Jahreszeit ist für einen Kriegszug nicht günstig. Man schreibt Dezember, das Wetter ist unbeständig, und manchmal wird es auch empfindlich kalt, besonders auf den Höhenrücken, die nicht immer zu umgehen sind. Noch nie hat man Krieg zu solcher Zeit geführt, und der Weg nach Juda ist weit. Wird man genügend Futter für die Pferde, genügend Nahrung für die Soldaten finden?

Mancher Würdenträger am Königshof und sogar mancher Priester hat von der langen Reise abgeraten. Auch Nebukadnezar hat geschwankt, aber das ist nun vorbei. Der Oberpriester des Tempels hat den Ausschlag gegeben. Zwingend hat er dargetan, daß Marduk diesen Augenblick und keinen anderen für einen Kriegszug gegen Juda wünsche.

Die Vorbereitungen für den Feldzug freilich sind schon seit langem angelaufen, denn der König war im Grunde seines Herzens immer überzeugt, daß der Krieg gewagt werden müsse, und zwar möglichst schnell.

Nebukadnezar kann zu den Waffen rufen, der Beistand des höchsten Gottes ist ihm sicher. Im Dezember des Jahres 598 v. Chr. noch bricht er nach Juda auf. Am 16. März des folgenden Jahres fällt Jerusalem.

Der Muschusch *(links), das Symbol des babylonischen Stadtgottes Marduk, war ein gehörnter Schlangendrache mit Löwen- und Raubvogelfüßen. Hier ein Relief des Marduk-Tiers am Ischtartor.*

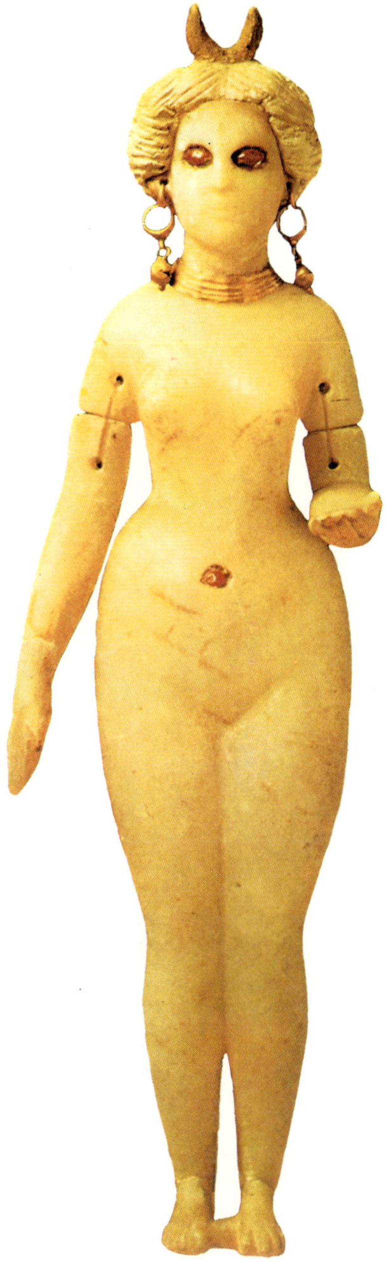

Alabasterstatuette der Ischtar. *Die wertvollen Rubine in den Augen und im Bauchnabel weisen darauf hin, daß es sich hier um die Darstellung einer Göttin handelt.*

Eine Straße für den Gott

Bei der Freilegung des Ischtartores (unten) *mußte Koldeweys Grabungsmannschaft während der Sommermonate. Temperaturen von 49 °C aushalten. Hier wie auch bei den anderen Ausgrabungen in Babylon mußten oft gewaltige Schuttmassen abgeräumt werden, bis man zuweilen erst in einer Tiefe von 25 Metern auf die Fundamente der meist völlig zerstörten Gebäude stieß.*

Wie so viele Bauwerke wurde auch die babylonische Prachtstraße mit dem Ischtartor in der Regierungszeit Nebukadnezars fertiggestellt. Jede Platte, mit der die Straße gepflastert ist, trägt die Inschrift: „Nebukadnezar, König von Babylon, Sohn Nabopolassars, König von Babylon bin ich. Die Babelstraße habe ich für die Prozession des großen Herrn Marduk mit Steinplatten gepflastert. Marduk, Herr, schenke ewiges Leben!"

Damit ist klar, wozu die Anlage diente: Als Prozessionsweg für den höchsten Gott. 16 Meter breit war die gepflasterte Straße, die von der Hauptburg durch das Ischtartor in die Stadt, zwischen Marduks Tiefentempel Esagila und der Zikkurat hindurch bis zur steinernen Euphratbrücke führte. Sieben Meter dicke Mauern flankierten den Weg. Teilweise waren sie mit blau glasierten Ziegeln ausgekleidet, die Darstellungen von Löwen trugen. Auch das Ischtartor selbst war geschmückt mit diesen Löwen. Außerdem prangten dort noch Stiere und Drachen.

Der Drache, der „Muschusch", symbolisierte Marduk, den Stadtgott Babylons und obersten Gott des Reiches überhaupt. Er war ein zoologisches Wundertier mit einem geschuppten Körper, Schlangenkopf und gespaltener Zunge; der Schwanz war stachelbewehrt wie bei einem Skorpion; die Vorderläufe stammten von einer Raubkatze; die Hinterläufe hatten die riesigen Krallen eines Greifvogels. Auf dem Kopf befanden sich eine nach vorn gerollte Locke sowie ein spitzes Gehörn.

Symbol für den Gewittergott Adad war der Stier des Ischtartors – eine lebendige Darstellung dieses Tieres, das die Hörner nach vorn senkt, um gleich einen Feind aufzuspießen.

Als die prachtvollsten Tiere jedoch präsentieren sich die Löwen. Mit weit aufgerissenem Maul schreiten sie majestätisch die blauen Wände entlang. Der Löwe war das Symbol der Göttin Ischtar. Die Parade dieser unzähligen Tiere korrespondierte vortrefflich mit dem Umzug der Götter, der alljährlich zum Neujahrsfest auf dieser Straße abgehalten wurde.

Das Neujahrsfest war die größte religiöse Veranstaltung Babylons und von entscheidender Wichtigkeit für den gesamten Staat. Es war ein zwölf Tage dauerndes Fest der Erneuerung, der Entsühnung, der Wiederauferstehung. Marduk und seiner Gemahlin wurden Opfer dargebracht, der Oberpriester bestimmte den Stand der Gestirne, das Schöpfungsepos *Enuma elisch* wurde vorgetragen.

Am fünften Tag fand die rituelle Tempelreinigung statt: Ein Schafbock, der „Sündenbock", wurde geschlachtet, und mit seinem Blut bestrich man die Tempelwände. Der König legte die Insignien seiner Macht – Zepter, Ring und Diadem – im Tempel nieder, gab Rechenschaft über das abgelaufene Jahr und nahm als Vertreter des Volkes dessen Verfehlungen auf sich. Der Oberpriester sprach ihn von den Sünden frei, nachdem er ihm ins Gesicht geschlagen hatte. Unterdessen wartete schon das an den Ufern des Euphrat versammelte Volk auf die Statue des Gottes Nabu, Marduks Sohn, die mit dem Schiff aus dem benachbarten Borsippa hierher gebracht wurde und am sechsten Tag eintraf. Außer Nabu hielten auch noch die Götter anderer Städte Einzug in Babylon. Es war sicherlich ein prachtvoller Anblick, wenn die Prozession über die breite blaue Straße durch das Ischtartor zu den Tempeln schritt.

Durch das Ischtartor (rechte Seite) *führte im 6. Jh. v. Chr. die für den Gott Marduk angelegte Prozessionsstraße. Dieses der Ischtar, der Göttin des Kampfes und der Liebe, geweihte Tor war das einzige unter den acht Stadttoren mit Ziegelreliefs. In mehreren übereinanderliegenden Reihen war es mit Darstellungen von Stieren und Drachen geschmückt – schätzungsweise 575 Tierdarstellungen. Die Abbildung zeigt eine 14,3 Meter hohe Rekonstruktion aus dem Vorderasiatischen Museum in Ost-Berlin.*

Die Hängenden Gärten

Eines Tages stand Robert Koldewey vor einer erstaunlichen Entdeckung. In der Nordostecke der Südburg Babylons waren die Spaten seiner Ausgräber auf ein Gewölbe gestoßen, offenbar einen Keller. Schließlich wurde ein Areal von 42 mal 30 Metern freigelegt, das in mehrere Kammern unterteilt und mit einem Tonnengewölbe überdeckt war. Dies war ein aufsehenerregender Fund, denn solche Gewölbedecken hatte man bis dahin noch nirgendwo in Mesopotamien entdeckt. Schließlich befand sich im Inneren auch noch ein Brunnen, der aus drei ungewöhnlich angeordneten Schächten bestand.

Diese Entdeckungen stimmten den Archäologen nachdenklich, er wußte zunächst nichts damit anzufangen. Wozu diente dieser Gewölbebau, wozu war der Brunnen angelegt worden? Einen Brunnen benötigt man zum Bewässern. Aber was sollte bewässert werden? Und ein weiterer Umstand gab Rätsel auf: Das Gewölbe war nicht nur, wie üblicherweise, aus Ziegeln errichtet worden, sondern die Baumeister hatten auch Haustein verwendet – ein Material, das bisher in ganz Babylon nur noch an einer anderen Stelle gefunden worden war, an der Nordmauer des Königspalastes.

Die gesamte Anlage schien eine gut durchdachte Konstruktion zu sein und besonderen Zwecken gedient zu haben. Koldewey überprüfte noch einmal alle literarischen Quellen, die er über Babylon zur Verfügung hatte, studierte nochmals die bisher entzifferten, sich auf Babylon beziehenden Keilschriften. Dabei stieß er auf Äußerungen, die den Haustein erwähnten. Jeweils immer nur zwei Stellen im Ort bestanden aus diesem Baumaterial: die Nordmauer, wo er ihn bereits gefunden hatte, und die „Hängenden Gärten der Semiramis". Der Archäologe war verblüfft. Sollte er etwa diese sagenhaften „Hängenden Gärten", eines der Sieben Weltwunder der Antike, entdeckt haben?

Und so war es tatsächlich. Die genaueste Beschreibung dieser Anlage ist bei dem griechischen Historiker Diodor in seiner *Bibliothek* zu finden: „Dieser Garten war auf jeder Seite vier Plethren (=120 Meter, was aber mit den tatsächlichen Maßen nicht übereinstimmt) lang, ansteigend wie ein Berg, ein Stockwerk über das andere, so daß er einen Anblick wie ein Theater darbot. Unter den ansteigenden Terrassen waren Mauerreihen gebaut, die die ganze Schwere des Gartens zu tragen hatten, und die, wie das Ganze anstieg, immer ein wenig über die vorhergehende hervorragten ..." Diese Terrassen hatte man abgedeckt mit Schilfrohr, Asphalt, einer doppelten Schicht gebrannter Ziegelsteine und einer Decke aus Blei, „damit die Feuchtigkeit der oben aufgeschütteten Erde nicht in die Tiefe durchsickern könne. Hierauf also trug man in genügender Tiefe Erde an ... Oben war der Boden geebnet und mit zahlreichen Bäumen bepflanzt, die sowohl durch ihre Größe als auch durch sonstige Lieblichkeit den Sinn des Beschauers ergötzten."

In die Mauerreihen hatte man königliche Gemächer gebaut, der Herrscher und seine Gemahlin wohnten also mitten im Grünen.

Diodor beschreibt ferner, daß es Maschinen zum Heraufpumpen des Wassers gegeben habe, „das in großer Menge aus dem Flusse emporgetrieben wurde, während man von außen nichts davon wahrnehmen konnte". Koldewey stellte fest, daß diese Schachtanlage des Brunnens im

Von den Hängenden Gärten, *einem der sieben Weltwunder der Antike, die nicht von der legendären Semiramis angelegt wurden, sondern von Nebukadnezar, grub Robert Koldewey den Gewölbeunterbau aus. Dieser war stark genug, um eine Decke zu tragen, auf der ein Garten angelegt war.*

Koldeweys Rekonstruktionsversuch *der Hängenden Gärten von 1918. Dabei handelte es sich um eine terrassierte Anlage und nicht um „aufgehängte" Gärten. Die irreführende Bezeichnung des im Nordosten der Südburg gelegenen Bauwerks wird auf einen Übersetzungsfehler zurückgeführt, denn das lateinische „pensilis" bedeutet sowohl „hängend" als auch „balkonartig".*

Inneren des Bauwerks „ein Schöpfwerk“ war „von der Art unserer Paternosterwerke, bei dem sich die zu einer Kette vereinigten Schöpfkästen über einen auf dem Brunnen angebrachten Rade drehen“.

Semiramis ist der griechische Name der assyrischen Königin Samuramat, Frau des Schamschi-Adad V. (823–810 v. Chr.) und Mutter Adadniraris III. (809–782 v. Chr.). Als ihr Sohn an die Regierung kam, war er noch unmündig, und seine Mutter regierte an seiner Stelle fünf Jahre.

Um diese – sicherlich außergewöhnliche – Frau rankten sich in der Antike märchenhafte Erzählungen. Als Kind sei sie ausgesetzt worden, Tauben hätten sie ernährt, bis dann schließlich ein Hirte die Kleine gefunden und dem Aufseher über das königliche Vieh zur Pflege übergeben habe. Später soll sie einen königlichen Würdenträger geheiratet haben, aber alsbald erlangte sie das Wohlwollen des Herrschers selbst und wurde Königin. Während ihrer Regierungszeit soll Semiramis viele Städte gegründet haben, darunter sogar Babylon.

Eine Reihe von Gelehrten vertritt heute die Ansicht, daß Semiramis eine babylonische Prinzessin war, die durch Heirat auf den assyrischen Thron gelangt sei. Dort habe sie eine babylonfreundliche Politik betrieben. Tatsächlich entspannte sich zu ihren Lebzeiten das Verhältnis zwischen den Assyrern und Babyloniern.

Semiramis allerdings war in Wirklichkeit nicht die Erbauerin der „Hängenden Gärten“. Wahrscheinlich wurde sie mit Nebukadnezars Frau, der Mederin Amytis, in Verbindung gebracht, der der babylonische König das Bauwerk zum Geschenk machte.

Die Sieben Weltwunder

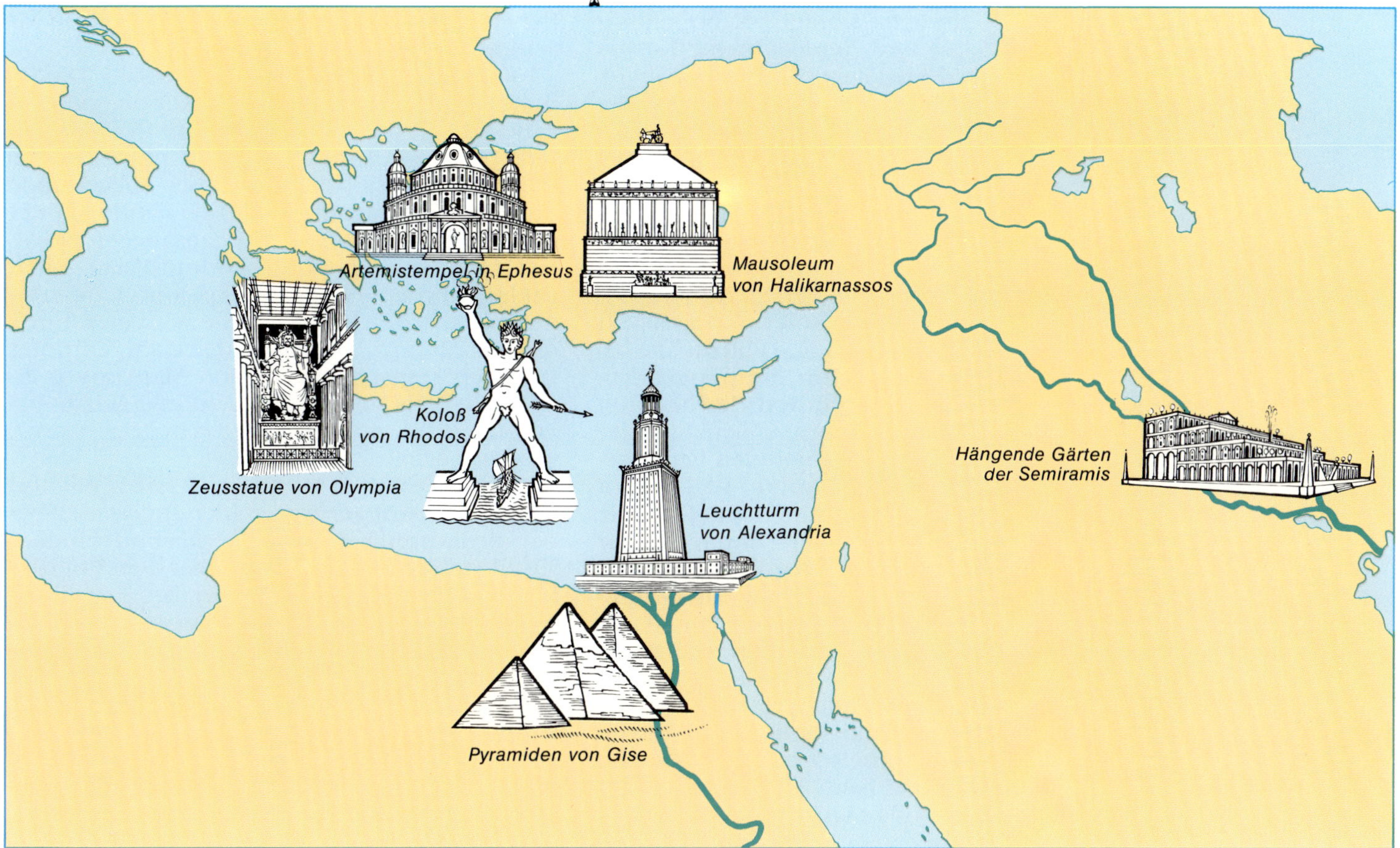

Sieben Weltwunder kannte die Antike. Außer den Hängenden Gärten der Semiramis gehören noch sechs weitere Bauwerke dazu, von denen jedes eine bautechnische Meisterleistung darstellt. Die älteste bekannte Aufzählung stammt von dem griechischen Dichter Antipatros aus Sidon, der im 2. Jh. v. Chr. gelebt hat. In seinem Gedicht fehlt der Leuchtturm von Alexandria. Statt dessen rechnet er die Mauer von Babylon zu den Weltwundern. Es liegt in der Natur der Sache, daß eine solche Zusammenstellung sich im Laufe der Zeit ändert, die jetzige entstand wohl in Ägypten.

Der Tempel der Artemis in Ephesus, *eine doppelte Säulenringhalle, besaß eine Grundfläche von 55 mal 115 Metern. 127 Säulen trugen das Dach. Artemis war die griechische Göttin der Jagd, die Patronin der Jäger, die Herrin von Natur und Tieren. In Ephesus, das in antiker Zeit zum wichtigsten griechischen Handelsplatz an der Westküste Kleinasiens emporwuchs, baute man ihr zu Ehren den Tempel. Herostrat, von krankhafter Ruhmsucht besessen, setzte 356 v. Chr. das Heiligtum in Brand, weil er seinen Namen unsterblich machen wollte. Nachdem das Bauwerk wiedererrichtet worden war, zerstörten es die Goten 263 v. Chr. bei ihrer Eroberung von Ephesus endgültig.*

Die Zeusstatue von Olympia *gilt als das Meisterwerk des griechischen Bildhauers Phidias. Zwölf Meter hoch war diese Kultfigur des Göttervaters. Sie saß in einem Thronsessel aus Ebenholz, der sich in einem Tempel befand. Mit einer Grundfläche von etwa 28 mal 64 Metern ist das Bauwerk – außer einem aus geringen Resten erschlossenen Bau in Korinth – der größte Tempel auf dem Peloponnes. Vermutlich verbrannte die Statue mit dem Tempel, als dieser 426 n. Chr. auf kaiserliche Weisung eingeäschert wurde.*

Das Mausoleum von Halikarnassos *ist ein riesiger tempelartiger Grabbau aus Marmor. Ihn hatte sich Mausolos, ein mächtiger Territorialfürst in Kleinasien, der 353 v. Chr. starb, noch zu Lebzeiten bauen lassen. Seither heißen solche Bauwerke „Mausoleum“. Es bestand aus einer Säulenhalle über einem Podium und war mit reichem figürlichem Schmuck verziert, aufgrund dessen das Gebäude offenbar in die Weltwunderliste gelangte.*

Der Koloß von Rhodos *stellt die zwischen 32 und 36 Meter hohe Statue des Sonnengottes Helios, des Schutzpatrons der Insel Rhodos, dar. Nachdem die Bewohner 305 v. Chr. eine Belagerung des Diadochenkönigs Demetrios Poliorketes erfolgreich hatten abwehren können, erbauten sie diesen Koloß als Siegesdenkmal. Die Statue wurde 227 v. Chr. durch ein Erdbeben vernichtet.*

Der Leuchtturm von Alexandria *auf der Insel Pharos wurde etwa um 280 v. Chr. erbaut. Das mächtige Bauwerk bestand aus einem 14 Meter hohen Podium, einem 65 Meter hohen quadratischen Untergeschoß, einem 30 Meter hohen achteckigen Mittelgeschoß und einem neun Meter hohen runden Obergeschoß. Auf dem Kegeldach befand sich eine Statue, im Keller lag eine Zisterne. Nach mehreren Erdbeben wurde auf dem Untergeschoß des bisher höchsten Leuchtturms aller Zeiten 1302 eine Moschee errichtet. 1349 stürzte der Bau endgültig zusammen.*

Die Pyramiden von Gise, *diese wuchtigen und geometrisch eindrucksvollen Grabbauten der ägyptischen Könige, hatten schon früh Aufsehen bei den Menschen erregt. Solche gewaltigen Steinmassen aufeinander zu türmen grenzte ans Wunderbare. Über 30 solcher Königsgräber wurden errichtet, von denen das größte die 137 Meter hohe Cheopspyramide ist.*

Sumerer und Assyrer

Die babylonischen Könige Nabopolassar (625–605 v. Chr.) und Nebukadnezar II. (605 bis 562 v. Chr.), die das sogenannte neubabylonische Reich nach dem Sieg über die Assyrer errichtet hatten, waren Repräsentanten einer Endzeit. Dieses Reich existierte nicht einmal hundert Jahre. Mit dem Einzug des Perserkönigs Kyros II. in Babylonien 539 v. Chr. begann ein neuer Abschnitt der damaligen Weltgeschichte, in dem das Zentrum der Macht sich nun aus dem Zweistromland in den Iran verlagerte.

Dennoch entfaltete sich unter Nabopolassar und Nebukadnezar noch einmal voll die alte babylonische Kultur, eine Kultur, die in engem Zusammenhang mit den Kulturen der anderen Völker Mesopotamiens stand. „Niemand, der das Gebiet des einstigen Babylonien heute betrachtet", faßt der Kulturhistoriker Will Durant zusammen, „könnte vermuten, daß diese heißen und öden Wüsteneien, durch die der Euphrat fließt, einmal die Wiege einer reichen und mächtigen Kultur waren, die die Grundsteine zur Astronomie legte, viel zum Fortschritt der Medizin beitrug, die Sprachwissenschaft begründete, die ersten großen Gesetzbücher schuf, die Griechen die Anfangsgründe der Mathematik, Physik und Philosophie lehrte, die Juden mit ihren mythologischen Vorstellungen vertraut machte, die bald Allgemeingut der abendländischen Völker wurden, und den Arabern einen Teil jener wissenschaftlichen und architektonischen Kenntnisse vermittelte, die das dogmatisch gebundene Denken des mittelalterlichen Menschen weitete und ihm den Stoff für seine gewaltigen Systeme lieferte."

Der sumerische Kopf *mit Breitrandkappe aus Kalkstein entstammt der „III. Dynastie von Ur", die von 2111 bis 2003 v. Chr. im Süden Mesopotamiens herrschte. In dieser großartigen Ära war ganz Sumer ein einheitlich straff regierter zentralistischer Staat.*

Etwa 3000 v. Chr., *noch in vorgeschichtlicher Zeit, entstand das heute im „Oriental Institute" von Chicago ausgestellte Gefäß aus Stein. Es wurde im östlich von Bagdad gelegenen Tell Agrab gefunden. Die vollplastisch ausgearbeiteten Figuren sind typisch für die Zeit, die noch vor der sumerischen Hochkultur zu datieren ist.*

Es begann in der Mitte des 4. Jt. v. Chr. Die Sumerer schufen im südlichen Mesopotamien, im Land Sumer, die erste Hochkultur der Menschheit, die gegen Ende des 4. Jt. v. Chr. voll ausgebildet war. Ob es sich bei dieser Volksgruppe um Einwanderer aus Innerasien handelte oder ob diese Kultur von der dort ansässigen Bevölkerung geschaffen wurde, konnte bislang nicht geklärt werden. Die Sumerer gehörten nicht zu den semitischen Stämmen. Sie schufen zahlreiche kleine und größere Stadtstaaten, darunter Ur, Kisch, Lagasch und Babylon. Manche von ihnen sollen bis zu 20 000 Einwohner gehabt haben. Zentrum dürfte Uruk, das heutige Warka, gewesen sein.

In diesen Städten befanden sich Tempel und Paläste; die Krieger waren hier angesiedelt sowie die Beamten, die Handwerker und Händler. Sie alle unterstanden unmittelbar dem Priesterfürsten und erhielten von ihm ihre jeweiligen Aufgaben zugeteilt. Kanäle wurden angelegt, Dämme gebaut, und schließlich zog man auch Mauern um die Städte, um sie vor Angriffen zu schützen. Denn alle diese Städte lagen untereinander in fortwährenden Auseinandersetzungen. Um die Mitte des 4. Jt. v. Chr. entstand in Sumer – also noch vor dem ägyptischen Schriftsystem – eine Bilderschrift, aus der sich langsam die berühmte Keilschrift entwickelte.

Ungefähr ab 2700 v. Chr. setzten sich nach und nach semitisch sprechende Stämme in Sumer fest. Die Semiten kamen aller Wahrscheinlichkeit nach von Syrien her. Sie gelten als die Urbevölkerung des späteren akkadischen Weltreiches. Sumerische und semitische Gruppen lebten vermutlich zunächst mehr oder weniger einträchtig nebeneinander.

In der zweiten Hälfte des 3. Jt. v. Chr. jedoch gewannen die Semiten die Oberhand. Der Semit Sargon von Akkad (2340–2284 v. Chr.) wurde Herrscher des Gebiets am mittleren Euphrat. Er gründete hier die Stadt Akkad, nach der dieses erste Großreich des alten Orients benannt ist. Bis heute gelang es den Archäologen nicht, die Stadt Akkad zu finden. Durch zahlreiche Eroberungszüge dehnte Sargon sein Reich vom Persischen Golf bis zum Mittelmeer aus.

Nicht länger mehr fühlte sich ein solcher Herrscher als Vertreter der Gottheit; er selbst bezeichnete sich stolz als „Herrscher der vier Weltgegenden" und erhob den Anspruch, als Gott selbst die Welt zu beherrschen und zu ordnen.

Die sumerisch-akkadische Kultur verbreitete sich im ganzen Vorderen Orient: Himmelskunde und Kalender waren für sie charakteristisch, der Glaube an die Macht der Gestirne und die Einwirkung auf das Menschenleben setzten sich durch.

Bis 2200 v. Chr. hatte das Reich von Akkad Bestand, dann brach es unter den Angriffen der aus dem Osten kommenden Bergvölker zusammen. Von 2111 bis 2003 v. Chr. herrschte die „III. Dynastie von Ur", deren Führer sich stolz „König von Sumer und Akkad" nannten.

Kurz vor 2000 v. Chr. kam es in Mesopotamien erneut zu einem Zustrom von Semiten. Babylon wurde nun der politische Mittelpunkt. Die große altbabylonische Epoche dauerte von 1894 bis 1594 v. Chr. und hatte ihren Höhenpunkt unter der Herrschaft Hammurabis (1792–1750 v. Chr.). Dem großen Feldherrn und Staatsmann gelang es, die politische Einheit des südlichen Zweistromlandes wiederherzustellen. Hammurabi baute Tempel und Kanäle, Handel und Gewerbe blühten, die Bevölkerung nahm stark zu. Die Verwaltung seines Staates war musterhaft. Königliche Beamte sorgten dafür, daß alles gut funktionierte, und der König selbst kontrollierte diesen Apparat.

Hammurabi fühlte sich nicht mehr, wie noch Sargon, als Gottheit, sondern er empfand sich als Vater seines Volkes. Er wollte seinem Reich Frieden und soziale Gerechtigkeit bringen. König Hammurabi nimmt bis heute einen bedeutenden Platz in der Weltgeschichte ein: Seine Gesetzgebung, der „Kodex Hammurabi", war richtungweisend für die kommenden Jahrhunderte. Leider gelang es bis heute kaum, Hinterlassenschaften aus der altbabylonischen Zeit zu bergen.

Aber auch dieses Reich konnte sich nicht auf die Dauer halten. Es wurde 1594 v. Chr. von den Hethitern, dann von den Kassiten erobert. Da diese Epoche ebenfalls archäologisch durch verhältnismäßig wenige Funde belegt ist, gilt sie bis in das 15. Jh. v. Chr. hinein als „dunkles Zeitalter".

Unter ihrem König Tukuli-Ninurta I. (1234 bis 1198 v. Chr.) eroberten die im nördlichen Teil Mesopotamiens siedelnden Assyrer Babylon. Es gelang jedoch dem Babylonier Nebukadnezar I. (1124–1103 v. Chr.), sein Reich zu befreien, das dann aber wieder dem Assyrer Tiglatpileser I. (1115–1078 v. Chr.) unterlag. Semitische Aramäer bemächtigten sich in der Folgezeit Mesopotamiens. Seitdem herrschten aramäische Fürsten in Babylon, bis schließlich Assyrien wieder unter Tiglatpileser III. (745–727 v. Chr.), dem Begründer des neuassyrischen Reichs, erstarkte.

Die militärisch wie politisch hervorragenden assyrischen Könige wurden zu den mächtigsten Herrschern des gesamten Vorderen Orients. Der bekannteste unter ihnen ist Assurbanipal, der auch am längsten, nämlich von 668 bis 627 v. Chr., regierte.

Die Herrschaft des neuassyrischen Reiches neigte sich dann ihrem Ende zu, als der babylonische König Nabopolassar sich mit den erstarkenden Medern vereinigte und 612 v. Chr. Ninive eroberte. Das assyrische Weltreich stürzte, das neubabylonische Reich erstarkte.

Auch das Königreich Juda war dem Ansturm dieses neubabylonischen Reiches nicht gewachsen. Doch sein Gott Jahwe ging nicht unter wie die assyrischen und später auch die babylonischen Götter. Jahwe erhob sich dank der großen Propheten Jeremia und Jesaja zum Weltgott, der die Geschicke der Völker lenkt und über sie Gericht hält.

Die jüdische Religion entfaltete in den kommenden Jahrhunderten ihre größte Wirksamkeit, und aus ihr ging auch das Christentum hervor.

Das Fragment eines glasierten Ziegels *von 13,5 Zentimeter Breite und 37 Zentimeter Höhe aus dem Bagdader Irak-Museum zeigt zwei Männer des neuassyrischen Reiches. Es stammt vermutlich aus dem 8. Jh. v. Chr.*

Aller Gesetze Anfang

Gemessen an den technischen Möglichkeiten, in frühgeschichtlicher Zeit Schrifttafeln herzustellen, war es eine riesige Bibliothek, auf die der englische Ausgräber Austen Henry Layard in Ninive gestoßen war. 1849 fand er die ersten Tontafeln mit Keilschrift und schickte sie nach London. Es wurden mehr als 25 000. Sie alle hatte der Assyrerkönig Assurbanipal (668 bis 627 v. Chr.) gesammelt und zu einem Archiv vereinigt.

Was auf ihnen geschrieben stand, blieb zunächst weitgehend unbekannt, die Entzifferung der Keilschrift steckte noch in den Anfängen. Daß dann Hormuzd Rassam, Nachfolger Layards und dessen früherer Assistent, die bedeutendste Dichtung des alten Orients fand, das *Gilgamesch-Epos*, wußte man auch erst später. Das *Gilgamesch-Epos* ist eine babylonische Erzählung aus dem 2. Jt. v. Chr. Dieses Epos gibt unter anderem eine Erzählung der uns aus der Bibel bekannten Sintflut wieder.

Die Tafeln der Bibliothek Assurbanipals sorgten Anfang dieses Jahrhunderts für helle Aufregung unter den Theologen. Sie konnten nicht fassen, was der deutsche Orientalist Friedrich Delitzsch, der Begründer der babylonisch-assyrischen Sprachforschung, in einem Vortrag äußerte: Das Alte Testament sei keine selbständige Schrift, geschweige denn ein Buch göttlicher Offenbarung, sondern die Übernahme von sehr viel älteren sumerisch-babylonischen Werken.

Waren die Autoren der Bibel alle Kopisten des ebenfalls im 2. Jt. v. Chr. entstandenen Weltschöpfungsliedes *Enuma elisch* (so benannt nach seinen beiden Anfangsworten „enuma elisch“, „Einst als droben“, was in etwa dem Beginn der biblischen Schöpfungsgeschichte „Im Anfang schuf Gott …“ entspricht) und des *Gilgamesch-Epos?* Abgeschrieben sollten sie die Mythen um Schöpfung und Sintflut und für ihre Zwecke nutzbar gemacht haben. Delitzsch' Worte kamen ja blanker Gotteslästerung gleich, und der Zorn der Theologen ergoß sich über den Leipziger Professor.

Der Frevler sollte allerdings recht behalten. Heute wird der sumerisch-babylonische Ursprung zahlreicher biblischer Erzählungen nicht mehr angezweifelt. So weiß man sicher, daß die Schöpfungsgeschichte, wie sie im ersten Buch Mose etwa im 5. Jh. v. Chr. niedergeschrieben wurde, schon viel früher aufgezeichnet worden ist. Auch die Übereinstimmung zwischen der Darstellung der Sintflut im *Gilgamesch-Epos* und der Noaherzählung im ersten Buch Mose ist unbestreitbar auffällig.

Die andere These Delitzsch' jedoch, nämlich daß auch der Garten Eden, also das biblische Paradies, in der mesopotamischen Ebene liege, konnte bis jetzt nicht bewiesen werden. Dazu der Religionshistoriker Mircea Eliade: „Der Garten Eden mit seinem Fluß, der sich in vier Arme aufteilte und das Leben in die vier Weltgegenden trug, und seinen Bäumen, die Adam hüten und pflegen sollte, erinnert an die mesopotamische Bilderwelt. Möglicherweise verwendet der biblische Bericht auch in diesem Fall eine bestimmte babylonische Tradition. Aber der Mythos von einem Urparadies, in dem der Urmensch lebte, und der Mythos eines für menschliche Wesen nur schwer zugänglichen ‚paradiesischen‘ Ortes waren auch außerhalb des Euphrat- und Mittelmeergebietes bekannt.“

Ebenso wie Übereinstimmungen zwischen dem *Gilgamesch-Epos* sowie dem *Enuma elisch* und der Bibel festzustellen sind, so bestehen auch gewisse Ähnlichkeiten zwischen den mosaischen Gesetzen und den Rechtsvorschriften, wie sie auf der Gesetzesstele des Königs Hammurabi niedergelegt sind. Diese Stele ist 2,25 Meter hoch und besteht aus Dioritstein. Aus der Hand des Sonnengottes Schamasch empfängt der König, wie es das Relief am oberen Ende der Säule zeigt, die Herrschaft und zugleich die Verpflichtung, als „König der Gerechtigkeit“ ein Reich des Friedens und der Sicherheit für die Schwachen aufzurichten. „Vor dieses Bild“, so steht es auf der Säule, „soll der Geschädigte treten, der einen Rechtsstreit hat, soll seine Inschrift lesen und seine kostbaren Worte hören. Die Gesetzestafel aber soll ihm dann seinen Streit aufklären, damit er sein Recht finde und sein Herz aufatme mit den Worten: Hammurabi ist ein Herr, der wie ein leiblicher Vater für sein Volk sorgt.“

Für den täglichen Umgang des Volkes mit Recht und Gesetz hatte Hammurabi übrigens die Gesetze auf Tontafeln in vielen Kopien, im ganzen Land verteilt, aufstellen lassen. Erst aus den letzten Regierungsjahren des Königs, so haben Forscher inzwischen festgestellt, stammt

Gilgamesch, *der löwenbezwingende Held, (oben) war ursprünglich eine historische Gestalt. Als König von Uruk lebte er im 3. Jt. v. Chr. Später rankte sich um ihn die Legende seiner Suche nach Unsterblichkeit. Er wurde zur Hauptfigur des* Gilgamesch-Epos, *das auch die Sintfluterzählung enthält. Die zwölf Keilschrifttafeln mit diesem Epos befinden sich heute im Besitz des Britischen Museums in London.*

die monumentale Zusammenfassung der Gesetze auf der sogenannten Hammurabi-Stele.

Die Strafen, die das Gesetz des Hammurabi aussprach, beruhten auf dem Grundsatz: Auge um Auge, Zahn um Zahn. Jedoch galt dieser Grundsatz nur bei Verbrechen gegen Freie; waren Knechte und Hörige die Geschädigten, so konnte Vergeltung durch eine Geldstrafe erreicht werden.

Bei Hammurabi heißt es: „Wenn jemand das Auge eines anderen zerstört, soll man ihm sein Auge zerstören. Wenn jemand die Zähne von einem anderen ausschlägt, der höher steht als er, soll man seine Zähne ausschlagen." Manche Forscher glauben, daß Moses nur umzuformulieren brauchte. Denn man kann bei ihm im 21. Kapitel des zweiten Buches lesen: „Kommt ihr (einer Schwangeren) aber ein Schade daraus, so soll er lassen Leben um Leben, Auge um Auge, Zahn um Zahn, Hand um Hand, Fuß um Fuß."

Gesetze, die Gleiches mit Gleichem vergelten, sind bereits vor Hammurabis Zeit entstanden. Die älteste bekannte Aufzeichnung stammt aus dem Jahr 2300 v. Chr. in Ur. Solche Rechtsvorschriften bilden die Grundlage aller semitisch-altorientalischen Gesetze. Sie leben fort in der Thora, die die Gebote der fünf Bücher Mose umfaßt und von den orthodoxen Juden als göttliche Offenbarung aufgefaßt wird. Ferner sind sie ein Bestandteil des Korans, des heiligen Buches des Islam, das gleichzeitig die Grundlage des islamischen Rechts ist.

Die Dioritstele des babylonischen Königs Hammurabi *mit seinem berühmten, nach ihm benannten Gesetzeskodex befindet sich heute im Pariser Louvre. Das 1760 v. Chr. entstandene Monument zeigt oben ein Relief mit dem Sonnengott Schamasch (erkenntlich an den Flammenflügeln), der dem König die Gesetze diktiert. Darunter sind die 282 Rechtsvorschriften in akkadischer Keilschrift aufgeführt.*

War Mesopotamien das biblische Paradies? *Diese These des Leipziger Professors Friedrich Delitzsch konnte nicht bewiesen werden. Unstrittig ist allerdings, daß dieser heute größtenteils wüstenhafte Landstrich zwischen Tigris (Bild unten) und Euphrat durch ein ausgeklügeltes Kanalbewässerungssystem zur damaligen Zeit zum sogenannten „fruchtbaren Halbmond" zählte.*

So lebten die Etrusker

**Sie liebten das Lebe
die Natur und alles Schöne,
und heiter und froh treten sie uns entgegen –
die Etrusker, die auf Italiens Boden
die erste Hochkultur schufen zu einer Zeit, als Rom
noch ein unbedeutendes Dorf war.**

Eine Stadt vom Reißbrett

Die Stadt Marzabotto liegt im Tal des Reno, etwa 25 Kilometer südlich von Bologna. Schon im ersten Drittel des 19. Jh. stießen dort die Archäologen, die in dem geschichtsträchtigen Boden Italiens den Geheimnissen der Vergangenheit nachspürten, auf Funde, die eindeutig darauf verwiesen, daß hier einstmals eine etruskische Stadt stand.

Die Etrusker, die ursprünglich in dem von Arno und Tiber umschlossenen Gebiet siedelten, schufen Italiens erste große Kultur, und zwar zu einer Zeit, als Rom noch ein unbedeutendes Dorf war. Im 6. Jh. v. Chr., auf dem Höhepunkt ihrer Macht, dehnten die Etrusker ihren Herrschafts- und Einflußbereich nach Norden bis in die Po-Ebene und nach Süden über Latium bis nach Kampanien aus. Doch nicht nur zu Land herrschten sie, auch auf dem Tyrrhenischen Meer mußten sie keinen Feind fürchten.

1865 begann Graf Giovanni Gozzadini in Marzabotto mit systematischen Ausgrabungen. Was er und seine Nachfolger im Verlauf der folgenden hundert Jahre mit dem Spaten zutage förderten, war zwar nicht spektakulär, aber dennoch hochinteressant. Sie öffneten keine Grabkammertüren, die zu ungeahnten Schätzen führten, sie entdeckten keine Statuen, deren unerwartete Existenz das herkömmliche Bild der Kultur- und Kunstgeschichte erschüttert hätte. Doch sie fanden die Grundmauern einer Stadt, und diese gaben genauer und zuverlässiger als alle anderen Ausgrabungen etruskischer Siedlungen Auskunft über Anlage, Plan und Organisation der Städte, in denen dieses Volk gelebt hatte.

Die etruskische Stadt, deren Name möglicherweise Misa war, lag südlich des heutigen Marzabotto auf der Hochfläche des Pian di Misano. Im Osten und Norden der etruskischen Stadt lagen Begräbnisstätten (Nekropolen), und im Westen, auf dem Misanellohügel, befand sich eine sogenannte Akropolis, das religiöse Zentrum der Stadt. Man fand dort die Grundmauern von Tempelanlagen sowie einen Altar.

Von der Stadt selbst, die sich einst vermutlich über etwa 27 000 Quadratmeter Fläche erstreckte, ist etwa ein Drittel im Lauf der Zeit durch den Reno zerstört und in die Tiefe gerissen worden. Die Stadt, soweit man ihre Grundmauern freilegen konnte, zeigt ein regelmäßiges Straßennetz mit rechtwinkligen Häuserblocks. Eine breite Hauptstraße von Norden nach Süden wird – abweichend von der vorgeschriebenen Grundeinteilung – nicht nur von einer, sondern von drei von Ost nach West verlaufenden breiten Straßen gekreuzt. Diese genau im rechten Winkel zueinander ausgerichteten Hauptachsen waren 15 Meter breit und in je zwei Bürgersteige von drei Metern und eine Mittelbahn aufgeteilt. Abflußrinnen säumten die Straßen, so daß das Regenwasser ablaufen konnte. Neben diesen Hauptachsen waren von Norden nach Süden weitere schmale Straßen gezogen, so daß rechtwinklige Häuserblocks entstanden, die 165 Meter lang und zwischen 35 und 68 Meter breit waren.

Die streng nach den vier Himmelsrichtungen orientierte Anlage der Stadt entspricht weniger rationellen Erwägungen, sondern in erster Linie sakralen Vorschriften. Eine etruskische Stadt war keine zufällig und gesetzlos entstehende Anhäufung menschlicher Behausungen: Sie war ein aus der göttlichen Ordnung erwachsender Organismus, eine winzige Zelle des Weltganzen, dem sie feierlich eingegliedert wurde.

Die Gründung einer Stadt war eine heilige Handlung. An einem durch Priesterseher vorbestimmten Tag spannte der Stadtgründer einen weißen Stier und eine weiße Kuh vor einen Pflug und markierte das begrenzende Viereck der zu gründenden Stadt durch eine Furche. Dabei mußte die Scholle nach innen fallen. An den künftigen Stadttoren hob der Stadtgründer den

Die Hausfundamente, *die bei Marzabotto im Verlauf jahrzehntelanger Ausgrabungsarbeiten zutage kamen, zeigen deutlich die geometrische Anlage der etruskischen Stadt. Sie war ein Spiegel der göttlichen Ordnung. Die Hauptstraße verlief genau von Norden nach Süden und wurde rechtwinklig von drei Querstraßen in Ost-West-Richtung geschnitten.*

Pflug hoch und trug ihn über den Boden. Nur dieser nicht vom Pflug berührte Boden unter den künftigen Toren konnte – ohne den Zorn der Götter herauszufordern – überschritten werden. Die viereckige Fläche innerhalb der Furche wurde als Stadtgrund zum heiligen Bezirk, den man mit einer Mauer einfaßte. Auf beiden Seiten entlang der Stadtmauer blieb ein Streifen Land frei; dieser Streifen durfte innerhalb der Mauer nicht bebaut und außerhalb nicht gepflügt werden. Diesen freien Raum bezeichnete man als Pomerium; es galt als Anstandsabstand zur göttlichen Grenze.

Auch die Tempel standen in einem abgeschlossenen heiligen Bezirk. Der Eingang und

der Säulenvorbau lagen nach Süden, der eigentliche Innenteil, der Raum, an dessen Rückwand sich die Götterstandbilder befanden, war nach Norden ausgerichtet. Gelegentlich weichen die etruskischen Tempelbauten von dieser vorgeschriebenen Anlage ab, doch sind die Ursachen dafür bis heute ungeklärt.

Bei Marzabotto stieß man auch auf Spuren der Villanovakultur, so benannt nach einem Ort bei Bologna, wo der bereits erwähnte Graf Gozzadini erstmals 1853 Überbleibsel dieser Kulturepoche entdeckte. Die Villanovazeit dauerte in Italien etwa vom 10. Jh. bis Mitte des 8. Jh. v. Chr. Typisch sind Brandgräberfelder mit Aschenurnen, die den runden oder ovalen Hütten, in denen die Menschen damals lebten, nachgebildet sind. Diese aus der Übergangsphase von der Bronze- zur Eisenzeit stammende Kultur spielt nach den Erkenntnissen der Wissenschaftler eine erhebliche Rolle für die etruskische Vorgeschichte, doch im Fall der bei Marzabotto gegründeten etruskischen Stadt hat sie zumindest auf Stadtplanung und Architektur keinen Einfluß ausgeübt.

Die Stadt wurde erst Ende des 6. Jh. v. Chr. gegründet. Es scheint sich um eine Kolonie gehandelt zu haben, die vor allem auf Betreiben der nord- und inneretruskischen Lukumone, wie man die Priesterkönige nannte, entstand. Federführend dürfte der Herrscher von Clusium (dem heutigen Chiusi) gewesen sein, einer wohlhabenden Metropole, unter deren Herrschaft zeitweise auch Rom stand. Das neue Gemeinwesen war von großer strategischer Bedeutung, da es an den Verbindungswegen vom etruskischen Kernland zum Po-Delta und zum Adriahafen Spina (beim heutigen Comacchio) lag.

Die neugegründete Stadt am Reno lebte hauptsächlich vom Binnenhandel und von der Bronze- und Eisenverarbeitung. Die Rohstoffe wurden aus dem etruskischen Kernland und von der Insel Elba importiert, wo es reiche Erzgruben gab. Anhand der Eisenabfälle, auf die man bei den Grabungen stieß, konnte man 1952 eine regelrechte Eisenwarenfabrik nachweisen.

Nicht zuletzt dem Metallhandwerk verdankte die Stadt ihren Wohlstand. Ferner gab es in der Umgebung der Stadt selbst reiche Tonvorkommen, so daß sich schnell auch eine erfolgreiche keramische „Industrie" entwickeln konnte.

Wie wohnte und arbeitete man einst in dieser etruskischen Kolonialgründung? Neueste Ausgrabungen im Bereich der Wohn- und Arbeitsstätten geben Auskunft darüber. Zwar sind von den zahlreichen Häusern nur noch die Fundamente bis zur Höhe des Straßenniveaus erhalten, dennoch ist das Grundschema der Häuser deutlich zu erkennen. Es waren große, eingeschossige Gebäude; ein langer Korridor führte von der Straße zu einem großen, rechteckigen Innenhof, der manchmal gepflastert war und um den herum sich die Wohn- oder Arbeitsräume gruppierten. Im Innenhof selbst befand sich stets eine Zisterne, in der auch das Regenwasser vom Dach aufgefangen wurde. Zusätzlich gab es noch Wasserrinnen im Boden, die vermutlich dazu dienten, die bei der Arbeit der Handwerker anfallenden Abfälle fortzuspülen. Diese Wasserrinnen verliefen abgedeckt unter dem Korridor entlang und mündeten ebenso wie die ausgemauerten Abflußrinnen aus den Wohnhäusern in verdeckte Kanäle der gepflasterten Straßen. Alle Abwässer sammelten sich in einem zentralen Abwassergraben, der sich in den unterhalb der Stadt fließenden Reno ergoß.

Auch die Frischwasserversorgung der Stadt war perfekt geregelt. Auf der sogenannten Akropolis auf dem Misanellohügel befand sich ein Brunnen mit Filteranlagen, von dem aus das Wasser in mehrere Leitungen verteilt wurde, die alle zur Stadt hinunterführten.

Doch zurück zu den Häusern der Stadt: Für die etwa einen halben Meter dicken Gebäudefundamente, die heute noch erhalten sind, verwendete man Flußkiesel. Die etwa drei Meter hohen Mauern jedoch wurden aus halbgebrannten Lehmziegeln errichtet und zusätzlich durch steinerne Wandversteifungen verstärkt. Die Dächer bestanden aus Holzbalken, gedeckt mit bemalten Terrakottaziegeln (=gebrannte Tonziegel). Nur in ganz seltenen Fällen hatte man auch die Fußböden mit Ziegeln belegt. Außenfenster fehlten, lediglich vom oben offenen Innenhof her fiel Licht in die Räume.

Auffallend ist, daß sich die Werkstätten an der breiten Nord-Süd-Achse der Stadt konzentrierten. Vielleicht liegt hierin auch eine Erklärung für die breiten Bürgersteige: Möglicherweise waren sie für Verkaufsstände bestimmt, in denen man die Waren, die in dahinterliegenden Werkstätten produziert wurden, auslegte. Unterstützt wird diese Vermutung durch die Tatsache, daß auch im Bereich der anderen Gebäude die Läden meist in den Räumen untergebracht waren, die zu den breiten Straßen hin lagen.

Der Blütezeit von Misa im 5. Jh. v. Chr. folgten ein allmählicher Niedergang und schließlich die Eroberung und Zerstörung der Stadt durch die Gallier nach 400 v. Chr. Der Ort verschwand fast spurlos aus der Geschichte, bis die Archäologen ihn wieder zu neuem Leben erweckten.

Während hier bei Marzabotto erstmals eine noch weitgehend vollständige etruskische Stadtanlage ausgegraben werden konnte, stammen sonst die meisten Kenntnisse, die wir heute über dieses Volk haben, weniger aus den Städten der Lebenden, als vielmehr aus den Nekro-

Steinkistengräber *in der Nordnekropole bei Marzabotto (unten). Die Kastengräber sind mit großen, flachen oder giebelförmigen Platten aus Travertin gedeckt. Sie lagen ursprünglich unter der Erde, boten also keineswegs den Eindruck, den der Besucher heute hat. Auf den Gräbern stehen sogenannte Cippi, Steine, die bei Männergräbern häufig die Form einer kleinen Säule, bei Frauengräbern die eines kleinen Häuschens haben.*

Teilansicht der Akropolis *auf dem Misanellohügel im Westen der etruskischen Stadt. Die Reste der dort ausgegrabenen Sakralbauten stammen aus dem 5. Jh. v. Chr. Die hier abgebildeten quadratischen Mauern eines Heiligtums (rechts) stehen auf einem Fundament aus Flußkieseln. Die Mauerreste haben eine Seitenlänge von neun Metern.*

polen, den Stätten der Toten. Was man dort fand, lockt gerade in letzter Zeit Scharen von Besuchern in Museen und Ausstellungen und fasziniert die Menschen immer wieder.

Dieses Volk von Seefahrern, Kriegern, Künstlern, Handwerkern, Bergleuten, Bauern und Händlern pflegte weitreichende Wirtschafts- und Handelsbeziehungen und war allen kulturellen Einflüssen gegenüber sehr aufgeschlossen. Überwogen im 8. und 7. Jh. v. Chr. zunächst die Einflüsse aus dem alten Orient, so öffneten sich die Etrusker in der Folgezeit zunehmend den Anregungen, die aus Griechenland selbst und vor allem aus den griechischen Städten Unteritaliens kamen. Zwar konkurrierten die Etrusker lange Zeit hindurch mit den griechischen Kolonien in Italien um die Vorherrschaft auf dem Tyrrhenischen Meer, doch hinderte sie dieser Konkurrenzkampf nur zeitweise daran, die wirtschaftlichen und kulturellen Beziehungen aufrechtzuerhalten.

Der wirtschaftliche Wohlstand der Etrusker, der hauptsächlich auf den reichen Erzvorkommen in ihrem Siedlungsgebiet zwischen Arno und Tiber sowie auf ihren weitreichenden Handelsverbindungen beruhte, erlaubte ihnen ein ausgesprochen angenehmes Leben. Sie liebten die Natur, die Frauen, den Wein und die Musik. Ihre Lebensfreude und der Luxus, in dem sie lebten, wurden von Zeitgenossen anderer Völker, vor allem von den Römern und Griechen, oft als anstößig empfunden.

Auffallend ist, daß bis in die Blütezeit der Tod für die Etrusker scheinbar nichts Erschreckendes an sich hatte. Sie glaubten an ein Leben im Jenseits und daß der Verstorbene am Ort seines Grabes weiterlebe. Aus dieser Vorstellung heraus statteten sie ihre Gräber mit allem aus, was sie auch im Leben schätzten und liebten und was ihnen Vergnügen bereitet hatte. Und was man dem Toten nicht als Gegenstand mit ins Grab geben konnte, das stellte man bildlich dar. Malereien von fast expressionistischer Ausdruckskraft zeigen Festgelage, Tanz- und Musikdarbietungen sowie sportliche Wettkämpfe. Erst in der Spätzeit, der Zeit des Niedergangs, tauchen vereinzelt Szenen der Trauer auf, fürchten die Etrusker den Tod.

Mit den geräumigen Grabkammern aus Stein unter großen Erdhügeln (=Tumuli) oder in den Fels gehauenen hausähnlichen Anlagen entstanden gleichsam Totenstädte, die den Ansiedlungen der Lebenden nachgebildet waren, nur haben sich die Städte der Toten als dauerhafter erwiesen als die der Lebenden. Ein Beispiel für eine solche Totenstadt ist die Nekropole von Caere, dem heutigen Cerveteri, das etwa 40 Kilometer nordwestlich von Rom liegt. Etwa 500 Hektar bedeckt die Stadt der Toten, durchzogen von Sträßchen und Straßen, auf denen man die Verstorbenen zu ihrer letzten Ruhestätte geleitete. Von Caere selbst, einer der größten und wohlhabendsten Städte in etruskischer Zeit, ist – wie von den meisten anderen Städten auch – kaum etwas übriggeblieben. Vom römischen Weltreich überrollt, versanken sie meist in Schutt und Asche. Nur ihre Totenstädte blieben uns erhalten; verständlich, daß sich die Ausgrabungen bislang hauptsächlich auf die Nekropolen konzentrierten.

Diese Jünglingsstatuette aus Bronze *stammt aus den ersten Jahrzehnten des 5. Jh. v. Chr. und wurde bei Marzabotto gefunden. Sie gehört zu den Ausstellungsstücken des kleinen Museums auf dem Grabungsgelände, das überwiegend Funde aus der Nord- und Ostnekropole und aus der Keramikproduktion der etruskischen Handwerker enthält. Ein beträchtlicher Teil der Funde ist bei der Zerstörung des Museums im Zweiten Weltkrieg verlorengegangen.*

Während Griechen und Römer der Nachwelt umfangreiche schriftliche Quellen hinterlassen haben, ist das, was uns von den Etruskern überliefert ist, äußerst wenig. Hinzu kommt, daß man die wenigen schriftlichen Zeugnisse der Etrusker zwar lesen kann – ihr Alphabet haben sie im 8. Jh. v. Chr. weitgehend von den Griechen übernommen –, daß man aber den Sinn der Worte bisher nur unzureichend aufschlüsseln konnte. Die Frage, woher die Etrusker kamen, war schon in der Antike umstritten. Zwei einander widersprechende Theorien standen sich nahezu unvereinbar gegenüber: Der Grieche Herodot, der „Vater der Geschichtsschreibung", meinte, sie seien im 13. Jh. v. Chr. aus Kleinasien nach Mittelitalien gekommen. Dagegen behauptete Dionysios von Halikarnassos, der etwa um 30 v. Chr. nach Rom kam, die Etrusker seien nicht eingewandert, sondern hätten schon immer auf der Apenninenhalbinsel gewohnt. Für beide Thesen hat man immer wieder Beweise und Gegenbeweise aufführen können. Heute steht jedoch im Vordergrund der Forschung weniger die Überlegung, woher sie kamen, als vielmehr die Frage, wie sie zu jenem Volk wurden, das wir heute als Etrusker bezeichnen, und wie es ihnen gelang, diese erste kulturelle Blüte auf italienischem Boden hervorzubringen.

Gelagert zum Gastmahl

Die Etrusker lieben die Musik. Ihr Wohlklang begleitet sie den Tag hindurch bis in die späten Abendstunden; er umschmeichelt sie bei fast allen Anlässen – sogar dann, wenn sie ihre Sklaven schlagen. Auf den Straßen hört man das Geklapper der Kastagnetten, und selbst das Kneten des Brotteigs wird von einem Flötisten begleitet.

Wenn schon bei solch einer alltäglichen Arbeit die Musik nicht fehlen darf, so erst recht nicht dann, wenn ein vornehmer Etrusker zum Bankett, zu einer geselligen Mahlzeit einlädt. Man trifft bei Sonnenuntergang im Haus des Gastgebers zusammen und verbringt ein paar angenehme Stunden bei erlesenen Speisen und ausgesuchten Weinen, unterhalten von Musikern und Tänzern.

Es ist noch früh am Abend, die ersten Besucher sind soeben eingetroffen. Der Gastgeber ist ein begüterter, einflußreicher Etrusker. Der Raum wird von Öllampen und von Kerzen, die auf Bronzekandelabern stecken, beleuchtet; Räucherwerk verbreitet einen angenehmen Geruch. Da es draußen schon recht kühl ist, glüht in Bronzebecken Holzkohle und verbreitet eine angenehme Wärme. Paarweise haben die Gäste auf den Liegen Platz genommen. Gebettet auf weiche Kissen, macht man es sich bequem, um das Mahl halb im Liegen zu genießen. Der Schmuck der Damen – goldene Ohrgehänge, Ringe, Armreifen und Halsketten – strahlt im Kerzenlicht. Ihre geschminkten Augen und rot bemalten Lippen bilden einen eigenartigen Kontrast zu dem hellen Teint. Die Haare tragen sie zurückgekämmt, zu Zöpfen geflochten oder zu einem Knoten getürmt; manche haben einen Schleier über die Haare gelegt, andere sich mit einem Diadem geschmückt. Die farbigen Gewänder aus Leinen lassen den Hals frei und fallen – zusammengehalten von kostbaren Fibeln – in weichen Linien bis auf die Knöchel.

***Diese Kanne,** eine sogenannte Oinochoë aus dem 4. Jh. v. Chr., wurde zum Einschenken von Wein benutzt. Typisch ist der hohe Kragen. Die Malerei zeigt den Gott Dionysos (links) neben einer Mänade, einer jener Frauen, die dem Kult des griechischen Weingotts dienten.*

Die jüngeren Männer sind glattrasiert und haben ihr schwarzes, lockiges Haar nach der neusten griechischen Mode kurzschneiden lassen. Die älteren Herren dagegen tragen Bärte, und ihr Haar bedeckt den Nacken, manchmal sogar die Schultern. Einige haben ihre Tebenna, eine Art Umhang, der nur eine Schulter bedeckt, um

die Hüfte geschlungen und sitzen mit nacktem Oberkörper vor der Holzkohlenglut.

Diener eilen durch den Raum und bringen immer neue Köstlichkeiten aus der Küche. Sie tragen große Bronzeplatten mit Fisch, Wild und Geflügel herein. In glänzenden, schwarzen Keramikschalen reichen sie Gemüse, Obst und große Käselaibe. Andere wieder bringen im griechischen Stil bemalte Karaffen, gefüllt mit dem schweren etruskischen Wein, den man mit Wasser verdünnt.

Während die Gäste schmausen und die Trinkschalen zum Mund führen, spielen Sklaven mit Blumenkränzen im Haar auf der Lyra und der langen Doppelflöte, dem Lieblingsinstrument der Etrusker, und Tänzer und Tänzerinnen zeigen ihre Kunst.

Goldener Weinbecher, *zehn Zentimeter hoch. Rechts ein Bronzeleuchter mit Diskuswerfer als Stützfigur.*

Gräber künden vom Leben

Was die Archäologen aus den freigelegten Grundmauern der etruskischen Kolonialgründung bei Marzabotto herauslesen, wird untermauert und ergänzt durch die Funde in den gewaltigen Nekropolen, die die Etrusker in der Nähe der großen Städte in ihrem eigentlichen Herrschaftsgebiet anlegten. Sie erzählen im wahrsten Sinn des Wortes die Geschichte dieses Volkes, sie künden vom Leben und der hohen Kultur der Etrusker.

Sicherlich einer der reichsten Grabfunde war die „Tomba Regolini-Galassi" in der Nekropole von Caere, dem heutigen Cerveteri. Das Grab stammt aus der ersten Hälfte des 7. Jh. v. Chr. Es wurde 1836 von zwei Amateurarchäologen, dem Erzpriester Alessandro Regolini und dem General Vincenzo Galassi, entdeckt und nach diesen beiden Entdeckern benannt. Das Grab lag einst unter einem großen Hügel (=Tumulus), umgeben von einem Mauerring auf Tuffstein. Dieser Hügel wurde vermutlich Ende des 6./Anfang des 5. Jh. v. Chr. erweitert, um weitere fünf Gräber aufnehmen zu können, und mit einem zweiten Mauerring von fast 50 Meter Durchmesser umgeben. Die jüngeren Gräber am Rande waren bereits geplündert, als die beiden Männer das älteste und noch unberührte Grab in der Mitte des ursprünglichen Tumulus entdeckten. Sie betraten die Grabanlage durch einen langen, etwa einen Meter breiten Gang, die Vorkammer, an deren Ende ein etwa gleich breiter, acht Meter langer Raum, die Hauptkammer des Grabes, lag. Von der Vorkammer selbst zweigten rechts und links noch zwei einander gegenüberliegende ovale Nischen ab. Der untere Teil der Grabanlage war aus dem natürlichen Tuffgestein herausgeschlagen worden, der obere Teil bestand aus Tuffsteinblöcken, die ein geschlossenes Gewölbe bildeten.

In der Vorkammer stießen die beiden Amateurarchäologen auf die zerfallenen Gebeine eines Kriegers, der auf eine Bronzeliege gebettet worden war. An seiner Seite lagen zehn bronzene Wurfspieße und ein Eisenschwert, an der Wand hingen acht runde Bronzeschilde. Ferner gehörten zu den Grabbeigaben dieses Mannes noch ein Bestattungswagen, Bronzekessel, Feuerböcke, ein bronzenes Gefäß für Räucherwerk und mit Löwen verzierte Bronzescheiben. Da die Vorkammer für die Vielzahl der Grabbeigaben nicht ausreichte, hatte man einen Teil davon in der linken Nische aufgestellt.

Blick in die neun mal zwölf Meter große Tomba del Tifone *in Tarquinia. Der Mittelpfeiler mit dem vorgebauten Altar zeigt zwei Darstellungen des Typhon, eines schlangenartigen Ungeheuers der griechischen Mythologie. Auf den umliegenden Steinbänken standen die Sarkophage der Familie Pumpu.*

Flötenspieler aus der Tomba dei Leopardi, *dem Grab der Leoparden, in Tarquinia (rechts). Wie viele Gräber Tarquinias ist auch dieses aus der 1. Hälfte des 5. Jh. v. Chr. mit prachtvollen Wandmalereien geschmückt. Der Musikant, der eine Doppelflöte bläst, schreitet mit wehendem Mantel durch einen Garten mit stilisierten Bäumen.*

Der 30 Zentimeter hohe Wasserkrug *(links), eine Hydria, wurde in einer etruskischen Werkstatt hergestellt. Die Keramik ist nach attischer Art rotfigurig bemalt.*

In der rechten Nische befand sich ein Bronzethron mit zwei Schemeln, Silberschalen und Keramiken sowie ein zerlegter zweirädriger Kriegswagen mit Brandspuren. Und inmitten dieser Gegenstände fanden Regolini und Galassi eine große, eiförmige Keramikurne, die die Asche eines Toten enthielt.

Endlich standen die beiden Ausgräber in der Hauptkammer des Grabes. Hier entdeckten sie ein Skelett sowie nahezu unvorstellbar reiche Beigaben aus Gold, Elfenbein, Silber und Bronze. Die Gebeine lagen auf Goldplättchen, die vermutlich zu einem Gewebe gehört hatten, dessen Stoff jedoch völlig zerfallen war. Kostbarer Goldschmuck lag zerstreut zwischen den Knochenresten: eine mehr als 30 Zentimeter lange goldene Fibel, ein wunderschön gearbeiteter Brustschmuck, lange Ohrgehänge, Armreifen und Halsketten. Ferner fand man fünf Paar Elfenbeinwürfel – wohl für unterhaltsame Spiele im Jenseits mitgegeben – sowie ein Tafelservice aus silbernen Bechern und Schalen. In dieses Silberservice eingraviert war der Name Larthia. Dieser Name, der ausgesucht schöne und zahlreiche Schmuck sowie eine Silberspindel lassen darauf schließen, daß hier eine Frau, eine etruskische Adelige, beerdigt worden war. In welcher sozialen Beziehung sie zu den beiden anderen Toten stand, darüber hat man viel und bisher vergeblich gerätselt.

Die Tomba Regolini-Galassi dokumentiert nicht nur den ungeheuren Reichtum der Etrusker, sie weist auch deutlich auf Beziehungen zu den Völkern des östlichen Mittelmeerraumes hin. Nicht nur, daß Gold, Elfenbein und Bernstein aus dem Osten importiert werden mußten, auch die Arbeiten der etruskischen Künstler und Handwerker orientierten sich am Stil des alten Orients. So ist z. B. der Schmuck der Fürstin ausschließlich mit orientalisierenden Motiven verziert.

An den nötigen „Devisen“ mangelte es den Etruskern nicht. Ihre Reserven an Eisen-, Kupfer- und Zinnerzen schienen nahezu unerschöpflich, und sie verstanden die Kunst, das Metall zu schmelzen und zu verarbeiten. Gegenstände aus Eisen wurden in der Frühzeit sogar teurer als Gold gehandelt, denn sie waren schwieriger herzustellen.

Doch nicht nur mit dem alten Orient pflegten die Etrusker Handelsbeziehungen, auch griechischen Einflüssen standen sie offen gegenüber, ja, sie waren geradezu fasziniert von den künstlerischen und handwerklichen Fähigkeiten dieses Volkes. Attische Keramik, wie sie sich auch im Grab jener Fürstin Larthia fand, wurde in großen Mengen importiert und in Etrurien selbst oft kopiert. Dann allerdings gerieten die Muster zumeist sehr etruskisch, d. h., sie verloren an klassischem Ebenmaß, gewannen dafür aber an individuellem Ausdruck.

Auch die Möbel der Etrusker verraten griechischen Einfluß. Liegen mit gedrechselten Beinen dienten nicht nur zum Schlafen, sondern auch als Speisesofas. Vor diesen Liegen stellte man – wie in Griechenland – niedrige, rechteckige Tische auf. Vergebens sucht man Schränke, Kommoden oder Regale. Wäsche bewahrte man in Truhen auf, Geschirr wurde auf Tischen abgestellt. Leichte Schemel und Faltstühle, wie sie auf attischen Vasen abgebildet sind, benutzte man zum Sitzen.

Etruskischer Herkunft dagegen waren die Bronzegeräte, die – nun umgekehrt – von Etrurien nach Griechenland exportiert wurden. Dazu gehörten Leuchter, Räucherpfannen, Dreifüße und Holzkohlenbecken gegen die Winterkälte.

Doch nicht nur vom Alltagsleben künden die Gräber, sie verraten auch, wie wir uns jenes Volk vorzustellen haben. Daß sie alle „fett und trunksüchtig“ waren, behaupteten die Römer. Diesem Bild widerspricht das berühmte Paar auf dem Terrakottasarg von Caere, doch mag es sich hier um eine idealisierte Darstellung handeln. Realistischer erscheinen da schon die Figuren beleibter Etrusker, die halbnackt, mit einem Blütenkranz um den Hals und mit einer Trinkschale oder Schriftrolle in der Hand, zufrieden von ihren Sarkophagen blicken.

Gräber und Häuser

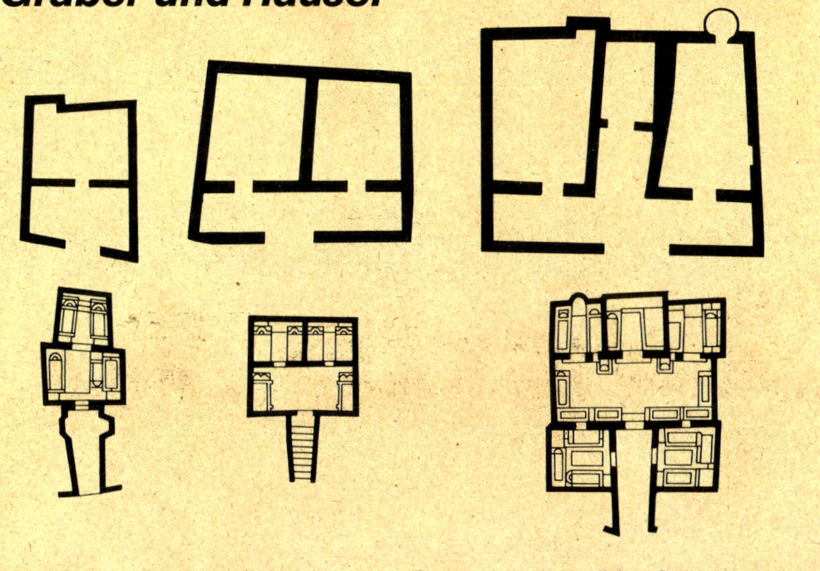

In der langen Geschichte des etruskischen Volkes wandelten sich auch seine Bestattungsplätze von einfachen Grabstätten zu unterirdischen Felsmausoleen, deren Inneres den Häusern der Lebenden immer ähnlicher wurde. Deutlich kann man dies an den Grundrissen und der luxuriösen Ausstattung ablesen. Die Abbildung stellt drei charakteristische Hausformen aus dem 6. Jh. v. Chr. (obere Reihe) den entsprechenden Grabtypen aus der Nekropole von Caere (Cerveteri) gegenüber (untere Reihe, von links nach rechts: Tomba della Quercia, Tomba Martini Marescotti, Tomba degli Scudi e delle Sedie). Die Verstorbenen sollten auch im Jenseits alle Bequemlichkeit haben und räumlich nicht allzu beengt sein.

Die Etrusker kannten sowohl die Körperbestattung als auch die Verbrennung; letztere fand überwiegend im Norden Etruriens Verbreitung. Schon in der Villanovazeit, im 9. und 8. Jh. v. Chr., wurden die Urnen, die einer Rundhütte, der damals vorherrschenden Hausform, nachgebildet waren, in Schachtgräbern beigesetzt. Die Leichname dagegen bestattete man in sogenannten Fossagräbern, in länglichen Gruben, aus denen sich etwa seit dem 7. Jh. die ersten, noch recht einfachen Kammergräber entwickelten.

Während man in Südetrurien die Kammergräber aus dem weichen Tuffstein herausschlug, wurden sie in Nordetrurien meist aus Kalksteinblöcken erbaut. Gemeinsam aber waren den Gräbern des 7. und frühen 6. Jh. v. Chr. große Tumuli (Hügel) mit einem Durchmesser bis zu 70 Metern. Diese Tumuli konnten bis zu vier Grabanlagen enthalten, in denen mehrere Generationen einer Familie bestattet waren.

Wie in Caere, so überwogen seit der ersten Hälfte des 6. Jh. v. Chr. auch in den Nekropolen anderer Städte Südetruriens kleinere, zum Teil schon systematisch auf Straßen ausgerichtete Tumuli. Im Lauf der weiteren Entwicklung folgten dann einzellige, fast quadratische Kammergräber, die sich wie Reihenhäuser in ein Straßennetz einfügen. An diesen Gräbern zeigt sich deutlich der langsame, aber unaufhaltsame Niedergang der etruskischen Vorherrschaft in Italien und der damit auch verbundene Verlust an wirtschaftlicher Macht.

Die etruskische Gesellschaft

Das heitere, luxuriöse Leben, von dem die Gräber künden, darf nicht darüber hinwegtäuschen, daß dieser Lebensstil nur einer verhältnismäßig dünnen Adelsschicht möglich war. Dieser Herrenschicht stand eine Vielzahl von meist namenlosen Sklaven und Unfreien gegenüber, die von all den Annehmlichkeiten etruskischer Lebensart weitgehend ausgeschlossen war. Ob es neben diesen beiden Extremen noch eine Schicht freier Bürger gab, die sich vor allem aus Handwerkern und kleinen Gewerbetreibenden zusammensetzte, ist ungewiß. Es gibt Anzeichen dafür, Beweise aber fehlen.

Die etruskische Gesellschaft war starr und konservativ und versuchte bis zu ihrem Untergang, d. h. bis zu ihrer Eingliederung in das Römische Reich, eine Gesellschaftsform aufrechtzuerhalten, die im Grunde nur Herren und Beherrschte kannte. Selbst zu einer Zeit, als man in Rom bereits durch eine Einteilung der Bevölkerung in Vermögensklassen die starren Schranken zwischen Herrschenden und Beherrschten zumindest lockerte und zu einer differenzierten Gliederung der Bevölkerung kam, blieb die etruskische Gesellschaft nahezu unverändert.

Die besondere Stellung der Frau *in der etruskischen Gesellschaft zeigt sich in der Darstellung dieses Ehepaares (unten), das gemeinsam auf seinem Doppelsarkophag ruht. Der Sarg, der im 6. Jh. v. Chr. in Caere (Cerveteri) entstand, hat die Form einer Bankettliege. Die Terrakottafiguren waren ursprünglich bunt bemalt.*

Das Bild der schönen und gepflegten Etruskerin *(rechte Seite) ist ein Detail der Wandmalereien in der Tomba dell'Orco, dem Grab der Unterwelt, in Tarquinia. Die Dame aus der Familie der Velcha, die mit ihrem Gemahl an einem Bankett teilnimmt, blickt starr und freudlos: Sie sieht den Dämon Charun, die Personifikation des Todes. Das Fresko entstammt dem 4. Jh. v. Chr., in dem die Heiterkeit der etruskischen Grabkunst von düsteren Vorstellungen abgelöst wurde. Vornehme Etruskerinnen besaßen wertvollen Schmuck. Links eine goldene Gewandschließe aus dem 7. Jh. v. Chr.*

An der Spitze der Hierarchie standen in der Frühzeit zunächst die Könige, die sogenannten Lukumone. Vor allem die einst auch über Rom herrschenden etruskischen Könige sind uns bekannt, wie z. B. die Dynastie der Tarquinier, die – wie ihr Name sagt – aus dem etwa 90 Kilometer von Rom entfernten Tarquinia stammten, oder Porsenna, der König von Clusium, dem heutigen Chiusi. Diese Könige waren die obersten Heerführer, die obersten Priester und die obersten Richter zugleich. Erst im 6. und zu Beginn des 5. Jh. v. Chr. wird das Königtum durch eine Adelsrepublik abgelöst. Die Adligen wählten nun aus ihren Reihen Beamte, die die Aufgaben des Königs übernahmen.

Unterhalb dieser herrschenden Schicht der Adligen gab es eine breite Bevölkerungsmehrheit von Dienern und Sklaven. Auf den Grabmalereien sieht man, wie sich diese dienstbaren Geister um die Teilnehmer an den Banketten kümmern: Mundschenke stehen bereit, junge Dienerinnen fächeln ihrer Herrin Kühlung zu, Köche bereiten die Mahlzeiten vor. Und zur Unterhaltung hielt man sich Sklaven als Athleten, Faustkämpfer, Akrobaten, Jongleure, Musiker, Tänzer und Tänzerinnen. Sklaven bestellten auch die Felder und weideten das Vieh, und eine Vielzahl von ihnen arbeitete in den Erzminen Etruriens und in den metallverarbeitenden Werkstätten. Vor allem im Vergleich zu den Arbeitern in den Erzminen hatte das Hausgesinde ein verhältnismäßig angenehmes Leben. Und so verwundert es auch nicht, daß man – wie wir aus römischen Quellen wissen – unbotmäßigen Dienern als Strafe androhte, sie in die Erzminen zu schicken.

Betrachtet man die etruskische Adelsfamilie, so fällt die besondere Stellung der Frau – vor allem im Vergleich zu Griechen und Römern – ins Auge. Zwar ist auch bei den Etruskern der Mann das Oberhaupt der Familie, doch gestand man der Frau durchaus eine eigene Persönlichkeit zu. Während bei den Römern selbst die vornehmste Dame nur eine Cornelia, Claudia oder Livia war, d. h. damit nur gesagt wurde, daß sie dem Geschlecht der Cornelier, Claudier oder Livier entstammte, hatte die Etruskerin einen eigenen Vornamen, und auch ihre Kinder bezeichneten sich oft nicht nur als Sohn bzw. Tochter des Vaters, sondern nannten auch den Namen der Mutter.

Bei Griechen und Römern stand die Etruskerin in denkbar schlechtem Ruf. Man warf ihr nicht nur vor, daß sie an den Gelagen der Männer teilnahm, ja dabei sogar neben ihrem Gatten auf derselben Liege ruhte – ein für eine tugendhafte Römerin oder Griechin unvorstellbares Verhalten –, sondern man nahm auch Anstoß daran, daß sie – wie man naserümpfend feststellte –, ohne vor den Blicken der Männer zu erröten, sich frei außer Haus und in der Öffentlichkeit bewegte und selbst als Zuschauerin an sportlichen Wettkämpfen teilnahm. Entsprechend diesen Freiheiten findet man die Etruskerin nicht – wie z. B. die Griechin auf attischen Stelen – als Dienerin ihres Gatten dargestellt, sondern selbstbewußt und ihrem Mann durchaus ebenbürtig.

Sport und Spiele

Zwei Ringkämpfer, Detail einer Wandmalerei aus der Tomba degli Auguri, dem Grab der Auguren, in Tarquinia. Das Grabhaus entstand in der zweiten Hälfte des 6. Jh. v. Chr. Der eine Mann hat den andern an den Handgelenken gepackt. Im Hintergrund stehen Schalen, die dem Sieger vielleicht als Preis überreicht werden sollen.

Nicht nur ausgedehnte Schlemmereien und Gelage zur Mittags- und Abendzeit, nicht nur Tanz und Musik liebten die Etrusker, auch Sport und Spiele gehörten zu ihren bevorzugten Vergnügungen. Und auch über sie geben vor allem die Gräber Auskunft.

1958 wurde bei Tarquinia ein aus dem ausgehenden 6. Jh. v. Chr. stammendes Grab entdeckt, dessen Wandmalereien verschiedene sportliche Wettkämpfe darstellen: Drei Läufer kurz vor dem Ziel, ein Weitspringer, ein Diskuswerfer – Disziplinen, die es auch heute noch bei Olympischen Spielen gibt, weshalb man dieses Grab auch als „Tomba delle Olimpiadi" bezeichnete. Besonders faszinierend aber ist – obwohl nur noch teilweise erhalten – die geradezu dynamische Darstellung eines Wagenrennens mit vier Zweigespannen: Der Lenker des ersten Zweigespanns blickt über die Schulter zurück nach seinen Konkurrenten, der zweite beugt sich weit über den Wagenrand zu seinen Pferden vor, während der Führer des dritten Gespanns seine Pferde durch Zuruf und Peitsche antreibt, wohl um eventuell noch den zweiten zu überholen. Dem vierten und letzten der Konkurrenten aber sind die Zügel entglitten, eines seiner Pferde hat sich darin verfangen und ist gestürzt, das zweite bäumt sich hoch auf, und der Lenker selbst fliegt, aus dem Wagen geschleudert, in hohem Bogen nach hinten.

Doch nicht nur die in der Tomba delle Olimpiadi dargestellten Wettkämpfe unterhielten das etruskische Publikum. Aus anderen Gräbern kennen wir ferner noch Ringkämpfer, Boxer und Speerwerfer, aber auch Jongleure, Zirkusreiter und Taschenspieler sorgten für Kurzweil.

Wie wir aus einem anderen Grab in Tarquinia, der „Tomba delle Bighe", dem Grab der Zweigespanne, wissen, versammelte sich das Publikum bei derartigen Veranstaltungen auf hölzernen Tribünen unter einer Art Zeltdach. Selbstverständlich war die Tribüne nur den Angehörigen der Oberschicht vorbehalten; die Diener lagerten in einem niedrigen Untergeschoß darunter. Aufmerksam und die Hände schon zum Beifall erhoben, folgt das Publikum dem Wettkampf der unbekleideten Athleten. Auffallend ist, daß sich unter den Zuschauern auch eine Dame befindet. Während es griechischen Frauen bei Todesstrafe verboten war, nackten Männern bei Sport und Spiel zuzusehen, war es der Etruskerin offensichtlich gestattet und erregte – zumindest bei ihrem eigenen Volk – keinerlei Anstoß.

Ein drittes Grab in Tarquinia, die „Tomba degli Auguri" (Grab der Auguren) aus der zweiten Hälfte des 6. Jh. v. Chr., zeigt eine grausige Szene, die von den sportlichen Wettkämpfen, wie sie bisher beschrieben wurden, deutlich abweicht: Ein Maskierter hat eine Leine nach einem nur mit einem Lendenschurz bekleideten Mann ausgeworfen, der sich bereits in der Leine verfangen hat und dessen Körper mit vie-

Wettkämpfe aller Art waren beliebt, *und auch die Frauen durften dabei zuschauen. Rechts außen eine Boxkampfszene aus der Tomba Cardarelli in Tarquinia. Der fettleibige Kämpfer erscheint unbeschwert, fast heiter. Dynamisch und ehrgeizig hingegen wirkt der junge Diskuswerfer (rechts), der zu einem stark beschädigten Fries mit Läufern und mit einem Weitspringer gehört, das in der Tomba delle Olimpiadi, dem Grab der Olympischen Spiele, ebenfalls in Tarquinia, entdeckt wurde.*

len Wunden bedeckt ist. Sie sind verursacht von einem Hund, dessen Halsband durch einen knochenähnlichen Gegenstand mit einer zweiten Leine in der Hand des Maskierten verbunden ist. Reißt der Maskierte an dieser Leine, schlägt der Knochen den Hund, der sich dann voller Wut auf den halbnackten Mann stürzt. Dieser hält in der Hand zwar eine Keule, mit der er sich wehren könnte, doch hat auch sie sich bereits in der Leine des Maskierten verfangen. Außerdem ist der Kopf des Mannes durch einen Sack verhüllt, so daß er nichts sehen kann. Der Ausgang dieses ungleichen Kampfes ist nicht zu bezweifeln.

Aus dieser wie noch zwei anderen, sehr ähnlichen Grabmalereien in Tarquinia hat man den Schluß gezogen, daß die Etrusker offensichtlich Menschenopfer kannten bzw. daß sie Leichenspiele auf Leben und Tod für einen Verstorbenen abhielten. Der Getötete war das Opfer an die Götter, und sein Blut, das in den Boden sickerte, sollte dem Verstorbenen Kraft und neues Leben verleihen.

Hier liegt sicherlich auch der Ursprung der römischen Gladiatorenkämpfe, die – wie römische Chronisten bestätigen – im 3. Jh. v. Chr. aus Etrurien nach Rom kamen. Die ersten nachweisbaren Gladiatorenkämpfe fanden 264 v. Chr. statt. Auch bei den Römern wurden diese Kämpfe auf Leben und Tod zunächst nur bei Leichenfeiern, vor allem bei den Begräbnissen vornehmer Bürger, veranstaltet. Im Jahr 105 v. Chr. gestattete es der Senat zum ersten Mal, Gladiatorenspiele auch unabhängig davon abzuhalten. Doch erst in der römischen Kaiserzeit sank das grausame Schauspiel endgültig zur Volksbelustigung herab.

Gräben, Tunnel und Kanäle

Die Etrusker waren in jeder Hinsicht begabte Baumeister. Eine besondere Spezialität aber waren zum einen Be- und Entwässerungssysteme, zum andern Straßen, die man zu jeder Jahreszeit befahren konnte, sowie der Brückenbau. Durch den Straßen- und Brückenbau erschlossen sie das Land verkehrsmäßig, und die Be- und Entwässerungssysteme dienten nicht nur der Frisch- und Abwasserversorgung der Städte, sondern auch der Landwirtschaft, deren Erträge man einerseits durch Trockenlegung von Sümpfen und andererseits durch künstliche Bewässerungsanlagen zu steigern versuchte.

Etruskische Herrscher waren es, die die Sümpfe in und um Rom trockenlegten. Von Tarquinius Priscus, dem fünften König von Rom, der von 616 bis 578 v. Chr. regierte, berichtet der römische Geschichtsschreiber Livius (59 v. Chr.–17 n. Chr.): „In tiefliegenden Stadtteilen am Forum und zwischen den Hügeln war die Entwässerung mangels Gefälle erschwert. Er ließ sie trokkenlegen mit Hilfe eines Systems von Abwasserkanälen, die von höhergelegenen Punkten aus zum Tiber führten." Und über Tarquinius Superbus, den siebten König, der von 533 bis 509 v. Chr. über Rom herrschte, schreibt Livius weiter: „Er ließ trotz der Proteste der Plebs, die diese Arbeit sehr mühsam fand, einen großen unterirdischen Kanal bauen, der alle Abwässer der Stadt aufnahm." Dieser Kanal, die Cloaca maxima, war so stabil gebaut, daß man noch heute an der Stelle, wo er in den Tiber mündet, seine gemauerte Wölbung erkennen kann. Und unter dem Forum hat man weitere Anlagen entdeckt, die der Be- oder Entwässerung oder als Sammelbecken für das Grundwasser dienten. Mit diesen Maßnahmen haben die Etrusker entscheidend zur Sanierung Roms beigetragen und die einst inmitten einer fieberverseuchten Umgebung liegende Stadt bewohnbar gemacht.

Auch in Südetrurien legten sie Sumpfgebiete trocken und machten so Hunderte von Hektar für die Landwirtschaft nutzbar. Der Mutterboden liegt hier auf wasserundurchlässigem Tuffgestein und war daher meist morastig. Etruskische Baumeister ließen nun im Abstand von etwa 30 Metern senkrechte Schächte in den Boden graben. Vom Grund dieser Schächte aus trieben die Arbeiter dann nach beiden Seiten waagrechte Tunnel in die Erde, bis sie nach genauen Berechnungen jeweils in der Mitte zwischen zwei Schächten zusammentrafen. Diese unterirdischen Kanäle der Etrusker, die Cuniculi, waren etwa 1,8 Meter hoch und einen halben Meter breit. In diesem unterirdischen Kanalsystem konnte nun das Wasser, das sich sonst vor allem bei starken Regenfällen aufgestaut hatte, ungehindert abfließen.

Ein eindrucksvolles Beispiel für die Wasserbaukunst der Etrusker ist der sogenannte Ponte Sodo im Norden von Veji, ein 80 Meter langer, vier Meter breiter und zehn Meter hoher Cuniculus, der durch das Gestein des Stadtbergs hindurchgetrieben wurde, um so den Fluß Valchetta von seinem natürlichen Bett abzuleiten (links oben der Eingang, oben eine Innenaufnahme; an der Decke ist ein Abflußloch zu erkennen).

Doch nicht nur die Kunst der Entwässerung beherrschten die Etrusker auf hervorragende Weise, sie verstanden es auch umgekehrt, trockenes Gelände zu bewässern. Sie waren Experten darin, an der Vegetation zu erkennen, wo sich unterirdisch Wasser angesammelt hatte, und legten dort artesische Brunnen an.

Mustergültig wie Kanalisation und Wasserversorgung waren auch die Straßen, die die etruskischen Städte miteinander verbanden. Zahllose Sklaven schlugen die Fahrwege in die Felswände, trugen Berghänge ab, trieben Tunnel durch das Gebirge und schlugen Brücken über Schluchten und Flüsse. Stets befand sich neben der Straße ein Abflußgraben, um den Weg vor Überschwemmung oder Unterspülung zu schützen.

Seher und Götter

Die etruskische Religion wird oft als Offenbarungsreligion bezeichnet. Einer ihrer bedeutendsten Propheten war Tages, von dem die Mythologie erzählt, daß er in ferner Vorzeit in der Nähe von Tarquinia von einem Bauern beim Pflügen aus dem Boden geholt wurde. Tages besaß die Gestalt eines Kindes und die Weisheit eines Greises; er verkündete dem herbeigeeilten Volk das Gesetz der Götter. Nach seiner Offenbarung soll Tages wieder in der Erde versunken oder gestorben sein. Seine Mitteilungen aber sollen in den *Libri Tagetici*, den „Büchern des Tages", aufgezeichnet worden sein.

Leider sind uns diese Bücher wie auch alle anderen religiösen Texte der Etrusker nicht überliefert. Die einzige Ausnahme ist die sogenannte Agramer Mumienbinde. Sie gehört zu einer weiblichen Mumie, die ein kroatischer Tourist im 19. Jh. aus Ägypten mitbrachte und die zunächst nach Wien, später in das Museum von Zagreb (Agram) gelangte. Dort entdeckte man dann auch die Schriftzeichen auf der Binde, den bisher längsten bekannten etruskischen Text. Den Wissenschaftlern ist die Erschließung des Textes noch nicht mit letzter Gewißheit gelungen, doch vermutet man, daß hier ein Ritus über das Trinken und Ausgießen von heiligem Wasser beschrieben wird.

Das meiste, was wir heute von der Religion der Etrusker wissen, stammt von den Römern. Sie hatten als unmittelbare Nachbarn und als Zeitgenossen jahrhundertelang Gelegenheit, die religiösen Vorstellungen der Etrusker zu beobachten, und sie haben auch den gesamten Komplex der Gesetze und Vorschriften, die die Beziehungen zwischen den Göttern und den Menschen regelten, schriftlich festgehalten. Aus diesen Quellen läßt sich der von den Römern als *Disciplina etrusca*, als „etruskische Disziplin", bezeichnete Komplex religiöser Vorstellungen herausfiltern.

Bronzemodell einer Hammelleber, *bei Piacenza gefunden. Sie diente vermutlich zur Ausbildung der Haruspizes. Die Oberseite der Leber ist – wie auch die Himmelsfläche – in die 16 Felder des etruskischen Kosmos unterteilt. Die Szene auf dem Bronzespiegel (oben rechts) zeigt den Seher Kalchas, der sich über eine Schafsleber beugt.*

Nach Cicero (106–43 v. Chr.) untergliedert sich die *Disciplina etrusca* in drei Hauptteile: Da sind erstens die *Libri haruspicini*, die Bücher, die sich mit der Kunst der Eingeweideschau befassen, zweitens die *Libri fulgurales*, die von der Blitzlehre handeln, und drittens die *Libri rituales*, die zum einen die Regeln der Landvermessung, der Grenzziehung, des Stadt- und Tempelbaus festhalten, zum andern aber auch die *Libri fatales* umfassen, die Bücher, die sich mit dem Schicksal des einzelnen wie auch des ganzen etruskischen Volkes beschäftigen.

Die etruskische Glaubensvorstellung ging davon aus, daß sowohl das Schicksal des einzelnen als auch das eines Volkes von den Göttern vorherbestimmt und unabwendbar war. Nur in sehr engen Grenzen konnte man durch die Einhaltung gewisser Regeln den Ablauf der Dinge beeinflussen. Der Existenz des Kosmos war eine Dauer von 12 000 Jahren zugemessen. Jedes Jahrtausend stand unter der Herrschaft eines Tierkreiszeichens. Ebenso war das Leben des Menschen in zwölf Abschnitte untergliedert.

Aber auch das Bestehen des etruskischen Volkes wurde auf acht bzw. zehn *saecula* festgelegt. Das etruskische *saeculum* entspricht jedoch

nicht dem römischen Begriff; denn während das römische *saeculum* genau 100 Jahre umfaßte, waren die etruskischen *saecula* unterschiedlich lang. Das längste dauerte 123, das kürzeste nur 44 Jahre. Auffallend ist, daß man aufgrund der Säkularlehre in etwa zu den gleichen Ergebnissen kommt wie die archäologische und historische Forschung. Das erste *saeculum*, der Beginn der etruskischen Zeitrechnung, fällt in etwa zusammen mit dem Entstehen des etruskischen Volkes um 1000 v. Chr. Und das achte *saeculum* schließt mit der Verleihung des römischen Bürgerrechts an die Etrusker 88 v. Chr., also mit Ende ihrer politischen Selbständigkeit.

Vom Willen der Götter war das gesamte etruskische Leben abhängig, und wohl bei keinem anderen Volk achtete man so sehr darauf, diesem Willen zu entsprechen. Da die Götter ihren Willen und ihre Absichten durch Zeichen verkündeten, war es besonders wichtig, diese Zeichen richtig zu deuten. Diese Kunst ließ sich erlernen, und sie oblag zum einen den Haruspizes, die den vornehmsten Familien der Etrusker entstammten.

Die Haruspizes lasen die Vorzeichen und Botschaften der Götter aus den Eingeweiden der Opfertiere. Dabei untersuchte ein Haruspex vor allem die Leber des geopferten Tieres, da sie als der Sitz des Lebens angesehen wurde. Die Leber verkörperte den Kosmos im kleinen, und die einzelnen Felder, in die man die Leber untergliederte, waren bestimmten Göttern und ihren Einflüssen zugeordnet. Eine Leberschau war vor allen Amtshandlungen und politischen Entscheidungen erforderlich.

Besondere Bedeutung besaßen auch die Fulguratoren, die Deuter der Blitze. Die Blitzlehre kannte elf Blitzarten mit jeweils unterschiedlichen Wirkungen. Nur neun der zahlreichen Götter hatten das Recht, Blitze zu schleudern. Der Hauptgott Tinia, der Ähnlichkeiten mit dem griechischen Zeus oder dem römischen Jupiter aufweist, verfügte über drei verschiedene Blitze: Einer diente der Warnung, ein anderer verkündete Gefahren, und der dritte brachte Tod und Katastrophen.

Nach etruskischer Vorstellung war die Himmelsfläche in 16 Felder unterteilt, in denen die Götter wohnten. Jeder dieser Götter hatte auf Erden einen bestimmten Einflußbereich. Der Fulgurator, der Blitzdeuter, stellte sich, das Gesicht nach Süden gerichtet, im Mittelpunkt des Himmelskreises auf. Da im Westen, also rechts des Beobachters, die finsteren Gottheiten herrschten, galten alle Blitze auf dieser Seite als unheilverkündend, die Blitze von links dagegen als glückverheißend, da im Osten die freundlichen Götter wohnten.

Viele der wichtigsten etruskischen Gottheiten ähneln nicht nur in ihrer bildlichen Darstellung, sondern mehr und mehr auch in ihrem Wesen den griechischen Göttern. So entsprechen Tinia und seine Gemahlin Uni dem Zeus und der Hera, Menrva, die bei den Römern zur Minerva wird, der Athene und Aplu dem Apollo. Daneben gab es aber noch eine Vielzahl rein etruskischer Gottheiten und Dämonen, die oft nur lokale Bedeutung hatten.

Zwei Votivfiguren *aus der Spätzeit der etruskischen Kultur (um 200 v. Chr.). Solche aus Bronze gegossene Statuetten (die linke ist etwa 30 Zentimeter groß) hatten vermutlich magische Bedeutung.*
Links außen die lebensgroße Tonfigur des Gottes Aplu. Sie wurde um 490 v. Chr. für den Tempel in Veji geschaffen und ist heute allgemein als „Apollo von Veji“ bekannt.

Etruskische Spuren

Im Lauf des 8. Jh. v. Chr. hatte sich in Mittelitalien, zwischen Arno und Tiber, Apennin und Tyrrhenischem Meer, ein Volk gebildet, das sich selbst *Rasenna* oder *Rasna* nannte, das die Griechen als *Tyrrhenoi* oder *Tyrsenoi* bezeichneten und die Römer als *Tusci* oder *Etrusci*.

Seit der Antike hat man immer wieder vergeblich über die Herkunft dieses Volkes gerätselt. Wie bereits gesagt, stehen sich zwei Theorien gegenüber: Die eine – auf Herodot zurückgehende – Theorie besagt, daß die Etrusker um 1300 v. Chr. aus Kleinasien eingewandert seien, die andere – erstmals von Dionysios von Halikarnassos vertretene – Theorie behauptet dagegen, daß dieses Volk schon immer in Italien gelebt habe. Eine Einigung über diese Frage ist nicht zu erreichen. Die Wissenschaftler heute stellen die Frage daher nicht mehr in dieser Form, sondern versuchen, den Prozeß nachzuvollziehen, in dessen Verlauf die Etrusker sich zu jenem Volk entwickelt haben, das uns seit dem 8. Jh. v. Chr. in Etrurien entgegentritt.

Der etruskischen Kultur voraus ging auf italienischem Boden die Villanovakultur, die etwa seit dem 10. Jh. v. Chr. nachweisbar ist. Träger dieser Kultur waren die stark indogermanisch geprägten Alt-Italiker. Um die Jahrtausendwende wurde diese einheimische Bevölkerung von einer dünnen Schicht von Einwanderern überlagert, die sich zunächst an der Westküste Mittelitaliens niederließen. Diese Einwanderer stammten aus Kleinasien und waren Träger einer weitaus höher entwickelten Stadtkultur. Sie waren aber auch in ihren technischen und handwerklichen Fertigkeiten der einheimischen Bevölkerung überlegen. Aus der Vermischung beider Völker, die anscheinend ohne kriegerische Auseinandersetzung vonstatten ging, entstand das etruskische Volk.

In der Folgezeit wuchsen die einstigen Villanovadörfer zu respektablen Städten heran, die Erzvorkommen wurden intensiv ausgebeutet, das Metallhandwerk blühte auf, Straßen erschlossen das Binnenland, und die Handelsbeziehungen reichten weit über das Mittelmeer bis in die angrenzenden Länder hinein. Das neue Volk kam zu Wohlstand und breitete sich von seinem Kernland Etrurien nach Süden bis nach Kampanien und nach Norden bis in die Po-Ebene aus. Im 6. Jh. v. Chr. hatten die Etrusker den Höhepunkt ihrer Macht erreicht.

Ihre Expansionspolitik zu Land und zu Wasser mußte die Etrusker zwangsläufig in Konflikt mit den griechischen Städten Unteritaliens bringen. Im Bündnis mit Karthago, der dritten um die Seeherrschaft streitenden Macht, gelang es den Etruskern 540/535 v. Chr., die Griechen aus dem Tyrrhenischen Meer weitgehend zu vertreiben. Der Versuch, die mächtige griechische Kolonie Cumae (nördlich des heutigen Neapel) auszuschalten, scheiterte jedoch und endete 474 v. Chr. mit einer empfindlichen Niederlage und Machteinbuße, die sich auch in dem allmählichen Niedergang der etruskischen Vorherrschaft auf dem Meer auswirkte.

Etwa zu gleicher Zeit begannen auch die Latiner, die Bewohner Latiums, der etruskischen

__Dieser gewundene Stab__ war das Zeichen der Würde und Autorität der etruskischen Priester und Seher. Von ihnen übernahmen es zunächst die römischen Auguren, und in christlicher Zeit wurde der lituus, der Krummstab, dann zum Symbol der Bischöfe.

__Die kultische Handlung der Grenzziehung__ wird auf diesem 90 Zentimeter langen Teilstück eines römischen Frieses aus dem 1. Jh. n. Chr. festgehalten. Das von den Etruskern übernommene Ritual sah vor, daß die Markierungslinien der Stadtgrenzen (in diesem Fall der Grenzen von Aquileia) mit einem Pflug gezogen wurden, vor den man eine Kuh und einen Stier gespannt hatte.

Herrschaft Widerstand entgegenzusetzen. Die einst von den Etruskern beherrschte Stadt Rom befreite sich vom etruskischen Einfluß und führte – mit Unterbrechungen – von 482 bis 396 v. Chr. gegen das mächtige, nur wenige Kilometer von Rom entfernte Veji Krieg, bis die etruskische Stadt schließlich unterlag.

Doch nicht nur die von Süden her vordringenden Römer bedrängten die Etrusker; seit dem ausgehenden 5. Jh. v. Chr. brachen von Norden her die Gallier zunächst in die Po-Ebene ein und stießen von dort bis nach Mittelitalien vor.

Der römischen Expansion konnten die Etrusker auf Dauer nicht standhalten. Stück für Stück eroberte die aufstrebende Macht am Tiber Etrurien und zerstörte Stadt um Stadt. Geschickt nutzten die Römer dabei die politische Struktur der Etrusker aus. Diese verstanden sich nämlich nicht als ein einheitliches Ganzes, etwa im Sinne einer Nation, sondern sie setzten sich aus einer Vielzahl voneinander unabhängiger und oftmals gegeneinander streitender Städte zusammen. Zwar hatten sich zwölf der bedeutendsten Städte zu einem Zwölfstädtebund (Dodecapolis) zusammengeschlossen, doch weiß man bis heute nicht genau, welche Städte im einzelnen diesem Bund angehörten. Sicherlich Volsinii (in der Nähe des heutigen Bolsena), denn in dessen Heiligtum, dem *Fanum Voltumnae*, trafen sich die Vertreter der zwölf Stadtstaaten mindestens einmal jährlich. Ob man diesen Städtebund jedoch als politische Vertretung ganz Etruriens ansehen kann und ob sich die einzelnen Stadtstaaten an die in Volsinii gefaßten Beschlüsse hielten, ist zweifelhaft.

Auch die römische Gefahr vermochte die Etrusker nicht zu einen. Je nachdem, wie es der einzelnen Stadt günstig schien, wechselte sie die Koalitionen: Mal verbündete sie sich mit anderen Städten gegen Rom, mal aber auch mit Rom gegen eine etruskische Nachbarstadt. 265/264 v. Chr. eroberten die Römer auch Volsinii und machten die Stadt dem Erdboden gleich.

Um diese Zeit hatte Etrurien schon weitgehend seine politische Unabhängigkeit eingebüßt. Durch Bundesgenossenverträge wurden die etruskischen Stadtstaaten an Rom gebunden, 88 v. Chr. erhielten sie das römische Bürgerrecht und gingen im Römischen Reich auf.

Wenn auch Sprache und Schrift erloschen und das Volk der Etrusker ins Dunkel der Geschichte zurückgesunken ist, so hat das Römische Reich dennoch viele technische Fertigkeiten und Symbole von ihnen übernommen.

Vertumnus **(auch Velturna oder Veltha genannt) war eine der etruskischen Gottheiten, die vorwiegend regionale Bedeutung besaßen. Es gibt kein gesichertes Bildnis von ihm, doch man vermutet, daß er als schöner Jüngling dargestellt wurde.**

Ein Keltenfürst

im Totenreich

Unter einem Acker bei Hochdorf wurde 1978 das Grab eines Keltenfürsten entdeckt. Gut ausgerüstet für die Ewigkeit, ruhte der Unbekannte seit 2500 Jahren in einer Kammer aus Holz und Stein.

Ein Stein unter dem Pflug

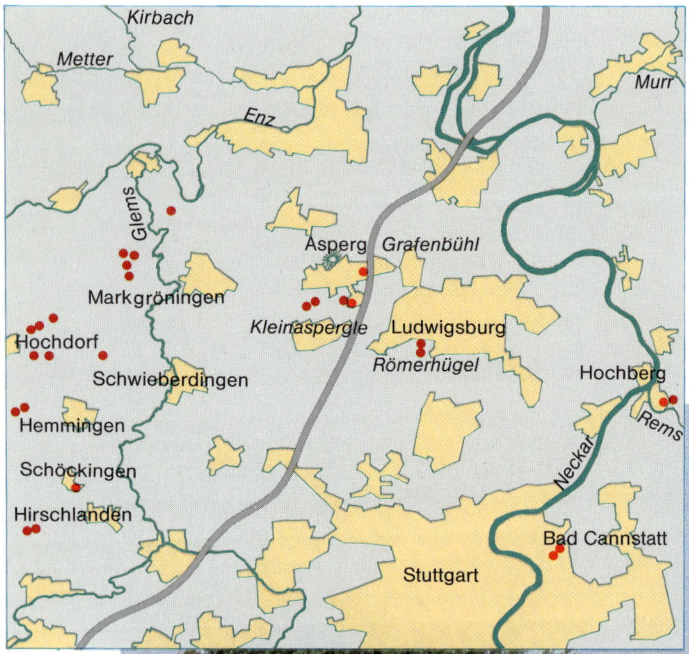

Im Süden des Aspergs *(unten) wurde eine große Zahl keltischer Gräber aus der jüngeren Hallstattzeit (6.–5. Jh. v. Chr.) und der ihr folgenden frühen Latènezeit (5.–4. Jh. v. Chr.) gefunden. Der Asperg, dessen mächtige Renaissance-befestigung von weither zu erkennen ist, war in jener Zeit ein keltischer Fürstensitz. Die als rote Punkte in der Karte eingezeichneten Bestattungsplätze halten Sichtkontakt zum Berg.*

Die Archäologen sind daran gewöhnt, daß große Ereignisse sich bisweilen recht undramatisch ankündigen. In der Nähe der Ortschaft Hochdorf, nordwestlich von Stuttgart, befindet sich eine unscheinbare Erhöhung am östlichen Dorfrand. Der kleine Buckel im Acker, der auch dem jeweiligen Besitzer beim Bestellen der Felder kaum auffiel, war einmal ein Hügel. Pflüge zerfurchten ihn, er wurde im Lauf der Zeit immer flacher. Er war Teil der Landschaft, wie jede Erhebung und jede Bodensenke. Daran hätte sich während der nächsten Jahrhunderte vermutlich nichts geändert, wenn nicht Mitte der siebziger Jahre eine Pflugschar auf einen Stein gestoßen wäre – Steine auf einem Acker, der immer schon als gesteinslos galt? Der Vorfall sprach sich herum, und die Lehrerin Renate Leibfried, die in Hochdorf lebt, begann, sich für das Gelände zu interessieren. Sie ist eine ehrenamtliche Mitarbeiterin des Landesdenkmalamtes Baden-Württemberg und weiß durchaus, was ein solcher Fund bedeuten kann. Die Klä-

rung des Phänomens schien um so dringlicher, als bei flüchtigem Nachsuchen weitere große Steine entdeckt wurden. Der abgeflachte Hügel liegt rund zehn Kilometer vom Asperg entfernt, der in der jüngeren Hallstattzeit (etwa vom 6. bis ins 5. Jh. v. Chr.) ein keltischer Fürstensitz war. Die Hallstattzeit als Periode der Eisenzeit beginnt etwa im 8. Jh. v. Chr. und ist benannt nach einem Fundort am Hallstätter See im Salzkammergut.

Den Archäologen war bekannt, daß in einiger Entfernung um derartige Herrschersitze fürstliche Gräber errichtet wurden, und zwar immer so, daß ein Sichtkontakt zu dem jeweiligen Fürstensitz vorhanden war. So war es auch bei dem Hügel von Hochdorf. Renate Leibfried benachrichtigte 1976 das Landesdenkmalamt, und die Archäologen kamen, um die Stelle zu besichtigen. Nachdem man den Hügel und seine Steine in Augenschein genommen hatte, wurde sofort klar: Hier handelte es sich um eine künstliche Steinsetzung, und zwar um einen Ring, der rund um den Hügel geführt worden war. Sein Durchmesser betrug 60 Meter. Damit war klar, daß es sich um einen Grabhügel handeln mußte.

Die Spannung stieg. Würde es eine Grabanlage sein, die bisher von Plünderungen verschont geblieben war? Aufschluß konnten nur Grabungen ergeben. Sie begannen 1978.

In Baden-Württemberg gibt es eine stattliche Anzahl solcher Großgrabhügel, und auch südlich des Aspergs sind derartige Anlagen gefunden worden. Zu den Bestattungsplätzen hier gehören unter anderen der Grafenbühl, der Römerhügel bei Ludwigsburg und das Kleinaspergle. Der Hügel bei Hochdorf war bislang unbekannt.

Die Archäologen wußten, daß solche Großgräber häufig reiche Beigaben bargen, die hervorragende Rückschlüsse auf die Kultur der Kelten erlaubten. Man bezeichnet diese Gräber allgemein als „Fürstengräber", obwohl man nicht sicher ist, daß es sich hierbei um Fürsten im Rechtssinne gehandelt hat. Ein anderer, neutraler Begriff ist der des „Prunkgrabes", denn ein ausgeprägtes Prunkbedürfnis scheint bei der reichen Ausstattung dieser Gräber eine wichtige Rolle gespielt zu haben. So wurden in der Regel wertvolle Goldfunde gemacht; häufig entdeckte man auch Gegenstände, die aus dem Mittelmeerraum importiert worden waren.

Solche Prunk- und Fürstengräber haben verschiedene typische Eigenschaften. Auf jeden Fall handelt es sich dabei um Einzelhügel, die von übrigen Hügelfeldern deutlich abgesetzt sind. Ihre Größe ist eindrucksvoll. Der Magdalenenberg bei Villingen-Schwenningen z. B. hat einen Durchmesser von 100 Metern und ein Volumen von 45 000 Kubikmetern aufgeschütteter Erde. Die Grabkammer war jedoch schon im Altertum ausgeraubt worden.

Eindeutig gruppieren sich solche Hügelgräber um bestimmte Zentren; in Südwestdeutschland z. B. um die Heuneburg an der oberen Donau bei Riedlingen und um den Asperg; ein vergleichbares Zentrum gibt es noch in Burgund am Mont Lassois bei Châtillon-sur-Seine.

Das am längsten bekannte Grab aus der Gegend des Aspergs ist das im Römerhügel bei Ludwigsburg. Das Hauptgrab wurde nicht ganz geöffnet, sondern nur angeschnitten. Dafür wurden in der vollständig ausgegrabenen Nebenkammer Tierfiguren, Bronzegefäße und Schmuck gefunden.

In zwei Grabungskampagnen 1978 und 1979 wurde die Anlage in Hochdorf archäologisch erschlossen. Die Grabkammer im Zentrum des Hügels war zwar eingefallen, zur größten Freude der Ausgräber aber nicht ausgeraubt worden. Mit Sicherheit lag das an der besonderen Konstruktion der Grabkammer.

Je weiter die Arbeiten voranschritten, um so deutlicher zeichnete sich ab, wie der Hügel und die Kammer aufgebaut worden waren. Als erstes hatte man eine Grube ausgehoben, elf Meter im Quadrat und zwei Meter tief. Den Aushub verteilte man kreisförmig um diese Grube, so daß er einen kleinen Wall bildete. In dieses Geviert wurde eine Holzkammer mit den Abmessungen 7,5 mal 7,4 Meter gestellt; die Wände waren etwa zwei Meter hoch. Und in diese Holzkammer hinein setzte man die eigentliche Grabkammer, die 4,7 Meter im Quadrat maß. Der Raum zwischen diesen beiden Holzkammern wurde mit großen Steinbrocken aufgefüllt. Die Decke der Grabkammer wurde durch zwei Schichten längs und quer gelegter Balken verstärkt. Darüber wurden wieder Steine aufgeschichtet. Das ganze Gebilde ähnelte einer kleinen Festung, die man dem Toten gebaut hatte.

Handwerker stellten außerhalb des Hügelgeländes die Gegenstände für die Totenausstattung her. Regelrechte Werkstätten waren aufgeschlagen worden. Was nicht mehr benötigt wurde oder Abfall war, wurde zusammengekehrt und in die Erde gegeben, mit der der Hügel aufgeschüttet wurde. So fand man z. B. in diesem Schutt ein Goldstück in der Form eines Hufnagels und Gußtropfen aus Bronze. Eisenschlacken wurden entdeckt und einige Bernsteinsplitter. Neben dem offenen Grab wurde also das angefertigt, was man dem Toten mit auf die Reise ins Jenseits geben wollte.

Schätze unterm Plastikzelt

Die ursprüngliche Höhe des Hügels bei Hochdorf ist nicht bekannt, die Fachleute schätzen sie aber auf etwa sechs Meter. Zur Nordrichtung hin hatte man einen Eingang aus Steinen angelegt, dessen Torwangen sich nach innen zum Zentrum hinzogen. Der Eingang wurde nach der Beisetzung des Toten mit Steinen verschlossen. „Dann markierte man einen Kreis mit einem Durchmesser von 60 Metern um das Zentrum mit einfach gelegten Steinen", schreibt der Grabungsleiter Jörg Biel. „Diese Steine waren nur auf einer Seite vorhanden bzw. erhalten. Danach schüttete man aus Erde einen kleinen Wall über diese Markierung und errichtete auf ihm eine Umfassungsmauer, einen Steinkreis, der drei Lagen hoch war. In diese Mauer setzte man in unregelmäßigen Abständen von etwa vier Metern senkrechte Holzpfosten. Sie waren bis zu einem Meter tief eingegraben und mit Steinen verkeilt. Wahrscheinlich waren diese Pfosten durch Querbalken miteinander verbunden. Der Steinkreis weist einige Lücken auf, wohl Durchlässe für die Aufschüttung des Erdmaterials für den Grabhügel."

Danach konnte der Hügel über den ineinandergeschachtelten Kammern aufgeschüttet werden. Das Erdreich dazu wurde aus der Umgebung gewonnen. Man grub die Erde flächig ab und senkte auf diese Weise das Bodenniveau der Umgebung um etwa einen Meter.

Die Archäologen stellten bei ihrer Grabungsarbeit bald fest, daß die tonnenschwere Steinpackung und das darüber liegende Erdreich die eigentlichen Grabkammern eingedrückt hatten. Gewiß war diese Art der Zerstörung einer der Gründe dafür, daß Grabräuber die Anlage entweder gar nicht gefunden oder aber kaum beachtet hatten.

Alles, was sich im Grab befand, war plattgedrückt und zum Teil in kleinste Stücke zerschlagen worden. Auf die Restauratoren wartete die nicht einfache Aufgabe, die Teilchen wieder zu einem Ganzen zusammenzufügen und Fehlendes zu ergänzen.

Die sichere Datierung des Grabes auf die Zeit um 530 v. Chr. war möglich durch eher unscheinbare Funde. Sogenannte Schlangenfibeln sind typisch für diese Epoche – etwa zwanzig davon, aus Bronze angefertigt, hatten die Stoffbahnen zusammengehalten, mit denen die Kammerwände verkleidet waren.

Nach jahrelanger, mühevoller Kleinarbeit wußten die Archäologen genau, wie es in der Grabkammer vor 2500 Jahren ausgesehen hatte. Ein Keltenfürst war hier zur letzten Ruhe gebettet worden, etwa 40 Jahre alt und mit 1,87 Metern überdurchschnittlich groß, wie die Untersuchungen des Skeletts ergaben. Neben seiner Kleidung hatte man ihm persönliche Dinge mitgegeben: Angelhaken, Toilettenbesteck (Ohrlöffel, Nagelschneider und Pinzette), Rasiermesser und einen Kamm. Auf den Kopf hatte man ihm einen Hut aus Birkenrinde gesetzt und um den Hals einen Reif aus Goldblech gelegt – sicheres Kennzeichen dafür, daß er Angehöriger eines Fürstengeschlechts war.

Versehen mit wertvollem Goldschmuck, war der Tote auf seine letzte Reise gegangen. Zwei Schlangenfibeln aus dem edlen Metall hielten sein Gewand zusammen, an der rechten Hand steckte ein breiter Ring. Gürtel und Dolch waren mit Goldblech überzogen, auf seine Schuhe hatte man Goldstreifen genäht. All diese wertvollen Dinge waren eigens für die Beerdigung angefertigt worden, und zwar außerhalb des Hügelgeländes in den Werkstätten.

Außer diesen ganz persönlichen Gegenständen und dem Schmuck fand sich im Grab noch ein vierrädriger Wagen mit einer langen Deichsel, ein Doppeljoch aus Holz und die Geschirre für zwei Pferde sowie ein langer Pferdestachel. Der Wagen trug ein Eßgeschirr: neun Bronzeteller und drei Bronzeplatten mit Griffen.

Besonders reichhaltig waren die Gerätschaften zum Trinken vertreten. Man barg die Reste eines großen, mit Henkeln versehenen Bronzekessels, der mit Löwenfiguren geschmückt war. Kostbare Tücher hatten ihn bedeckt, die zum Teil mit Seide bestickt und die – wie der Kessel auch – importiert worden waren. In diesem Kessel lag eine kleine goldene Schöpfschale. Zum eigentlichen Trinkgeschirr gehörten neun Trinkhörner, die an der Südwand der Kammer gehangen hatten. Acht von ihnen waren aus Horn gefertigt, hatten Bronzehenkel und Mündungen aus Goldblech. Das neunte Horn bestand aus Eisenblech und war mit Goldbändern geschmückt.

„Neu an diesem Hochdorfer Grab ist nun, daß der Tote nicht auf oder neben dem Wagen lag, sondern auf einer etwa drei Meter langen Bronzeliege aufgebahrt war", sagt Jörg Biel. „Dieses Möbelstück ist wohl der interessanteste Fund des Grabes."

Blick in die Grabkammer des Keltenfürsten *während der Ausgrabungsarbeiten. Die tonnenschweren Gesteinsmassen, die nach dem Einsturz der Holzdecke in den Grabschacht gestürzt waren, sind entfernt worden. Die gesamte Anlage wurde mit einem stabilen Kunststoffzelt überdacht. Links im Vordergrund die Reste des Bronzekessels; daneben – unter dem Vermessungstisch – befindet sich die Bronzeliege. Gegenüber, zu Füßen des Fotografen, liegen die Überbleibsel des Wagenkastens – zum Teil bereits eingegipst – für den Abtransport bereit. Zur Freilegung der Objekte werden auch Staubsauger benutzt.*

***Die Rekonstruktionsskizze** der Grabanlage verdeutlicht den aufwendigen und sorgfältigen Aufbau. Das Schachtgrab bestand aus der quadratischen inneren Grabkammer und einem äußeren Blockbau. Der Zwischenraum war mit großen Steinbrocken gefüllt. Der Boden der eigentlichen Grabkammer, alle Seitenwände und die Decken der inneren und äußeren Kammer waren aus Eichenbohlen zusammengesetzt, deren Verzahnung in dem kleinen Bild links unten erkennbar wird. Über der Grabanlage wurde ein Hügel aus steinfreier Erde angehäuft (rechts unten). Der Druck dieser Erdmasse und die Steinpackung zwischen beiden Kammern führten wahrscheinlich schon wenige Jahre nach der Bestattung des Keltenfürsten zum Einbruch der Kammer.*
An der Nordseite des Hügels (im Querschnitt links) sind Reste des Steinkreises zu erkennen, der die Anlage umgab. Nach neuesten Untersuchungen betrug die Höhe des Hügels, die früher auf acht bis zehn Meter geschätzt wurde, nur sechs Meter. Die feinen Trennstriche der Meßlatte markieren jeweils einen Meter.

***Lageplan der Grabfunde.** In der inneren eigentlichen Grabkammer lag (dem Foto auf der linken Seite entsprechend) der mit Goldschmuck versehene Tote in der bei Bestattungen jener Zeit üblichen Nord-Süd-Ausrichtung, mit Blickrichtung nach Norden; zu seinen Füßen stand der Bronzekessel mit abgebrochenen Henkeln. An der gegenüberliegenden Wand befand sich ein Wagen mit langer Deichsel. Auf dem Wagen waren Bronzeteller und -platten gestapelt. Die Reste der Trinkhörner sind an der rechten Seitenwand zu erkennen.*

Gerüstet für das Jenseits

Es regnet seit Tagen. Schwer hängen die grauen Wolken am Himmel. Wer nicht im Freien sein muß, bleibt im Haus. Durch alle Ritzen in Dächern und Wänden sickert das Wasser. Die Kleidung wird klamm. Die Boten, die der Familie und den Freunden des toten Fürsten berichten sollen, wie es um die Vorbereitungen für die Bestattung des Verstorbenen steht, haben Mühe, zum Asperg, an den Ort des Geschehens, zu gelangen. So aufgeweicht ist der Weg.

Das Grab auszuheben, war eine Plackerei. Immer wieder gab das Erdreich nach, die Wände wollten nicht halten. Das Regenwasser floß nicht ab, sondern sammelte sich in der großen Grube. Von Sonnenaufgang bis Sonnenuntergang schlugen die Zimmerleute Baumstämme zurecht. Aus ihnen bauten sie die Grabkammer.

Heute ist der Tag, den die Druiden für die Beisetzung bestimmt haben. Alle Vorbereitungen sind abgeschlossen. Auch die Goldschmiede sind zufrieden; der Totenschmuck, an dem sie gearbeitet haben, ist rechtzeitig fertig geworden und liegt bereit.

Viele Menschen geben dem verstorbenen Fürsten das letzte Geleit. Man hat ihn für seine Fahrt in die Ewigkeit neu eingekleidet und auf den Prunkwagen gelegt. Nur langsam kommt die Gruppe voran. Manchmal versinkt der Wagen bis zu den Radnaben im Morast, und der Tote droht herunterzurutschen. Auch die Träger des gewaltigen Kessels und der bronzenen Liege haben ihre Mühe. Oft müssen sie ihre kostbare Last absetzen und verschnaufen.

Die Zimmerleute haben eben letzte Hand an ihr Werk gelegt, als der Leichenzug das Grab erreicht. Die Sonne ist nicht zu sehen, längst aber hat sie ihren höchsten Punkt überschritten. Schwierig ist es, die sperrige Liege durch den schmalen Eingang in die Grabkammer zu schaffen. Jetzt rollen sie den Prunkwagen mit der Leiche hinein und legen den Fürsten behutsam auf die Liege. Sie ist sein Totenbett. Die Gefährten schmücken ihren früheren Herrn mit dem goldenen Halsreif – dem Standesabzeichen eines Keltenfürsten –, streifen ihm ein breites Armband über das rechte Handgelenk, befestigen die Schlangenfibeln an seinem Gewand und ziehen ihm die goldverzierten Schuhe über die Füße. Einen reich verzierten Prunkdolch, dessen Bronzescheide sie mit Goldblech überzogen haben, hängen sie an seinen Gürtel. Unter den Kopf des Toten schieben sie einen runden Hut aus Birkenrinde.

Inzwischen haben andere Männer den Kessel aufgestellt und mit Met gefüllt. Jetzt heißt es, endgültig Abschied von dem Verstorbenen zu nehmen. Neun seiner engsten Vertrauten haben sich um seine Ruhestätte versammelt. Sie tauchen eine Schöpfschale in den Kessel und füllen ihre Trinkhörner: ein letztes Lebewohl. Sie leeren die Hörner in einem Zug und hängen sie dann an der Wand auf. Schweigend verlassen sie die Totenkammer, einer nach dem anderen. Sklaven beginnen, den Grabhügel aufzuschütten. Es regnet noch immer.

Dieses goldene Armband, *das 7,4 Zentimeter breit ist, trug der Tote am rechten Arm.*

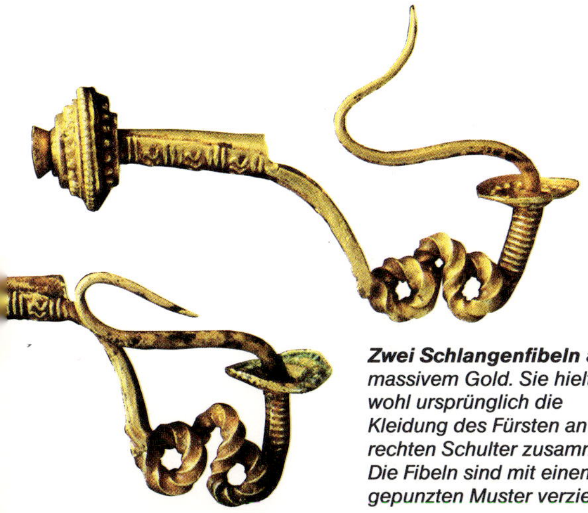

Zwei Schlangenfibeln *aus massivem Gold. Sie hielten wohl ursprünglich die Kleidung des Fürsten an der rechten Schulter zusammen. Die Fibeln sind mit einem eingepunzten Muster verziert.*

Aus der Form der goldenen Schuhbeschläge *(oben) ergab sich, daß der Tote Schnabelschuhe getragen hatte. Das gepunzte Goldblech wurde bei der Restaurierung auf Leisten montiert. Der zweischneidige Dolch (unten) mit sogenanntem Antennengriff ist 42 Zentimeter lang. Die Waffe wurde eigens für die Grablegung mit einem Goldblech umwickelt.*

Gebettet auf Bronze

Als interessantesten Fund werten die Archäologen die 2,75 Meter lange Bronzeliege, auf der der Tote aufgebahrt worden war. Dieses Möbelstück unterstreicht in ganz besonderer Weise die Bedeutung und den hohen Rang des Toten.

Leider war die Liege durch den Einsturz des Grabes stark zerdrückt worden. Ihre Form erinnert an ein Biedermeiersofa. Wahrscheinlich ist sie nicht eigens für die Beerdigung angefertigt worden, denn es handelt sich bei ihr um ein Möbelstück, das vorher durchaus bei rituellen Trinkgelagen Verwendung gefunden haben kann. Acht massiv gegossene Frauenfiguren, 32 und 35 Zentimeter hoch, tragen auf emporgereckten Händen die Sitzfläche und die leicht geschwungene Rückenlehne, die aus sechs Bronzeblechen zusammengenietet ist. Zwischen ihren Füßen sind Räder befestigt, so daß die Liege in Querrichtung gerollt werden kann. An den beiden Schmalseiten befindet sich je ein Griff. Eine Liege in dieser Form war bislang unbekannt.

Auf der Rückenlehne sind einfache, aber sehr eindrucksvolle Szenen eingepunzt. Am linken und rechten Ende erkennt man je einen vierrädrigen Wagen, der von zwei Pferden gezogen wird. Die Tiere haben schlangenförmig gebogene Körper und sind in einem Doppeljoch angeschirrt. Auf jedem Wagen steht ein Mann, der in der einen Hand einen Schild, in der anderen eine Lanze oder einen Pferdestachel hält. Zwischen den Wagen befinden sich drei Figurengruppen, die jeweils in zwei sich gegenüberstehende Männer untergliedert sind. Die stark stilisierten Figuren sind langhaarig und mit seltsamen Röcken bekleidet. In der einen Hand halten sie ein Schwert, in der anderen einen bisher nicht identifizierten Gegenstand. Ihren Bewegungen nach zu urteilen scheint es sich um einen rituellen Tanz und nicht um einen Kampf zu handeln.

Unklar bleibt die Herkunft der Liege. Grabungsleiter Jörg Biel schließt nicht aus, daß sie im Bereich des Aspergs angefertigt wurde, hält es aber auch für denkbar, daß sie aus Oberitalien importiert sein könnte. Auch ihr Alter konnte man bislang nicht feststellen.

Auf diese Liege also hatte man den Toten gelegt. Er war gebettet auf mehrere Lagen von Kissen, Fellen und Decken. Bevor die Grabkammer geschlossen wurde, schmückte man ihn mit Blumen. Die Archäologen fanden Reste der Witwenblume, von Dost und Rotklee. Die Bestattung muß demnach zwischen Ende August und Ende Oktober stattgefunden haben.

Ein keltischer Fürst, das stand ohne Zweifel fest, war hier bei Hochdorf begraben worden. Aus späterer Zeit wissen wir, daß die keltischen Stämme Galliens z. B. fast ausnahmslos von einer mächtigen Aristokratie regiert wurden.

Fundsituation der Bronzeliege. *Von dem Keltenfürsten, der darauf lag, sind nur Teile des Skeletts zu erkennen. Als die Westwand der Kammer, an der die Liegestatt stand, unter dem Druck der Erdmassen einbrach, wurde die Rückenlehne auf die Sitzfläche gedrückt.*

Die restaurierte Liege *(rechts) präsentiert sich als ein in Form und Verarbeitung einmaliges Möbelstück. Die Analyse der gefundenen Textilfasern und Haarreste ergab, daß die Liege des Keltenfürsten mit Dachs- und Marderfellen gepolstert war.*

Zur Herausbildung eines dauerhaften Königtums ist es nicht gekommen, der einflußreiche Adel hat dies stets zu verhindern gewußt. Das Streben nach der Königswürde galt als todeswürdiges Verbrechen und wurde entsprechend geahndet. So war Celtillus, der Vater des berühmten Vercingetorix (um 82–46 v. Chr.), für dieses Verbrechen hingerichtet worden. Orgetorix, Fürst der Helvetier, hatte bei der Vorbereitung zur Auswanderung seines Stammes aus dem Schweizer Mittelland nach Gallien ebenfalls die Königswürde angestrebt. Der Plan wurde jedoch verraten und Orgetorix vor das Stammesgericht geladen. Er konnte zwar mit Hilfe seiner Anhängerschaft den Beginn der für ihn verhängnisvollen Verhandlung verhindern, aber seine Stammesgenossen riefen dennoch zu den Waffen, um das Recht durchzusetzen und der Gefahr entgegenzuwirken, daß hier jemand einen ehrgeizigen Alleingang wagte.

Der keltische Adel verfügte also über überwältigende Macht und großen Einfluß. Jeder der Fürsten wachte eifersüchtig darüber, daß kein anderer je mehr Macht gewinnen könne als er selber. Sie verstanden es, sich eine große Gefolgschaft zu sichern – eine Gefolgschaft, die sich ihrem Schutz anvertraut hatte, aber auch, wenn es zu kriegerischen Auseinandersetzungen kam, als Heer aufgeboten wurde. Eine solche Gefolgschaft war ein nicht zu unterschätzender Machtfaktor und erlaubte den großen Herren, sich mitunter über die Beschlüsse der Stammesversammlungen hinwegzusetzen.

Seit dem 2. Jh. begannen die Kelten, sogenannte Oppida anzulegen, befestigte Ortschaften, in die sich die umliegende Bevölkerung bei Gefahr zurückziehen konnte. Auch der Adel, der normalerweise auf dem Lande lebte, baute sich in den Oppida Wohnhäuser, in denen er zumindest zeitweise residierte. In diesen durch Mauern geschützten stadtähnlichen Anlagen lebten größtenteils Handwerker; ferner befan-

Religion und Kult

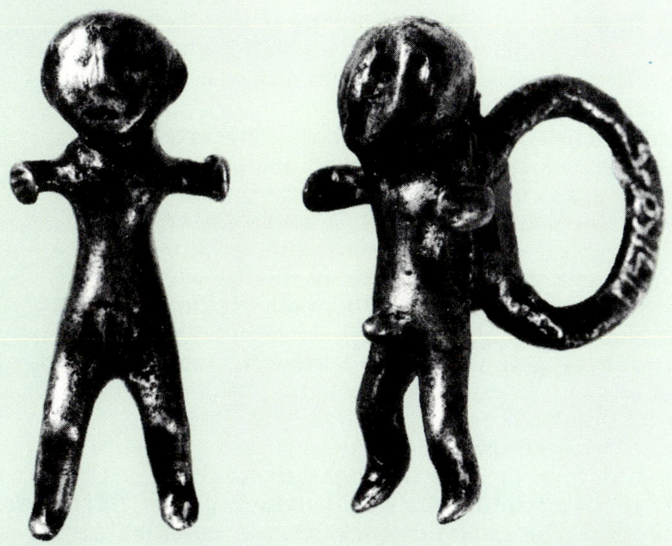

Die Kelten haben keine schriftlichen Zeugnisse ihrer Religion und des Kults hinterlassen. Was wir darüber wissen, stammt aus den Büchern griechischer und römischer Schriftsteller und ist höchst widersprüchlich. Relativ ausführlich hat sich Cäsar (100–44 v. Chr.) in seinem Werk über den Gallischen Krieg (De bello Gallico) über das religiöse Leben der Kelten geäußert. Annaeus Lucanus (39–65 n. Chr.), ein anderer Römer, berichtet, daß die drei Hauptgötter der Kelten Teutates, Esus und Taranis heißen. Er setzt Teutates mit dem römischen Gott Merkur, Esus mit dem Kriegsgott Mars und Taranis mit dem Jupiter gleich.

Die Kelten verehrten ihre Götter auf bestimmten Kultplätzen, den sogenannten Viereckschanzen – rechtwinkligen Anlagen, die entgegen ihrer zunächst von Ausgräbern benutzten Bezeichnung keinen militärischen Aufgaben dienten. Wall und Graben, zwischen 60 und 140 Meter lang, hatten nur den Zweck, den Platz von der profanen Außenwelt abzugrenzen. Solche Kultstätten wurden fast im gesamten Siedlungsgebiet der Kelten entdeckt. Außerhalb einer solchen Anlage befanden sich die Grabhügel. Fachleute schließen daraus auf einen Ahnen- und Totenkult. In manchen Brunnenschächten innerhalb der Viereckschanzen entdeckte man Schichten, in denen stark eiweißhaltiges Material eingelagert war – möglicherweise Überbleibsel von blutigen Opfern, vielleicht auch von Menschenopfern, wie bereits Cäsar vermutete. Einzelheiten sind unbekannt.

Dem persönlichen Schutz dienten wohl kleine Bronzefiguren (oben), die als Amulette getragen wurden. Dargestellt sind Mann und Frau, aber auch Hirsch, Rind, Pferd und Eber. Vielleicht sollten sie Geister und Dämonen bannen und die Fruchtbarkeit fördern, oder sie dienten dem Jagdzauber.

den sich dort auch Lagerhäuser für allerlei Waren und Lebensmittel. Man trieb Handel, die Abgeordneten des Stammes trafen sich in den Oppida, aber von einem eigentlichen politischen Leben, d.h. einer geregelten Verwaltung des Stammesgebietes und seiner Einwohner, konnte noch keine Rede sein.

Zur Zeit des bei Hochdorf beerdigten Fürsten aber waren solche Oppida noch unbekannt. Er wohnte auf dem Asperg, umgeben von seiner Familie und seinen Getreuen. Wie sein Charakter beschaffen war, ob hochfahrend und stolz, ob bescheiden und friedliebend, bleibt unergründbar. Selbst die Frage, wie seine Kleidung zu Lebzeiten und im Tode ausgesehen hat, stellt die Archäologen vor große Schwierigkeiten. Nirgends gibt es eine entsprechende bildliche Darstellung, Auskunft geben allein die Grabfunde, die bei Textilien in der Regel sehr kümmerlich sind. So war auch in Hochdorf Kleidung nicht mehr auszumachen – außer einem flachkonischen Hut aus Birkenrinde mit einem Durchmesser von 34,5 Zentimetern. Eine solche Kopfbedeckung scheint zumindest beim Adel üblich gewesen zu sein. Spärliche Stoffreste aus einer anderen Bestattung lassen den Schluß zu, daß der Mann hosenähnliche Beinkleider getragen hat, dazu ein kittelartiges Gewand mit einem Gürtel, und daß er – sofern es kühl war – einen Mantel darüberzog.

Dafür bietet das Grab den bislang einzigen Nachweis von Schnabelschuhen – einem Stiefel mit niedrigem Schaft und hochgezogener Spitze also. Die Goldbeschläge, die gefunden wurden, erlauben den Rückschluß auf diese Form.

Sich den Bart zu schaben, galt als Teil der Körperpflege. Rasiermesser und Toilettenbesteck gehören zu den geläufigen Grabbeigaben.

Die Ausstattung mit Schmuck gerät bei männlichen Toten – im Unterschied zu Frauenbestattungen – vergleichsweise bescheiden. Stets allerdings trägt der Fürst als Statussymbol einen goldenen Halsreif, bei weniger aufwendigen Grablegungen finden sich auch solche aus Bronze. Auch beim Armschmuck kennzeichnet das Material den sozialen Rang des Trägers: Gold, wie in Hochdorf, für die Fürsten, Bronze für die niederen Stände.

Befremdlich mutet es an, daß in keltischen Gräbern so gut wie keine Kampfwaffen gefunden wurden. Man darf davon ausgehen, daß jeder Krieger, jeder Fürst zumal, den Wunsch hatte, seine Waffen mit ins Jenseits zu nehmen. So jedenfalls ist es aus anderen Kulturen bekannt. Der Bestattungsritus der Kelten scheint dies jedoch nicht erlaubt zu haben. Was an Waffen gefunden wurde, diente vor allem der Jagd, wie z.B. die Lanze, deren Eisenspitze auf dem Wagen im Hochdorfer Grab lag. Auch der Köcher mit Pfeilen – der zugehörige Bogen wurde nicht entdeckt – war kein Kriegsgerät, noch viel weniger das Beil oder der Dolch. Schwerter finden sich bei ähnlichen Bestattungen nur vereinzelt. Insgesamt 13 Stück hat man im Westhallstattkreis gezählt; in der Hochdorfer Grabkammer war keines vorhanden.

Dagegen sind Dolche, wie der Fürst einen trug, mit 140 Exemplaren verhältnismäßig gut vertreten, wenn auch – verglichen mit der Zahl der Gräber – nur jeder zwanzigste Tote mit dieser Waffe ausgerüstet wurde. Es sind wahre handwerkliche Meisterstücke, kunstvoll verziert und offenkundig mit großem Arbeitsaufwand angefertigt. Kein Dolch gleicht dem anderen. Aber zum Kampf taugten sie nicht, darin sind sich die Fachleute einig. Es waren Zierdolche, denen lediglich ein Wert als Statussymbol zukam.

Der Halsreif *besteht aus Gold, hat einen Außendurchmesser von 25,3 Zentimetern und ist in drei Wülste gegliedert. Er wurde gewaltsam aufgeschnitten, wobei ein Teilstückchen verlorenging, und dann dem Toten wieder um den Hals gedrückt – vielleicht eine Kulthandlung, mit der die Macht des Fürsten gebrochen werden sollte.*

Eine der acht bronzenen Frauenfiguren, *von denen die Liege getragen wird. Die Gestalt ist 32 Zentimeter hoch und stützt den rückwärtigen Teil des Möbelstücks. Die vorderen Figuren sind drei Zentimeter größer, um eine leichte Neigung der Sitzfläche zu erreichen. Die runden Vertiefungen sollen schmückende Bänder und Ringe andeuten.*

Diese Goldschale *lag auf dem Boden des großen Kessels. Sie hat einen Durchmesser von 13,4 Zentimetern und die Form einer Halbkugel. Die Treibspuren des Hammers, mit dem das Muster in den Rand geschlagen wurde, sind auf der Außenseite zu erkennen.*

Ein Kessel aus fernem Land

Sofern ein Rückschluß von den Grabbeigaben auf den Toten statthaft ist, war der Keltenfürst ein Mensch, der den leiblichen Freuden des Daseins außerordentlich zugetan gewesen sein dürfte. Die neun Trinkhörner würden allein schon zu dieser Folgerung berechtigen. Der mit Abstand deutlichste Hinweis aber war der gewaltige Bronzekessel mit rund einem Meter Durchmesser, 80 Zentimetern Höhe und einem Volumen von rund 500 Litern. Auf seinem Boden lag eine goldene Schale, 13,4 Zentimeter im Durchmesser, mit der das Getränk, das im Kessel aufbewahrt wurde, geschöpft werden konnte. Die Schulter des Kessels war mit drei Bronzelöwen geschmückt, zwischen denen jeweils ein Henkel befestigt war.

Auch dieses mächtige Gefäß war durch den Einsturz der Grabkammer schwer beschädigt worden. Es bestand nur noch aus Bruchstükken, rund 600 Teilen und Teilchen, die Peter Eichhorn, der Chefrestaurator des Württembergischen Landesmuseums in Stuttgart in mühsamer Arbeit zusammensetzte.

Schier übermenschliche Geduld war vonnöten, dieses Puzzle zu Ende zu bringen. Es dauerte zwei Jahre. Welches Teilchen wohin paßte, schien so manches Mal unmöglich herauszufinden. Mitunter sei er froh gewesen, wenn er am Tag wenigstens ein Stück habe einpassen können, sagte der Restaurator. Kompliziert war die Arbeit vor allem deswegen, weil die Ränder der Einzelteile im Laufe der zweieinhalb Jahrtausende unscharf geworden waren. Viele Bruchstükke sahen sich zum Verwechseln ähnlich – wohin mit ihnen? Anhaltspunkte boten hier und da die Oberflächenstruktur und die Farbe. Eichhorn fügte die jeweiligen Plättchen zusammen, und allmählich formte sich die ursprüngliche Gestalt des Kessels heraus.

Die Frage war nur, woher stammt der Kessel, woher dessen Zierat? Die Fachleute glaubten schließlich, eine griechische Arbeit zu erkennen, möglicherweise aus einer Werkstatt in Unteritalien, entstanden um 530 v. Chr. Auffällig war, daß die in Bronze gegossenen Löwen und Henkel offenbar nicht für dieses Gefäß gedacht waren. Um sie dort anbringen zu können, hatte der unbekannte Handwerker, dem diese Aufgabe zufiel, ihre Unterseiten grob in der Weise bearbeitet, daß sie auf die Schulter des Kessels paßten. Ein harmonisches Gesamtbild freilich vermitteln Gefäß und Schmuck nicht.

Bemerkenswert auch, daß einer der Löwen vollkommen abweichend vom Aussehen seiner Artgenossen gestaltet worden war. Er erscheint einfacher und schlichter und präsentiert sich robuster und zugleich stilisierter. Sein Körper ist wenig durchgeformt und vollkommen glatt; der Kopf ist zu lang geraten, Nase und Barthaare werden nur durch Linien angedeutet

Einer der drei Bronzelöwen *vom Rand des Kessels. Die 35 Zentimeter langen Figuren ähneln einander sehr, sind jedoch in unterschiedlicher Qualität gearbeitet. Zwei Löwen (darunter der oben abgebildete) stammen vermutlich aus einer griechischen Werkstatt oder wurden zumindest in einer griechischen Kolonie Unteritaliens gegossen, während der dritte eine einheimische und weniger gelungene Nachbildung ist.*

Für die Rekonstruktion des Kessels *brauchte der Restaurator Peter Eichhorn (rechts) zwei Jahre. Aus winzigen, grotesk gezackten Bronzeplättchen setzte er die große Fläche wie im Puzzlespiel zusammen. Die Farben boten wenig Hilfe.*

***Der Bronzekessel in Fundlage.** Auf dem hinteren Rand sind zwei Löwen zu erkennen, einer von hinten, der andere in Seitenansicht. Einer der drei Henkel liegt abgebrochen im Innern des Kessels. Das Gefäß stand ursprünglich auf einem mit Eisen beschlagenen Holzgestell, das zerbrochen ist.*

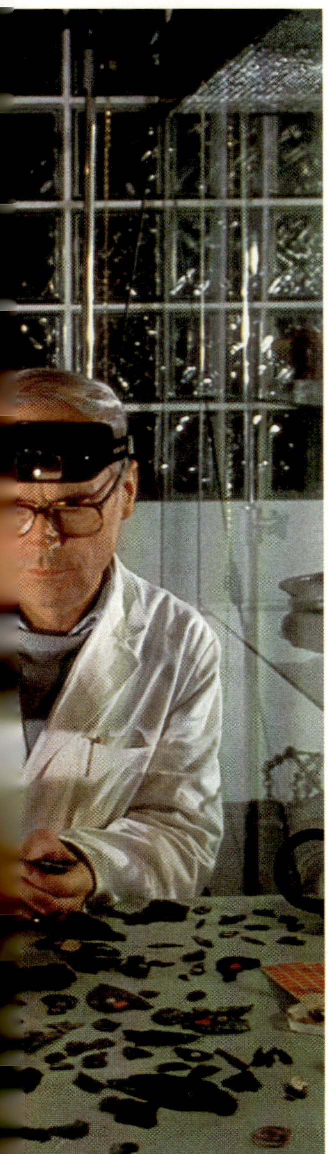

– im Gegensatz zu den beiden anderen mit ihrer künstlerisch durchgestalteten Anatomie.

Zweifellos wurde dieser Außenseiter nicht in einer griechischen Werkstatt gegossen. Metallanalysen bestätigten dies; das verwendete Material weicht stark von dem der anderen Figuren ab. Bei dieser Gelegenheit stellte man auch fest, daß die griechischen Bronzegießer gepfuscht hatten. Ein Löwe wies ein Loch auf, und zweimal war das Stück nachgebessert worden. Technisch makellos dagegen war der Guß der dritten Großkatze, die allerdings in ästhetischer Hinsicht aus dem Rahmen fiel.

Wie war es zu dieser unterschiedlichen Raubtiergruppe gekommen? Mit letzter Sicherheit vermag das natürlich niemand mehr zu sagen. Die wahrscheinlichste Erklärung: Ein Löwe war beim Transport ins Land der Kelten verlorengegangen. Ersatz mußte her, und eine einheimische Werkstatt versuchte sich an der Nachbildung, offensichtlich mit nur mäßigem Erfolg.

Dennoch sind Tierdarstellungen untrennbar mit keltischem Kunsthandwerk verknüpft. „Sie begegnen uns fast überall im Ablauf des täglichen Lebens. Sie lagern, geruhsam hingestreckt, auf dem Rand von Bronzekannen, sie schmükken in Gestalt phantastischer Fabeltiere Bügel und Fuß frühkeltischer Fibeln, sie bilden in Form weit aufgerissener Drachenmäuler den Schalltrichter keltischer Schlachttrompeten, und sie sitzen schützend auf dem Helmdach vornehmer Krieger. Aber auch bei ganz profanem Gerät... treten sie in Erscheinung, und schließlich finden wir sie als vollgegossene Kleinbronzen, die man mit sich tragen oder irgendwo aufstellen konnte“, erklärt Wolfgang Kimmig, Professor für Vor- und Frühgeschichte.

All diesen Figuren kommt hoher Symbolwert zu. Fachmann Professor Kimmig: „Wir dürfen sie als Begleittiere von Gottheiten ansehen, die man, da diese selbst unsichtbar bleiben, zum persönlichen Schutz um sich versammelt.“ Angst vor dem Göttlichen, vor dem Unfaßbaren ist es gewesen, die zu diesen Darstellungen geführt hat. Diese geistig-seelische Grundhaltung spiegelt sich vor allem auch im Ornament. Die Kelten haben Kunst nicht um ihrer selbst willen geschaffen, sondern sie ist Ausdruck einer abergläubischen Scheu vor dem Göttlichen. Was in den Werkstätten angefertigt wurde, ist erfüllt von geheimnisvoller Symbolik, von Zauberei und Magie. Es soll vor Unheil schützen.

In der Gestaltung dekorativer Muster haben es die Kelten zu höchster Meisterschaft gebracht. Der sogenannte Latènestil (ab dem späten 5. Jh. bis ins 1. Jh. v. Chr.) – nach einem Fundort am Neuenburger See in der Schweiz genannt – ist der eigentliche keltische Stil. Das Undurchschaubare, das Irrationale ist Grundzug der keltischen Ornamentik. Was die Werkstätten verließ, ist ein heute nur schwer zu durchschauender Irrgarten von Linien, Ranken und Blattwerk, in dem sich nicht selten Fratzen verbergen.

Vielleicht erklärt sich auch vom Symbolwert der Kunst her, daß für den verlorengegangenen Löwen am Bronzekessel Ersatz angefertigt wurde. Es war eben nicht nur der Wunsch, ein solches Prachtstück – als materiell wertvollen Gegenstand – wieder zu vervollständigen und in den ursprünglichen Zustand zurückzuversetzen, sondern es spielte dabei gewiß auch das innere Bedürfnis eine Rolle, eine gleichsam „metaphysische Lücke“ zu schließen.

Von sehr irdischem Bezug hingegen zeigen sich die Trinkhörner. Zunächst standen die Ausgräber vor einem Rätsel. An einer Wand der Grabkammer lagen undefinierbare Teilchen organischen Materials, dazu einige Stücke aus Gold und anderem Metall. Bis Jörg Biel herausgefunden hatte, worum es sich hierbei handelte, verging ein Jahr. Des Rätsels Lösung: Es waren die Überreste von acht Trinkhörnern mit goldenen Mündungsbeschlägen sowie von einem weiteren Trinkhorn aus Eisenblech.

Diese neun Trinkhörner sowie die neun Bronzeteller und die drei Bronzeplatten geben einen fast sicheren Hinweis auf eine Tafelrunde, welcher der Verblichene vorgesessen haben mag. Vielleicht war es ein symbolischer Akt, dieses Geschirr dem Toten für die Reise ins Jenseits mitzugeben, vielleicht haben aber auch die Gefährten tatsächlich in der Grabkammer einen Leichenschmaus gehalten – das Eßgeschirr jedenfalls wurde anschließend auf dem Wagen gestapelt, die Trinkhörner wurden an der Wand aufgehängt. Womit sie gefüllt worden waren, steht fest: Es war Met. Auf dem Boden des Kessels nämlich fand sich eine braune Masse, Überbleibsel von Honig, aus dem bekanntlich jenes berauschende Getränk gebraut wurde.

Zeichen der Würde

Der Verbrauch von Gips war gewaltig. Zentnerweise verrührten ihn die Helfer mit Wasser, und die Archäologen, die zunächst eher ratlos vor dem Scherbenhaufen im Hochdorfer Grab gestanden hatten, gipsten ihre Funde samt deren näherer Umgebung einfach ein. Eine eingehende Untersuchung der Bruchstücke an Ort und Stelle schien nicht möglich. All diese Teilchen gehörten ja zu einem bestimmten größeren Fundkomplex, und der sollte nicht auseinandergerissen werden. Also verfielen die Wissenschaftler auf diesen Ausweg und konnten ihre Schätze als große und bis zu 15 Zentner schwere Blöcke in die Werkstätten des Stuttgarter Denkmalamts transportieren lassen, wo sie mit aller Sorgfalt wieder auseinandergenommen wurden.

So geschah es – wie schon mit der Totenliege – auch mit den Resten des Wagens und dem, was auf ihm vor 2500 Jahren abgelegt worden war. Unzählige kleinere und kleinste Teile breiteten die Restauratoren vor sich aus. Bald wußten sie Genaueres über das, was sie vor sich sahen. Schon der erste Augenschein am Fundort hatte ergeben, daß es sich um einen vierrädrigen Wagen mit langer Deichsel handelte. Jetzt wurde klar, daß jedes Rad zehn Speichen und eine große Nabe hatte, daß der Wagenkasten nur 8,5 Zentimeter hoch und 68 Zentimeter breit war, daß Räder, Deichsel und Seitenteile vollständig mit verziertem Eisenblech beschlagen waren und daß der Wagen möglicherweise keine lenkbare Achse hatte, denn Reste eines Drehschemels wurden nicht entdeckt. Die Deichsel hingegen war beweglich, sie konnte auf und ab geschwungen werden.

Zum Wagen gehörte Schirrzeug für zwei Pferde, ein hölzernes Doppeljoch, verziert mit Bronze, ein mit Bronzeblech umwickelter Pferdestachel aus Holz, ferner zwei Zaumzeuge mit Eisengebissen und Schmuckscheiben, die gleichfalls aus Bronze bestanden. Von den Lederriemen waren Reste erhalten, so daß der Riemenverlauf beim Zaumzeug rekonstruiert werden konnte. Die hölzernen Trensenknebel waren mit Bronzeblech umgeben.

Wagen wie der aus dem Hochdorfer Hügel gehören zur Standardausstattung keltischer Großgräber. Knapp 100 solcher Bestattungen sind bisher bekannt geworden, und die Archäologen vermuten, daß noch viel mehr Gräber in der Erde verborgen liegen.

Grundsätzlich sind solche Fahrzeuge vierrädrig gebaut, mit je einer Achse pro Radpaar. Darauf war der Wagenkasten befestigt. Die Deichsel und das doppelte Schirr- und Zaumzeug deuten darauf hin, daß jeweils zwei Pferde als Zugtiere vorgesehen waren.

Für schwere und „gewöhnliche" Arbeiten wurden übrigens Ochsen verwendet. Sie zogen Lastkarren oder Schleifen und arbeiteten auf dem Feld. Pferde galten den Kelten dafür als zu wertvoll.

Welch hoher Wert den Pferden beigemessen wurde, wird anhand eines bisher einzigartigen Fundes deutlich. In einem Grab bei Römerstein-Zainingen in der Nähe von Bad Urach wurden vier kleine Pferdeplastiken aus Ton entdeckt, zwei Stuten und zwei Hengste. Ihre Höhe beträgt zwischen 11,5 und 13,5 Zentimeter. Die

Teile des bronzenen Geschirrsatzes, *der auf dem Wagen gestapelt war; daneben Ketten vom Zaumzeug. Die weißen Punkte sind Markierungen und Klebestellen der Restauratoren. Bei dem Geschirr, das des Alltags Gebrauchsspuren aufwies, handelt es sich um drei Platten und neun Teller (ganz unten).*

Vollständig restauriert *wurde auch der weitgehend zerstörte Wagen. Die Seitenteile des 1,7 Meter langen Wagenkastens, die Deichsel und die Räder sind mit verziertem Eisenblech überzogen. Das leichte Gefährt diente wohl nur der Repräsentation.*

Hälse mit ihren kammartigen Mähnen sind freilich dermaßen langgestreckt, daß sie kaum an Pferde denken lassen.

Es ist sehr problematisch, angesichts solcher Plastiken von einer stilistischen Unsicherheit der Künstler zu sprechen, denn als Handwerker waren die Kelten außerordentlich geschickt. Sie stellten Töpferwaren her, betätigten sich als Schmiede, verarbeiteten Glas zu Schmuck, verstanden sich aufs Spinnen und Weben und brachten es zu hoher Meisterschaft bei der Holzbearbeitung. Allein schon die gezimmerten Grabkammern in Hochdorf legen davon Zeugnis ab. An der Herstellung von Wagen waren naturgemäß auch Stellmacher beteiligt. Die Radnaben waren gedrechselt, ebenso die Speichen, die paßgenau in Nabe und Felge eingezapft wurden. Zur Hallstattzeit wurden eiserne Reifen auf die Felgen genagelt, später zur Latènezeit wurden sie aufgeschmiedet. Der Stellmacher mußte eng mit den Bronze- und Goldschmieden zusammenarbeiten. Ihnen oblag es, Wagenkasten, Speichen und Naben mit Beschlägen und Manschetten zu verkleiden.

Wenn überhaupt, wurden nur Männergräber mit Wagen und Zaumzeug ausgestattet. Auch im täglichen Leben war der Umgang mit Pferd und Wagen reine Männersache. Bei Fürstengräbern gehören diese Beigaben jedoch zur verbindlichen Ausrüstung. War ein Toter nicht so hochrangig, konnte er dennoch – falls seine Geld- und Besitzverhältnisse dies zuließen – durch einen solchen Wagen und andere, von der Norm abweichende Gegenstände aus der Masse der gewöhnlichen Sterblichen herausgehoben werden.

Für den alltäglichen Gebrauch waren diese Fahrzeuge nicht gedacht. Sichtbarer Hinweis auf ihre Besonderheit sind die kostbaren Beschläge aus Eisen oder Bronze. Kultische Umzüge und Prozessionen waren die Anlässe, zu denen sie hervorgeholt wurden. Möglicherweise wurden sie auch dann benutzt, wenn ein hoher Herr gestorben war, wie der Fürst vom Asperg. Denkbar ist, daß die Getreuen den Toten auf den Wagen gelegt haben und feierlich zur Grabkammer geschritten sind.

Das Foto bringt es an den Tag

Die Entwicklung der Fotografie und die Erfindung des Flugzeugs waren die wichtigsten technischen Voraussetzungen für das Entstehen der sogenannten Luftbildarchäologie.

Die ersten Luftbilder eines archäologischen Denkmals waren ein Zufallsprodukt. Der englische Leutnant P. H. Sharpe nahm seine Kamera zu einem Übungsflug im Freiballon mit. Er überquerte die Ruinen von Stonehenge in Südengland und drückte auf den Auslöser – das Ergebnis war derart eindrucksvoll, daß die Fotos ausgestellt und 1907 in einer archäologischen Fachzeitschrift gezeigt wurden.

Luftaufklärung für militärische Zwecke war das Gebot jener Jahre. An die Archäologie dachte zunächst kaum jemand. Dennoch wurde bald klar, welche Möglichkeiten sich hiermit auch für die Wissenschaft boten: Ein Franzose fotografierte 1916 aus der Luft antike Siedlungen in Makedonien; ein deutscher Pilot nahm mit der Plattenkamera spätrömische und byzantinische Ruinen im Negev und Sinai auf, und ein Engländer entdeckte bei einem Erkundungsflug über einem umkämpften Gebiet bei Bagdad mit der Kamera die Reste einer Stadt. Es war das alte Samarra, erbaut im 9. Jh. vom Kalifen al-Mustasim, dem Sohn des berühmten Harun al-Raschid.

Die Geburtsstunde der Luftbildarchäologie hatte damit geschlagen. Dieser neuen Sparte einer ehrwürdigen Wissenschaft geht es vor allem darum, weiträumige Siedlungsstrukturen zu erkennen und Umrisse wahrzunehmen, die sonst unentdeckt bleiben würden.

G. S. Crawford, englischer Pionier auf diesem Gebiet, hat den Forscher auf dem Erdboden mit einer Katze auf einem Orientteppich verglichen, die nur ein paar verschwommene Farbkleckse wahrzunehmen vermöge, wohingegen der Mensch, der auf diesem Teppich stehe, die Farben zu Mustern ordnen könne. Die Luftbildarchäologie kann wichtige Hinweise darüber geben, wo zweckmäßigerweise gegraben werden soll.

Die Spuren jeder Veränderung, die der Mensch am Profil des Erdbodens vornimmt, sind nicht wieder rückgängig zu machen. Eine Grube z. B. bleibt als Grube erkennbar, auch wenn sie längst wieder aufgefüllt ist und seit Jahrhunderten oder Jahrtausenden Gras darüber wächst. Jede noch so winzige Erdaufwerfung erzeugt, entsprechenden Sonneneinfall vorausgesetzt, einen Schatten. Dank solcher Schattenmarkierungen konnten alte Erdbauten wie Rinnen, Grenzwälle, Gräben, Wohnplätze, Hügelgräber und anderes mehr auf Luftaufnahmen identifiziert werden. Unterschiedliche Färbungen des Bodens als Folge menschlicher Eingriffe, die aus unmittelbarer Nähe nicht zu erkennen sind, vermag das Foto zu entdekken. Kulturspuren im Boden können auch durch Pflanzenwuchs sichtbar werden. Wo unter der Oberfläche Gebäudereste liegen, gedeiht die Vegetation schlechter als in der Umgebung. Das Lichtbild hält dies optisch fest.

Fotografien leisteten wertvolle Hilfe bei der Auffindung etruskischer Gräber. Gerade sie sind dank eines charakteristischen Vegetationsmusters gut zu erkennen. Über dem Grab wachsen Pflanzen spärlicher und welken früher als in dem Erdreich ringsum; es macht sich besonders im Frühsommer aus der Luft als blasse Scheibe bemerkbar.

Durch Flurbereinigungsmaßnahmen, Bodenerosion und die Rodung der Wälder sind gerade während der letzten Jahrzehnte viele Gräber der Hallstattzeit eingeebnet worden. Erst das Luftbild schafft die Möglichkeit, die Reste solcher Hügel zu erkennen. Das Bild oben zeigt neu entdeckte Grabhügel bei Eberdingen-Hochdorf.

Lebendige Zeugen

Als die fremden Krieger das römische Heer am 18. Juli 387 v. Chr. an der Allia, einem Nebenfluß des Tibers, vernichtend geschlagen hatten und auf Rom vorrückten, ahnte man dort nichts Gutes. Die Römer evakuierten ihre Stadt und zogen sich auf das Kapitol zurück, wo sie den Angriff erwarteten. Das Warten machte müde und schläfrig. Aufgeregtes Geschnatter von Gänsen schreckte sie hoch – der Feind war da. Das Kapitol konnte gerettet werden, aber Rom ging in Flammen auf. Die Geschichte mit den Gänsen ist nicht verbürgt, die Einäscherung Roms dagegen wohl. Es waren Kelten, denen die Stadt zum Opfer fiel.

Eine Völkerschaft war in Bewegung geraten, Stämme, deren Kernlande ursprünglich den Nordrand der Alpen, Teile der Schweiz und Ostfrankreichs, West- und Süddeutschland umfaßten. Sie breiteten sich aus über Frankreich und die Iberische Halbinsel, nach Britannien und Irland. Von Herodot (nach 490 – nach 430 v. Chr.), dem griechischen Geschichtsschreiber, sind die ersten bekannten schriftlichen Äußerungen überliefert, von Gaius Julius Cäsar (100–44 v. Chr.) sicherlich die wichtigsten und interessantesten: „Das gesamte Gallien zerfällt in drei Teile: In dem einen leben die Belger, in dem zweiten die Aquitaner und im dritten die Völker, die in der Landessprache Kelten heißen, bei uns jedoch Gallier.“ So beginnt das erste Buch seines *Gallischen Krieges*.

Eigene Aufzeichnungen haben die Kelten nicht hinterlassen; dies war ihnen aus magisch-religiösen Gründen verboten. Kultur und Tradition wurden mündlich durch die Druiden überliefert, durch weise, hochgeachtete Männer, die als Priester und Richter tätig waren und für das Fortleben der Stammestradition sorgten.

Keltische Stämme zogen bei ihren Wanderungen vom Norden Italiens bis hinunter zur Südspitze des Stiefels, brachen dabei die Herrschaft der Etrusker in der Po-Ebene, überfielen Rom und ließen sich in verschiedenen Gebieten nieder, bis Rom sie seinerseits unterwarf. Das hatte zur Folge, daß sie dem Karthager Hannibal freudig Heerfolge leisteten, als er gegen Rom marschierte. Während des ganzen 2. Punischen Krieges (218–201 v. Chr.) kämpften Kelten auf karthagischer Seite.

Auch auf dem Balkan machten sie sich bemerkbar, und zwar schon während der Regierungszeit Philipps II. von Makedonien (359 bis 336 v. Chr.), des Vaters Alexanders des Großen. Alexander selbst hat dann 335 v. Chr. in einem Feldlager an der Donau eine keltische Gesandtschaft „aus dem Adriagebiet“ empfangen.

Erst nach dem Tod Alexanders des Großen (323 v. Chr.) sind sie in Griechenland selbst eingedrungen. Sie erreichten Delphi, das sie wohl plündern wollten, was aber mißlang. Zwei an-

In Irland *sind Kunst und Kultur der Kelten noch heute lebendig. Sie begegnen uns in den gewaltigen steinernen Hochkreuzen, die im 9. und 10. Jh. errichtet und reich mit Ornamenten verziert wurden. Rechts eine Gruppe von Kreuzen vom Rock of Cashel.*

dere keltische Heere waren in Thrakien eingefallen und hatten von den Städten an den Meerengen gewaltige Tribute erpreßt. Eine andere Gruppe gründete in der Stadt Tylis im heutigen Bulgarien ein Königreich, das erst durch einen Thrakeraufstand 212 v. Chr. wieder unterging.

Andere Stämme der Kelten waren bis nach Kleinasien gelangt, wo sie sich nach wechselvollen Kämpfen in Phrygien und Kappadokien, später Galatien genannt, niederließen. Hier haben sie bedeutende Spuren hinterlassen. Bis ins 4. Jh. n. Chr. sprach man hier noch keltisch wie in Gallien, wie der Kirchenvater Hieronymus (347–419/20) in seinem Kommentar zum Galaterbrief des Apostels Paulus belegt. Und dieser Brief, gerichtet an die Christengemeinde der Provinz Galatia, hat den Galaternamen bis in die Gegenwart lebendig erhalten.

Die Kelten des Westens, also die in Frankreich ansässigen Gallier, schoben sich im Laufe des 4. und 3. Jh. v. Chr. bis an die Mittelmeerküste heran. Die einheimische Bevölkerung haben sie dabei verdrängt oder aufgesogen.

Die Kelten haben keine Staaten gebildet. Sie waren in Stämme gegliedert und blieben es durch die Jahrhunderte. Staat zu werden, heißt nicht zuletzt auch, die Macht zu zentralisieren und möglicherweise eine Königsherrschaft zu begründen, die mehrere Stämme vereinte. Schüchterne Versuche in dieser Richtung scheiterten aber an der selbstbewußten Aristokratie. Sich zu einem Staat zusammenzufinden, schien für sie nur zu bedeuten, ihre angestammten Rechte aufzugeben, die Vorteile sahen sie nicht. Zwar erzeugte in Gallien der übermächtige Druck römischer Legionen unter Cäsar ein gewisses Nationalgefühl, aber es blieb ohne Folgen. Selbst Vercingetorix, Fürst der Arverner und eine anerkannte Führerpersönlichkeit, vermochte nicht, die auseinanderstrebenden Kräfte beisammenzuhalten. Ein großer Aufstand gegen die Römer im Jahr 52 v. Chr. wurde blutig niedergeschlagen, das gallische Heer durch Cäsar vernichtet.

Um Christi Geburt waren die meisten Gebiete, die das Bauern- und Kriegervolk der Kelten besiedelt hatte, von den Römern und den vorrückenden Germanen besetzt. Die Kelten verschwanden von der historischen Bühne, und ihre Kultur, die keine neuen Impulse erhielt, verlor schnell an Einfluß. Nur die Inselkelten in Britannien und Irland, die dem Einbruch der römischen Zivilisation nicht ausgesetzt waren, konnten ihre kulturellen Traditionen noch jahrhundertelang erhalten. In Irland führten sie die Buchmalerei zu einem Höhepunkt und entwickelten eine eigenständige Form der Skulptur: riesige steinerne Kreuze, die noch heute an dieses Volk erinnern.

Die Frage bleibt, woher die Kelten, eines der großen Kulturvölker Europas, kamen. Sprachforscher haben feststellen können, daß es ein ursprüngliches Kerngebiet im westlichen Mitteleuropa mit keltischer Sprache gegeben haben muß. Es erstreckte sich vom östlichen Frankreich über West- und Süddeutschland bis nach Böhmen. In diesem Gebiet müsse sich, so der Vor- und Frühgeschichtler Franz Fischer, die keltische Sprache durch Ablösung älterer sprachlicher Zustände zuerst ausgebildet haben, und tatsächlich finden sich hier auch zahlreiche keltische Orts- und Gewässernamen.

„Wenn diese sprachliche Entwicklung nun auch nur mittelbar etwas mit der Entstehung des Keltentums zu tun hat, dürfen wir von einem autochthonen, Mitteleuropa sicher mit einschließenden Ursprung der Kelten sprechen." Die Kelten kamen also nicht von irgendwo her, sondern sind gleichsam die Ureinwohner dieses Raumes.

Die keltische Sprache hat, wenn auch regional begrenzt, den Untergang der Kultur überdauert. Sie ist noch heute lebendig im Irischen, im Schottisch-Gälischen und im Bretonischen und wird dort von etwa 1,5 Millionen Menschen gesprochen.

Die archäologische Wissenschaft leistet das Ihre, um Licht in das Dunkel der Geschichte dieses Volkes zu bringen. So gelang es z. B., zwei Kulturepochen voneinander abzugrenzen: Die sogenannte Hallstattzeit und die Latènezeit. Die Schnittstelle zwischen beiden Epochen liegt im 5. Jh. v. Chr. Das Fürstengrab von Hochdorf gehört eindeutig in die jüngere Hallstattzeit. Es ist um 530 v. Chr. angelegt worden.

***Die Sprache der Kelten** begegnet dem Besucher Irlands neben dem Englischen im Stadtbild und auf den Wegweisern in der Landschaft noch heute.*

Helden auf Tauchstation

2000 Jahre lagen die griechischen Helden vor dem süditalienischen Riace auf Tauchstation. Als sie dann die Welt des 20. Jahrhunderts betraten, war die Sensation perfekt: Kraftvoll, vital, wild und farbig – und von einem erschreckenden Realismus, so stehen sie vor ihren Bewunderern. Ihr Anblick macht erneut und mit aller Überzeugungskraft deutlich, daß die einst herrschende Vorstellung von der idealisierenden, marmorbleichen Klassik ein Irrtum war.

Gestrandet an fremder Küste

***Riace di Marina** liegt an der Ostküste Kalabriens (unten), der vom Apennin durchzogenen Spitze des italienischen Stiefels. Den Ort findet man gewöhnlich nur auf einer guten Autokarte, er liegt etwa 700 Kilometer südlich von Rom. Hier erblickten die antiken Bronzehelden am 21. August 1972 das Licht der Neuzeit: Sie übersprangen zwei Jahrtausende.*

Kalabriens Küsten sind schroff und abweisend. Dem Reisenden aus dem Norden mögen die Hänge mit der mittelmeerischen Vegetation und die kleinen Buchten noch lieblich erscheinen. Doch der Seemann sieht die Granitklippen und Inseln weniger romantisch verklärt. Schon der größte Seefahrer der griechischen Sage, Odysseus, geriet hier irgendwo in Not – genauer zwischen „Skylla und Charybdis“, zwei Gefahren, von denen die eine so übel ist wie die andere und die sprichwörtlich wurden. Das Schiff des Odysseus trieb zwischen einem menschenfressenden Ungeheuer mit acht Hälsen und einem allesverschlingenden schwarzen Mahlstrom.

Wie es den römischen Seefahrern mit den geraubten oder erhandelten Großbronzen an Bord erging, nachdem sie die 350 Kilometer von Griechenland bis hierher zurückgelegt hatten, ist völlig ungeklärt. Es spricht vieles dafür, daß es zu einer Katastrophe kam, daß die stürmische See ihr Schiff an dieser Küste zertrümmerte...

Ein Bild wie im Urlaub: Am Strand von Riace macht sich Stefano Mariottini zurecht, um ins Wasser zu gehen. Er ist Römer, sein Hobby ist die Sporttaucherei, und nebenbei versteht er auch einiges von Kunst. Er überläßt sich mit seinen schweren Sauerstoffflaschen den Wellen und ist bald nicht mehr zu sehen. Die Urlauber, die ihn neugierig beobachtet hatten, als er sich wie ein Fischmensch im Wasser bewegte, wenden sich wieder ihrem erholsamen Nichtstun zu. Es ist ein gewöhnlicher heißer Sommertag, von denen es in Kalabrien viel zu viele gibt. Doch dieser, der 16. August 1972, wird unvergeßlich sein.

Mariottini befindet sich etwa 300 Meter vom Ufer entfernt in einer Tiefe von sieben bis acht Metern, als ihm ein Schrecken durch die Glieder fährt: eine Leiche! Genauer: Der Arm einer Leiche ragt aus dem sandigen Meeresboden empor. Doch erfahrene Sporttaucher verfügen über starke Nerven, und so nähert sich Mariottini behutsam seinem Fund, um ihn genauer zu betrachten. Er stellt erleichtert fest, daß dieser so realistisch wirkende Arm nicht der eines Toten ist, sondern zu einer metallenen Plastik gehört. Der Schrecken weicht schlagartig dem Glücksgefühl des Entdeckers, und es verdoppelt sich sogar, als sich bei der genaueren Untersuchung des Bodens die Form eines zweiten Körpers im Sand abzeichnet.

Die Urlauber fahren aus ihrem Nichtstun auf, als Mariottini aus dem Wasser steigt und den Strand entlanghastet. Er läuft zum nächsten Telefon und benachrichtigt die Behörden. Und bald wimmelt es in Riace di Marina von Neugierigen. Der Ort, in dem die Tage sonst so gleichförmig verstreichen, hat seine Sensation.

Eine Leiche entdeckt zu haben *fürchtete der Sporttaucher Stefano Mariottini zunächst, als sich einige Meter unter Wasser menschliche Formen im Sand abzeichneten. Doch dann begriff er: Der Körper bestand aus Metall; eine verkrustete Skulptur lag im diffusen Dämmerlicht, daneben eine zweite. Es war der Glücksfall, von dem alle Archäologen (und viele Sporttaucher) träumen. Wenig später begann die Bergung. Helfer legten vorsichtig den Bronzekrieger frei, der seit rund 2000 Jahren vom nassen kalten Sand umklammert wurde. Es war Held A, wie man ihn später bezeichnete (links). Von Seilen gehalten, schwebt er an die Oberfläche.*

Geputzt und poliert

Der winzige Badeort Riace di Marina („Wo liegt denn der?" hatte man in Rom, Florenz, Mailand, Venedig, ja, in der ganzen Kunstwelt gefragt) wurde im Nu so bekannt wie ein Wallfahrtsort. Aus Reggio di Calabria reiste ein Fachmann der Soprintendenza Archeologica an, um die Bergung der Skulpturen zu beaufsichtigen. Die Karabinieri schickten eine Gruppe von Tauchern, mit denen Stefano Mariottini die Figuren aus den Sandmassen, die sie umklammerten, befreite, sie mit Hilfe luftgefüllter Ballons hob und schließlich an Land brachte. Das geschah am 21. August.

Natürlich kam das Fernsehen nach Riace und interviewte den Sporttaucher Mariottini, der mit seinem Unterwasserfund in die Geschichte der spektakulären archäologischen Entdeckungen einging. Und in diesem Interview nannte er erstaunlicherweise bereits einen Namen, der auch für die Wissenschaftler zum engeren Kreis der möglichen Schöpfer beider Bronzefiguren gehört: Polyklet von Argos. Polyklet, neben Phidias der führende Bildhauer der griechischen Klassik, wirkte zwischen 450 und 410 v. Chr. – Mariottini hatte einen Jahrhundertfund gemacht!

Wie Staatsgäste wurden die Bronzestatuen nach Reggio di Calabria geleitet. Man brachte sie in das Museo Nazionale della Magna Grecia. Magna Graecia heißt „Großgriechenland", und so nennt man diese Region Unteritaliens, weil sie im Altertum von den Griechen kolonisiert wurde. Man darf annehmen, daß die „Helden" in einem Land, in dem nach einer Bemerkung des französischen Schriftstellers Stendhal die Menschen griechische Gesichter haben, fast wie Vertraute empfangen wurden.

Die Krieger wurden katalogisiert (Nr. 12801 und Nr. 12802), gemessen (etwa zwei Meter groß) und gewogen (rund 250 Kilogramm im heutigen Zustand), und dann wurden sie den Restauratoren G. Spinella und P. Violin zur Reinigung übergeben.

Im Januar 1975, gut zwei Jahre nach der Rettung aus dem Meer, wurden die Heroen nach Florenz in den Centro di Restauro, eine „Intensivstation" für Wiederbelebung von Altertümern, überwiesen. Dieses hervorragend ausgestattete Institut hatte sich durch die Beseitigung von Schäden an Kunstwerken, die von den Überschwemmungen des Arno 1966 verursacht worden waren, weltweiten Ruhm erworben. In Reggio di Calabria waren bereits Versuche unternommen worden, die Bronzehelden von Silicium- und Kalkverkrustungen zu befreien. In Florenz ging man nun methodisch an die Arbeit mit Drucklufthämmerchen, Skalpellen, Ultraschall und einer Reihe von weichen Stein-

Die Freude über den Fund *steht in den Gesichtern der Beteiligten, als auch Held B aus den Fluten geborgen ist (in der Mitte: Stefano Mariottini). Selbst Laien, die eher zufällig Zeugen der Bergung werden, begreifen sofort, welche Bedeutung diesen Figuren zukommt: Fremd, schön und auf eigenartige Weise lebendig, verkörpern sie das Lebensgefühl einer fernen Epoche.*

meißeln, die man eigens für diesen Zweck anfertigte. Besonders komplizierte Partien wie Augen, Wimpern, Lippen und Haare, ja, selbst die mit Silber belegten Zähne des Kriegers A und die empfindlichen Augen aus Elfenbein und Glasfluß konnten mit einer Ultraschallsonde von Steinkrusten gesäubert werden. Nach dem Reinigungsprozeß erwiesen sich die Restauratoren als wahre Schminkkünstler. Die Bronzehaut wirkt heute bis in die feinsten Poren wie poliert, die kupfernen Lippen und Brustwarzen leuchten rötlich, als ob man ihnen Rouge frisch aufgetragen hätte. Für die Wissenschaft steuerten die Restauratoren die wichtige Erkenntnis bei, daß beide Bronzen etwa zeitgleich von denselben Metallhandwerkern in derselben Technik hergestellt wurden. Dieses Ergebnis der Untersuchungen war zwar äußerst hilfreich, aber man durfte daraus keineswegs schließen, daß es sich bei dem schöpferischen Vater der Helden A und B um ein und denselben Künstler handelte.

Acht Jahre dauerte die Restaurierung *der Bronzefiguren. Der Transport, das Lagern, Drehen und Kippen der Skulpturen (oben Held A) war wegen des enormen Gewichts eine schwierige und gefährliche Aufgabe. Links der Rücken des Helden B in nichtrestauriertem Zustand: Kalkkrusten und Ablagerungen überziehen die Haut wie Schorf. Die Restauratoren brauchten viel Geduld und Fingerspitzengefühl, bis die beiden Helden wieder so glatt und glänzend aussahen wie im ursprünglichen Zustand.*

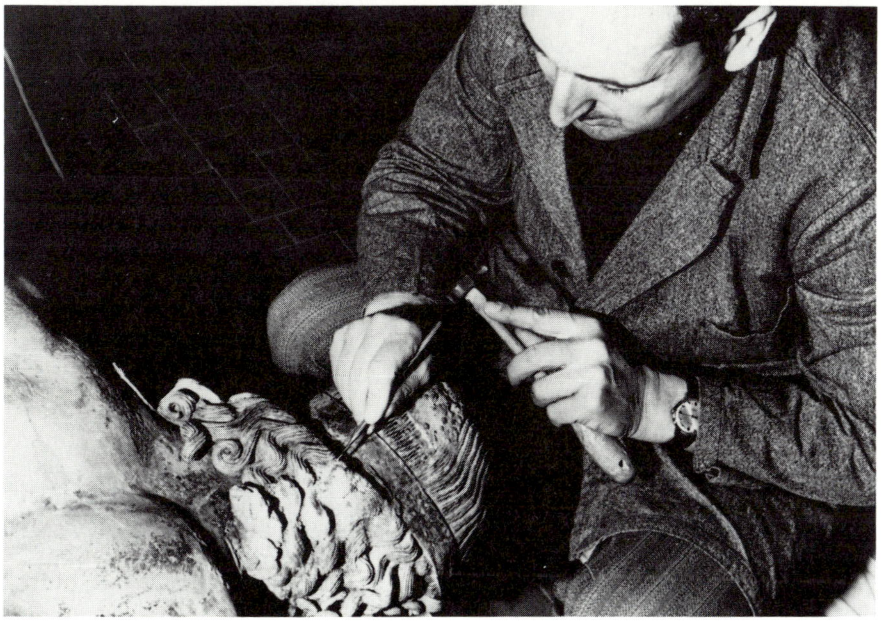

Die Arbeit an den Köpfen der Krieger *erforderte besondere Aufmerksamkeit (links und links oben der Hinterkopf des Helden A). Bei sehr empfindlichen Partien wie den Locken und Haarsträhnen benutzten die Fachleute des Museums zum Reinigen Skalpelle, und sie brauchten wie Chirurgen eine ruhige Hand.*

Im Geist von Marathon

Wo immer die Helden von Riace nach ihrer Restaurierung in der Öffentlichkeit gezeigt wurden – ob in Florenz, Rom oder Reggio di Calabria –, überall verursachten sie eine Sensation. Allein in Florenz kamen in kurzer Zeit fast eine Million Besucher, nur um einen Blick auf die nackten Gestalten zu werfen, und bezeichnenderweise stammten die Menschen, die sich in den Ausstellungsräumen drängten, aus allen sozialen Schichten. Es waren also Leute unter ihnen, die gewöhnlich keine Anstrengung auf sich nehmen, um ein Kunstwerk zu besichtigen, aber auch sie waren beeindruckt von diesen beiden Figuren.

„Wie schön!“ Und gleichzeitig: „Wie schrecklich!“ Diese Ausrufe sind verbürgt. Die sakrale, religiöse und dennoch erotische Ausstrahlung der Helden löste bei den Leuten eine „subtile Beklemmung“ aus, wie die Zeitung *La Repubblica* schrieb. Selten waren sich Experten und Laien in ihrer Bewunderung so einig.

Wer aber sind sie, die beiden Figuren, die zunächst vereinfachend Held A und Held B genannt wurden? Diese Frage haben die beiden Findlinge noch nicht beantwortet. Die Wissenschaftler rätseln weiter. Einig sind sie sich nur soweit, daß es sich um schwerbewaffnete Krieger handelt, deren Ausrüstung das Meer raubte: Beide trugen gewichtige Schilde, A trug eine Lanze gegen die Schulter gelehnt, B ein Schwert, dessen Spitze zum Boden zeigte. Man schließt das aus der Ausbalancierung der Körpermassen und aus der Körperhaltung. B oder der „Einäugige“, wie er auch genannt wird, trug zudem einen Helm, der abhanden kam. Durch den Verlust ist nun sein Haupt deformiert, außerdem geriet die Proportion zwischen Kopf und Gesamtgröße der Statue in ein Mißverhältnis (das jedoch nicht empfindlich stört).

Nackte Krieger in Übergröße gab es als Standbilder bisher nicht. Wohl gab es Götter und auch Athleten wie den Wagenlenker von Delphi. Waren mit den Statuen heroische Kämpfer der frühen mythischen Zeit gemeint, die für die alten Griechen ebenso real waren wie historische Gestalten? Der Lockenkopf von A ist mit einem Stirnband geschmückt. Trug er ein Diadem? A ist offensichtlich von einem bedeutenderen Künstler geschaffen worden als B. Die Figur ist beinahe spielerisch und plastisch durchgearbeitet, steht freier im Raum, die Gewichte sind souverän verteilt. Der Realismus wurde bis in die kleinsten Zonen durchgehalten (während bei B manches kompakter blieb, wie das Beispiel der Bartpartie zeigt). Wenn Held A lockerer, kraftvoller, angespannter, vitaler als der konventionellere B vor uns steht, so übertrifft er jenen auch an Charme und an der Gegenwart dessen, was die Griechen das „Schön-Schreckliche“ nannten, das mit der Leidenschaft der Tragödien vergleichbar ist, die des unbekannten Künstlers Zeitgenossen Äschylus, Sophokles und Euripides geschrieben haben. Doch es ist nichts Tragisches an diesem Helden, eher wirkt er optimistisch, beinahe heiter. Und dennoch verbreitet er wie der ernste B die Unerbittlichkeit eines ehernen Gesetzes: Sie würden „nicht vergällen das Gesetz durch bösen Zuckerguß“, sie sind des „Landes Bollwerk und des Staates Schutz und Heil“, wie Äschylus die Stadtgöttin Athene in den *Eumeniden* sagen läßt. Beide Figuren verkörpern diese Heldentugend, die Areté, mit einer Intensität, für die die Griechen das Wort „Daimon“ prägten: Daimon ist die Stärke der Gegenwart des Göttlichen.

„Die Bestätigung der menschlichen Autonomie ist im griechischen Denken niemals vom Sinn für das Göttliche losgelöst“, schreibt Alberto Busignani in seinem Werk *Die Heroen von Riace*, „man kann vielmehr sagen, daß seine Geschichte gezeichnet ist durch die unermüdliche Suche nach dem Göttlichen im Menschen...“ Das ist gleichzusetzen mit der in der Bildhauerkunst stattfindenden unermüdlichen Bestätigung des „Schön-und-gut-Seins“ des Menschen, seiner geistigen und seelischen Vollkommenheit und Harmonie.

Suche und Bestätigung zeichnen sich deutlich in der Entwicklung der Großfigur ab. Vom stocksteifen Kuros des 6./5. Jh. v. Chr., dem nackten, aufrecht stehenden, ägyptisch anmutenden Jüngling, der einen Fuß leicht vor den anderen setzt und die Arme einfach hängen läßt, bis zu den „raumfüllenden“ Statuen des Phidias und Polyklets, die die Körperstarre nach allen Seiten auflösen, deckt sich die Entwicklung der Bildhauerkunst mit der Entwicklung der Staatsform. Wie in der Kunst drückt sich auch in der politischen Bildung eine Erneuerung, besser eine Vervollkommnung aus.

Der schöne Rücken des Helden A. *Die sanfte S-Linie des Rückgrats ist dem Umstand zu verdanken, daß, anders als bei den Kuroi (nackten, ruhig stehenden Jünglingsfiguren) der archaischen Zeit, Stand- und Spielbein unterschieden werden. Das bedingte ein neues Ausbalancieren der Gewichte. Die Figuren (rechts Statue A im Seitenprofil) wurden ohne Waffen aus dem Meer geborgen. Haltung und Muskelanspannung lassen jedoch darauf schließen, daß sie mit der Linken einen schweren Schild hielten. A trug in der rechten Hand eine Lanze.*

Perfekt bis ins Detail: *die Hand des löwenmähnigen Helden A. Man beachte, wie sich die Haut über die Venen, Muskeln und Knöchel spannt, und die ganz realistischen Proportionen der Fingerglieder und ihre Beugung. Das alles ist um so bewundernswerter, als im antiken Griechenland die anatomische Untersuchung und Erforschung des menschlichen Körpers unbekannt war. Der Künstler konnte sich nur auf seine Beobachtungsgabe verlassen. Nachdenklich, philosophisch gefaßt und überlegen wirkt Held B (rechte Seite). Er trug, außer Schild und Schwert, einen hochgeschobenen Helm, der jedoch verlorengegangen ist.*

Bis auf die Anzeichen, daß die beiden Helden von Riace bewaffnet waren, gibt es nicht den geringsten Hinweis darauf, wen oder was sie darstellen. Doch dieses Phänomen ist keineswegs neu: Selbst der berühmte Zeus (oder Poseidon) vom Kap Artemision ist vielleicht „nur" ein Athlet, der den Speer wirft. Oder ist er gar auch ein Krieger?

Unbestritten sind beide Figuren um 460 v. Chr. entstanden und spiegeln den kriegerischen Geist der Epoche wider, in der sich die Griechen gegen die Massenheere der Perser behaupteten. Der Feldherr des Darius wurde 490 v. Chr. bei Marathon geschlagen (ein Mitkämpfer lief nach Athen und meldete den Sieg), Xerxes unterlag 480 v. Chr. bei Salamis und 479 v. Chr. bei Platää. Der Opfertod der 300 Spartaner mit ihrem König Leonidas an den Thermopylen (ebenfalls 480 v. Chr.) – „wie das Gesetz es befahl" – wurde zum soldatischen Vorbild bis in die Neuzeit. Athen wurde zweimal von den Persern besetzt und zerstört. „Die Taten von Marathon, den Thermopylen und Salamis wurden vielmals erreicht und auch übertroffen", urteilt der Historiker Siegfried Lauffer. „Dennoch bleiben diese Namen klassisch beispielhaft in der Geschichte, solange es Ziele gibt, für die gekämpft und gelitten wird."

Die Siege wie die Opfer hatten weitreichende Folgen: Erstmals wurde neben dem Morgenland das Abendland ein Faktor der Weltgeschichte, und die griechische Kultur wurde zum Fundament der Kultur Europas.

Athen hatte im Kampf gegen die Perser die Hauptlast getragen. Aber mächtiger und reicher als alle Verbündeten ging es aus den Kriegen hervor. Das Perikleische Zeitalter brach an, benannt nach dem Athener Politiker und Reformer Perikles (495–429 v. Chr.). Tatsächlich dauerte dieses „goldene Zeitalter" nur knapp 20 Jahre: von dem von Perikles vorbereiteten Kompromißfrieden mit den Persern 449 v. Chr. bis zum Ausbruch des Peloponnesischen Kriegs 431 v. Chr. (des Bruderkriegs zwischen Athen und Sparta).

Doch diese Jahrzehnte überstrahlten nicht nur dieses eine Jahrhundert. Perikles schuf dem attischen Geist neue Sinnbilder, mit denen sich alle Griechen identifizieren konnten und die die Nachwelt mit dem klassisch-vorbildlichen Griechentum gleichsetzte. Er ließ den Parthenontempel und die Propyläen auf der Akropolis, der Stadtburg Athens, bauen. Die Skulptur der gewappneten Athene, der dieser Tempel geweiht war und die von Phidias, einem Freund des Perikles, geschaffen wurde, war zwölf Meter hoch und bestand aus Gold und Elfenbein. Das Idealbild des perikleischen Athens aber ist der sogenannte panathenäische Fries des Parthenontempels (ebenfalls Phidias zugeschrieben), der nichts anderes als das Volk der Stadt darstellt – schön, edel und anmutig.

Die attische Demokratie wurde zur Urzelle aller weiteren Demokratien. Ihr Kern ist die Herrschaft des Demos, des Volkes. Der Philosoph Sokrates sagt in einem seiner berühmten Gespräche, der Demos seien die unbemittelten Bürger. Von keiner modernen Demokratie läßt sich behaupten, daß in ihr wirklich die Besitzlosen herrschen.

Dieser Geisteswelt entstammen auch die Helden von Riace. Sie treten uns als entschlossene Tatmenschen entgegen, dem tugendhaften Handeln verpflichtet; sie verkörpern den Geist von Marathon. Der „Einäugige" (Bild rechts) erinnert daran, daß der Tat der Gedanke vorausgeht, die strategische Idee, die der Heerführer zu jener Zeit allerdings noch selbst mit dem Schwert in der Hand in die Tat umsetzte. Er erinnert aber auch an die unerschrockenen Philosophen seiner Zeit, wie an Protagoras, der lehrte: „Der Mensch ist das Maß aller Dinge." Solche Gedankengänge trugen dazu bei, das Bild und die Stellung des Menschen zu verändern und zu stärken. Er trug nun mehr Verantwortung, er wurde gleichsam „göttlicher". Und dennoch, nach Sophokles, dem klassischen Bühnendichter des Perikleischen Zeitalters, hat der Mensch sich dem göttlichen Willen zu unterwerfen, selbst wenn er dabei tragisch untergeht. So dachte auch das Volk. Und von diesem göttlich-menschlichen Selbstbewußtsein der Griechen zeugen die Heroen von Riace.

Zeugen der Klassik

Der Fund der beiden Heroen von Riace vermehrte den Weltbestand an Großbronzen aus der strengen und hohen griechischen Klassik um 100 Prozent. Bis zu ihrem Auftreten waren lediglich zwei einigermaßen vollständige Statuen dieser Art bekannt: der Wagenlenker von Delphi (unten rechts), der heute im dortigen Museum steht, und der Blitze schleudernde Zeus (unten links) aus dem Meer am Kap Artemision, der im Athener Nationalmuseum die Bewunderung auf sich zieht. Selbst der starr wirkende Wagenlenker (um 474 v. Chr.) ist ein Beispiel für die Durchbrechung der stocksteifen frontalen Darstellung vorklassischer Zeit: Der Körper ist vom Kopf bis in die Füße leicht gedreht. Die überlebensgroße Figur des Zeus (um 460/450 v. Chr.) fasziniert bereits durch die weitausholende Geste, die den athletischen Körper in Bewegung versetzt, aber die Skulptur besitzt noch nicht die räumliche Sicherheit der Helden von Riace.

Das Detail der attischen Schale (oben) vom Beginn des 5. Jh. v. Chr. zeigt die Arbeit am Schmelzofen. Als Werkzeuge sind eine Blattsäge und Schmiedehämmer zu erkennen. Ferner sieht man Bilder und Tonmodelle, die vielleicht als Vorlage für den Guß von Kleinbronzen verwendet wurden. Auf dem Ofen (ganz links im Bild), an dessen Feuerloch sich ein Mann mit einem Schürhaken zu schaffen macht, steht der Kessel zum Schmelzen des Metalls. Hinter dem Ofen, halb verdeckt, drückt ein Knabe den Blasebalg.

Herkunft im dunkeln

***Der Mittelpunkt der griechischen Welt** war Delphi (links im Bild die Tholos, ein runder Kultbau, beim Athenatempel). Das Orakel war ein Heiligtum und zugleich eine politische Macht. Unter den Weihgeschenken, die Delphi gestiftet wurden, befand sich auch eine Statuengruppe der zehn attischen Phylen-Heroen. Diese Heroen stellten die Verkörperung der zehn politischen Bezirke Attikas dar, dessen Hauptstadt Athen war. Eine der Hypothesen über die Herkunft der Helden von Riace besagt, daß sie zu dieser Gruppe gehörten.*

Die Welt der Griechen wurde stärker als durch jedes politische Interesse durch die gemeinsame Kultur zusammengehalten. Die stärksten Klammern waren Sprache, Ethos und die Religion mit ihrem Götterhimmel, ihren Mythen, Riten und Heiligtümern. Von alters her gab es zwei Heiligtümer, zu denen sich alle Griechen bekannten: Delphi und Olympia.

Das Heiligtum des Apollon in Delphi suchten die Griechen wegen des Orakels der Seherin Pythia auf. Von ihr erhielten sie mehr oder minder verschlüsselten Rat in persönlichen und politischen Fragen. Dadurch aber wurde die Gunst Delphis zum Politikum, das man durch reiche Weihgeschenke zu beeinflussen trachtete. Diese Stiftungen bestanden in kostbaren Gerätschaften, für die Schatzhäuser errichtet wurden, aber auch in Statuen.

Das zweite Heiligtum war Olympia. Hier wurden über 1168 Jahre lang im Rhythmus von vier Jahren zu Ehren des Göttervaters Zeus Wettspiele veranstaltet. Auch an dieser Kultstätte reihten sich die Schatzhäuser.

In der Epoche, in der vermutlich die Helden von Riace entstanden, gewannen die Weihgeschenke in Form von Statuen größere Bedeutung als die Schatzhäuser. Die gestifteten Bronzefiguren wurden frei sichtbar in den heiligen Bezirken aufgestellt. Es gab auch eine Reihe von Gruppen, die oftmals einen Halbkreis einnahmen, damit der Betrachter sich als zu ihnen gehörend empfinden konnte.

Nach einer lebhaft vertretenen Hypothese gehören die Bronzefiguren von Riace zu dem Weihgeschenk, das die Athener Delphi stifteten als Dank für den Sieg bei Marathon. Zu der Gruppe zählten zehn Heroen, die den zehn attischen Phylen ihren Namen gaben. Die Phylen, die durch die Staatsreform des Kleisthenes, eines athenischen Staatsmanns des 6. Jh. v. Chr., geschaffen wurden, waren die geographisch-politischen Bezirke Attikas. Sie bildeten die Grundlage der demokratischen Ordnung und besaßen große soziale, rechtliche und religiöse Bedeutung. Der lockenköpfige A würde demnach einer Beschreibung des Leos entsprechen. Held B wäre der Stratege Miltiades, jener Feldherr, der den Verlauf der Schlacht von Marathon bestimmte und der heroengleich zwischen Apollon und Athene postiert worden war. Als Schöpfer dieser Gruppe ist Phidias verbürgt.

Der griechische Schriftsteller Pausanias erwähnt die Bronzegruppe in einem Bericht, den er zwischen 160 und 177 n. Chr. verfaßte; sie befand sich zu dieser Zeit also noch in Delphi. Wann sie aufgelöst wurde, ist unbekannt. Die Ausplünderung Griechenlands durch die Römer setzte mit der Eroberung der Stadt Ambrakia durch Marcus Fulvius Nobilior 189 v. Chr. ein, der 785 Bronzestatuen fortschleppen ließ, und soll mit den Kaisern Caligula und Nero im 1. Jh. n. Chr. beendet worden sein. Demnach könnte Pausanias die Figuren nicht mehr angetroffen haben, es sei denn, sie sind erst später für einen Kunstfreund in Rom geraubt worden.

Nach einer anderen Hypothese gehörten die beiden Bronzefiguren von Riace zu einem Weihgeschenk der Achäer. Dann müßte als ihr Schöpfer Onatas angenommen werden. Er stammte aus Ägina und wirkte in der ersten Hälfte des 5. Jh. v. Chr.

Gegen Phidias und Onatas und den bereits erwähnten Polyklet von Argos als Schöpfer der Bronzefiguren spricht jedoch die Tatsache, daß sie von zwei unterschiedlich qualifizierten Künstlern gefertigt wurden. Der Bildhauer von Held B scheint mit dem Material Marmor vertrauter gewesen zu sein als mit Bronze. Die Suche nach den beiden Meistern, die die Helden von Riace schufen, ist also noch nicht abgeschlossen.

Im Tode unberührt

Philipp II. von Makedonien, Vorkämpfer und Vollender der griechischen Einheit, ist eine der faszinierendsten Persönlichkeiten der Antike — Staatsmann und Feldherr, einerseits maßvoll und klug, andererseits aber auch trinkfest und zügellos. Die Entdeckung seines unversehrten Grabes in Vergina erfüllt das überlieferte Bild des Königs mit neuem Leben.

Den Makedonen auf der Spur

Auf diesen Augenblick hatte Manolis Andronikos lange gewartet. Der Archäologe, Professor an der Universität in Thessaloniki, konnte seine Erregung kaum verbergen. Seine Hände zitterten.

Wenige Schaufeln rötlicher Erde noch, dann lag das tonnenförmige Gewölbe frei – das Gewölbe eines Grabes, das er in sieben Meter Tiefe gefunden hatte. Wie die alten Grabräuber, nur sehr viel vorsichtiger, lüftete er mit seinen Gehilfen einen Schlußstein des Gewölbes und hob ihn vorsichtig heraus.

Andronikos starrte in die schwarze Öffnung. Was würde der Raum unter ihm bergen? Unbekannte Schätze, Kulturgüter von höchstem Rang, vielleicht sogar Gebeine? Oder würde das Grab leer sein, geplündert von antiken Grabräubern, und er damit um eine Hoffnung ärmer, die Hoffnung nämlich, die Grabstätten der makedonischen Könige zu finden?

Der Archäologe schaltete seine Taschenlampe an und leuchtete in die dunkle Öffnung. Er zwang sich zur Ruhe. Es war eine quadratische Kammer, in der er den Strahl seiner Lampe kreisen ließ. An der Seite gegenüber konnte er eine Marmortür ausmachen, die offenbar in einen weiteren Raum führte. Es war, wie sich später herausstellte, der Vorraum der Grabkammer.

Luftaufnahme des Dorfes Vergina, *in dessen Zentrum sich der Große Tumulus befindet, unter dem die Königsgräber entdeckt wurden. Die nahe beieinander liegenden Gräber sind mit Flachdächern geschützt (rechts neben der Baumgruppe).*

Landschaft um Vergina. *Hier, im Norden des makedonischen Kernlands, lag das antike Aigai.*

„Direkt unter mir", so schrieb er später, „konnte ich mehrere Dinge sehen – Gefäße aus Bronze und Waffen in einer Ecke, silberne Gefäße nahe dabei. Direkt unter der Öffnung sah ich eine Marmorplatte, die einen Sarkophag abdeckte. Verstreut über den Boden befanden sich Reste von Holz und anderem Material, zwischen denen es golden hervorschimmerte."

Selbstverständlich wollte er die Kammer sofort untersuchen. Eine Leiter und andere notwendige Dinge standen bereit. Es war genau 3 Uhr nachmittags, am 8. November 1977 in Vergina, einem Dorf im Nordosten Griechenlands.

Die Ortschaft war schon Mitte des vorigen Jahrhunderts in das Blickfeld der Archäologen geraten. In der Nähe des Ortes war man auf eine Vielzahl von sogenannten Tumuli (Grabhügeln) aufmerksam geworden. Sie alle haben einen Durchmesser von etwa 20 Metern, und ihre Höhe schwankt zwischen einem halben und drei Metern. Bei den damaligen Ausgrabungen stieß man auf die Gebeine von Männern, Frauen und Kindern, die hier in der frühen Eisenzeit (1000–700 v. Chr.) bestattet worden waren. Jeder Tumulus gehörte offenbar einer Familie. Obgleich die Gräber schon während der Antike und auch später geplündert worden waren, fand man dort noch zahlreiche Waffen und, vorwiegend in den Frauengräbern, Bronze- und manchmal auch Goldschmuck. Außerdem fand man einige dreifache Doppeläxte, die möglicherweise als Statussymbole oder Zeichen priesterlicher Würde verwendet wurden.

Vergina, das antike Aigai, ist heute ein unbedeutendes Dorf im gebirgigen Nordosten Griechenlands. Es liegt etwa 60 Kilometer südwestlich von Thessaloniki, unweit des Flusses Aliakmon, der in den Thermaischen Golf mündet.

Ganz besondere Aufmerksamkeit erregte aber seit jeher der sogenannte Große Tumulus, der am Rande des Gebiets der kleineren Grabhügel liegt. Seine Ausmaße sind imponierend: Er hat einen Durchmesser von 110 Metern und eine durchschnittliche Höhe von zwölf Metern. Es ist merkwürdig, daß dieser große Hügel erst seit der Mitte des 20. Jh. systematisch erforscht wurde. Das mag daran gelegen haben, daß sich die Aufmerksamkeit zunächst auf einen makedonischen Königspalast richtete, mit dessen Ausgrabung der französische Archäologe Léon Heuzey 1861 begonnen hatte.

Die großräumige Anlage stammt aus der Wende vom 4. zum 3. Jh. v. Chr. Während der Grabungen entdeckte der Franzose bei Palatitsia, einem Dorf in der Nähe von Vergina, auch ein überwölbtes Grab makedonischen Typs, das höchstwahrscheinlich in derselben Zeit entstanden ist. Dieses und ein weiteres Grab, das von Heuzey bei Pydna, südöstlich von Vergina, freigelegt wurde, sind die ersten beiden Anlagen ihrer Art, die bekannt wurden.

Für lange Zeit ruhte dann die Arbeit. Erst 1937 nahm man die Ausgrabungen bei Vergina wieder auf. Unter der Leitung von Konstantin Rhomaios, auch er Professor für Archäologie an der Universität Thessaloniki, wurde nun nicht etwa die Erforschung des Großen Tumulus in Angriff genommen, sondern Rhomaios führte die Arbeiten von Heuzey fort. Die Ausgräber entdeckten 500 Meter nördlich des Palastes ein weiteres makedonisches Grab, das vermutlich aus dem 3. Jh. v. Chr. stammt. Es war geplündert, aber in dem Erdreich, das sich in seinem Innern aufgehäuft hatte, lagen noch die zerbrochenen Marmorflügel der Türen sowie Teile eines prächtigen Marmorthrons. Erst Andronikos beschäftigte sich seit 1951 intensiver mit dem Großen Tumulus.

Das Königsgrab von Vergina

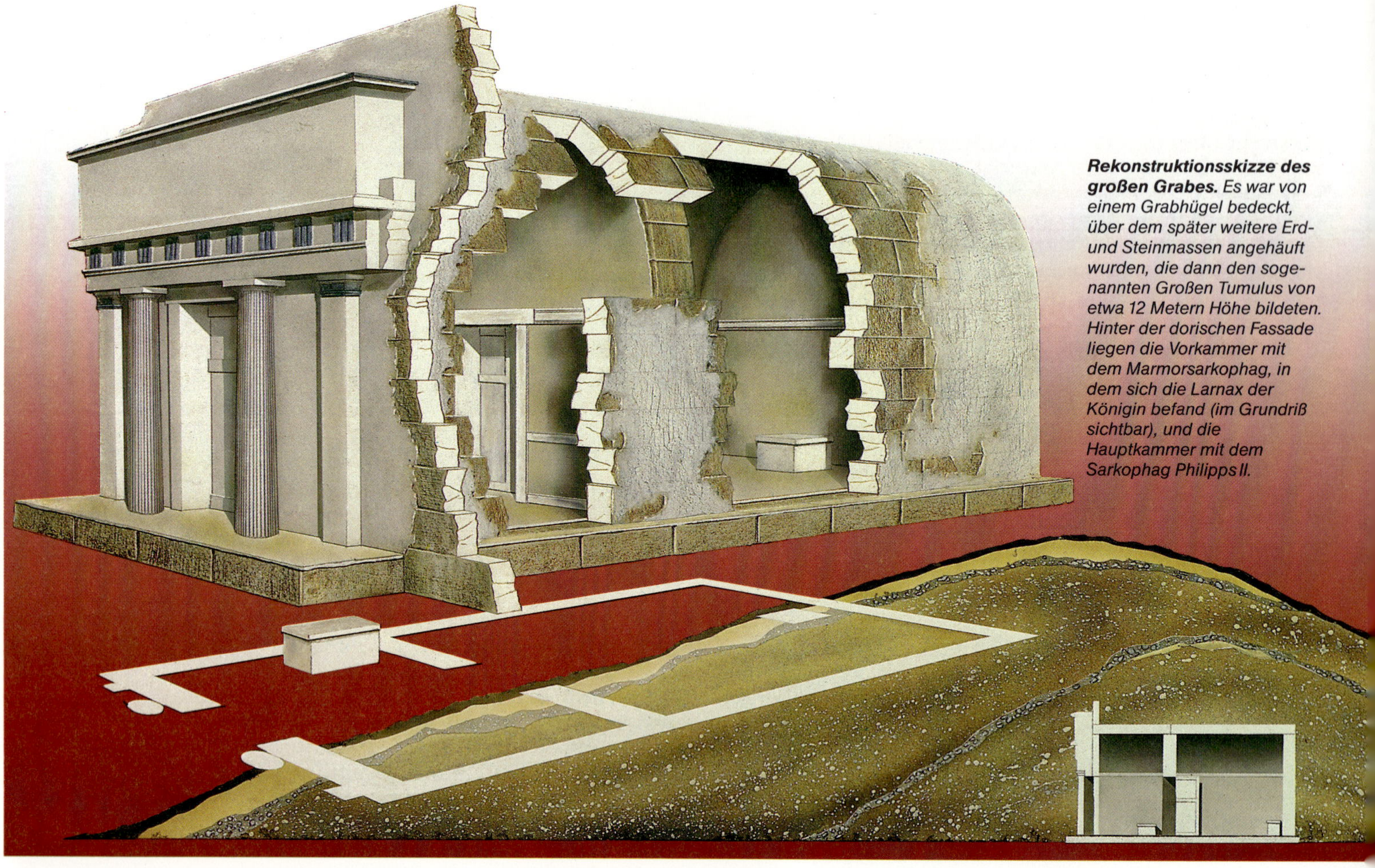

***Rekonstruktionsskizze des großen Grabes.** Es war von einem Grabhügel bedeckt, über dem später weitere Erd- und Steinmassen angehäuft wurden, die dann den sogenannten Großen Tumulus von etwa 12 Metern Höhe bildeten. Hinter der dorischen Fassade liegen die Vorkammer mit dem Marmorsarkophag, in dem sich die Larnax der Königin befand (im Grundriß sichtbar), und die Hauptkammer mit dem Sarkophag Philipps II.*

***Der Eingang zum großen Grab** zeigt die für makedonische Gräber typische Bauweise: Sie sind unterirdisch angelegt, haben eine tempelartige Fassade mit Blendfenstern und einen mit Fresken oder Reliefarbeiten geschmückten Fries.*
Das Fresko, das hier über die ganze Breite des Frieses läuft, zeigt eine Jagdszene mit Reh, Eber, Löwe und Jagdhunden. Beherrschend ist die kraftvolle Gestalt eines jungen Reiters (links), der an das berühmte Alexandermosaik in Pompeji erinnert.

Die bei Vergina entdeckten Gräber belebten sogleich die unter Archäologen und Historikern immer wieder diskutierte Streitfrage um die beiden aus der historischen Überlieferung bekannten Hauptstädte des makedonischen Reiches. König Archelaos I. – er regierte von 413 bis 399 v. Chr. – hatte nämlich die Hauptstadt seines Landes von Aigai nach Pella verlegt. Heute ist Pella ein kleiner unbedeutender Ort an der Nationalstraße 2 zwischen Thessaloniki und Edessa. Die Ortschaft hat ihren Namen nie verändert und ist leicht zu identifizieren.

Ganz anders verhielt es sich mit Aigai. Die Forscher waren sich noch immer nicht einig darüber, wo sie diesen Ort suchen sollten. Der Name hatte sich nicht erhalten. Die ehemalige makedonische Hauptstadt ausfindig zu machen, war jedoch von höchstem wissenschaftlichem Interesse, denn dort wurden, auch nachdem der Herrschersitz nach Pella verlegt worden war, die makedonischen Könige zu Grabe getragen. Dort mußten unermeßliche Schätze ruhen, sofern die Gräber in den vergangenen zwei Jahrtausenden nicht geplündert worden waren. Schließlich mußte sich auch das Grab Philipps II. (Regierungszeit 359–336 v. Chr.) in Aigai befinden.

Natürlich gab es erste Hinweise: Das Grab, das Heuzey seinerzeit freigelegt hatte, dann das Grab mit dem Marmorthron, das Konstantin Rhomaios gefunden hatte – aber waren das wirklich Königsgräber? Lag Aigai irgendwo verschüttet in der Nähe des Dorfes Vergina? Die

Fachwelt neigte eher dazu, das heutige Edessa mit Aigai gleichzusetzen.

Es war der britische Gelehrte Nicholas Hammond, Professor für griechische Sprache, der mit wissenschaftlichem Scharfsinn zu begründen versuchte, daß das antike Aigai bei Vergina zu suchen sei.

Professor Andronikos, der die These Hammonds teilte, wandte seine Aufmerksamkeit einer Erscheinung zu, welche die Archäologen bislang nicht so recht zu deuten wußten. In den Erdmassen des Großen Tumulus hatte man nämlich zahlreiche Fragmente von Grabdenkmälern gefunden; wie aber waren diese dorthin gelangt? Andronikos studierte wieder die Quellen, die auch Hammond benutzt hatte.

„Bei Plutarch las ich", so berichtete er, „wie Pyrrhus, König von Epirus, im 3. Jh. in Makedonien eingefallen war, Antigonos Gonatas geschlagen und mehrere Städte erobert hatte, darunter auch die alte Hauptstadt Aigai. Dort wurden ja bekanntlich die makedonischen Könige beerdigt. Pyrrhus ließ eine Garnison galatischer Söldner in der Stadt zurück. Plutarch sagt, daß sie, von einer unersättlichen Gier nach Reichtum getrieben, die Gräber der Könige ausgruben, sie plünderten und die königlichen Gebeine in alle Winde verstreuten.

Das war ein Hinweis von unschätzbarem Wert. Unschwer konnte ich mir vorstellen, daß die Galater nicht nur die königlichen Gräber geplündert, sondern dabei auch den gesamten Friedhof zerstört hatten. In der Tat, all die Grabsteine, die ich entdeckt hatte, waren aus der Zeit vor 274 v. Chr., als nämlich diese Grabschändungen stattgefunden hatten ... Man kann vermuten, daß Antigonos die königlichen Gräber wiederherstellen ließ, als er im Jahr darauf Aigai zurückeroberte. Und natürlich mußte er Vorsorge treffen, daß sie nicht wieder geplündert werden würden. Ich denke, er wird befohlen haben, die Grabanlagen mit Erde zuzudecken, und wir haben diesen zwölf Meter hohen Berg jetzt vor uns."

Die Grabungen, die dann am 30. August 1977 begannen, endeten zunächst mit einem Fehlschlag. Andronikos hatte mit Hilfe von Straßenbaumaschinen gewaltige Erdmassen bewegt – 18 000 Kubikmeter – und war bis zum natürlichen Erdboden im Zentrum des Tumulus vorgedrungen. Das Ergebnis: nichts.

Die Enttäuschung hätte größer nicht sein können. Resignierend wollte Andronikos die Grabungen für dieses Jahr abbrechen, als er zufällig an der Südwestseite des Tumulus eine überraschende Entdeckung machte: Unter der Aufschüttung verbarg sich eine zweite, ein Hügel im Hügel also.

Mit neuem Eifer begann Andronikos dort zu suchen – und hatte Erfolg. Zum Vorschein kam ein kleines flach gedecktes Grab, das jedoch schon im Altertum geplündert worden war. In unmittelbarer Nachbarschaft stießen die Wissenschaftler dann auf ein weiteres, tonnenförmig gewölbtes Grab mit dorischer Fassade und reicher Bemalung. Es war ein großes, ein unversehrtes Grab, eine Anlage, wie man sie bisher noch nicht gesehen hatte.

Grabstele eines makedonischen Bürgers. *Viele dieser marmornen Grabsteine wurden im Erdreich des Großen Tumulus gefunden. Die Stelen stammen aus der Zeit zwischen dem 5. und dem Beginn des 3. Jh. v. Chr. Manche sind bemalt, andere mit Reliefdarstellungen geschmückt. Die Namen der Toten sind rein griechischen Ursprungs, widerlegen also die These, daß die Makedonen ursprünglich Barbaren waren, die erst später hellenisiert wurden.*

Teilansicht des Vorraums *des großen Grabes in Vergina. An der Wand lehnt ein mit einem Goldblech geschmückter Gorytos, ein Behältnis, in dem Bogen und Pfeile aufbewahrt wurden. Die Reliefs zeigen Kampfszenen. Ähnliche Stücke fand man auch in den Gräbern der Skythen. Rechts liegen die Beinschienen Philipps. Hinter diesen Gegenständen ist die große Marmortür zu erkennen, die in die Hauptkammer führte.*

Schätze für das Jenseits

Als Manolis Andronikos am 8. November 1977 unter dem Großen Tumulus von Vergina ein unversehrtes Grab entdeckte, ahnte er mit dem Gespür des erfahrenen Archäologen, mit den geschärften Sinnen eines Mannes, der jahrzehntelang auf der Suche nach einer bestimmten Sache ist, sofort: Dieses Grab muß etwas ganz Besonderes bergen.

Die Flügeltür zu seinem Inneren befand sich noch dort, wo sie hingehörte. Sie hing in ihren Angeln, genauso wie man sie vor mehr als zwei Jahrtausenden geschlossen hatte. „In das Grab zu gelangen", berichtet Professor Andronikos, „war problematisch. Die massiven Türen ließen sich nur von der Innenseite öffnen und das auch nur, wenn die gesamte Fassade freigelegt worden war."

Was also konnte man tun? „Wir beschlossen, einen Schlußstein aus dem gewölbten Dach herauszuheben und so einzusteigen, wie es in vielen anderen Fällen die alten Grabräuber getan hatten." Und das geschah.

Das große Grab erwies sich als der Glücksfall, auf den alle Archäologen hoffen. Da gab es eine dorische Fassade, die nicht in einem Giebel endete, sondern über einem Sims einen Malereifries von 1,16 Meter Höhe und 5,56 Meter Länge trug, über dem sich wiederum ein Sims erhob. Die architektonischen Einzelteile der Fassade waren unversehrt. Die Farben der Malerei waren so gut erhalten, daß die Fachleute sogleich Komposition und Technik der dargestellten Jagdszene erkennen konnten. Da hatte man eine Grabkammer mit einem Vorraum gefunden, die beide nicht geplündert worden waren – allein dies war schon eine Sensation.

Lampenständer waren sehr beliebte Grabbeigaben. *Dieser im makedonischen Vergina gefundene Lychnuchos diente zur Aufnahme einer Tonlampe, die auf dem Boden in einer eisernen Halterung befestigt wurde. Das Lochmuster, das nach der Reinigung und Restaurierung wieder zum Vorschein kam, gibt dem Bronzegefäß eine eigentümliche Leichtigkeit.*

Als man sich dem Inhalt der Grabkammer zuwandte, wurde offenbar, daß hier nicht irgendein unbekannter Makedone seine letzte Ruhestätte gefunden hatte. Dies war ein besonderes Grab, in dem nur eine außergewöhnliche Persönlichkeit bestattet sein konnte.

In der Mitte der westlichen Stirnseite der Kammer, etwa dort, wo Andronikos wie ein Grabräuber eingestiegen war, stand ein fast quadratischer, mit einer waagrechten Marmorplatte abgedeckter Marmorsarkophag.

Grabbeigaben lagen zu beiden Seiten des Sarkophags in den Ecken: Geräte und Waffen aus Bronze in der einen, Silbergefäße und ein paar Tonvasen in der anderen, der nördlichen Ecke. Vor dem Sarkophag, in Längsrichtung der Kammer, waren die Überreste eines hölzernen Möbelstückes zu erkennen, das mit reichen Elfenbeinschnitzereien geschmückt war. Mit hoher Wahrscheinlichkeit handelt es sich hierbei um eine hölzerne Kline, ein Bett oder eine Liege, wie sie im Altertum nicht nur zum Schlafen verwendet wurde, sondern auch als Ruhelager beim festlichen Mahl. Klinen aus Holz wurden häufig in makedonischen Gräbern gefunden; in

Bronzegefäße und Teile der Rüstung *lehnten in einer Ecke der Hauptgrabkammer. Der große kreisrunde Gegenstand ist die bronzene Schutzhülle eines kostbaren, mit Gold und Elfenbein verzierten Schildes. Der Schild, dessen tragende Elemente vermutlich aus Holz und Leder bestanden, war stark zerstört, konnte jedoch restauriert werden. Rechts ist das vergoldete Silberdiadem des Toten zu erkennen (siehe auch rechts außen), halb verborgen unter Schutt und Resten zerfallener organischer Substanzen.*

Den Kopf eines Silen *findet man häufig als Schmuckelement an den herrlichen Silbervasen, die in Vergina im großen Grab gefunden wurden. Die fein ausgearbeiteten Reliefs sind Meisterwerke des griechischen Handwerks jener Zeit. Die Reliefköpfe dienten vorwiegend zur Verstärkung und Befestigung des Henkels. Die Griechen kannten Silene oder Satyrn als dämonische Mischwesen aus Ziegenbock und Mensch.*

späterer Zeit verwendete man auch Stein als Material für solche Ruhestätten.

Die Bruchstücke der Elfenbeinschnitzereien, die ursprünglich offenbar wie ein Fries an der Kline angebracht waren, ließen zwei unterschiedliche Arbeitsweisen erkennen: Flachreliefs und plastische Figuren. Unter letzteren befanden sich auch einige kleine, porträtähnliche Köpfe, die später bei der Identifizierung des Grabes eine wichtige Rolle spielten. Zwischen der Kline und der Zwischenwand lag ein eiserner Brustpanzer, der, wie die spätere Rekonstruktion zeigte, mit unterschiedlich breiten Goldbändern besetzt gewesen war. Auf der Vorderseite waren sechs kleine goldene Löwenköpfe angebracht. An der rechten Seitenwand befand sich ein rechteckiges Goldblech mit dem Bildnis der Göttin Athene.

Ferner entdeckte man einen Dreifuß aus Bronze, eine Fackel, einen Schwamm sowie einen sogenannten Lychnuchos, ein Bronzegefäß mit durchbrochenen Wänden, das im Innern eine Tonlampe enthielt.

All diese Gegenstände dienten dem täglichen Gebrauch, und sie wiesen auch Benutzungsspuren auf. Professor Andronikos stellt dazu fest, „daß sie trotz ihres unleugbaren Reichtums doch als Grabbeigaben griechisches Maß nicht überschreiten. Sie erwecken bei allem Luxus gleichwohl den Eindruck der Bescheidenheit und Zurückhaltung . . .“

Eines der wichtigsten Fundstücke war ein Stirnreif aus Gold und Silber. Er besteht aus einer kreisrunden, innen hohlen Röhre, deren Enden in einem zylindrischen Verbindungsteil stekken, so daß der Ring bei Bedarf enger oder weiter gemacht werden kann. Der Zylinder ist mit einem sogenannten Heraklesknoten in Reliefarbeit verziert. Es gibt einige Porträts makedonischer Könige, darunter auch Bilder Alexanders des Großen, auf denen ähnliche Schmuckstükke zu sehen sind; die Vermutung liegt nahe, daß es sich um ein königliches Diadem handelt, daß also im großen Grab ein Herrscher bestattet wurde.

Ein König wird ermordet

Der große Tag ist gekommen, der Tag, von dem der Wahrsager des Hofes gesagt hat, daß er Glück bringen werde. Die alte Königsstadt Aigai erstrahlt im Glanz der Hochzeitsfeierlichkeiten. Ein gewaltiger Aufwand wird getrieben; die Einwohner und die große Zahl der Ehrengäste sollen Zeugen eines bedeutenden staatspolitischen Aktes werden.

Philipp II. von Makedonien verheiratet seine Tochter Kleopatra – eine Schwester Alexanders, der später den Ehrentitel „der Große" erhalten wird – mit ihrem Onkel, der ebenfalls Alexander heißt und ein Bruder ihrer Mutter Olympias ist. Alexander herrscht als König über das Volk der Molosser.

Es ist eine Heirat, die durchaus im Rahmen des Üblichen bleibt. Niemand nimmt Anstoß daran, wenn Nichte und Onkel eine eheliche Verbindung eingehen. Für die beiden Herrscherfamilien bedeutet diese Verbindung einen erheblichen Machtzuwachs, und dies soll auch aller Welt gezeigt werden. Geladen ist, wer Rang und Namen hat, und sie sind alle gekommen – Abgesandte der griechischen Stadtstaaten und der makedonischen Schutzgebiete auf dem Balkan; der führende makedonische Adel ist vertreten und viele Freunde aus dem In- und Ausland.

Schon bei Tagesanbruch beginnen die feierlichen Zeremonien. Das Theater von Aigai ist bis auf den letzten Platz gefüllt; gespannt und erregt erwarten die Menschen die Prozession, die nun beginnt: Die Statuen von zwölf Göttern werden hereingetragen und noch eine weitere, eine dreizehnte. Es ist die Nachbildung von König Philipp, der sich auf diese Weise selbstbewußt den Göttern zugesellt und damit in aller Öffentlichkeit beansprucht, daß ihm göttergleiche Ehren zu erweisen seien. Begleitet von seinem Sohn und designierten Nachfolger Alexander und dem anderen Alexander, dem König der Molosser, der in wenigen Minuten sein Schwiegersohn sein wird, will Philipp dann selbst Einzug in das Theater halten. Doch im letzten Augenblick ändert er den Ablauf der Zeremonie. Er schickt den Sohn und den künftigen Schwiegersohn voraus und befiehlt seiner Leibgarde, sich fächerförmig im Theaterrund aufzustellen. Allein will er das Theater betreten, alle Augen sollen auf ihn, einzig auf ihn, gerichtet sein. Nicht das Brautpaar bildet den Mittelpunkt der Feierlichkeiten, sondern er, der König der Makedonen. Er will es so. Er hat die Griechen im Korinthischen Bund vereint, er hat den panhellenischen Feldzug gegen die Perser verkündet. Er ist mächtig und entschlossen. Dies ist sein Tag. Die Menge im Theater hält den Atem an, bricht dann in Jubel aus. Philipp genießt seinen Auftritt. Im Hintergrund steht ein Mann mit einem Schwert. Er nähert sich dem König. Er zückt seine Waffe. Er sticht zu. Der König bricht zu Boden. Sein silberner Stirnreif rollt in den Staub.

Die Leibwache stürzt herbei; einige laufen dem Mörder nach. Der rennt zu den Pferden, die er für die Flucht bereitgestellt hat. Doch übersieht er im rasenden Lauf einen Rebstock, in dem sich sein Fuß verfängt. Er stolpert, schlägt hin. Die Verfolger stechen ihn nieder. Der Mörder heißt Pausanias.

Die sofort einberufene makedonische Heeresversammlung wählt Alexander zum Nachfolger seines Vaters und beginnt, die Hintergründe des Königsmords zu erforschen. Von Aristoteles ist überliefert, daß er ein persönliches Tatmotiv annahm: Rache. Und zwar Rache dafür, daß Philipp den Pausanias nicht vor Beschimpfungen und Schmähungen „von denen um Attalos" in Schutz genommen habe. Attalos war einer der bedeutendsten Heerführer seiner Zeit und zugleich Schwiegervater Philipps. Doch auch politische Gründe sind nicht ausgeschlossen, und ungeklärt bleibt auch die Frage nach den Hintermännern der Tat. Die Ermittlungen ergaben jedoch, daß zwei Mitglieder der königlichen Familie Kontakte zu dem Mörder gehabt hatten und alle drei wiederum mit Attalos in Verbindung standen. Nach makedonischem Recht durfte bei Verschwörung und Verrat auch die Sippe der Täter zur Verantwortung gezogen werden. Die Schuldigen wurden hingerichtet, dann ihre Familien. Attalos mußte sterben, ebenso Kleopatra, die jüngste Witwe Philipps.

***Der makedonische König Philipp II.** liegt niedergestochen im Theater von Aigai. Neben ihm sein vergoldetes Silberdiadem. Links der Griff des eisernen, mit Gold verzierten Schwertes des Toten. Die historischen Dokumente geben nur wenig Auskunft über die speziellen Leistungen des Feldherrn Philipp und über die Taktik, die er in seinen Schlachten anwandte. Sie nennen nur das Ergebnis. Überliefert ist hingegen, daß der König, der seine Truppen in zahllosen Gefechten persönlich anführte, als ein mutiger Mann galt. Sein Bewunderer, der Athener Staatsmann Isokrates, hat ihm vorgeworfen, unbesonnener gehandelt zu haben, „als ein König es sich erlauben darf".*

Diese kleinen Elfenbein-köpfe *wurden in Philipps Grabkammer gefunden. Sie dienten vermutlich als Schmuck einer hölzernen Kline, die zerfallen ist. Der oberste Kopf zeigt einen bärtigen Mann in mittleren Jahren, vermutlich Philipp II. Der Künstler hat versucht, dem rechten Auge, das auf einem Feldzug verletzt wurde, einen blinden Ausdruck zu geben. Bei dem folgenden Porträt könnte es sich um eine Darstellung von Olympias handeln, der Mutter Alexanders. Der unterste Elfenbeinkopf zeigt vermutlich Kleopatra, Philipps letzte Frau, die er 338 v. Chr. heiratete.*

Geborgen in Gold

Als der Deckel des Marmorsarkophags in der Grabkammer angehoben wurde, erblickten die Archäologen eine kostbare goldene Truhe, eine sogenannte Larnax, deren Deckel und Seitenwände geschmackvoll verziert waren. Behutsam hatte man einst die Gebeine des Toten nach der Verbrennung aus der Asche geborgen, gewaschen, in ein purpurfarbenes Gewebe gehüllt und dann in diesem goldenen Kästchen bestattet. Auf den Gebeinen lag ein aus purem Gold gearbeiteter Kranz aus belaubten Eichenzweigen und Eicheln.

Eine weitere Besonderheit ist, daß man hier erstmals auch die gesamte Waffenausrüstung eines vornehmen Kriegers fand. Alles, was er zur Verteidigung und zum Angriff brauchte, war vorhanden. Brustpanzer, Schild, Helm und Beinschienen, also die Gegenstände, die dem Schutz des Kriegers dienten, sind am prächtigsten gearbeitet. Der Panzer ist ein Musterexemplar künstlerischen und handwerklichen Könnens. Er wurde aus sehr feinen Platten von Eisenblech zusammengefügt, das mit Leder und Stoff bespannt war. Die Metallplatten sind durch Gelenke miteinander verbunden, und diese Verarbeitungsweise macht den Panzer so flexibel, daß sich der Kämpfer ungehindert mit ihm bewegen konnte.

Larnax aus dem großen Grab von Vergina. *Auf dem Deckel prangt ein großer Stern, das Symbol der Sonne, das von makedonischen Münzen und Schilden her bekannt ist und als Königsemblem gedeutet wird. Die Seitenwände sind mit Pflanzenmustern und einer Einlegearbeit aus blauer Glaspaste verziert.*

Goldener Eichenlaubkranz. *Er lag zusammengedrückt auf den in der großen Larnax bestatteten Gebeinen. Das zarte, doch keineswegs zerbrechliche Schmuckstück, das naturgetreu Eichenzweige mit Laub und Eicheln nachbildet, bezeugt den hohen Stand der makedonischen Metallverarbeitungstechnik.*

Eine besondere Kostbarkeit ist der Schild, der zu großen Teilen aus Holz und Leder gefertigt worden war, also aus Stoffen, die sich im Verlauf der mehr als 2000 Jahre natürlich aufgelöst haben. Aber die Reste unverrottbaren Materials, die übriggeblieben sind, lassen den Schluß zu, daß es sich um ein außergewöhnliches Stück gehandelt hat, das den Versuch einer Rekonstruktion wert ist.

Der Außenring dieses Schildes trug mit Spiralmäandern verzierte Elfenbeinbeschläge. Die Zwischenräume zwischen den Spiralen waren mit Glasstückchen ausgefüllt, auf denen dünne Goldblättchen lagen. Der Außenring umschloß einen weiteren Ring aus Gold und Silber. Die Mitte des Schildes, der Schildbuckel, war vergoldet, und auf dem Goldgrund waren zwei Elfenbeinfiguren befestigt: ein Jüngling, der ein Mädchen raubt. Auf der Innenseite liefen vier Goldbänder in Kreuzform um eine breite Goldplatte herum, die mit zwei Paaren heraldischer Löwen geschmückt war. Auf dieser Platte befand sich der vermutlich aus Leder bestehende Griff, mit dem der Schild gehalten wurde.

Natürlich verwendete man ein solches Meisterwerk nicht im Kampf. Dazu war es zu kostbar. Es muß ein Prunkschild gewesen sein, der für zeremonielle und festliche Zwecke benutzt wurde. Der runde Gegenstand aus Bronze, in Form einer flachen Schüssel, der neben dem Sarkophag gefunden wurde, ist vermutlich die Schutzhülle für diesen Schild.

Beim Bergen und ersten Säubern der Funde fiel den Archäologen sofort die hervorragende Qualität sämtlicher Gegenstände und die Einmaligkeit vieler Stücke auf. Dies bestätigte die Vermutung, die Manolis Andronikos und seine Mitarbeiter schon beim Auffinden der Anlage geäußert hatten: Hier war kein Geringerer als ein makedonischer König bestattet worden. Aber welcher?

Makedonischer Helm, *das erste eiserne Exemplar, das bisher gefunden wurde. Auffällig ist die schnabelartige Helmzier.*

Alles spricht für Philipp

Die Beinschienen Philipps *waren aus Bronze gearbeitet und vergoldet. Die beiden Stücke variieren in der Länge um einige Zentimeter. Es ist ungeklärt, ob dies auf ein körperliches Gebrechen des Trägers zurückzuführen ist.*

***Der eiserne Brustpanzer** des Königs in restauriertem Zustand. Er ist mit Goldbändern verziert, in die ein Relief aus stilisierten Blattreihen eingehämmert ist.*

Die Hoffnung der Archäologen, daß sie in Vergina das Grab Philipps II. gefunden hatten, wurde lange Zeit nur von Indizien genährt. Jede neue Entdeckung wurde zu einem wichtigen Baustein im Puzzlespiel der wissenschaftlichen Ermittlungen.

So stieß z. B. Andronikos an der Stelle, an der er einen Schlußstein aus dem Gewölbe des großen Grabes herausgenommen hatte, auf eine große Zahl ungebrannter, quadratischer Ziegel, die zu einem Gemäuer oberhalb des Gewölbes gehört haben müssen. An den Ziegeln konnte man Brandspuren erkennen, ein sicherer Hinweis dafür, daß in dem ehemaligen Gemäuer Brandopfer stattgefunden hatten.

In unmittelbarer Nähe lagen auch zwei eiserne Schwerter, eine Speerspitze und viele Eisenteile, die für Pferdegeschirre verwendet wurden. Eine bronzene Weinkanne wurde gefunden und auch ein paar goldene Eicheln, die, wie die Forscher später feststellten, von dem aus Gold gefertigten Eichenkranz stammten, der in der Grabkammer lag und der dem Toten gehört haben mußte.

Die Funde ließen nur einen Schluß zu: Auf dem Scheiterhaufen des Toten wurden aller Wahrscheinlichkeit nach auch Pferde geopfert. Das erinnerte die Archäologen an den griechischen Dichter Homer, der in der *Ilias* eine Szene dieser Art bei der Beisetzung des Patroklos schildert. Die ungewöhnlichen Opferriten, die an uralte traditionelle Grabbräuche erinnerten, waren ein erneuter Hinweis auf die hervorragende Persönlichkeit des Toten, der hier beerdigt war.

Die Vermutungen verdichteten sich allmählich zur Gewißheit, als man daran ging, die einzelnen Funde zu datieren. Eine große Hilfe dabei waren die Tonscherben, die man bei der Freilegung des Grabes gefunden hatte: Mit großer Sicherheit stammen sie aus dem dritten Viertel des 4. Jh. v. Chr., also aus der Zeit von 350–325 v. Chr.

Charakteristisch für diese Zeit waren auch eine Weinkanne und die Tongefäße, die man im Innern der Grabkammer gefunden hatte. Selbst die Silbergefäße erlaubten eine entsprechende Einordnung. Stilistische Elemente der Architektur des Grabes verweisen auf die gleiche Zeit.

Von größter Bedeutung für die Identifizierung des Herrschers, den man hier begraben hatte, waren aber die kleinen Elfenbeinschnitzereien, die an der Stelle lagen, wo die Kline gestanden hatte. Man fand einige Köpfe, von denen sich einer aufgrund der Ähnlichkeit mit bekannten Bildnissen leicht als der junge Alexander identifizieren ließ. Ein zweiter Kopf hat eine gewisse Ähnlichkeit mit Alexander, stellt aber eine Frau dar. Man vermutet, daß es sich um Alexanders Mutter Olympias handelt. Ein dritter Kopf zeigt einen bärtigen Mann; die erkennbare Augenverletzung und einige übereinstimmende Merkmale mit einem Porträt Philipps auf einer römischen Münze weisen darauf hin, daß hier der Makedonenkönig abgebildet ist.

Alles, was man in detektivisch-archäologischer Kleinarbeit herausgefunden hatte und die Datierung der Funde auf die Zeitspanne von

350–325 v. Chr. ließen nur einen Schluß zu: Hier ist der makedonische König Philipp II. bestattet worden. In der angegebenen Zeitspanne ist kein anderer König verstorben.

Das große Interesse, das die Persönlichkeit Philipps durch die Entdeckung seines Grabes in Vergina bei Archäologen und Historikern fand, belebte auch von neuem die Frage, ob die Makedonen als Griechen oder als ein kulturell eigenständiges Volk zu betrachten seien.

Die Makedonen waren ein Grenzvolk am Nordrand der griechischen Welt, einerseits geprägt von dem eher herben Lebensstil des Balkans, andererseits aber offen für die kulturellen Einflüsse der Ägäis. Wenn auch der Athener Demosthenes in stolzer Überheblichkeit den makedonischen König Philipp als Barbaren bezeichnete, so besteht doch kein Zweifel, daß die Makedonen Griechen waren. Sie sprachen, von einigen mundartlichen Überbleibseln abgesehen, eine klassische Form des Griechischen. Bei den Verhandlungen, die am Hof von Aigai und später in Pella zwischen Makedonen und Vertretern der südgriechischen Stadtstaaten geführt wurden, gab es niemals Verständigungsschwierigkeiten. Griechisch sprach man auch in der Armee Alexanders des Großen.

Religiöse Bräuche, Kulte und Festspiele waren von der griechischen Götterwelt geprägt. Die Mitglieder der Argeadendynastie, der auch Philipp angehörte, führten ihre Ahnenreihe auf Herakles, den Helden der griechischen Mythologie, zurück; Zeus und Herakles waren die großen Tempel und die wichtigsten Spiele des Landes geweiht. Die Festspiele, die im Zusammenhang mit der Heirat von Philipps Tochter 336 v. Chr. in Aigai inszeniert wurden, waren so griechisch, daß sie auch auf einer ägäischen Insel oder dem Peloponnes hätten stattfinden können.

Viele der gut erhaltenen Grabfunde beweisen durch die Thematik der Darstellungen und durch stilistische Merkmale immer wieder die kulturelle und künstlerische Einbindung Makedoniens in die griechische Tradition. Das gilt für den herrlichen Reliefschmuck an den Vasen und Krügen, die in den makedonischen Gräbern von Vergina, Lefkadia und Derveni entdeckt wurden. Das gilt für die in Pella und in dem Palast von Vergina freigelegten Mosaike. Und das gilt in besonderem Maß für die Fresken, mit denen die Grabkammern von Vergina geschmückt waren. Eine Ausnahme bildet nur das große Grab Philipps, dessen Wände roh verputzt sind – möglicherweise ein Hinweis auf die rasche Beendigung der Bauarbeiten und die überstürzte Beisetzung des Ermordeten.

Als das kleine flach gedeckte Grab, das die Archäologen als erstes bei der Untersuchung des Großen Tumulus gefunden hatten, geöffnet wurde, stellte sich heraus, daß es im Altertum geplündert worden war. Doch den wertvollsten Grabinhalt hatten die Räuber nicht mitnehmen können: die Wandmalereien. Der Künstler hat die Wände umlaufend – bis auf die westliche Stirnwand, die keine Farbspuren aufwies – dreifach unterteilt. Im unteren Teil sind sie rot bemalt, darüber folgt ein schmaler Streifen mit Greifen und Blüten, woran sich die eigentlichen Fresken anschließen.

Auf der nördlichen Längswand ist in warmen Farbtönen eine dramatische Szene aus der griechischen Mythologie dargestellt: Pluto raubt Persephone. Der Künstler, der mit kräftigen klaren Pinselstrichen arbeitete, kannte die Perspektive und hatte eine ungewöhnliche Begabung für den kompositorischen Aufbau. Es ist möglich, daß es sich um eine Arbeit des berühmten Malers Nikomachos handelt. Er lebte in der Mitte des 4. vorchristlichen Jahrhunderts, und der römische Historiker Plinius überlieferte im 1. Jh. n. Chr., daß Nikomachos das selten verwendete Motiv dargestellt habe.

Die Seite gegenüber, die südliche Längswand also, wird beherrscht von einem Fresko, das drei sitzende Frauen zeigt, von denen die eine einen Spinnrocken hält – möglicherweise sind es die drei Moiren, die Schicksalsgöttinnen der griechischen Mythologie.

Die Fresken in Vergina sind die einzigen Zeugnisse der griechischen Monumentalmalerei aus dem 4. Jh. v. Chr., die im Original überliefert wurden. Stil, Technik und Thematik der Maler sind sonst nur aus schriftlichen Quellen bekannt und in Form der römischen Nachbildungen, die unter der Lava von Pompeji und Herculaneum die Jahrhunderte überdauerten.

Ein Porträt nach mehr als 2000 Jahren

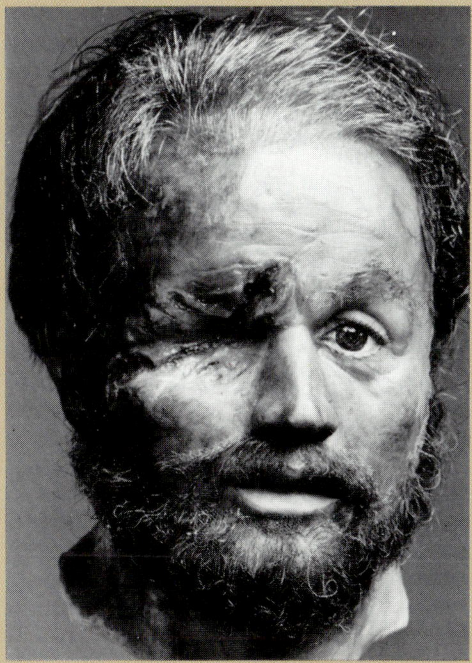

Dem britischen Wissenschaftler Richard Neave, einem Spezialisten für die Rekonstruktion von Gesichtern Verstorbener, ist es gelungen, den Kopf Philipps II. nachzubilden. Neave, der gelegentlich auch für Scotland Yard arbeitet, errechnete Details aus den Schädelresten des Toten. Als Vorlage dienten ihm außerdem ein Medaillon aus römischer Zeit, das Philipp im linken Profil zeigt, und der in Vergina gefundene kleine Elfenbeinkopf. Aus Gips und Modellierton baute er einen Schädel auf; später entstand eine Wachsversion des Gesichts, das nun auch Haare und einen Hautton erhielt. Was der Elfenbeinschnitzer nur andeutete, gewinnt bei Neave drastische Deutlichkeit: Philipps rechtes Auge ist zerstört – Folge eines Pfeilschusses, der ihn bei einem Feldzug 354 v. Chr. getroffen hatte.

Im Tode vereint

Die Archäologen, die die Schätze aus der Hauptkammer des großen Grabes bargen, waren völlig überrascht, als sie im Vorraum eine weitere Bestattung fanden. Damit hatten sie nicht gerechnet, denn ihrer bisherigen Kenntnis nach war in einem solchen Vorraum kein Fund von besonderer Bedeutung mehr zu erwarten.

Hier aber bot sich das gleiche Bild wie in der Hauptkammer: Auch hier stand ein Sarkophag, der eine goldene Larnax enthielt; es fanden sich Überreste eines Holzmöbelstücks, wahrscheinlich wieder einer Kline, die mit Gold und Elfenbein verziert worden war. Neben dem Sarkophag lag ein Kranz aus goldenen Myrtenblättern und -blüten; die Reste eines gestrichenen hölzernen Wandbords waren zu erkennen, und daneben fand man einen vergoldeten Hals- und Brustschutz, der mit Rosetten und Reliefdarstellungen von Reitern geschmückt war.

Weitere Gegenstände lagen auf der Türschwelle zur Hauptkammer, z. B. Bronzepfeile, ein Paar vergoldete Beinschienen aus Bronze, von denen die linke um 3,5 Zentimeter kürzer ist als die rechte, außerdem einige Gefäße, die für die Mitte des 4. Jh. v. Chr. charakteristisch sind. In einer Ecke der Tür lehnte ein Goldblech, das einen sogenannten Gorytos – eine Kombination aus Bogenbehälter und Köcher – verziert hatte.

Die in dem Marmorsarkophag stehende Larnax war etwas kleiner und weniger aufwendig geschmückt als das entsprechende Behältnis in der Hauptkammer. Die in dem Kästchen bestatteten Gebeine umhüllte ein mit Gold durchsetztes Purpurgewebe, das mit einem Pflanzendekor und an den Rändern mit einem Muster von Spiralmäandern geschmückt war. Das zarte, relativ gut erhaltene Gewebe zählt nach der erfolgreichen Restaurierung und Konservierung zu den schönsten antiken Stücken dieser Art, die jemals gefunden wurden.

Ein Frauendiadem war den eingehüllten Gebeinen beigegeben, „schlechthin das schönste Schmuckstück aus der Antike, das wir überhaupt kennen. Der technischen Fertigkeit des Künstlers stand seine schöpferische Phantasie nicht nach, und der ausgezeichneten Verarbeitung entspricht die Eleganz der Formgebung“, äußerte sich Professor Andronikos voller Begeisterung.

Offenkundig handelte es sich um das Grab einer makedonischen Königin. Aber welcher? Die Tote konnte noch nicht identifiziert werden. Es liegt nahe, daß es eine der Frauen Philipps gewesen ist, möglicherweise Kleopatra,

Blick in den geöffneten Marmorsarkophag, *der im Vorraum des großen Grabes stand. Der Sarkophag hat etwas größere Ausmaße als der des Königs im Hauptraum; die goldene Larnax selbst ist jedoch kleiner und schlichter. Sie ist mit dem makedonischen Stern geschmückt, dem Emblem der Argeadendynastie. Der Strahlenkranz symbolisiert die Sonne. Nach dem Anheben des Deckels fanden die Archäologen im Innern der kleinen Larnax ein kostbares Goldpurpurgewebe, das die Knochenreste einer jungen Frau umhüllte.*

die im Zusammenhang mit den Ermittlungen nach dem Königsmord hingerichtet wurde.

Philipp hatte sieben oder acht Frauen, denn das makedonische Recht erlaubte dem Herrscher aus dynastischen und politischen Gründen die Polygamie. Gewiß hatten auch schon einige der Vorgänger Philipps jeweils mehrere Frauen gehabt, doch die Zahl seiner Ehen, die zudem historisch einigermaßen zuverlässig belegt werden können, übertraf das übliche Maß. Die verworrenen Familienverhältnisse und die bisweilen zügellose Lebenslust, die in manchen überlieferten Dokumenten anklingt, veranlaßten einige Historiker, ein eher nachteiliges Charakterbild des Königs zu entwerfen.

Das geschah vermutlich zu Unrecht, denn für Philipp waren die zahlreichen Ehen tatsächlich ein Mittel der Politik. Die Verbindung mit Töchtern oder anderen nahen Verwandten regierender benachbarter Fürsten bedeutete Machtzuwachs, Vergrößerung und Sicherung des makedonischen Reiches. Solche Gesichtspunkte spielten sicher eine Rolle bei den Ehen mit Audata-Eurydike, einer Tochter oder Enkelin des Illyrerkönigs Bardylis, mit Olympias, der Tochter des Molosserkönigs Neoptolemos oder mit Meda, deren Vater Kothelas ein König der Geten, eines mit den Thrakern verwandten Reitervolks, war.

Die Kinder aus den verschiedenen Ehen hatten theoretisch die gleichen Chancen bei der Thronfolge. Allerdings starben viele Nachkommen bereits im Kindesalter an Krankheiten oder durch kriegerische Verwicklungen. Auch die Intrigen innerhalb der großen königlichen Familie waren bisweilen lebensgefährlich.

337 v. Chr., ein Jahr vor Philipps Ermordung in Aigai, lebten nur noch zwei seiner Thronerben: Der eine, Philipp Arrhidaios, kam für die Thronfolge nicht in Frage, denn er war schwachsinnig; der andere war Alexander, ein hochbegabter, von Aristoteles erzogener junger Mann, der bereits in der Schlacht von Chaironeia die Reiterei seines Vaters befehligt hatte.

Natürlich kam es zwischen den Königinnen, die einander protokollarisch gleichgestellt waren, immer wieder zu erbitterten Auseinandersetzungen, da sie jeweils die eigenen Söhne als Nachfolger des Königs sehen wollten. Auch persönliche Motive wie Eifersucht spielten eine Rolle. So ist bekannt, daß Olympias, eine leidenschaftliche und in ihren Handlungen oft unberechenbare Frau von starker Persönlichkeit, ihrem Ehemann Philipp dessen letzte Heirat nie verziehen hat. Es war die Ehe mit Kleopatra, einer Nichte des makedonischen Befehlshabers Attalos, jener Kleopatra, deren Gebeine, wie man heute vermutet, in der goldenen Larnax ruhen, die im Vorraum von Philipps Grabkammer stand.

Von Münzen und Macht

Kriege verschlingen Geld, und König Philipp II. führte viele Kriege. Finanzielle Schwierigkeiten kannte er jedoch nicht, denn Makedonien war der reichste aller griechischen Staaten, und er wurde noch wohlhabender durch die Feldzüge des Königs. Für den mit Abstand größten Teil der Staatseinnahmen sorgten die Bergwerke. Gold und Silber waren die begehrten Metalle, die vor allem anderen den Reichtum sicherten und mehrten. Schon bei Antritt seiner Regierung fand Philipp II. die höchst ergiebigen Gruben von Dysoron vor, die bereits von seinen königlichen Vorgängern genutzt worden waren. Schon Alexander I. (485–440 v. Chr.) förderte dort erhebliche Silbermengen. Er war auch der erste makedonische Herrscher, der Münzen mit seinem Namen prägen ließ. Die oberste Münze zeigt ein silbernes Oktadrachmon Alexanders I.

Bereits im Jahr seines Regierungsantritts (359 v. Chr.) ließ Philipp in Pella Silbermünzen prägen. Wenig später eroberte er die Städte Amphipolis und

Krenides, das er in Philippi umbenannte, und das an Gold- und Silberminen reiche Pangaion-Massiv. In Amphipolis wurde sogleich eine zweite Münzstätte eröffnet. Die beiden Münzen Mitte rechts zeigen ein silbernes Tetradrachmon Philipps. Auf der Vorderseite der Kopf des Zeus, auf der Rückseite ein Reiter mit einem Siegeszweig, eine Anspielung auf den Reitersieg, den Philipp bei den Olympischen Spielen von 356 v. Chr. errang. Erst in der zweiten Hälfte seiner Regierungszeit (ab 345 v. Chr.) ließ Philipp in Pella auch Goldmünzen schlagen, deren Prägung vorher bei den Griechen nicht üblich war. Die untere Münze ist ein Goldstater mit dem Kopf des Apollo und einem Zweispänner auf der Rückseite. König Philipp hatte offenbar zu dieser Zeit so großen Bedarf an Bargeld, daß er nicht mehr allein durch Silbermünzen, sondern zusätzlich durch die Prägung von Goldstücken gedeckt werden mußte. Zweifellos verschlangen die militärischen Unternehmungen des Herrschers sehr viel Geld, aber Philipp, der bei seinen Soldaten sehr beliebt war, galt als pünktlicher Zahler. Die Truppen brauchten auf den Sold nicht lange zu warten. Natürlich wurden Gold und Silber nicht nur für die Münzprägung verwendet. In den metallverarbeitenden Werkstätten entstanden auch Schmuckstücke, Vasen und andere Gegenstände.

Aufbruch zur Weltmacht

Wer war dieser Philipp von Makedonien, der in Aigai ermordet und begraben wurde? Wie gelang es ihm, sein Königreich im Norden Griechenlands, fast am Rand der zivilisierten Welt, in eine Führungsmacht zu verwandeln?

Die Gegensätze waren größer kaum denkbar. Auf der einen Seite die griechischen Stadtstaaten – abgelebt, überfeinert, ein bißchen dekadent, gegen den unvermeidlichen Abstieg von der politischen Bühne kämpfend. Auf der anderen Seite das derbe, kraftstrotzende Makedonien – robust und unverbraucht, die kommende Macht in Griechenland. Wichtigstes Merkmal der Polis, des Stadtstaats, waren die Selbstverwaltung und die Gleichberechtigung aller Bürger unter Berücksichtigung ihrer Rechte und Pflichten. Makedonien hingegen war, im Gegensatz zu den autonomen Stadtstaaten, ein verhältnismäßig großes Land, eine Monarchie, in der der Adel, dem Grund und Boden gehörten, eine wichtige Rolle spielte. Militär und Verwaltung waren straff organisiert.

Schon bald nach seinem Regierungsantritt 359 v. Chr. muß Philipp erkannt haben, daß ein Krieg gegen Athen unausweichlich war. Die Expansionspolitik des Königs, die er mit wachsender militärischer Stärke, diplomatischem Geschick und simpler Bestechung verfolgte, richtete sich auf Gebiete, die auch von den Athenern beansprucht wurden. Viele Städte im Norden der Ägäis hatten zur Zeit des 1. Attisch-Delischen Seebundes im 5. Jh. v. Chr. unter der Vorherrschaft Athens gestanden und konnten später ihre Selbständigkeit zurückgewinnen. So war beispielsweise die Stadt Amphipolis im Nordosten der Halbinsel Chalkidike heftig umstritten, denn in ihrem Hinterland gab es reiche Erzvorkommen und Wälder, deren Holz für den Schiffbau benötigt wurde. Philipp besetzte die Stadt im Jahr 357 v. Chr.

Durch geschickte Diplomatie, durch Paktsysteme, aber auch durch blutige Feldzüge vergrößerte Philipp sein Reich im Westen, Norden und Osten und drang dabei bis auf den Balkan und bis zum Bosporus vor. 352 v. Chr. wurde Thessalien dem Reich eingegliedert, und elf Jahre später eroberten Philipps Truppen Thrakien; damit erreichte Makedonien seine größte geographische Ausdehnung.

Die Athener verfolgten den Aufstieg des Königreichs im Norden Griechenlands mit äußerstem Mißtrauen. Demosthenes, ein hervorragender Redner und erbitterter Feind Philipps, forderte immer wieder die griechischen Städte auf, dem Makedonen Widerstand entgegenzusetzen, bevor auch Südgriechenland in den Bannkreis seiner machtpolitischen Interessen geriet. Abgesehen davon, daß auch die Makedonen Griechen waren – ein Feind, der die Vernichtung oder totale Unterwerfung seiner Landsleute im Süden anstrebte, war Philipp gewiß nicht, doch Demosthenes, der Demagoge, machte ihn dazu.

Isokrates, einer der großen politischen Schriftsteller seiner Zeit und Gegner des Demosthenes in Athen, sah das Problem in einem größeren Zusammenhang und bezog Persien, den alten Erbfeind aller Griechen, in seine Überlegungen mit ein. Das Problem der griechischen Stadtstaaten war ihre Uneinigkeit. Jeder hatte mit jedem irgendwann Krieg geführt, anstatt vereint gegen den gemeinsamen Feind Persien anzutreten. Das Reich des persischen Großkönigs lastete wie ein Alptraum auf allen Hellenen.

Der Athener Staatsmann Demosthenes (links) fürchtete den politischen Ehrgeiz Philipps. Unten der Areopag von Athen mit Blick auf die Akropolis.

Zu bitter waren die Erfahrungen, die viele Griechen in der Vergangenheit mit den persischen Eroberern gemacht hatten. Deshalb rief Isokrates immer wieder zur Einheit auf. Doch wer war stark genug, diese Einheit zu verwirklichen? Zunächst dachte Isokrates an eine gemeinsame Führung der griechischen Staaten durch Athen und Sparta, wandte sich später an verschiedene mächtige Fürsten und schließlich an Philipp II. Doch der makedonische König zögerte. Zwar wollte auch er nichts anderes als Isokrates, nämlich die Unterwerfung Persiens, und auch er benötigte dazu ein geeintes Griechenland, doch er ging seinen eigenen Weg. Im September 340 v. Chr. erklärte Philipp den Athenern den Krieg. Zum entscheidenden Treffen, der Schlacht bei Chaironeia, kam es im August 338 v. Chr. Die Makedonen schlugen das verbündete athenisch-thebanische Heer, wobei der hervorragende Anteil an diesem Sieg Philipps Sohn Alexander zukam. Der 18jährige befehligte die 2000 Mann starke Reiterei, mit der er die thebanischen Linien durchbrach. Makedonien war nun die beherrschende Macht in Griechenland. Philipp zeigte sich als milder Sieger. Er war jetzt stark genug, sogar die Schiedsrichterrolle zwischen griechischen Staaten zu übernehmen, die an dem Krieg nicht teilgenommen hatten.

Schon vor Ende des Jahres forderte Philipp die griechischen Staaten auf, Vertreter nach Korinth zu schicken, wo ein allgemeiner Landfrieden beschlossen werden sollte. Dies geschah zu Bedingungen, die Philipp diktierte.

Die Wahl Korinths hatte eine besondere Bedeutung; bereits 480 v. Chr. waren dort griechische Staaten zusammengekommen, um sich im Kampf gegen Persien zu vereinen. Der Korinthische Bund, der nun geschlossen wurde und in dem Philipp die Führungsrolle übernahm, war ein wichtiger Schritt zur Verwirklichung der panhellenischen Einheit. Vermutlich hat der König wenig später noch ein Waffenbündnis mit den Unterzeichnern des Landfriedens geschlossen, bevor er sie zum gemeinsamen Kampf gegen die Perser aufrief. Im Frühjahr 336 v. Chr. schickte er ein erstes Korps von 10 000 Mann in Richtung Kleinasien. Die Truppe befreite die griechischen Städte vom Hellespont bis zum Fluß Maiandros. Der König wollte alsbald mit dem Hauptheer der Makedonen und den Teilstreitkräften der Verbündeten folgen.

Doch vorher sollte noch die Hochzeit seiner Tochter Kleopatra gefeiert werden. Es war das Fest in Aigai, bei dem Philipp durch Mörderhand fiel. Sein Sohn Alexander nutzte die geographische, militärische und politische Machtbasis, zerschlug das Perserreich, eroberte Ägypten und marschierte bis zum Indus. Auf den Spuren der Krieger drangen griechische Kultur und griechische Lebensformen bis in den Orient vor.

Detail des Alexandermosaiks *aus Pompeji. Alexander III., der Große, (356 bis 323 v. Chr.), Sohn und Nachfolger Philipps II., erlöste die Griechen von einem Alptraum: In nur drei Schlachten zerschlug er das Reich der Perser. Das Mosaik zeigt ihn vermutlich in der Schlacht von Issos. Das Weltreich, das er eroberte, zerbrach bald nach seinem Tod.*

Tätowiert
tief

und gefroren

**Über die weiten Steppen
zwischen Schwarzem Meer und China jagte einst auf roten Rossen
ein verwegenes Volk: die Skythen.
Mit Pfeil und Bogen, die sie
wie niemand sonst zu handhaben wußten,
lehrten sie ihren Zeitgenossen
das Fürchten.**

Vereiste Gräber

Im Sommer des Jahres 1947 reiste eine Gruppe sowjetischer Archäologen in das an der Grenze zur Mongolischen Volksrepublik gelegene Altaigebirge. Ihr Ziel war die Gegend von Pasyryk am Osthang des Gebirges. Dort liegt in einem engen Tal am Fluß Ulagan in 1600 Meter Höhe eine Gruppe von 14 Gräbern, die von flachen Hügeln bedeckt sind.

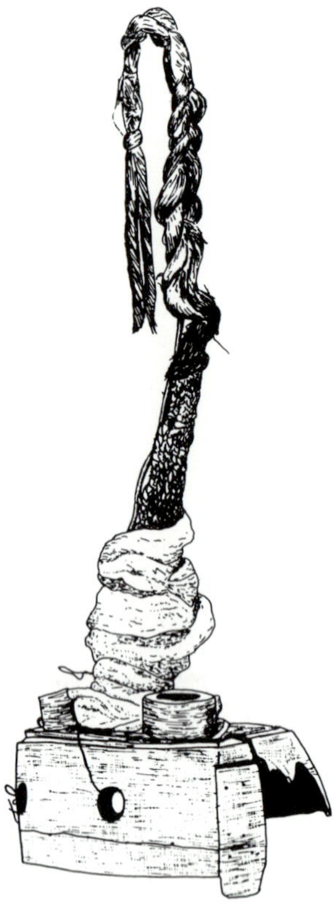

Die Archäologen kannten solche Grabhügel, sogenannte Kurgane. Sie wußten, daß die Reitervölker, die in dem breiten Steppengürtel zwischen Donau und Ostchina gelebt haben, ihre Häuptlinge und Fürsten in diesen Kurganen bestatteten. Die Skythen, die im 8. Jh. v. Chr. aus den innerasiatischen Steppen aufbrachen und bis in das nördliche Schwarzmeergebiet vorstießen, verhielten sich in dieser Beziehung nicht anders als die Reiternomaden, die in den Tälern und den Randgebieten des Altaigebirges zu Hause waren.

Der Leiter des Teams war Sergej Iwanowitsch Rudenko; er und seine Mitarbeiter interessierten sich vor allem für die vier noch ungeöffneten der insgesamt fünf größeren Kurgane von Pasyryk. Den ersten großen Hügel hatte bereits 1929 der Leningrader Archäologe M. P. Grjasnow ausgegraben und aus ihm „tiefgefrorene" Fundstücke geborgen. Als nun Rudenko und seine Mitarbeiter darangingen, den zweiten bis fünften Kurgan abzutragen, konnten sie zwar noch nicht wissen, was sie finden würden, doch waren sie überzeugt, dem Geheimnis dieser Kurgane auf die Spur zu kommen: der Frage nämlich, warum ewiges Eis den Inhalt der unter den Hügeln verborgenen Gräber konservierte. Denn Pasyryk liegt keineswegs im Gebiet des sibirischen Dauerfrostes, sondern gehört schon einer gemäßigten Klimazone an, in der im Sommer die Böden vorübergehend auftauen.

Die fünf größeren Kurgane, die aus der Zeit vom 5. bis zum 3. Jh. v. Chr. stammen, waren alle nach dem gleichen Prinzip angelegt. Nur die Durchmesser der einzelnen Hügel unterschieden sich; sie schwankten von 36 bis 47 Meter. Rudenko und seine Mitarbeiter räumten zunächst die Felsbrocken beiseite und trugen das darunter liegende Erdreich ab. Es war nur eine verhältnismäßig dünne Schicht Erde, eben jene Menge, die beim Ausheben der Grube angefallen war. Der harte und steinige Boden der Gegend hatte nicht erlaubt, große Erdmassen aufzutürmen. Dann stießen die Archäologen auf die Deckenbalken der in die Erde eingelassenen Grabkammer. Schon hier zeigten die Beschädigungen deutlich, daß Grabräuber auf der Suche nach wertvollen Grabbeigaben vermutlich schon im Altertum in die Grabkammern eingebrochen waren.

Die rechteckigen Gruben, in denen die Grabkammern standen, waren zwischen 30 und 55 Quadratmeter groß und reichten mindestens vier Meter tief in das Erdreich hinab. Die Grabkammer bestand in der Regel aus doppelten Holzwänden. Die innere Kammer hatte einen Bretterboden, der auf einer Steinunterlage oder direkt auf dem Grund der Grube auflag.

Als die Archäologen die Kurgane öffneten, waren die Grabkammern fast vollständig mit Eis angefüllt. Die Ursache lag in der Konstruktion der Kurgane. Die Steinaufschüttung über der

Ein Krieger rastet unter einem Baum.
Schwert und Köcher hat er an einen Ast gehängt, sein Kopf ruht im Schoß einer Frau. Ein Begleiter hält die Pferde am Zügel. Die Frau trägt einen auffälligen, hohen Kopfputz; er ähnelt dem Gebilde aus Holz, Draht und geflochtenem Haar, das im fünften Kurgan von Pasyryk neben einer Frauenleiche gefunden und rekonstruiert wurde (ganz oben).
Die 15 Zentimeter breite Goldplatte aus dem 4. Jh. v. Chr. gehört zu der berühmten „Sibirischen Sammlung Peters des Großen": Der Zar sammelte die von organisierten Banden während des 18. Jh. aus den Kurganen Sibiriens geraubten Schmuckstücke und rettete sie so vor Verkauf oder Vernichtung.

Grabkammer wirkte wie eine Isolierschicht: Sie verhinderte in der warmen Jahreszeit, daß sich das Innere des Kurgans erwärmte, so daß die im Winter eingedrungene Kälte in der Grabkammer gespeichert blieb. Auf diese Weise sank die Temperatur immer weiter ab, und durch das Kondenswasser, das sich unter der Aufschüttung ansammelte, bildete sich am Boden allmählich eine wenige Zentimeter hohe klare Eisschicht.

An diesen klimatischen Bedingungen änderte auch das Eindringen der Grabräuber grundsätzlich nichts, doch ergossen sich nun durch den Einstiegsschacht Regen- und Schmelzwasser in die Grabkammer, bevor die nachrutschenden Gesteins- und Erdmassen den Schacht verschlossen. Wiederum gefror das Wasser, und das nun mit Sand und Geröll durchsetzte Eis, das sich deutlich von der ursprünglichen, klaren Eisschicht unterscheiden läßt, füllte die Kammern aus und umschloß alles, was darin lag.

In äußerst mühevoller und langwieriger Kleinarbeit begannen die Fachleute nun, die Fundstücke aus dem Eis herauszuschälen. Sie hackten, kratzten und sägten so behutsam wie möglich, arbeiteten mit heißem Wasser und saugenden Tüchern. Sie stießen auf die Leichen der Männer und Frauen, die man vor etwa 2400 Jahren hier beigesetzt hatte, umgeben von Möbeln, Textilien und Geräten sowie von den geopferten Pferden, die sie im Tod begleiten sollten. Man fand nur wenige Grabbeigaben aus Gold; hier hatten die Räuber, nicht anders als in zahllosen Skythengräbern des Schwarzmeergebiets, ganze Arbeit geleistet.

Die Toten ruhten in Baumsärgen, in etwa vier Meter langen, ausgehöhlten Lärchenstämmen. Der untere Sargteil war höher als der Deckel und an beiden Enden je zweimal durchbohrt; vermutlich befestigte man dort beim Transport die Seile. Mann und Frau waren hintereinander in demselben Sarg beigesetzt und blickten beide nach Osten. In einigen Fällen hatten die Grabräuber die bereits gefrorenen Leichen aus den Särgen gerissen und sie beim Abnehmen des reichen Goldschmucks schwer beschädigt. Vor der Beisetzung waren die Toten präpariert worden. Man hatte Schädel und Körper geöffnet, wobei die Schnitte bei Mann und Frau unterschiedlich geführt wurden, und hatte das Gehirn und die Eingeweide entnommen. Zum Teil hatte man auch die Muskeln entfernt. Dann war der Körper mit Gras, Moos und Kräutern ausgestopft und mit Pferdehaar wieder zugenäht worden.

In einem der Grabhügel – in der Reihenfolge der Ausgrabung der zweite – erwiesen sich die Toten für die Archäologen als besonders interessant. Auch hier hatten Grabräuber die Leichen – eine etwa 40jährige Frau mit eindeutig europiden Merkmalen und einen etwa 50–60 Jahre alten Mann, der mongolische Gesichtszüge auf-

***Die Täler und Hochweiden des Altaigebirges** (links) sind die Heimat nomadisierender, mit den Skythen des Schwarzmeergebietes verwandter Reitervölker. Hier bestatteten sie auch ihre Toten in Gräbern, deren Hügel größtenteils aus angehäuften Steinbrocken bestanden. Viele dieser Kurgane wurden bereits im Altertum geplündert. Das eindringende Wasser gefror in der Tiefe des Bodens, so daß sowjetische Ausgräber 1947 auf gut konservierte Leichen von Menschen und Tieren stießen. Die obere Abbildung zeigt den zum Teil vom Eis bedeckten, in einem Baumsarg ruhenden Mann aus dem fünften Kurgan von Pasyryk.*

wies – aus dem Sarg gezerrt. Der Mann war vermutlich durch drei Hiebe mit Streitpickeln zu Tode gekommen. Möglicherweise war er in einen Hinterhalt geraten und dabei getötet und skalpiert worden. Seinen eigenen Leuten muß es dann gelungen sein, seinen Leichnam zurückzuerobern, um ihn zur letzten Ruhe zu betten. Dafür hatte man ihm einen Ersatzskalp aufgenäht und einen Bart aus Pferdehaar umgebunden. Darüber hinaus fiel an diesem Mann die prachtvolle Tätowierung auf, die an Armen und Beinen, Teilen der Brust und des Rückens gut erhalten ist. Eine phantastische Tierwelt breitete sich auf seinem Körper aus.

Da man den Toten alles, was sie im Leben umgab, auch mit ins Grab gegeben hatte, fanden die Ausgräber eine Vielzahl von Gegenständen, die Aufschluß über das tägliche Leben der Altainomaden gaben. Ihre Kleidung, oft kunstvoll verzierte Hosen, Mäntel, Strümpfe und Stiefel, bestand vorwiegend aus Leder, Pelz oder Filz.

Das Innere der Grabkammern hatte man mit Matten, Teppichen und Wandbehängen aus Filz in leuchtendem Rot, Blau, Gelb und Grün geschmückt, so daß sie wohl dem Innern der Jurten ähnelten, in denen die Nomaden gelebt hatten. Aus dem Eis schälte man Gefäße und Saiteninstrumente aus Holz heraus, Kissen, Lederbeutel und Seidenstoffe, die vermutlich aus China kamen. Man entdeckte einen Spiegel aus zwei miteinander verbundenen Silberplatten und niedrige Tische mit abnehmbaren Beinen.

Zwei der bemerkenswertesten Funde stammen aus dem fünften Kurgan. Dort bargen die Archäologen einen 1,8 mal 2 Meter großen vielfarbigen, dichtgeknüpften Wollteppich. Das aus 24 Quadraten bestehende Mittelfeld umgeben allseitig fünf umlaufende Streifen, die mit stets wiederkehrenden Abbildungen von Greifen, Hirschen und reitenden bzw. ihr Pferd führenden Männern geschmückt sind. Zwei auffällige Markierungen am äußeren Rand lassen ver-

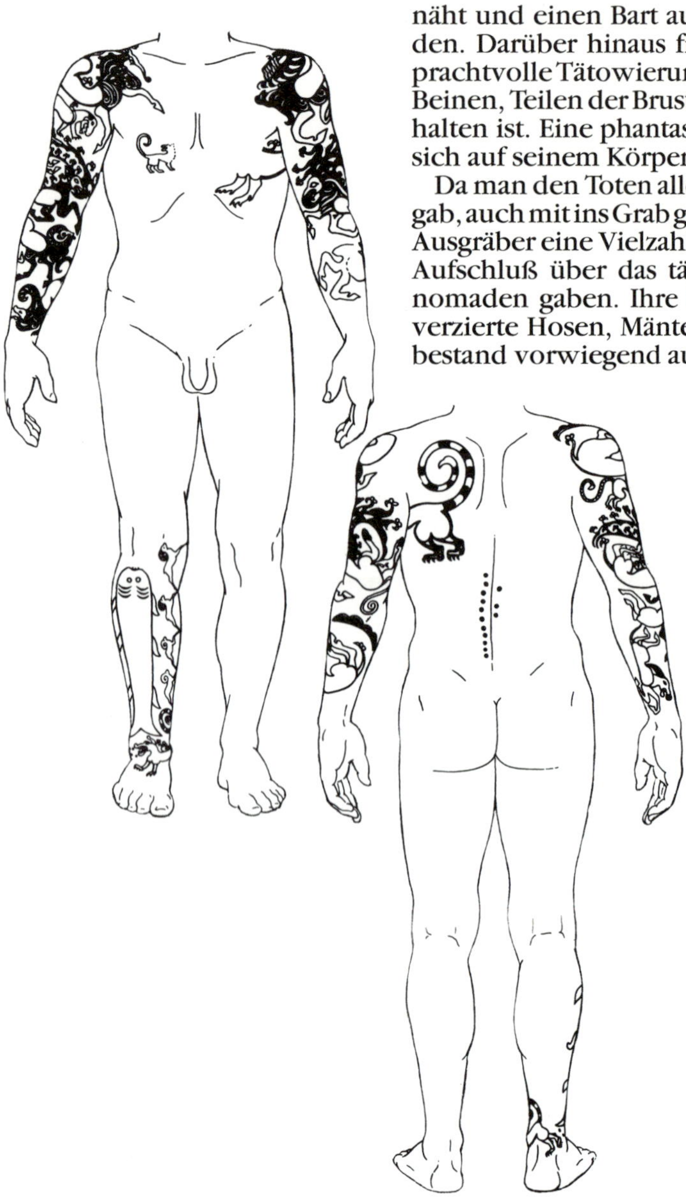

Prächtige Tätowierungen *schmückten den Körper eines 50- bis 60jährigen Mannes, der im zweiten Kurgan von Pasyryk ruhte. Das kunstvolle Geflecht von Mustern war mit Nadeln in die Haut gestochen worden; in den winzigen Wunden hatte man Ruß verrieben. Abgebildet sind sorgfältig komponierte, phantasievolle Tierfiguren, die sich beim Spiel der Muskeln bewegten. Das Detail der Haut (rechts) vom rechten Oberarm des Mannes zeigt ein elchähnliches, seltsam verrenktes Fabelwesen, das Vorder- und Rückseite des Arms bedeckt (siehe Zeichnungen oben).*

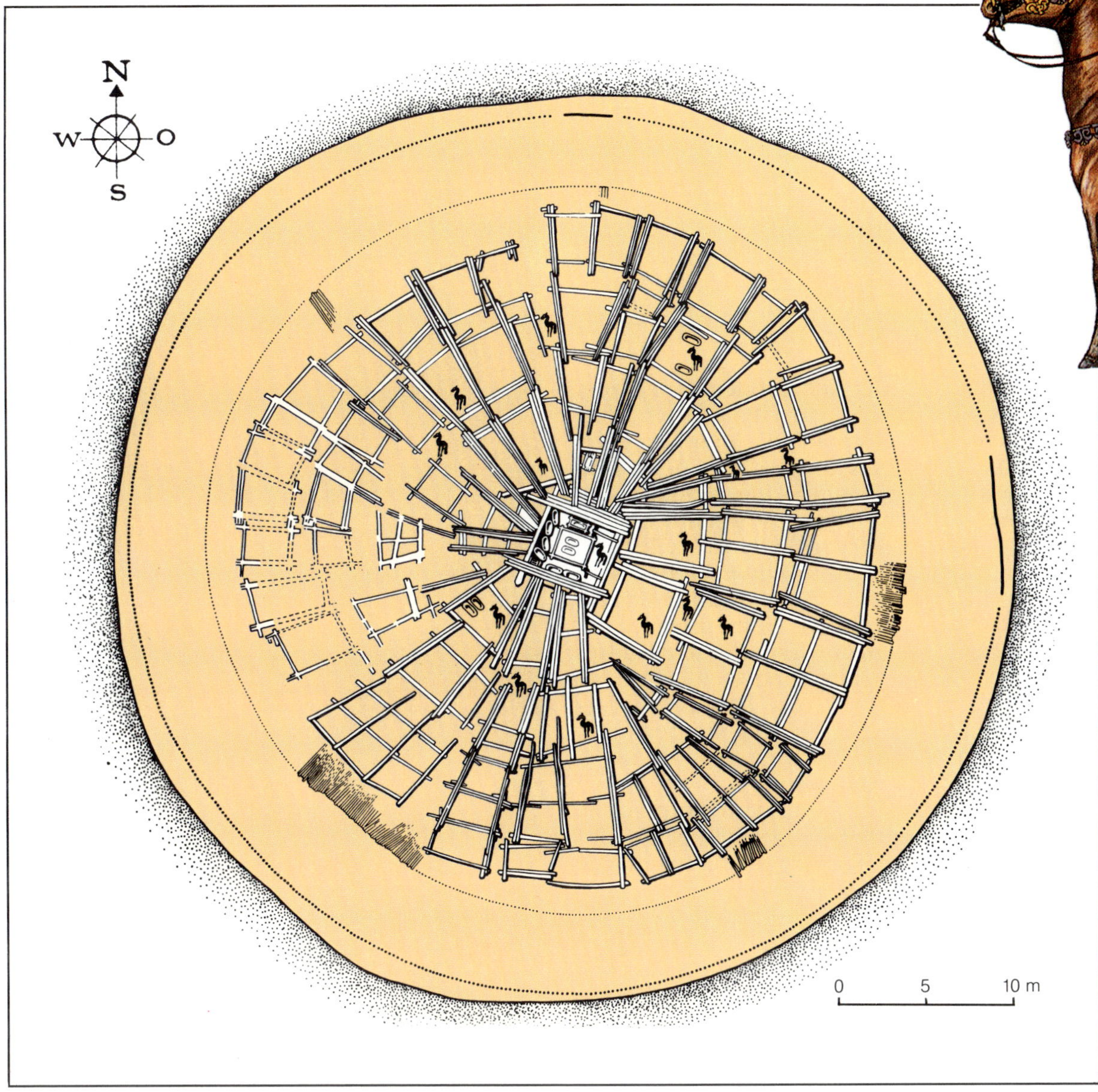

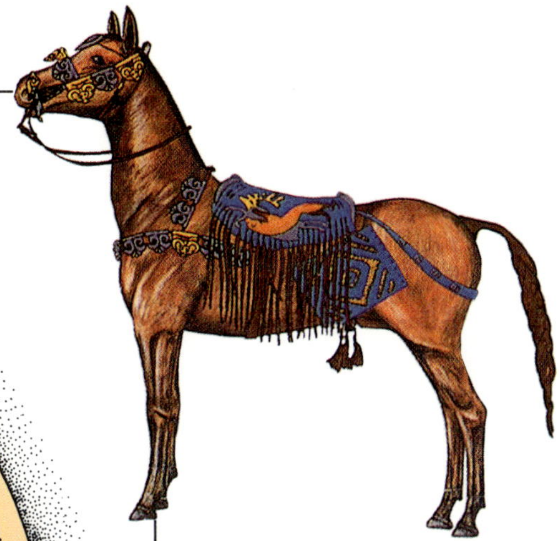

Der kreisförmige Kurgan von Arschan *liegt etwa 500 Kilometer östlich von Pasyryk. Das wabenartig verschachtelte Kammersystem besteht aus über 6000 Stämmen hundertjähriger Lärchen, die entrindet, geglättet und übereinander gestapelt wurden. Der Hauptraum in der Mitte (acht mal acht Meter) enthält die Grabkammer des Herrschers und seiner Frau, die Särge der Gefolgsleute und sechs Leibrosse. In den rund 70 Kammern wurden zu Ehren des Toten etwa 150 edle Reitpferde begraben. Sie entsprachen vermutlich dem Pferdetyp, den man auch in Pasyryk gefunden hat (oben).*

muten, daß es sich um einen Spielteppich handelt, auf dessen Feldern Steine gesetzt wurden. Der andere Fund ist ein zerlegbarer Prunkwagen aus Birkenholz. Das ohne Verwendung eines einzigen Eisennagels gearbeitete Gefährt rollte auf vier Speichenrädern von etwa 1,6 Meter Durchmesser.

In allen Kurganen stieß man auf zahlreiche Pferdeopfer, die meist zwischen Grabkammer und nördlicher Grubenwand beigesetzt waren. Die hochwüchsigen, rotbraunen Tiere trugen ihr komplettes reichgeschmücktes Zaumzeug, prachtvolle bunte Satteldecken und einen eigentümlichen, maskenartigen Kopfputz, der bisweilen die Form eines stilisierten Geweihs annimmt.

Die überragende Rolle, die das Pferd bei Reitervölkern wie den Skythen und den mit ihnen verwandten Altainomaden spielte, wird besonders deutlich an dem noch etwa 500 Kilometer weiter östlich von Pasyryk gelegenen Kurgan von Arschan, den die Archäologen von 1971 bis 1974 ausgruben. Die ungewöhnliche und bislang einzigartige Anlage, die irgendwann zwischen dem 8. und 7./6. Jh. v. Chr. entstanden war, hatte einen Durchmesser von 110 Metern und glich einer runden, drei bis vier Meter hohen und mit Steinen bedeckten Plattform, deren Seitenwände senkrecht gestellte Steinplatten bildeten. Leider hatten schon einige Jahre vor der Ankunft der Wissenschaftler Planierraupen wegen eines Bauvorhabens die schützende Steindecke des Kurgans zerstört, so daß sich auch das konservierende Frostklima im Innern nicht hielt. Der Zustand der Funde ließ also zu wünschen übrig. Sensationell waren jedoch die Anlage des Kurgans, unter dem sich etwa 70 kreisförmig um die zentrale Bestattung angeordnete Kammern befanden, sowie die große Zahl der geopferten Pferde. Mehr als 150 Skelette wurden freigelegt. In einigen Fällen hatte man die Pferde – meist Hengste im Alter von 12 bis 15 Jahren – in Gruppen von 15 bis 30 Tieren angeordnet.

In der Nähe des Kurgans entdeckte man ferner etwa 300 kleine, von Steinen umgebene Bezirke, in denen ausgewählte Tierknochen lagen: Schädel und Beinknochen von Rindern, Schafen, Ziegen und Pferden. Man vermutet, daß es sich hier um die Überreste jener Tiere handelt, die die Teilnehmer an den Bestattungsfeierlichkeiten zu Ehren des gestorbenen Königs oder Fürsten getötet und beim Leichenschmaus verzehrt hatten. Möglicherweise wurden bestimmte Knochen und auch Felle der Tiere als Beleg für diese feierliche Handlung aufbewahrt. Sicher hatten solche Feiern nicht nur religiöse, sondern auch soziale Bedeutung, denn hier waren Hunderte, vielleicht Tausende von Menschen zusammengekommen.

Bronzene Dolche aus dem Kaukasus. *Sie gehören zu der dort beheimateten Kobankultur (2.–1. Jt. v. Chr.), deren Träger möglicherweise mit den Kimmeriern verwandt waren. Dieses nomadisierende Reitervolk, dessen sprachliche und ethnische Herkunft nicht geklärt ist, wurde im 8. Jh. v. Chr. allmählich von den Skythen verdrängt. Wenn die gefürchteten Bogenschützen bei ihrem Ritt über die Steppen zwischen Asowschem Meer und Kaukasus auf die dort ansässigen Stämme stießen, fanden sie unter den Waffen ihrer Gegner gewiß auch solche Dolche.*

Tödliche Pfeile

Hätte die Patrouille einen erfahreneren Führer als Toxaris gehabt, wäre vielleicht nicht geschehen, was die Männer nun in höchste Bedrängnis bringt. Sie sind in einen Hinterhalt geraten und haben nun allen Grund zu fürchten, daß sie nicht mehr lebend zum Lager zurückkehren werden.

Der Stamm befindet sich auf dem Kriegszug. Das Heer steht drei Tage entfernt im Osten. Dort haben sich alle waffenfähigen Männer eingefunden und ihre Zelte aufgeschlagen. Es sind nicht die großen, behaglich eingerichteten Jurten, in denen sie normalerweise mit ihren Familien leben, es sind einfache Zelte aus Leder und Fell, zum schnellen Abbruch geeignet. Auf Packpferden und einigen Wagen haben sie Proviant mitgebracht und auch viele Stuten, deren Milch sie gären lassen, um den beliebten Kumys zu bereiten. In der Umgebung weiden riesige Pferdeherden: die Streitrosse sowie Reservepferde, denn bei einem Feldzug sterben auch viele Tiere, und dann muß rasch und ausreichend Ersatz vorhanden sein.

Die Waffenschmiede sind von Sonnenaufgang bis Sonnenuntergang beschäftigt. Es gibt wohl keinen Krieger im Lager, der nicht noch eine kleine Reparatur an seinem Schwert oder der Lanze, an der Streitaxt oder dem Streitkolben wünscht. Besonders sorgfältig überprüft man die auf komplizierte Weise aus mehreren Einzelteilen gefertigten Bogen; vielleicht muß sogar eine neue Sehne aus Roßhaar gespannt werden. Auch die Schilde, die Beinschienen und die Schuppenpanzer unterzieht man einer genauen Inspektion.

Die Schuppenpanzer bestehen aus vielen tausend Plättchen aus Eisen und Bronze, die alle einzeln und einander überlappend auf einem Lederwams angebracht sind. Das Metall rostet, wenn man es nicht sorgfältig pflegt. Eine fehlende Schuppe aber, und sei sie nur fingernagelgroß, kann den Tod bedeuten, denn auch die Lanzen der Gegner sind hart, und vor ihren Pfeilen sind selbst Skythen nicht sicher.

Alle Krieger ergänzen ihren Vorrat an Pfeilen. Besondere Sorgfalt verwenden sie darauf, die Spitzen zu schärfen. Dann tauchen sie das Metall in eine giftige Flüssigkeit, die sie bereits fertig in das Lager mitgebracht haben, denn die Herstellung des Gifts nimmt einige Zeit in Anspruch. Für die tödliche Flüssigkeit hatte man Menschenblut in Gefäße gefüllt und so lange im Mist vergraben, bis sich im Blut Fäulnis bildete. Dann hatte man das Blut mit verwesten Giftschlangen vermischt. Führt ein Pfeilschuß also nicht sofort zum Tod des Feindes, so tut wenig später das Gift diese Arbeit. Für den Getroffenen gibt es keine Hilfe.

Bis der Kampf beginnt, vertreiben sich die Männer die Zeit. Wer einen reparierten oder gar einen neuen, nur selten oder noch nie benutzten Bogen hat, muß ihn einschießen. Das ist wichtig für die Treffsicherheit und macht außerdem Spaß, denn jeder versucht, den Gefährten zu übertreffen und der beste Schütze zu sein.

Natürlich vergnügen sich die Skythen auch mit Reiterwettspielen, z. B. dem beliebten Hasenstechen, sie reiten junge Pferde zu und trainieren ihre eigenen erprobten Tiere, etwa beim Wechsel von einem Pferderücken zum andern, und das in vollem Galopp.

Der Heerführer hat Patrouillen ausgeschickt, um den Anmarsch des Gegners zu beobachten. Aber Toxaris und seine Gefährten reiten seit drei Tagen und haben noch keinen Feind gesehen. Vielleicht liegt es daran, daß er zum erstenmal als Späher arbeitet und manche Spuren noch nicht richtig zu deuten weiß: Plötzlich sieht sich Toxaris in unwegsamem Gelände einer großen, fremden Reitergruppe gegenüber. Die Lage scheint fast aussichtslos.

Sie haben Glück, daß sie nicht sofort von den feindlichen Pfeilen getötet werden, denn sie tragen keine Panzer, sondern nur ihre Jacken aus Filz und Pelz. Toxaris wechselt einen kurzen Blick mit seinen Männern, blitzschnell wenden sie ihre Pferde, reißen zu gleicher Zeit ihre Bogen aus dem großen Köcher, der am Gürtel befestigt ist, legen einen Pfeil auf die Sehne, schießen und galoppieren davon.

Das alles dauert nur einen Atemzug lang. Aber auch die Feinde sind schnell und stürmen hinter den Skythen her. Die haben jetzt offenes Gelände erreicht, und Toxaris atmet auf. Er weiß, hier können sie es mit dem Gegner aufnehmen. Ihre Pferde fliegen dahin, Wolken von Staub hinter sich lassend. Der Skythe gibt ein Zeichen, und seine Männer, die eng nebeneinander reiten, fächern sich auf. Sie lassen den Gegner etwas näher herankommen, dann drehen sie sich auf ihren vorwärtsstürmenden Rossen nach rückwärts, heben den Bogen und lassen Pfeil um Pfeil von der Sehne schnellen – tödliche Geschosse für viele der Verfolger. Es ist der berühmte Skythenschuß, den kein anderes Volk so gut beherrscht.

***Diese Bronzenadel** in Form einer Axt ist mit einer tierähnlichen Figur geschmückt. Sie wurde von den Stämmen der Kobankultur geschaffen, durch deren Siedlungsgebiet die Skythen nach Süden vordrangen.*

In Jurten und Wallburgen

Altorientalische schriftliche Überlieferungen erwähnen das Reitervolk der Skythen, das aus der Tiefe des asiatischen Raumes nach Westen vordrang und dabei ein anderes Volk, die Kimmerier, allmählich verdrängte, schon im 8. Jh. v. Chr. Spätestens seit dem 7. Jh. v. Chr. tauchen die Skythen dann auch im Vorderen Orient und in Kleinasien als beutehungriges Volk auf, das weitreichende Kriegszüge unternimmt. Und der Prophet Jeremia verkündete den Israeliten (Jeremia 5,15–17): „Siehe, ich will über euch vom Hause Israel, spricht der Herr, ein Volk von Ferne bringen, ein mächtiges Volk, ein Volk von alters her ... Seine Köcher sind offene Gräber; es sind eitel Helden. Sie werden deine Ernte und dein Brot verzehren; sie werden deine Söhne und Töchter fressen, sie werden deine Schafe und Rinder verschlingen, sie werden deine Weinstöcke und Feigenbäume verzehren, deine festen Städte, darauf du dich verlässest, werden sie mit dem Schwert verderben." Und an anderer Stelle sagte er den Babyloniern voraus (50, 42): „Die haben Bogen und Lanzen; sie sind grausam und unbarmherzig, ihr Geschrei ist wie das Brausen des Meeres; sie reiten auf Rossen, gerüstet wie Kriegsmänner wider dich, du Tochter Babel." Und in der Tat erschienen den zivilisierten Völkern des Vorderen Orients jene wilden Reiterhorden fast wie ein schreckliches Naturereignis, dem niemand entkommen konnte.

Auch für jene Perser, die in der Folgezeit ihren Machtbereich über den gesamten Vorderen Orient bis nach Kleinasien ausdehnten, bedeuteten die Skythen eine ständige Bedrohung. Zwar gelang es Darius I. um 520 v. Chr., die asiatischen Skythenstämme zu besiegen – ein Sieg, der ihm so wichtig schien, daß er ihn sowohl in der Inschrift von Behistun erwähnt als auch auf dem dazugehörigen Relief den Skythenkönig Skunxa als Unterworfenen darstellen läßt (siehe Seite 84/85: ganz rechts, mit spitzem Helm). Doch nur sechs Jahre später mußte Darius eine peinliche Niederlage durch die in Osteuropa lebenden Skythenstämme hinnehmen.

Im Lauf der Jahrhunderte waren die Skythen immer weiter nach Westen vorgedrungen und bevölkerten schließlich das Steppengebiet nördlich des Schwarzen Meeres vom Don bis zur Donau. Sie nahmen Handelskontakte mit den griechischen Stadtkolonien am Schwarzmeerufer auf, und nun begannen sich auch griechische Gelehrte und Geschichtsschreiber für das „Barbarenvolk des Hinterlandes" zu interessieren. Im vierten Buch seines großen Geschichtswerks hat Herodot eine Fülle interessanter Beobachtungen zusammengetragen, die – lange Zeit meist ungläubig belächelt – von der modernen Archäologie doch in vielen Fällen bestätigt werden konnten.

Anlaß zu Spekulationen gab immer wieder die Frage nach dem äußeren Erscheinungsbild der Skythen. Ein offenbar weitgereister griechischer Arzt aus der zweiten Hälfte des 5. Jh. v. Chr., dessen Notizen in die *Hippokratischen Schriften* aufgenommen wurden und der deshalb als Pseudo-Hippokrates bezeichnet wird, schildert die Skythen als ein von Gebrechen geplagtes Volk. Um kleinwüchsige Leute handele es sich, Gelenkentzündungen seien die Regel, ebenso geschwollene Rückenwirbel und Hüftleiden. Krumme Beine hätten sie und eine vor Kälte rötliche Haut. Als Ursache dafür nannte der offenbar von unüberwindlichen Vorurteilen geleitete Mediziner das fürchterliche Klima, das Leben zu Pferde und das Tragen von Hosen. Zumindest die Angaben zur Körpergröße konnten in neuerer Zeit widerlegt werden. Die Anthropologen haben nachgewiesen, daß es sich bei den Skythen um einen verhältnismäßig hochgewachsenen Menschenschlag vorwiegend europiden Typs gehandelt hat. Größen von 1,8 bis 1,9 Metern, vereinzelt auch mehr als zwei Metern, waren keine Seltenheit, zumindest nicht bei der sozialen Oberschicht und den Kriegern. Die einfache Bevölkerung war etwas kleiner, sie maß durchschnittlich 10–15 Zentimeter weniger.

Nicht alle Skythen waren ausschließlich Nomaden. In dem nördlich des Schwarzen Meers sich erstreckenden weiten Raum, in dem Grassteppe an mäßig feuchte Waldsteppe mit fruchtbaren Böden stößt, schufen sie auch befestigte Orte, in denen seßhafte Ackerbauern wohn-

***Diesen goldenen Prunkkamm** fand man in dem Seitengrab des Solocha-Kurgans im Gebiet des Dnjepr. Das nur 12,6 Zentimeter hohe Kunstwerk entstand in der ersten Hälfte des 4. Jh. v. Chr. und zeigt eine dramatisch bewegte Reiterkampfszene zwischen drei skythischen Kriegern. Trotz der geringen Größe der Figuren hat der Goldschmied, vermutlich ein Grieche, alle Details sorgfältig herausgearbeitet.*

Reise- und Wohnwagen *spielten eine große Rolle im Leben der Reiternomaden. Auch die Skythen verbrachten viel Zeit auf dem Rücken der Pferde bzw. in den schweren, von Ochsen gezogenen Wagen. Originalfahrzeuge und tönerne Nachbildungen waren eine beliebte Form der Grabbeigabe; sie sollten den Toten die Fahrt in das Jenseits erleichtern. Es gab sinnvolle Kombinationen zwischen Wagen und Jurte: Auf dem hochrädrigen fahrbaren Unterteil saß ein zeltartiger, abnehmbarer Aufbau. So konnte die Familie ihre „Wohnung" benutzen, während der Wagen für andere Zwecke zur Verfügung stand. Oben das Tonmodell eines skythischen „Hauses" aus dem 2. Jt. v. Chr., dessen Form gewiß schon jenen Aufbauten ähnelte und das die lange Tradition dieses Wohnstils erkennen läßt. Daneben die Zeichnung eines Wagenmodells, das als Kinderspielzeug diente.*

ten. Es sind oft weiträumige Siedlungen, die man durch aufgeworfene Erdwälle, Palisaden und Gräben schützte. Heute kennt man mehr als 100 solcher Wallburgen, archäologisch untersucht und ausgewertet wurden jedoch bislang nur die wenigsten.

Von gewaltigen Ausmaßen ist die Anlage bei der heutigen Ortschaft Belsk. Ein 33 Kilometer langer Wall umschießt hier ein fast 4000 Hektar großes Areal, das von Bächen und Tälern durchzogen wird. Im Westen und Osten gliedern sich innen an den Wall zwei rundum befestigte Flächen von 72 bzw. 62 Hektar Größe an. Eine weitere kleine Festung lag im Nordosten und schützte vermutlich einen Hafen an dem im Osten der Wallburg liegenden Fluß.

Die ältesten Besiedlungsspuren stammen aus dem 7./6. Jh. v. Chr., und vermutlich bis ins 3. Jh. v. Chr. war die Wallburg bewohnt. Vor allem innerhalb der Ost- und Westfestung stieß man auf Häuser, die zum Teil oberirdisch gebaut, zum Teil als unterirdische Grubenhäuser angelegt waren, sowie auf Gießereien, Brennöfen für Keramik und Getreidespeicher. Doch auch Teilbereiche des riesigen, wallumschlossenen Innenareals scheinen besiedelt gewesen zu sein. Man glaubt, mit dieser Wallburg das antike Gelonos wiederentdeckt zu haben, eine Siedlung, die – nach Herodot – von den skythisch sprechenden Gelonen bewohnt war.

Außerhalb des fruchtbaren Waldsteppengebiets hat man nur ein einziges, jedoch nicht minder bedeutendes Siedlungszentrum gefunden: Am linken Ufer des Dnjepr, etwa 320 Kilometer oberhalb der Mündung bei der heutigen Stadt Kamenka, war um die Wende vom 5. zum 4. Jh. v. Chr. eine etwa 1200 Hektar große Anlage entstanden, die sich deutlich in zwei voneinander getrennte Bereiche gliedert: zum einen in die sogenannte Akropolis, eine – wie Fachleute sich sicher sind – skythische Königsresidenz, zum andern in einen etwa 900 Hektar Fläche bedeckenden Siedlungskomplex, der unzweifelhaft ein Zentrum der Metallverarbeitung war.

Archäologische Untersuchungen förderten Reste von Schmelzöfen, Erz, eine Vielzahl von Eisenklumpen, Schlacken, Bruchstücke von Tiegeln und Gußformen sowie Fertig- und Halbfertigfabrikate zutage. Noch weiß man nicht, wie viele Schmelzöfen hier standen und wieviel Eisen produziert wurde; auch über die Anzahl der Werkstätten lassen sich keine Aussagen machen. Sicher dagegen ist, daß neben Eisen auch Kupfer, Blei und Zink verhüttet und handwerklich verarbeitet wurden.

„Besondere Bedeutung kam den Schmiedearbeiten zu, vor allem den Waffenschmiedeplätzen. Angriffswaffen, Schutzrüstungsteile und Pferdegeschirr wurden hier gefertigt, die drei wesentlichen Bestandteile der Ausrüstung... Man kann vermuten, daß es sich hier um einen großen Waffenschmiedeplatz handelte, der unter direkter königlicher Aufsicht stand...", meint die deutsche Skythenforscherin Renate Rolle.

Teile der skythischen Völkerschaften waren also seßhaft geworden, andere dagegen zogen weiter als Nomaden umher. Als wichtigstes Transportmittel für ihr Hab und Gut benutzten sie den Wagen. Man hat zahlreiche Wagen in skythischen Gräbern gefunden, allerdings waren sie fast immer in Einzelteile zerlegt. Doch Tonmodelle, die offenkundig als Kinderspielzeug dienten, vermitteln eine Vorstellung, wie die Wagen wohl ausgesehen haben. Es scheinen verhältnismäßig hoch gebaute Fahrzeuge mit großen Rädern gewesen zu sein. Möglicherweise konnte der Aufbau abgenommen werden und diente dann als Jurte oder Zelt. Diese Wagen, auf denen der gesamte Hausrat verstaut war, erreichten ein beträchtliches Gewicht und wurden in der Regel von Ochsen gezogen.

Es dürfte ein gemächlicher Treck gewesen sein, der durch die Steppe zog. Der sowjetische Wissenschaftler M. P. Grjasnow hat ausgerechnet, daß man dabei zwischen fünf und acht Kilometer am Tag zurücklegte. Den besten Weideplätzen folgend, waren die Nomaden ständig auf Wanderschaft. Im Herbst und Winter zogen sie in südlicher Richtung, im Sommer umgekehrt.

Die harten klimatischen Bedingungen der kalten Wintermonate zwangen sie vermutlich, bisweilen feste Lager aufzusuchen. Während der Wanderungszeit jedoch bildeten die Wagen das bewegliche Lager. Und es war eine beachtliche Zahl von Wagen, die dabei zusammenkam. Denn ein Skythe, der nur einen Wagen besaß, galt als arm; einem reichen Mann hingegen gehörten etwa 80 Fahrzeuge. Kein Wunder also, daß die Archäologen angesichts dieser riesigen Ansammlung von Wagen, die in lockerer oder geordneter Form aufgestellt wurden, von „Städten auf Rädern" sprechen.

Durch die antiken Schriftsteller, vor allem durch Herodot, aber auch indirekt durch die Grabfunde kennen wir viele Einzelheiten über die Sitten und Gebräuche der Skythen. So wissen wir z. B., welch aufwendige Bestattungsriten die Skythen einhielten, wenn einer ihrer Stammeshäuptlinge oder Könige starb. Zunächst wurde der Tote einbalsamiert – ein unerläßliches Verfahren, denn zwischen seinem Hinscheiden und seinem Begräbnis vergingen 40 Tage, eine Zeit, in der der verstorbene Herrscher noch einmal in einer feierlichen Umfahrt die Stämme seines Reiches besuchte. Herodot beschreibt den Vorgang: Man habe den Leib des Toten geöffnet, die Eingeweide entfernt, ihn dann mit Räucherwerk und stark riechenden Pflanzen wie Safran und Anis gefüllt, zugenäht und mit Wachs überzogen. Während der Umfahrt bekundeten bei allen Stämmen die Getreuen des Toten ihre Trauer: „Jeder schneidet ein Stück von seinen Ohren ab, schert seine Haare, macht einen Schnitt rund um den Arm, ritzt Stirn und Nase und sticht einen Pfeil durch die linke Hand."

Erst nachdem der verstorbene König alle seine Untertanen besucht hatte, wurde er bestattet. In dem riesigen Lebensraum der Skythen, der vom Schwarzen Meer bis nach China reichte, gab es unterschiedliche Grabtypen: Stein- und Holzgräber. Immer jedoch hatten die tief in die Erde gesenkten Gräber den Charakter kleiner Wohnungen und enthielten alles, was der Tote zu seinen Lebzeiten benötigt und geschätzt hatte: Kleidung, Nahrung, Waffen, Geräte, Schmuck und Pferde. Auch vertraute Menschen begleiteten ihn ins Jenseits: etwa die Ehefrau, aber auch Diener und Dienerinnen. „Man tötet eines seiner Weiber, seinen Weinschenken, seinen Koch, Pferdeknecht, Leibdiener, Boten, ferner seine Pferde ... und vergräbt sie in einem weiten Raum der Grube, der noch leer ist", schreibt Herodot. Über dem Grab errichtete man dann einen künstlichen Hügel. Je nach der Beschaffenheit des Bodens schichtete man Steine, Erde oder ausgestochene und übereinandergetürmte Grassoden auf – letztere sollten wohl eine Erinnerung an die Weiden sein, die der Lebensraum des toten Reiterkriegers gewesen waren. Doch erst ein Jahr später fanden die Trauerfeierlichkeiten ihren endgültigen Abschluß.

Junger Skythe beim Melken eines Schafes. *Die Szene vom Innenstreifen des rechts abgebildeten Pektorale ist bis ins Detail hinein realistisch dargestellt – ein Kennzeichen, das auch für die anderen, insgesamt 48 Tier- und Menschenfiguren gilt.*

Den prachtvollen goldenen Brustschmuck *(rechts) entdeckte man 1971 in einem Skythengrab in der Ukraine. Das in der zweiten Hälfte des 4. Jh. v. Chr. entstandene Schmuckstück ist 30,6 Zentimeter breit und wiegt fast 1,5 Kilogramm. Den äußeren Streifen schmücken Tierkampfszenen, den mittleren ein Blumenmuster, das ursprünglich mit Email eingelegt war. Der Innenstreifen spiegelt mit Tier- und Hirtendarstellungen den Alltag des Nomadenvolks wider.*

Dann standen die Kurgane noch einmal im Mittelpunkt eines besonders grausigen Rituals: 50 der besten Gefolgsleute des Königs und 50 der schönsten Pferde wurden getötet, präpariert, gepfählt und wie eine geisterhafte Reiterei rund um das Grab aufgestellt.

Das unstete Leben und der ständige Kampf um neue, gute Weideplätze prägten den Charakter dieses Nomadenvolks. Die Skythen waren einerseits gewiß hart und grausam, andererseits aber auch lebenslustig. Sie schätzten die Musik und das Spiel. Auch als gewaltige Zecher galten sie ihren Zeitgenossen. Neben dem griechischen Wein, den sie bevorzugten, war der Kumys, eine vergorene, leicht alkoholische Stutenmilch, gleichsam das Nationalgetränk der Skythen.

Doch die wilden Steppenreiter hatten auch Prinzipien und Ideale. Dazu gehörte z.B. die Blutsbrüderschaft, von der Herodot berichtet: „Man gießt Wein in einen großen irdenen Krug und mischt Blut der beiden dazu, die den Bund schließen. Diese stechen sich nämlich mit einer Nadel oder machen sich einen kleinen Schnitt mit dem Dolch. Nun tauchen sie Schwert, Pfeile, Streitaxt, Speer in den Krug hinein. Sie sprechen dann eine lange Beschwörung und trinken von dem Trank." Es war ein Bund auf Leben und Tod. Jeder trat für den andern ein mit allem Hab und Gut, und er ließ sich im Kampf notfalls für den Gefährten in Stücke hauen.

Doch nicht nur Herodot und die Rückschlüsse der Archäologen geben Einblick in die Welt und das Leben der Skythen. Die Neigung dieses Reitervolks zum Kampf und zur Jagd, ihre Liebe zu Tieren, speziell zum Pferd, ist auch ablesbar an der Form der vielen herrlichen Schmuckstükke und an den häufig wiederkehrenden Darstellungen auf den goldenen Gebrauchs- und Luxusgegenständen, die man den Männern und Frauen mit ins Grab gegeben hat.

Im geographischen Umfeld der Skythen gab es drei Goldvorkommen, die nicht nur die Wirtschaftskraft und damit auch die politische Bedeutung des Volkes entscheidend beeinflußten, sondern gewiß auch den Sinn für das Schöne förderten: Gold wurde abgebaut in Siebenbürgen, im Kaukasus und in Kasachstan bzw. im Altaigebirge. Die Skythen selbst verarbeiteten Gold vorwiegend zu kleinen, ausdrucksstarken Tierfiguren, mit denen sie ihre Kleidung und das Zaumzeug der Pferde schmückten. Neben den aus den sibirischen Kurganen stammenden 250 Goldgegenständen der Sammlung Peters des Großen (Schnallen, Spangen, Schmuck) gibt es eine Fülle von Arbeiten (Becher, Pektorale, Schwertscheiden) aus dem griechisch-skythischen Kunstkreis. Sie wurden in den Gräbern europäischer Skythen gefunden, die offenbar im 4. Jh. v. Chr. griechische Werkstätten mit der Herstellung betrauten. Das Können der Goldschmiede und die Wünsche der Auftraggeber, die sich und ihr Leben in den Schmuckstücken gespiegelt sehen wollten, ergänzten einander in vollendeter Weise, und so entstanden Kunstwerke, die die Erinnerung an das bereits um die Zeitenwende untergegangene Volk der Skythen wachhalten.

Die Reiterspiele der Steppenvölker

In den weiten Steppen Zentralasiens gilt das Reiten nicht als Sportart einer privilegierten Oberschicht, sondern ist für große Teile der Bevölkerung eine seit Jahrtausenden geübte Form der Fortbewegung. Und so gehören dort auch heute noch Reiterspiele aller Art zu den beliebtesten Vergnügungen.

Beim Buskaschi, einem Reiterspiel, das besonders in Afghanistan den Charakter eines Nationalsports angenommen hat, treffen sich Hunderte, mitunter sogar Tausende von Reitern. Die Peitsche in der Hand oder zwischen den Zähnen, versuchen die zwei gegnerischen Mannschaften, einander die Trophäe, meist einen Tierkadaver, abzujagen (großes Bild). Die Luft ist erfüllt von anfeuernden Schreien, von dem Trommeln der Hufe und von einer dichten Staubwolke, die die Pferde aufwirbeln. Bald ist der Kadaver so zerfetzt, daß es am Ende des Spiels schwerfällt, den Sieger zu bestimmen.

Daß auch die Skythen ähnlich wilde Reiterspiele hatten, kann wohl niemanden verwundern. Wir kennen vor allem das Hasenstechen: Dabei mußte man vom Pferd aus einen flüchtenden Hasen mit der Lanze erjagen, ein Spiel also, das Roß und Reiter ein Höchstmaß an Geschicklichkeit abverlangte, zumal man obendrein versuchte, sich gegenseitig die Beute wieder abzujagen. Die Schwierigkeiten konnten noch gesteigert werden durch eine Lanze mit verkürztem Schaft, so daß der Reiter sich tief hinunterbeugen mußte, um den fliehenden Hasen zu treffen. Ob diese Lanzen auch geworfen wurden, ist nicht bekannt. Die untere Abbildung zeigt eine Spielszene, dargestellt auf einem Goldplättchen, das man in einem Grab auf der Krim gefunden hat. Das Hasenstechen dürfte eine Art Volkssport gewesen sein, nach dem die Skythen geradezu süchtig waren. Anders ist kaum eine Begebenheit zu verstehen, die uns Herodot überliefert: Der Perserkönig Darius befand sich in den Jahren 513/512 v. Chr. auf einem Feldzug gegen die Skythen. Die Nomaden ließen sich nicht fassen; sie wichen zurück und lockten die Perser immer tiefer in ihr Land hinein. Darius fühlte sich genarrt. Doch schließlich standen sich die beiden Heere gegenüber, und Darius wollte die offene Feldschlacht beginnen, um den Kriegszug endlich siegreich zu beenden. Doch was geschah?

„Da lief mitten durch die Reihen des (skythischen) Heeres ein Hase. Jeder, der ihn sah, machte sich an die Verfolgung, so daß alles voller Verwirrung und Geschrei war. Darius fragte, was denn der Lärm der Feinde zu bedeuten hätte. Als er nun hörte, sie liefen einem Hasen nach, sagte er zu seinen Vertrauten: 'O dies Volk verachtet uns tief... ich sehe nun wohl, wie unsere Sache steht. Wer gibt uns einen guten Rat, wie wir unversehrt den Rückzug ins Werk setzen?'"

Krieger aus Ton

1974 wurden in der Volksrepublik China 8000 tönerne Krieger in Lebensgröße entdeckt, mit Befehlshabern und Waffen, mit Schlachtrössern und Streitwagen – eine archäologische Sensation. Die Elitetruppe bewachte 2200 Jahre lang das noch ungeöffnete Grab des Ersten Erhabenen Kaisers von China, Qin Shihuang Di. Die realistischen Großplastiken werfen ein neues Licht auf die Qin-Epoche, die bisher als künstlerisch unbedeutend galt.

Porträt des Kaisers Qin Shihuang Di, *der die Fundamente des chinesischen Großreiches legte.*

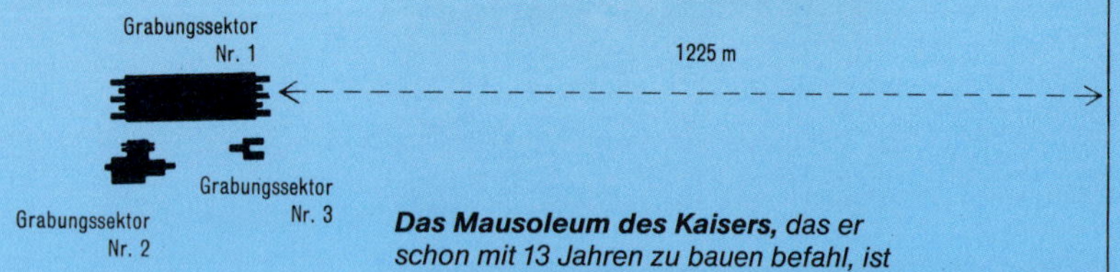

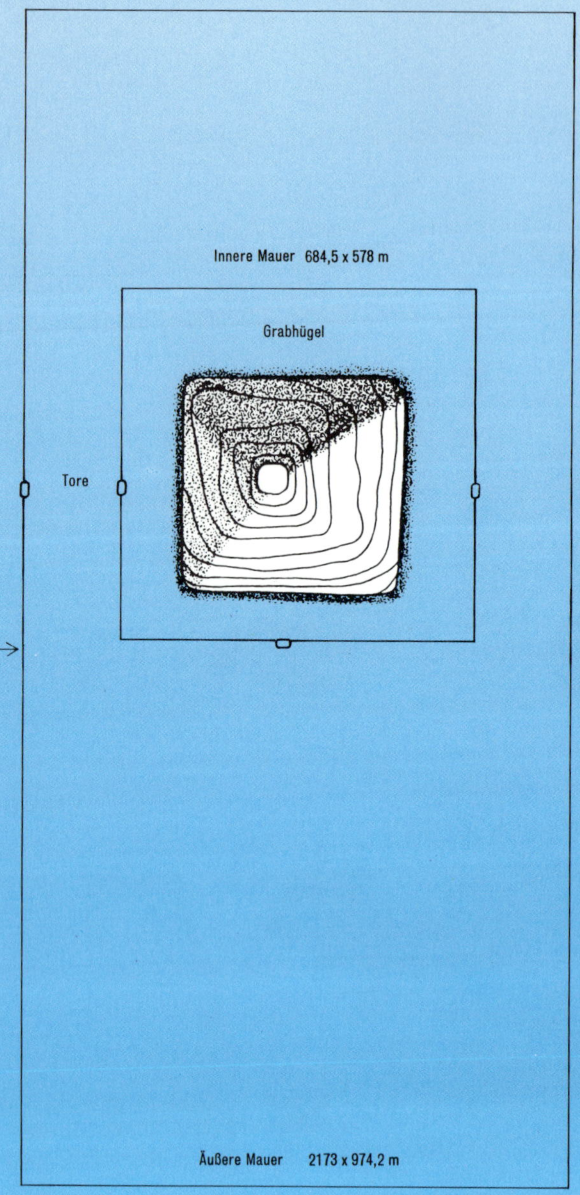

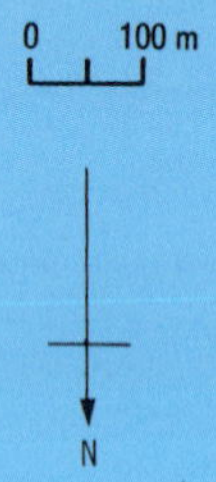

Das Mausoleum des Kaisers, *das er schon mit 13 Jahren zu bauen befahl, ist ein sanfter pyramidenförmiger Hügel, der 50 Meter hohe Berg Li (Foto unten), der von einem doppelten Mauerrahmen mit Toren umgeben wird. Der Grabhügel mit den Umfassungsmauern wurde nach kosmologischen Vorstellungen berechnet, die im alten China eine besondere Rolle spielten, und genau nord-südlich ausgerichtet. Östlich des Hügels befinden sich die drei Grabungsfelder. Dort wurde das Gros des unterirdischen Wachregiments gefunden (Nr. 1), nahe dabei entdeckte man eine bewegliche Einheit aus Streitwagen und Kavallerie (Nr. 2) sowie die sogenannte Kommandozentrale (Nr. 3). Das Kaisergrab selbst, seit über 2000 Jahren urkundlich belegt, ist von den Archäologen noch nicht geöffnet worden.*

Bauern graben am Berg Li

Der Hügel ist kaum 50 Meter hoch. Das einzig Bemerkenswerte an ihm ist die Aussicht über Mais-, Weizen- und Hirsefelder, Pappelreihen, schüttere Wäldchen, eine Reihe schmuckloser Flachbauten. Wer diese unscheinbare Erhebung betrachtet, kann kaum verstehen, daß die Archäologen hier seit langer Zeit das Grab eines Kaisers vermuten. Die Obstbäume auf dem Hügel spenden kaum Schatten. Es weht ein staubiger Wind aus nordwestlicher Richtung, ein Wind, der durstig macht. Den Hintergrund begrenzen blaue Berge. Die Frühlingssonne brennt. Das Land lechzt nach Regen, aber der Himmel bleibt heiter.

In der Ebene arbeiten Bauern. Sie gehören zur Produktionsbrigade Xiyang von Yanzhai, einer kleinen Volkskommune. Sie bohren Löcher in den gelben Lößboden, der ihr Land so fruchtbar macht. Löß ist die mächtige Ablagerung von feinstem Flugstaub, der seit Jahrtausenden aus den Schuttwüsten der Mongolei herübergeweht wird. Hier im grünen Kernland Nordchinas bleibt der Regen zu oft und zu lange aus, und es drohen Dürrekatastrophen, gäbe es nicht die altchinesische Erfindung der künstlichen Bewässerung. Und deswegen bohren die Bauern knapp anderthalb Kilometer von dem Hügel, der den bescheidenen Namen Li trägt, Brunnenschächte in die Lößdecke.

Nach vier, fünf Metern gibt der Boden plötzlich nach. Doch wo bleibt das Wasser? Die Bauern stoßen mit ihrem Bohrgerät ins Leere, genauer gesagt, in einen Hohlraum. Nun müssen Spaten her. Und mit dem Spaten graben sich die Männer an die sensationellste archäologische Entdeckung heran, die bisher in diesem Jahrhundert in China gemacht worden ist.

Sie fanden Figuren, uniformierte Krieger, so groß und so lebensecht gestaltet, daß man sie für versteinerte Menschen halten könnte. Sie fanden die tönernen Krieger, die heute die ganze Welt kennt. Doch damals, im März 1974, konnte das niemand ahnen. Was sollten die Männer tun? Die Aufregung war verständlich: Natürlich mußten sofort die Behörden in der Bezirkshauptstadt Lintong verständigt werden, sicherheitshalber auch die in der 40 Kilometer entfernten 2,5-Millionen-Stadt Xian; sie ist die Hauptstadt der Provinz Shanxi.

Nun rückten die skeptischen Fachleute an. Der obskure „Hohlraum" entpuppte sich nach und nach als ein eingestürzter Tunnel von etwa drei Meter Breite und 62 Meter Länge, angefüllt mit einem Durcheinander dieser menschengroßen Krieger aus Ton. Etliche standen noch in Reih und Glied, nach Osten ausgerichtet, wie sie einst angetreten waren.

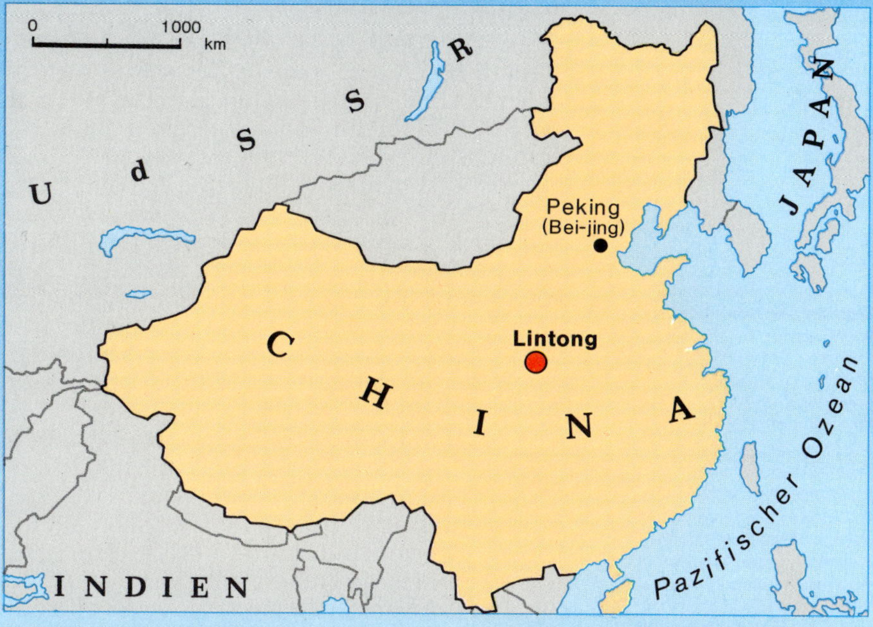

Beim Brunnengraben *stießen Landarbeiter im Bezirk Lintong in der Nähe von Xian, der Provinzhauptstadt von Shanxi, auf Krieger aus Ton. Archäologen untersuchten das Gelände und steckten östlich des Berges Li (Bild unten) drei Grabungsfelder ab. Sie identifizierten die Krieger als Angehörige einer Ehrenlegion, die das Grabmal des Ersten Kaisers von China, Qin Shihuang Di, bewachte.*

Angetreten zur Totenwache

Vorlage für einen chinesischen Stempel *(gegenüberliegende Seite), wie sie schon zu Zeiten Qin Shihuang Dis benutzt wurden. Die Stempel wurden aus Jade, Elfenbein, Rhinozeroshorn oder Speckstein gefertigt. Die Stempelbilder sind auf geometrische Grundformen reduzierte Zeichen der chinesischen Pinselschrift, vergleichbar einem Wappen oder einem Petschaft. Ihr Abdruck in Ton oder mit Tusche auf Rollbildern, aber auch unter Verträgen besaß die gleiche Gültigkeit wie die eigenhändige Unterschrift.*

Sorgfältig untersuchten die Archäologen das ganze Umfeld. Kleine Tonfiguren, z. B. kniende Dienerinnen, hatte man früher schon an der Mauer des Berges Li gefunden, aber das hier war ohne Beispiel. Allmählich zeichnete sich ein Grabungsfeld von 230 mal 62 Metern ab, das über 14 000 Quadratmeter große Feld Nr. 1, das sich genau von Westen nach Osten erstreckt. Hier wurden neun Tunnel von drei Meter Breite mit Soldaten in Viererreihen freigelegt. Am Nord- und Südrand fand man einen schmalen Tunnel von knapp zwei Meter Breite mit Zweierreihen, an den beiden Schmalseiten des Rechtecks Verbindungskorridore mit einer Dreierreihe als Nachhut bzw. als Vortrupp.

Die Archäologen vermuten, daß in diesen Gängen, die durch meterdicke Erdwälle getrennt werden, insgesamt 8355 Soldaten aufgestellt worden sind; wissen können sie es nicht, denn auch bis heute wurde nur ein Bruchteil dieses Feldes ausgegraben. Man ging ohne Eile vor, und doch machte bald eine weitere Sensation in der Weltpresse Schlagzeilen: 24 Streitrösser aus Terrakotta in natürlicher Größe wurden gefunden und sechs Quadrigen; je eine Quadriga führte die im ersten und zweiten Tunnel stehende Kolonne an, die im vierten und sechsten sowie die im achten und neunten.

Buchstäblich „truppweise“ wurde es offenkundig: Hier hatte eine vollständige Eliteeinheit mit allen Waffengattungen unterirdisch Aufstellung genommen. Die Gänge waren eingesunken, die Decken längst zerstört. Brandspuren wurden entdeckt. Viele Krieger waren unter der Last des hereingestürzten Erdreichs zerbrochen, waren mit dem trockenen, gepreßten Löß regelrecht verbacken. Die meisten von ihnen trugen die Waffen nicht mehr, mit denen man sie ursprünglich ausgerüstet hatte.

Was war die Aufgabe dieser Untergrundarmee? Sie sollte ein Kaisergrab schützen. Der Massenfund erhärtete den Verdacht bis zur Gewißheit, daß der Berg Li tatsächlich der Grabhügel des Qin Shihuang Di, des Ersten Kaisers von China, sei. Qin regierte von 221 bis 210 v. Chr. Mit dem Bau seiner Grabanlage begann der Soldatenkaiser schon als Dreizehnjähriger, nachdem er gerade den Thron als König Zheng von Qin bestiegen hatte. So steht es in der Chronik *Shiji*, die der Historiker Sima Qian (um 145 bis

86 v. Chr.) niederschrieb. Weiter heißt es da über diesen gespenstischen Vorgang: „... Nachdem er das Reich für sich gewonnen hatte, arbeiteten dort (am Berg Li) 700 000 Zwangsarbeiter aus allen Teilen Chinas. Sie arbeiteten sich durch drei unterirdische Wasserläufe hindurch, sie gossen geschmolzenes Kupfer für den äußeren Sarkophag; und sie füllten die Grabkammern mit Modellen von Palästen, Türmen und Amtsgebäuden, desgleichen mit feinen Gebrauchsgegenständen, Edelsteinen und seltenen Dingen. Handwerker wurden angewiesen, selbsttätige Armbrüste derart anzubringen, daß eindringende Grabräuber getötet würden. Die Wasserstraßen des Reichs, der Gelbe Fluß und der Yangzi, und selbst der große Ozean wurden mit Quecksilber nachgebildet, das ein Mechanismus in Bewegung hielt. Darüber waren die Sternbilder dargestellt und unten das Relief der Erde nachgebildet."

So ließ der zukünftige Kaiser bereits als Knabe sein Weltreich und den Kosmos für seine Regentschaft im Jenseits vorbereiten – en miniature. Ob Sima Qian sich an die Wahrheit hielt oder fabulierte, wissen wir nicht. Das Grab hütet noch sein Geheimnis, die Archäologen haben es bisher nicht angetastet.

Nachdem der Erste Kaiser auf einer Inspektionsreise 210 v. Chr. überraschend gestorben und erst nach langer Verzögerung in dem Mausoleum beigesetzt worden war, befahl der Nachfolger und Zweite Kaiser, „daß die kinderlosen Nebenfrauen seines Vaters jenem ins Grab folgen sollten. Nachdem sie beerdigt worden waren, wies ein Beamter darauf hin, daß die für die mechanischen Vorrichtungen verantwortlichen Handwerker zu viel über den Inhalt des Grabes wüßten, als es für dessen Sicherheit gut wäre... Als der Grabschatz verschlossen war", berichtet der Chronist weiter, „wurden daher die mittleren und äußeren Tore verriegelt, so daß alle, die an dem Grabmal gearbeitet hatten, darin gefangen waren. Kein einziger kam heraus. Dann wurden Bäume und Gras auf das Mausoleum gepflanzt, damit es wie ein natürlicher Hügel aussah."

Übrigens wurde die Ruhe der Tonsoldaten, die der Kaiser in den langen Gängen unter dem „natürlichen Hügel" eingraben ließ, bald gestört; 206 v. Chr. drang Xiang Yu, der Führer eines aufständischen Bauernhaufens, in die Anlage ein und durchstöberte sie nach Waffen, um die Zwangsarbeiter gegen die Reste der kaiserlichen Armee auszurüsten. Nach der „Entwaffnung" der Tonsoldaten befahl er, die hölzernen Pfosten und Balken anzuzünden, und ließ schließlich die Kaiserstadt Xianyang samt Palästen und Bibliothek in Flammen aufgehen. Der Rebell wollte alles vernichten, was an die verhaßte Qin-Dynastie erinnerte.

Im Verlauf der Ausgrabungen, die nun schon zehn Jahre dauern, wuchs die Kriegerschar. 1976 stieß man nördlich der Front von Nr. 1 auf den Komplex Nr. 2, der eine bewegliche Abteilung von Kavallerie und Quadrigen nebst Infanteristen und Sicherungsmannschaften birgt – insgesamt 938 Mann, 472 Rösser und 89 Streitwagen. 1977 wurden die Archäologen wieder fündig. Sie entdeckten im Grabungssektor Nr. 3 das „Brigadehauptquartier": eine stattliche Quadriga und 68 hohe Offiziere. Zwischen Nr. 2 und Nr. 3 wurde ein vierter Unterstand aufgedeckt, der leer war.

Aufgrund von Probegrabungen, die von den Archäologen an verschiedenen Stellen gemacht wurden, lassen sich Schätzungen über die Gesamtstärke der Truppe anstellen: 8355 Krieger, 500 Pferde und die Bruchstücke bzw. Spuren von 106 Streitwagen.

Die noch unfertige Grabanlage des Kaisers vor 2200 Jahren. *So sah vermutlich die gigantische Baustelle aus, die dem heutigen Grabungssektor Nr. 1 von 62 Meter Breite und 230 Meter Länge entspricht. In den neun breiten und den sie flankierenden zwei schmalen Tunnelgängen sind schon viele Krieger mit Streitwagen und Pferden aufgestellt worden. Einige Unterstände sind noch leer, andere bereits mit Holzplanken überdacht.*

Tonsoldaten rücken ein

Geschrei vor dem Tunneleingang. Vorsichtig, sehr vorsichtig führen vier Sklaven einen zweirädrigen Karren, beladen mit einem tönernen Soldaten, die steile Rampe hinunter. Die Räder knirschen unter dem Gewicht. Der Soldat, nur lose mit Stricken gehalten, schaukelt. Die Zwangsarbeiter krümmen ihre Rücken, stemmen sich in die Speichen, um die Abwärtsfahrt des Karrens zu bremsen. Der Soldat darf nicht herunterfallen. Sie blicken sich gegenseitig in die tätowierten Gesichter, die von Angst gezeichnet sind. Sie wissen, daß die geringste Unaufmerksamkeit für die Aufseher ein Anlaß wäre, sie hinzurichten. Wie beneiden sie die stolzen Soldaten, die draußen patrouillieren. Nun fahren sie den Karren in den Gang, der schon fast voller Soldaten ist. Sie senken ihn leicht nach vorn, und der gepanzerte Krieger steht schwankend auf seinen Füßen. Er muß ein wenig weiter nach hinten, an den panzerlosen Plänklern der Vorhut vorbei. Hier ist es so eng, daß sich nur zwei Männer bewegen können, und die wuchten und schieben, stemmen und drehen den Krieger an seinen Platz in der Kolonne. Das ist Schwerstarbeit in der Hitze, bei dem rußigen Licht. Dabei haben sie Glück, hier im Tunnel Nr. 5, daß sie nicht auch noch einen Streitwagen mit vier dicken, sperrigen Gäulen aufstellen müssen.

Schon viele Mitglieder der Tonarmee sind hier im Grabmal durch die Hände der Sklaven gegangen. Dort in der „Kommandozentrale" steht sogar ein General; höhere Offiziere gibt es, lange Kerls von 196 Zentimetern; Reiter, die ihr Roß am Zügel führen; Streitwagenlenker; Kavalleristen mit einem Helm; gepanzerte und ungepanzerte Infanteristen verschiedener Waffengattungen; kniende Bogenschützen; Armbrustschützen und Kung-Fu-Kämpfer im Unterstand Nr. 2. Draußen schreit wieder der nervöse Aufseher. Die Männer wischen sich den Schweiß aus ihren Gesichtern und huschen auf bloßen Füßen hinaus.

Und herein hastet eine zweite Gruppe, die schwerbepackten „Bewaffner". Sobald ein Soldat aufgestellt ist, bekommt er eine Lanze, ein verchromtes Bronzeschwert oder eine Hellebarde in die Hand gedrückt. Dann sieht sogar diese Ton-Truppe furchterregend aus. Den Sklaven graust es. Die Öllampen flackern im Luftzug; der Lichtschein bricht sich in den Metallteilen der Waffen, und die Kolonne scheint sich in Marsch zu setzen.

Die Armee, grausam und erfolgreich, war dem Kaiser ergeben. In den Feldzügen gegen die Nachbarstaaten, die man heute „Einigungskriege" nennen würde, hatten die Qin-Krieger unter den argwöhnischen Blicken der Majestät Hunderttausende niedergemetzelt, auch Gefangene. Für diese Männer gab es immer nur den Angriff. Zu Beginn der Kriege waren sie ihren Gegnern meist zahlenmäßig unterlegen, aber sie mußten siegen. Schnell mußten sie sein und leicht beweglich.

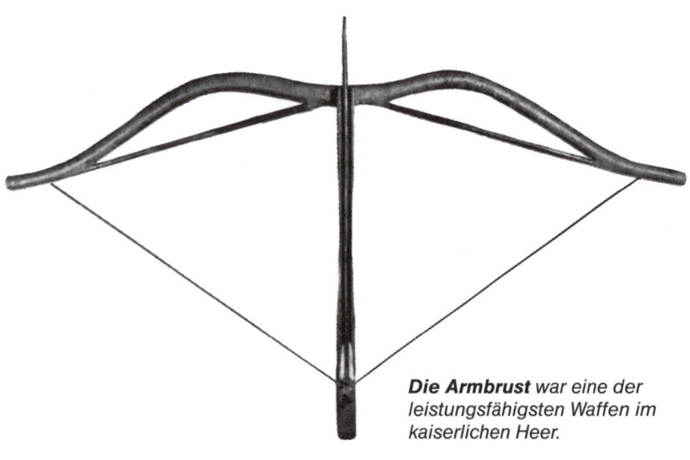

***Die Armbrust** war eine der leistungsfähigsten Waffen im kaiserlichen Heer.*

Deswegen waren ihre Lamellenpanzer dünn und kurz, also leicht. Die Plänkler waren völlig ungepanzert, um ihre Lanzen flinker als ihre Feinde führen zu können. Andere zogen mit leeren Händen in die Schlacht: die Faustkämpfer. Der Kaiser forderte Entschlossenheit und eiserne Disziplin, Feigheit und Ungehorsam wurden mit dem Tode bestraft. Qin Shihuang Dis Offiziere waren Tapferkeitsoffiziere; das Vorrecht des Adels, die Offiziere zu stellen, hatte er abgeschafft. Die Fußsoldaten bildeten die Hauptstreitmacht. Sie wurden von Bogen- und Armbrustschützen unterstützt. In der Ebene waren Streitwagen eine wirksame Angriffswaffe. Auf ihnen kämpften Lanzenwerfer und Bogenschützen, einer unter ihnen im Offiziersrang.

Eine Quadriga wurde während des Kampfes von acht bis 32 Infanteristen gedeckt (wie die Ausgrabungen im Sektor Nr. 2 zeigen) oder von Kavallerie geschützt.

Die Reiterei entstammte den Kriegen mit den nördlichen Barbarenvölkern. Sie war der beweglichste Truppenteil, der auch im hügeligen Terrain manövrieren konnte, wo die Streitwagen zurückblieben. Darum förderte der Kaiser auch den Ausbau der Reiterei.

Die kurzen Armbrustbolzen und Wurfspeere *fand man im Grabungssektor Nr. 2.*

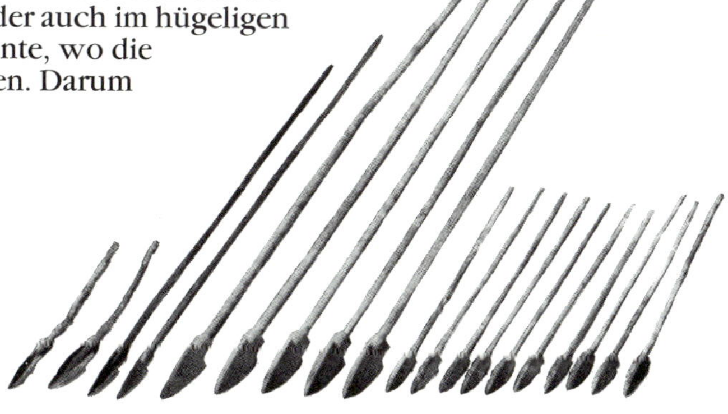

Dem Erdreich entstiegen

Nach behutsamem Spachteln, Kratzen und Schaben *formen sich Haarschöpfe, Nasenspitzen, Kinnpartien, Gesichter aus dem Löß, der 2200jährige Schlaf im Erdreich ist beendet. Für die Krieger des Ersten Kaisers beginnt der Akt der Wiedergeburt.*

Mann für Mann wächst die Kolonne aus dem Boden. *Die Archäologen gehen mit äußerster Sorgfalt zu Werke. Hier befassen sie sich mit unterschiedlichen Frisuren.*

Bis zu den Schenkeln *stecken die gepanzerten Infanteristen noch im Erdreich (oben), doch die Köpfe und Details der Kleidung sind fast schon ausstellungsreif bearbeitet. Im Fortgang der Arbeiten formieren sich Pferde und Krieger (rechts) in langen Reihen. Die meisten warten noch unter der Lößdecke auf ihre Freilegung.*

Wer heute auf dem Berg Li steht und mit den Augen die Stelle sucht, wo die Produktionsbrigade Xiyang 1974 gern einen Brunnen gebaut hätte, erblickt dort eine Art Bahnhofshalle. Sie deckt den Grabungssektor Nr. 1 ab; er ist etwa so breit und doppelt so lang wie ein Fußballfeld. In der erdbebensicheren gewölbten Halle werden die Besucher über Laufstege geführt und können den Archäologen bei der Arbeit zusehen. Zählt man die Schar der Assistenten und Assistentinnen hinzu, müssen es Hunderte sein, die dort beschäftigt sind.

Die augenscheinlich wichtigste Tätigkeit der Archäologen von Grabungssektor Nr. 1 steht ganz im Zeichen des Spatens: Die neun Soldatenkolonnen in den fünf Meter tiefen Gräben werden immer länger. Gruppe für Gruppe wird aus der kompakten Umklammerung des Lößbodens befreit. Dies geschieht mit viel Fleiß, Sorgfalt und unendlicher Geduld. Die Chinesen lassen sich nicht drängen; sie nehmen sich Zeit.

Die Figuren werden in unterschiedlichem Erhaltungszustand angetroffen. An manchen Stellen haben die herabstürzenden Deckenplanken ganze Einheiten zerschlagen, zertrümmert. Die Scherben werden freigelegt, gesäubert, einander zugeordnet und zusammengefügt. Andere Gruppen wachsen vom Haarschopf bis zur Fußspitze fast unversehrt aus dem Boden. Die Archäologen arbeiten sich spachtelnd, kratzend, wischend, fächelnd an den stattlichen Kriegern hinunter. Sie blicken in das grimmige Gesicht eines Plänklers, putzen ihm den Bart mit einem Reisstrohwisch, reinigen die Frisur eines Offiziers, pusten ihm den Staub aus den Ohren. Und wenn sie am nächsten Morgen ihre Arbeit wieder aufnehmen, orientieren sie sich nicht anhand eines Lageplans, um „ihren" Soldaten zu identifizieren: Sie erkennen ihn wie einen guten Bekannten, denn ein jeder Soldat hat ein individuell geformtes Gesicht. Die ganze Truppe wurde nach lebenden Vorbildern geschaffen, vielleicht nach der Leibgarde des Ersten Erhabenen Kaisers, die sich aus allen Regionen des Reichs rekrutierte. Ein Hinweis darauf ist in den unterschiedlichen Haartrachten der Männer zu sehen. Obgleich der individuellen Gestaltung der Gesichter wegen der großen Zahl der Krieger Grenzen gesetzt waren, wirken die meisten wie lebensnahe Porträts.

Der gemeine Soldat hat weniger ausgeprägte Gesichtszüge als der Offizier, der wohl auch wegen seiner komplizierten Hut- und Haartracht, seiner Rüstung mit Platten, Knöpfen und Schlaufen von geübteren Meistern modelliert wurde.

Und wo ein Kopf fehlt, eine Hand, eine Scherbe – wo soll das vermißte Stück schon sein? Seit zwei Jahrtausenden war niemand hier unten, es wird sich irgendwann finden, spätestens dann, wenn die Archäologen den geziegelten Fußboden erreicht haben und Schutt und Erdklumpen gründlich untersucht worden sind. Jeder Fund wird genau vermessen, seine Lage mit feinen Linien in einen Plan eingezeichnet, der den Ist-Zustand des freigelegten Sektors ergibt: Vollständige Menschenfiguren und daneben Figurenfragmente, Pferde als Scherbenhaufen, Balkentrümmer, Reste der Ausrüstungen – all das ist auf dem

säuberlich gezeichneten Ziegelboden des Unterstandes wie zerbrochenes Spielzeug zu sehen. Dann wird ein zweiter Plan angelegt, der den schematischen Urzustand wiedergibt: Hier waren die Krieger in Rüstungen, dort die ohne Rüstungen angetreten, da standen die Kavalleristen, die gesattelten Schlachtrösser, die Gespannpferde, die Streitwagen, da knieten die Bogenschützen. Probegrabungen werden eingezeichnet, die Aufschluß über den weiteren Verlauf der Schlachtordnung geben.

Dieser Plan läßt militärtechnische Folgerungen und taktische Überlegungen zu, die von großer militärhistorischer Bedeutung sein können. Denn hier handelt es sich um die Eliteeinheit einer Armee, die aus den Kriegern der Streitenden Reiche (481–249 v. Chr.) als Sieger hervorging. Aufbau und Organisation dieser Armee gehörten zu den bedeutendsten Leistungen der Qin-Dynastie.

An einem Seil schwebt ein Offizier die Grubenwand zur Halle empor. Fünf, sechs Assistenten ziehen ihn behutsam aus dem Abgrund. Sein Standort befand sich auf einem Streitwagen, von dem aus er seine Abteilung kommandierte. Nun wird er rücklings auf einen mit Stroh ausgepolsterten Karren gelegt und in eine der Werkstätten gerollt, die um die Halle angeordnet sind. Dort wird er nochmals gesäubert, restauriert, bemalt, von allen Seiten gezeichnet und vermessen.

Nach der Restaurierung erhält der Offizier als besonders sehenswertes Exemplar einen Platz in dem angrenzenden „Museum der Krieger- und Pferdefiguren aus dem Mausoleum von Qin Shihuang Di“, das hier eingerichtet wurde.

Unter einem Glaskasten wird ein hölzerner Streitwagen aus dem Grabungssektor Nr. 3 ausgestellt, eine Rekonstruktion, deren Maße die Archäologen nach Fragmenten und Abdrücken im Erdreich ermittelten. Vermutlich diente der Wagen einem Offizier während der Schlacht als erhöhter Beobachtungsplatz. Vier rassige Pferde stehen unterm Joch, kräftige, muskulöse Tiere (Höhe 1,72 Meter, Länge 2,05 Meter).

Auch sie sind lebensnahe Bildwerke, geformt mit großer Sensibilität, und mit derselben Sensibilität wurden sie aus den Trümmern wiedererschaffen.

Quadrigen aus Bronze

Die ältesten Großbronzen Chinas wurden im Dezember 1980 in der Grabanlage des ersten Qin-Kaisers entdeckt. Diese Bronzen wurden überraschenderweise westlich des Grabhügels aufgespürt, wo Sondierungen bislang völlig ergebnislos verlaufen waren. Bei dem kostbaren Fund handelt es sich um bemalte Quadrigen mit Menschen und Pferden in halber Lebensgröße. Die Modellierarbeiten sind von einer meisterhaften Präzision. Die ausdrucksstarken Figuren und Gesichter der Fahrer lassen vermuten, daß sie, wie die Krieger aus Ton, nach wirklichen Personen gestaltet wurden. Das Foto oben zeigt die restaurierte Quadriga Nr. 2, die aus 3462 Einzelteilen zusammengesetzt wurde. Sie wiegt 1,241 Tonnen. Die Bemalung erfolgte nach überlieferten Farbresten. Der Fahrer, im Foto links, beugt sich in gespannter und doch ausgewogener Haltung leicht vornüber, als wollte er die temperamentvollen Pferde gerade in Trab setzen. Die Figur mißt 51 Zentimeter und wiegt fast 52 Kilogramm. Ein Beispiel technischer Perfektion ist das 2200 Jahre alte Bronzerad (unten). Die Einzelteile, Nabe, Speichen und Radkranz, wurden getrennt gegossen und später präzise zusammengesetzt. Das Ergebnis ist ein stabiles, genau vermessenes Rad, funktionstüchtig und doch formschön wie ein Kunstwerk.

Exakt von Kopf bis Fuß

Die Rückenansicht des Bogenschützen von der gegenüberliegenden Seite macht deutlich, wie sorgfältig alle Partien einschließlich der Schuhsohle (unten) ausgearbeitet wurden.

Die Zahl der Handwerker und Künstler, die Chinas tönerne Armee geschaffen, dekoriert, ausgerüstet und aufgestellt haben, ist nicht bekannt, aber nach Ansicht der Archäologen waren hier nicht nur Heerscharen von Sklaven versammelt, die vorwiegend zu Schanzarbeiten eingesetzt wurden, sondern es muß auch ganze Hundertschaften von Spezialisten gegeben haben. Gewiß gab es eine Art Netzplan für Zulieferer und Verarbeiter, um bei dem „Projekt Grabmal" Verzögerungen und Fehler weitgehend zu vermeiden.

Die Zusammenarbeit aller Kräfte und Werkstätten muß hervorragend organisiert gewesen sein. Die Einmaligkeit der Tonplastiken liegt nicht allein in ihrer Qualität, sondern auch in ihrer Quantität, in der technischen und logistischen Fähigkeit, einen derartigen, alle vorhergehenden Erfahrungen sprengenden kaiserlichen Auftrag zu bewältigen. Die Figuren, das haben Untersuchungen ergeben, sind in Arbeitsteilung entstanden. Die Überbleibsel der Ateliers und Brennöfen, die in großer Zahl existiert haben müssen, sind noch nicht entdeckt worden, man ist aber davon überzeugt, daß sie sich in der Nähe befinden.

Die Figuren, Krieger wie Pferde, bestehen aus einem grauen, harten Ton, der bei hoher Temperatur gebrannt wurde. Bei den Kriegern sind nur die Beine und Hände massiv und einzeln gefertigt. Nahtstellen an den Schultergelenken lassen vermuten, daß in manchen Fällen auch der Rumpf und die Arme getrennt hergestellt wurden. Möglicherweise wurden Teile in Formen gepreßt und dann manuell überarbeitet. Die Köpfe bestanden zunächst aus zwei halbkugelförmigen Rohlingen, auf die nach dem Zusammenfügen eine Schicht Feinton aufgetragen wurde. Die Details, etwa Ohren und Bärte, fügte man anschließend hinzu. Das gleiche galt für die Haartracht und die unterschiedlichen Kopfbedeckungen, die mit größter Sorgfalt ausgearbeitet wurden. Nun erst modellierten besonders qualifizierte Handwerker die individuellen Gesichtszüge.

Wie weit ihre Fähigkeit reichte, den menschlichen Körper „im Raum" darzustellen, veranschaulichen die Ansichten des knienden Bogenschützen.

Auch die Pferde bestehen aus Einzelteilen. Die Beine sind massiv und wurden an den hohlen Rumpf angefügt. An den beiden Rumpfseiten befand sich je ein zehn bis zwölf Zentimeter großes rundes Loch. Durch diese Löcher konnte man ins Innere greifen, etwa um den Pferdekopf zu befestigen, der separat „nach dem Leben" modelliert wurde. Die Ohren, die Stirnlocken und der Schweif der Tiere waren ebenfalls Einzelstücke.

Wie farbenreich, ja bunt die Plastiken im fertigen Zustand ausgesehen haben, ist nach der 2000 Jahre langen Verwitterung kaum noch feststellbar. Von der Farbenpracht blieben nur Reste zurück, die den Archäologen allerdings Hinweise gaben: Die Maler rührten die Farben aus mineralischen Pigmenten und Leim an, sie wurden kalt aufgetragen. Die Palette war beachtlich. So trugen gepanzerte Infanteristen einen grünen Rock; Kragen und Manschetten waren lavendelfarben; dazu kamen eine dunkelblaue Hose, eine schwarze, weißgenietete Rüstung mit Goldknöpfen und purpurnen Kordeln; ihre Schuhe waren schwarz. Eine andere Kriegerschar trug ein rotes Wams mit blaßblau gemusterten Kragen und Ärmelaufschlägen, dazu eine dunkelbraune Rüstung mit roten oder grünen Nieten und orangefarbenen Kordeln. Gesichter und Hände wurden nach heller Grundierung in einem Hautton bemalt. Kopfhaar, Bart und Wimpern waren schwarz, die Augen weiß mit schwarzen Pupillen.

Aber es waren ja nicht nur Tonmischer, Former, Modellierer, Brenner und Maler am Grabmal tätig. Da gab es noch Bronzegießer, die Waffen und Dekorationsstücke gossen. Sattler nähten Sättel und Zaumzeug. Schreiner schreinerten die Streitwagen. Zimmerleute zimmerten die Unterstände aus.

Mithin repräsentiert das Qin-Regiment nicht nur die Macht des Erhabenen Kaisers und die Tapferkeit seiner Armee, sondern auch die Leistungsfähigkeit des Handwerks.

Der kniende Bogenschütze *(rechts) repräsentiert eindrucksvoll den hohen Standard des chinesischen Kunsthandwerks der Qin-Zeit. Die Proportionen wirken trotz der komplizierten Körperhaltung realistisch, die Gewichte und Gegengewichte räumlich ausgewogen. Der Kämpfer gehört zu einer 120 Mann starken Einheit kniender Bogenschützen, die im Grabungssektor Nr. 2 die Flanke der Streitwagen und Kavallerie sichert. Die Figur ist 1,22 Meter groß. Immer wieder fasziniert der Gegensatz zwischen der Menge der Figuren, die langsam und kolonnenweise aus Schutt und Erde herauswachsen (links), und dem restaurierten, ausstellungsreifen Einzelstück.*

Für den Angriff gedrillt

Die Grabanlage, die Qin Shihuang Di schon zu seinen Lebzeiten bauen ließ, erleichtert den Historikern das Verständnis für diesen ungewöhnlichen Herrscher. Mit jedem Spatenstich der Archäologen auf den Feldern vor dem Berg Li, mit jedem neuen Tonsoldaten, den sie zutage fördern, wird es offenbarer: Dieser Kaiser, der zugleich von Machthunger und einer krankhaften Angst vor dem Sterben erfüllt war, setzte auf militärische Stärke. Selbst im Jenseits mochte er nicht auf den Schutz seiner Leibwache verzichten. Und er gab sich nicht mit einigen symbolischen Tonkriegern als Grabbeigabe zufrieden, sondern ließ eine ganze Armee mit allen Waffengattungen in unterirdischen Gängen antreten.

Entsprechend hoch war der Stellenwert des Militärs in der kaiserlichen Politik. Neben einem funktionstüchtigen Verwaltungsapparat war die straff organisierte Armee das wichtigste Werkzeug, dessen sich Qin Shihuang Di bei der Verwirklichung seiner ehrgeizigen Pläne bediente. Sie wurde von Berufsoffizieren geführt. Ihr Herzstück bildeten die schnellen Reitertruppen. Sie waren, wie alle anderen Einheiten der Armee, für den Angriff gedrillt; sie eroberten fremdes Land, sie sicherten die Grenzgebiete im Norden des Landes, und sie konnten, schnell beweglich, wie sie waren, auch innere Unruhen rasch niederschlagen. Qin Shihuang Di knauserte deshalb nicht, wenn es um die Ausrüstung und Verstärkung der Kavallerie und der Streitwagen ging, und er nutzte das Instrument, das er sich geschaffen hatte, oft und rücksichtslos.

Der maßlos ruhmsüchtige, ewigkeitsbesessene Erste Erhabene Kaiser war ohnehin alles andere als der Inbegriff einer edlen, stattlichen Herrschergestalt, vertraut man den Worten seines Oberbefehlshabers.

„Er hat eine Hakennase. Seine Augen sind wie Schlitze. Er hat eine Hühnerbrust und die Stimme eines Schakals. Er ist ohne jede Barmherzigkeit, und in seiner Brust schlägt das Herz eines Tigers oder eines Wolfes. In der Not erniedrigt er sich; wenn er aber im Erfolg steht, verschlingt er Menschen ohne Bedenken ...“

Qin Shihuang Di war ein Diktator, der sich gern mit Schmeichlern umgab. Man muß jedoch bei der Wahrheit bleiben: Unter den Männern seiner Umgebung gab es auch sehr fähige Köpfe. Sie ausgewählt zu haben bedeutet schon Verdienst. Die meisten Reformen, die aus einer Ansammlung von Eroberungen ein wirklich vereintes Groß-China schufen, verdankte der Kaiser seinem Kanzler Li Si: die zentralistische Verwaltung durch Beamte, die einheitlichen Schrift-, Währungs-, Gewichts- und Maßsysteme, die Reichsfernstraßen mit genormter Spur, die Bewässerungsanlagen für die Landwirtschaft ... und wohl auch den Rat, den gesamten Feudaladel, 120 000 Familien, in die Kaiserstadt Xianyang zwangsumzusiedeln, damit er auf seinen angestammten Sitzen nicht aufmucken könne.

Der Kaiser, ein harter Arbeiter, der täglich 120 Pfund Akten bewältigte, sah sich als Wohltäter. „Allen einfachen Leuten geht es gut“, hieß es in einem Preisgedicht, das er in Stein hauen und auf den Straßen aufstellen ließ. Das entsprach keineswegs der Wahrheit. Er war in seiner Vorstellung der größte Herrscher seit Menschengedenken, der Herrscher eines Reiches, das an die Grenzen der zivilisierten Welt stieß. Entsprechend waren die Dimensionen seiner Ideen und Wünsche.

Das gigantischste Bauprojekt des Kaisers war die Verstärkung und Erweiterung der Großen Mauer, die als Schutzwall gegen die beutegierigen Steppenvölker des Nordens diente. Qin Shihuang Di hat die Mauer also nicht erfunden, aber er setzte alle Mittel ein, um die vorhandenen Wallanlagen miteinander zu verbinden und zu verstärken.

Wagenlenker und Begleitoffiziere einer Quadriga. *Die Qin-Armee war bei ihren Eroberungszügen besonders auf Kavallerie und Streitwagen angewiesen.*

Ein Pferd war ein sehr kostbarer Besitz, *real und im übertragenen Sinn: Es schützte vor Dämonen. Die feine Modellierung zeigt diese Wertschätzung.*

Im Abstand von 150 Metern wurden zwölf Meter hohe Wachttürme errichtet, zum Teil mit Toren. Aufwand, Kosten, Erdbewegung und Arbeitseinsatz waren enorm. Zeitweise schuftete fast eine Million Menschen auf dieser riesigen Baustelle. Es waren zunächst Bauern, die ihren Frondienst zu leisten hatten, aber dann kamen immer mehr Zwangsarbeiter hinzu, Sträflinge, die wegen irgendwelcher, oft auch nichtiger oder angeblicher Vergehen zur Arbeit verurteilt worden waren. Die Ernährung, die zu einem gewaltigen Nachschubproblem wurde, war schlecht, die Behandlung der Männer hart und brutal. Wer sich einem Befehl widersetzte, wurde mit einer Schnur erdrosselt und in dem Bauwerk „bestattet".

Das krankhafte Schutzbedürfnis des Kaisers, das in der Mauer einen sichtbaren, die Zeiten überdauernden Ausdruck fand, entsprach der ungewöhnlichen Persönlichkeitsstruktur dieses Herrschers: Einerseits litt er an Verfolgungswahn, andererseits wurde er von einem übermächtigen Drang nach Unsterblichkeit vorangetrieben.

Die Große Mauer war mithin ein Symbol chinesischer Ordnung und Vernunft, die dann freilich durch die Maßlosigkeit des Kaisers erschüttert wurden.

Die Große Mauer *ist das einzige Bauwerk der Erde, das man vom Mond aus sehen kann. Das Satellitenbild zeigt Teile der Mauer im Südwesten Chinas (rot eingekreist). Die Längenangaben schwanken zwischen 6250 und 12 700 Kilometern, weil die Mauer an einigen Stellen mehrfach gestaffelt ist. Sie besteht aus einem Wall von sieben bis acht Meter Höhe. Die Basis ist 6,5 Meter breit, die mit Ziegeln gepflasterte Krone 5,8 Meter.*

Bruch mit der Tradition

Mit dem rücksichtslosen Einsatz aller Kräfte schaffte es Qin Shihuang Di, erstmals in der Geschichte des Landes die chinesischen Teilstaaten zu einem einheitlichen Gebilde zusammenzuschweißen. Die Hauptlast trug dabei die an vielen Fronten bewährte Armee, die über Militärkommandanturen im ganzen Reich verteilt und durch die Reitertruppen äußerst beweglich war. Aus der Endphase der Streitenden Reiche (481–249 v. Chr.) ging sie als Siegerin hervor. Dieser Epoche, die von politischen Wirren und Auflösungserscheinungen geprägt wurde, waren die Shang-Dynastie (1766–1122 v. Chr.) und die Zhou-Dynastie (1122–249 v. Chr.) vorangegangen. Beide Fürstenhäuser repräsentierten mächtige und ehrgeizige Teilreiche, die sich immer wieder im Kampf um die Vorherrschaft gegen andere chinesische Feudalstaaten durchzusetzen wußten.

Die Reichsidee, die der Erste Kaiser durch militärische Erfolge sowie durch gesetzgeberische und verwaltungstechnische Maßnahmen realisierte, blieb ein verbindliches Ziel für alle späteren Herrscher des Landes.

Chinas Geschichte hat einen langen Atem, und Traditionen spielen dabei eine besondere Rolle. Die Qin-Dynastie zerbrach schon nach kurzer Zeit nicht nur an der Unruhe des ausgebeuteten Volkes, sondern auch daran, daß der Kaiser selbst den Rahmen des bisher Möglichen sprengte.

Die Chinesen betrachteten den Staat nicht nur als eine Folge politischer und militärischer Entscheidungen, die Frage nach seinem Sinn und seinen Aufgaben gehörte stets auch zu den Hauptthemen der Philosophie. Die Philosophen beschäftigten sich immer wieder mit den vielfältigen Problemen des Gemeinwesens sowie der Legitimation der Herrschaft.

Die staatspolitischen Vorstellungen, die vor und während, aber auch nach der Qin-Dynastie eine Rolle spielten, wurden von Konfuzius, Laotse, Mencius und in entscheidendem Maß von den Legalisten geprägt.

„Laßt den Fürsten einen Fürsten sein", lehrte Konfuzius, „den Minister einen Minister, den Vater einen Vater, den Sohn einen Sohn." Jeder sollte also an seinem angestammten Platz in der Gemeinschaft wirken. Konfuzius, eigentlich Kon Fu Zi (551–479 v. Chr.), war mit dem Feudalsystem verwachsen, das allerdings seinerzeit bereits zerfiel. Der Konfuzianismus schätzte die gute alte Zeit, lobte Eigenschaften wie Güte und Sittsamkeit und sah den Staat als Großfamilie. Der Ahnenkult wurde zum Sittengesetz, und die Menschen, die sich daran orientierten, durften mit himmlischen Wohltaten als Belohnung rechnen. Der „edle Mensch" (das war in jener Zeit der gebildete Gutsherr) wurde als Hüter der Wahrheit propagiert in einem Staat, in dem alle Menschen Brüder sind.

Die der Lehre des Laotse (geboren um 604 v. Chr.?) verbundenen Taoisten vertrauten eher auf die harmonischen und ordnenden Kräfte der Natur. Aus ihr, so meinten sie, käme die Kraft, die alle Menschen weiser mache. Dieser natürliche Weg (Tao) entfernt den Menschen zwangsläufig von den Pflichten eines Staatsbürgers oder Amtsträgers.

Der Philosoph Meng-tzu hingegen (auch Meng Zi oder Mencius genannt, 372–289 v. Chr.) war ein Verfechter von Menschlichkeit und Gerechtigkeit. Falls ein Herrscher, so lehrte er, das Vertrauen des Volkes verliert oder gar zu Terrormaßnahmen greift, erlischt sein Mandat, das er vom Himmel erhalten hat. Meng-tzu verneinte also die Allmacht der Regierenden und ihre Unanfechtbarkeit.

Ganz anders klangen die Grundsätze der sogenannten Legalisten, die eine rücksichtslose Machtpolitik vertraten. Sie brachen mit der Tradition des Adels (er wurde enteignet), mit den alten Sitten und Bräuchen.

Qin Shihuang Di bekannte sich zu diesen Grundsätzen, und er handelte dementsprechend. Er befahl die totale Vereinheitlichung

Teilansicht eines stehenden ungepanzerten Kriegers (links). Der 1,9 Meter große Soldat, der im Grabungssektor Nr. 1 geborgen wurde, trägt ein knielanges, am Hals in Falten gelegtes Untergewand und darüber einen auf der Brust übereinandergeschlagenen Waffenrock.

des Maß- und Währungssystems sowie der Schriftzeichen und unterdrückte alle unterschiedlichen regionalen Mentalitäten, Denkarten und Wertvorstellungen. Dahinter stand die Vorstellung von einem Kollektiv aller Chinesen, das nur dem Staat diente. Die staatstragende Klasse bestand aus Ackerbauern und Soldaten. Aufkeimender Unmut wurde durch die Androhung brutaler Strafen erstickt: Exekution der ganzen Sippe, Verstümmelung, Zwangsarbeit. Belohnt und befördert wurde nur nach Leistung. Der Erste Erhabene Kaiser führte Groß-China mit Hilfe einer strammen Beamten- und Militärhierarchie. Der Herrscher beanspruchte für sich auch das Monopol des Wissens. Um den Intellektuellen die Grundlagen ihrer Kritik („gehässige Gerüchte") zu entziehen, ordnete der Kaiser 213 v. Chr. eine Bücherverbrennung an; jeweils ein Exemplar der indizierten Titel wanderte in seine eigene Bibliothek. Verbrannt wurden Dichtungen, Geschichtsbücher der ehemaligen Feindstaaten, politische und religiöse Texte, philosophische Schriften. Ein Jahr später ließ der Despot 460 Gelehrte vor den Toren der Hauptstadt hinrichten, unter ihnen viele Konfuzianer, deren Wertvorstellungen sich in der Folgezeit aber dennoch durchsetzen konnten.

Qin Shihuang Di hatte sich vorgenommen, China zu verändern, und er hinterließ tatsächlich unübersehbare Spuren. Seine Großprojekte – die Mauer z. B. oder der Ausbau der Residenz, die ohnehin schon 270 Paläste und Pavillons aufwies – beschäftigen ständig über drei Millionen Menschen, etwa 15 Prozent der Gesamtbevölkerung. Wenn aber Bauern nicht auf den Feldern arbeiten, sondern Frondienste leisten müssen, wird das Brot knapp, wächst die Unzufriedenheit. Kurz nach Qin Shihuang Dis Tod rebellierte ein Tagelöhner mit seiner Gefolgschaft und fegte die Erben des Kaisers vom Thron.

„Dieser erste Bauernaufstand der chinesischen Geschichte zeigt, wie die Geschichte eines Landes von seinem Volk abhängt", kommentierte der Leiter des Qin-Krieger-Museums am Berg Li. „Die Gleichgültigkeit des Ersten Kaisers gegenüber dem Wohlergehen seiner Untertanen hatte zum völligen Untergang seiner Dynastie geführt – eine Lehre für uns alle."

Die Armee war die Ordnungsmacht in Qin Shihuang Dis Staat. Links die Trümmer einer Quadriga mit Pferden und Besatzung. Diese Streitwagen spielten im Heer eine wichtige Rolle. Der Kaiser brach mit den traditionellen Tugenden Chinas und setzte auf einen straff organisierten Staat, mit dessen Hilfe er seine Träume verwirklichen und seine Ängste besiegen wollte.

Zwischen Zeus Zarathustra

Auf dem Nemrud Dağ schuf sich König Antiochos I. von Kommagene eine monumentale Grabanlage. Für alle Zeiten sollte das Volk hier den Göttern und dem Herrscher seine Verehrung erweisen.

und

Am Nemrud Dağ

Eine knappe Stunde Rast gönnten sich Karl Sester und Otto Puchstein in Horik, einem Bergdorf an den Hängen des Nemrud Dağ im Äußeren Osttaurus. Danach ging es „eine Stunde lang weiter aufwärts in der Schlucht, dann links steil bergauf in anderthalb Stunden zum Tumulus", wie Puchstein, der junge Archäologe, am 4. Mai 1882 notierte. Sie waren am Ziel der strapaziösen Erkundungsfahrt, die am 15. April in Iskenderun am Mittelmeer begonnen hatte. Jetzt hatten sie den 2150 Meter hohen Berg erklommen und standen vor dem gigantischen Schutthügel, der ein archäologisches Geheimnis barg. Zunächst aber genossen Sester und Puchstein das Panorama. Selbst der sonst so nüchterne Gelehrte Puchstein geriet ins Schwärmen: „... endlich die überraschende Aussicht hier auf zahllose Berggipfel und unentwirrbare Täler ..., dort in die grausige Tiefe des Gergerçay-Tales und in die endlose Ebene jenseits des Euphrat – das alles erzeugt in der Seele des auf die Kuppe klimmenden Wanderers einen Schauer, der dem erstaunlichen Menschenwerk, das sich auf ihrer höchsten Höhe plötzlich vor dem Auge ausbreitet, eine eigentümlich feierliche Weihe verleiht und es in der Tat gar leicht auf den so nahen Himmel bezieht."

Als Puchstein dies zu Papier brachte, wußte er bereits, daß das „erstaunliche Menschenwerk" sich tatsächlich auf den „Himmel" bezog. Es war die Grabstätte Antiochos' I., Königs von Kommagene.

Davon konnte Karl Sester noch nichts ahnen, als er 1881 beim deutschen Konsulat in Izmir vorstellig wurde und berichtete, er habe auf einem Berggipfel im Äußeren Osttaurus Denkmäler von kolossaler Größe entdeckt, die er der assyrischen Kultur zurechne.

Karl Sester, ein unternehmungslustiger junger Mann, der einst als Koch mit einer britischen Gruppe von Straßenbauingenieuren in die Türkei gekommen war und sich nach und nach Kenntnisse und Wissen vom Straßenbau angeeignet hatte, stand um 1880 in türkischen Diensten und hatte den Auftrag, Trassen für Verkehrswege zu erkunden und zu vermessen. Bei dieser Arbeit war er auf jene Bildwerke gestoßen. Ein Brief, den er zunächst an die deutsche Botschaft in Konstantinopel geschickt hatte, war ohne Antwort geblieben. Daraufhin wandte sich Sester persönlich an die deutschen Konsulate, wo man ihm weiterhalf. Der Vizekonsul in Izmir teilte Sesters Beobachtung der Königlich Preußischen Akademie der Wissenschaften mit. Diese geriet durch die Nachricht in ziemliche Aufregung, zumal die Assyriologie damals noch ein recht neues Forschungsgebiet war.

Die Akademiemitglieder hegten allerdings zunächst Zweifel, ob man den Aussagen Karl Sesters, eines Unbekannten und Laien, trauen dürfe. Nahrung erhielten die Zweifel aus der Tatsache, daß sich Generalfeldmarschall Helmuth von Moltke schon gut 40 Jahre zuvor in jener Gegend aufgehalten hatte. Der junge preußische Hauptmann war als Militärberater in die Türkei geschickt worden und hatte die Aufgabe, Straßenverhältnisse und Nachschubwege für die türkische Armee zu erkunden. Bei seinen

Die Ostterrasse des Nemrud Dağ *(unten) mit den Thronsesseln der monumentalen Götterstatuen untersuchten erstmals Karl Sester und Otto Puchstein auf einer Expedition im Jahr 1882. Im Vordergrund der Kopf des Herakles-Artagnes.*

Vom Äußeren Osttaurus *(rechts) bis zum oberen Euphrat erstreckte sich das im Grenzgebiet von Römern und Parthern gelegene kleine Königreich Kommagene. In der steinigen Gebirgslandschaft kann kaum Feldbau betrieben werden. Auch damals grasten Ziegen und Schafe auf den kargen Weiden. Die Wirtschaft profitierte überwiegend von der Eisenverhüttung.*

kartographischen Aufzeichnungen benutzte er immer wieder den weithin sichtbaren Nemrud Dağ als Orientierungspunkt. Von „assyrischen Altertümern" hatte er jedoch nie berichtet, obwohl er als Kenner alter Kulturen galt.

Karl Sester hielt sich mittlerweile in Ägypten auf, und da traf es sich gut, daß Otto Puchstein – als vielversprechendes wissenschaftliches Talent mit einem „Reisestipendium für Archäologie" ausgestattet – sich ebenfalls im Land am Nil befand. Puchstein erhielt Order aus Berlin, Sesters Glaubwürdigkeit zu überprüfen. Sein Bericht fiel positiv aus, und die Königlich Preußische Akademie der Wissenschaften finanzierte die Erkundungsreise der beiden von Ausbildung und Tätigkeitsbereich her so unterschiedlichen Männer zum Nemrud Dağ.

Die großartige Anlage, die sie am Ziel der Reise vorfanden, besonders aber die großen thronenden Figuren waren ein imposanter Anblick. Eine Figur interessierte den Archäologen Puchstein besonders; sie schien einen Gegenstand in der Hand zu halten – vielleicht eine Keule, das Symbol des Herakles? Er kletterte den Hang hinauf, untersuchte das Bildnis aus Stein genauer und entdeckte dabei auf dessen Rückseite eine teilweise von Schotter bedeckte griechische Inschrift, die allerdings stark verwittert war.

***Antiochos I.** (rechts), der etwa von 69 bis nach 38 v. Chr. das Reich Kommagene regierte, wurde bereits zu Lebzeiten als Gott verehrt. Er war der Erbauer der Kultstätte auf dem Berg Nemrud Dağ, dessen Spitze zugleich das Grab des Königs birgt. Antiochos' gewählter Begräbnisplatz war Zentrum regelmäßig wiederkehrender Kultfeiern. Hier der Kopf des Herrschers auf der Westterrasse.*

Puchstein fand rasch heraus, daß es sich tatsächlich um eine Darstellung des Herakles handelte. Die Inschrift auf der Rückseite des Thronsessels setzte sich auf den Lehnen der anderen Figuren fort. Soweit wie möglich befreite er die Inschrift vom Schutt und begann sie zu kopieren und zu entziffern. Staunend las er: „Wie Du siehst, erstellte ich diese den Göttern wahrhaft würdigen Bilder: die des Zeus-Oromasdes, des Apollon-Mithras-Helios-Hermes, des Artagnes-Herkules-Ares und (als Symbol) meines Vaterlandes ein Abbild der allernährenden Kommagene. Aus gleichem Stein gefertigt und gemeinsam mit diesem thronend, errichtete ich auch das Abbild meiner Gestalt den erhörenden Göttern zur Seite. Ich machte so die uralte Würde der großen Götter zur gleichaltrigen Gefährtin meines jungen Gesichts."

Dies war nur ein Teil des gesamten Textes. Wer aber sprach hier über die Zeiten hinweg zu Puchstein? Der Anfang der Inschrift, der hätte Antwort geben können, war nicht lesbar; Wind und Wetter hatten die Buchstaben nahezu ausgelöscht. Doch Puchstein mußte nicht lange auf eine Antwort warten. Die Figurenreihe, die der junge Archäologe zunächst untersucht hatte, befand sich auf einer östlich des Schutthügels angelegten Terrasse. Genau auf der gegenüberliegenden Seite, im Westen also, gab es jedoch eine zweite Terrasse, auf der ebenfalls Kolossalstatuen aufgestellt waren. Auch sie trugen eine Inschrift, die – wie Puchstein rasch feststellte – gleichlautend mit jener auf der Ostterrasse war. Unleserliche Stellen der einen Inschrift konnten nun durch die zweite ergänzt werden. Und so gelang es dem Archäologen herauszufinden, wie der erste Satz des Textes lautete: „Der große König Antiochos, Gott, der Gerechte, Epiphanes, Freund der Römer und Hellenen, Sohn des

Königs Mithradates Kallinikos und der Königin Laodike, der Göttin, der Bruderliebenden, Tochter des Königs Antiochos Epiphanes, des Mutterliebenden, Siegreichen, ließ auf geheiligtem Rasen für ewige Zeiten mit unvergänglichen Buchstaben Worte der eigenen Huld aufzeichnen."

Es handelte sich um Antiochos I. von Kommagene, der etwa von 69 bis nach 38 v. Chr. ein Königreich regierte, das in der heute südtürkischen Landschaft zwischen Euphrat und Taurusgebirge lag. Jener Antiochos hatte also die gewaltige Anlage auf dem Nemrud Dağ errichten lassen, sich und seinen Ahnen zum Ruhm, „damit dort", wie es heißt, „die äußere Hülle seines bis in das hohe Greisenalter wohlerhaltenen Leibes bis in alle Ewigkeit ruhen sollte, nachdem sie die gottgeliebte Seele zu den himmlischen Thronen des Zeus-Oromasdes emporgesandt hat". Die Gleichsetzung der Götternamen, die Puchstein zunächst verwirrte, erklärt sich daher, daß Antiochos I. sowohl Griechen als auch Perser zu den Ahnen seines Geschlechts zählte. Und so verschmolzen auch in der religiösen Vorstellung der griechische Zeus und der persische Oromasdes (Oromasdes ist die griechische Bezeichnung für Ahura Mazda, den „Weisen Herrn" in der Lehre Zarathustras) zu einer Herrschergestalt über den griechisch-persischen Götterhimmel.

Die Anlage auf dem Nemrud Dağ bezeichnete man als Hierothesion – eine Stätte, die etwas Heiliges birgt: die sterbliche Hülle des zum Gott erhobenen Königs nämlich. Die Spitze des Berges bestand aus einem von Menschenhand aufgeschütteten Kegel aus Schottergestein, an dessen Ost- und Westseite Terrassen angelegt und reich mit Skulpturen und Reliefsteinen ausgestattet worden waren. Außerdem stießen die Ausgräber auf eine nördlich gelegene Terrasse, wo allerdings keine Figuren aufgestellt waren. Bemerkenswert waren die breiten Wege rund um den Hügel, die zu dem Heiligtum hinaufführten.

Der Tumulus hat am Fuß einen Durchmesser von etwa 150 Metern, seine Spitze erhebt sich 49,8 Meter über der West- und 39,45 Meter über der Ostterrasse. Der Höhenunterschied der beiden Terrassen beträgt also 10,35 Meter.

Als Karl Sester und Otto Puchstein am 8. Mai nach erfolgreicher Arbeit den Nemrud Dağ wieder verließen, hatte Puchstein von Berlin aus noch den Auftrag, die Burganlage von Gerger, die östlich des Nemrud Dağ unmittelbar über dem Steilufer des Euphrats liegt, zu untersuchen. Dabei gelang es ihm, eine griechische Inschrift auf einer Felswand zu entziffern, auf die schon Helmuth von Moltke hingewiesen hatte. Das Ergebnis beinhaltet folgendes: Hier hatte das Heiligtum der Göttin Argandene gestanden, das sich einst im Bereich der Stadt Arsameia befand. Außerdem stießen die Forscher innerhalb des Heiligtums auf Grabanlagen. Mindestens zwei, wenn nicht vielleicht noch mehr Könige von Kommagene fanden hier ihre letzte Ruhe.

Nach weiteren Erkundungen in dem zwischen oberem Euphrat und Tigris gelegenen Landstrich drängte es Puchstein, nochmals zum Nemrud Dağ zurückzukehren, um seine Berichte und Aufzeichnungen genau zu überprüfen. Vom 12. bis zum 25. Juni blieb der Archäologe auf dem Berg, und als er aufbrach, konnte er es mit der Gewißheit, alles nur Erdenkliche getan zu haben, um seine Auftraggeber in Berlin zufriedenzustellen.

Noch ein drittes Mal sollte Otto Puchstein auf den Nemrud Dağ klettern. Sein Bericht hatte bei den Mitgliedern der Akademie Begeisterung ausgelöst, und schnellstens sollte die Anlage auf dem Nemrud Dağ wissenschaftlich eingehend untersucht werden. Zum Leiter der Untersuchung wurde Carl Wilhelm Humann bestellt, der durch seine Ausgrabungen in Kleinasien, besonders in Pergamon, bekannt geworden war. Am 7. Juni 1883 erreichten die Forscher mit ihrem Troß den Nemrud Dağ.

Humann hatte unter anderem den Auftrag, Gipsabgüsse von den Skulpturen anzufertigen, soweit dies möglich war. Zwei mitreisende Gipsformer begannen mit den Vorbereitungen dazu, während ein Einheimischer mit Lastpferden losgeschickt wurde, um aus der nächsten Stadt Material für den Bau der Transportkisten zu beschaffen. Puchstein überprüfte ein weiteres Mal die Inschriften, die er schon im Jahr zuvor abgeschrieben hatte, ein anderes Expeditionsmitglied fotografierte, und Humann selbst widmete sich den Vermessungen.

Die Arbeiten gingen trotz der klimatischen Unbilden schnell voran. Anfangs war es brütend heiß – schon morgens um fünf Uhr zeigte das Thermometer 28 °C an –, dann machten schwere Gewitter und ein rapider Temperatursturz der Gruppe sehr zu schaffen. Dennoch arbeiteten die Expeditionsteilnehmer wie besessen,

Eine Inschrift, *bestehend aus fünf Zentimeter hohen griechischen Buchstaben, war sorgfältig in die Rückseiten der Thronsessel gemeißelt, auf denen die Götterstatuen saßen. Otto Puchstein entzifferte die Lettern als eine Botschaft von König Antiochos I. an die Nachwelt. Die Texte der Sessellehnen auf der West- und Ostterrasse sind bis auf wenige orthographische Abweichungen völlig identisch.*

Ein Foto von Karl Sester, *dem Entdecker der Grabanlage auf dem Nemrud Dağ, ist die einzige Erinnerung an den reisefreudigen Mann, dessen Lebensdaten nicht bekannt sind. Vom Koch arbeitete er sich zum Fachmann für die Vermessung und den Bau von Verkehrswegen empor.*

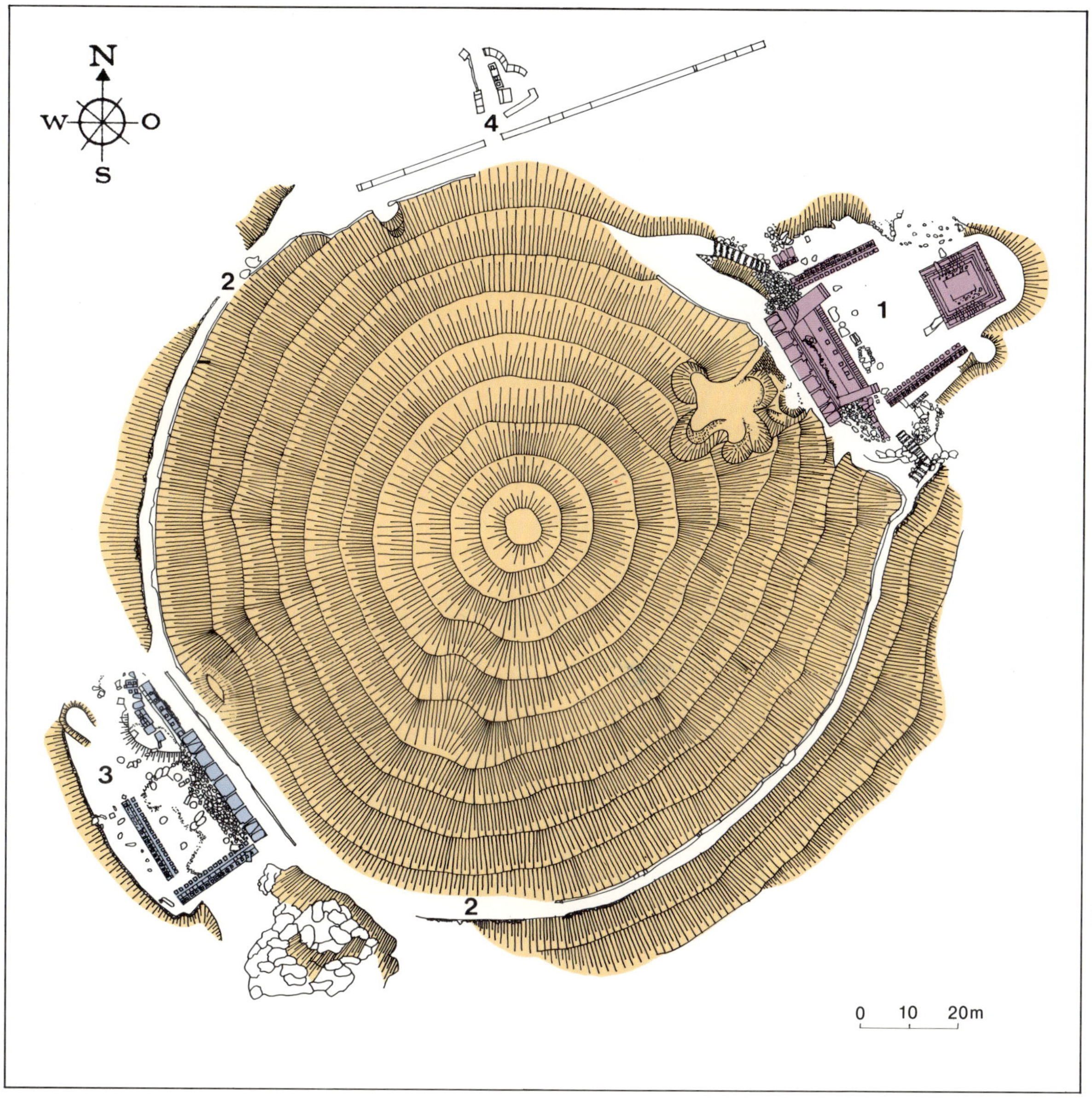

Das Hierothesion *des Antiochos I. von Kommagene (links). Im Schotterkegel an der Spitze liegt wahrscheinlich das Grab des Königs verborgen. Ein Prozessionsweg (2) führte von der Nordterrasse (4) des Tumulus über West- (3) und Ostterrasse (1) um den Berg herum. Hauptkultstätte war die Ostterrasse mit dem Altar. Die Bildwerke waren auf beiden Terrassen identisch, sie waren nur unterschiedlich angeordnet. Der helle Fleck hinter der Ostterrasse markiert einen Steinbruch.*

Carl Wilhelm Humann *(unten), geboren 1839 in Steele, gestorben 1896 in Smyrna (Izmir), leitete 1883 die wissenschaftliche Untersuchung auf dem Nemrud Dağ.*

um das einmal festgelegte Programm zu erfüllen. Am 24. Juni war es dann geschafft. Alle Kisten, in denen die Gipsabgüsse der Reliefs eingepackt waren, standen zum Abtransport bereit, und die Schar der Wissenschaftler und ihrer Helfer konnte sich endlich talwärts in Bewegung setzen.

Als die Gruppe am 9. Juli Iskenderun erreichte, wartete sie zunächst vergeblich auf das Schiff, das sie nach Izmir bringen sollte. Carl Humann berichtet über diesen Zwischenfall: „Von Alexandrette (Iskenderun) sollte jeden Freitag ein Dampfer nach Smyrna (Izmir) fahren, abwechselnd ein französischer und ein russischer. Da aber in Ägypten und Palästina die Cholera ausgebrochen war, hatten die Dampfer ihren Fahrplan geändert, und zwar derart, daß gerade in der Woche unserer Ankunft überhaupt kein Dampfer kam und wir somit gezwungen waren, zehn Tage ... zu warten ... bis Freitag, den 20. Juli, wo ein russischer Dampfer erschien. Nachdem ich erst die 32 Kisten mit der verschiedenen Ausbeute an Formen und Originalbruchstücken als Frachtgut für Triest, dann unsere Koffer an Bord gebracht hatte ..., lichtete man nachmittags den Anker. Wir selbst kamen nach ruhiger Fahrt am Dienstag, dem 24. Juli, wieder in Smyrna an, von wo die einzelnen Teilnehmer der Expedition ... sich zerstreuten. Alle Kisten sind unverletzt in Berlin angelangt."

Götter und Giganten

Als Otto Puchstein im Juni 1882 zum zweitenmal auf den Nemrud Dağ stieg, befaßte er sich eingehend mit der Gesamtanlage des Hierothesions. Als sehr hilfreich für das Verständnis erwiesen sich die Inschriften, die der Gelehrte entziffert hatte. Die Kultstätte war kein Ort stillen Gedenkens an den göttergleichen Antiochos I. und seine Ahnen, im Gegenteil, diese heilige Stätte ähnelte wohl eher einem Ort munteren Treibens und fröhlicher Gesellschaften mit dazugehöriger Musikbegleitung.

Besonders die Ostterrasse muß einem Festplatz gleichgekommen sein. Die Reihe der kerzengeraden, mit dem Rücken zum Tumulus thronenden Götter blickte hier auf einen Hauptaltar mit quadratischem Grundriß, zu dem einige Stufen emporführten. Fast im rechten Winkel zu der Götterreihe schoben sich links und rechts die Ahnenreihen des Königs Antiochos I. zum Altar hin vor. Die ganze Anlage bildete also ein großes Geviert. Die Westterrasse zeigte – wie wir noch sehen werden – ein etwas anderes Bild, vermutlich bedingt durch die Gegebenheiten des Geländes, das weniger Raum bot.

Ein eigens bestellter Oberpriester waltete hier oben seines Amtes. „Unter Anlegung persischer Gewänder", so die Inschrift, hatte er jeden Monat zweimal – jeweils am zehnten und am 16. Tag, dem Krönungs- und dem Geburtstag des Königs – die Feiern auszurichten. Die Teilnehmer an den Feierlichkeiten konnten auf einer breiten Prozessionsstraße den Berg hinauf pilgern und dort von der einen zur anderen Terrasse rund um den Hügel herum gehen.

Alle waren eingeladen, „Einheimische und gerade sich hier aufhaltende Durchreisende", und dem Priester war aufgetragen, die Festteilnehmer „mit großer Zuvorkommenheit" zu empfangen. Die Opferdiener stellten für die Gäste Schüsseln mit Speisen und Krüge mit Wein bereit, der „für reichlich gespendeten Trank mit Wasser gemischt" werden sollte. Ausdrücklich bedachte Antiochos in seiner Verfügung den bewirtenden Oberpriester: „Für sich selbst soll er, wie es Sitte ist, als Ehrengabe seines Priesteramtes seinen Anteil auswählen …"

In der Inschrift fehlt auch nicht der Hinweis auf eine offenkundig schon damals verbreitete Unsitte, nämlich die Trinkgefäße zu stehlen. Herzlich bat der König alle, die für den Gebrauch im Tempelbezirk gereichten Becher nur während der Dauer des Festes zu benutzen.

Doch nicht nur für Speis und Trank, auch für Unterhaltung sorgte Antiochos. Er setzte ein Orchester aus Hierodulen ein; so bezeichnet man die im Dienst einer Gottheit stehenden Männer und Frauen, die bei Kulthandlungen, z. B. bei Opfern, sangen, musizierten oder tanzten. Über dieses Orchester hatte der König verfügt: Sämtliche Musiker, „ihre Söhne und Töchter und alle ihre Nachkommen, die dieselbe Kunst erlernen, die sollen von jeder anderen Arbeitsleistung befreit sein, aber an den von mir festgelegten Zusammenkünften ihr Amt ausüben und ohne Entschuldigung ihre Pflichten erfüllen, solange es die Teilnehmer wünschen".

Offenbar stießen die Darbietungen der Berufsmusiker auf breites Interesse, denn der König rät ausdrücklich davon ab, die Mitglieder seines Orchesters abzuwerben, ob „König oder Dynast, ob priesterlicher oder weltlicher Amtsträger". Statt solche unlauteren Absichten zu verfolgen, solle man die Musiker in jeder Weise unterstützen, wofür man des Wohlwollens der Götter und der königlichen Ahnen gewiß sein könne, meinte der König.

So weltlich uns diese Feste anmuten – was auf dem Nemrud Dağ geschah, waren religiöse Feiern, kultische Handlungen. „Prunkvolle Opfer" wurden den Göttern und Ahnen zum Duft von entzündetem Weihrauch und aromatischen Kräutern dargebracht. Antiochos' I. Absicht war es, seinem Volk „ein Vorbild der Frömmigkeit zu geben, die den Göttern und Ahnen zu bezeugen ein göttliches Gebot ist", wie eine weitere Inschrift des königlichen Stifters beweist.

***Aufgestellte Köpfe** auf der Westterrasse. Hinter dem Adlerkopf steht das Haupt des Herakles-Artagnes, links davon Apollon-Mithras.*

Die kultischen Feiern mußten finanziert werden. Auch hier hatte Antiochos I. vorgesorgt. Er überschrieb dem Hierothesion einige Dörfer, die bisher zum königlichen Krongut gehört hatten. Alle Abgaben, die sie bislang an die königliche Kasse zu entrichten hatten, flossen jetzt der Tempelkasse zu und sorgten dafür, daß es den Pilgern an nichts mangelte.

War die Rekonstruktion der Anlage auf der West- und Ostterrasse für die Archäologen schon keine einfache Aufgabe, so erwies sich die Zusammenfügung und Deutung der Ahnenreliefs als besonders schwierig. Licht in das Dunkel brachte erst der deutsche Archäologe Karl Friedrich Dörner, der ab 1938 Expeditionen nach Kommagene leitete.

Alle Ahnenreliefs waren in einheitlicher Weise angelegt worden. Dörner stellte fest, daß in einen Sockel eine Platte aus grünlichem Sandstein eingelassen war. Auf ihrer Vorderseite zeigte sie als Reliefbild den Ahnherrn oder die Ahnfrau, und auf der Rückseite befand sich eine Inschrift, aus der hervorging, um wen es sich hier handelte. Vor jedem dieser Reliefs befand sich jeweils ein kleiner Altarblock.

Die Reihe der väterlichen Vorfahren, also der persischen Ahnen des Königs Antiochos I., befand sich auf der Ostterrasse im Norden und auf der Westterrasse im Süden der Anlage. Nach der Rekonstruktion Dörners begann die Reihe mit Darius I., dem Großen (522–486 v. Chr.), setzte sich über Xerxes I. (486–465/4 v. Chr.), Artaxerxes I. (465/4–425 v. Chr.), Darius II. (424 bis 404 v. Chr.), Artaxerxes II. Mnemon (404 bis 359/8 v. Chr.) und Aroandes (Orontes) I. fort. Jener Aroandes oder – griechisch – Orontes war der Schwiegersohn Artaxerxes' II., und über ihn führte Antiochos I. sein Geschlecht bis auf Darius zurück. Zwischen Aroandes, den das sechste Relief zeigt, und das Bildnis des Vaters von Antiochos I., Mithradates Kallinikos (etwa 100–70 v. Chr.), auf dem letzten Sockel, schiebt sich noch eine Reihe weiterer Ahnen, deren Namen jedoch teilweise zerstört sind oder von denen uns genauere historische Nachrichten nicht bekannt sind.

Genauso wichtig wie der väterliche Stammbaum war für Antiochos I. die Abstammungslinie mütterlicherseits. Dies zeigt sich nicht zuletzt darin, daß der König nie vergaß, in seinen Inschriften neben dem Vater auch die Mutter, die aus dem Haus der Seleukiden stammende Prinzessin Laodike, zu erwähnen. Allerdings ist es bis heute nur sehr unvollständig gelungen, die Reliefs der mütterlichen Vorfahren wiederherzustellen und zu ordnen. Von daher kann auch nicht eindeutig geklärt werden, wer von den Ahnen das Vorrecht genoß, auf dem Nemrud Dağ der Nachwelt überliefert zu werden. Als sicher gilt jedoch, daß diese Ahnenreihe Alexander der Große (336–323 v. Chr.) anführte, denn er galt als Stammherr der hellenisti-

Je ein Adler *rahmte zusammen mit einem Löwen beiderseits die monumentalen Götterstatuen ein. Der abgebildete Adlerkopf wurde auf der Westterrasse freigelegt.*

schen Herrscherdynastie der Seleukiden. Alexander der Große selbst wiederum galt als Sohn des Zeus, und damit konnte Antiochos seinen Stammbaum bis auf den höchsten der griechischen Götter zurückführen.

Während Antiochos I. die Ahnenreihe seiner mütterlichen Vorfahren auf der Ostterrasse im Süden parallel zu der väterlichen Ahnenreihe anlegen ließ und sie damit rechtwinklig zur großen Götterreihe plazierte, wurde der Raum auf der kleineren Westterrasse anders gestaltet. Hier befinden sich die mütterlichen Ahnen parallel vor den Götterfiguren und rechtwinklig zu den väterlichen Ahnen, so daß sich Götter und mütterliche Vorfahren gegenseitig anschauen.

Außer diesen Ahnenreihen gab es noch vier weitere Reliefs, von denen jedes eine der vier großen Gottheiten von Kommagene zeigt, die auch durch die kolossalen Thronfiguren dargestellt werden. Diese Götter begrüßen jeweils durch Handschlag den König Antiochos I. Damit geben sie zu erkennen, daß sie den Herrscher als ihresgleichen im Kreis der Himmlischen aufgenommen haben.

Die großartigste Darstellung des Herrscherkults aber sind die fünf an die Reliefs anschließenden riesigen Sitzstatuen, die sich auf jeder der beiden Terrassen erheben und dem Tumulus den Rücken zukehren. Rechts und links eingerahmt ist die Statuenreihe durch einen Adler und einen Löwen gemeinsam. „Beinahe neun Meter waren sie hoch“, so beschreibt der Reiseschriftsteller Alfred Renz die Sitzstatuen. „In der Mitte, größer und erhabener noch als seine Throngefährten, der höchste Gott des griechischen wie des persischen Pantheons in einer Gestalt, der des Zeus-Oromasdes ... Zu seiner Linken thronten Apollon-Mithras-Helios-Hermes (... also die Lichtgötter von Hellas und Persien mit der Gestalt des Götterboten kombinierend) und Herakles-Artagnes-Ares, die Gottheit von Kampf und Sieg. Dem höchsten Gott zur Rechten die personifizierte Kommagene ... im linken Arm das Füllhorn, Ährenbündel und Früchte in der Rechten, das Haupt mit Ährenkranz und Fruchtmaß geschmückt. Und neben ihr schließlich der Gottkönig Antiochos selbst, wie die anderen Figuren streng frontal und zusammengefaßt thronend, vergleichbar ägyptischen oder hethitischen Göttern, in persischer Tracht und mit der Tiara gekrönt ...

Jetzt, nach 2000 Jahren, wirkt das alles noch viel roher als einst, ist's doch von der allesfressenden Zeit zernagt und durcheinandergeworfen. Während über der Ost-Terrasse mit ihrem Altar noch die – kopflosen – Monumentalbilder thronen, ihre Köpfe aber verstümmelt sind und von den Reliefs nur geringe Reste blieben, sind die Thronfiguren der West-Terrasse zwar zu formlosen Massen zusammengesunken, doch blicken die Häupter noch in ewiger Jugend über die hintereinandergestaffelten blauen Bergketten hinweg, liegen hier noch einige der Reliefs.“

Der große steinerne Löwe *(rechte Seite) konnte aus mehreren Teilen wieder zusammengefügt werden. Er steht heute an seinem ursprünglichen Platz neben dem Feueraltar auf der Ostterrasse.*

Ein imposantes Bild *muß früher die Ostterrasse (unten) geboten haben, als die vier kommagenischen Hauptgötter und König Antiochos I. noch als riesige Steinfiguren auf ihren Thronsesseln vom Berg herunterblickten. Die herabgestürzten Köpfe – hier Apollon-Mithras und Herakles-Artagnes – wurden wieder aufgestellt.*

Die Burg am Nymphenfluß

Nach 1883 ruhten die Arbeiten am Nemrud Dağ für lange Zeit. Sie konnten allerdings nicht als abgeschlossen gelten, noch war vieles unerforscht, vor allem in der weiteren Umgebung des Berges. Als Friedrich Karl Dörner 1938 in Kommagene die Untersuchungen wieder aufnahm, gelang es ihm beispielsweise, einen Plan der Burganlage von Gerger anzufertigen und die Festungsanlage auf dem Berg Yeni Kale, südwestlich des Nemrud Dağ, teilweise wiederherzustellen.

Dörner reiste aus Kommagene ab mit dem festen Vorsatz, bald wieder dorthin zurückzukehren. Verwirklichen konnte er diesen Plan allerdings erst 1951, und diese Expedition war wiederum ein voller Erfolg. Er entdeckte ein weiteres Hierothesion. Dieses hatte sich der König Mithradates I. Kallinikos, der Vater Antiochos' I., am Berg Eski Kale in unmittelbarer Nachbarschaft von dem Berg Yeni Kale, nur getrennt durch den Nymphenfluß, errichten lassen. „Die geheiligte Grabstätte selbst lag nach der Inschrift in der Vorstadt von Arsameia am Nymphenfluß, einer königlichen Residenzstadt, die uns bisher völlig unbekannt gewesen war", schreibt Dörner. Hier muß allerdings betont werden, daß Arsameia am Nymphenfluß keineswegs mit dem weiter östlich gelegenen Arsameia am Euphrat, dem heutigen Gerger, gleichzusetzen ist, das Sester und Puchstein bei ihrer ersten Erkundung des Nemrud Dağ aufgesucht hatten und dessen Erforschung Dörner fortführte.

Den Anstoß für diese Expedition Friedrich Karl Dörners nach Arsameia gab ein Einheimischer, der von einem „Bildstein" erzählte. Diesen hatte man vor kurzem am Südhang des Berges Eski Kale gefunden. Er entpuppte sich als Fragment eines Reliefs der kommagenischen Gottheit Mithras-Helios. Bei weiteren Erkundungen des Geländes stieß Dörner auf eine verschüttete griechische Inschrift von gewaltigen Ausmaßen, wie sich alsbald herausstellte. Und ihm gelang die Entzifferung.

Die Inschrift stammte von Antiochos I. und ergab, daß Arsameia einst von König Arsames als Doppelstadt auf zwei Felshügeln, den Bergen Yeni Kale und Eski Kale, gegründet worden war. Durch den Bau einer unbezwingbaren Befestigung schuf er für das Land eine nie eroberte militärische Basis und eine gefahrlose Zufluchtsstätte im Krieg. Mithradates hatte sich hier dann ein Hierothesion gebaut, und sein Sohn Antiochos I. hatte es verschönert. Ferner teilte die Inschrift mit, daß auch diese heilige Grabstätte Festlichkeiten gedient hatte, ganz so, wie auf dem Nemrud Dağ.

Das Bild vom Berg Eski Kale rundete sich bei den weiteren Expeditionen Dörners in den Jahren 1953 bis 1956 ab. Ergänzt wurden seine Arbeiten noch durch eine amerikanische Forschergruppe, die zu gleicher Zeit dort tätig war. Diese Untersuchungen ermöglichten schließlich die Rekonstruktion des gesamten Hierothesions.

Pilger, die zum eigentlichen Heiligtum auf dem Plateau des Berges gelangen wollten, mußten einen steilen Weg nehmen. Als erstes erreichten sie die von den Archäologen als Sockelanlage II bezeichnete Terrasse. Hier stand ur-

Auf der Sockelanlage III *(Gesamtansicht unten rechts) des Berges Eski Kale, was übersetzt „Alte Burg" bedeutet, ist über dem Eingang zum großen Felsgang die Felsinschrift eingemeißelt. Links davon befindet sich das berühmte Relief mit der Begrüßungsszene zwischen Herakles und einem König, wahrscheinlich Antiochos I. (unten). Dieses Kalksteinrelief zählt zu den besterhaltenen Bildsteinen aus Kommagene.*

sprünglich jener „Bildstein“, mit dem die Forschungen auf dem Berg Eski Kale begonnen hatten. Das vollständige Relief stellte einst eine Begrüßungsszene zwischen dem Gott Mithras-Helios und einem König – vermutlich Mithradates I. Kallinikos – dar.

Von hier ging es weiter bergan bis zum nächsten Haltepunkt, der Sockelanlage I. Oberhalb dieser Anlage befand sich der Eingang in eine große Felsenhalle. Ein zehn Meter langer Treppentunnel führte von dort hinab zu einer kleinen Plattform. Hier fällt die Wand dann steil ab zu einer sechs Meter tiefer gelegenen Kammer im Felsen. Die Bedeutung dieser Anlage konnte bisher nicht geklärt werden.

Auf der Sockelanlage III (sie wurden gezählt nach der Reihenfolge ihrer Entdeckung) empfing den Pilger ein fast 3,5 Meter hohes und nahezu zwei Meter breites Relief, auf dem diesmal dargestellt ist, wie Herakles einen König, wohl Antiochos I., begrüßt. Dieses Relief, das eine der ersten Entdeckungen Dörners bei seinen Forschungen 1953 war, steht heute wieder an seinem früheren Platz. Von hier führte ein Gang in den Fels hinein, der nach 158 Metern unvermittelt endet. Der Sinn und Zweck auch dieses Felsgangs ist unbekannt. Über dem Eingang befindet sich die ausführliche Inschrift, die Friedrich Karl Dörner bereits 1951 entziffert hatte.

Über eine sieben Meter breite Freitreppe gelangte der Pilger schließlich auf das Plateau mit den Kultgebäuden. Zwei dorische Hallen hatten dort gestanden, und die Ausgräber fanden noch Reste von Mosaikfußböden. Ein Teil der Bauwerke ist wahrscheinlich durch ein Erdbeben in die Tiefe gestürzt, die übrigen Bauten dienten als „Steinbruch“ für eine christliche Kirche des Klosters Barsauma beim heutigen Dorf Peras. Auf höchster Höhe des Berges hat sich wohl ein ähnlicher Festplatz wie auf der Ostterrasse des Nemrud Dağ befunden.

***Die Inschrift** auf der Felswand (oben) war mit Ausnahme einer kleinen Ecke 2000 Jahre lang mit Schutt bedeckt und wurde auf diese Weise konserviert. Sie stammt von Antiochos I. und gibt Aufschluß über den Gründer der Stadt Arsameia und die Erbauer der Anlage auf dem Eski Kale. Ferner schildert sie die königlichen Verfügungen für den Kult.*

Eisengewinnung bei Arsameia

Als Friedrich Karl Dörner 1963 die Ausgrabungen im Stadtgebiet von Arsameia am Nymphenfluß leitete, entdeckte sein Mitarbeiter Wilhelm Winkelmann die Reste eines Verhüttungsofens.

„Die vollständige Freilegung ließ in der Aufsicht die fast kreisrunde Verfärbung einer Grube von 0,7 Meter Durchmesser erkennen, die in dem anstehenden Mergel angelegt und mit braunem Lehm verfüllt war. Dieser Lehmmantel umschloß zwei drei bis vier Zentimeter starke konzentrische rotgebrannte Wandungen“, schreibt Dörner. Für die Datierung freilich konnte er keine genauen Anhaltspunkte finden. Mit Sicherheit aber ließ sich feststellen, daß der Ofen zur ältesten archäologischen Schicht an dieser Stelle gehört. Außer diesem Schmelzofen und weiteren Ofenplätzen konnten die Ausgräber noch eine Reihe von Schmiedeöfen freilegen.

Mit der frühen Eisenverhüttung in diesem Gebiet steht auch der Gott „Jupiter Dolichenus“ in engem Zusammenhang, dessen Name auf zahlreichen römischen Inschriften gefunden wurde. Oftmals ist die Nennung des Gottes mit dem Zusatz „natus, ubi ferrum nascitur“, also „geboren, wo das Eisen entstand“, versehen. Lange Zeit haben Historiker und Philologen gerätselt, wie es zu dem Beinamen „Dolichenus“ gekommen ist. Aufgrund der Tatsache, daß in Kommagene Eisenerz gefunden und verarbeitet wurde, kam man nun auf den Gedanken, daß sich der Name des Gottes wahrscheinlich auf Doliche, das heutige Dülük, bezieht und daß „Dolichenus“ vermutlich „aus Doliche“ bedeutet. Jupiter Dolichenus ist also die romanisierte Form eines in Kleinasien seit Jahrhunderten verehrten Gottes, und Doliche war dessen Hauptverehrungsort.

Herrscherkult und Sternenglaube

„Indem sie (die Pilger) unsere Pracht der Weihgeschenke und unseren ewigen Ruhm besingen und mit geziemenden Opfern verehren, sollen sie bei ihren frommen Gebeten als erhörenden und gnädigen Mitstreiter ihrer guten Werke Zeus-Oromasdes haben und neben ihm als Helferin Hera-Teleia und dazu Artagnes-Herakles und Mithras, der Apollon ist ...", hatte König Antiochos I. in die Felswand auf dem Berg Eski Kale meißeln lassen. „Mithras, der Apollon ist", heißt es an dieser Stelle: Eindeutiger konnte der Herrscher kaum kundtun, aus welchen Quellen sich die Religion seines Landes speiste: einer griechischen und einer persischen.

Alexander der Große war es gewesen, der durch seine Kriegszüge die antike griechische Kultur in den Orient getragen und damit die Grundlagen einer Weltkultur geschaffen hatte, die man als „Hellenismus" bezeichnet. Alexanders seleukidische Nachfolger sorgten dafür, daß sich die griechische Sprache und Kultur ausbreiteten. Griechisch wurde in Indien und im Iran, in Syrien, Palästina und Ägypten gesprochen und geschrieben. Und auch die Inschriften der von Antiochos angelegten Kultstätten in Kommagene sind in griechischer Sprache verfaßt. Die Kraft der griechischen Kultur war überwältigend. Erziehung und Bildung ohne dieses Vorbild wurden alsbald undenkbar, zumindest für die reichen und privilegierten Schichten der bodenständigen Bevölkerung.

An diese hellenistische Tradition knüpfte Antiochos I. an, der seine mütterliche Ahnenreihe bis auf Alexander den Großen zurückführte. Ebenso wie im Seleukidenreich war in Kommagene der Herrscherkult ein Hauptbestandteil der religiösen Vorstellungen. Er beinhaltete, daß der König, zusammen mit den verstorbenen Mitgliedern seiner Dynastie, als Gott anerkannt und verehrt wurde. Auch Antiochos sah sich als gleichrangig mit den vier großen Gottheiten seines Reiches an. Das beweisen z. B. die großen Sitzstatuen am Nemrud Dağ, wo das Standbild des Königs Seite an Seite neben denen der Götter steht. Und auch die sich an die Statuenreihe anschließenden vier Reliefsteine, auf denen Antiochos nacheinander von den vier Göttern begrüßt wird, dokumentieren die den Göttern ebenbürtige Würde des Königs; denn Antiochos ist in gleicher Größe wie die Götter dargestellt und wird von ihnen mit Handschlag begrüßt.

Die Grundlage für seine Vergöttlichung schuf Antiochos mit der Behauptung, daß seine Abstammung mütterlicherseits über die Seleukiden und Alexander den Großen auf Zeus zurückgehe und väterlicherseits über die Perserkönige aus der Dynastie der Achämeniden auf den persischen Gott Oromasdes.

In diesem Zusammenhang verdient ein Relief auf dem Nemrud Dağ besondere Beachtung: Es ist ein mit Sternen besetzter und von Sternen

umgebener Löwe. Auf seiner Brust ist eine sich nach oben öffnende Mondsichel zu sehen, in deren Mitte der Königsstern Regulus prangt. Die drei Sterne über dem Rücken des Tieres sind durch Inschriften bezeichnet. Es handelt sich um die Planeten Jupiter, Mars und Merkur.

Diesen 1,75 Meter hohen und 2,4 Meter breiten Reliefstein identifizierte bereits Otto Puchstein als Horoskop, das sich entweder auf die Person Antiochos' I. bezieht oder in einem Zusammenhang mit der Anlage auf dem Nemrud Dağ steht. Es ist die älteste überlieferte Darstellung eines Horoskops überhaupt, von dem mit Sicherheit gesagt werden kann, daß „das Sternbild des Löwen aufging und gleichzeitig außer dem Mond die Planeten Mars, Merkur und Jupiter in demselben Sternbild standen", bemerkte Puchstein.

Nach astronomischen Berechnungen hat sich eine solche Konstellation der drei Planeten und des Mondes um den 7. Juli 62 v. Chr. herum ergeben – ein Datum, das für den König offensichtlich von größter Wichtigkeit gewesen sein muß. Was sich hinter diesem Datum verbirgt, ist jedoch unbekannt. Friedrich Karl Dörner meint: „Ich halte es für durchaus wahrscheinlich, daß wir hier das ‚Gründungshoroskop' der Anlage auf dem Nemrud Dağ vor uns haben, mit dessen Aufstellung Antiochos der Nachwelt vor Augen führen wollte, unter welch glücklichen Voraussetzungen dieses Monument errichtet worden sei – unzerstörbar durch die Schädigung der Zeit."

Glücklich erschien Antiochos die Konstellation insofern, als er mit großer Wahrscheinlichkeit das Vorbeiziehen des Mondes und der Planeten Mars, Merkur und Jupiter dicht am Königsstern Regulus auf sich bezogen hat, da er den Regulus mit seiner Person gleichsetzte. In der Mondsichel sah er wohl die Landesgöttin Kommagene repräsentiert und in den drei Planeten die Götter Zeus-Oromasdes, Artagnes-Herakles-Ares und Apollon-Mithras-Helios-Hermes. Dörner zieht daraus folgenden Schluß: „In diesem Horoskop ist der königliche Stern Antiochos' in die Reihe der göttlichen Sternbilder aufgenommen. Die Himmelskonstellation bestä-

Die Bedeutung des Löwenhoroskops, *einer auf der Westterrasse des Nemrud Dağ erhaltenen Reliefplatte, konnte bis heute nicht endgültig geklärt werden. Während es Puchstein als Geburtshoroskop des Antiochos I. ansah, deutet es Friedrich Karl Dörner als Gründungshoroskop der kultischen Anlage.*

Die Köpfe zweier Götterstatuen, *den des Zeus-Oromasdes von der Ostterrasse und den der Kommagene, die in Inschriften auch als Hera oder Teleia bezeichnet wird, von der Westterrasse des Nemrud Dağ, zeigen die Bilder links. Beide Gottheiten zählten zu den vier Hauptgöttern der kommagenischen Staatsreligion.*

Apollon-Mithras, *hier sein Kopf von der Westterrasse, wurde unter den kommagenischen Göttern besonders verehrt. Der Sonnengott war gleichzeitig Schutzgott der Dynastie des Antiochos I. Mit ihm identifizierte sich der Herrscher.*

Den persischen Propheten Zarathustra, *der zwischen 1000 und 600 v. Chr. lebte, verehrte Darius I., der Stammvater von Antiochos' väterlichen Ahnen. Zarathustra verkündete die Gegnerschaft zwischen dem bösen Geist Angra Mainyu und dem guten Gott Ahura Mazda. Damit forderte er den Menschen zur ethischen Entscheidung heraus.*

tigt die Rangordnung, die er auch unter den kolossalen Sitzstatuen der beiden Terrassen einnimmt: Antiochos ist zum Gott geworden!"

Die zweite Wurzel des kommagenischen Kults ist neben der hellenistischen die altpersische Religion. Die Lehren des persischen Priesters und Propheten Zarathustra waren zu Lebzeiten des Perserkönigs Darius I. (522–486 v. Chr.), den Antiochos bekanntlich väterlicherseits als Ahnherrn seiner Dynastie reklamierte, Staatsreligion. Zarathustra (griechisch: Zoroaster), der zwischen 1000 und 600 v. Chr. gelebt hat – die Angaben schwanken in diesem Zeitraum –, verkündete für seine Zeit Unerhörtes: Allein den Gott Ahura Mazda gelte es zu verehren, alle anderen Götter, darunter auch Mithras, lehnte Zarathustra ab. Ahura Mazda sei der Gott des Guten, dem Angra Mainyu, der „böse Geist", gegenüberstehe. Zwischen beiden gebe es eine unüberbrückbare Kluft, und der Mensch müsse sich – begabt mit freiem Willen – für Gut oder Böse entscheiden.

Ahura Mazda, griechisch Oromasdes genannt, verschmolz im kommagenischen Kult unter Antiochos I. mit dem obersten griechischen Gott und lebte nun als griechisch-persische Gottheit mit dem Namen Zeus-Oromasdes fort, wenn auch die Lehren des Zarathustra längst nicht mehr verbreitet waren.

Aber auch der von Zarathustra abgelehnte Gott Mithras spielte in Kommagene eine wichtige Rolle. Bereits im 5./4. Jh. v. Chr. hatte Mithras erneut die große Bedeutung in der persischen Religion erlangt, die auch aus zahlreichen Schriften hervorgeht. Sein Name stand für „Freundschaft", er wurde als Kriegs- und Sonnen- bzw. Lichtgott verehrt. Mithras bildete in den religiösen Vorstellungen von Kommagene eine Einheit mit dem ebenfalls zu den Lichtgöttern zählenden griechischen Gott Apollon-Helios. Schon bei den Seleukiden war Apollon in den Rang eines Schutzgottes der Herrscherdynastie erhoben worden.

Folgerichtig ließ dann auch Antiochos I. von Kommagene die Götterfigur Apollon-Mithras auf den Terrassen des Nemrud Dağ aufstellen. Und auf der Sockelanlage II an der Eski Kale findet sich das Relief, auf dem Mithras den kommagenischen König Mithradates – sein Name bedeutet „Der von Mithras Geschenkte" –, den Vater Antiochos' I., begrüßt. Die persische Tracht, die dieser Gott auf den Darstellungen trägt, hebt seine Herkunft hervor.

Ein Königreich wird Provinz

Auf Dauer hat sich ein kleiner Staat noch kaum neben mächtigen Nachbarn behaupten können. Irgendwann schlug noch stets die letzte Stunde seiner staatlichen Existenz, und er wurde zur Beute seiner gierigen Anrainer. Für das Königreich Kommagene kam das Ende im Jahr 18 n. Chr., als der römische Kaiser Tiberius das Land annektierte.

Die Herrscherdynastie freilich, die sich rund 400 Jahre zuvor etabliert hatte, wurde nicht angetastet oder gar ausgelöscht. Gründer des Königshauses von Kommagene war Aroandes (Orontes), Feldherr im Dienst des Perserkönigs Artaxerxes II. Mnemon (404–359/8 v. Chr.). Aroandes unterstützte Artaxerxes gegen dessen aufständischen Bruder Kyros, und nach der entscheidenden Schlacht bei Kunaxa 401 v. Chr. bedankte sich der Perserkönig bei Aroandes, indem er ihm seine Tochter Rhodogune zur Gemahlin gab. Diese Verbindung erlaubte es später Antiochos, die großen Perserkönige Darius I. und Xerxes I. zu seinen Ahnen zu zählen.

Die Geschichte weiß von keinen ruhmreichen Taten des jungen Geschlechts. Aroandes (Orontes) und seine Nachfahren herrschten als Satrapen, als Provinzstatthalter, in Armenien, anfangs im Dienst der Perserkönige, dann im Dienst Alexanders des Großen und seiner seleukidischen Nachfolger. Von Armenien aus stießen die Orontiden – wie man die Nachfolger des Aroandes nennt – nach Südwesten vor, und seit dem 3. Jh. v. Chr. ist die Dynastie in Kommagene selbst ansässig.

Doch schon lange vor dieser Zeit tritt uns Kommagene aus dem Dunkel der Geschichte entgegen. Assyrische Texte sprechen von einer dem assyrischen Reich zugehörigen Provinz und Stadt namens „Kummuh", die am Westufer des Euphrats gelegen haben soll. Viele Indizien deuten darauf hin, daß es sich dabei um das spätere Kommagene handelt und um jene Stadt, die dann Samosata (das heutige Samsat am Euphrat) hieß und Hauptstadt des Reiches war. Aus assyrischem Besitz ging „Kummuh" an das neubabylonische Reich über.

Im 2. Jh. v. Chr. brach das Seleukidenreich auseinander, und um 170 v. Chr. gelang es auch der Satrapie Kommagene, die Unabhängigkeit zu erringen. Doch der allmähliche Zerfall des Seleukidenreichs führte auch dazu, daß einerseits das Römische Reich im Osten seinen Einflußbereich ausdehnte, zum andern erstand das mächtige Partherreich. Ein Konflikt zwischen diesen beiden war auf Dauer unvermeidbar, und mittendrin, gleichsam als Puffer zwischen den beiden Großen, lag das Königreich Kommagene.

Antiochos I. Theos – jener König, der die Kultstätten auf dem Nemrud Dağ hatte errichten lassen – war also in keiner beneidenswerten Lage. Aber mit diplomatischem Geschick gelang es ihm lange Zeit, seinem Land die Selbständigkeit zu erhalten. Er betrieb eine ausgesprochen „elastische" Politik und verbündete sich mal mit den Römern gegen die Parther, mal mit den Parthern gegen die Römer. So hatte Antiochos zwar seine Tochter dem Partherkönig Orodes zur Frau gegeben, und es ist als sicher anzunehmen, daß damit auch ein politisches Bündnis Hand in Hand ging. Doch diese Verbindung zum parthischen Königshaus hinderte Antiochos nicht, mehrfach die Römer vor feindlichen Absichten der Parther zu warnen.

Im Jahr 38 v. Chr. jedoch scheint Antiochos die Situation nicht rechtzeitig erkannt zu haben. Eine von den Parthern angezettelte Auseinandersetzung mit Rom endete für sie mit einer Niederlage. Antiochos nahm die flüchtenden Parther in Kommagene auf und bot damit den Römern einen willkommenen Anlaß, in das Königreich einzumarschieren, wobei sicher nicht zuletzt auch die kommagenischen Reichtümer die Begehrlichkeit Roms erweckt hatten. Marcus Antonius belagerte die Hauptstadt Samosata, doch offensichtlich ohne Erfolg. Hatte er zunächst von Antiochos den gesamten königlichen Schatz gefordert, so einigte man sich schließlich auf die Zahlung von 300 Talenten. Doch so glimpflich dieser Konflikt für Komma-

gene noch einmal ausgegangen war, von diesem Zeitpunkt an gehörte das Königreich zum römischen Machtbereich.

Innere Wirren und Thronstreitigkeiten nach dem Tod Antiochos' I. boten Rom immer wieder Anlaß, in Kommagene einzugreifen. Kaiser Tiberius schließlich annektierte 18 n. Chr. das Reich und machte es zur römischen Provinz. 38 n. Chr. erlangte Kommagene nochmals Selbständigkeit. Kaiser Caligula setzte seinen kommagenischen Jugendfreund Antiochos IV. auf den Thron seiner Vorväter, allerdings war er König nur von Roms Gnaden und mußte sich botmäßig zeigen.

Obwohl Kommagene noch 70 n. Chr. 1000 Reiter und 2000 Bogenschützen stellt, um das römische Heer bei der Belagerung Jerusalems zu unterstützen, wird Antiochos IV. zwei Jahre später entthront und sein Königreich der römischen Provinz Syria eingegliedert.

Der römische Kaiser Tiberius (rechts), abgebildet in einer Kamee aus Onyx, gliederte im Jahr 18 n. Chr. das Königreich Kommagene als Provinz ins Römische Reich ein.
Unter der Römerherrschaft wurde die strategisch wichtige Brücke um 198/200 n. Chr. über dem Chabinias erbaut (unten), eine kühne Bogenkonstruktion, die noch heute in Gebrauch ist. Friedrich Karl Dörner entdeckte, daß die benötigten Steine von der nicht weit entfernt gelegenen Grabstätte Karakuş herantransportiert worden waren, einem Hierothesion für Isias, der Mutter des Mithradates, für ihre Tochter und für ihre Enkelin.

Tote ohne

Grabmal

Heute blühen die Lavafelder rund um den Vesuv. Doch im Jahr 79 n. Chr. war es eine glühende Masse, die sich den Berg herabwälzte und wie ein Leichentuch Herculaneum und andere römische Städte zudeckte.

Erstarrt in Schlammlava

Das hatte Ausgrabungsleiter Giuseppe Maggi nicht erwartet. Erschüttert standen er und seine Mitarbeiter vor den Skeletten, die sie in einer steinernen Kammer am ehemaligen Strand von Herculaneum gefunden hatten. „Ich war tief bewegt von ihrer Körperhaltung", sagte er später, „man spürt geradezu, wie sie sich gegenseitig Mut machen." Sieben erwachsene Menschen waren es gewesen, vier Kinder und ein Säugling, die vor der Katastrophe aus der Stadt geflüchtet waren. Ein ergreifender Anblick: Die meisten lagen so da, als würden sie in ein Kissen schluchzen. Die Vermutung liegt nahe, daß hier eine ganze Familie ihr Ende gefunden hat.

Diese Skelettfunde, die im Sommer 1982 gemacht wurden, überraschten die Fachwelt. In Herculaneum selbst waren bisher nur wenige Tote entdeckt worden; man nahm daher an, daß die meisten Einwohner aus der Stadt geflohen waren und versucht hatten, sich in Sicherheit zu bringen. Wieweit ihnen dabei Erfolg beschieden war, blieb ungeklärt. Einigen Glücklichen mag die Flucht gelungen sein. Viele aber ereilte das Verhängnis noch in der Nähe der Stadt, wie dieser Fund und die noch folgenden beweisen.

Die nächste Kammer, die Giuseppe Maggi freilegte, bezeichnete er als „Kammer des Schreckens". Die beinernen Überreste von etwa 40 Menschen lagen hier wie durcheinandergeworfen, mitten unter ihnen das Gerippe eines Pferdes. Voller Panik dürften sie hier Unterschlupf gesucht haben, vermutet der Archäologe. Sie gerieten in eine Falle, die sich binnen Minutenfrist in einen glühenden Ofen verwandelte, als die Feuerwalze sie erreichte. Eine dritte Kammer – alle drei Räume liegen nebeneinander – barg die Knochen von 26 Menschen, die merkwürdigerweise dalagen, als seien sie ordentlich aufgereiht worden.

Herculaneum lag einst unmittelbar am Golf von Neapel. Ans Wasser zu gelangen war nicht schwer. Und wer es an jenem 24. August 79 n. Chr. nach dem Ausbruch des Vesuvs versuchte, hoffte wahrscheinlich, daß der Fluchtweg über das Meer noch offen sei. Möglicherweise gab es keine Chance mehr, dem Inferno zu Lande zu entkommen. Die Menschen rannten also zu den Toren, die zum Ufer führten, stolperten in Todesangst die Treppen hinunter zum Strand, wo die Boote lagen – und wurden doch vom Tod eingeholt. Ihre letzte Zuflucht, jene Kammern, in denen vermutlich Boote eingestellt wurden oder Vorräte lagerten, wurde ihr Grab.

Hand in Hand mit den Archäologen erforschten Vulkanologen den Ausbruch des Vesuvs. Haraldur Sigurdsson von der Universität Rhode Island gelang die genaue Rekonstruktion der einzelnen Phasen. Wie bei einem Stück Torte, so hatten sich die verschiedenen Auswürfe des

Eingebettet in Schlammlava *(oben) liegt diese Menschengruppe, die in einer der Bootskammern am ehemaligen Strand von Herculaneum gefunden wurde.*

Das moderne Herculaneum, *hervorgegangen aus dem Dorf Resina, ist eine Vorstadt von Neapel und steht auf der 20 Meter hohen Schicht aus Asche und Lava, unter der der antike Ort begraben liegt (rechts). In einer riesigen Grube, umgeben von Gewächshäusern, ist der bisher freigelegte Teil der Stadt zu erkennen.*

Vulkans Schicht für Schicht übereinandergelegt. Es ist eine Skala des Grauens und des Todes.

An jenem 24. August bläst gegen 13 Uhr, also zur Mittagszeit, der Berg eine gewaltige Masse Bimsstein und Asche in die Luft. Die Säule reicht bis in 20 Kilometer Höhe und verbreitert sich oben zu einer riesigen Wolke. Der Wind treibt sie in südöstliche Richtung. Auf das südlich des Vesuvs gelegene Pompeji geht ein Asche- und Bimssteinregen nieder. 23 Uhr: Eine Feuerwalze aus pulverisiertem, weißglühendem vulkanischem Material, begleitet von Gasen und giftigen Dämpfen, rast bergab auf Herculaneum zu. Menschen und Tiere kommen in der Glut um, Brände brechen aus. Unmittelbar auf die Feuerwalze folgt ein schnellfließender Lavastrom. Das gleiche wiederholt sich um 0.30 Uhr in der Nacht des 25. August. In Herculaneum dürfte zu dieser Zeit jedoch schon niemand mehr am Leben sein. 5.30 Uhr: Eine neuerliche Feuerwalze erreicht jetzt auch den nördlichen Stadtrand von Pompeji, über Herculaneum ergießt sich ein Lavastrom. 6.30 Uhr: Wieder eine Feuerwalze in Pompeji, gefolgt von Lava. 7 Uhr: Noch einmal stößt der Berg eine Glutwolke und Lava aus. Eine letzte Feuerwalze geht gegen 8.30 Uhr zu Tal. Herculaneum und Pompeji, zwei blühende römische Städte, haben aufgehört zu existieren. Sie liegen begraben unter einer bis zu 20 Meter hohen Schicht aus Lava und Asche.

Heute liegt der Strand etwa 500 Meter von Herculaneum entfernt, aber in der Antike, vor dem großen Ausbruch des Vesuvs, schlugen die Wellen noch unmittelbar an die Häuser in der Uferzone. Dort setzte das Grabungsteam Giuseppe Maggis seine Arbeiten fort, und die starren Lava- und Gesteinsmassen gaben weitere Opfer frei. Ein römischer Soldat wurde hier vom Tod überrascht, ebenso zwei junge Frauen. Eine von ihnen war schwanger gewesen; zwischen ihren Gebeinen lagen die winzigen Knochen ihres noch ungeborenen Kindes. Aus den Lavasteinen vor einer vierten Kammer ragte eine Frauenhand heraus, an deren Fingern wertvolle Ringe mit Juwelen steckten; goldene Armbänder lagen auf dem Boden. Und zu ihrer großen Überraschung entdeckten die Archäologen auch ein römisches Boot – ein sehr seltener und wertvoller Fund, denn bislang ist nur wenig über den römischen Schiffsbau im ersten nachchristlichen Jahrhundert bekannt. Dicht daneben lagen die Überreste eines Mannes.

Noch sind die Ausgrabungen lange nicht beendet. Von Herculaneum sind erst vier Wohnviertel freigelegt, der weitaus größere Teil der Stadt schlummert noch unter der 19 Jahrhunderte alten Decke aus Lava und Asche. Eine große Sorge freilich plagt die Archäologen: Das, was sie ausgraben, ist dem Verfall preisgegeben, sofern es nicht nach der Restaurierung und Konservierung ins Museum geschafft werden kann. Was dem Vesuv nicht gelungen ist, die vollständige Zerstörung der Stadt nämlich, vollbringen jetzt Wind und Wetter.

Die erste – unfreiwillige – „Ausgrabung“ in Herculaneum erfolgte Anfang des 18. Jh. Der Bauer Nocerino aus Resina, einem Dorf, das auf dem verschütteten Herculaneum gebaut worden war, wollte einen Brunnenschacht vertiefen. Dabei stieß er mit seinem Spaten auf einen großen Stein. Als er dann die Erde ein wenig entfernt hatte, sah er, daß es sich um einen Marmorblock handelte, und bald förderte er weitere Blöcke ans Tageslicht.

Der österreichische Oberst der Kavallerie Emanuel Moritz von Lothringen, Herzog d'Elboeuf war auf der Suche nach solchen Steinen. Er kaufte dem Bauern das Land ab. Sollte er gehofft haben, auf dem Grundstück noch ganz große Entdeckungen zu machen, so wurde er nicht enttäuscht. Drei prachtvolle Statuen förderten seine Arbeiter als erstes zutage. Der Herzog ließ sein Land in eine Art Baustelle verwandeln. Er ließ graben und legte Schächte und Tunnel an, die bis in die Tiefe von Herculaneum reichten. Er wußte freilich nicht, daß sich sein Grundstück über dieser antiken Stadt befand, er wußte auch nicht, welchen Schaden seine Grabungen dieser archäologischen Kostbarkeit zufügten. Ihn interessierte nur, möglichst viele antike Gegenstände, Skulpturen und anderes mehr aus dem Boden zu holen. Dabei stieß der Herzog auf das Theater Herculaneums und räumte es sieben Jahre lang, von 1709 bis 1716, aus, soweit ihm dies die unterirdischen Gänge erlaubten.

Der englische Schriftsteller Charles Dickens bereiste in den Jahren 1844 und 1845 Italien und besuchte bei dieser Gelegenheit auch Herculaneum und Pompeji. Ein Schaudern packte ihn, als er sich in einem Gang die 27 Meter hinunter ins Theater begab. „Als wir mit brennenden Fackeln hinunterstiegen", schreibt er, „setzten uns große Mauern von ungeheurer Dicke in Erstaunen, die sich zwischen den Bänken erhoben, die Bühne versperrten, an den unpassendsten Stellen ihre ungestalte Masse dazwischendrängten, die gesamte Anlage in Unordnung brachten und alles wie einen wirren Traum erscheinen ließen. Es kommt uns zunächst unglaublich und schier unvorstellbar vor, daß diese Masse sich heranwälzte und die Stadt überschwemmte und daß alles, was man beseitigte, wie festes Gestein mit der Spitzhacke weggehauen werden mußte. Ist man sich aber erst einmal darüber klar geworden, befällt einen bei diesem Anblick ein wahres Grauen und ein unbeschreiblich bedrückendes Gefühl."

Hochgefühle indessen bewegten rund 100 Jahre früher Karl IV. – von 1735 bis 1759 König von Neapel-Sizilien, dann als Karl III. spanischer Monarch –, als er sich um die Ausgrabungen zu kümmern begann. Noch immer wußte niemand genau, wie die Stadt hieß, deren Kunstschätze man ausgrub. Erst 1738 stieß man auf eine Inschrift, die den Namen der Stadt nannte: Herculaneum. Karl überließ die Ausgrabungen einer Reihe von Fachleuten. Doch diese Fachleute erwiesen sich aus heutiger Sicht eher als Dilettanten, denn die Wissenschaft von der Archäologie steckte damals noch in den Kinderschuhen. Da wirkte unter anderen der Bildhauer Josef Canard, der vom König als Restaurator und künstlerischer Leiter der Ausgrabungen eingesetzt worden war, der die gefundenen

Dieser römische Soldat *(unten) gehörte zu den ersten Toten, die im Hafengebiet des alten Herculaneum gefunden wurden. In mühevoller Kleinarbeit wurde das Skelett freigelegt. Die Haltung des Mannes verrät seine verzweifelte, hoffnungslose Situation. Neben ihm liegt sein Schwert.*

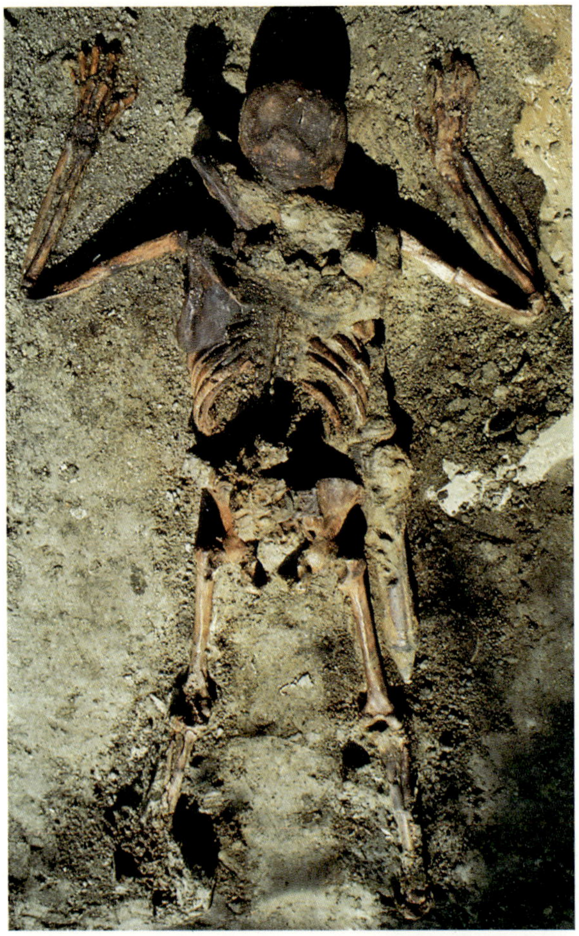

Kunstwerke aber mehr zerstörte als restaurierte. Ferner sollte Monsignore Ottavio Bayardi eine wissenschaftliche Darstellung der Funde schreiben, doch brachte er nichts Nennenswertes zustande. Erst 1749 erschien ein erster Bericht über die Entdeckungen von Herculaneum, verfaßt von Marcello Venuti, einem Bibliothekar in Diensten König Karls.

Zum technischen Leiter der Ausgrabungen hatte der König den spanischen Pionierobristen Roque Joaquín de Alcubierre ernannt, der mit dieser Aufgabe jedoch völlig überfordert war. Lediglich sein Stellvertreter, der Schweizer Ingenieur Karl Weber, erwies sich als kompetent. Er ersann eine brauchbare Methode, die Funde freizulegen, ohne daß sie größere Beschädigungen davontrugen.

Mitte der 40er Jahre stockten die Arbeiten. Seit rund dreieinhalb Jahrzehnten hatte man, d'Elboeufs Aktivitäten eingeschlossen, Schacht um Schacht gegraben, und jetzt schien man nicht mehr recht voranzukommen.

Lohnte es sich, den Gerüchten nachzugehen, die da von einer „Civita" wußten, die unter

Die bis jetzt ausgegrabenen Teile Herculaneums *(oben) lassen auf eine geradlinige, fast schachbrettartige Straßenführung schließen. Im Vordergrund links befindet sich das „Haus der Hirsche" (Casa dei Cervi). Durch die Pergola, in der ein Marmortisch mit einer Schale steht, blickt man in den geräumigen Innenhof.*

Eine Ladenstraße in Herculaneum *(unten). Die Bewohner der kleinen Stadt handelten mit den landwirtschaftlichen Produkten der Umgebung, mit handwerklichen Erzeugnissen, aber auch mit importierten Waren. In den kleinen Lebensmittelgeschäften wurden unter anderem Brot und Getreide, Bohnen, Nüsse und Obst gefunden.*

einem grünen Hügel, knapp 15 Kilometer südlich von Herculaneum, liegen sollte? Hatte nicht der neapolitanische Gelehrte Giuseppe Macrini schon 1693 behauptet, man müsse nur graben, um dort auf Pompeji zu stoßen?

König Karl IV. war einverstanden, zumal sein Ausgrabungsleiter Alcubierre meinte, bei der Besichtigung eines alten künstlichen Kanals auf die Spuren einer antiken Anlage gestoßen zu sein. Am 1. April 1748 setzten 24 Arbeiter an jenem Hügel den Spaten an. 18 Tage später fand man den ersten Toten; Münzen, die er in seiner Hand gehalten hatte, waren ihm im Todeskampf entglitten. 1763 schließlich wußte man ganz sicher, was man ausgrub: Man fand eine Inschrift, die die Worte „Staatswesen der Pompejaner“ *(res publica Pompeianorum)* enthielt. Die Stadt war damit identifiziert.

In Herculaneum waren nach 1780 die Ausgrabungen endgültig eingestellt worden. Erst 1828 nahm Carlo Bonucci die Arbeiten wieder auf. Erstmals wurden jetzt Grabungen auf unbebautem Gelände begonnen, man brauchte also nicht mehr den alten unterirdischen Gängen zu folgen. Als man die Arbeiten 1875 erneut einstellte, war zumindest der Anfang für eine planmäßige Aufdeckung der Stadt gemacht. Daran knüpfte 1927 Amedeo Maiuri an und legte, unterbrochen durch die Kriegsjahre, ganze Wohnviertel, sogenannte Insulae, frei. Doch während Pompeji inzwischen etwa zu drei Fünfteln ausgegraben ist, ruht Herculaneum noch immer zum größten Teil unentdeckt unter der Erdoberfläche.

Ein versteinertes Zeugnis des Schreckens, *der am 24. August 79 n. Chr. Herculaneum ergriff (links): Die Tür in einem der öffentlichen Bäder wird fast vollständig von den Lava- und Schlammassen ausgefüllt, die sich langsam durch das Gebäude wälzten, bis der Schub aus dem Innern des Vesuvs nachließ und sie allmählich erkalteten und erstarrten.*

In Todesangst

Sie hatten gar nicht bemerkt, daß ihre Hunde unruhig wurden, ohne ersichtlichen Grund. Wer achtet auch schon auf sie im Trubel der Feiern, die seit Tagen zu Ehren des göttlichen Augustus abgehalten werden.

Zuerst durchlief nur ein Zittern die Erde. Da und dort bröckelte ein Sims, das Mauerwerk knirschte. Schreckensbleich liefen die Menschen ins Freie. Aber es geschah nichts weiter, und sie beruhigten sich wieder.

Dann aber riefen mehrere heftige Stöße blankes Entsetzen hervor. Sollte es wieder so sein wie 17 Jahre zuvor, als ein Erdbeben Herculaneum und die anderen Städte rund um den Vesuv in eine Trümmerlandschaft verwandelte? Die Katastrophe des Jahres 62 n. Chr. war allen noch in lebhafter Erinnerung. Tod und Verderben waren damals über die Stadt gekommen – würden sich die Schrecknisse wiederholen, jetzt, im August 79 n. Chr.?

Es scheint so zu sein. Schon vier lange Tage und Nächte gibt die Erde keine Ruhe und versetzt die Bewohner Herculaneums in Angst und Schrecken. Manch banger Blick gilt dem Vesuv.

Und heute, am 24. August im Jahr 79 n. Chr., raucht der Vulkan besonders heftig. Schon am frühen Nachmittag ist eine riesige Wolke aus Asche über dem Krater aufgestiegen und hat sich in der Höhe pilzförmig ausgebreitet. Die Sonne hat sich verfinstert, und schwarze Flokken rieseln unaufhörlich nieder. Dumpf grollt der Berg von fern, wieder und wieder erschüttert er die Erde, als schlüge Gott Vulcanus immer zorniger drein. Niemand, der in den vergangenen Stunden nicht das Gefühl gehabt hätte, einer großen Gefahr ausgeliefert zu sein.

Es ist schon spät am Abend, doch sie alle sind noch hellwach. Hektische Betriebsamkeit hat die Menschen erfaßt. Noch bleiben sie besonnen, noch kommt keine Panik auf. Manche haben schon das Notwendigste auf Karren und Wagen verladen und fliehen aus der Stadt. Andere wollen noch abwarten.

Ein heftiger Stoß, der schwerste bisher. Schreckensschreie. Häuser stürzen zusammen, Mauern bersten. Dann ist die Erde ruhig, entsetzlich ruhig. Und als habe Vulcanus nur eine Atempause gebraucht – ein grausiges Krachen und Toben, als wolle es die Welt zerreißen, eine unfaßbar gewaltige Explosion. Der Gott hat seinen letzten und alles entscheidenden Schlag geführt. Der Vesuv ist geborsten, die Unterwelt hat ihre Pforten aufgestoßen.

Vom Berg herab rast eine glühende Lawine auf die Stadt zu. Geisterhaft fahles Licht huscht durch die Straßen, auf denen die Menschen in wilder Flucht dahinrennen, alles Hab und Gut liegenlassen und dem Inferno zu entkommen versuchen. Die Feuerwalze aus weißglühendem, pulverisiertem Vulkangestein und der schnellfließende Lavastrom kommen unerbittlich näher und drohen die Stadt und ihre Einwohner zu verschlingen. Die glutheiße Masse und der gleichsam kochende, von Dämpfen erfüllte, den Atem würgende Luftstrom wälzen sich heran, füllen Straßen und Plätze, dringen ein in Häuser und Höfe. In wilder Panik laufen

***Das hölzerne Kästchen,** das nahezu unversehrt geborgen wurde, diente als eine Art Portemonnaie. Der Schiebeverschluß, der sich durch eine sinnreiche Kombination mit einem Rädchen blockieren ließ, machte das Behältnis zu einem kleinen Tresor. Darin lagen zwei Münzen. Geld spielte angesichts des lebhaften Handels der Stadt eine große Rolle und gehörte neben Schmuck zu den ersten Dingen, die Herculaneums Bürger zu retten versuchten.*

die Menschen aus der Stadt heraus, und wer bis jetzt überlebt hat, versucht, sich in Sicherheit zu bringen. Sie laufen vor dem glühenden Lavastrom davon, sie sind schneller als der Glutbrei. Doch der Feuerwalze und der Gaswolke können sie nicht entrinnen, wohin sie sich in ihrer Todesnot auch wenden. Tücher vor Mund und Nase nützen nichts mehr. Die Menschen ringen nach Atem, brechen in die Knie und stürzen, dem Tod geweiht, auf den zitternden Boden. Der Lavastrom deckt sie zu. Herculaneum gibt es nicht mehr.

***Diese beiden goldenen Ringe** mit eingelegten Edelsteinen wurden an der Hand eines weiblichen Skeletts gefunden. Unten ein Karneol mit dem Bild eines Vogels, rechts ein Jaspis.*

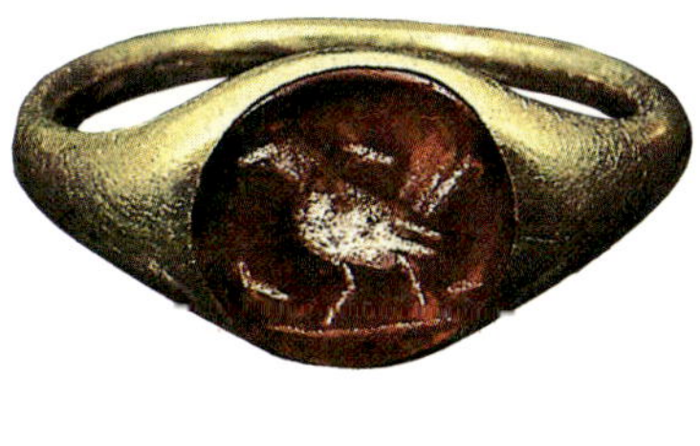

Zeugen des Schreckens

Skelette von Römern des 1. Jh. n. Chr. gehören zu den archäologischen Raritäten, denn man pflegte die Toten zu verbrennen. Um so bedeutender waren daher die Funde in den Kammern und am Strand von Herculaneum. Die amerikanische Anthropologin Sara Bisel bezeichnet sie als mindestens so wertvoll für die Wissenschaft wie viele andere Funde, die bisher hier ausgegraben wurden. „Wer sagt denn, daß Tote nicht reden können?" meint sie, „diese Knochen können eine Menge davon erzählen, wie die Menschen damals lebten."

Doch bevor das fast zwei Jahrtausende alte Gebein seine Geheimnisse preisgibt, muß es präpariert werden. Das ist kein aufwendiges Verfahren, denn die Skelette oder deren Reste haben sich hervorragend erhalten. Das Sickerwasser sorgte dafür, daß sie während der ganzen Zeit feucht geblieben sind. Die vulkanische Erde hat sie vollkommen schützen können vor schädlichen Einwirkungen. Temperatur und Feuchtigkeit blieben stets gleich.

Nach den Ausgrabungen aber, beeinflußt von Luft und Licht, kann sich der gute Erhaltungszustand sehr schnell verschlechtern, und dem muß die Anthropologin vorbeugen. Zunächst säubert sie die Fundstücke mit Wasser und einer weichen Zahnbürste und legt sie zwei Tage lang zum Trocknen aus. Anschließend taucht sie die Knochen in eine Acryllösung. Einen Tag dauert es, bis diese getrocknet und durchgehärtet ist. Danach können sie eingehend untersucht werden, ohne daß weitere Beschädigungen zu befürchten sind.

Es ist erstaunlich, wieviel diese Gebeine berichten, wenn ein Fachmann sie befragt. Das gilt z. B. für den Soldaten, der am Strand von Herculaneum gefunden wurde. Etwa 37 Jahre war er alt und hatte wahrscheinlich schon einige Kämpfe durchgestanden. Drei Vorderzähne fehlten ihm, und eine Schwellung am linken Oberschenkelknochen deutet auf eine Verwundung hin. Ein tiefer Stich verletzte ihn, ein Blutgerinnsel, das sich danach bildete, verhärtete. Bestimmte Merkmale am Kniegelenk lassen darauf schließen, daß der Mann viel geritten sein muß oder aber Holz behauen hat, das er zwischen seine Knie geklemmt hielt. Vielleicht gehörte er zu der Truppe, die Pionierarbeit leistete, oder er hatte mit dem Schiffbau zu tun. Im übrigen zeigen die Knochen, daß der Mann sich viel bewegt hat und gut ernährt war. Letzteres trifft mit Sicherheit nicht auf den sogenannten Steuermann zu, der neben dem Boot lag. Mutmaßlich war er ein Sklave, bekam nur wenig zu essen und mußte hart arbeiten. Die Wirbelsäule ist leicht gekrümmt; andere Knochen sind durch die schwere Arbeit stark geschädigt worden. Er wurde etwa 45 Jahre alt.

Im gleichen Alter befand sich auch die vermutlich aus begüterten Verhältnissen stammende Dame, die ihren wertvollen Schmuck bei sich trug, als sie der Katastrophe zu entrinnen versuchte. Die Untersuchung des Skeletts verriet den Archäologen, daß es sich um eine verhältnismäßig großgewachsene Frau handelte, die offenbar niemals Hunger gelitten hatte und vorzüglich erhaltene Zähne besaß. Allerdings fand man kleine Vertiefungen am Kieferknochen unterhalb des Zahnfleischansatzes; sie müssen ihr, obgleich kein Hinweis auf Entzündungen gefunden werden konnte, hin und wieder Beschwerden verursacht haben.

Eines der weiblichen Skelette ist offensichtlich gewaltsam zerstört worden. Sara Bisel hat es „Portia" getauft. Der Schädel ist zertrümmert, die Beckenknochen sind zerquetscht. „Sie muß oben von der Stadt nach hier unten geschleudert worden sein", vermutet die Wissenschaftlerin, „sie schlug mit dem Gesicht auf." Eine Schönheit dürfte die Frau nicht gewesen sein, wie aus den Zähnen zu schließen ist. Interessant ist aber eine andere Beobachtung: Untersuchungen haben eine hohe Konzentration von Blei in den Knochen der Frau ergeben.

Wissenschaftlich umstritten war – und ist es noch –, in welchem Ausmaß Bleivergiftungen bei den Römern verbreitet waren. Sie können zu Gehirnschäden führen, und es gibt Vermutungen, daß die Geisteskrankheit der Kaiser Nero und Caligula hier ihre Ursache hat.

Auch bei einem anderen Skelett aus Herculaneum wurde ein extrem hoher Bleigehalt festgestellt, geringere Mengen dann bei weiteren sechs Toten. Nach gängiger Auffassung ist das Blei über den Wein in den menschlichen Körper gelangt. Traubensaft wurde oft in Bleigefäßen zu Sirup gekocht, mit dem man sauren Wein süßen konnte. Es ist denkbar, daß beim Umrühren ständig winzige Teilchen des Metalls abgeschabt wurden und in den Sirup gelangten. Wer häufig Wein trank, riskierte eine Bleivergiftung, ohne es zu wissen. „Dies ist der erste bedeutsame Nachweis, daß die Römer Probleme mit Blei hatten", sagt Sara Bisel.

Die Dame mit den Ringen *(rechte Seite) erhielt ihren Namen von den Archäologen, die sie in einer der Bootskammern fanden. Neben dem Skelett lagen zwei goldene Ringe (vorhergehende Seite, rechts unten), goldene Armbänder und Ohrringe, von denen man annimmt, daß sie ursprünglich mit Perlen geschmückt waren.*

Die amerikanische Wissenschaftlerin Sara Bisel *beim Bergen eines Skeletts. Die Anthropologin ist eine Spezialistin für die Bergung, Konservierung und Restaurierung antiker Knochenfunde. Die Arbeiten erfordern große Geduld und Sorgfalt.*

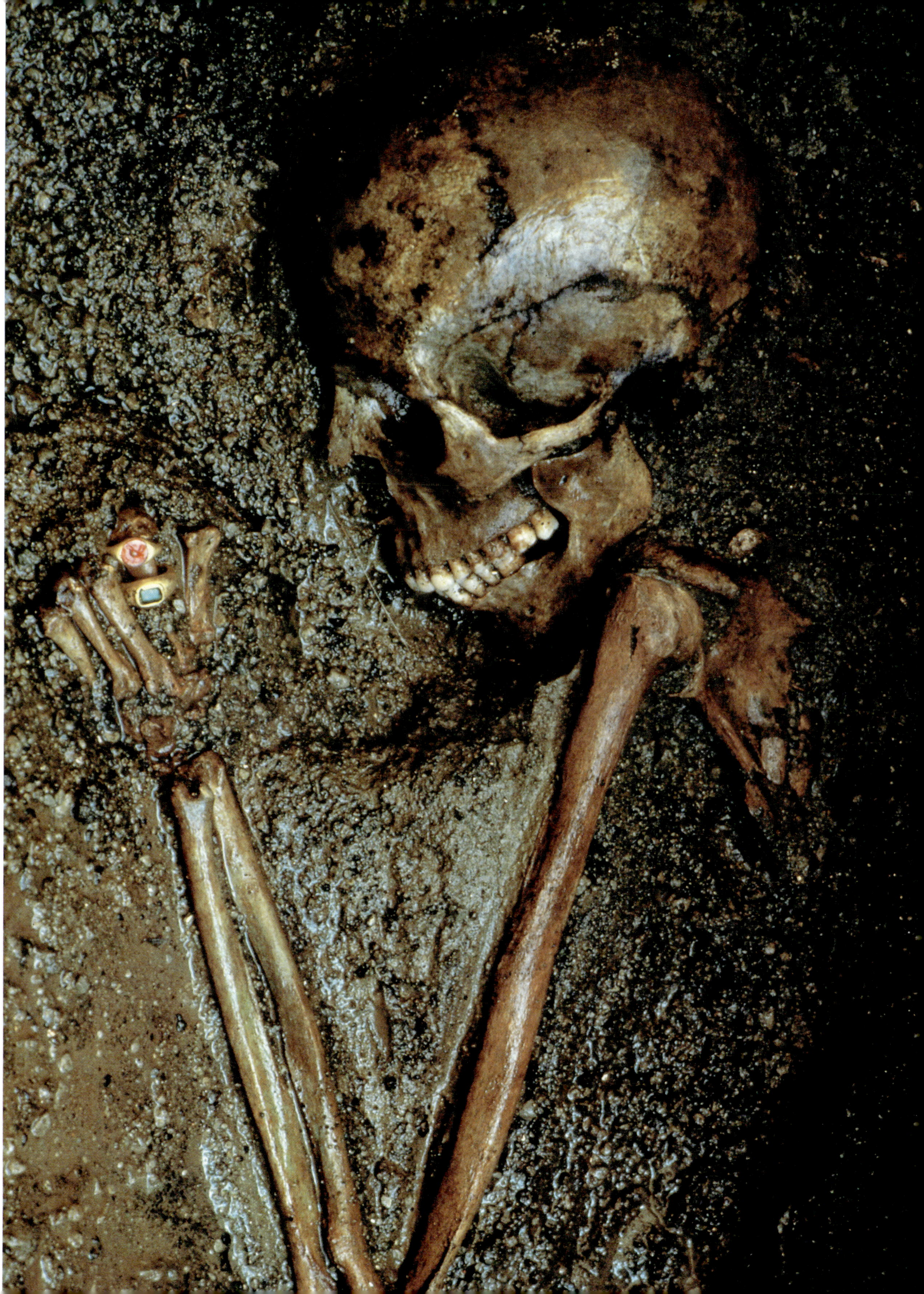

Händler und Müßiggänger

Herculaneum liegt in Kampanien, einem Landstrich, der lange Zeit Siedlungs- und Kolonialgebiet der Griechen war. Als erste griechische Siedlung wurde hier schon im 8. Jh. v. Chr. Cumae gegründet, um 650 v. Chr. dann Neapolis, das heutige Neapel. Pompeji, ein Fischer- und Bauerndorf, erstarkte unter griechischem Einfluß zu einem Handelsort. In den Fluß Sarno konnten Schiffe einfahren und ankern. Die Ortschaft wurde zum wichtigen Hafen für das Hinterland, insbesondere für die elf Kilometer landeinwärts liegende Stadt Nuceria (Nocera), die ein wichtiger Verkehrsknotenpunkt war. Eine weitere griechische Gründung am Golf von Neapel ist das nur fünf Kilometer von Pompeji entfernte Stabiae und nicht zuletzt auch Herakleion, das spätere Herculaneum.

Die Sage allerdings will wissen, daß der Held Herakles nach seiner Rückkehr aus Spanien an dieser Stelle seine Schiffe ankern ließ. Einen Teil der Beute, die er gemacht hatte, opferte er aus Dankbarkeit den Göttern. Dort, wo seine Schiffe am Strand festgemacht hatten, gründete er eine Stadt und gab ihr seinen Namen.

Herculaneum war ein kleines, unscheinbares Städtchen, es hatte keinen größeren Hafen, und die Straßen sollen schlecht gewesen sein. Dennoch erlagen griechische Siedler offenbar seinem Charme. Sie ließen sich dort nieder, fast in Sichtweite des wichtigen Neapolis, das sie jederzeit erreichen konnten.

Die Etrusker waren es, die dem beschaulichen Leben in den Städten rund um den Golf von Neapel ein Ende machten. Aus ihrem Stammland Etrurien nordwestlich von Rom waren sie aufgebrochen und hatten im 6. Jh. v. Chr. Kampanien teilweise unterworfen; vermutlich gerieten auch Pompeji und Herculaneum unter ihren Einfluß. Die Alteingesessenen wehrten sich gegen die Eindringlinge, deren Herrschaft sich im 5. Jh. v. Chr. bereits wieder ihrem Ende zuneigte. Die Samniten, ein kriegerisches Bergvolk, eroberten 423 v. Chr. Capua, die wichtigste etruskische Stadtgründung in Kampanien, 421/420 Cumae und bald danach auch Pompeji und Herculaneum. In dieser Zeit kämpften aber auch schon die Römer um die Vorherrschaft in Italien. Dabei mußten sie zwangsläufig mit den Samniten aneinandergeraten. Um 300 v. Chr. waren Kampanien und damit auch seine Küstenstädte vollständig in römischer Hand. Rom wurde zum Mittelpunkt eines Staates, der sich zum Weltreich entwickelte.

Das Leben in einer Provinzstadt scheint angenehm und beschaulich gewesen zu sein. Was der Bürger an öffentlichen Einrichtungen für notwendig erachtete, war vorhanden oder darf zumindest – wie im Fall Herculaneums – als vorhanden angenommen werden. Unabdingbar wichtig war das Theater, und so verfügte auch Herculaneum mit seinen rund 5000 Einwohnern über eines. Dieses Theater war es, das zufällig als erstes Bauwerk der Stadt entdeckt wurde. Gern ließ man sich unterhalten; griechische Dramen waren beliebt, und die Schauspieler galten als angesehene Leute.

Das verkohlte, aber gut erhaltene Boot, *an dessen Rumpf der amerikanische Schiffsarchäologe Richard Steffy arbeitet, gilt als äußerst wichtiger Fund, von dem man sich Aufschluß über Fragen des römischen Schiffsbaus erhofft. Gerade über Wasserfahrzeuge in dieser Größenklasse ist bisher nur wenig bekannt.*

In diesen Kammern am Hafen *(rechts), die seit den 80er Jahren ausgegraben werden, fand man Dutzende von Skeletten.*

Öffentliche Bäder, sogenannte Thermen, gehörten ebenfalls zu den notwendigen Einrichtungen eines solchen Gemeinwesens. Ein zentrales Heizungssystem sorgte stets für heißes Wasser und warme Räume. Ein Besuch in den Thermen entsprang weniger dem Bedürfnis nach Reinlichkeit – dafür gab es in den besseren Häusern ohnehin Baderäume –, sondern vielmehr dem Wunsch nach lustvollem Zeitvertreib und wohliger Entspannung. Gegen Mittag läuteten Glocken oder wurden Gongs geschlagen, das Bad öffnete seine Pforten, und gemessenen Schrittes begab sich der Genießer dorthin, oft mit seinen Sklaven im Gefolge.

Ob es eine Arena für Gladiatorenkämpfe in Herculaneum gegeben hat, steht nicht fest, doch über eine Sportanlage, eine Palästra, verfügte die Stadt.

Und womit verdiente man seinen Lebensunterhalt? Mit Landwirtschaft, Handel und Handwerk. Trotz aller Möglichkeiten, sich das Leben bequem zu gestalten, waren die Bewohner keine Müßiggänger, abgesehen von einer kleinen Zahl sehr reicher Bürger, die sich die Muße leisten konnten. Einige Stadtbewohner werden Bauernhöfe in der Umgebung besessen haben. Landwirtschaft gehörte zu den wichtigsten Erwerbsquellen rund um den Vesuv. Es gab zahlreiche Gehöfte. Die Erde war fruchtbar; Wein, Oliven und Getreide gediehen vorzüglich. Außerdem wurden Obst, Mandeln und Hanf angebaut. Mit diesen Produkten trieben dann Bauern und städtische Kaufleute Handel. Die Läden in den Häusern waren häufig vermietet, mitunter auch an Sklaven. Ganze Ladenreihen hat es gegeben, der Olivenhändler neben dem Bäcker, daneben der Weinhändler und dazwischen vielleicht auch ein Gasthof – es war eine buntgemischte Reihe all dessen, wessen der Stadtmensch bedurfte. Handwerker wie Schreiner und Stellmacher vervollständigten das Bild.

Eine große Rolle spielte der Fischfang. Fisch wurde als Speise hoch geschätzt. Pompeji z. B. war berühmt für eine scharfe Sauce, die aus Fisch bereitet und weithin exportiert wurde. Insofern verwundert es nicht, daß man am ehemaligen Strand von Herculaneum ein Boot bzw. einen verkohlten Bootsrumpf entdeckte.

Nichts drückt das Lebensgefühl der Menschen jener Zeit treffender aus als die Inschrift auf einem Silberbecher, der in Boscoreale, einem anderen Ort am Fuß des Vesuvs, gefunden wurde: „Freue dich des Lebens, solange du es hast, denn das Morgen ist ungewiß." Und die Menschen genossen ihr Leben in vollen Zügen, erwiesen den Göttern – wenn überhaupt – nicht mehr Achtung, als unbedingt notwendig, und hielten sich im übrigen an die Lehre Epikurs (341–270 v. Chr.), dessen Begriff von „Lust" sie allerdings als Aufforderung zu hemmungsloser Schlemmerei, Ausschweifung und grenzenlosem Wohlleben mißverstanden. „Lust" bedeutete dem griechischen Philosophen jedoch nichts anderes als der Zustand, in dem der Mensch die Ruhe genießt, mit Freude nimmt, was die Natur ihm bietet, und sich damit auch zufrieden gibt. Er warnte davor, die eigenen Wünsche und Begierden zu überschätzen.

Die Bibliothek von Herculaneum

Die Besitzer der „Villa der Papyri" vor den Toren Herculaneums müssen reich, kunstsinnig und gebildet gewesen sein. Es ist ein Landsitz von 33 465 Quadratmetern, auf dem sich ein herrschaftlicher Gebäudekomplex befand. Daran schloß sich ein großer Garten an, von Säulen umstanden und mit einem Wasserbecken in der Mitte, in dem sich Fische tummelten.

Zahlreiche Skulpturen waren hier, wie auch im Peristyl, einem von Säulen umgebenen Innenhof, aufgestellt – eine Galerie von insgesamt 90 Kunstwerken, die von dem erlesenen Geschmack der Besitzer zeugen. Die ältesten stammen aus der archaischen Periode, die jüngsten entstanden im 1. Jh. v. Chr. Marmor und Bronze ist das Material, aus dem sie gefertigt wurden. Viele Porträtbüsten finden sich unter ihnen; der Sachkundige erkennt griechische Herrscher, Feldherren, Redner, Denker und Schauspieler – eine reichhaltige Sammlung erlauchter Köpfe. Heute sind die Skulpturen im Museo Archeologico Nazionale von Neapel zu sehen.

Der amerikanische Industrielle und Mäzen Jean Paul Getty hat etliche Kopien davon anfertigen lassen. Auch die „Villa der Papyri" ließ er nachbauen. Diese Rekonstruktion dient heute als Museum im kalifornischen Malibu. Dort kann sich der Besucher im Schatten der Bäume in antike Zeiten zurückträumen.

Die Villa barg aber noch einen anderen, weit bedeutenderen Schatz. Die Ausgräber des neapolitanischen Königs Karl IV. waren 1738 zufällig auf dieses Anwesen gestoßen. Der in die Tiefe führende Schacht endete in einem Zimmer mit einem kunstvollen Marmorfußboden. Neben diesem Raum lag ein weiterer, in dem hölzerne Regale standen. Auf diesen lagen sehr viele Gegenstände. Zunächst war nicht auszumachen, worum es sich dabei handelte. Alles war verkohlt. Bald aber wußte man: Es waren Holzschachteln, die rund 1800 Papyrusrollen enthielten. Auch diese waren verkohlt.

Man hatte die erste antike Bibliothek entdeckt, war sich aber der Tragweite dieses Fundes nicht bewußt. Recht grob versuchte man, die Papyri zu entrollen, um sie zu lesen. Dabei wurden viele zerstört. Der Kustos der Vatikanischen Bibliothek, Antonio Piaggi, trat auf den Plan und behauptete, mit einer Maschine, die er entwickelt hatte, das Papyrusproblem lösen zu können. Natürlich zerbröselten die Rollen unter dem gewaltsamen Zugriff.

Im Jahr 1806 gelang endlich ein bedeutender Fortschritt. 96 Rollen konnten entziffert werden. Noch vor dem Ende des Jahrhunderts waren es bereits 341 Rollen. Derzeit lagern noch 800 Papyri in der Nationalbibliothek von Neapel und warten auf ihre Entzifferung.

Es ist ein mühevolles Verfahren, herauszufinden, was auf den Rollen geschrieben steht. Manche zerfallen zu Staub, wenn man sie nur berührt, andere wiederum sind haltbarer. Wo es gelungen ist, die Lagen voneinander zu trennen, hebt sich das matte Schwarz der mit Tinte geschriebenen Buchstaben deutlich von dem glänzenden Schwarz des verkohlten Papyrus ab. Mitunter sind auch noch die Eindrücke der Schreibfeder in den Fasern erkennbar, selbst wenn die Oberfläche des Papyrus zerstört ist.

Nahezu alle Texte sind in griechischer und nur knapp zwei Dutzend in lateinischer Sprache abgefaßt. Ein Papyrus, der fragmentarisch ein lateinisches Gedicht überliefert, das den Sieg des Augustus über Antonius und Kleopatra in der Schlacht bei Actium (31 v. Chr.) feiert, ist eine dieser wenigen Ausnahmen. Überwiegend finden sich Abhandlungen zur epikureischen Philosophie, niedergeschrieben von Philodemus, einem Philosophen des 1. Jh. v. Chr., der aus Gadara am See Genezareth stammte. Cicero erwähnt einen epikureischen Philosophen, jedoch ohne dessen Namen zu nennen, und bezeichnet ihn als großen Freund des Lucius Calpurnius Piso Caesonius, des Schwiegervaters Cäsars. Möglich, daß die „Villa der Papyri" jenem Piso gehörte und daß Philodemus hier eine Zeitlang gelebt hat. Auf jeden Fall wohnte er in einem Haus in Herculaneum, und es ist nicht ausgeschlossen, daß Piso es ihm geschenkt hatte.

Gebaut mit Maß und Stil

Eine sehr bedeutende Stadt war Herculaneum nicht. Aber – wie häufig in der Geschichte – sind es gerade die weniger wichtigen Dinge, die durch besondere Umstände einen großen Wert für die Nachwelt darstellen. Herculaneum war ein bescheidenes Landstädtchen mit etwa 5000 Einwohnern – der Ausbruch des Vesuvs verhalf ihm zu Weltruhm. Der Vulkan hielt die Zeit abrupt an, er konservierte die Ortschaft genau am 24. August 79 n. Chr.

Bis auf den heutigen Tag verharrt der größte Teil der antiken Stadt in diesem Zustand. Erst der kleinste Teil ist freigelegt worden, nicht mehr als vier Wohnviertel. Noch ist es unmöglich, die Gesamtanlage der Stadt zu rekonstruieren, wesentliche Teile fehlen bislang.

Der wichtigste öffentliche Platz jeder römischen Stadt, das Forum, liegt noch immer tief begraben unter dem heutigen Resina. Die Hauptstraße, der Decumanus Maximus, wurde erst auf einer kurzen Strecke freigelegt. Es ist eine bemerkenswert breite Straße: Sie mißt einschließlich der Bürgersteige zwölf Meter und war offenbar für den Fahrzeugverkehr gesperrt, denn es finden sich keine Spuren von Wagenrädern, die sich sonst üblicherweise auf den Pflastersteinen abzeichnen.

Die Privathäuser entsprechen der römischen Bautradition. So sehr der antike Mensch auch die Öffentlichkeit schätzte und sich sein Leben auf Plätzen und Straßen abspielte, so sehr suchte er andererseits auch Ruhe und Frieden im privaten Bereich. Sein Haus bot ihm beides. Das Tageslicht drang nicht durch Fenster ein, sondern aus dem Innenhof, um den sich die einzelnen Zimmer gruppierten. Die Häuser waren, wie der Architekturhistoriker Frank Brown schreibt, „eng um den in der Mitte liegenden freien Raum und die Lichtquelle angelegt, und zwar nach einem ganz zweckbezogenen Plan. Die beabsichtigte Symmetrie und Axialität wurden durch die Anordnung, Größe, Form und Beleuchtung der einzelnen Räume unterstrichen. Das von Licht erfüllte Zentrum bildete das Gegengewicht gegen diese Räume."

Dies war das Grundschema eines solchen Hauses: Der Eingang führte in eine oben offene Halle, das Atrium, an das sich – dem Eingang gegenüber – das Tablinum, der Wohnraum, anschloß. Dem Tablinum folgte das Peristyl, ein säulenumstandener Garten oder Innenhof. Seitlich von Atrium und Peristyl befanden sich meist Schlafräume. Selbstverständlich gab es viele Abwandlungen dieses Schemas.

Trotz der ähnlichen Grundrisse trugen die Häuser zum Teil ein höchst individuelles Gepräge. Vor allem bei der Ausschmückung durch Wandmalereien, Stuckarbeiten oder Mosaiken

Das „Haus mit Holzgeflecht" *liegt an einer der drei bisher freigelegten Straßen (Cardines), die im rechten Winkel auf die im Norden der Stadt verlaufende Hauptstraße (Decumanus Maximus) treffen. Das Haus besteht aus Bruchziegeln, die von Fachwerk, Schilf und Lehm zusammengehalten werden.*

wird dies deutlich. Teppiche waren zwar bekannt, wurden aber so gut wie nie auf die Fußböden gelegt. Statt dessen dienten Mosaiken als Bodenschmuck. Es konnten geometrische Muster sein, aber auch komplizierte künstlerische Bilder, die die gesamte Bodenfläche ausfüllten. Besonders häufig sind solche Bildwerke in den Atrien der großen Häuser anzutreffen, die im 2. Jh. v. Chr. in Herculaneum und Pompeji gebaut wurden. Ein schönes Beispiel für eine geometrische Aufteilung findet sich in dem „Haus mit dem mosaikgeschmückten Atrium“ (Casa del Atrio a Mosaico). Der gesamte Fußboden ist schachbrettartig mit schwarzen und weißen Karos ausgelegt.

Im Lauf der Zeit ging man manchmal auch dazu über, die Wände mit Mosaiken zu versehen. Besonders Nischen mit Brunnen in den Innenhöfen wurden auf diese Weise ausgeschmückt. Glaspaste und Marmor sind die Materialien; Seemuscheln rahmen oft die Darstellungen ein. Es sind meist geometrische Muster, in die einige figürliche Szenen eingefügt wurden.

Ein Nymphäum, eine mosaikverkleidete Grotte mit drei Nischen, ziert das in den Sommermonaten benutzte Speisezimmer im „Haus des Neptunmosaiks“ (Casa del Nettuno) in Herculaneum. Abgebildet sind Jagdszenen vor einem blauen Hintergrund. An einer der Längsseiten in diesem Raum befindet sich das prächtige, ornamentale Mosaik, das dem Haus seinen Namen gab: Es zeigt den Meeresgott Neptun mit seiner Gemahlin Amphitrite.

Die Zimmer waren normalerweise nur spärlich möbliert. Sofa, Bett, Tisch und Schemel aus Holz oder Bronze waren häufig die einzigen Einrichtungsgegenstände. Sehr viel Mobiliar hätte ohnehin nicht in die Räume gepaßt, denn sie waren zwar verhältnismäßig hoch, aber von der Grundfläche her doch sehr klein.

Im 2./1. Jh. v. Chr. veränderten sich die wirtschaftlichen und sozialen Verhältnisse nachhaltig. Die Landwirtschaft wurde für die kleineren bäuerlichen Betriebe unrentabel, die Bevölkerung aber wuchs an und drängte in die Stadt. Hier wurde nun der Wohnraum knapp, und die Mieten stiegen kräftig an. Folge davon war, daß man begann, auf die ebenerdigen schönen Häuser ein weiteres Geschoß zu setzen. Aber das konnte natürlich nur ein Notbehelf sein. In Rom errichtete man gleich komplette Mietskasernen, die sogenannten Insulae. Der amerikanische Soziologe Lewis Mumford schreibt dazu: „Der Bau dieser Inseln war, wie der Bau der Mietskasernen in New York, ein Spekulationsgeschäft, aus dem betrügerische Bauunternehmer, die die baufälligen Bruchbuden errichteten, und profitgierige Hauseigentümer riesige Gewinne zogen, weil sie sich darauf verstanden, alte Wohnungen in noch engere Zellen zu unterteilen...“

Auch eine Provinzstadt wie Herculaneum blieb von dieser Entwicklung nicht verschont, wenngleich sie hier nicht die Ausmaße erreichte wie in der Hauptstadt. Wie billig ein solcher Bau errichtet wurde, zeigt das „Haus mit Holzgeflecht“ (Casa a Graticcio): Es besteht aus einem Lattenfachwerk aus Holz und Schilf, das dünne Wände aus Bruchsteinen, Erde und Gips zusammenhält. Solche Häuser brannten leicht und waren einsturzgefährdet. Im „Haus mit Holzgeflecht“ wohnten zwei Familien, eine im Erdgeschoß, die andere im ersten Stock, zu dem eine Treppe vom Innenhof hinaufführte.

Die zerstörerische Wucht *der aus Gasen und Gesteinsbrocken bestehenden Feuerwalze wird in diesem Raum des öffentlichen Bades erkennbar. Das Fensterglas zersplitterte, und ein Marmorbecken wurde umgestürzt (links). Die Glaspartikel der Scheibe wurden in den Boden des Beckens eingepreßt (oben).*

Im Schatten des Vesuvs

Das Leben in der Nachbarschaft des Vesuvs ist ein Leben am Rande des Todes, ein Dasein, das ständig den unberechenbaren Naturgewalten ausgeliefert ist. Und dennoch haben Menschen dort gesiedelt und siedeln auch noch heute in der Umgebung des Berges. Ihr Leben geht den gewohnten Gang.

Fachleute bezeichnen den Ausbruch des Vesuvs im Jahre 79 n. Chr. als die größte Katastrophe der antiken Welt. Wahrscheinlich wurde sie nur von der Explosion des Vulkans auf der Insel Santorin im 2. Jt. v. Chr. übertroffen. Der Vesuv vernichtete nicht nur Herculaneum und Pompeji. In einem Umkreis von 17 Kilometern bedeckte er das Land mit seinem Lava- und Aschenregen. Sieben weitere Ortschaften fanden dabei ihr Ende. Sie alle harren noch der archäologischen Erforschung.

An jenem schrecklichen Tag wehte ein Sturm von See her landeinwärts. Städte wie Neapolis (Neapel) und Misenum spürten zwar Erdstöße, blieben aber von Asche und Lava verschont. Plinius der Jüngere (61 oder 62–113 n. Chr.) hat in einem Brief an den Historiker Tacitus geschildert, was sich in jenen Stunden in Misenum abspielte. Er lebte dort seinerzeit im Hause seines Onkels, des Naturkundlers und Historikers Plinius des Älteren (23 oder 24–79 n. Chr.), der den Vesuvausbruch in Stabiae erlebte und dabei ums Leben kam.

Wohin nun mit den obdachlosen Flüchtlingen, die häufig nicht mehr hatten retten können als das nackte Leben? Kaiser Titus, seit zwei Monaten im Amt, berief einen Senatsausschuß ein. Die Senatoren sollten das Katastrophengebiet bereisen und Vorschläge für den Wiederaufbau der zerstörten Städte unterbreiten. Eine Welle der Hilfsbereitschaft trug die Überlebenden. Zahlreiche Städte gewährten ihnen Obdach, so Neapolis, Nola und Surrentum (Sorrent).

Die Ausschußpläne für den Wiederaufbau wurden jedoch nie verwirklicht. Pompeji war ausgelöscht; erst später entstand eine neue Stadt. Auch Herculaneum war verloren, aber hier wurde das Dorf Resina gebaut. Einzig Stabiae konnte sich erholen und führte die Handelsbeziehungen fort, die einst Pompeji innehatte.

Der Vulkan gab keine Ruhe, und ob er es in Zukunft tun wird, ist ungewiß. Die Gründe dafür liegen in der geologischen Beschaffenheit des Planeten Erde. Die riesigen Platten der Erdkruste, die bis zu 100 Kilometer dick sind, schwim-

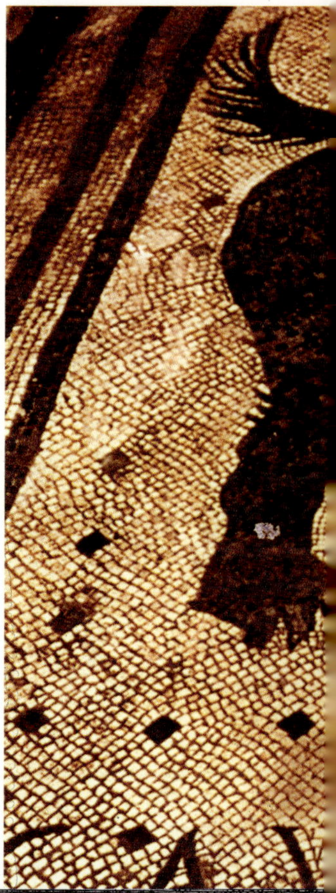

Bei dem schweren Ausbruch des Vesuvs *vom 25. bis 28. April 1872 (rechts eine zeitgenössische Darstellung) wurden Steine und Lava 1300 Meter hoch geschleudert. Die austretenden Lavaströme flossen fünf Kilometer weit und erreichten eine Geschwindigkeit von 400 Metern in der Stunde. Links die Hauptstraße von Boscotrecase, einem Ort am Südosthang des Vesuvs; nach einer Eruption im April 1906 war die Straße von einem Lavastrom erfüllt.*

Das Fußbodenmosaik des angeketteten Hundes *befindet sich im Eingangsbereich des „Hauses des tragischen Dichters" (Casa del Poeta Tragico) in Pompeji. Die lateinische Inschrift* cave canem *bedeutet: Vorsicht vor dem Hund. In den Atrien vieler Häuser in Pompeji und Herculaneum sind die Fußböden vollständig mit Mosaiken ausgelegt. Man findet einfache geometrische Muster aus Kieselsteinen oder schachbrettartige Dekorationen aus weißen und schwarzen Karos, aber auch viele sehr komplizierte Formen, die wie Gemälde wirken. Bei dieser verfeinerten Technik wurden häufig abgerundete Mosaiksteinchen in unterschiedlicher Größe und Farbe verwendet.*

men auf dem zähplastischen Material des Erdmantels. Dabei kann sich eine unter die andere schieben, oder sie stoßen frontal zusammen, driften auseinander oder schrammen seitlich aneinander entlang. Das sind, verglichen mit menschlichem Zeitgefühl, äußerst langsame Bewegungen, die aber allmählich ungeheuer große Spannungen an den Rändern der Platten erzeugen. Irgendwann wird diese Spannung zu gewaltig. Das Gestein tief unten in der Erde bricht, und auf der Oberfläche bebt die Erde.

In diesen Randzonen bilden sich Vulkane, durch die das geschmolzene Gestein des Erdmantels (Magma) austritt, nur zu oft aber explosionsartig herausgeschleudert wird. Denn in der Gesteinsschmelze befinden sich auch flüchtige Bestandteile wie Wasserstoff und Schwefeldioxid, die so lange nicht entweichen können, wie das Magma im Erdinneren unter Druck steht. Gelangt es dann an die Oberfläche, kommt es zu einer Explosion. Es sind im wesentlichen die sich selbständig machenden Gase aus der Schmelze, die die Kraft eines Vulkanausbruchs bestimmen. Sie können den gesamten Berg in die Luft sprengen.

Nach dem Ausbruch des Vesuvs im Jahr 79 zeigte sich ein erschreckendes Bild: Die ganze ursprüngliche Gipfelregion war verschwunden. Übrig blieb ein riesiger Krater, umgeben von einer Art Ringwall, dem Monte Somma.

Insgesamt 70 Ausbrüche fanden seither statt. Eine Woche lang dauerte die Eruption im Jahr 202; 306 und 471 folgten weitere Ausbrüche. Nach relativ ruhigen Jahrhunderten, in denen die Hänge des Berges sogar kultiviert werden konnten, zerstörte eine gewaltige Eruption am 16. Dezember 1631 fast alle Orte am Fuß des Vesuvs und tötete Tausende von Menschen. 1707 ging über Neapel ein dichter Aschenregen nieder. 1906 stieß der Berg eine Gaswolke aus, die neun Kilometer Höhe erreichte. Der letzte Ausbruch ereignete sich im März 1944.

Die italienische Regierung und die Universität von Neapel unterhalten am Vesuv eine Beobachtungsstation. Dort wird gemessen, wieviel Dampf im Krater und in der Umgebung austritt. Jeder leichte Erdstoß wird aufgezeichnet, um auf keinen Fall den rechten Zeitpunkt für eine Warnung zu versäumen, wenn der Vulkan wieder aktiv werden sollte.

Wer entdeckte

Amerika?

Mit Mord, Raub und Feuer traten die Wikinger in die Geschichte ein, als sie 793 das englische Kloster Lindisfarne überfielen. Nach ausgedehnten Streifzügen entlang den europäischen Küsten landeten sie um das Jahr 1000 – rund 500 Jahre vor Kolumbus – als erste Europäer auch in der Neuen Welt.

Die Bucht bei den Wiesen

„Jetzt wurde viel von Entdeckungsreisen geredet. Leif, der Sohn Eriks des Roten auf Brattahlid, kam zu Bjarni Herjolfsson, kaufte dessen Schiff und verschaffte sich eine Mannschaft, insgesamt 35 Mann… Es war auch ein Südländer dabei, der hieß Tyrkir." So berichtet die Grönlandsaga, ein Ende des 13. Jh. von einem isländischen Geistlichen niedergeschriebenes Werk, in dem auch die Entdeckung Amerikas abgehandelt wird.

Ein junges und verwegenes Völkchen war es, das sich auf eine Reise begab, von der niemand wußte, wie sie ausgehen würde. Etwa fünfzehn Jahre zuvor hatte ein Sturm jenen Bjarni zu den bis dahin unbekannten Gestaden im Westen verschlagen. Eigentlich hatte er damals nach Grönland segeln wollen, um seinem Vater zu folgen. In dessen Auftrag hatte er eine Handelsreise von Island nach Norwegen unternommen, und als er nach Island zurückkehrte, mußte er erfahren, daß sein Vater inzwischen nach Grönland übergesiedelt war. Er hatte sich der Expedition Eriks des Roten angeschlossen, eines tatkräftigen Vorkämpfers der Grönlandkolonisation.

Bjarni also hatte neues Land gesichtet – es war Amerika. An Land gegangen war er dort allerdings nicht. Das wollte Leif Eriksson jetzt nachholen.

Leif und seine Männer stachen in See. Zuerst trafen sie auf ein Land, das sie Helluland nannten, was „Steinland" bedeutet; es entspricht heute dem südlichen Teil von Baffinland. Das nächste Gebiet, das sie fanden, bezeichneten sie als Markland, „Waldland"; das Gebiet konnte als das heutige Labrador identifiziert werden. „Danach eilten sie wieder an Bord. Nun segelten sie vor gutem, nordöstlichem Wind aufs Meer hinaus und fuhren zwei Tage, bevor sie Land sahen. Sie segelten näher und kamen an eine Insel, die nördlich vom Lande lag. Sie betraten die Insel und blickten sich um, und es war gutes Wetter. Sie sahen, daß Tau im Grase war, und es geschah, daß sie die Hände zum Tau hin und dann zum Munde führten, und es war ihnen, als hätten sie noch nie so etwas Süßes geschmeckt…"

Sie warteten die nächste Flut ab, zogen ihr Schiff einen kleinen Fluß aufwärts bis in einen See. „Dort warfen sie Anker und trugen ihre Fellsäcke an Land und bauten Unterkünfte. Später beschlossen sie, dort zu überwintern und bauten große Häuser… Leif benannte das Land nach seinen Möglichkeiten und hieß es Vinland."

Einen weiten Weg über See hatten Leif und seine Leute zurückgelegt. Rund 1000 Jahre später stand der Norweger Helge Ingstad etwa an dieser Stelle und fragte einen Einwohner, ob er irgendwelche Gebäudereste kenne.

„Gebäudereste?" sagte er und kratzte sich nachdenklich im Nacken. „Ja, ich meine doch gehört zu haben, daß es so etwas bei L'Anse aux Meadows geben soll."

Ingstad begab sich dorthin, fand einen Bach und sah einige undeutliche, überwucherte Erhöhungen, „die fast in Gras und Heide verschwinden". Er zweifelte nicht daran, daß es sich um alte Gebäudereste handelte. Er fühlte sich an das erinnert, was er bei normannischen Höfen auf Grönland gesehen hatte: eine grüne Wiese, einen rieselnden Bach, offenes Land und die Aussicht auf die See. „Aber noch ist alles ungewiß. Nur Grabungen können die Antwort geben."

Mit dem unerschütterlichen Vertrauen des archäologischen Laien auf schriftliche Überlieferungen hatte sich Helge Ingstad auf die Suche nach den Wikingern gemacht, begleitet von seiner Frau Anne Stine, die allerdings eine gelernte Archäologin ist. Seine These nach sorgfältigem Studium aller erreichbaren Unterlagen lautete: Das „Vinland" der Sagas mußte im nörd-

Die Weintrauben, *von denen die Grönlandsaga berichtet, verunsicherten die Forscher bei der Suche nach Vinland. Nirgendwo an der kanadischen Küste gedeiht Wein. Es werden Squashberries gewesen sein (unten), wilde Beeren, von denen die Wikinger sprachen.*

lichen Neufundland gelegen sein, genauer, an der Spitze dieser Insel.

Wie aber läßt sich diese These mit der Grönlandsaga vereinbaren, die auch die Entdeckung von wildem Wein schildert: „Eines Abends zeigte es sich, daß ein Mann fehlte, und das war Tyrkir, der Südländer... Leif sagte zu ihm: ‚Warum kommst du so spät, Ziehvater, und warum hieltst du dich nicht zu den anderen?‘ “ Tyrkir redete erst lange deutsch, rollte mit den Augen und schnitt Grimassen, doch die anderen verstanden nicht, was er sagte. Der Mann berichtete, offenbar angetrunken, daß er, nicht weit von der Küste entfernt, Weinstöcke und Trauben gefunden habe. „Ist das wahr, Ziehvater?“ fragte Leif. „Gewiß ist das wahr“, antwortet Tyrkir, „ich wurde doch in einer Gegend geboren, wo es weder an Weinstöcken noch an Trauben mangelt.“

Wein kann in diesen Breiten nicht gedeihen. Neufundland liegt zwischen dem 46. und 51. Grad nördlicher Breite; die Grenze für wilden Wein ist der 42. Breitengrad, also etwa in der Höhe von Massachusetts. Theorien, daß die Wikinger bis in diese Region gesegelt seien, erwiesen sich jedoch als unhaltbar.

Ingstad hielt die Angaben der Sagas über Weintrauben nicht für überzeugend. Nicht eine einzige Stelle in den Sagas oder anderen Quellen, so hat er festgestellt, bezieht die Bezeichnung Vinland auf Weintrauben. Er hält diese Angaben für eine spätere Zutat derjenigen, die zuerst die Erzählungen mündlich überliefert haben, bis sie dann letztlich aufgeschrieben wurden. Zusammen mit einem schwedischen Philologen ist er der Ansicht, daß sich die Silbe „Vin“ nicht auf Weintrauben, sondern auf die altnordische Bezeichnung für Wiesen oder Weideland bezieht.

Die Grabungen in L'Anse aux Meadows sollten Ingstadt recht geben.

Helge Ingstad folgte den Spuren der Wikinger. *Das linke Bild zeigt ihn mit einem Indianerhäuptling in Helluland, dem südlichen Teil von Baffinland. Der Mann deutet die Größe der Forellen an, die hier gefangen werden. Die Lektüre der Sagas und beharrliche Nachforschungen führten Ingstad schließlich an die Nordspitze Neufundlands. Bei L'Anse aux Meadows an der Epaves Bay (unten), an der Mündung des Schwarzentenbaches, fand er Reste einer Wikingersiedlung.*

Hof aus Holz und Soden

Nicht, daß Helge Ingstad damit gerechnet hätte, großartige Funde zu machen, aber ein kleines bißchen Enttäuschung schwang schon mit, als er sagte: „In diesen Expeditionsjahren träumte ich manchmal davon, daß ein Schwert in der Erde gefunden werden würde, ein großes prächtiges Schwert." Um dann sogleich verständnisvoll, aber resignierend festzustellen: „Aber welcher Mann würde sein Schwert zurücklassen?"

Nach vier Grabungskampagnen von 1961 bis 1964 stand das Ergebnis fest: In L'Anse aux Meadows hatten Wikinger gesiedelt. Dem Team um Ingstad war es gelungen, die Reste von acht größeren und kleineren Häusern auszugraben, darunter eine Schmiede. Es waren Gebäude, wie sie für die Wikingerzeit in nordischen Gebieten typisch sind.

Die Ausgrabungsarbeiten in L'Anse aux Meadows *brachten geringe, aber eindeutige Reste der Wikingersiedlung zutage: Die Häuser hatten rechteckige Grundrisse; einige niedrige Grassodenwände waren erhalten, und es gab Brandflecken, die auf die Lage der Kochstellen verwiesen.*

Eines der Häuser zeichnete sich durch ungewöhnliche Dimensionen aus. Die Grundfläche maß etwa 21 mal 16 Meter, und wahrscheinlich hatte das Haus fünf oder sechs Räume, die den verschiedensten Zwecken dienten. Wie es aber konstruiert worden war, ließ sich aufgrund der Grabungen nicht entscheiden. Helge Ingstad nahm an, daß vorwiegend Holz benutzt worden war. Die Wände – soviel durfte als sicher gelten – hatten aus aufgeschichteten Grassoden bestanden.

Man fand in den Gebäuderesten Feuerstellen, Glutkammern, in denen die Glut über die Nacht aufbewahrt wurde, und zwei Kochmulden. Die Ausbeute an sonstigen Gegenständen war gering: einige Steinwerkzeuge, eine Anzahl verrosteter Nägel, Bruchstücke von Eisen und ein kleines Stück Kupfer, das geschmolzen worden war. Außerdem stieß man auf eine primitive Steinlampe, wie sie aus dem früheren Mittelalter von Island her bekannt ist, und einen Wetzstein aus Quarzit. Als wichtigsten Fund wertete der Forscher eine Spinnwirtel nordischen Typs aus Speckstein – ein sicheres Zeichen dafür, daß auch Frauen in der kleinen Siedlung gelebt hatten.

Die Datierung der Funde mit Hilfe der Radiokarbonmethode erbrachte das, was man erwartet hatte. Sie stammten alle aus der Zeit um das Jahr 1000, d.h. aus der Zeit, als Leif Eriksson und andere, spätere Expeditionen der Saga zufolge nach Vinland segelten. Damit war der Beweis erbracht, daß rund 500 Jahre vor der Entdeckung Amerikas durch Christoph Kolumbus schon einmal Europäer die Neue Welt betreten hatten. Freilich ohne Folgen für die Weltgeschichte, denn zu einer dauerhaften Ansiedlung war es nicht gekommen, obwohl die Wikinger Versuche dazu unternommen hatten.

Möglicherweise wollte sich schon Leif Eriksson in dem neuen Land auf Dauer niederlassen. Doch kurz nachdem er nach Grönland zurück-

Die Entdeckung Amerikas durch die Wikinger *erhärten zwei winzige Fundstücke: Die bronzene Ringnadel (oben), die in L'Anse aux Meadows ausgegraben wurde, stammt aus Norwegen; ähnliche Stücke sind aus norwegischen Fundstätten rund um den Atlantik bekannt. Die auf das Jahr 1000 datierte Pfeil- oder Speerspitze aus Quarzit (links) wurde auf einem Friedhof in Westgrönland entdeckt. Da Quarzit nicht auf Grönland, wohl aber in Labrador vorkommt und solche Waffen von nordamerikanischen Indianern benutzt wurden, liegt die Vermutung nahe, daß Wikinger und Indianer einander an der kanadischen Küste begegnet sind, wobei die grob bearbeitete Steinspitze vermutlich den Besitzer gewechselt hat.*

gekehrt war, starb sein Vater Erik der Rote, und Leif als der älteste Nachkomme wurde Familienoberhaupt. Er mußte auf dem Hof Brattahlid bleiben. Seine Seefahrerzeit war zu Ende. Statt dessen machte sich Leifs jüngerer Bruder Thorwald auf die Reise. Er meinte, daß vor einem Siedlungsversuch noch weitere Erkundungen notwendig seien, rüstete ein Schiff aus, heuerte eine Mannschaft an und fuhr auf der Route Leifs nach Vinland. Dort überwinterte er in den immer noch provisorischen Häusern, die er vorgefunden hatte, und ernährte sich und seine Leute vorwiegend von Fischen. Im Frühjahr begannen Thorwald und seine Leute mit Erkundungsfahrten die Küste entlang. Bei einem Landgang stießen sie auf schlafende Skrälinger – wahrscheinlich Eskimos oder Algonkinindianer –, die sie kurzerhand töteten. Einer der Überfallenen aber konnte entkommen und Hilfe holen. Bald schon erschienen die Eingeborenen und bedrängten die Fremden. Die Wikinger flohen auf ihr Schiff und suchten Deckung vor den Pfeilen der Skrälinger. Einer der Pfeile aber traf Thorwald und verletzte ihn tödlich. Die Überlebenden bestatteten ihren Anführer, überwinterten ein zweites Mal im Lager und kehrten anschließend nach Grönland zurück. Jetzt rüstete Thorstein Eriksson, ein weiterer Bruder von Leif und Thorwald, ein Schiff aus, um den Toten heimzuholen. Der Wind stand aber den ganzen Sommer über so ungünstig, daß Thorstein Vinland nicht erreichte.

Einen entschlossenen Versuch, in Vinland eine Siedlung zu gründen unternahm im Jahr 1009 Thorfin Karlsefni, ein Isländer, der zwischen Norwegen und Grönland Handel trieb. Er wurde mit der Familie Eriks des Roten bekannt und heiratete Gudrid, die Witwe Thorsteins, der inzwischen gestorben war. Mit drei Schiffen, auf denen sich auch Frauen und „alle Arten von Vieh“ befanden, segelte Thorfin nach Vinland, „denn sie hatten die Absicht, in dem Land, sollte das möglich sein, zu siedeln“.

Und wieder ließen sich die Siedler in den einst von Leif Eriksson errichteten Häusern nieder. Dort schenkte Gudrid einem Sohn das Leben; er hieß Snorri und war das erste europäische Kind, das in Amerika zur Welt kam. Auch diese Menschen begegneten den Skrälingern; man begann zu handeln, und die Wikinger betrogen die Eingeborenen nach Kräften. Die Skrälinger hatten es vor allem auf Schwerter abgesehen, aber Thorfin verbot, sie gegen Waren der Skrälinger einzutauschen.

Als ein Eingeborener ein Schwert zu stehlen versuchte, wurde er getötet. Die Rache blieb nicht aus, und es kam zu einem Gemetzel. Die Wikinger sahen sich jetzt einer ständigen Bedrohung ausgesetzt. Zwei Jahre lang hielten sie sich noch auf Neufundland auf, dann reisten sie ab.

__Erst die Rekonstruktion__ der Siedlung läßt erkennen, wie die Wikinger gelebt haben. Unten die längliche Wohnhalle, der Mittelpunkt des Hauses. Die offene Feuerstelle befand sich in einem Ring aus Steinen. An den Längsseiten standen Schlafbänke und Truhen.

__Hingeduckt hinter Palisadenzäunen__ (Foto in der Mitte) lagen die aus Torfsoden errichteten Häuser am Ufer des Schwarzentenbachs. Steine spielten beim Hausbau keine Rolle, denn es gibt hier kaum etwas anderes als die vom Wasser glattgeschliffenen Strandkiesel. Hinter den Zäunen wurde auch Vieh gehalten; man fand Knochenreste von Ziegen oder Schafen und von Schweinen.

__Eingang eines Hauses__ in L'Anse aux Meadows (links). Der Nachbau zeigt die sorgfältige Kombination der hölzernen Bestandteile mit den exakt zugeschnittenen Torfsoden. Die grasbewachsenen Dächer boten Schutz und Wärme.

Vor Vinland

Die Wellen schlagen an den Strand, den die Männer, die sich auf den Ruderbänken schinden, schon seit Stunden sehen und der doch so quälend langsam näherkommt. Der Wind schlägt noch einmal in das Segel; jeden Augenblick kann der Kiel des Bootes über festen Boden schrammen.

Welche Gefühle Leif Eriksson bewegen, als das Boot der kleinen Expedition an Land gezogen wird, bleibt sein Geheimnis. Die Vermutung liegt aber nahe, daß es Entdeckerstolz ist, der ihn in diesem Augenblick erfüllt, und der Gedanke daran, daß sich nun als richtig herausstellt, was man sich seit langem in den kalten und dunklen Nächten zu Hause am Feuer erzählte. Bjarni Herjolfsson hat also recht gehabt: Es gibt ein Land westlich von Grönland. Bjarni hat es nur von fern gesehen, er aber, Leif, der Sohn Eriks des Roten, hat es nicht nur wiedergefunden, sondern er wird in wenigen Minuten seinen Fuß darauf setzen.

Eigentlich hätte sein Vater Erik, der Entdecker Grönlands und Begründer der dortigen Wikingerkolonie, diese Expedition führen sollen. Leif jedenfalls hatte ihn dazu überredet. In letzter Minute aber ereignete sich ein Unfall. Auf dem Weg zum Strand, wo das Schiff seeklar lag, strauchelte Eriks Pferd und warf ihn ab. Der alte Mann brach sich ein Bein. „Es ist mir nicht bestimmt, außer dem Land, in dem wir uns jetzt befinden, noch ein weiteres zu entdecken", sagte er zu Leif. Der Sohn hat die Aufgabe, die ihm dadurch zufiel, gern übernommen, und die Gefährten sind ihm willig gefolgt, voller Tatendrang und voller Lust auf neue Abenteuer. Das steckt den Wikingern im Blut und vererbt sich von Generation zu Generation.

Jetzt aber gilt es, Vorsorge für die erste Nacht in diesem unbekannten Land zu treffen. Gibt es wilde Tiere, gegen die man sich schützen muß? Gibt es vielleicht feindliche Menschen? Die kommenden Stunden werden es zeigen.

Die praktischen Dinge des Alltags *wie Werkzeug und Küchengeräte aus Eisen und Holz (links) durften auf den Schiffen der Wikinger nicht fehlen, wenn sie als siedlungswillige Entdecker über die Meere fuhren. Rechts eine eiserne Streitaxt, die mit Einlegearbeiten aus Silberdraht reich verziert ist. Über hölzerne Laufplanken gelangten die Wikinger von ihren Schiffen an Land. Rechts außen die 7,3 Meter lange Planke des Gokstadschiffes. Sie besteht aus Fichtenholz, und die Rillen dienten der Trittsicherheit von Menschen und Tieren.*

Auf der Suche nach Neuland

Es war schon eine bemerkenswerte Familie, der Leif Eriksson, der erste Amerikafahrer der Weltgeschichte, entstammte. Sein Großvater Thorwald Asvaldsson hatte um 960 seine Heimat Norwegen verlassen müssen, weil er einen Nachbarn erschlagen hatte. Er segelte nach Island, das damals schon seit rund 100 Jahren von Wikingern besiedelt war.

Leifs Vater Erik Thorwaldsson (etwa 950 geboren), offenbar wegen seines Haarschopfs „Erik der Rote“ genannt, erschlug ebenfalls im Streit zwei Nachbarssöhne und wurde daraufhin vom Thing, der Versammlung aller freien Männer, für drei Jahre als vogelfrei erklärt. Er rüstete ein Schiff aus und verließ im Jahr 982 Island in westlicher Richtung. Er wollte das Land suchen, von dem Seefahrer schon vor langer Zeit berichtet hatten. Erik fand es und taufte es „Grünland“ – und Grönland heißt es noch heute. Sohn Leif Eriksson schließlich entdeckte dann zur Jahrtausendwende Amerika.

Erik kehrte nach drei Jahren nach Island zurück. Daß er seine Entdeckung „Grünland“ benannte, kam nicht von ungefähr: Hat das neue Land einen attraktiven Namen, so dachte er, reisen viele dorthin – eine ebenso einfache wie wirksame Überlegung. 25 (andere Quellen sprechen von 35) Schiffe stachen in See, an Bord Männer, Frauen und Kinder, Vieh, Werkzeuge, Waffen und Fischernetze. 14 Boote erreichten das Ziel, die übrigen waren untergegangen oder vom Wind irgendwohin abgetrieben worden. Vermutlich gingen etwa 400 Menschen an Land; genau weiß man das nicht, rechnet aber pro Schiff mit 25 bis 30 Menschen. Erik, anerkannter und unumstrittener Führer dieser Landnahme, verteilte sie auf zwei Siedlungen: die sogenannte Ostsiedlung, die in der Gegend des heutigen Julianehåb liegt, und die etwa 400 Kilometer nordwestlich gelegene Westsiedlung in der Nähe der heutigen grönländischen Hauptstadt Godthåb. Erik selbst ließ sich in der Ostsiedlung nieder an dem nach ihm benannten Eriksfjord und baute einen Hof, der Brattahlid genannt wurde.

Grönland war die Kolonie der Kolonie Island. Das Mutterland aller Wikinger – der „Nordmänner“ oder „Normannen“ – war Skandinavien, also Norwegen, Schweden und Dänemark. Von dort waren sie aufgebrochen. Aus dem schwedischen Raum strebten die auch Waräger genannten Nordmänner nach Osten – sie fuhren die Wolga abwärts bis ins Kaspische Meer und den Dnjepr hinunter bis ins Schwarze Meer. Die im dänischen Raum Ansässigen zogen die europäischen Küsten entlang nach Frankreich und England und bis hinunter nach Spanien. Und diejenigen aus dem Gebiet Norwegens wandten sich vornehmlich westwärts über den Atlantik in Richtung Island.

Das Gehöft von Stöng *(oben) liegt im Süden Islands in dem zur Wikingerzeit noch fruchtbaren Tal von Thjorsardalur, das um 1104 beim Ausbruch des Vulkans Hekla verschüttet wurde. Die Rekonstruktion zeigt die geräumige, über zwölf Meter lange Haupthalle mit den rechtwinklig angesetzten Nebenräumen.*

Der Eriksfjord an der Südspitze Grönlands *(oben). Hier lag die sogenannte Ostsiedlung, die von den Wikingern aufgebaut wurde. Erik der Rote besaß hier den großen, in den alten Sagas mehrfach erwähnten Hof Brattahlid, dessen Überreste rechts zu sehen sind. Vom Eriksfjord aus startete Eriks Sohn Leif zu seiner berühmten Fahrt über den Atlantik. Die zweite Siedlung der Wikinger lag etwa 400 Kilometer weiter nordwestlich. Nur an diesen beiden Buchten gab es Weideland für die Viehzüchter.*

Thingvellir auf Island *(unten). Die 30 Kilometer östlich vom Reykjavik gelegene, von Lavaklippen eingerahmte Ebene war der Ort, an dem sich die Siedler jährlich zu ihrer allgemeinen Versammlung, dem Althing, trafen, um Recht zu sprechen oder um Gesetze zu erlassen. Die Mitglieder des Althings bildeten also eine Art Parlament. Die erste Zusammenkunft im Jahr 930 gilt als Staatsgründung und ging in die Geschichtsbücher ein.*

Entdeckung eines Kontinents

Wer Amerika — und das bedeutet in diesem Fall Nordamerika — tatsächlich zum erstenmal entdeckt hat und wann dies geschah, bleibt im Dunkel der Geschichte. Es mögen Völkerstämme gewesen sein, die von der Ostküste des asiatischen Kontinents über See weiter ostwärts zogen, vielleicht die Beringstraße überquerten oder die Aleuten erreichten und dann in dem neuen Land heimisch wurden. Irgendwann sind wohl auch Menschen über die mittelamerikanische Landenge südwärts gezogen und haben dann dort das Land besiedelt. Vielleicht sind sie auch über den Golf von Mexiko gesegelt, bis sie an der Gegenküste landeten — sie alle hätten als Entdecker Amerikas zu gelten.

Geschichtlich wirksam aber sind diese „Entdeckungsfahrten“ nicht geworden. Der Alten Welt blieb es vorbehalten, jenen Prozeß in Gang zu setzen, der als „Europäisierung der Welt“ bezeichnet wird und der sich im Gefolge eines allmählich entstehenden weltweiten Wirtschafts- und Verkehrssystems herausbildete.

Als im Jahr 986 der Wikinger Bjarni Herjolfsson mit seinem Schiff im Sturm umherirrte und dabei die Küste Labradors von fern erblickte, war es, historisch gesehen, noch zu früh, als daß sich aus der zufälligen Entdeckung weitreichende Konsequenzen hätten ergeben können. Die Zeit war noch nicht reif, auch dann noch nicht, als Leif Eriksson um das Jahr 1000 — gewissermaßen im Kielwasser Bjarnis — seinen Fuß auf Vinland/Neufundland setzte. Es war dies ein Schritt, der nur für die Wikinger Bedeutung hatte; das übrige Europa nahm keine Notiz davon, und die Angelegenheit geriet alsbald in Vergessenheit.

Der Aufbruch Europas zu neuen Ufern begann im 15. Jh. Allen voran segelte Portugal, vornehmlich zwar an der Umschiffung Afrikas interessiert, zugleich aber auch an einer Expedition unter dem Norweger Jon Skolp beteiligt, die 1476 Labrador erreichte — das nördliche Nordamerika war wiedergefunden.

Christoph Kolumbus, Genueser in Spaniens Diensten, glückte 1492 bekanntlich eine der folgenreichsten Entdeckungen der Weltgeschichte. Fortan lag Amerika offen; Europa nahm es ins Visier. Daß es sich um ein und dieselbe Landmasse handelte, auf die man stets aufs neue im Norden und jetzt auch im Süden gestoßen war, sollte sich wenig später herausstellen. Vorerst gehörte den südlichen Gefilden der größte Teil der Aufmerksamkeit.

Aber dennoch begann auch der Norden seine Reize auf die entdeckungsfreudigen Gemüter auszuüben. 1497 schiffte sich der in englischen Diensten stehende Genuese Giovanni Caboto in Bristol ein und gelangte wahrscheinlich nach Labrador und Neufundland und segelte von dort entlang der Küste vermutlich bis nach Florida. Portugal schickte die Brüder Gaspar und Miguel Cortereal sowei João Álvares Fagundes aus, den Norden der Neuen Welt zu erforschen. Für Spanien gingen Estevão Gomes und Luís Vasquez de Ayllón auf die Reise. Auch Frankreich wollte nicht zurückstehen und nahm den Italiener Giovanni da Verrazzano in Dienst. Sie alle entschleierten zwischen 1497 und 1525 die Ostküste Nordamerikas. Jacques Cartier schließlich erschloß 1534—1541 den Sankt-Lorenz-Strom und brach der weiteren Entdeckung Kanadas Bahn.

Jetzt erst konnte Amerika als wirklich entdeckt gelten.

Sie kamen als Räuber und Totschläger, sie plünderten und brandschatzten die europäischen Küsten; aber sie trieben auch Handel und ließen sich in fernen Ländern nieder, wie z. B. in der Normandie oder eben in Grönland.

Wahrscheinlich herrschte seinerzeit in Grönland ein milderes Klima als heute. Zeitgenössische Berichte sprechen von kleinen Birkenwäldern, und es sollen sogar Äpfel gereift sein. Dennoch waren die Lebensbedingungen hart. Es wuchs kein Getreide, und auch Obst und Gemüse wollten nicht recht gedeihen. Man lebte kärglich von dem, was die Viehhaltung, die Jagd und der Fischfang hergaben. Wilde Beeren ergänzten den Speiseplan. Wirklich schlimm aber waren die langen Winter: sieben Monate Dunkelheit, Kälte, grimmiger Frost und Packeis an der Küste und in den Fjorden.

Wie eine Verheißung mag es da geklungen haben, als eines Tages Leif Eriksson von seiner Fahrt nach Vinland zurückkam und das Land in den höchsten Tönen pries. Ein Land, in dem der Tau wie Honigwasser schmeckte, ein Land, in dem das Vieh auch im Winter draußen bleiben konnte, ein Land, in dem es unermeßliche Wälder gab.

Warum die Wikinger einst loszogen, ist bis heute nicht endgültig geklärt worden. Viele Gründe werden dafür verantwortlich gemacht, so das nordische Erbrecht, das den Besitz normalerweise ungeteilt an den ältesten Sohn weitergab. Die anderen Kinder mußten eben zusehen, wo sie blieben. Erschöpfte Böden werden genannt und ein großer Bedarf an Neuland. Möglicherweise spielte auch eine gewisse Klimaverschlechterung in Skandinavien eine Rolle — wir wissen es heute nicht mehr.

Schiffe für jeden Kurs

***Die Skuldelev 3** war das Arbeitstier der Wikinger, ein Küstenhandelsschiff, 13,5 Meter lang und 3,2 Meter breit, nicht hochseetüchtig, aber, wie alle Wikingerschiffe, stark und elastisch durch eine geschickte Verbindung von Planken und Querbalken. Die Rundschiffe, zu denen auch der Typ Skuldelev 3 gehört, hatten ein Verhältnis von Länge zu Breite wie 4:1 (beim Langschiff 7 bis 7,5:1). Rechts das restaurierte Original, oben ein voll einsatzfähiger Nachbau dieses Typs, die* Roar Ege. *Beim Bau des Schiffs in Roskilde wurden nur solche Materialien und Werkzeuge benutzt, die auch den Wikingern zur Verfügung standen.*

Der norwegische Kapitän Magnus Andersen geriet ins Schwärmen: „Es war eine herrliche Fahrt. In der halbdunklen Nacht warf das Nordlicht seinen phantastischen, bleichen Schimmer über das Meer, während die *Viking* leicht wie eine Möwe über die Wogenkämme dahinglitt. Mit Bewunderung verfolgten wir die graziösen Bewegungen des Schiffes, und mit Stolz notierten wir seine Fahrt, die hin und wieder bis zu elf Knoten erreichte."

Andersen folgte der alten Wikingerroute über den Atlantik. Sein Schiff war ein Nachbau des berühmten Gokstadschiffes, das etwa 1000 Jahre zuvor konstruiert worden war. Ziel dieser Reise im Jahr 1893 war die Weltausstellung in Chicago, wo Norwegen auf diese Weise besondere Aufmerksamkeit auf sich ziehen wollte.

Ob die seemännischen Ahnen des Kapitäns jedoch eine Atlantiküberquerung mit diesem Schiff gewagt hätten, ist fraglich. Weit besser geeignet waren dafür zweifellos die eigens für den Handel konstruierten Schiffe, hochseetüchtige Fahrzeuge, die Wind, Wetter und Wogen besser trotzen konnten.

Altnordische Überlieferungen unterscheiden streng zwischen Handels- und Kriegsschiffen – eine Unterscheidung, welche die wikingische Lebenswirklichkeit sinnfällig macht: Sie waren eben nicht nur Krieger und Räuber, sie waren zugleich auch Händler und bedienten sich ihrer Schiffe je nach Bedarf.

Der Zweck bestimmte die Form. Kriegszüge verlangten schnelle Schiffe, die möglichst viel Besatzung, also Kampftruppen an Bord nehmen konnten. Sie mußten, soweit es irgend ging, unabhängig vom Wind fahren können. Die sogenannten Langschiffe erfüllten diese Bedingungen.

Das größte Langschiff, das Archäologen bisher gefunden haben, mißt 28 Meter in der Länge und ist etwa 4,5 Meter breit. 50 bis 60 Krieger fanden auf ihm Platz. Entdeckt wurde es 1957 im Roskildefjord bei Skuldelev in Dänemark. Es war dort zwischen 1000 und 1050 zusammen mit vier anderen Schiffen, einem weiteren Kriegsschiff, zwei Handelsschiffen, sogenannten Knarren, und einem kleinen Boot versenkt worden, um die Zufahrt zum Fjord zu sperren. Das zweite Langschiff aus dem Roskildefjord maß nur 18 Meter in der Länge und bot Raum für etwa 30 Mann Besatzung.

Ob nun länger oder kürzer – gemeinsam ist den Kriegsschiffen allen die schlanke Form, ein von Bug bis Heck durchlaufendes Deck und Ruderbänke, die sich gleichfalls über die gesamte Länge erstreckten. Dies läßt deutlich erkennen, daß ein solches Schiff mit Muskelkraft bewegt wurde. Selbstverständlich wurde es auch gesegelt, aber bei Bedarf legte man den Mast um und ruderte ohne Rücksicht auf den Wind dem Feind entgegen.

Anders dagegen die Frachter. Bei ihnen ging es eher um Laderaum und Seetüchtigkeit als um Schnelligkeit. Diese Schiffe verfügten – im Unterschied zu den Langschiffen – über ein breites Deck, und sie besaßen einen Laderaum mittschiffs. An Bug und Heck befanden sich je zwei Halbdecks, wo auch einige Ruderbänke einge-

baut waren. Mit Menschenkraft bewegt wurden diese Schiffe nur bei Flauten oder Landemanövern. Sonst sorgte das Rahsegel an einem kräftigen Mast für gute Fahrt.

Alle diese Schiffe sind nach dem gleichen Prinzip konstruiert worden. Man legte den Kiel – meist aus Eiche –, fügte Vor- und Achtersteven an und verband Bug und Heck Plankengang um Plankengang in Klinkerbauweise. Für die Festigkeit sorgten Spanten, die von Bordwand zu Bordwand verstrebt wurden. Das eher unscheinbare Ruder am Steuerbordheck bezeichnete Kapitän Magnus Andersen als „eine geniale Sache". Es arbeite in jeder Hinsicht zuverlässig und „läßt sich ohne die geringste Beschwernis bei jedem Wetter von einem einzelnen Mann steuern".

Derartige Schiffe waren das Ergebnis einer Jahrhunderte dauernden Entwicklung. Schiffbau war zu allen Zeiten ein traditionsreiches Gewerbe. Die Erfahrungen von Generationen fanden darin ihren Niederschlag, das Wissen vererbte sich vom Vater auf den Sohn. Zu Beginn der Wikingerzeit dürfte es – von der Konstruktion her gesehen – zwischen Kriegs- und Handelsschiff keine nennenswerten Unterschiede gegeben haben. Schon bald aber wird es zur Spezialisierung gekommen sein: schnelle, wendige und große Schiffe für Raubzüge; langsame mit großer Tragfähigkeit für Handelsfahrten. Als die Zeit der Nordmänner dann zu Ende ging, waren beide Typen klar zu unterscheiden. Wer einen Überfall plante, mußte dem Rechnung tragen, wie z. B. Harek von Tjöttö, der, wie eine Saga berichtet, 1027 sein Kriegsschiff in einen harmlosen Frachter verwandelte: Er ließ das auffällige, bunt bemalte Segel einholen und hüllte das ganze Schiff oberhalb des Wassers in graue Zeltbahnen. König Knuts Wächter vermuteten, es sei ein Handelsboot mit Salz oder Heringen. Eine trugerische Vermutung, wie sich alsbald herausstellen sollte.

Ein Boot für Wind und Wetter

Das mit Abstand wichtigste Fahrzeug der Wikinger ist – abgesehen von den Langschiffen – die Knarr. Ohne dieses Schiff ist eine Besiedelung Islands, Grönlands und letztlich auch die Entdeckung Amerikas kaum denkbar. Die Knarr machte einen regelmäßigen Warenverkehr von Küste zu Küste möglich, vor allem aber war dieses Schiff hochseetüchtig und daher tauglich für die schwierige und gefahrvolle Fahrt auf dem Atlantik.

In seinem Rumpf war Platz für Pferde, Vieh, Ballen mit Fellen, Fässern mit Salz und allem, womit Handel getrieben wurde. Es war ein gutmütiges, starkes Schiff, das die Dünung der offenen See pflügte und nicht auf ihr ritt, wie die sehr wendigen und schnellen Kampfschiffe. Die Knarr war der Lastesel der Meere; und eine Knarr war es auch, die Leif Eriksson von Bjarni Herjolfsson gekauft hatte, um ferne, unbekannte Länder zu entdecken.

Bei kürzeren Fahrten an der europäischen Küste mochte sich die Enge auf einem solchen mit Waren vollgestopften Handelsschiff noch ertragen lassen. Schlimmer war es bei den Fahrten über den Atlantik. Schlug der Fahrtwind um, kam Sturm auf oder geriet man in Nebel, konnte eine schlichte Handelsreise unversehens zu einer lebensgefährlichen Unternehmung werden. Unter Umständen war man dann wochenlang das Opfer der Naturgewalten, wurde hilflos von der hochgehenden See hin und her geworfen und mußte pausenlos Wasser schöpfen, damit das Schiff nicht vollief. Den sicheren Untergang konnte es bedeuten, wenn der Mast brach oder die Verbindung der Planken sich zu lockern begann. Dann dauerte es oft nur noch Sekunden, bis der zornige Gott des Meeres und des Sturms sich sein Opfer holte. Und in der Heimat warteten die Angehörigen vergebens auf die Rückkehr eines geliebten Menschen.

Sich eine warme Mahlzeit an Bord zu bereiten, war nicht möglich. Man aß vorwiegend getrockneten, gepökelten oder geräucherten Fisch mit ungesäuertem Brot und trank dazu Wasser, das in Säcken aus Tierhaut transportiert wurde, oder aber Bier und Sauermilch aus Fässern – begreiflich, daß man nichts sehnlicher als eine glückliche Ankunft erwartete. Man schlief auf den beiden offenen Halbdecks, eingehüllt in Felle, oder man kroch unter Decken und Säcke. Inzwischen sorgte der Rudergänger für den richtigen Kurs, eine – verglichen mit der gefährlichen Fahrt über das offene Meer – verhältnismäßig einfache Angelegenheit, sofern man die Küste entlangsegelte und stets darauf achtete, daß man Sicht auf das Land hatte.

Bestimmte Punkte sorgten dort für die Orientierung: Berge, Buchten, einzeln stehende Bäume, markante Steinanhäufungen und anderes mehr. Auf hoher See halfen einzig Sonne, Mond und Sterne weiter. Allerdings konnte man sich an den Gestirnen nur dann orientieren, wenn sie nicht durch Wolken verdeckt waren. Es war schon große seemännische Erfahrung nötig, um ein Schiff sicher ans Ziel zu bringen. Eine Knarr, etwa 15 bis 18 Meter lang und drei bis fünf Meter breit, konnte bis zu 50 Mann an Bord nehmen, wobei dann freilich kaum mehr Platz für Ladung war. Normalerweise wurde mit 15 Mann gefahren, die dem Kommando des Schiffsführers unterstanden.

Fachleute haben errechnet, wie lange bestimmte Reisen im Durchschnitt dauerten: von Bergen nach Grönland – sechs Tage; von Westisland nach Grönland – vier Tage; von Nordirland nach Island – sechs Tage.

Die seemännischen Leistungen der Wikinger verdienen Bewunderung und Achtung. Dies um so mehr, als der nasse Tod bei jeder Ausfahrt sich als stummer Begleiter an Bord schlich. Sie mußten mit ihm leben und taten es mit Mut und Selbstvertrauen. Sie hätten das Meer hassen können, aber sie liebten es. Und wie eine trotzige Liebeserklärung klingt es, wenn Egil, der Sänger, sagt:

„Der Sturm mit großen Hieben
meißelt um des Schiffes Steven.
Gewaltig pfeifend sieden Wogen.
Eisiger Atem aus tückischem Riesenmund
braust rund um den Bug
mit alles vernichtendem Krachen."

Wikinger in aller Welt

Es begann am 8. Juni 793. Wikingerschiffe erschienen vor der nordenglischen Küste, Männer stürmten an Land, plünderten das Kloster Lindisfarne und schlugen die Mönche nieder. Von Stund an war keine europäische Küste mehr sicher vor den Überfällen der Männer, die aus dem Norden kamen. Wie aus dem Nichts aufgetaucht erschienen ihre Boote am Horizont, und schreckensbleich versuchten die Menschen in aller Eile, eine Gegenwehr zu organisieren.

Die Chronik des Schreckens:

795 Erste Überfälle auf Irland
808 Angriffe auf Friesland
820 Überfälle auf Flandern und die Seinemündung
834 Plünderung Dorestads im Rheindelta
835 Wikinger auf der Themse
844 Raubzug nach Spanien und Portugal
845 Zerstörung Hamburgs
863 Zerstörung Xantens
865 Feldzug gegen Byzanz
881 Wikinger am Rhein und in Lothringen. Zerstörung der Aachener Pfalz. Überfälle auf Köln, Bonn, Mainz, Worms und Metz
885 Beginn der Belagerung von Paris

Das erste Jahrhundert fortwährender Überfälle war abgelaufen. Bis weit in das Binnenland waren die Nordmänner mit ihren Schiffen vorgedrungen und hatten dort ebenso gewütet wie an den Küsten. An eine geordnete Abwehr war nicht zu denken. Dies hätte eine starke kaiserliche Zentralgewalt erfordert. Die aber war nicht vorhanden, denn Europa war spätestens seit dem Tod Karls des Großen 814 in eine Vielzahl oftmals miteinander konkurrierender Reiche zerfallen.

Die mangelnde Gegenwehr begünstigte freilich die weiterreichenden, zukunftsorientierten Absichten der Wikinger, sich in manchen der eroberten Gebiete auf Dauer niederzulassen, Handel zu treiben, Städte zu gründen oder sich in schon bestehenden Handelsorten häuslich einzurichten. Im Jahr 839 z. B. gründete der Norweger Turgeis die Stadt Dublin, 862 setzten sich die schwedischen Wikinger, die Waräger, in Nowgorod fest. Bereits um 800 hatten sie Kaufmannssiedlungen wie Birka und Skiringssal im eigenen Land geschaffen, nur wenige Jahre später ließen sich wikingische Händler in Haithabu nieder. Von historischer Tragweite schließlich war die Eroberung der Normandie durch den Wikinger Rollo, der 911 als Robert I. Herzog des Landes und damit zum Staatsgründer wurde.

Wikinger drangen bis weit nach Rußland vor, siedelten an der Wolga und am Dnjepr, fanden Anschluß an die Seidenstraße nach China, verkehrten mit Persien und Byzanz – zu Weltbürgern waren sie geworden, die mit ihren Handelsbeziehungen das Abendland mit dem Orient, ja sogar mit Asien verknüpften.

Doch manche der von den Wikingern überfallenen Völker verstrickten die Eindringlinge auch in heftige Abwehrkämpfe. Schon 878 besiegte der englische König Alfred der Große die aus Dänemark kommenden Eroberer und konnte ihnen wenige Jahre danach London entreißen. Von 920 an wurden die besetzten Gebiete auf den Britischen Inseln Landstrich für Landstrich zurückerobert. 901 verloren die Wikinger Dublin, und 1014 war ihre Macht auf der grünen Insel endgültig gebrochen. Die Zeit der Wikinger hatte ihren Höhepunkt überschritten. Es war wie ein ohnmächtiges Aufbäumen, als die Männer mit den schnellen Langschiffen in den Jahren 1061–1091 Sizilien unterwarfen, nachdem der Normanne Robert Guiscard 1060 Herzog von Apulien geworden war.

***Die* Imme Gram** *(links), der Nachbau eines bei Ladby in Dänemark gefundenen wikingischen Kriegsschiffs. Es besitzt — wie alle Schiffe der Wikinger — nur einen Mast mit Querbesegelung, d. h. mit einer Rah (Querstange) und einem einzigen Segel. Die Wendigkeit wird durch Ruderer unterstützt. Im Fall der* Imme Gram *sind es 32 dänische Boy-Scouts. Trotz des niedrigen Freibords konnten auch solche Kriegsschiffe Ladung befördern. Bei Versuchsfahrten im Jahr 1970 ging das Schiff mit Pferden in See.*

Abschied von den Göttern

Bei ihren Fahrten kamen die Wikinger mit dem Christentum in Berührung, seit dem 9. Jh. missionierten auch Mönche in Skandinavien. Als erster versuchte Ansgar, der „Apostel des Nordens“, den rauhen Heiden das Christentum nahezubringen. Von 826 bis 829 hielt er sich in Dänemark auf. Die stets pragmatischen Nordmänner klopften die neue Lehre auf ihre Brauchbarkeit ab und fanden sie zunächst nicht besser oder schlechter als ihre angestammte. In tiefste Seelenschichten hinabreichende Bekehrungen dürften jedoch nur selten stattgefunden haben, auch wenn die Missionare ihrer Aufgabe mit Eifer und Ausdauer nachgingen.

Jesus, von dem die Missionare predigten, mag den Wikingern imponiert haben – ein tapferer Mann, der sich ans Kreuz nageln läßt, um andere Menschen zu retten. Im germanischen Götterhimmel war auch für ihn noch Platz.

Eine isländische Überlieferung berichtet von einem Mann mit Namen Helgi, der „gemischt im Glauben“ war. Er hatte sich taufen lassen, war also Christ geworden, was ihn aber keineswegs hinderte, auf hoher See den hochgeschätzten Donnergott Thor anzurufen, wenn es gefährlich wurde.

Die Zeit der germanischen Götter neigte sich jedoch unwiderruflich ihrem Ende zu. Der Christ wird darin das segensreiche Wirken des Heiligen Geistes erblicken, der Soziologe gesellschaftliche Umbrüche dafür verantwortlich machen, der Historiker darauf verweisen, daß das Christentum die reifere Religion sei. Ihren Odin – auch Wotan genannt – haben die Wikinger, wie alle Germanen, verehrt. Er war der höchste der Götter, besaß Weisheit und entschied Schlachten. Geliebt aber haben sie Thor – Donar –, den Donnergott, dessen Zeichen der Hammer war. Er war der wahrhaft gute Gott, der Beschützer von Haus, Hof und Familie. Konnten die Seefahrer an unwirtlichen Küsten keinen Landeplatz finden, fragten sie Thor um Rat: Sie warfen einen Balken ins Wasser, und wo der angetrieben wurde, gingen auch sie an Land. Thor hielten sie die Treue.

Der Hammer des Gottes spielte in der heidnischen Kultur der Wikinger eine bedeutende Rolle. Mit „Hammerwürfen“ maß man die Grenzen der Siedlung, mit Hammerschlägen wurden Marksteine und Wegesäulen gesetzt, der Hammer weihte die Schwelle des Hauses. Auf vielen Runensteinen ist dieses Symbol eingeritzt, und man fand Amulette in Form von Miniaturhämmerchen. Der Hammer behauptete sich noch lange Zeit neben dem Kreuz.

Der Übergang zur christlichen Religion vollzog sich fließend. Noch waren die Wikinger nicht davon abzubringen, ihren Toten Gaben mit ins Grab zu legen. Denn das Jenseits war ja eine Fortsetzung des irdischen Lebens. So ähnlich hatten es auch die Missionare verkündet. Also mußte man den Dahingeschiedenen mit dem Notwendigsten ausstatten, wenigstens mit Waffen, Bekleidung, Schmuck und Wegzehrung. Warum sich die Christen auch hiergegen sperrten, war nicht recht einzusehen.

Insofern kann sich die Nachwelt glücklich schätzen, daß die neue Religion im 9. Jh. noch nicht bis nach Norwegen vorgedrungen war. Andernfalls wäre sie um eine archäologische Sensation ärmer. Denn 1880 wurde in einem Grabhügel bei Gokstad ein komplettes, gut erhaltenes 23,3 Meter langes Wikingerschiff ausgegraben, nach seinem Fundort Gokstadschiff genannt. Das Eichenholz war nicht verfault, weil das Schiff in blauer Tonerde gelegen hatte, die es weitgehend gegen Feuchtigkeit isolierte. 23 Jahre später legte man nicht weit von Oseberg entfernt am Westufer des Oslofjords das berühmte 21,6 Meter messende Osebergschiff frei. Es war weniger gut erhalten, aber reicher verziert als der erste Fund.

Beide waren Langschiffe, wobei Fachleute jedoch an der Hochseetüchtigkeit des Osebergschiffs zweifeln, da die sparsamere Bauweise und der verhältnismäßig dünne Kiel nicht für starke Belastungen geeignet sind.

Beide waren auch Begräbnisschiffe, wobei der Osebergfund als Grab der Königin Asa aus dem 9. Jh. identifiziert werden konnte. Dieser Fund überwältigt durch seine reich geschnitzten Steven und die zahlreichen Beifunde: Wagen, Schlitten, Kleider und Gobelins. Um das Totenbett und die Beigaben herum wurde eine Hütte aus Holz errichtet. War die Zeremonie beendet, wurde das Totenschiff eingegraben und ein großer Grabhügel aufgeschüttet, den man mit Torfsoden bedeckte. Das Schiff, das im Leben der Wikinger eine so überragende Rolle spielte, begleitete ihn auch bei seiner letzten Reise.

Diese Bronzefigur *(oben) stammt aus Lindby und stellt möglicherweise Odin dar, von dem die Saga berichtet, daß er ein Auge opferte, um Erkenntnis zu gewinnen.*

Der reich verzierte Bug *des Osebergschiffs (rechts außen) ist ein Musterbeispiel für die handwerklichen und künstlerischen Fähigkeiten der Wikinger.*

Der Runenstein von Jellinge *in Dänemark (oben) zeigt auf der Vorderseite die stark stilisierte, formelhafte Gestalt des gefesselten Christus. Die Christianisierung der Wikinger verlief fließend, sie nahmen friedlich Abschied von ihren alten Göttern.*

Krieger und Kaufleute

Man wird sich die wikingischen Händler zunächst als ziemlich brutale Gesellen vorstellen müssen, vielleicht in einer Hand das Schwert, in der anderen die feilgebotene Ware. Oft genug wird der bewaffnete Arm nachdrücklich für den Abschluß des Geschäfts gesorgt haben, und der Partner wird froh gewesen sein, noch verhältnismäßig glimpflich davongekommen zu sein, abgesehen vielleicht von ein paar Schrammen. Dieser Handel wird allzuoft einer Beraubung oder Erpressung ähnlich gewesen sein.

Es scheint höchst unwahrscheinlich, daß diese ungeschlachten, groben Kerle aus dem Norden erst einen Landstrich plünderten und brandschatzten, um anschließend als lammfromme Kaufleute wieder aufzutauchen. Geschäfte zu schließen war eine robuste Angelegenheit, gute Manieren und Rücksicht auf die Gepflogenheiten des fremden Landes hatte ein Wikinger nicht nötig. So rauh dürfte es etwa in der Frühzeit wikingischer Handelsfahrten zugegangen sein.

Mit der Zeit freilich verfeinerte sich das Benehmen der Nordmänner. Im 13. Jh. – die Zeit der Kriegszüge war längst vorbei – steht dann im norwegischen Königsspiegel zu lesen: „Wenn du in einer Marktstadt bist, oder wo du auch sein magst, sei höflich und umgänglich. Dann wird dir die Freundschaft aller guten Männer sicher sein."

Der unbekannte Autor jenes Königsspiegels war ein guter Beobachter. Auf Auslandsreisen wird der „Mann, der als Händler kommt, vielen Gefahren die Stirn bieten müssen". Warum reist er dennoch? Die Antwort liegt „in der dreifachen Natur des Menschen": Geltungs- und Ruhmsucht, Neugier und Gewinnstreben, „denn Menschen suchen Reichtum, auch wenn die Gefahren groß sind". Der Mann kannte seine Pappenheimer. Die Verwandtschaft zwischen Räuber und Kaufmann ist ein altes Problem – bei den Wikingern lag sie jedenfalls noch offen zutage.

Die Kriegs-, Handels- und Besiedelungsfahrten hatten die Nordmänner an fast alle Küsten Europas, tief hinein nach Rußland und über den Atlantik bis nach Amerika geführt. Irgendwann müssen sie bei den Plünderungszügen erkannt haben, daß es wirtschaftlicher ist, mit der Beute nicht sogleich wieder nach Hause zu segeln, sondern eine zweite oder gar dritte Saison im fremden, aber einträglichen Land zu bleiben. Daß ihre unfreiwilligen Gastgeber unter dieser Geißel Gottes ächzten und stöhnten, nimmt nicht weiter wunder.

Aber, und das war die Kehrseite der Medaille, die Gäste ließen sich auch gut und gern bei inneren Streitigkeiten, etwa mit aufsässigen Adligen, als Bündnispartner gebrauchen. Dies geschah z. B., als die Wikinger 885/886 Paris belagerten und es trotz aller Anstrengungen nicht erobern konnten. Das nominelle Oberhaupt des zusammengeschrumpften Frankenreichs, Karl der Dicke, ein Urenkel Karls des Großen, hatte zwar Entsatz versprochen, auf den Paris aber zunächst vergeblich wartete, weil der König in Händel mit dem Adel verstrickt war. Erst gegen Ende des Jahres 886 brachte Karl den mittlerweile von Hungersnot und Seuchen bedrohten Einwohnern von Paris Hilfe. Diese Hilfe freilich war von besonderer Natur: Statt

Stilisierte Tierfiguren *(unten) waren eine Spezialität der Wikingerkünstler. Sie strebten nicht nach naturgetreuen Darstellungen, sondern bevorzugten die kunstvolle Verschönerung von Gebrauchsgegenständen. Der vergoldete Bronzeguß zeigt ein Fabeltier mit bedrohlich geöffnetem Maul. Das Teil gehört zu einem Pferdejoch (rechts).*

Die reichverzierten hölzernen Pferdejoche *(rechts) wurden in Søllested in Dänemark gefunden. Die Wikinger benutzten bei ihren Reisen über Land Kutschen und Wagen. Den vorgespannten Pferden wurden hölzerne, metallbeschlagene Joche über den Rücken gelegt; so ließen sich die Zügel leichter und sicherer führen.*

Perlenkette und Anhänger, *verziert mit kleinen Silberkörnchen. Auch hier besticht die sorgfältige handwerkliche Arbeit und die Liebe zum Detail. Typisch sind die abstrakten Ornamente. Trotz des rauhen Lebens, das die Wikinger führten, schmückten sich Frauen und auch Männer mit Ketten, Spangen, Fibeln und Armreifen.*

den Kampf mit den Fremdlingen aufzunehmen, versprach er ihnen freie Fahrt auf der Seine, d. h. freien Abzug, und bewilligte ihnen, Winterquartier an der Rhone zu nehmen. Obendrein zahlte er den Wikingern noch 635 Pfund in Silber. Daraufhin hoben die fremden Krieger die Belagerung von Paris auf und fuhren nach Südosten, wo sie dann in Burgund Karls rebellische Untertanen das Fürchten lehrten – eine Entwicklung, die der politisch geschwächte Karl gewiß nicht ungern sah.

Ein weiterer Fall dieser Politik des Interessenausgleichs endete in Harmonie. An der Wende vom 9. zum 10. Jh. hatte der Wikinger Rollo mit seinen Mannen die alte Römerprovinz Neustrien an der Seine erobert und besetzt. Der Anführer, dessen außergewöhnliche Kühnheit, aber auch Weisheit gerühmt wurde, richtete sich inmitten von Obstgärten und saftigen Wiesen häuslich ein. An Heimfahrt dachte er offenbar nicht. Im Jahr 911 schloß er mit dem Herrscher Karl dem Einfältigen, einem Enkel Karls des Kahlen, einen Pakt. In diesem Vertrag von Saint-Clair-sur-Epte trat Karl offiziell das an Rollo ab, was jener sich bereits mehr oder minder genommen hatte: das breite Tal des Seine-Unterlaufs, das nach den Nordmännern schon bald Normandie genannt werden sollte. Mit diesem Land war auch der Titel des Grafen von Rouen verbunden, aus dem alsbald der Titel eines Herzogs der Normandie abgeleitet wurde.

Rollo schwor dem König den Lehnseid und mußte nun selbst für die Verteidigung seines Gebiets sorgen. Sogar taufen ließ sich der Normanne, und durch große Mengen von Gold, die er an die Kirchen verteilen ließ, zog er auch die Geistlichen auf seine Seite.

Beiden Partnern war mit diesem Vertrag gedient. Rollo suchte ein Land, das er beherrschen konnte. Er hatte es bekommen. Karl der Einfältige mußte in seinem Reich mehr als ein Dutzend abtrünniger Adliger niederhalten und obendrein wiederholte Einfälle der Wikinger abwehren. Dafür sorgte nun Rollo.

Der Pakt bewährte sich glänzend. Das Herzogtum Normandie wurde von Rollo und seinen Nachfolgern innerhalb weniger Generationen zu einem straff geführten Staatengebilde entwickelt, zum Muster eines hervorragend funktionierenden mittelalterlichen Lehnsstaates.

Andere Eroberungen waren nicht weniger geschichtsträchtig. In England, das seit dem 9. Jh. unter häufigen Einfällen der Nordmänner zu leiden hatte, bestieg sogar ein Wikinger, Herzog Wilhelm von der Normandie, als Wilhelm I. im Jahr 1066 den englischen Thron, nachdem er den letzten angelsächsischen König Harold II. in der Schlacht bei Hastings besiegt hatte. Die französisch geprägte Kultur der normannischen Könige, die fast 100 Jahre lang in England regierten, übte dort einen starken und nachhaltigen Einfluß aus.

In Irland hingegen kam es zu keiner Staatsgründung der Wikinger. Auch die Herrschaft in Sizilien war nicht von langer Dauer, sie fiel am Ende des 12. Jh. durch Heirat an die Staufer. Island ist ein Sonderfall, ebenso Grönland: Es wurde nicht kriegerisch besetzt, sondern friedlich besiedelt.

Im 10. Jh. nahm der Handel einen großen Aufschwung. Die Motive von Händler und Käufer mögen unterschiedlich sein, doch der Zusammenhang zwischen Bedarfsweckung und Bedarfsdeckung ist nicht zu übersehen. Aber es ist auch eine höchst subjektive Angelegenheit: Der Reiche wird Luxus als notwendig zum Leben betrachten; der weniger Begüterte weiß, daß er ohne ihn auskommen muß, und lernt, sich zu bescheiden.

Dennoch: Der Handel diente jedermann, und seine Drehpunkte waren die großen Handelszentren, die in dieser Zeit entstanden. Das waren natürlich keine Städte im modernen Sinn des Wortes; es waren bescheidene Ansammlungen von Häusern, die man heute bestenfalls als ärmliche Hütten bezeichnen würde, gebaut aus dem Material, das die jeweilige Gegend hergab – Holz, Lehm, Grassoden, Stein –, und die, wenn möglich, durch einen Wall oder Palisaden geschützt wurden. Aber diese Orte bewährten sich hervorragend als Umschlagplätze für alle Waren, mit denen gehandelt wurde. Hier trafen sich die Kaufleute und konnten sich auf Zeit, vielleicht auch auf Dauer niederlassen, wenn jemand anderes an ihrer Stelle die Handelsreisen unternahm. Hier gab es Handwerker, die Reparaturen ausführten und Rohstoffe weiterverarbeiteten. Und hier erfuhr jeder das Neueste aus aller Welt.

Viele skandinavische Könige, stets bemüht, ihre Kassen zu füllen, erkannten die Chance und gründeten Städte, um den Handel zu kontrollieren und Steuern zu erheben. Bergen in Norwegen ist eine solche Gründung.

Einen großen Aufschwung nahm auch Haithabu, eine ehemals friesische Siedlung aus dem 9. Jh., die als günstig gelegener Umschlagplatz an den Handelswegen von Westeuropa zur Ostsee schon frühzeitig an Bedeutung gewonnen hatte. Die im 9. Jh. dänische Niederlassung kam im 10. Jh. in schwedischen Besitz und geriet dann nach einem kurzen deutschen Zwischenspiel wieder in die Hände der Dänen.

Haithabu, beim heutigen Schleswig gelegen, war eine „Weltstadt". Ein halbkreisförmiger Wall, das Danewerk, umschloß ihre Grundfläche von 24 Hektar und öffnete sich zur Bucht der Schlei. Der Wall ist erhalten geblieben, von den Häusern und Straßen war zunächst nichts mehr zu sehen, bis man sie ausgrub.

Dank ihrer günstigen Lage konnte sich die Stadt rasch zu einem erstrangigen Handelsplatz entwickeln. Sie hatte Anschluß an alle bedeutenden Handelswege Europas, die Verbindungen der Kaufleute reichten nach Birka und Nowgorod, London, Bolgar, Bagdad, Kiew und Byzanz. Entsprechend vielfältig war das Warenangebot: Seide aus China, Wein vom Rhein, Tuche aus Friesland, Steingut, Waffen, Schmuck – und Sklaven. Haithabu galt als wichtiger Sklavenmarkt. Wahrscheinlich ist es diesem Umstand zuzuschreiben, daß auch arabische Händler in diese fernen Regionen reisten, um für den Kalifen blonde Mädchen zu erhandeln.

Transportable Waagen *(oben), die sich platzsparend zusammenlegen ließen, gehörten zu den wichtigsten Utensilien, die Wikingerhändler auf ihrer Reise mit sich führten. Nicht der Nominalwert der Münzen entschied, sondern das genaue Gewicht des Edelmetalls. Die Handelsbeziehungen reichten weit: Im schwedischen Birka wurden diese arabischen Gläser gefunden (rechts.)*

Möglicherweise war Ibrahim At-Tartuschi aus Córdoba ein solcher Kaufmann. Er hielt sich um 950 einige Tage in Haithabu auf und hat notiert, was er beobachtete. Und dies war für den kultivierten Südländer einigermaßen befremdlich. Er mochte glauben, unter die Halbwilden geraten zu sein. So berichtet er z. B., man habe Kinder ins Wasser geworfen, um die Unterhaltskosten zu sparen. Auch die wikingischen Festtage müssen ihm als Gipfel der Geschmacklosigkeit erschienen sein; sie endeten allzu oft in Streit und Alkohol.

Ein anderer berühmter Schnittpunkt an bekannten Handelswegen war Bolgar an der Wolga. Hier begann die Seidenstraße nach China, bis hierher kamen Frachter flußaufwärts gesegelt, vollgeladen mit allem, was der Orient zu bieten hatte. Die befremdlichen heidnischen Bräuche der nordischen Kaufleute beobachtete im Jahr 921 der arabische Diplomat Ibn Fadlan: „Sobald ihre Schiffe zum Ankerplatz gekommen waren, ging jeder von ihnen an Land. Er trug Brot, Fleisch, Zwiebeln, Milch und Nabid (ein Getränk) mit sich und schritt auf eine hoch aufgerichtete Holzstütze zu, mit einem gleichsam menschlichen Gesicht. Rundherum befinden sich kleine Figuren, dahinter wieder hohe Holzstützen, die in die Erde gesetzt sind. Er geht dann hin zu der großen Figur, wirft sich auf die Erde und sagt: ‚O mein Herr, ich bin von fernher mit soundsoviel Mädchen und soundsoviel Zobelfellen gekommen.' Dann zählt er alle seine Handelswaren auf und fährt fort: ‚Ich komme nun zu dir mit dieser Opfergabe'". Es folgte der fromme Wunsch, „daß du mir einen Käufer verschaffst, der viele Dinare und Dirhems hat und von mir kauft, was ich los sein will, und meinen Worten nicht widerspricht".

Was der wikingische Bauer, Fischer, Handwerker, Kaufmann – oftmals ein- und dieselbe Person – nicht selber herstellen konnte, besorgte er sich auf dem Markt. Einfache Tuche aus Wolle oder Leinen wurden gewöhnlich in der Familie produziert. Eine edle Wikingerdame aber gab sich damit nicht zufrieden, sie bevorzugte Seidenstoffe. Genügte der Schmuck aus Glas nicht mehr den gehobenen Ansprüchen, dann mußte es Bernstein sein oder Silber, wenn nicht gar Gold, das als Halskette, Armreif, Gewandnadel oder -spange getragen wurde.

Münzen galten den Wikingern nicht als Zahlungsmittel; es waren Schätze, die gehortet wurden. Oft wurden die Geldstücke zu Barren eingeschmolzen oder zu Schmuck verarbeitet. Der Wohlstand ließ sich auf diese Weise viel besser dokumentieren. Häufig vergruben die Wikinger einen solchen Schatz aus Sicherheitsgründen, und es konnte schon vorkommen, daß die Erben nicht mehr wußten, wo sie suchen soll-

Schwedischer Runenstein *(links). Er ist einem baltischen Kaufmann gewidmet. Die Inschrift, die sich über den ganzen Körper der eingeritzten Schlange zieht, bedeutet: „Oft segelte er in einer teuren Knarr um Domesnaes (Kap am Golf von Riga) herum nach Semgallen." Semgallen war eine Wikingersiedlung im heutigen Lettland.*

ᚠ ᚢ ᚦ ᚬ ᚱ ᚴ ᚼ ᚾ ᛁ ᛅ ᛦ ᛋ ᛏ ᛒ ᛘ ᛚ ᛌ ᛁ ᚴ ᛚ ᛏ

f u th o r k h n i a R s t b m l s i k l t

Wikingerkrieger *(oben), geschnitzt aus dem Geweih eines Elchs. Das nur 3,75 Zentimeter große Figürchen wurde in Sigtuna in Schweden gefunden. Das kleine Kunstwerk stammt aus dem 11. Jh. Im Gegensatz zu den furchterregenden Bildern, die uns über die wilden ungeschlachten Nordmänner übermittelt wurden, zeigt dieser gut rasierte Krieger eine eher freundlich gestimmte Miene.*

ten, wenn der Vater das Geheimnis mit ins Grab genommen hatte. Und wenn ein Bauer tausend Jahre später beim Pflügen zufällig auf einen solchen Schatz stößt, gerät er schnell in einen Gewissenskonflikt, ob er den Fund auch melden soll...

Ein solcher Schatz besteht in der Regel aus einer bunten Sammlung von Münzen, Barren, Anhängern, Broschen, Arm- und Halsreifen, Fingerringen – vieles davon noch vollständig erhalten, manches zerstört: Das sogenannte Hacksilber wurde als Wechselgeld gebraucht.

Der Wechsel der Jahreszeiten bestimmte das Leben. Der Winter war die Zeit der Ruhe. Die Schiffe waren an Land gezogen, Seen, Flüsse und Meeresbuchten vereist. Herbststürme hatten hier und da schlimm gewütet, man hatte die Häuser und Stallungen winterfest gemacht und saß nun auf Bänken um das offene Feuer, aber warm wollte es nicht so recht werden. Dunkel war es und feucht in der skandinavischen Heimat, und manch einer wird in diesen trüben Monaten beschlossen haben, sich bei nächster Gelegenheit einer Fahrt in den Süden anzuschließen. Allzu verlockend klangen die Erzählungen von fernen fremden Ländern.

Dann begann der Schnee zu schmelzen, die Siedlung erwachte aus dem Winterschlaf, und bald war die Zeit für die Aussaat von Hafer und Gerste gekommen. Endlich durfte man sich auch wieder auf frisches Gemüse freuen.

Zweimal am Tag wurde gegessen, der Speisezettel richtete sich je nach der Gegend, in der man wohnte. Suppe und Brei wurden in Kesseln aus Eisen oder Speckstein zubereitet, die an einem Dreifuß über dem Feuer hingen. Fleisch grillte man auf Spießen oder an langstieligen Gabeln. Brot wurde normalerweise aus Gerstenmehl gebacken und mußte noch warm verzehrt werden; wenn es erkaltete, wurde es steinhart.

Die Hausfrau sorgte auch für die Bekleidung der Familie. Sie spann die Wolle und webte sie zu Tüchern. Sklaven halfen dabei. Wo Flachs wuchs, wurde er zu Leinen verarbeitet. Mit den Arbeiten in Haus, Hof und auf dem Feld ging der Sommer dahin, die Kaufleute waren unterwegs, ebenso die verwegenen Räuber, die vielleicht einen Küstenstrich ausfindig gemacht hatten, der bisher von Plünderungen verschont geblieben war.

Mehr als zwei Jahrhunderte lang sah man die unsteten Krieger aus den Ländern Skandinaviens an allen Küsten und auf den Strömen Europas. Sie bauten Siedlungen, errichteten Herrschaftsgebiete und gründeten Staaten. Doch im 12. Jh. schien ihre Kraft erschöpft. Sie wurden aufgesogen von der Bevölkerung ihrer Gastländer. In ihren skandinavischen Stammländern verschwanden sie nahezu spurlos in den dort bestehenden oder sich entwickelnden Reichen. Ihr Handelsnetz wurde von der Hanse übernommen.

Von Simbabwe nach Ife

Gold hofften die Europäer in Afrika zu finden. Doch sie stießen auch auf Schätze anderer Art, auf Zeugnisse alter Kulturen: die Steinbauten von Simbabwe und die Bronzen von Ife.

Missionar mit Phantasie

In Transvaal (unten ein zeitgenössischer Holzstich) nahm die Suche nach Simbabwe ihren Anfang. Hier befand sich die Missionsstation von A. Merensky, der zu Beginn der 60er Jahre des vorigen Jahrhunderts die wenigen Informationen über die geheimnisvollen Steinbauten im Norden sammelte. Großwildjäger trugen die Nachrichten auf ihren Streifzügen weiter, und an den Lagerfeuern gingen die Erzählungen von Mund zu Mund.

Am 5. September 1871 war der deutsche Forschungsreisende Karl Mauch endlich am Ziel. Die Ruinen von Simbabwe lagen vor ihm. An diesem Tag trug er in sein Tagebuch ein: „... eine weitere halbe Stunde führte uns im Tälchen entlang und längs dem Fluß des etwa 400 Fuß hohen, von allen mit Scheu betrachteten Hügels hin. Eine lange Linie von Gesteinstrümmern diente als Leitpfad, und stellenweise ließ sich noch der Aufbau einer Mauer erkennen ...“ Unter den verschiedenen Mauerresten fielen ihm vor allem eine Ruine auf dem Hügel und eine nahezu ovale Einfriedung in der Ebene zu Füßen des aus Granitgestein bestehenden Hügels auf. Als er sich die Mauer in der Ebene genauer ansah, stellte er fest, daß es sich um „eine Mauer aus ... Granitziegeln bis zur Höhe von etwa 20 Fuß (handelte), ich brauchte nicht lange nach einem Eingang zu suchen, denn eine Stelle war ganz nahe, wo über Trümmern der Mauer eine Art Fußpfad ins Innere führte ...“

Da die einheimische Bevölkerung ihre Hütten aus Lehm baute, erschienen Mauch die Steinbauten sehr ungewöhnlich. Bis heute hat man jedoch mehr als 200 ähnliche, aus Steinen errichtete Anlagen in dem Hochland zwischen den Flüssen Sambesi und Limpopo entdeckt. Sie alle bezeichnete man als *Simbabwe*, ein Wort, das aus der Sprache der in der heutigen Republik Simbabwe und im nördlichen Moçambique beheimateten Shona stammt und „Steinhäuser“ bedeutet. Um Verwechslungen auszuschließen, nennt man die Ruinen, die Mauch 1871 aufsuchte, heute auch „Groß-Simbabwe“, nicht zuletzt, weil es die größte dieser Anlagen ist.

Lust am Abenteuer hatte ihn hergeführt und die Neugier, „den reichsten, wichtigsten und bisher rätselhaftesten Teil Afrikas ...“ zu finden, vertraute Karl Mauch seinem Tagebuch im Juli 1871 an. Drei Jahre zuvor hatte er den phantastischen Erzählungen des deutschen Missionars A. Merensky gelauscht, der selbst bereits 1862 von Transvaal aus aufgebrochen war, jene geheimnisvollen Ruinen nördlich des Limpopo zu suchen. Doch hatte er seine Reise wegen einer Pockenepidemie abbrechen müssen, noch bevor er den Fluß erreichte. „Wir hatten aber manche interessante Nachricht über diesen Ort von den Eingeborenen erhalten. Unser Führer ... sprach von den Ruinen nur mit größter Scheu; die würden heilig gehalten, denn das sei der Ort der Götter.“

Merensky und fast alle seine Zeitgenossen glaubten, daß die Steinbauten mit jenem sagenhaften Goldland Ophir identisch seien, aus dem König Salomos Schätze kamen und das im Alten Testament im ersten Buch der Könige erwähnt wird. Diese phantastischen Vorstellungen rei-

Die Ruinen von Simbabwe sind heute stark von Pflanzen überwuchert. Den Gipfel des etwa 90 Meter aufragenden Granitfelsens krönt die „Akropolis“. Im Bildvordergrund liegt der „elliptische Tempel“.

chen zurück bis ins 16. Jh., in die Zeit der ersten portugiesischen Niederlassungen an der Küste Moçambiques. Einheimische berichteten den Weißen von den Steinbauten im Landesinnern. Erstmals 1552 beschreibt João de Barros die Ruinen von Groß-Simbabwe, das er für eine Stadt der Königin von Saba hält.

Und auch noch in den Köpfen der Buren, die im 19. Jh. von der Kapkolonie nach Norden ausgewandert waren und nun in Transvaal siedelten, spukten die Königin von Saba, Salomo und das Goldland Ophir herum. Sie waren davon überzeugt, daß Transvaal an biblisches Land angrenze, und der Missionar Merensky war „vielleicht der informierteste, enthusiastischste und beredteste Verfechter“ dieses Glaubens, meint Peter Garlake, der 1964–1970 Denkmalpfleger in Rhodesien, der heutigen Republik Simbabwe, war.

Als der britische Wirtschaftsführer und Kolonialpolitiker Cecil Rhodes mit seiner *British South Africa Company* im September 1890 Mashonaland, das Land der eingeborenen Shona, besetzte, wollte er zum einen den britischen Einfluß- und Machtbereich ausweiten, zum andern hofften die Weißen, hier reichlich Gold zu finden. In den steinernen Ruinen von Simbabwe sah auch Rhodes nur die Spuren früherer „Kolonialherren“ und damit zugleich eine Rechtfertigung seines eigenen Tuns, denn offenbar hatte die Unterwerfung der Eingeborenen bereits eine lange, ja sogar durch die Bibel bestätigte Tradition. Dennoch setzte sich Rhodes für eine eingehende Untersuchung der Steinbauten ein. Die Aufgabe fiel James Theodore Bent zu, einem archäologisch interessierten Laien, der 1891 in Simbabwe mit den Ausgrabungen begann. Anfangs kamen ihm erstmals Zweifel an der bisher als so sicher angenommenen antiken Herkunft der Ruinen, und vorsichtig äußerte er: „Ich traue dem Alter dieser Ruinen nicht so recht, ich denke, es sind Eingeborenenbauten …“ Doch nachdem er unter anderem vier geheimnisvolle Vogelskulpturen aus Saponit und eine Barrengußform gefunden hatte, verstieg er sich zu wilden Spekulationen über den Ursprung der Steinbauten, doch „auf gar keine Weise (hätten sie) mit irgendeiner bekannten afrikanischen Rasse zu tun“.

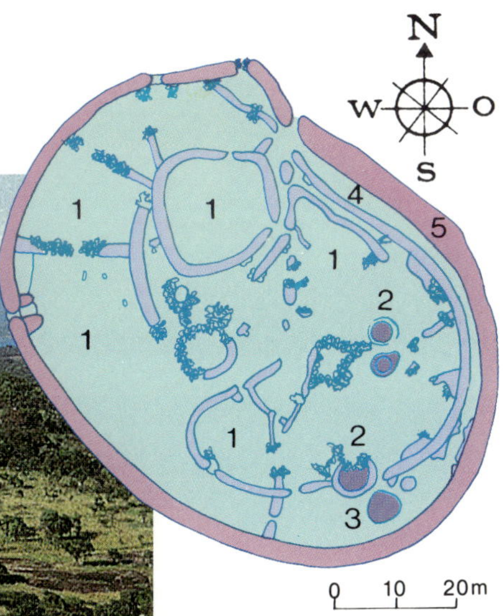

Der elliptische Tempel *in der Ebene (oben der Grundriß) ist das imposanteste Bauwerk Simbabwes. In den eingefriedeten Bezirken (1) lagen die Lehmhütten des Herrschers, seiner Frauen und seines Gefolges. Ferner befinden sich in der Anlage ummauerte Plattformen (2) und der konische Turm (3). Zwischen alter Innenmauer und später errichteter Außenmauer (5) entstand ein enger Gang (4).*

Also suchte man eifrig weiter nach dem „Gold des Königs Salomo“. Unzählige Abenteurer versuchten ihr Glück, und 1895 wurde – mit Unterstützung Cecil Rhodes' – die *Rhodesia Ancient Ruins Ltd.* gegründet, die sich das Aufspüren von Schätzen zum Ziel setzte. Überwältigend war die Ausbeute nicht, doch vernichteten die unsachgemäßen Grabungen viele afrikanische Kulturdenkmäler von unschätzbarem Wert. Erst 1901 wurden die Ruinen unter Denkmalschutz gestellt.

1902 wurde dann ein Kurator für Simbabwe eingesetzt: Richard Hall, ein Journalist aus Bulawayo. Daß die Wahl gerade auf diesen Mann fiel, war eine höchst folgenschwere Entscheidung. Der Archäologe Roger Summers, der 1947 bis 1970 im rhodesischen Nationalmuseum tätig war, faßt das zweijährige Wirken Halls in Simbabwe mit den Worten zusammen: „… Hall (fügte) Simbabwe vielleicht mehr Schaden zu als alle seine Vorgänger zusammen, denn er grub so viele Schichten auf und führte die Gräben derart tief, daß die modernen Archäologen schon äußerst glücklich sind, wenn sie die Spur einer unzerstörten Schicht finden.“

Ein Tempel, der keiner war

Die Ruinen Simbabwes wirken, als habe man mit Formen gespielt, Mäuerchen da und dort hochgezogen, schließlich die Lust daran verloren und alles sich selbst überlassen. Sie liegen locker hingestreut auf einer Fläche von etwa 40 Hektar, rund 25 Kilometer südlich von Fort Victoria. Heute ist das Gebiet ein Nationalpark.

Zwei dieser zerfallenen Bauwerke ragen aus der Gesamtanlage heraus: das eine im Wortsinn, denn es befindet sich auf dem Granithügel, der sich jäh aus der Umgebung erhebt und gut 90 Meter hoch ist; das andere ist eine Ruine mit einem elliptischen Grundriß, deren größter Durchmesser etwa 90 Meter beträgt. Vor beiden hatte Karl Mauch 1871 gestanden und sie, so gut es ihm eben möglich war, untersucht.

Die Bergruine ist, genau genommen, eine Komposition aus zum Teil gewaltigen Granitblöcken, die auf dem Berg herumliegen, als habe ein Riese eine Handvoll Streusel auf einen Kuchen geworfen. Zwischen diesen Granitblökken spannen sich größere und kleinere, längere und kürzere Mauern, so daß kleine eingefriedete Bezirke entstehen.

Steil stürzt die Bergkuppe nach Süden hin ab. Ihre Kante ist von mächtigen Mauern bekrönt, die dem Bauwerk – von unten gesehen – einen beinahe festungsartigen Charakter verleihen. Sanft dagegen geht es auf der Nordseite zu Tal. Hier erscheinen die Mauern weniger gewaltig, sie sind niedriger, unscheinbarer.

„Akropolis" hat man diese Ruine in luftiger Höhe genannt. Und ihr eindrucksvolles elliptisches Gegenstück in der Ebene bezeichnet man als „Tempel". Beide Namen, ebenso anspruchsvoll wie unpassend, haben sich eingebürgert.

Die mit mehreren Eingängen versehene Außenmauer des Tempels ist 244 Meter lang, bis zu 5,2 Meter dick und mißt an ihrer höchsten Stelle 9,8 Meter. Sie hat eine unregelmäßige ovale Form, und Fachleute nehmen an, daß 5160 Kubikmeter Stein verarbeitet worden sind. „Diese Mauer ist bei weitem das größte … Einzelbauwerk auf dem gesamten Territorium Afrikas südlich der Sahara", schreibt Peter Garlake. Innerhalb dieses Mauerrings befinden sich mehrere andere Einfriedungen. Eine davon ist nahezu kreisförmig und bot Platz für fünf Lehmhütten.

Eine Besonderheit innerhalb des Tempels war schon Karl Mauch aufgefallen: Es ist ein massiver, konischer, d. h. sich nach oben verjüngender Turm von nahezu zehn Meter Höhe und einem Umfang von 15 Metern am Fuß. Dieser Bau ist nicht hohl, wie man früher annahm, sondern kompakt aus Stein erbaut.

Außer den beiden beherrschenden Ruinen, Akropolis und Tempel, besteht Simbabwe noch aus einer Reihe ähnlicher Mauerbezirke, die überwiegend nach den frühen Besuchern benannt wurden. So gibt es z. B. eine Renders-, eine Mauch- und eine Posseltruine.

„Die einzige sinnvolle Vorstellung, die man sich vom Zweck dieser Mauern machen kann, ist, daß sie einst Bauwerke umgaben, die heute verschwunden sind, weil sie vermutlich aus weniger dauerhaftem Material bestanden als Stein", äußert sich Peter Garlake. Untersuchungen haben seine Ansicht bestätigt. Zwischen

***Der konische Turm** (oben) im Innenbereich des Tempels gab den Erforschern der Ruinen von Simbabwe bislang viele Rätsel auf. Bis heute konnte seine Bedeutung nicht eindeutig geklärt werden. Goldsucher vermuteten Schätze im Innern des knapp zehn Meter hohen Bauwerks und beschädigten es bei ihren Versuchen, einen Eingang zu finden. Heute weiß man, daß der Turm ein massiver Steinbau ist. Er gilt als technische Meisterleistung unter den Bauten Simbabwes. Mit besonderer Sorgfalt sind die behauenen Granitblöcke gleichmäßig aufeinander gelegt worden.*

vielen dieser Einfriedungen fanden sich auf dem Boden kreisrunde Haufen von Lehm, der mit Kies vermischt war. Es handelte sich um die Fußböden runder Häuser, gefertigt aus Daga, einer mit Wasser verrührten lehmigen Erde, die als Bindemittel für eine Kiesmasse diente.

Wenn man die Dagamasse fest und sorgfältig verstreicht, ergibt sie zwar eine harte, gegen Witterungseinflüsse ziemlich unempfindliche Oberfläche, bleibt aber dennoch ein brüchiger Baustoff, der kaum Jahrzehnte und schon gar nicht Jahrhunderte überdauern kann. Doch die lehmartige Masse wurde beim Hausbau in Afrika sehr häufig verwendet. Auch in der Nähe von Simbabwe fand man große Gruben, in denen früher Daga abgebaut wurde.

Die Mauern scheinen nach keinem besonderen Plan errichtet zu sein. Sie bilden niemals scharfe Winkel, sondern winden und krümmen sich zwischen den Hütten. An manchen Stellen wurden die natürlichen Unebenheiten des Bodens, Kuppen und Felsblöcke, in den Verlauf der Mauer mit einbezogen. Aneinander angrenzende Mauerteile sind nicht fest miteinander verbunden, sondern bleiben durch eine Fuge getrennt. Zahlreiche schmale, türähnliche Öffnungen ermöglichten den Bewohnern der Anlage den Durchgang durch ihr Mauersystem. Die meisten dieser sogenannten Torgänge sind heute verfallen, doch man weiß, daß sie am Boden eine schwellenartige Erhebung hatten und mit einem steinernen Türsturz überdeckt waren.

An einer der Talruinen, der sogenannten Maundruine, läßt sich besonders gut beobachten, wie die runden Dagahütten mit den Steinmauern ein architektonisches Gesamtgefüge bildeten. Zehn Hütten sind untereinander mit Mauern verbunden worden, so daß dazwischen neun verschieden große Höfe entstanden.

Die Mauern von Simbabwe sind nicht gleichartig in der Bauweise, sondern es lassen sich drei verschiedene Baustile unterscheiden. Sie haben allerdings gemeinsam, daß nirgendwo Mörtel verwendet worden ist. Die Steine wurden einfach übereinandergelegt. Der Denkmalpfleger Garlake beschreibt die drei Mauertypen so: „Das beste Mauerwerk besteht aus sorgfältig auf die richtige Größe gebrachten und ausgewählten Blöcken, die über beträchtliche Strecken hinweg in geraden horizontalen Reihen verlegt waren. Die Außen-Sichtflächen der Steine hatte man noch nach dem Mauerbau beklopft und bearbeitet, um einen fugenlosen Anschluß der Steine und eine glattere Oberfläche zu erzielen ... Die Mauersteine des zweiten Mauerwerk-Hauptstils waren weit weniger regelmäßig geformt, paßten weniger gut zueinander, waren schlechter gefugt und nie behauen. Sie bildeten wellenförmige Schichten, die sich nur über kurze Entfernung verfolgen lassen und dann einfach auslaufen ... Bei Mauern der dritten Stilart hat man gar nicht erst versucht, geeignete Steine auszuwählen, sauber aneinanderzufügen oder sie gar zu behauen. Man hat ganz einfach Steine beliebiger Form aufgehäuft und festgekeilt." Diese Mauern sind die ältesten. Später wurde die Bautechnik dann immer mehr verbessert.

Wer aber hat die Steinbauten errichtet, und wann war das geschehen? Die Spekulationen um die Königin von Saba und König Salomo erschienen nüchternen Beobachtern schon bald als unhaltbar.

1905 begann der erste gelernte Archäologe, der Brite David Randall-MacIver, mit der Erforschung der Ruinen. Er kam ein Jahr später zu dem Ergebnis, daß Simbabwe ausschließlich von Afrikanern gebaut worden sei. Der Tempel sei nicht antik, behauptete er, sondern erst im 14. oder 15. Jh. entstanden. Diese Aussagen fanden allerdings bei den Weißen in Südafrika nur

Ein doppelreihiger Chevronfries *(unten), wie diese Zickzackleiste in der Fachsprache genannt wird, und aufrecht stehende Monolithe zieren die Südostseite der Außenmauer des Tempels, die hier am höchsten ist. Sie verläuft an dieser Stelle parallel zu einer älteren, schmucklosen Einfriedung, die den architektonischen Ansprüchen späterer Bauherren offenbar nicht mehr genügte.*

Aus behauenen Granitblöcken *in regelmäßigen Gesteinslagen besteht die Außenmauer des Tempels (links). Sie legt ein Zeugnis von der Bauweise der Mauern ab, wie sie ungefähr ab Mitte des 15. Jh. angewandt wurde. Jüngere Mauerzüge waren aus unbehauenen, unregelmäßig geschichteten Steinen angelegt. Überall in Simbabwe aber wurde ohne Mörtel gebaut, und man hielt keine Fluchtlinien ein.*

wenig Anklang. Vor allem aber reizten sie Richard Hall zu einer Entgegnung. Nun entbrannte ein höchst unfruchtbarer Streit, der sich bis in die 20er Jahre dieses Jahrhunderts fortsetzte und dem schließlich durch neue Forschungen ein Ende gemacht werden sollte.

So kam 1929 die britische Archäologin Gertrude Caton-Thompson zu Ausgrabungen nach Simbabwe, grub dort sorgfältig und kam im wesentlichen zu denselben Erkenntnissen wie schon ihr Kollege Randall-MacIver. Sie datierte die Entstehungszeit der ältesten Teile der Ruinen auf das 9. Jh.

Etwa zur gleichen Zeit wie die Archäologin Caton-Thompson hielt sich auch der deutsche Afrikaforscher und Völkerkundler Leo Frobenius in Simbabwe auf. Er war bereits mehrfach in Afrika gewesen, hatte sich von 1910 bis 1912 in Nigeria und in Kamerun aufgehalten und interessierte sich nun für Simbabwe.

Frobenius teilte überraschenderweise nicht die Ansicht von Randall-MacIver und Gertrude Caton-Thompson. Zwar nahm auch er an, daß die Mauern von Simbabwe von einheimischen Stämmen erbaut worden seien, doch vertrat er die Überzeugung, daß es sich um eine prähistorische Kultur handelte. Allerdings gelang es ihm nicht, seine Behauptung durch Funde zu beweisen. Er hatte lediglich eine Anzahl verschiedener Geschichten gesammelt, die sich die Eingeborenen erzählten, und daraus eine Theorie entwickelt.

Schriftliche Aufzeichnungen, die die eine oder andere Vermutung hätten erhärten können, waren in Simbabwe nicht vorhanden. Und auch die spärlichen portugiesischen Nachrichten gaben keinen Aufschluß. Erst in den 50er Jahren unseres Jahrhunderts versuchte man wieder verstärkt, Licht in das Dunkel um Simbabwe zu bringen. Vor allen Dingen gelang es jetzt, mit der Radiokarbonmethode (siehe Seite 70) die Funde genauer zu datieren. Die ältesten Grabungsfunde waren Tonscherben mit Resten von Holzkohle. Sie stammten aus der Zeit zwischen 170 und 470 n. Chr.

Schon Randall-MacIver und Caton-Thompson hatten festgestellt, daß die Epoche, in der Simbabwe erbaut wurde, lediglich als Teilstück in einem größeren zeitlichen Zusammenhang zu sehen ist. Die inzwischen gewonnenen Fakten erlauben es heute, wenigstens ein ungefähres Bild der Entwicklung im südöstlichen Afrika zu entwerfen.

Das Land verfügte über große Goldvorkommen – die heute allerdings größtenteils erschöpft sind – und lockte daher im 1. bis 3. Jh. n. Chr. die ersten Einwanderer an. Bis heute ist ungeklärt, zu welcher Volksgruppe diese Siedler gehörten und wo sie herkamen. Es kann sein, daß sie eine im Raum von Simbabwe lebende Gruppe von Buschmännern unterwarfen.

Das afrikanische Großreich des Monomotapa *(unten eine Karte aus dem 18. Jh.) erlebte seine Blütezeit zwischen 1450 und 1480 unter Matopa; links ein aus dem 17. Jh. stammendes Porträt dieses Herrschers, das die europäischen Vorstellungen wiedergibt.*

Akropolis *wird die Ruine auf dem Rücken des Granithügels genannt. Sie besteht aus einem westlichen und einem östlichen Bereich. Weil im Ostsektor verzierte Monolithe, darunter auch Steinpfosten mit Vogelskulpturen, gefunden wurden, nimmt man an, daß hier das religiöse Zentrum Simbabwes lag. Das Bild zeigt ein Stück der zwischen den riesigen Felsblöcken gezogenen Mauern im Ostabschnitt.*

Diese wenig naturgetreue Vogelskulptur *aus graugrünem Saponitgestein hat Richard Hall in der Philipsruine, die in der Ebene liegt, gefunden. Sechs ähnliche Vogelstelen und das Unterteil einer weiteren waren in der Akropolis entdeckt worden. Alle Vögel sind 35 Zentimeter groß und stehen auf 90 Zentimeter hohen, teilweise verzierten Säulen. Da die Skulpturen deutliche Unterscheidungsmerkmale aufweisen, nimmt man an, daß jeder Vogel etwas anderes symbolisierte. Vielleicht repräsentierten sie verstorbene Herrscher.*

Man hat einige Skelette gefunden, deren körperliche Merkmale auf eben jene Buschmänner hindeuten, und auf dem Hügel von Simbabwe befinden sich an der von der Akropolis abgewandten Seite einige alte Buschmannmalereien. Da die Einwanderer Eisenbenutzer waren, beginnt mit ihrem Eintreffen eine historische Epoche, die man heute als „südrhodesische Eisenzeit" bezeichnet und die bis ins 19. Jh. hinein andauerte.

Ein weiterer Einwanderungsschub erreichte dann das Gebiet der heutigen Republik Simbabwe im 11. Jh. Wahrscheinlich handelte es sich um eine Bevölkerung, aus der später die Shona hervorgegangen sind, und vermutlich wurden von ihr die ältesten Mauern von Simbabwe angelegt. Diese Menschen waren von Süden nach Norden vorgedrungen. Ihnen folgte wohl eine dritte Einwandererwelle aus dem Nordwesten, von der ein Teil etwa im 14. Jh. nach Simbabwe gelangte. Die Neuankömmlinge gehörten zu den Bantu-Völkern.

Simbabwe begann aufzublühen. Für die Bauwerke verwendete man jetzt behauene Steine, und in dieser Zeit entstand auch der konische Turm. Bis heute konnte allerdings nicht eindeutig geklärt werden, zu welchem Zweck er erbaut wurde. Peter Garlake hält ihn wie auch die Monolithe und die auf Säulen stehenden Vogelskulpturen für religiöse Symbole.

Fraglich bleibt ferner, welchen Stämmen die nun in Simbabwe ansässigen Siedler angehörten. Roger Summers zählt sie schon zu den Rozwi, einem kriegerischen Bantuvolk, das seit dem 15. Jh. begann, das gesamte Gebiet des heutigen Simbabwe zu erobern, und im 18. Jh. den Höhepunkt seiner Macht erreichte. Peter Garlake dagegen vertritt die Auffassung, daß die Blütezeit den Shona, ebenfalls ein Stamm der Bantu, zuzurechnen sei.

Insofern kann man gegenwärtig auch nicht mit Bestimmtheit sagen, ob die Begründer des bedeutenden Reiches Monomotapa im 15. Jh. Shona oder Rozwi gewesen sind. Monomotapa ist die von den Portugiesen abgewandelte Bezeichnung des königlichen Titels „Mwene Mutapa", was soviel wie „Herr der Minen" bedeutet. Unter der Herrschaft der Mwene Mutapa entstand ein Königreich, das sich von der Wüste Kalahari bis zum Indischen Ozean erstreckte. Der Herrscher kontrollierte die Goldgewinnung sowie den Handel mit den Portugiesen und wurde vom Volk als halbgöttliches Wesen verehrt – ebenso wie später der Mambo, der Herrscher im Reich der Rozwi. Er galt als Mittler zwischen dem Gott Mwari und der Bevölkerung. Die Akropolis war das Hauptheiligtum, in dem religiöse Zeremonien abgehalten wurden.

Später verlegten die Herrscher ihre Residenz an einen anderen Ort, aber Simbabwe blieb Kultstätte und Begräbnisplatz der Könige. Ihre Gräber wurden vermutlich geplündert. Simbabwes Ende kam, als um 1830 räuberische Ngoni in das Land eindrangen.

Weiße im Land der Schwarzen

„In dieser Zeit (in den 60er Jahren des 15. Jh.) hatte sich der Guineahandel zwischen unseren Leuten und den Bewohnern jener Gebiete bereits gut etabliert, und man verfuhr miteinander in Handelsdingen friedlich und mit Nächstenliebe, ohne wie zu Anfang in kriegerisches Rauben zu verfallen.“ So schildert der Portugiese João de Barros das Verhältnis seiner Landsleute zu den Eingeborenen an der Westküste Afrikas.

Seit Anfang des 15. Jh. hatten portugiesische Seefahrer systematisch diesen Küstenbereich des riesigen afrikanischen Kontinents erkundet, wirkungsvoll gefördert von Prinz Heinrich dem Seefahrer (1394–1460). Ziel all dieser Unternehmungen war es, den Seeweg nach Indien zu finden. Hier schufen die Portugiesen ihre ersten Stützpunkte, und schon Mitte des 15. Jh. begannen sie, mit den Eingeborenen Handel zu treiben. Nach den Haupthandelsgütern bezeichnete man die einzelnen Küstenstreifen als Pfeffer-, Elfenbein-, Gold- und Sklavenküste.

Vor allem der Sklavenhandel erwies sich als ein einträgliches Geschäft, mit dem sich sehr viel mehr verdienen ließ als mit mineralischen oder pflanzlichen Rohstoffen. Kein Wunder also, daß sich sehr bald das Hauptaugenmerk der portugiesischen Händler auf diese Einnahmequelle verlagerte. Die Eingeborenen selbst machten Jagd auf ihre schwarzen Landsleute, um sie gegen europäische Waren, z. B. gegen Feuerwaffen, Metalle und Tuche, einzutauschen. Oder die schwarzen Herrscher führten Kriege einzig zu dem Zweck, die Unterlegenen als Sklaven veräußern zu können. Hier deckten sich durchaus die Interessen der Europäer und der schwarzen Häuptlinge.

Der rege Handel mit den Afrikanern an der Westküste des Kontinents läßt sich beispielhaft am Fall des Königreichs Benin nachweisen. Dieses Reich – das man nicht mit dem heutigen Staat gleichen Namens verwechseln darf – lag im Süden Nigerias; Hauptstadt des Königreiches war das heutige Benin City. Das Königreich Benin stand in enger Beziehung zu dem weiter nordwestlich im Landesinnern gelegenen Ife, dem religiösen Zentrum der Yoruba. Von hier aus war vermutlich einst die in Benin regierende Dynastie eingesetzt worden, und von hier hatte Benin auch die Kunst des Bronzegießens übernommen. Während in Ife im 16./17. Jh. die Bronzekunst allmählich verschwand, weil offensichtlich die Metalleinfuhr auf den traditionellen Wegen verebbte, kann man in dem küstennahen Benin in gleicher Zeit einen deutlichen Aufschwung der Metallimporte feststellen; die Bronzekunst Benins blühte auf. Der Herrscher Benins hatte es verstanden, in seinem Küstenbereich den gesamten Handel mit den Europäern unter seine Kontrolle zu bringen, und zog daraus seinen Reichtum.

Doch nicht nur an der Westküste Afrikas hatten die Portugiesen Ende des 15. Jh. Fuß gefaßt. Vasco da Gama gelang es 1498, den Seeweg nach Indien zu finden. Bei seinen Erkundungsfahrten hatte er auch die Ostküste Südafrikas bis etwa hinauf nach Mogadischu erforscht. Hier bauten die Portugiesen nun ebenfalls Handelsniederlassungen auf. Einer dieser Stützpunkte war Sofala. Von dort unternahmen sie ihre Expeditionen in das Reich des Monomotapa, das über Goldvorkommen verfügte, die die Begehrlichkeit der Portugiesen geweckt hatten.

In Südafrika hatten sich seit 1652 auch die Niederländer festgesetzt. Ihnen ging es gleichfalls darum, an der afrikanischen Küste Stützpunkte für ihre Handelsfahrten nach Indien zu haben, die sie später noch weiter bis nach China und Japan führten. Die Buren, die Nachfahren der ersten niederländischen Siedler, die sich mit französischen und deutschen Einwanderern vermischt hatten, betrieben zum Teil in dem gemäßigt warmen Klima Landwirtschaft und versorgten auch die Seefahrer, die hier Zwischenstation machten. Ein anderer Teil der Buren zog als Viehzüchter von Weideland zu Weideland bis hinauf nach Transvaal.

__Die Buren__ (unten), die auf der Suche nach neuen Weidegebieten in langen Trecks Transvaal durchstreiften, waren überzeugt davon, daß die Afrikaner keine eigene Kultur entwickelt hatten. Sie nahmen deshalb an, daß das nördlich angrenzende Simbabwe das alttestamentarische Goldland Ophir sei.

__Das kleine Nashorn__ (rechts) aus gehämmertem Goldblech ist eines der wenigen Stücke, die an das einstige Gold in Simbabwe erinnern. Gold hatte bereits die Portugiesen und später noch in viel stärkerem Maße die Briten angelockt.

Ab 1795 gründeten die Briten am Kapland Niederlassungen für den Ostindienhandel. Aufgrund ihrer militärischen Überlegenheit gelang es ihnen, das Land und die Vorherrschaft über die Buren zu erobern. Sie verboten die Sklaverei und entzogen damit den Buren, die ihre Felder mit Hilfe von Sklaven bewirtschafteten, die Existenzgrundlage. Ein großer Teil der Buren verließ daraufhin die Kapkolonie und zog sich ins Hinterland zurück. Hier gründeten sie die Freistaaten Natal, Oranje und Transvaal.

Doch noch weiter dehnten die Briten in Südafrika ihren Machtbereich aus. Insbesondere Cecil Rhodes, der mit dem Diamantengeschäft Geld und politischen Einfluß in der Kapkolonie gewonnen hatte, erwies sich hierbei als treibende Kraft. Mit den Ndebele, auch Matabele genannt, die sich in den 30er Jahren des 19. Jh. im Südwesten des heutigen Simbabwe festgesetzt hatten, handelte er 1888 einen Vertrag aus, der ihm exklusiv die Ausbeutung der Goldvorkommen erlaubte. Sofort begann Rhodes, in Matabeleland und bald darauf auch in dem weiter östlich gelegenen Mashonaland Europäer anzusiedeln und auf diese Weise das Land in Besitz zu nehmen, das man dann 1894 nach ihm „Rhodesien“ nannte.

Die Briten wie auch alle anderen Europäer, die nach Afrika kamen, begegneten der einheimischen Bevölkerung mit Unverständnis und Hochmut. Die Schwarzen erschienen ihnen, die sich als Träger einer überlegenen Kultur und Zivilisation fühlten, als Wilde, die – nach europäischen Maßstäben – auf höchst primitive Weise in einfachen Lehmhütten lebten und darüber hinaus Heiden waren, die einen schrecklich anmutenden Götzendienst ausübten und dabei oft sogar Menschen opferten.

Insofern ist es auch nicht erstaunlich, daß die Weißen die kulturellen Hinterlassenschaften der schwarzen Völker und Stämme für alles andere, nur nicht für Zeugnisse einer eigenständigen afrikanischen Kultur hielten. Diese Voreingenommenheit war auch der Grund dafür, daß man die Steinbauten von Simbabwe lange Zeit hindurch als eine Gründung von Völkern des alten Orients, als einen Tempel Salomos oder als Faktorei der Königin von Saba ansah. Und selbst als man schließlich den einheimischen Ursprung der Bauten zugeben mußte, mochte selbst ein kluger Mann wie Leo Frobenius sie nicht den Schwarzen, die er kennengelernt hatte, zuschreiben, sondern er hielt sie für Zeugnisse aus längst vergangenen, vorgeschichtlichen Zeiten.

Eine ähnliche Überheblichkeit gegenüber den Trägern der afrikanischen Kultur legte Frobenius auch an den Tag, als er in Ife einen eindrucksvollen Bronzekopf entdeckt hatte. Zwar erkannte er durchaus den einheimischen Ursprung der Plastik an, doch – so schreibt er – „es befiel mich wie eine stille Traurigkeit bei dem Gedanken, daß diese Versammlung stumpfsinniger Proleten heute die Wahrer und Erben dieser klassischen Schönheit sein sollten“.

Daß es unter diesen Voraussetzungen nicht zu einer gegenseitigen Durchdringung der Kultur der Europäer mit der der Afrikaner kam, kann nicht verwundern. Doch nicht weniger schlimm ist, daß die afrikanische Kultur allmählich durch den Kontakt mit der europäischen zerfiel. Je intensiver im Lauf der Jahrhunderte der europäisch-afrikanische Kontakt wurde, je mehr das Verständnis und die Hilfsbereitschaft auf europäischer Seite wuchsen, um so stärker litt die afrikanische Kultur.

Der Historiker Pierre Bertaux schreibt dazu: „Die Missionare, die gegen die Menschenopfer und die Zauberei ankämpften; die Verwaltungsbeamten, die Brücken und Wege bauen ließen und damit die Landschaft entseelten; die Erzieher, die die Kinder lehrten, daß sie selbständige Persönlichkeiten und nicht nur Glieder eines Stammes seien …, sie alle mit ihrem grenzenlosen guten Willen, ihrem humanitären Bemühen trugen gerade durch ihre Aufopferung dazu bei, das Gebäude der afrikanischen Tradition ins Wanken zu bringen.“

Die Überheblichkeit, *mit der die Weißen den Schwarzen begegneten, kommt in diesem Foto deutlich zum Ausdruck. Es zeigt Cecil Rhodes mit einigen Begleitern im Gespräch mit den Würdenträgern der Ndebele. Die Briten verhandelten mit diesem im Südwesten von Simbabwe lebenden Bantustamm über Landverteilung und die Ausbeutung der Goldvorkommen.*

Entdecker der Ifekunst

Es begann im Hamburger Hafen. Zufällig traf der Völkerkundler Leo Frobenius auf einen Afrikaner, der ihn mit der Mitteilung verblüffte, daß „in seiner Heimat jeder alte Mann aus alter Zeit ein großer Stein sei", wie Frobenius notierte. Derlei Erzählungen waren selten ganz wörtlich zu nehmen, aber ein realer Kern pflegte sich noch allemal darin zu verbergen. Die Neugier des Forschers war geweckt. Sicher erschien ihm, daß es alte Steinplastiken in der Heimat jenes schwarzen Jünglings, in Nigeria, dem Land der Yoruba, geben müsse. Was also lag näher, als eine Expedition dorthin zu unternehmen?

Schon 1894 wollte Frobenius aufbrechen und bemühte sich daher um finanzielle Unterstützung. Doch hatte er nicht mit der Dünkelhaftigkeit in Deutschland gerechnet: Daß Schwarzafrika eine eigenständige Kultur besitzen solle, wollte hier nämlich niemand wahrhaben, und so dauerte es noch über zehn Jahre, bis Frobenius Afrika zum erstenmal besuchen konnte. 1905 reiste er zunächst ins Kongogebiet. Dies bedeutete jedoch nicht, daß er seinen alten Plan, die rätselhaften Steinskulpturen im Land der Yoruba auszugraben, aufgegeben hatte, im Gegenteil: Nachdem er die Erzählung über einen Meeresgott, den Olokun, der in Ife verehrt wurde, gehört hatte, setzte Leo Frobenius alles daran, die notwendigen finanziellen Mittel für eine Expedition nach Nigeria zusammenzubringen. Obwohl er sich Absage auf Absage holte, gab er nicht auf. Schließlich wurde seine Zähigkeit belohnt; mit Unterstützung durch die Völkerkundemuseen von Hamburg, Bremen und Berlin konnte er endlich die Forschungsreise nach Nigeria finanzieren.

Im September 1910 brach er auf und kam zunächst in die nördlich von Lagos gelegene Stadt Ibadan, im Gepäck auch den Auftrag der Museen, Gegenstände für deren Sammlungen zu kaufen. Es war ein schwieriges Unterfangen, denn was er an Plastiken erwerben wollte, waren nicht Gegenstände zweckfreier Kunst oder Dinge, die im Lauf der Zeit ihre Bedeutung verloren hatten, vielmehr benutzten die Einheimischen sie nach wie vor bei kultischen Handlungen. Doch mit Geld, Überredungskunst und etwas Glück gelang es Frobenius dennoch, eine ansehnliche Sammlung zusammenzutragen.

Das Ziel seiner Wünsche allerdings hieß Ife, die heilige Stadt der Yoruba. Dorthin gelangte er im November. Er stand hier vor gleich großen Schwierigkeiten wie schon in Ibadan. Die Eingeborenen wollten nichts verkaufen, und taten sie es dennoch, so stahlen sie manchmal die Gegenstände nachts wieder oder machten anderentags den Kauf rückgängig. Am meisten interessierte Frobenius sich jedoch nach wie vor für die Figuren aus Stein. Er brachte das Kunststück fertig, den Eingeborenen die Erlaubnis zu Grabungen abzuringen, denn wie er wußte, waren solche Skulpturen am Fuß riesiger Bäume vergraben und wurden nur für den rituellen Gebrauch hervorgeholt.

Die Suche war erfolgreich. Der Forscher fand zahlreiche, zum Teil lebensgroße Köpfe aus Terrakotta – und auch den Kopf des Olokun: „Vor uns stand ein wundervoll gegossener alter Bronzekopf von ausnehmender Schönheit und Lebenswahrheit, überzogen von einer dunkelgrünen, schönen Patina –. Dies also war Olokun, der Poseidon des atlantischen Afrika ..." Frobenius kaufte den Kopf für sechs britische Pfund, eine Flasche Scotch und ein Seidel. Der britische Kolonialbeamte Charles Partridge freilich machte das Geschäft wieder rückgängig. Er wollte verhindern, daß der Olokunkopf außer Landes gebracht wurde. So mußte Frobenius das Stück wieder hergeben. Wohin dieser Kopf dann im Lauf der Zeit gelangte, ist nicht bekannt. Es existiert nur eine Kopie, die heute im Nationalmuseum in Lagos steht. Eine Anzahl von Terrakottaköpfen freilich konnte Frobenius nach Deutschland bringen; sie befinden sich heute im Berliner Museum für Völkerkunde.

Jahrzehnte vergingen, bis die Erde von Ife weitere Kunstwerke freigab. 1938 sollte etwa 180 Meter vom Königspalast entfernt ein Haus gebaut werden. Beim Ausschachten des Fundaments im Wunmonije Compound, wie dieses Areal genannt wurde, fand man 60 Zentimeter unter der Erdoberfläche 18 Bronzeköpfe – Darstellungen der Oni, der Könige von Ife. Dieser Zufallsfund erregte das Interesse des herrschenden Oni. Er verfügte, daß fortan alle Funde in seine Obhut zu geben seien, und er trug auf diese Weise einen Teil der Stücke für das spätere Ife-Museum zusammen.

Die erste wissenschaftliche Grabung erfolgte 1949; sie wurde 1953 fortgesetzt. 1957/58 schloß sich eine Kampagne unter Leitung des britischen Archäologen Frank Willett an, nachdem man auf weitere Bronzefiguren gestoßen war. Willet entdeckte ein ehemaliges Heiligtum mit Terrakotten, das vermutlich niedergebrannt war. 1962/63 fand er ein zweites Heiligtum. Weitere Grabungen in den nächsten Jahren folgten und brachten reiche Funde.

Den aus Bronze gearbeiteten Kopf des Olokun *(oben) fand der deutsche Völkerkundler Leo Frobenius (rechts) bei einer Ausgrabung in Ife.*

Dieser Messingkopf eines Oni, *eines Königs von Ife (rechte Seite), gehört mit seiner markanten Lochmusterung zu den großartigen Funden aus der „heiligen Stadt" der Yoruba.*

Wo die Götter niederstiegen

Ife war die heilige Stadt der Yoruba, einer der bedeutendsten Völkerschaften in Westafrika. Ife, das war ein Stadtstaat mit einem König, dem Oni, an der Spitze. Wie es zur Gründung dieser Stadt kam und wann es geschah, ist unbekannt. Die mündliche Überlieferung der Yoruba weiß allerdings von einem Gott Olodumare, der 16 seiner Untergötter mit dem Auftrag losschickte, die Welt zu erschaffen und Leben zu spenden. Orishanla, einer der Untergötter, erhielt von Olodumare eine Kalebasse (einen Flaschenkürbis) voller Sand und ein Küken mit fünf Zehen – notwendige Mittel, Welt und Leben entstehen zu lassen.

Orishanla versagte kläglich. Als er an einer eisernen Kette vom Himmel hinunterstieg, betrank er sich dermaßen mit Palmwein, daß er einschlief. Oduduwa, ein anderer Untergott, nutzte die Gunst des Augenblicks. Er nahm Kalebasse und Küken an sich, stieg zum Urmeer hinab, schüttete den Sand ins Wasser und setzte das Küken darauf. Das Tierchen scharrte, verteilte den Sand gleichmäßig – und es erschien Land über dem Wasser.

Allmählich wurde Orishanla wieder nüchtern. Nun sollte er die Menschen erschaffen, denn er stand noch immer in der Gunst des Obergotts. Aber wieder sprach er dem Palmwein mehr zu, als er vertragen konnte. Allerdings entschlummerte er diesmal nicht, sondern schuf, betrunken wie er war, Menschen mit Buckel, Zwerge, Krüppel und Albinos – sie gelten seither als Schützlinge Orishanlas.

Oduduwa aber wurde der erste König, der erste Oni von Ife, und Ife ist genau die Stelle, wo er niederstieg, um die Welt zu erschaffen. Seine Kinder stattete Oduduwa mit Kronen aus und gebot ihnen, eigene Königreiche zu gründen.

Dieser Mythos hat sicher einen realen Hintergrund, aber „unglücklicherweise stehen keinerlei Mittel zu Gebote, die Zeit Oduduwas ... zu bestimmen", stellt Frank Willett, wohl der beste Kenner der Geschichte Ifes, resignierend fest.

Viel wissenschaftlicher Scharfsinn ist darauf verwendet worden, die Geschichte Ifes wenigstens in groben Umrissen zu erkennen. In erster Linie waren natürlich die Bodenfunde nützlich. Mit Hilfe der Radiokarbonmethode (siehe Seite 70) und des Thermolumineszenzverfahrens, mit dem man den Zeitpunkt, an dem Tongegenstände gebrannt worden sind, feststellen kann, hat man – soweit dies möglich war – versucht, ein Datengerüst aufzustellen. Funde anderer Stadtstaaten der Yoruba, wie Owo und Benin, wurden zum Verleich herangezogen, ebenso die alte, nordöstlich von Ife entstandene Nok-Kultur, deren Blütezeit etwa von 500 v. Chr. bis 200 n. Chr. anzusetzen ist und aus der die ältesten bislang in Afrika südlich der Sahara bekannten Terrakottafiguren stammen.

Ife entstand etwa um 800 n. Chr., vielleicht aber auch schon 200 Jahre früher. Zum Zentrum eines Yorubastaates mit einem König an der Spitze wurde die Siedlung im 11. Jh., eventuell auch erst im 12. Jh. n. Chr. Es entwickelte sich eine höfische Kunst, die sich durch realistische Darstellungen von Menschen auszeichnet. Sie

Der Terrakottakopf *(ganz oben) von 18,1 Zentimeter Höhe und der darunter abgebildete 10,2 Zentimeter große Torso einer reich geschmückten Terrakottafigur gehören zu der Sammlung von Kunstgegenständen, die Leo Frobenius von seiner Reise nach Ife im Jahr 1910 mitbrachte.*

wird heute als „klassisch" bezeichnet und dauerte bis zum 14./15. Jh. Während dieser Zeit wurden weitere Stadtstaaten gegründet. In diesen Städten wohnte der Großteil der Bevölkerung, hier herrschte, zurückgezogen in seinem Palast, ein Oni, der vom Volk gottähnlich verehrt wurde.

Im Lauf der Zeit büßte Ife seine Vormachtstellung unter den Yorubastaaten ein. Neues Machtzentrum wurde Oyo, eine Stadt, die Oronmiyon, ein Sohn oder Enkel jenes mythischen Oduduwa, gegründet haben soll. So jedenfalls sagt es die Überlieferung. Obwohl der Herrschersitz nach Oyo verlegt wurde, blieb Ife kultureller Mittelpunkt.

Frank Willett bezeichnet die Kunst von Ife, „was den Realismus der Menschendarstellung betrifft, der sie porträtartig macht, (als) einmalig in Afrika". Sie sei einer der Höhepunkte „echt afrikanischer Kunstentwicklung". Die Metallplastiken – es sind meist Köpfe von Lebensgröße – wurden überwiegend aus Kupfer, Zink und Blei gegossen. Die Kunstgeschichte nennt Legierungen dieser Art kurzerhand „Bronzen", obwohl es sich nicht im eigentlichen Sinn um Bronze, also eine Kupfer-Zinn-Legierung handelt, sondern meist um die Kupfer-Zink-Legierung „Messing". Aus reinem Kupfer gegossen sind eine Maske und fünf Köpfe. Die Maske soll den Oni Obalufon darstellen, der angeblich die Kunst des Metallgießens in Ife eingeführt hat. Zu welchem Anlaß man die Maske trug, ist unbekannt.

Bei den lebensgroßen Bronzeköpfen dagegen scheint der Zweck klar zu sein. Sie wurden für ein zweites Begräbnis des Oni verwendet. Sinn dieser zweiten Bestattung – die es auch im Mittelalter in England und in Frankreich gab – war, den Fortbestand des Königtums zu demonstrieren. Zu dieser Zeremonie wurde der Bronzekopf, der dann die echte Königskrone trug, auf einem hölzernen Körper befestigt.

Wo das für den Guß notwendige Metall herkam, kann nur vermutet werden. Anzunehmen ist, daß Nordafrika der Lieferant war, möglich ist aber auch, daß es aus Europa ins Land kam. Im 16. oder 17. Jh. verebbte der Metallimport.

Mit Sicherheit stehen diese Metallplastiken in einer künstlerischen Tradition. „Es hat den Anschein, als habe sich die Ife-Kunst an Terrakotten entwickelt und sei als voll erblühter Kunststil in der Zeit, da die Gießtechnik eingeführt wurde, in ein anderes stoffliches Medium, in Metallwerke, umgesetzt worden", sagt Frank Willett. Als Nachfolger der Ife-Bronzekunst gelten die Plastiken, die in Benin angefertigt wurden. Sie bilden den Menschen nicht mehr in einem so hohen Maß naturalistisch ab, sondern stilisieren ihn.

Die Terrakottaplastiken wiederum dürften auf die Nok-Kultur zurückgehen oder auf eine dritte, noch unbekannte Kultur, von der beide abstammen. Für den Fachmann sind stilistische Ähnlichkeiten, beispielsweise bei der Haartracht, zwischen Nok und Ife unübersehbar.

Außer den Terrakotta- und Bronzeplastiken entstanden in Ife auch Steinskulpturen aus Granit, Quarz oder Schiefergestein.

Afrika und Picasso

Man schrieb das Jahr 1905. Es schien, als hätte sich die Avantgarde der Maler verabredet. Das Ausdrucksvolle, das Urtümliche zog sie mächtig in ihren Bann; sie suchten nach kraftvollem Ausdruck. Archaische, ja magische Formen faszinierten sie – sie entdeckten die Kunst der Naturvölker. In Paris, dem Zentrum der Entwicklung, stöberten Henri Matisse (1869–1954), Maurice de Vlaminck (1876–1958) und André Derain (1880–1954) bei Trödlern nach Negermasken. Sie zeigten sie herum, auch andere Maler waren begeistert und suchten nach Wegen, die kraftvolle Ästhetik dieser in Holz geschnitzten Antlitze künstlerisch umzusetzen.

Auch der Spanier Pablo Picasso (1881 bis 1973), seit 1904 endgültig in Paris ansässig, fühlte sich zu neuen, zu veränderten schöpferischen Äußerungen gedrängt. Im Frühjahr 1907 begann er, eine große Gruppe von Frauenakten zu malen, „Les Demoiselles d'Avignon". *Es wurde ein richtungweisendes Werk, das einen wichtigen Platz in der Kunstgeschichte einnehmen sollte. „So sehr die Gesamterscheinung des Bildes noch einer klassischen Figurenkomposition ähnelt, so gänzlich außer der Regel des Klassischen, ja Normalen, tritt das Detail", erläutert der Kunsthistoriker Werner Haftmann. Er fährt fort: „Allenthalben dämonische, fratzenhafte Einbrüche aus den verschiedensten Welten. Links eine in strenger, skulpturaler Haltung auftretende Figur, deren Herkunft in die barbarisch-griechische Frühzeit der spanischen Halbinsel zurückweist – die Umsetzung eines iberisch-archaischen Apolls –; rechts ein dämonischer Einbruch von Götzenmasken, Erinnerungen an Skulpturen Französisch-Afrikas."*

Georges Braque (1882–1963), der 1907 das fertige Bild in Picassos Atelier sah, begriff, daß dies einen Aufbruch zu neuen Ufern der Malerei bedeutete. Der Spanier hatte die menschlichen Körper geometrisch gesehen, sie flächig dargestellt als Dreiecke und Rhomben – eine radikale Neuerung.

Allerdings hatte schon Paul Cézanne (1839–1906) gesagt, daß sich die Gegenstände der Natur nach geometrischen Formen wie Kugel, Kegel, Zylinder bilden. Einen Gegenstand der Natur zu analysieren, heiße, seine Form freizulegen. Cézanne war nicht recht verstanden worden. Jetzt aber, aus dem Blickwinkel afrikanischer Kunst, wußte man plötzlich, was gemeint war.

Auch Georges Braque begann in dieser Weise zu malen. In der Kritik zu einer Ausstellung von 1909, in der auch Bilder von Braque zu sehen waren, sprach der Kunstkritiker Louis Vauxcelles von „bizarreries cubiques". Er lieferte damit das Schlagwort für eine neue Stilrichtung: den Kubismus.

Totenkult für eine Königin

Die Königinmutter ist gestorben. Zwar hat ihre Familie den Leichnam schon begraben, weil man aus Erfahrung weiß, daß er schnell zerfällt wie alles, was einmal gelebt hat, ob Mensch, ob Tier, ob Pflanze. Doch die eigentlichen Feierlichkeiten der Grablegung müssen noch folgen, denn erst danach ist der Königinmutter alle Ehre erwiesen, auf die sie Anspruch hat.

Der Holzschnitzer hat schon vorsorglich geeignete Baumstämme beiseite gelegt. Er weiß, daß er nun bald in königlichem Auftrag Arbeit erhalten wird. Eine Figur aus Holz muß er anfertigen, so groß, wie die Königinmutter zu Lebzeiten gewesen war. Aber nicht so ein primitives, stocksteifes Ding darf unter seinen kundigen Händen entstehen, nein, eine richtige Gliederpuppe soll es sein, mit beweglichen Armen und Beinen.

Mit dem Kopf allerdings hat er nichts zu schaffen. Den stellen die Bronzegießer naturgetreu nach dem Abbild der verstorbenen Königinmutter her. Anschließend nagelt man den Kopf auf dem Hals der Holzpuppe fest.

Der Schnitzer macht sich ans Werk. Für den Rumpf benötigt er ein Stück Holz von größerem Umfang, das er sich noch besorgen muß. Ein gutes Gedächtnis braucht er für seine Arbeit, denn der König legt Wert darauf, daß die Maße der Holzfigur denen seiner verstorbenen Mutter entsprechen. Die Figur, die man noch festlich kleiden wird, soll ganz der Königinmutter zu ihren Lebzeiten gleichen.

Einige Wochen sind vergangen, der hölzerne Körper und der Bronzekopf der Königinmutter sind fertiggestellt und zusammengefügt. Der Schnitzer hat die Figur auf einen Schemel gesetzt und Arme und Beine in eine natürlich anmutende Lage gebracht. Die Vertrauten des Herrschers prüfen die Arbeit des Schnitzers und der Bronzegießer und befinden sie für gut. Dann tragen sie die Figur zum Palast.

Hier ist bereits der Stoff, den man eigens für das künftige Festgewand gewebt hat, eingetroffen. Sorgfältig bekleidet man nun die Figur, die der Verstorbenen immer stärker ähnelt. Noch einmal korrigieren die Vertrauten die Haltung der Gliederpuppe und ordnen den Faltenwurf des Gewandes. Zum Schluß hängt man der Figur mit einem langen Band einen Tonkopf um den Hals, wie sie ihn auch zu Lebzeiten bei religiösen Zeremonien trug. Jetzt erscheint im Prunkornat der Herrscher selbst, um das Bildnis seiner Mutter zu begutachten. Er ist zufrieden mit dem Erscheinungsbild der Verstorbenen und gibt das Zeichen, daß die Trauerfeierlichkeiten beginnen können.

Die Herrscherfamilie und der gesamte Hofstaat sind versammelt und betrachten andachtsvoll die Königinmutter, wie sie regungslos auf ihrem Schemel sitzt. Sie murmeln Gebete, und ihre Gesten drücken Ehrfurcht und Trauer aus. Priester walten ihres Amtes und achten darauf, daß die von alters her vorgeschriebenen Riten eingehalten werden.

Dieses feierliche Leichenbegängnis ist zu-

Der steinerne Affenkopf *wurde bei religiösen Zeremonien mit einem Band um den Hals getragen. Aus diesem Grund ist er oben durchbohrt. Dieser 15 Zentimeter große Anhänger zählt zu den Fund- und Beutestücken von Leo Frobenius aus dem Jahr 1910. 47 Jahre später wurde das über zwölf Zentimeter hohe Zeremonialgefäß (oben rechts) beim Bau eines Schuppens zufällig mit weiteren Messinggegenständen entdeckt. Um den Kelch, der auf einem Tisch aufliegt, windet sich eine Königin mit einem Szepter in der rechten Hand. Der Henkel des Gefäßes wird von einem Hocker gestützt.*

gleich ein Fest für alle Stammesgenossen. Der Herrscher hat viele Kühe, Ziegen und Schafe verteilen lassen, und nun brutzelt überall das Fleisch an den Spießen, tropft Fett ins Feuer und knistert das brennende Holz. Rauchschwaden und Duftwolken ziehen durch den Ort und weiter hinaus aufs Land, die Botschaft vom Tod der Königinmutter mit sich führend.

Inzwischen ist der Hofstaat aufgebrochen und trägt die Figur in einer feierlichen Prozession durch den Ort. An jedem Haus ziehen sie vorbei; denn jeder soll die Königinmutter noch einmal sehen, jedem soll sich ihr Anblick ins Gedächtnis einprägen. Aber auch sie selbst soll auf diese Weise Abschied nehmen können, dem Volk ein endgültiges stummes Lebewohl zurufen. Die Pflicht gebietet auch, jedes Heiligtum noch ein letztes Mal zu besuchen. Und so dauert es schon geraume Zeit, bis sich der Zug schließlich dem Hain der Toten nähert.

Seit unvorstellbar langen Zeiten werden hier die Herrscher des Stammes und ihre Angehörigen bestattet. Der Hain ist eine heilige Stätte, so heilig wie die Könige selbst, und er ist ausschließlich ihrem Begräbnis vorbehalten. Hier beerdigt man den bald zerfallenden Körper der Toten, aber auch die dauerhafteren Holzfiguren samt ihren Bronzeköpfen.

Tanz und Gesang, die die Trauer ausdrücken sollen, haben die Prozession begleitet. Sie steigern sich, als man nun die Figur absetzt und entkleidet. Man breitet den Stoff aus und schneidet ihn in schmale Streifen. Jedes Mitglied der Königsfamilie heftet sich einen solchen Streifen an sein Gewand zum Zeichen dafür, daß es an den Trauerfeierlichkeiten teilgenommen und der Verstorbenen die ihr gebührende Ehre in aller Form erwiesen hat.

Vorsichtig läßt man die Figur in die bereits ausgehobene Grube hinab; der Bronzekopf darf nirgends anstoßen oder sich gar vom Hals lösen. Dann schüttet man das Grab der Königinmutter zu. Die Bestattungszeremonie und die Feierlichkeiten sind zu Ende.

Leoparden aus Benin

Außer Ife hat auch Benin zum künstlerischen Ruhm Nigerias beigetragen. Benins Dynastie stammte von den Herrschern Ifes ab, und die Könige Benins – die Obas – sahen den Oni von Ife stets als ihren älteren Bruder an. Starb ein Oba, so wurde sein Kopf zur Beerdigung nach Ife gebracht. Im Gegenzug schickte Ife einen Bronzekopf nach Benin, damit er in einem Schrein der Ahnen aufgestellt werde. Wie der Benin-Historiker und Häuptling Jacob Egharevba 1934 berichtete, sei zum erstenmal dem Oba Oguola dieses Verfahren zu umständlich gewesen. Deshalb habe er angeregt, einen Bronzegießer von Ife nach Benin zu holen, der dann hier seine Kunst lehren sollte. Der Oni von Ife war einverstanden, und so wurde der Künstler Igueghae nach Benin geschickt. Hier wird er bis heute als Schutzpatron der Bronzegießer verehrt; man errichtete ihm sogar einen Altar.

Ob es allerdings tatsächlich jenen Lehrmeister Igueghae gegeben hat, bleibt dahingestellt. Auf jeden Fall aber haben seine „Schüler" ein reiches Erbe hinterlassen. „Benin hat den größten Skulpturenreichtum aus Nigerias Vergangenheit bewahrt", stellt Frank Willett fest. Er vermutet, daß die Künstler Benins bereits „erfahrene Holz- und Elfenbeinschnitzer" waren, als jener Igueghae sie in der Kunst des Bronzegusses unterwies. Ihre künstlerischen Vorstellungen, entwickelt und ausgebaut an Holz und Elfenbein, haben sie dann auf Bronze übertragen. Wären sie „künstlerisch völlig unerfahren gewesen, wären sie womöglich Grobschmiede gewesen, wie hätten man von ihnen die Herstellung identischer Nachschöpfungen im Stil eines raffinierten Naturalismus wie der Kunstwerke von Ife erwarten können – Schöpfungen in einem Stil, der ihren eigenen Traditionen fremd war? Sie hätten Kopien geschaffen, so gut sie es eben vermochten, und hätten dabei, wenn sie anfänglich ohne ihn auskommen mußten, einen eigenen Formenkanon entwickelt."

__Das Leopardenpaar__ aus Bronze stammt aus dem 16. Jh. Es diente als sogenanntes Aquamanile, als Gießgefäß, bei religiösen Zeremonien. Durch eine Öffnung im Kopf ließen sich die Tiere mit Wasser füllen, das durch die Nasenlöcher wieder versprengt wurde.

Man hat die Werke, was ihre Entstehungszeit betrifft, drei verschiedenen Perioden zugeordnet. Die frühe Periode begann, als der Bronzeguß in Benin eingeführt wurde. Das geschah gegen Ende des 14. Jh. Dieser erste Abschnitt dauerte bis zum frühen 16. Jh. Skulpturen, die in dieser Epoche angefertigt wurden, weisen einen verhältnismäßig dünnen Guß auf, und sie erscheinen naturalistisch, allerdings nicht in einem so hohen Maß wie die Arbeiten aus Ife. Die Unterschiede zu den Plastiken aus Ife lassen sich z. B. sehr gut an der Form der Ohrmuscheln erkennen, die bei Bronzen aus Ife naturgetreu fein durchgebildet, in Benin dagegen stilisiert und damit vereinfacht dargestellt sind.

In der mittleren Periode, die im frühen 16. Jh. anfing und vor 1700 endete, schufen die Künstler Benins außer Bronzeköpfen auch eine stattliche Anzahl von Reliefplatten, auf denen vermutlich wichtige Ereignisse dargestellt wurden. Diese Platten sind etwas Besonderes: Ihre rechteckige Gestalt war herkömmlichem afrikanischem Formgefühl bis dahin unbekannt. Frank Willett nimmt an, daß diese Form illustrierten Buchseiten nachempfunden wurde. Es gibt in Benin eine Überlieferung, die von der Hilfe der Portugiesen gegen einen Feind Benins erzählt. Diese Hilfe sollte im Gedächtnis der Bevölkerung Benins verankert werden, und zwar so, wie es die Europäer machen: Die schreiben alles auf und fertigen dazu Zeichnungen an – rechteckige Gebilde für gewöhnlich.

Die Platten seien an Holzsäulen angenagelt, auf denen das Dach des Königspalastes ruhe, berichtete der niederländische Reisende Olfert Dapper 1668 in seinem Werk über Afrika. Rund 30 Jahre später wurden die Platten von einem anderen Reisenden nicht mehr erwähnt. Man hatte sie wohl inzwischen abgenommen.

Ein ehemaliger Page am Hof von Benin berichtete, sie seien in einem Magazin gelagert worden und hätten dem höfischen Protokoll gedient. Bei Streitfragen über die Kleiderordnung oder anderen Problemen des guten Tons bei Hofe habe man die Bronzereliefs zu Rate gezogen. Sie waren also ein Nachschlagewerk in Fragen der Etikette.

Auf manchen dieser Werke sind Europäer dargestellt, auf anderen Häuptlinge mit ihren Begleitern, wieder andere zeigen Tiere, wie Schlangen, Leoparden, Fische und Krokodile. Benins Bronzekünstler geboten über ein reiches Formenspektrum. Sichtbar wird dabei eine Entwicklung, die vom Flach- zum Hochrelief führt. Nach 1700 wurden wahrscheinlich keine Platten mehr hergestellt.

In der späten Periode, die bis 1897 dauerte – dem Jahr, in dem die Briten Benin eroberten und zahlreiche Kunstschätze raubten –, wurden wieder Bronzeköpfe gegossen. Da durch den Handel mit den Portugiesen nun erstmals reichlich Metall zur Verfügung stand, war der Bronzeguß dicker als bei den früheren Skulpturen. Alle diese Köpfe – auch die der frühen Periode – dienten als Erinnerung an verstorbene Obas. Daneben wurden andere Bronzeskulpturen hergestellt, Hähne oder Leoparden etwa, auch sogenannte Königinmutter-Köpfe, die auf den Oba Esigie im 16. Jh. (frühe Periode) zurückgehen. Dieser Herrscher hatte den Titel der „Königinmutter“ eingeführt, und daraufhin verlieh später jeder Oba seiner Mutter drei Jahre nach der Thronbesteigung diesen Titel.

***Eine Bronzeplatte** aus dem Nationalmuseum in Lagos (16./17. Jh.) zeigt den Oba, den König, von Benin mit zwei Bediensteten. Dieses wie auch alle anderen Bronzekunstwerke Ifes und Benins entstanden im Wachsausschmelzverfahren: Dazu modelliert der Künstler über einem Kern aus Ton das Bild in Wachs. Anschließend wird es wiederum mit Ton überzogen. Man läßt dann das Wachs schmelzen und in den entstandenen Hohlraum das flüssige Metall fließen. Wenn es erstarrt ist, werden die Tonschichten entfernt, und an der Bronze können die Feinarbeiten vorgenommen werden.*

Bei all diesen Werken handelt es sich um höfische Kunst, nicht etwa um eine Kunst des Volkes. Was geschaffen wurde, diente dem Herrscher oder dem Kult. Die Hähne beispielsweise wurden auf Altäre gestellt, die man zu Ehren und zum Gedenken an die Königinmütter errichtet hatte. Auf diesen Altären wurden lebende Hähne geopfert. Ein solcher Bronzehahn diente wahrscheinlich „der Verewigung, der ständigen Gegenwart derartiger Opfer“, nimmt Willett an. Außerdem schufen die Künstler Benins Skulpturen von Herrschern und deren Hofstaat, die auf rechteckige Sockel gestellt wurden. Dort legte man Opfergaben nieder.

Keine Bronze durfte ohne königliche Erlaubnis gegossen werden, alle Künstler waren in einer Zunft zusammengeschlossen und wohnten im selben Viertel der Stadt.

Benin brachte überdies auch bedeutende Elfenbeinschnitzereien hervor. Der Oba hatte Anspruch auf die Hälfte allen Elfenbeins, das erbeutet wurde. Wurde z. B. ein Paar Stoßzähne von Elefanten gebracht, markierte man davon einen Zahn mit dem königlichen Zeichen. Vielfach ließ der Herrscher daraus Kunstgegenstände schnitzen: Armbänder, Schachteln, Figuren und in der frühen Periode auch Masken. In der späten Periode stellte man dann teilweise mit Schnitzereien verzierte Zähne senkrecht auf die schweren Bronzeköpfe. Offenbar waren den Obas diese Elfenbeinarbeiten so wichtig, daß eigens bestimmte Palastdiener abgestellt wurden, diese Arbeiten zu beaufsichtigen.

Selbstverständlich stellte man auch in Benin Terrakottaköpfe her. Der Altar, den man zu Ehren des legendären Igueghae errichtet hatte, war mit solchen Köpfen geschmückt.

Das Geheimnis El Dorados

Der Traum von El Dorado, dem Goldland, ist uralt.
Die spanischen Konquistadoren
trieb ihre Goldgier durch die Fieberdschungel
und Berge Kolumbiens.
Sie hinterließen eine blutige Spur.
Sie fanden den See,
an dem die Legende ihren Ursprung nahm.
Das Gold fanden sie nicht.

Konquistadoren am See

El Dorado war kein Traum. Was Wirklichkeit ist, bestimmt die menschliche Psyche. Es kommt nicht darauf an, ob ein Gegenstand auch materiell existiert. Der Glaube daran genügt, um ihn zur Realität werden zu lassen. Für die spanischen und deutschen Konquistadoren gab es keinen Zweifel an El Dorado – einem goldenen Land, einem goldenen König, einer Stadt aus Gold, irgendwo in den unerforschten Weiten ferner Länder.

Der historische Zufall wollte es, daß sich drei Eroberer, zwei spanische und ein deutscher, im Jahr 1539 mit ihren Heerhaufen auf der Hochebene von Bogotá trafen. Dort fanden sie den Guatavitasee, der im Mittelpunkt der Legenden von El Dorado stand.

Seit 1530 lief in den europäischen Niederlassungen in der Karibik die Kunde von dem unermeßlichen Reichtum der Inka in Peru um. Es war für alle eine elektrisierende Nachricht. Vor allem aber für Gonzalo Jiménez de Quesada, seit 1535 stellvertretender Gouverneur von Santa Marta. Er rüstete im Frühjahr 1536 eine Expedition aus, die zu den Quellen des Rio Magdalena vorstoßen sollte, auf dem Landweg und auf dem Strom selbst. Zu diesem Zweck waren eigens sechs Segelschiffe neu gebaut worden. Zur Landtruppe gehörten eine große Zahl indianischer Träger, etwa 600 Soldaten, 85 Pferde, einige Priester und königlich-spanische Notare, die die Beute zählen sollten. Die Landstreitmacht hatte mit allergrößten Schwierigkeiten zu kämpfen. Sie kam nur langsam voran und blieb immer häufiger, je weiter sie vordrang, in den Sümpfen und Wäldern stecken. Unter unsäglichen Mühen erreichte sie nach vier Monaten die Ortschaft Tamalameque, in der die Eingeborenen eifrig Handel trieben. Diese freilich begegneten den Fremden äußerst mißtrauisch.

Quesadas Lage wurde immer schwieriger. Die Schiffe, die auf dem Fluß Versorgungsgüter heranbringen sollten, waren noch nicht eingetroffen, seine Männer starben oder flohen und litten Hunger. Endlich aber kam wenigstens ein Teil

Der Guatavitasee, *an dem sich 1539 drei europäische Eroberer mit ihren Heeren trafen, liegt in fast 3000 Meter Höhe in den Anden. Sein Umfang mißt fünf Kilometer, die größte Tiefe beträgt 40 Meter. Die Muisca glaubten, daß ihre Ahnen aus solchen Bergseen hervorgegangen seien und nun die Götter darin wohnten.*

Gonzalo Jiménez de Quesada, *ein um 1500 in Granada geborener Konquistador, unterwarf die kleinen Chibchastaaten im Hochland von Bogotá und traf 1539 mit den Expeditionstruppen von Sebastián de Belalcázar und Nikolaus Federmann am Guatavitasee zusammen. Das dem Spanier angeblich sehr ähnliche Porträt stammt von einem unbekannten Maler des 18. Jh. Die Inschrift lautet: „Gonzalo Ximenez de Quesada, Komtur des Ordens Santiago, Ritter seiner Hoheit, des Königs von Spanien, bei der Eroberung und Gründung des Königreiches Neu-Granada. Er war ein sehr berühmter Soldat."*

der ursprünglich ausgeschickten Boote an, und gemeinsam ging es nun den Rio Magdalena weiter aufwärts bis nach La Tora. Hier traf Quesada auf Eingeborene, die mit Salz, vor allem aber auch mit Smaragden handelten. Diese Edelsteine kämen aus den Bergen im Osten, so erzählten sie, aus der Heimat eines reichen und mächtigen Volkes.

Es versteht sich fast von selbst, daß Quesada seine Route änderte und dem Handelsweg in die Berge folgte. Und fast ein Jahr nach Beginn der Expedition erreichte er das Land der Chibcha, die sich selbst Muisca nannten. Die Ansiedlungen, auf die die Spanier auf der Hochebene stießen, wurden gnadenlos geplündert. Die Smaragdminen von Somondoco fielen ihnen zum Opfer wie auch die Städte Nemocón und Zipaquirá, in denen Salz gewonnen wurde. Aus der Stadt Tunja schleppten sie 150 000 Pesos Gold und 230 Smaragde fort. Der Tempel in Sogamoso ging in Flammen auf. Hier ist es gewesen, wo Quesada zum ersten Mal von dem „goldenen Mann“ hörte, der in einen See steige, in den viel Gold versenkt werde.

Die Freude über diese Nachricht war jedoch nicht ungetrübt. Quesada kam zu Ohren, daß ein Landsmann von ihm, Sebastián de Belalcázar, von Süden her im Vormarsch war und daß eine andere Expedition unter dem Deutschen Nikolaus Federmann von Osten her ebenfalls das Gebiet der Muisca erreicht hatte. Federmann war im Auftrag des Augsburger Handelshauses Welser nach Venezuela gereist. Kaiser Karl V. hatte den Welsern, die seine Wahl zum Kaiser finanziell unterstützt hatten, als Gegenleistung die Statthalterschaft von Venezuela übertragen. Die indianischen Erzählungen von dem Gold aus den hohen kalten Bergen ließen Federmann nicht ruhen. Er rüstete 1537 eine Expedition aus, um das Gold zu suchen. Es war ein verlustreiches Unternehmen, aber er erreichte das Land der Muisca. Doch Quesada war schon vor ihm da.

Inzwischen hatte sich auch Belalcázar mit seiner Truppe dem Land genähert. Er zog 1536 von Quito aus nordwärts an den Kordilleren entlang und überquerte bei Popayán mit etwa 200 spanischen Soldaten die Zentralkette der Anden und wandte sich in Richtung Rio Magdalena. Unterwegs traf er schon auf Abgesandte von Quesada.

Die Situation hätte für alle Beteiligten sehr kritisch werden können. Schließlich handelte es sich um drei voneinander unabhängig operierende Truppen, und es wäre durchaus möglich gewesen, daß sie einander niedergemetzelt hätten. Aber sie verständigten sich und fielen gemeinsam über die Muisca her. Die alte indianische Kultur wurde vernichtet. Am 29. April 1539 gründeten die drei Konquistadoren feierlich die Stadt Bogotá, die damals Santa Fé del Nuevo Reino de Granada hieß. Wenig später fuhren sie nach Spanien, um vor dem Königshof ihre jeweiligen Ansprüche anzumelden. Mit einer Enttäuschung freilich mußten sie fertigwerden: Es gab keine goldene Stadt, und den goldenen Mann hatten sie auch nicht gefunden.

Der goldene Mann

Die vorgeschriebenen Prüfungen liegen hinter ihm. Der Auserwählte hat allein in einer dunklen Höhle gelebt, er hat auf jeden Umgang mit Frauen verzichtet, seine Speisen haben weder Pfeffer noch Salz enthalten, und er hat nur bei Dunkelheit seine Unterkunft verlassen. Jetzt muß er noch der Göttin Bachue opfern, dann darf er Herrscher über sein Volk werden.

Bachue war einst eine Fürstin gewesen. Ihr Mann, der Fürst, wurde von Eifersucht gepeinigt und schalt sie der Untreue. Da es Bachue nicht gelang, ihn von ihrer Unschuld zu überzeugen, stürzte sich die Verzweifelte schließlich mit ihrer Tochter in den Guatavitasee. So erzählen es die Indios einander seit Jahrzehnten und verehren die Tote als Göttin. Die Priester eines in der Nähe des Sees erbauten Tempels versichern den Gläubigen, daß Bachue in Gesellschaft eines Schlangendämons in einem prächtigen Palast in smaragdgrüner Tiefe auf dem Grund des Sees wohnt. Jeder neue Herrscher muß ihr Opfer darbringen.

Die Zeremonie, mit der der Nachfolger des Häuptlings in sein Amt eingeführt wird, findet am Seeufer statt. Tausende von Menschen sind herbeigeströmt, um Zeugen dieses Ereignisses zu werden. Sie haben die Nacht auf der von Mooren und Heideflächen bedeckten Hochebene von Guatavita verbracht, in Decken gehüllt und gelagert an Feuerstellen, die ein wenig Wärme spenden. Im Morgenlicht haben sich die festlich gekleideten Menschen zu Prozessionen geordnet. Nun stehen sie am See oberhalb der in den Stein gehauenen Treppe, die zum Wasser hinunter führt.

Die Indios bauen unterdessen ein Floß aus Schilf, das sie mit den schönsten Dingen, die sie besitzen, verzieren und schmücken. Sie stellen vier brennende Kohlenbecken darauf, in denen sie viel Moque, eine Art Weihrauch, verbrennen sowie andere Duftstoffe. Die Männer spielen auf Panflöten aus Bambus und blasen auf großen Seeschneckenhäusern, um die Götter herbeizurufen. Dann kommen die Priester des Stammes.

Der See ist groß und tief, so daß ein geräumiges Schiff ihn befahren kann, das mit vielen Männern und Frauen besetzt ist. Alle sind mit Federn, goldenen Schnallen und Kronen geschmückt. Sobald auf dem Floß der Weihrauch angezündet ist, tun die Menschen am Ufer das

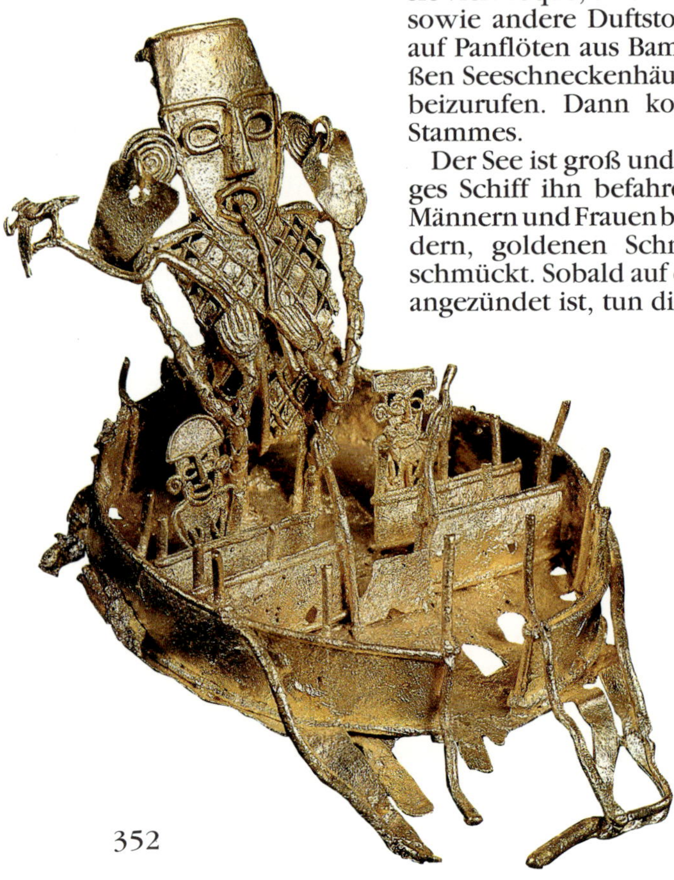

Der Indiohäuptling auf dem Floß *(links): Die Legende von El Dorado ist das Thema dieser und ähnlicher Goldfiguren, die in den Bergseen Kolumbiens gefunden wurden.*

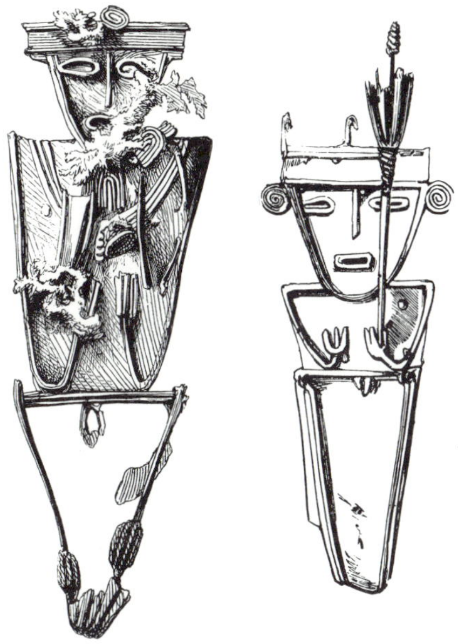

Zwei goldene Tunjos der Muisca. *Die Figürchen sind aus einzeln gegossenen Blechen und Drähten zusammengesetzt.*

gleiche, und der aufsteigende Rauch verdüstert ein wenig das Tageslicht.

Dann ziehen die Gefährten den Mann, der Häuptling werden soll, nackt aus und reiben ihn mit Öl und Salben ein, über die sie Goldstaub legen, so daß er vollständig von diesem Metall bedeckt ist. Sie reichen ihm die Schmuckstücke, die große Brustplatte aus gehämmertem Goldblech, den Nasenschmuck und die breiten Armreifen. Sie bringen ihn auf das Floß, auf dem er bewegungslos stehenbleibt, und häufen zu seinen Füßen einen großen Berg Gold und Smaragde auf, die er seinem Gott opfern soll. Mit ihm auf dem Floß befinden sich vier der obersten Häuptlinge, die sich mit Federn, Kronen, Armbändern, Anhängern und Ohrringen aus Gold geschmückt haben. Auch sie sind nackt, und jeder trägt seine Opfergaben. Wenn das Floß das Ufer verläßt, beginnt die Musik mit Trompeten, Flöten und anderen Instrumenten und mit einem Gesang, der Berge und Täler erfüllt. Wenn das Boot die Mitte des Sees erreicht hat, hißt man eine Fahne als Signal für die nun eintretende Stille.

Dann bringt der vergoldete Indianer seine Geschenke dar und wirft pures Gold in der Mitte des Sees ins Wasser, und die Oberen, die ihn begleitet haben, tun mit ihren Gaben das gleiche. Danach senkt sich die Fahne wieder, und wenn sich das Floß aufs Ufer zubewegt, beginnt das Singen aufs neue. In die Tanz- und Gesangsgruppen, die stumm am Saum des Wassers verharrten, kommt Leben und Bewegung. Die langgezogenen Töne der Pfeifen und Flöten werden vom Wind über das Wasser getragen.

Von dieser Zeremonie, die so alt war wie die überlieferte Erinnerung der Indios, rührte der berühmte Name El Dorado her, der die Goldgier der Europäer weckte und sie auf der Suche nach dem See durch fieberverseuchte Dschungel und über eisige Bergketten trieb. Die Konquistadoren hörten die Legende immer wieder, und der Spanier Juan Rodríguez Freyle, Chronist des 16. Jh., hat sie aufgezeichnet. Er stützte sich dabei auf die Erzählungen seines Freundes Don Juan, der ein Neffe des letzten Herrschers von Guatavita war.

Versunken ohne Wiederkehr

Wenn es darum geht, dem Reichtum nachzujagen, erweist sich der menschliche Geist als höchst erfinderisch. Der Guatavitasee birgt unermeßliche Schätze? Wohlan denn, ein Weg wird sich schon finden, diese Goldgrube auszubeuten.

Daß sich das Interesse der Eroberer auf dieses Gewässer richtete, hatte einen einfachen Grund: Bei den Indianern selbst war praktisch kein Gold mehr zu holen. Was sie besaßen, war ihnen längst geraubt worden. Aber der See und die Legenden, die sich um ihn rankten, waren noch in Erinnerung. Hatten diese Heiden nicht seit uralten Zeiten Gegenstände aus Gold hineingeworfen, um irgendwelchen Dämonen und Götzen zu opfern? In den dunklen Tiefen mußten geradezu sagenhafte Mengen edelster Schätze schlummern.

Die Lagune von Guatavita, *Holzschnitt aus dem Anfang des 19. Jh. Der künstliche Bergeinschnitt, der von den Arbeitern Sepúlvedas geschaffen wurde, ist deutlich zu erkennen.*

Brustplatte aus gehämmertem Goldblech. *Das menschliche Gesicht in der Mitte ist vermutlich durch Hämmern auf einer Matrize entstanden. Der Rand ist mit rechteckigen Mustern verziert. Auf Vorder- und Rückseite befinden sich die Spuren eines anderen, früheren Entwurfs. Das Schmuckstück wird dem frühen Calimastil zugeordnet, der sich um die Zeitenwende entwickelte. Die Halskette stammt vielleicht aus späterer Zeit.*

Der erste, der sich ernsthaft mit diesem Gedanken beschäftigte, hieß Lázaro Fonte. Er war Offizier im Expeditionskorps des Gonzalo Jiménez de Quesada gewesen. Seine Bemühungen brachten freilich keinen nennenswerten Erfolg, denn es fehlte ihm an Geld und Hilfsmitteln.

Um 1545 entwickelte Quesadas Bruder Hernán Pérez einen ebenso einfachen wie genialen Plan: Er wollte den See ausschöpfen lassen. Dazu ließ er Arbeiter eine Kette bilden, drückte ihnen zuvor angefertigte Kürbisflaschen in die Hand, und die Schöpfarbeit konnte beginnen. Er hatte sich für seine Unternehmung die Trokkenzeit ausgesucht, und tatsächlich gelang es seinen Leuten in drei Monaten, den Wasserstand um drei Meter zu senken. Die Männer fanden auch einiges von Wert. Zeitgenössische Berichte sprechen von 3000 bis 4000 Pesos Gold. Das war aber auch schon alles.

Einen nächsten, höchst bemerkenswerten Versuch unternahm 1580 der reiche Kaufmann Antonio de Sepúlveda aus Santa Fé de Bogotá. Seine Überlegung: Das Wasser des Sees muß abgelassen werden. Er verwandelte das Ufer in eine Großbaustelle. 8000 Indianer nahm er in Dienst; er baute Häuser für sie und meisterte die versorgungstechnischen Schwierigkeiten, die ein solches Großunternehmen mit sich bringt. An einer geeigneten Stelle ließ er einen Einschnitt in den See graben. Der kühne Plan gelang, das Wasser strömte hinaus, und der Wasserspiegel senkte sich um 20 Meter. Dann aber geschah ein großes Unglück. Der ungenügend gesicherte Abflußkanal stürzte ein, und viele Arbeiter wurden in den Erdmassen begraben. Daraufhin wurde das Projekt fallengelassen.

Einem Bericht zufolge fand man „Brustschilde oder Brustscheiben, Schlangen, Adler", natürlich alles aus Gold, weiter einen Smaragd von Hühnereigröße, „alles in allem an die 6000 Dukaten für die königliche Schatzkammer". Sepúlveda war also einigermaßen erfolgreich gewesen. Sein Anteil an dem Fund dürfte nicht unbeträchtlich gewesen sein. Einer seiner alten Freunde, der schon erwähnte Juan Rodríguez Freyle, schrieb von ihm: „Er sagte, daß er von dem bloßgelegten Grund des Sees mehr als 12 000 Pesos erbeutet habe. Viel später hatte er den Wunsch, noch einen Versuch zu wagen, aber er schaffte es nicht und starb arm und müde. Ich kannte ihn gut, und ich half, ihn in der Kirche von Guatavita zu begraben."

Sepúlveda hat sich mit seiner Arbeit ein Denkmal gesetzt. Noch heute ist der Bergeinschnitt – die Stelle also, die den Kanal markiert – ein bekanntes Wahrzeichen.

Nach Sepúlvedas Tod bemühten sich einige spanische Eroberer, Kaufleute und Abenteurer, die ein Konsortium gebildet hatten, um die Erlaubnis, den See trockenzulegen. „Es ist uns zu Ohren gekommen, daß in dem See, den man Guatavita nennt, ... sicheren Informationen zu-

folge auf dem Grunde große Reichtümer an Gold liegen und daß, obwohl viele verschiedene Leute es wiederholt versucht haben, besagten See trockenzulegen, es doch keinem gelungen ist. Wir werden auf eigene Kosten und eigenes Risiko mit unseren eigenen Leuten und mit Fleiß und Anstrengung versuchen, dies zu tun."

Der Vertrag zwischen dem Konsortium und dem Generalkapitanat Neugranada, das in Bogotá seinen Sitz hatte, wurde 1625 geschlossen. Er entsprach etwa dem, den die Behörden schon mit Sepúlveda ausgehandelt hatten. Dem Konsortium wurde das Exklusivrecht an „allem Gold, Silber, Perlen und anderen wertvollen Gegenständen" erteilt. Selbstverständlich mußten alle Funde registriert werden, und ein Viertel war für den spanischen König bestimmt. Überstieg der Wert der gefundenen Gegenstände die Summe von 50 000 Pesos, stieg der königliche Anteil auf die Hälfte. Bemerkenswert war, daß die notwendigerweise beschäftigten Indianer die gleiche Entlohnung bekommen sollten wie Soldaten. Ob dieser neue Versuch Erfolg hatte oder nicht, ist unbekannt geblieben.

Einer der wenigen, wenn nicht gar der einzige, den rein wissenschaftliche Neugier zum Guatavitasee führte, war der deutsche Naturforscher Alexander von Humboldt (1769–1859). Er reiste in den Jahren 1799–1804 durch die spanischen Besitzungen in Amerika und hielt sich 1801 auch zwei Monate in Bogotá auf. Humboldt maß die Höhe der Berge am Seeufer und nahm einige naturwissenschaftliche Untersuchungen vor.

Aber auch er konnte sich letztlich der Faszination des Goldes nicht entziehen. Wieder zurück in Paris, versuchte er zu schätzen, wieviel Edelmetall wohl auf dem Grund des Sees liege. Wenn jedes Jahr, so seine Überlegung, 1000 Pilger Guatavita besucht haben, und dies 100 Jahre lang, und wenn jeder Pilger fünf Objekte in das Wasser geworfen hat, so müßten etwa 500 000 Goldgegenstände in der Tiefe ruhen. Er vermutete, daß ihr Gesamtwert rund 300 Millionen Dollar – im Jahr 1807 – ausmachen müßte.

Das waren natürlich Zahlen fernab jeder Realität. Aber Humboldt war ein hochgeachteter Wissenschaftler, und was er sagte, galt als richtig und zuverlässig und forderte zu weiteren Spekulationen geradezu heraus.

Ein französischer Student war es, der den vorgeblichen Wert des Schatzes drastisch auf eine Billion 120 Millionen Pfund Sterling heraufrechnete – eine wilde Mutmaßung auch dies, doch sie wurde sogar 1825 in die populäre Reiseliteratur aufgenommen: „Aufgrund einer Kalkulation, die von Monsieur de la Kier vom Königlichen Institut in Paris begonnen wurde, welcher jedes Dokument, das mit dem See in irgendeinem Zusammenhang steht, ausführlich studiert hat, liegen auf dem Grund immer noch Gold und Edelsteine im Wert von 1 Billion 120 Millionen Pfund Sterling."

Verfasser dieser Zeilen war Kapitän Charles Stuart Cochrane, der seit geraumer Zeit schon an einer Gesellschaft beteiligt war, die den See mit Hilfe eines Kanals trockenlegen wollte. Gegründet worden war das Unternehmen von Don José Ignacio Paris, einem angesehenen Bürger Bogotás. Cochrane hat über die Arbeiten am See berichtet.

Beim Kanalbau mußten erhebliche Schwierigkeiten gemeistert werden. Die Wände stürzten zusammen und verlangten kräftige Abstützungen. Der Kapitän blieb auf der Baustelle und übernahm die Leitung der Arbeiten. Unter dem Datum des 25. Oktober 1823 notierte er: „Der Kanal ist fertig, so daß in zwei oder drei Tagen acht Fuß Wasser aus dem See abgelassen werden können. Ich beschloß, eine kleine Öffnung anzulegen, groß genug, um während der Nacht zwei Quadratfuß Wasser ablaufen zu lassen." Aber die Kanalwände gaben immer wieder nach. Cochrane ließ Holzplanken zurechtsägen, um damit die Seiten zu verstärken.

Doch alle Bemühungen brachten offenbar nicht das gewünschte Ergebnis. Das Vorhaben scheiterte, wie der Reisende J. P. Hamilton 1827 berichtet: „Es ist nun schon drei Jahre her, daß er

Alexander von Humboldt, *der führende Naturforscher seiner Zeit, bereiste 1799 bis 1804 die Länder Mittel- und Südamerikas. Es war seine erste größere Reise außerhalb Europas. Er wurde dabei von dem französischen Botaniker Aimé Bonpland begleitet. Das 1806 entstandene Gemälde (oben) zeigt Humboldt und Bonpland bei ihrer Forschungsarbeit im Hochland von Ecuador. Ein Indianer reicht Humboldt einen Sextanten zur astronomischen Ortsbestimmung; Bonpland (sitzend) befaßt sich mit der Bestimmung von Pflanzen, die er gesammelt hat. Im Verlauf dieser langen Forschungsreise besuchte Humboldt 1801 auch den legendenumwobenen Guatavitasee in Kolumbien.*

Anhänger in Jaguarform *(oben links). Das aus Gold gegossene Figürchen mit dem fein ziselierten Rücken ist 12,1 Zentimeter lang.*

Maske aus gegossenem Gold (rechte Seite) im Quimbayastil; 11,5 Zentimeter hoch.

Zwei Kalkfläschchen *in Form sitzender Frauen; gegossenes Tumbaga. Kalk bzw. ein aus pulverisierten Muscheln bestehendes Pulver wurde von den südamerikanischen Indianern als Zusatz beim (noch heute beliebten) Kauen von Kokablättern verwendet. Den spanischen Konquistadoren fiel bei ihrer Ankunft in der Neuen Welt sofort die weite Verbreitung dieses Rauschmittels auf. Einer von ihnen notierte: „Wenn man die Indianer fragt, warum ihre Münder immer voll von Kokablättern sind, sagen sie, daß sie dann kein Hungergefühl bekommen und daß es ihnen große Energie und Kraft verleiht." Die im Mund aufbewahrten Kokablätter werden hin und wieder mit etwas Kalk angereichert, der mit einem Spatel aus der Büchse herausgeholt wird. Die Kalkfläschchen zeigen häufig die Form nackter Menschen. Sie entstanden im Wachsausschmelzverfahren; Einzelteile wurden angelötet.*

(Paris) dieses große Unternehmen begann, von denen viel Zeit dabei verstrich, daß unter großem Aufwand eine Furche in den Berg gegraben wurde, um das Wasser aus dem See herauszulassen. Da aber die Öffnung nicht genügend Gefälle hatte und siebenmal Felsen und Erdmassen hineinstürzten, riet man ihm, einen unterirdischen Tunnel zu graben, ungefähr 30 Fuß tiefer als der Grund des Sees und in der gleichen Richtung wie die erste Rinne, die, als wir dort waren, fast vollendet schien. Jedoch hörten wir später, daß ein unvorhergesehenes Unglück geschehen sei."

Allerdings war es das erste Unternehmen, von dem archäologische Funde, wenn auch nur einige eher unscheinbare Stücke, erhalten geblieben sind. Sie gerieten in die Hände von Fachleuten; in der Regel wurden die Goldfunde sofort eingeschmolzen, da nur der reine Metallwert interessierte.

Es dauerte geraume Zeit, bis sich wieder Pioniergeist rührte. Erst 1898 versuchte man es aufs neue. Eine kolumbianische Gesellschaft wurde gegründet, die – einmal mehr – den See trockenlegen wollte. Jetzt aber zeigten sich auch die Briten an dem vermeintlichen Geschäft interessiert. Und tatsächlich gelang es ihnen, die Konzession zu erwerben. Vermittler bei diesem Handel war ein gewisser Hartley Knowles, ein britischer Staatsangehöriger, der in Kolumbien wohnte. Zunächst erwarb er die Rechte, den See trockenzulegen. Er verkaufte sie für 24 000 Pfund weiter an Contractors Ltd., und diese britische Gesellschaft gab nun Aktien aus. Contractors sagte zu, Knowles zum leitenden Direktor zu ernennen.

Ingenieure gruben einen Tunnel unter dem See, der genau in dessen Mitte mündete. Schleusen sollten dann den Abfluß des Wassers regulieren und Bleifilter die goldenen Kostbarkeiten und Smaragde auffangen.

Alles schien so zu verlaufen, wie man es sich gedacht hatte. Aber die Freude währte nicht lange. Als endlich der Grund des Sees zu sehen war, standen die Leute vom Bau ratlos davor: Der Grund bestand aus einer mehrere Meter dicken Schlammschicht, die so weich war, daß man darin versank. Schon am nächsten Tag aber hatte die Sonne den Schlamm zementhart getrocknet; an ein Durchdringen war nicht zu denken.

Bohrgeräte mußten herbeigeschafft werden. Als sie dann Wochen später endlich eintrafen, war es zu spät. Der getrocknete Schlamm hatte die Schleusen und den Tunnel verstopft, das Wasser lief nach, und der See füllte sich wieder bis zu seiner ursprünglichen Höhe.

Contractors Ltd. geriet in Geldnot, obwohl im Jahr 1910 goldene Fundstücke im Wert von 500 Pfund nach London geschickt worden waren. Wieder wurden Aktien ausgegeben, um an das Geld von Anlagewilligen zu gelangen. In einer der Broschüren, mit der man um Interessenten warb, wurde immer noch der Wert des Schatzes mit einer Billion 120 Millionen Pfund Sterling angegeben. Es war die Zahl, die der Franzose de la Kier genannt hatte. Über den Stand der Arbeiten berichtete die Broschüre: „Man hat in der Mitte und entlang dem Graben, der zum Tunnel führt, eine Tiefe von 30 Fuß erreicht. Viele wunderschöne Goldobjekte hat man schon gefunden, besonders in den letzten zwölf Monaten, daneben kettenweise Smaragde und eine Menge fremdartiger alter Töpferwaren."

Der Verfasser der Broschüre hatte nicht geflunkert. Tatsächlich wurden bei Sotheby's im Dezember 1911 diese Gegenstände versteigert. Zur gleichen Zeit war es der Gesellschaft auch gelungen, das Kapital auf insgesamt 15 000 Pfund aufzustocken. Mit diesem Geld wollte man einen Dampfbagger erwerben, der in der Mitte des Sees aufgebaut werden und den Grund 40–50 Fuß tief abtragen sollte. Das neue Kapital war bald verbraucht, und 1913 meldete die Gesellschaft ihre Zahlungsunfähigkeit.

Das endgültige Ende war damit allerdings noch immer nicht erreicht. Es wurde eine neue Gesellschaft gegründet mit gleichem Namen, mit denselben Direktoren und zum gleichen Zweck. Wieder wurde Kapital gesammelt; diesmal brachte man 9000 Pfund zusammen, doch schon 1914 war auch diese neue Contractors Ltd. wieder in Schwierigkeiten und mußte nun endgültig die Arbeiten einstellen. Die Firma selbst existierte aber noch bis 1929 weiter.

Es hat auch später noch einige Versuche gegeben, das vermutete Gold vom Seegrund heraufzuholen. Man verwendete moderne Bohrer und setzte automatische Suchgeräte ein. Im Jahr 1965 schließlich stellte die kolumbianische Regierung den Guatavitasee als Teil des nationalen und kulturellen Erbes unter ihren Schutz.

Getrieben von Goldgier

Erst verhältnismäßig spät war Kolumbien in das Blickfeld der Konquistadoren geraten. Ihre Eroberungszüge waren an diesem Land bislang vorübergegangen. Mexiko war zunächst das Ziel gewesen; Hernán Cortés war 1519 dort an Land gegangen und hatte das Reich der Azteken Schritt für Schritt unterworfen. In gleicher Weise verfuhr er mit den Maya. Francisco Pizarro schließlich eroberte das Reich der Inka in Peru.

Kolumbien lag ein wenig im Abseits, war aber wiederum nicht so weit entfernt, daß sich niemand für dieses Land interessiert hätte. Bereits 1499 waren die ersten europäischen Schiffe auf der Halbinsel Guajira gelandet. In den Jahren 1500–1502 folgte dann der erste Versuch, die Küste zu erforschen. Die Expedition stand unter der Leitung Rodrigo de Bastidas', eines Kaufmanns aus Sevilla, und Juan de la Cosas, der bei Kolumbus als Steuermann gedient hatte. Sie segelten westwärts in Richtung der Landenge von Panama und entdeckten dabei einen Hafen, den sie Cartagena nannten. Ihre Absichten scheinen im wesentlichen friedlicher Natur gewesen zu sein; sie trieben Handel mit den Häuptlingen der Sinúregion und kehrten mit einer beträchtlichen Menge eingetauschten Goldes zurück.

Von 1503 an begannen jedoch die Versuche, eine spanische Kolonie zu gründen. Am 30. Oktober dieses Jahres gab Königin Isabella einen Erlaß heraus, der den Spaniern untersagte, die Indianer zu behelligen, ausgenommen freilich jenes Volkes, das man Kannibalen nennt: „Hiermit ermächtige ich jedermann, der unter meinem Befehl zu den Inseln und zu der Tierra Firme (= der Landstrich zwischen Panama und Santa Marta) im großen Ozean reist, ... daß, wenn die besagten Kannibalen Widerstand leisten und nicht zulassen, daß die Kapitäne und ihre Männer, die auf meinen Befehl hin die Reise angetreten haben, ihr Land betreten, und wenn sie sich weigern, unsere Männer anzuhören, sich in Unserem Katholischen Glauben unterweisen zu lassen und sich in meine Dienste zu begeben, mögen sie gefangen werden und in mein Königreich, unter meine Oberhoheit oder an einen anderen Ort gebracht und verkauft werden."

In der Praxis war dieses Dokument ein Freibrief für die nun einsetzende Ausbeutung und Ausrottung der Indianer. Die Spanier sahen keinen Grund, die Bezeichnungen sorgfältig zu definieren, und so wurden die Indios, deren fremde Kulte die Europäer abschreckten, schnell in die Rolle der Kannibalen gedrängt.

Bis auf den heutigen Tag faszinieren die Eroberungszüge der Konquistadoren – es ist eine Faszination, gemischt aus Abscheu vor den Greueltaten und aus Bewunderung für den schnellen militärischen Erfolg. Die Triebfeder war zunächst die unersättliche Gier nach Gold, die Gier der Konquistadoren selbst und die ihrer Herrscher im fernen Spanien. Es war die Besessenheit, El Dorado, das Goldland, zu finden und zu erobern.

Die Eroberung der Neuen Welt wurde vom spanischen Mutterland folgendermaßen organisiert: Die Krone traf eine Abmachung mit einem „Generalunternehmer" in Amerika, der dem Führer des geplanten Eroberungszuges den Titel eines Generalkapitäns oder Gouver-

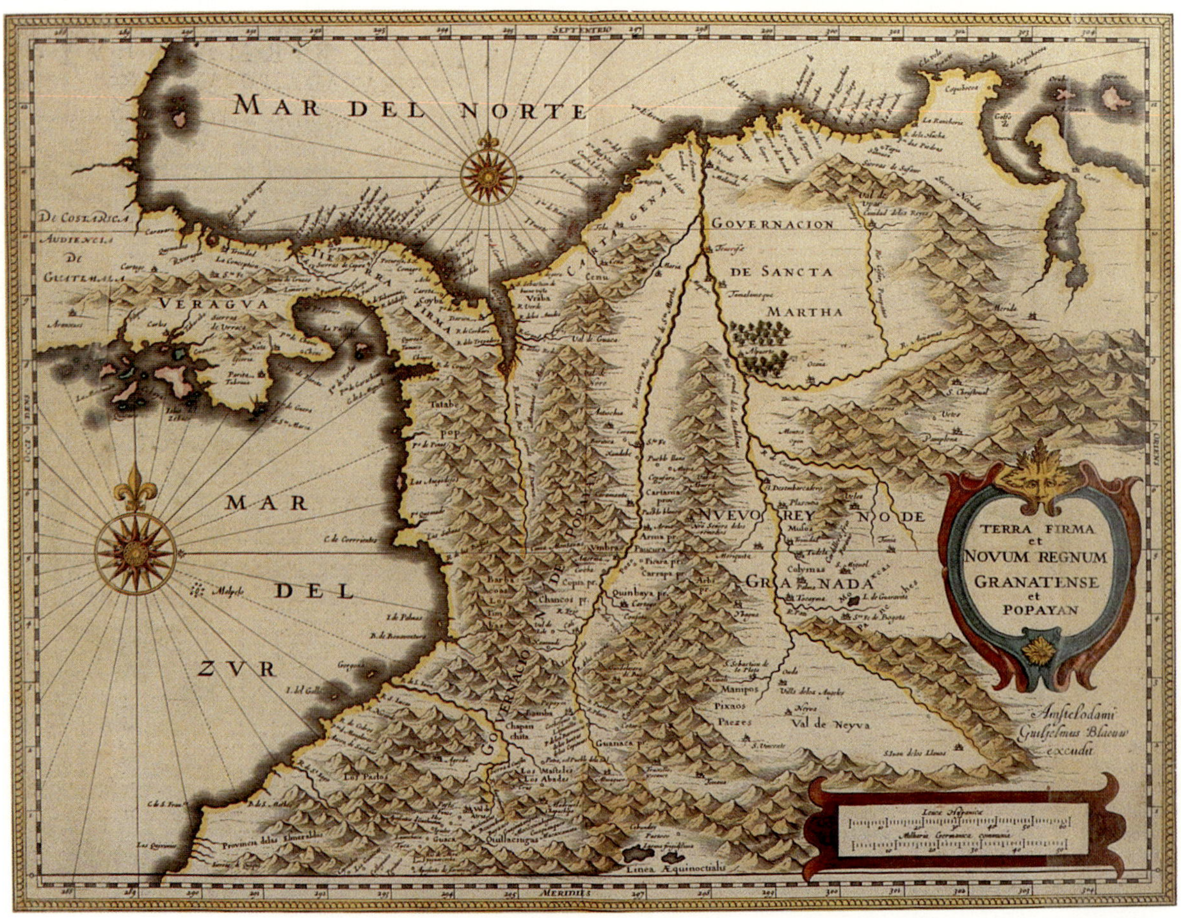

Die zeitgenössische Landkarte *zeigt die Nordwestküste Südamerikas mit den Kordilleren und der Landenge von Panama. Von Cartagena und Santa Marta brachen die Expeditionen der Konquistadoren in das Landesinnere auf, wobei sie häufig den Flußsystemen folgten.*

neurs verlieh und ihm für einen begrenzten Raum und eine bestimmte Zeit Hoheitsrechte übertrug. Für alles weitere hatte der Generalkapitän dann selber zu sorgen. Er mußte Soldaten anwerben und den gesamten Heerzug organisieren. Ein solcher Mann war ein „Kriegsunternehmer", der die Gewinn- und Verlustchancen scharf kalkulierte.

Ein Konquistador mußte unter allen Umständen Erfolg haben, wollte er der versprochenen Ämter und Würden und des materiellen Gewinns teilhaftig werden. Der Historiker Eberhard Schmitt schreibt dazu: „So sehr dieses System eine auf den unbedingten Erfolg eines Konquista-Unternehmens gerichtete Motivation bei allen Teilnehmern hervorzubringen vermochte, so sehr trug es doch auch zur internen Intrige – um Konkurrenten vom Beuteanteil fernzuhalten –, zum Vertragsbruch gegenüber Indio-Kaziken, zu vielfachen Formen des Verlusts an Anstand, zu Äußerungen der brutalen Habgier und des Beuteneids innerhalb einer Konquista-Truppe bei. Und es barg in sich bereits den Keim für spätere Konflikte aller Art mit der Krone: Denn die Einbindung des Konquistadors in ein sozusagen privatwirtschaftlich geführtes Gewinnmaximierungsunternehmen, für das er sein Leben aufs Spiel setzte, führte seine Interessen oftmals weg von den eigentlichen Interessen der Krone . . ."

Vasco Núñez de Balboa war ein solcher Konquistador. Freilich keiner mit einem königlichen Vertrag in der Tasche, sondern einer, der sich selbst dazu gemacht hatte. 1501 war er nach Hispaniola (Haiti) gekommen, wo er sich niederlassen wollte, aber rasch verschuldete. Um sich seinen Gläubigern zu entziehen, schloß er sich als blinder Passagier einer Siedlungsexpedition an die kolumbianische Küste an. Die Reise ging in den Golf von Urabá, wo bereits eine spanische Niederlassung existierte. Binnen kurzem wurde er Anführer einer Revolte und entmachtete den Gouverneur. Die junge Siedlung Santa Maria la Antigua de Darién, deren Alkalde (Gemeindeoberhaupt) er nun war, geriet bald in größte wirtschaftliche Schwierigkeiten. Der Nachschub aus Haiti und aus dem spanischen Mutterland wurde so teuer, daß Raubzüge ins Landesinnere unternommen werden mußten.

1512 machte Núñez de Balboa sich auf, das Land „Dabeiba" zu finden. Dort sollte es nach den Berichten der Indios ein goldenes Götzenbild und einen goldgedeckten Tempel geben. Núñez de Balboa hörte ferner, daß „Dabeiba" der Name eines Kaziken sei, also eines indianischen Stammes- oder Dorfhäuptlings. In einem Brief an den spanischen König schreibt er: „Dieser Kazike bekommt sein Gold von weit her aus den Bergen, und er erhält es auf folgende Weise: Zwei Tagesreisen entfernt liegt ein wunderschönes Land, dessen Bewohner sehr karibisch sind und sehr schlecht. Sie essen so viele Menschen, wie sie nur bekommen können . . . Ihnen gehören diese Minen, die nach allem, was ich gehört habe, die reichsten der Welt sind . . ."

Bei diesen Minen handelte es sich wahrscheinlich um die Bergwerke von Buriticá. Der Konquistador erreichte sie nie. Seiner Sucht

Zeugen aus Ton

Ton gehört zu den ältesten Werkstoffen der Menschheit. Aus dieser leicht formbaren Erde lassen sich einfache Töpfe, Krüge und Schalen herstellen, mit einigem Geschick aber auch schwierigere Gebilde wie Kannen mit Ausgüssen und Henkeln. Aus Ton können auch Figuren sein, die dem religiösen Kult oder der Magie dienen.

Daß der Wert dieses Materials in keiner Weise dem Wert von Metall – zumal von Gold – auch nur entfernt nahekommt, bedarf eigentlich keiner Erwähnung. Und dennoch verwendeten manche Indianervölker gerade viel Sorgfalt auf die Herstellung von Tongegenständen. Die Quimbaya, ein Stamm am Oberlauf des Rio Cauca, fertigten z. B. viele Figuren an, die massiv, flach und breit waren (oben). Die Stämme, die weiter südlich von ihnen wohnten, entwickelten ausgeprägte eigene Formen, die die Wissenschaft als frühen Calimastil bezeichnet. Sie schufen unter anderem Krüge mit doppeltem Ausguß und nur einem Henkel (Alcarraza). Das unten abgebildete Exemplar ist geformt wie eine Gruppe von Häusern, die durch Wege miteinander verbunden sind. Am unteren Rand des Gefäßes stehen baumartige Gebilde. Noch weiter im Süden, im Gebiet von Tumaco, fand man eine Menge von Figürchen, alle aus grauem Ton geformt und ursprünglich mit leuchtenden Farben bemalt. Sie stellen Tiere dar oder Krieger, Frauen mit Kindern, Musiker, sich umarmende Paare oder Phantasiegestalten. Bis in die Einzelheiten sind Kleidung und andere Details wiedergegeben. Sie entsprechen den Beobachtungen, die die Spanier beim Zusammentreffen mit den dortigen Eingeborenen machten.

nach Gold tat das freilich keinen Abbruch, möglicherweise wurde sie noch gesteigert durch ähnliche Berichte, die alle wie Verheißungen klangen. Demnach sollte es an einem „anderen Meer“ unermeßliche Schätze geben.

Im Januar 1513 schrieb er an den König: „Alle Kaziken und Indios jener Provinz Comogre sprechen von so großen Goldschätzen, die in den Häusern der Kaziken am anderen Meer angesammelt seien, daß es uns alle ganz verrückt macht. Sie sagen, daß an allen Flüssen der anderen Küste Gold in großen Mengen und als große Körner vorhanden sei; sie sagen, zum Hause dieses Kaziken Comogre kämen Indios vom anderen Meere über einen Fluß mit Kanus und brächten ihm viel Gold in dicken Körnern aus den Minen zum Schmelzen.“

Núñez de Balboa stellte sofort eine Expedition zu jenem „anderen Meer“ zusammen. Im September desselben Jahres war es dann soweit. Mit 190 Spaniern und 600 indianischen Lastenträgern brach er zur Überquerung der Landenge von Darién auf. Diese Expedition hat ihn berühmt und berüchtigt gemacht.

Die Indios in den Bergen wußten, wer da im Anmarsch war. Die Dörfer und Paläste der Kaziken waren leer. Kam es zu einem Gefecht, bildeten die auf Menschenjagd abgerichteten Hunde der Spanier stets die vorderste Linie. Sie waren die gefährlichste und grausamste Waffe gegen die unbekleideten Indios.

Ende des Monats hatte Núñez de Balboa den Pazifik erreicht und nahm nach allen gültigen Rechtsregeln das Meer für die spanische Krone in Besitz. Sonderlich gedankt aber wurde es ihm nicht. Er wurde zwar nominell Statthalter der „Südsee“, aber zum Gouverneur jener Länder auf der Landenge wurde Pedrarias Dávila ernannt, der Núñez de Balboa wegen angeblicher Rebellion anklagen, zum Tode verurteilen und 1517 hinrichten ließ.

Auch Deutsche waren an der Eroberung des Kontinents beteiligt. Der spanische König Karl V., der zugleich Kaiser des Heiligen Römischen Reiches war, hatte dem Augsburger Handelshaus Welser die Statthalterschaft über ein Gebiet übertragen, das dem heutigen Venezuela entspricht. Inbegriffen waren darin alle Nutzungsrechte. Karl V. befand sich ständig in argen Geldverlegenheiten. Seine Wahl zum Kaiser im Jahr 1519 hatte ihn ein Vermögen gekostet. Finanziert hatten die Kaiserwahl jenes Handelshaus Welser, aber auch die Fugger. Gegen horrende Summen hatten sich die deutschen Kurfürsten bereit gefunden, für Karl als Kaiser zu votieren. Diese Schuld mußte irgendwann abgetragen werden, und das neu entdeckte Land jenseits des Ozeans kam da wie gerufen. Nikolaus Federmann aus Ulm war einer jener bedenkenlosen Haudegen, die das Handelshaus Welser nach Südamerika schickte. 1530 erreichte er Coro, die Hauptstadt der neuen Provinz. Der dortige Gouverneur Ambrosius Dalfinger ernannte ihn vorübergehend zum Statthalter, da er selbst krank war und sich zu einem Genesungsurlaub nach Santo Domingo begab. Federmann nutzte diese Gelegenheit, um eigenmächtig eine Expedition auszurüsten. Auch er wollte das Südmeer finden, vor allem aber das sagenhafte Goldland Omagua. Federmann überquerte als erster Europäer die Kordillerenbresche von Barquisimeto und öffnete damit einen wichtigen Zugang zum venezolanischen Hinterland. Von Coro aus erforschten später auch Georg von Hohermuth und Philipp von Hutten 1535–1538 das Hinterland, und Federmann selbst trat hier jene Expedition von 1537–1539 an, die ihn bis in das Hochland von Bogotá führte.

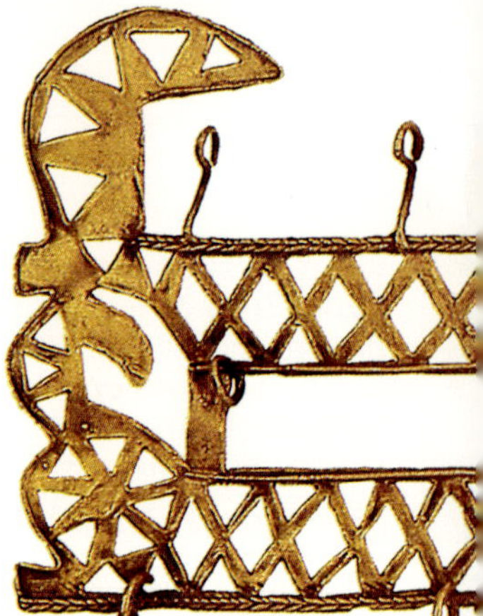

Wie viele andere Eroberer hat auch Federmann über seinen Vormarsch einen Bericht geschrieben. Er notierte über den Beutezug von 1530/31: „Wir benutzten einige Indios, die wir in diesem Pueblo gefangen hatten und in Ketten mit uns führten, als Führer. Sie brachten uns in ein Gehölz, bis wir den Weg verloren hatten . . . Auch am nächsten Tag erreichten wir keinen Weg . . . Wir konnten von den Führern nichts erfahren, weder gütlich noch mit Strenge. Deswegen ließ ich zwei von ihnen zerhacken, um den anderen Furcht einzuflößen, aber das half ganz und gar nichts. Sie wollten lieber erstochen werden, als unsere Gefangenen zu sein. Sie hatten uns diesen Weg auch nur gewiesen, um uns fehlzuleiten . . .“

1534 brach in Cartagena eine Expedition auf, um das Gebiet der Sinú-Indios nach Gold zu

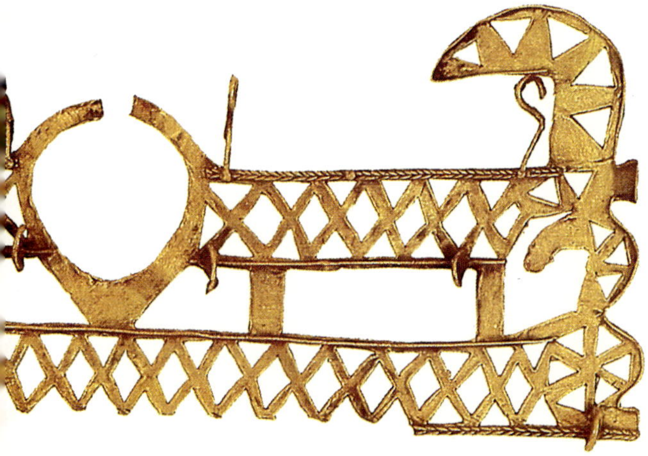

Durchbrochener Nasenschmuck aus dem Gebiet der Muisca. Das Schmuckstück aus gegossenem Tumbaga ist 20,2 Zentimeter lang. Die indianischen Kunsthandwerker beherrschten die Gießtechnik meisterhaft; ausgeprägt war auch die Liebe zum Detail.

Die Nordwestküste Kolumbiens in der Nähe von Santa Marta. Hier, im Siedlungsgebiet der Tairona-Indianer, hatten die Spanier 1501 eine Kolonie gegründet. „Es gibt viel Gold und Kupfer in Santa Marta", schrieb López de Gómara, der Kaplan von Hernán Cortés, „auch Smaragde und Perlen."

Die Karte (rechts) zeigt Kolumbien zur Zeit der spanischen Eroberung. In allen mit gestrichelten Linien umrandeten Regionen verarbeiteten die Indios Gold zu Schmuckstücken, Gebrauchsgegenständen und Kultgeräten. Die Gebiete gaben den einzelnen Stilarten ihren Namen. Eine Chronologie der Stile ist äußerst schwierig.

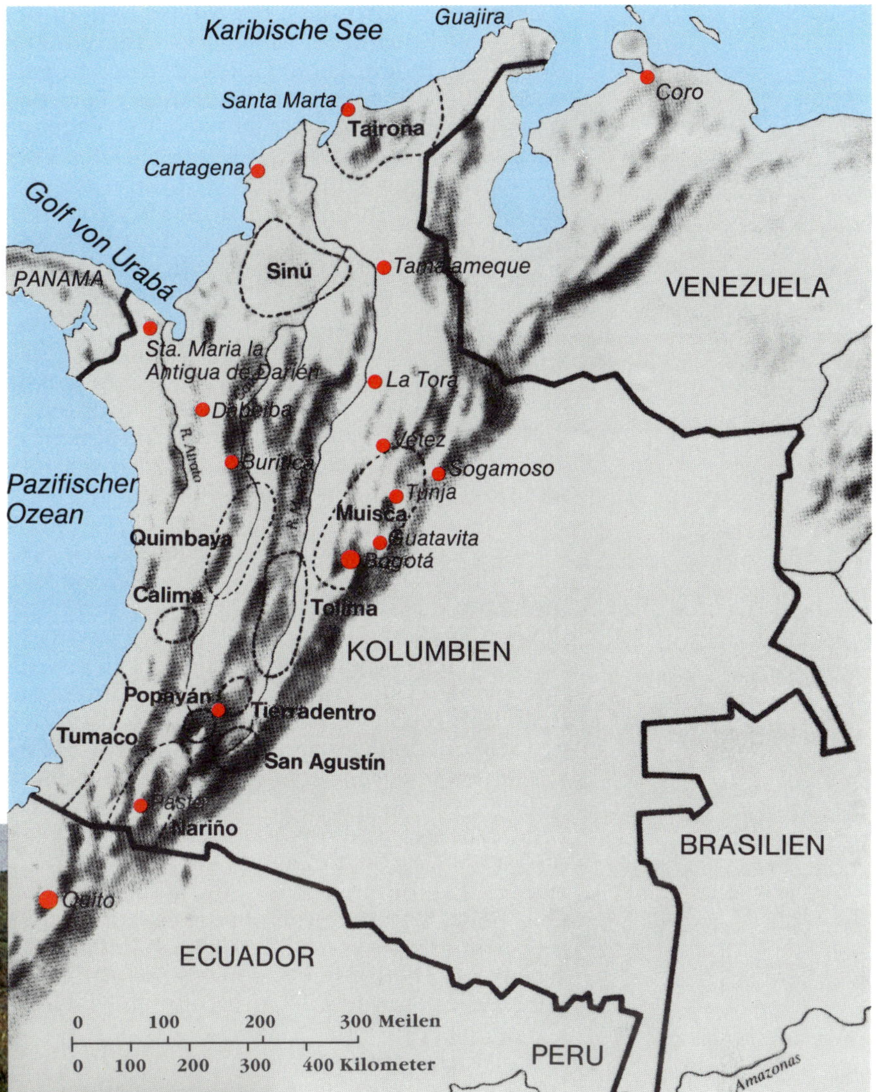

durchkämmen. Dieser Stamm lebte zwischen den Ausläufern der West- und Zentralkordillere und der Küste. Man fand das begehrte Metall, vornehmlich in Gräbern. Pedro de Heredia, Gouverneur der Provinz Cartagena und Führer dieser Expedition, wurde zu einem der erfolgreichsten Grabräuber aller Zeiten.

Alsbald entbrannten heftige Streitereien um die Beute, die Krone begann um ihre Anteile zu fürchten und erließ folgendes Gesetz: „Von allen Schätzen, die gefunden werden, an Gold, Silber, Edelsteinen, Perlen, Kupfer, Zinn, Blei, Kleidern und anderen Gegenständen, ob auf Friedhöfen, in Gräbern . . . Häusern oder Tempeln der Indianer oder an anderen Stätten, an denen sie ihren Götzen opfern, . . . ob nun durch Zufall gefunden oder nicht, soll ein Fünftel an Uns gegeben werden, und zwar von den Metallen, Perlen, Edelsteinen, ob ausgeschmolzen oder unbearbeitet . . . Und von dem Rest muß die Hälfte ohne jeglichen Abzug an Unsere Königliche Schatzkammer geliefert werden, während die andere Hälfte für denjenigen, der es gefunden hat, bestimmt ist."

Nennenswerte Wirkung hatte das Papier nicht. Aber das Problem löste sich mit der Zeit von selbst: Die Beute war gemacht, die Fundstätte leer.

Meister im Umgang mit Gold

Obwohl es im Lande der Muisca, die in der Östlichen Kordillere im weiten Umkreis von Bogotá siedelten, keine Goldvorkommen gab, waren seine Bewohner Meister in der Verarbeitung dieses edlen Metalls. Sie tauschten es gegen Smaragde von anderen Stämmen, die weiter westlich in den Kordilleren wohnten. Zentren der Goldgewinnung waren dort unter anderem Marmeto (Caldas), Antioquia und Buriticá. Der englische Ingenieur Robert White, der im 19. Jh. die Minen besuchte, fand Abbauschächte vor, die gewöhnlich nur einen Durchmesser von einem Meter hatten. Die tiefsten Schächte reichten bis zu 36 Meter in die Erde und waren so eng, daß ein Mensch sich darin nicht umdrehen konnte. Es waren einfache Tunnel, ohne Seitengänge, ohne Abstützungen und ohne Frischluftzufuhr. Es ist anzunehmen, daß die schwere Arbeit von Sklaven verrichtet wurde.

Buriticá hatte sich zu einem regelrechten Zentrum der Goldgewinnung und Goldverarbeitung entwickelt. Spanische Konquistadoren gelangten 1538 und 1541 dorthin. Ein zeitgenössischer Bericht beschreibt Buriticá als eine Stadt mit „großen Häusern, die eng beieinanderstanden". Zahlreiche Werkstätten zum Goldschmelzen, die mit den entsprechenden Gerätschaften ausgerüstet waren, fanden sich in der Stadt selbst und in den umliegenden Dörfern. Schmelztiegel waren vorhanden, Kohlebecken und auch Waagen, um das gewonnene Gold abwiegen zu können. Die Stämme der Muisca und Quimbaya waren Abnehmer dieses Goldes. Das meiste aber wurde nach Dabeiba geliefert, von wo aus ein Handelsweg zu den Sinú führte und weiter die gesamte Küstenregion von Urabá bis Cartagena erschloß.

Die Muisca verfügten über eine hochentwickelte Schmelz- und Gußtechnik. Vor allem war es ihnen gelungen, eine Legierung aus Gold und Kupfer herzustellen, Tumbaga genannt, die es erlaubte, Werkzeuge anzufertigen, wie Meißel, Äxte und Ahlen. Metallographische Untersuchungen haben ergeben, daß diese Geräte kalt gehämmert wurden, bis ihre Schneiden und Spitzen fast so hart waren wie die von Bronzewerkzeugen. Bronze konnten die Muisca nicht herstellen, weil es an Zinn fehlte.

Komplizierte Hohl- oder Massivformen stellten die Muisca im Wachsausschmelzverfahren her. Der Goldschmied formte dabei ein Modell aus Wachs und umgab es dann mit Ton. Ein kleiner Kanal zum Abfluß wurde freigelassen. Die Form wurde erhitzt, wobei das Wachs schmolz und herausfloß. Dann konnte Metall nachgegossen werden, es füllte den Raum, den vorher das Wachs eingenommen hatte, und bildete auf diese Weise eine Kopie jenes nicht mehr vorhandenen Wachsmodells. Im Prinzip ähnlich funktionierte das Hohlgießen: Ein Kernstück aus Ton wurde zu der gewünschten Form modelliert, darum legte man Wachs und einen äußeren Mantel aus Ton. Wieder wurde das Ganze erhitzt, das Wachs floß heraus und wurde durch Metall aufgefüllt.

Auch die Technik des Hämmerns und Glühens hatten die Muisca zu hoher Perfektion entwickelt. In allen kolumbianischen Stilarten der Goldverarbeitung gibt es gegossene und gehämmerte Objekte. Die Handwerker hämmerten mit Steinen, die keinen Griff hatten, sondern die man direkt in der Hand hielt. Das Metall wurde abwechselnd durch Hämmern und Glühen zu Blechen verarbeitet. Der Glühvorgang ist notwendig, um das durch das viele Daraufschlagen spröde gewordene Metall wieder geschmeidig zu machen. Im Prinzip arbeitet heute noch jeder Schmied so wie die Muisca damals.

Auch die Serienproduktion immer gleicher Gegenstände, z. B. Figurenteile für Halsbänder

Gold waschende Indianer. *Die Indios gewannen, wie dieser zeitgenössische Holzschnitt verdeutlicht, das meiste Gold aus den Goldseifen in den Flüssen der Westlichen und der Zentralkordilleren. Mit Grabstöcken brachen sie die Erde auf und wuschen den goldführenden Kies in flachen hölzernen Schüsseln.*

Tolima-Brustplatte *aus gegossenem Gold. Das Schmuckstück mit dem stark stilisierten Gesicht ist 19 Zentimeter lang. Die Feinheiten wurden durch Hämmern ausgearbeitet. Charakteristisch ist das sichelförmige Unterteil.*

oder sonstigen Schmuck, war ihnen nicht unbekannt. Sie hatten für diesen Zweck Steinmatrizen hergestellt, regelrechte „Musterbücher" mit den häufigsten Ornamenten, wie Frösche, Fische, langschnäblige Vögel, menschliche Figuren, Gesichter, Insekten oder geometrische Muster. Mit Hilfe dieser Matrizen ließen sich beliebig viele Wachsmodelle herstellen, die dann ihrerseits mit Hilfe des Wachsausschmelzverfahrens zu den Metallgegenständen umgeformt werden konnten.

Auch in der Technik des Vergoldens hatten sie es zu höchster Meisterschaft gebracht. Ein Zeitgenosse berichtete: „. . . wissen sie sehr gut, wie man Gegenstände aus Kupfer und geringerwertigem Gold vergoldet. Und sie haben eine solche Fertigkeit und Perfektion darin und bringen es derart zum Glänzen, daß es aussieht wie Gold von 23 Karat und mehr."

Eine Spezialität der Muisca war die Herstellung der sogenannten Tunjos. Es waren länglich schmale, blechartig flachgegossene Figuren mit aufgesetzten drahtförmigen Gliedmaßen und Schmuck. Diese Figuren, meist zwischen zehn und 20 Zentimeter lang, haben möglicherweise als Votivgaben in den Gräbern gedient. Sie verraten einiges über das Alltagsleben der Muisca. Die in naiver Art und ohne Rücksicht auf Proportionen dargestellten Menschen tragen Schilde, Waffen, Töpfe und Gegenstände des täglichen Gebrauchs. Es gibt aber auch Tunjos in Tierform. Die häufigsten sind Vögel, Schlangen und Wesen von drachenartigem Aussehen.

Sie haben sogar Platin verarbeitet und es zu Broschen und Nadeln geformt. In Kolumbien hat man etwa ein Dutzend Nasenringe aus gehämmertem Platin gefunden; noch mehr entdeckte man in Ecuador. Dieses Metall kommt in kleinen Stückchen oder Körnern im goldführenden Kies der Flüsse vor. Es ließ sich also gut heraussortieren. Gießen konnten es die Muisca jedoch nicht, denn mit ihren Öfen war die Schmelztemperatur von 1775 °C nicht zu erreichen. Sie mischten aber Platin mit Goldstaub, erhitzten diese Mischung, bis das Gold schmolz und die Platinkörnchen einschloß. Dieses Metallstück wurde nun gehämmert und wieder erhitzt, bis es zu einer einheitlichen Substanz geschmiedet war.

Äußerst schwierig, wenn nicht gar unmöglich ist es, die Fundstücke zu datieren. In den meisten Fällen stammen die wertvollen Objekte von Sammlern oder Schatzjägern, die keinerlei Blick für die Umgebung hatten, in der sie das Stück gefunden haben. So ist z. B. nur äußerst selten Holzkohle aus der Umgebung der Schmelzöfen erhalten. Sie nämlich hätte erlaubt, die Gegenstände mit der Radiokarbonmethode zu datieren. Auch die Schmuckstücke selbst lassen kaum Rückschlüsse auf die Zeit ihrer Entstehung zu. Zumeist sind sie klein und tragbar und wurden über größere Entfernungen hinweg gehandelt. So läßt auch der Ort, an dem sie gefunden wurden, keinerlei Rückschlüsse darauf zu, wann sie angefertigt wurden. Gewisse Anhaltspunkte sprechen aber dafür, daß die Muisca etwa seit dem 7. Jh. Gold verarbeitet haben.

Geheimnisvolle Steingesichter

Zu den bedeutendsten archäologischen Fundstätten Kolumbiens gehören San Agustín und Tierradentro. Gemeinsam ist beiden Gebieten eine einzigartige Tradition von Steinskulpturen. Die Fundstellen des San-Agustín-Gebiets liegen in einem sanften Hügelland auf einer Fläche von mehr als 500 Quadratkilometern verteilt. Diese Landschaft, nahe den Quellen des Rio Magdalena, war schon jahrhundertelang besiedelt, als die Spanier hier auftauchten. Spuren davon finden sich noch heute. Man hat Terrassenhäuser gefunden, Schutthalden, Fahrspuren, alte Feldeingrenzungen und Bewässerungsgräben. Felder mit Grabhügeln und Grabkammern aus Stein wurden entdeckt, ebenso Schachtgräber.

Bis spätestens zum 5. Jh. v. Chr. lebten die Menschen hier in kleinen, weit auseinanderliegenden Bauerndörfern. Im 1. Jh. v. Chr. kam es zu größeren Veränderungen, möglicherweise durch den Zuzug eines fremden Indianervolks. Diese Zeit wird als Isnosperiode bezeichnet. Die Formen der Tongefäße änderten sich und wurden komplizierter; es gab jetzt solche mit doppeltem Ausguß. Zum ersten Mal nahmen die Bewohner auch Gold in die Hand. Archäologen haben Bruchstücke von Schmelztiegeln, Tröpfchen geschmolzenen Goldes und kleinere Draht- und Blechstücke gefunden. Die Werkstätten, in denen gearbeitet wurde, blieben unentdeckt. Wahrscheinlich gehören die ältesten Steinskulpturen ebenfalls zur Isnosperiode. Genaue Datierungen stehen aber noch aus. Andere Plastiken stammen aus jüngerer Zeit. Die oben abgebildete, 159 Zentimeter hohe Steinfigur wird in das 1. bis 5. Jh. datiert. Mehr als 320 solcher Figuren hat man im San-Agustín-Gebiet gezählt. Sie stehen verstreut in der Landschaft, einzeln oder in Gruppen, auf Hügeln, an Abhängen oder in unterirdischen Gräbern. Über diesen Gräbern hatten die Indianer Hügel mit einem Durchmesser von rund 25 Metern aufgeschüttet; die Grabkammern waren aus großen Steinplatten zusammengesetzt, und in ihrem Inneren standen eine oder mehrere Figuren. Manchmal waren sie – wie auch die Wände – mit roten, schwarzen und gelben Mustern bemalt. Die Skulpturen sollten wahrscheinlich Geister beschwören. Sie stellen hauptsächlich menschliche oder halbmenschliche Wesen dar, manchmal mit jaguarartigen Reißzähnen. In den indianischen Mythen und der Religion spielt noch heute das Jaguarsymbol eine wichtige Rolle.

Viele Gräber konnten noch nicht datiert werden. Fest steht jedoch, daß schon einige Jahrhunderte vor der spanischen Eroberung Grabhügel in dieser Form nicht mehr errichtet wurden. Wahrscheinlich wurden die Toten dann in Urnen beigesetzt, für die man Schachtkammergräber baute. Die Tierradentro-Region gewinnt ihre archäologische Bedeutung ebenfalls durch Steinskulpturen, die freilich nicht so zahlreich vertreten sind wie in San Agustín. Außerdem gibt es hier viele unterirdische Gräber und Tonscherben, aus denen sich auf die Standorte ehemaliger Dörfer schließen läßt. Mitunter befinden sich auf einem Gräberfeld bis zu 80 Grabstätten. Sie liegen meist auf Bergrücken oder an anderen markanten Orten. Bei besonders eindrucksvollen Gräbern führt eine spiralförmige Treppe nach unten in eine runde Kammer mit Nischen. Felssäulen tragen die Decke. Wände und Decke sind hin und wieder mit geometrischen Mustern, stilisierten Menschengesichtern und eidechsenartigen Wesen bemalt. Dabei werden schwarze, weiße, rote und gelbe Farbtöne verwendet. In den größten Kammern stehen bis zu 40 Urnen, in jeder die Knochenasche eines Toten, umgeben von Töpfen, die Essen und Trinken enthielten.

Leben der Muisca

Die Muisca *waren zur Zeit der spanischen Eroberung die bedeutendste Volksgruppe in den nördlichen Anden. Ihre Zahl wurde auf 300 000 bis 400 000 geschätzt. Betrachtet man die Muisca als Sprachfamilie und nicht als kulturelle oder politische Einheit, so reicht ihr Siedlungsgebiet von Kolumbien und Ecuador bis Zentralamerika. Die Muisca waren hervorragende Ackerbauern, die ihrem Hauptnahrungsmittel, dem Mais, besondere Beachtung schenkten (oben links). Mit einem Stab bohrten sie Löcher in die Erde, legten ein oder zwei Maiskörner hinein und stampften den Boden wieder mit den Füßen fest. Während der Ackerbau eine Domäne der Männer war, gehörten Spinnen (rechts) und Weben zu den Aufgaben der Frauen.*

Sie selbst nannten sich Muisca, was soviel heißt wie „Menschen“. Spanische Missionare bezeichneten sie als Chibcha, wahrscheinlich nach einem Gott namens Chibchachum. Von woher sie auf die Hochebene von Bogotá gekommen waren und wann dies geschah, ist unbekannt.

Die Spanier fanden ein seßhaftes Volk vor, das intensiv Acker- und Gartenbau betrieb und über weite Entfernungen hinweg handelte. Angebaut wurden vor allem Mais, verschiedene Kartoffelsorten, Bohnen, Tomaten, Tabak und anderes mehr. Viehzucht war ihnen unbekannt.

Wirtschaft und Handel fußten auf privatem Eigentum, und es herrschte ein reger Austausch mit den Nachbarvölkern. Im Gebiet der Muisca gab es die ergiebigsten Lagerstätten für Smaragde, die sie vor allem gegen das begehrte Gold eintauschten. Die Kunstfertigkeit ihrer Goldschmiede war berühmt, und ihre Schmuckstükke fanden weite Verbreitung. Einige wurden z. B. im heiligen Brunnen von Chichén Itzá auf der Halbinsel Yukatan gefunden. Schriftliche Aufzeichnungen existieren von den Muisca nicht; es ist fraglich, ob sie überhaupt eine Schrift kannten. Was heute über dieses Volk bekannt ist, stammt größtenteils aus spanischen Berichten, die ein gutes Bild ihres Lebens und der Religion vermitteln.

Die Muisca waren einem strengen sozialen Gefüge unterworfen. Sie gliederten sich in Sklaven, Freie, Adel und Fürsten. Der Adel genoß viele Vorrechte, aus ihm ergänzten sich die Priesterschaft und die Beamten. Auch die militärischen Führer stammten aus dieser Kaste; die Muisca verfügten über ein stehendes Heer.

Als die Konquistadoren in das Gebiet der Muisca gelangten, gab es dort zwei staatenähnliche Gebilde, die um die Vorherrschaft rangen. An der Spitze des einen stand ein König, der Zipa, mit Sitz im heutigen Bogotá. Er soll nach spanischen Berichten über rund 250 000 Untertanen geboten haben; die Angaben über die Bevölkerungszahlen sind jedoch ungenau und schwanken beträchtlich. Das andere Gemeinwesen mit rund 150 000 Menschen wurde von einem Fürsten geführt, der als Zaque bezeichnet wurde und in Tunja residierte. Es waren gottähnliche Herrscher mit unbegrenzter Macht.

Nach dem Glauben des Volkes leitete sich die Berufung seiner Herrscher aus übernatürlichen Wurzeln her. Im Zipa sahen sie die Verkörperung des Mondes und im Zaque die der Sonne. Beiden wurde nachgesagt, im Besitz von übernatürlichen Kräften zu sein. Selbst die Nachfolger eines Dorf- oder Stammeshäuptlings mußten sich harten Prüfungen unterwerfen. Man glaubte, daß Askese die magischen Kräfte des Anwärters stärken würde. In dieser Zeit war ihnen der Umgang mit Frauen verboten. Später, wenn sie im Amt waren, durften sie sich jedoch einen Harem halten. Die Untertanen waren verpflichtet, die schönsten Mädchen des Stammes für die Lustbarkeiten an den Fürstenhöfen bereitzuhalten. Das Volk durfte seinen Herrscher nicht anschauen. Wer sich ihm näherte, mußte es mit abgewandtem Blick tun.

Zur Zeit der spanischen Eroberung hat das Reich des Zipa wahrscheinlich aus sechs Provinzen oder kleinen Fürstentümern bestanden, über die jeweils ein Häuptling herrschte. Der Zaque gebot über acht solcher Gemeinwesen. Beide Fürsten wohnten in Palästen aus Holz – auch ihre Untertanen kannten nur Holzbauten – und wurden in einer Sänfte getragen, wenn sie sich außerhalb ihrer Häuser aufhielten. Dabei waren sie mit goldenen Brustplatten geschmückt und hatten Ohren- und Nasenschmuck angelegt. Eine überlieferte Tonfigur der Muisca zeigt, daß sie eine Art Tiara trugen.

Die Herrscher heirateten ihre Schwestern, was auf ein mythisches Ereignis in der Vorzeit zurückging. Einst ging ein Zaque mit Namen Hunsahua ein Liebesverhältnis mit seiner Schwester ein. Als sie dann ein Kind erwartete, wurde sie von der Mutter verstoßen. Der Bruder

Ein Maisfeld im Hochland von Bogotá *(unten). Wenn auch heute die Kaffeekulturen zum Hauptfaktor der kolumbianischen Landwirtschaft geworden sind, spielt der Anbau von Mais noch immer eine hervorragende Rolle. Mais gedeiht bis in die sogenannte Tierra fría, die über 1900 Meter hoch liegt.*

warf einen Speer, und beide flohen in die Richtung, die der Speer genommen hatte. Sie gelangten bis zu einem Wasserfall an der Grenze des Landes. Als sie sich dort niedersetzten, um auszuruhen, erstarrten sie zu Stein.

Der Reichtum der Führungsschicht wurde daran gemessen, über wieviel Gold, Salz und Sklaven sie verfügte. Starb ein Mitglied dieser Kaste, wurde seine Leiche mumifiziert und in der Kammer eines Schachtgrabs beigesetzt. Der Verstorbene bekam Waffen mit ins Grab, auch Schmuck und Maisbier, vor allem aber Sklaven, die ihm im Jenseits zu dienen hatten.

Die Sklaven waren im allgemeinen völlig rechtlos. In der Regel handelte es sich um Kriegsgefangene, die für alle niederen und schweren Arbeiten eingesetzt wurden. Sklaven gehörten zum persönlichen Besitz ihres Herrn. Ein spanischer Chronist berichtet: „Viele der Herren Kaziken, die da zu Markte kamen, ließen die Sklaven in Viertel schneiden und aus Grandezza an ihre Freunde verteilen . . . man tötete die Sklaven, indem man sie über einen Stein ausstreckte, wo man ihnen lebend den Brustkorb öffnete. Man nahm ihnen dann das Fett, um es für die Öllampen in den Minenschächten zu verwerten, und von dem Fleische aß man und verkaufte es." Angesichts solcher Begebenheiten wird verständlich, daß auch die Spanier nicht eben zimperlich mit den Indianern umgingen.

Ein anderes wichtiges Indiovolk war das der Quimbaya. Sie siedelten im Tal des mittleren Rio Cauca. Wie schon bei den Muisca verfügte auch hier der Häuptling über eine nahezu unbegrenzte Macht. Er war absoluter Herr seiner Untertanen, und er allein entschied über Krieg und Frieden. Die Quimbaya galten als ausgesprochen kriegerisch. In erster Linie dienten ihre Feldzüge dazu, Trophäen zu gewinnen und Menschen zu fangen, die sie für den offenbar weit verbreiteten Kannibalismus benötigten. Möglicherweise hatte der Kannibalismus kultische Hintergründe, doch sie verblaßten angesichts der rücksichtslosen Selbstverständlichkeit und der Grausamkeit, mit der die Quimbaya vorgingen. Sie „verwerteten" ihre Feinde. Allem Anschein nach haben die Berichte der Konquistadoren nicht übertrieben. So wird z. B. erzählt, daß die Indianer gefallene Gegner enthäutet und anschließend ausgestopft haben. Insofern ist es nicht verwunderlich, daß die Eroberer bei diesem Volk mit besonderer Brutalität vorgingen.

Die Keramik der Quimbaya gehört zum Besten, was in Kolumbien angefertigt wurde. Typisch sind sehr breite und flache Figuren, die an Vorbilder aus Metall erinnern.

Ein drittes bedeutendes Volk waren die Tairona, die in der nördlichen Küstenregion lebten. Sie konnten den Eroberern längere Zeit Widerstand leisten und wurden erst 1552 niedergeworfen. Zu Beginn des 17. Jh. war ihre Kultur erloschen. Alten Berichten zufolge wohnten sie in stadtähnlichen Siedlungen und waren berühmt für die Anlage von Bewässerungssystemen und Terrassen. Auch ihr Goldschmiedehandwerk hatte einen hohen Stand erreicht, ebenso die Steinmetzkunst.

Gesunken auf der Jungfern-fahrt

Nur etwa 1500 Meter weit segelte sie, dann ging sie unter und ruhte 333 Jahre auf dem Grund – die Wasa, das Regalschiff des Schwedenkönigs Gustav II. Adolf.

24. April 1961

Am Morgen des 24. April 1961 scheint sich das Interesse der Menschen in Stockholm auf eine der kleinen Inseln in dem weiten Hafengebiet zu konzentrieren. Dort, vor Kastellholmen, liegen die Hebepontons *Oden* und *Frigg*, umgeben von der *Belos*, einem Taucherschiff der schwedischen Marine, und von einigen Schiffen der Bergungsgesellschaft Neptun.

Auf der Plattform des Schwimmkrans *Lodbrok* und auf mehreren Passagierschiffen, die längsseits vor Anker gegangen sind, drängen sich Zuschauer, Fotografen und Reporter. Sie alle blicken gespannt auf das trübe Hafenwasser zwischen den beiden Hebepontons. Allmählich zeichnen sich dort die Umrisse eines Schiffes ab, und am frühen Nachmittag liegt endlich ein dunkler, vor Nässe triefender Schiffsrumpf im Wasser vor Kastellholmen.

Das Schiff, das nach jahrelangen Vorbereitungen an diesem Tag gehoben wird, ist die *Wasa*, die seit 333 Jahren, seit ihrem Untergang auf der Jungfernfahrt 1628, auf dem Grund des Stockholmer Hafens ruhte. Und sie wäre dort vermutlich auch geblieben ohne den Einfallsreichtum und die Ausdauer des Mannes, der nun als einer der ersten die Planken betritt. Dieser Mann heißt Anders Franzén; er ist Chefingenieur der schwedischen Marine und betreibt als Hobby Unterwasserarchäologie. Franzén war der *Wasa* seit vielen Jahren auf der Spur. Schon als junger Student hatte er seine Liebe zur Geschichte und besonders zur Geschichte der schwedischen Marine entdeckt. Er war dabei wie alle, die sich mit diesem Themenkreis beschäftigten, auf jenen geheimnisvollen, weitgehend ungeklärten Vorfall gestoßen, der sich am 10. August 1628 im Hafen von Stockholm ereignete: auf den Untergang der *Wasa*, des prunkvollsten und größten Kriegsschiffes seiner Zeit.

Franzéns Neigungen wurden von seinem Lehrer, dem schwedischen Professor Nils Ahnlund, unterstützt. „Die irgendwo im Schlamm des Stockholmer Hafens ruhende *Wasa* dürfte nicht nur eine archäologische Fundgrube sein", hatte der Historiker geäußert, „sondern, wird sie eines Tages entdeckt und gehoben, an Schwedens große Vergangenheit und an seine Schiffstradition erinnern."

Professor Ahnlund war bei der Identifizierung eines anderen Wracks auf die *Wasa* gestoßen. Der Anker eines Fischkutters hatte sich an irgendeinem Hindernis auf dem Grund der Ostsee verhakt und ließ sich nicht wieder an Bord holen. Dies geschah in den Schären vor Stockholm, und zwar an jener Stelle, wo der Fischer bereits einen anderen Anker auf gleiche Weise

***Die Umrisse der* Wasa** *(oben) werden am Mittag des 24. April 1961 zwischen den Hebepontons* Oden *und* Frigg *sichtbar. Das ehemalige Regalschiff des schwedischen Königs Gustav II. Adolf liegt jetzt, nach der in Etappen durchgeführten Hebung, vor Kastellholmen, nur 500 Meter von der Untergangsstelle bei der Insel Beckholmen entfernt.*

verloren hatte. Taucher eines zufällig in der Nähe weilenden Bergungsschiffs stellten dann fest, daß sich der Anker in den Resten eines Wracks verfangen hatte. Wenig später gelang es, sieben Kanonenrohre aus Bronze an die Oberfläche zu holen, und Ahnlund konnte anhand von Archivmaterial nachweisen, daß es sich bei dem Wrack um die *Riksnyckeln* (Reichsschlüssel) handelte. Sie war ebenfalls 1628 gesunken.

Bei dieser Gelegenheit fielen ihm auch Unterlagen über die *Wasa* und ihren Untergang in die Hände. Der Professor berichtete 1920 in der Presse nicht nur über die Kanonenteile der *Riksnyckeln*, die man geborgen hatte, sondern auch über das, was er von der *Wasa* wußte. Die Öffentlichkeit zeigte sich jedoch nur mäßig interessiert. Es gab einige Suchaktionen, die aber bald ergebnislos abgebrochen wurden. Das Schiff geriet wieder in Vergessenheit, bis Ahnlund viele Jahre später dem jungen Franzén davon erzählte.

Der angehende Marine-Ingenieur war begei-

Inseln und Halbinseln prägen den Hafen Stockholms. Unten ein Blick auf den Altstadtteil Riddarholmen mit der gleichnamigen Kirche (rechts).

Die erste Planke des gehobenen Schiffes taucht zwischen den Relingstützen auf (oben). Die beiden Männer, die als erste den triefenden Balken betreten, sind Anders Franzén (rechts), der nach jahrelangen Vorarbeiten das Wrack der *Wasa* in 30 Meter Tiefe fand, und der Cheftaucher Per Edvin Fälting (links), der mit seinen Männern das Schiff für die Hebung vorbereitete.

stert, und fortan widmete er seine gesamte Freizeit der *Wasa*. Beflügelt von dem Gedanken, daß er vielleicht der Mann sein könnte, dem es gelingen würde, das alte Kriegsschiff zu heben, durchstöberte er die Archive. Es war keine schwierige Aufgabe, das historische Umfeld abzustecken und den Geschehnissen nachzuspüren, die zum Bau der *Wasa* geführt hatten. Zu diesem Thema gab es genügend Dokumente.

Gustav II. Adolf war im Dezember 1611 König von Schweden geworden. Der erst 17jährige ehrgeizige Monarch aus dem Haus Wasa setzte die Großmachtpolitik seiner Vorgänger fort, deren Ziel es war, Schweden zur führenden Kraft im Ostseeraum zu machen. Er beendete die Kriege mit Dänemark (1613) und Rußland (1617) und schloß einen Waffenstillstand mit Polen (1629). Ein Jahr später landete er in Pommern und griff auf protestantischer Seite in den Dreißigjährigen Krieg ein. 1632 fiel er in der Schlacht bei Lützen, in der die Schweden den von Albrecht von Wallenstein (1583–1634) geführten kaiserlich-katholischen Truppen gegenüberstanden.

Ein wichtiges Instrument der Großmachtpolitik Gustavs II. Adolf war die Flotte. Nur sie ermöglichte ihm eine wirksame Kontrolle der Ostsee und gab ihm die Chance, in die religiösen Auseinandersetzungen um Reformation und Gegenreformation, die Europa erschütterten, einzugreifen. „Außer von Gott hängt das Wohl des Reiches von seiner Flotte ab", sagte der König. Eine Flotte hatte er beim Regierungsantritt vorgefunden, aber sie war völlig veraltet, und zunächst fehlten Gustav Adolf die finanziellen Mittel für ein umfangreiches Flottenbauprogramm. Erst mit Beginn der 20er Jahre des 17. Jh. kündigte sich ein wirtschaftlicher Aufschwung des Landes an. Neue Schiffe konnten auf Kiel gelegt werden, und die Werften bekamen wieder Arbeit.

Unter den Schiffsbaumeistern befanden sich viele Niederländer und Deutsche, die als Angehörige der im Schiffsbau führenden Länder ihre speziellen Kenntnisse den Schweden zur Verfügung stellten. 1620 verpachtete Gustav Adolf die bislang vom Staat betriebene Stockholmer Marinewerft an den Großkaufmann und Zeugmeister Antonius Monier, der seinerseits drei bekannte niederländische Schiffsbaumeister verpflichtete. Einer von ihnen war Henrik Hybertsson, der wenige Jahre später (1624) zusammen mit seinem Bruder Arent die Leitung der Werft und die Verantwortung für Planung und Bau der vom König geforderten Schiffe übernahm. Eine vom 23. Dezember 1624 datierte Aufstellung der für die nächsten Jahre vorgesehenen Neubauten enthält an dritter Stelle den Hinweis auf ein „großes Schiff", das 1628 fertiggestellt werden sollte. Die voraussichtlichen Kosten bis zum Stapellauf beliefen sich auf 40 000 Daler (Reichs- oder Silbertaler).

Dieses „große Schiff" war die *Wasa*. Sie gehörte zu den sogenannten Regalschiffen, den größten Einheiten der Kriegsflotte. Sie wurden nach den Reichsregalien benannt, z. B. der Krone, dem Zepter und dem Reichsapfel, oder sie erhielten die Namen der königlichen Familie.

Die Schiffe der schwedischen Flotte gliederten sich in vier Größenklassen, die von der Tonnage und der Mannschaftsstärke bestimmt wurden. Das Grundmaß für das Gewicht war die Last. Eine Last entsprach 18 Scheffeln Roggen, d. h. etwa 1,6 Tonnen. 1625 bestand die schwedische Flotte aus 72 Einheiten: Es waren vier Regalschiffe (je 250–450 Last = 400–720 Tonnen; 100–130 Mann Besatzung), acht Kriegsschiffe (je 120–200 Last = 192–320 Tonnen; 50–60 Mann Besatzung), 20 kleine Kriegsschiffe (je 100–150 Last = 160–240 Tonnen; 35–40 Mann Besatzung) und 40 Pinassen, also Boote unterschiedlicher Größe, die als Spezial- oder Begleitfahrzeuge verwendet wurden (je 60–80 Last = 96–128 Tonnen; 20–30 Mann Besatzung). Die *Wasa*, die 1628, ein Jahr nach dem Tod ihres Konstrukteurs Henrik Hybertsson, vom Stapel lief, war das fünfte Regalschiff, und Gustav Adolf wollte den imposanten Neubau zu seinem Flaggschiff machen. Doch es kam anders. Die *Wasa* sank am 10. August 1628 auf ihrer Jungfernfahrt, nachdem sie etwa 1500 Meter zurückgelegt hatte.

Das Königliche Schloß *liegt im Herzen Stockholms auf der Insel Staden, die seit dem 13. Jh. besiedelt ist. Die* Wasa *wurde nach ihrem Stapellauf auf der Marinewerft bis zur Rampe des Königsschlosses geschleppt, wo man die Masten einsetzte, den Ballast im Rumpf verteilte und Geschütze, Munition und Proviant an Bord nahm.*

Das schwedische Reichswappen *zierte den Heckspiegel der* Wasa. *Das aus 14 Einzelteilen geschnitzte Wappen wird von zwei prächtigen Löwen, die ursprünglich vergoldet waren, gehalten. Die Arbeit stammt von dem deutschen Bildschnitzer Martin Redtmer, der fast 40 Prozent aller Skulpturen der* Wasa *schuf.*

Nach dem Studium der alten Dokumente wußte Anders Franzén zwar eine Menge über die Flotte Gustav Adolfs, aber ihm war auch klar, welche außerordentlichen Schwierigkeiten bei der Suche nach der *Wasa* auf ihn zukommen würden. Der Hafen der schwedischen Hauptstadt ist weitläufig. Wo lag das verschollene Schiff? An welcher Stelle war es gesunken? „In der Nähe von Danviken", „nach Lustholmen zu", „nach Blochsudden zu", so lauteten die einzigen Ortsbezeichnungen, die Franzén in alten Papieren finden konnte. Sie waren zu unbestimmt, um mit Aussicht auf Erfolg in der betreffenden Gegend zu suchen.

Dennoch begann Franzén 1954, intensiv nach dem Unglücksschiff zu fahnden. Mit einem Motorboot, das einen Draggen, einen vierflügeligen Anker, schleppte, fuhr er systematisch den Hafen ab. Aber alles, was er zutage förderte, war wertloses Gerümpel: verrostete Fahrräder, alte Eisenöfen, löchrige Eimer und manches andere, das seine Landsleute ins Wasser geworfen hatten. Von der *Wasa* fand er keine Spur.

Er setzte ein Echolot ein und vermaß das Niveau des Hafenbeckens. Da und dort stellte er die üblichen Unregelmäßigkeiten fest, und die einzige größere, auffällige Bodenerhebung unter Wasser, die das Echolot aufspürte, erklärten seine Ingenieurkollegen als einen Hügel aus Schutt, der bei Sprengungen für ein Trockendock angefallen und an dieser Stelle in den Hafen gekippt worden sei.

Anders Franzén konstruierte eine Spezialsonde, mit der er unter Wasser Proben aus nichtmetallenen Gegenständen stanzen und an die Oberfläche holen konnte. Die messerscharfen Schnittränder der Sonde wurden stumpf und stumpfer, aber Holz, das auf das Vorhandensein eines Schiffsrumpfs hingewiesen hätte, befand sich nicht zwischen dem, was der Ingenieur an Bord zog.

Er war ratlos, aber er ließ sich von den Fehl-

***König Gustav II. Adolf** (1594–1632) machte Schweden zur führenden Macht im Ostseeraum. Die Flotte, deren Ausbau er entschlossen vorantrieb, war ein wichtiges Instrument dieser Politik. Das Heinrich Bollandt zugeschriebene Gemälde entstand 1631.*

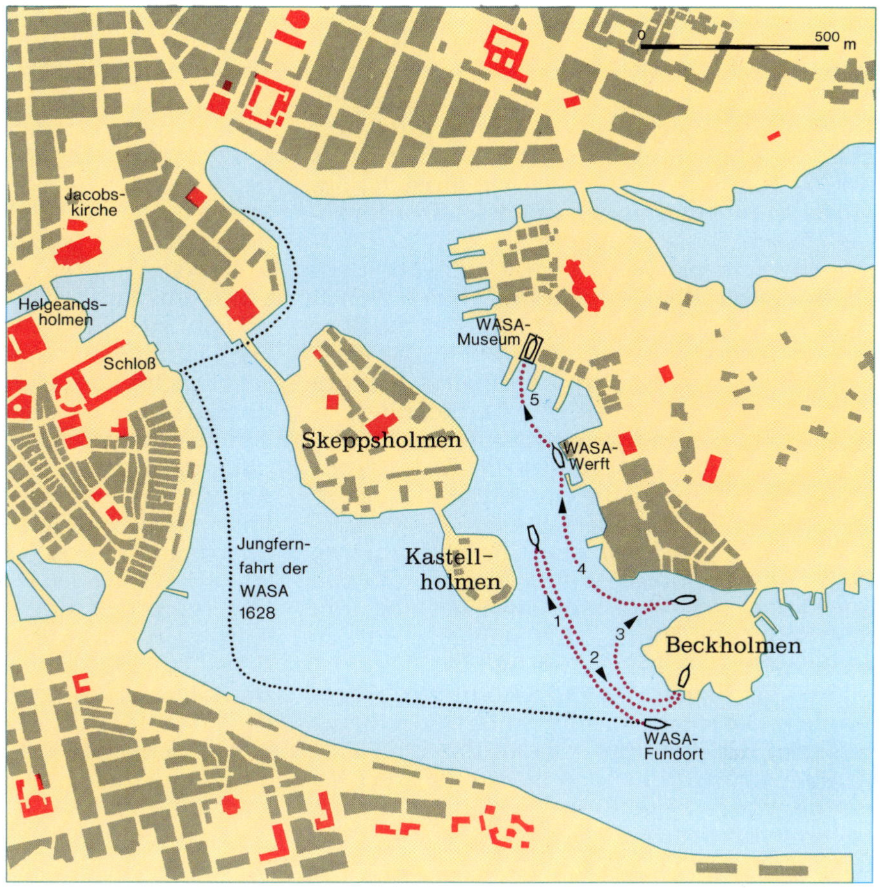

***Die Karte zeigt den Weg** der Wasa von ihrem Stapellauf auf dem Schiffshof des Königs in Blasieholmen zum Ausrüstungskai vor dem Königlichen Schloß. Auf ihrer Jungfernfahrt sank die Wasa bei Beckholmen. In einem langen und schwierigen Bergungsverfahren wurde sie an das Ostufer von Kastellholmen geschleppt und dort gehoben (1). Danach zog man das Wrack in das Trockendock Gustav V. auf Beckholmen (2). Nach ersten Konservierungsmaßnahmen mußte sie das Dock verlassen und „parkte" am Nordufer von Beckholmen (3). Danach fand sie einen vorläufigen Platz in der Wasawerft (4), bis sie endgültig in ihr eigenes, neues Museum umziehen kann (5).*

schlägen nicht entmutigen. Im Gegenteil, jeder Rückschlag spornte ihn von neuem an, denn er war sicher, daß die *Wasa* auf dem Boden des Stockholmer Hafens ruhte.

Das entscheidende Stichwort lieferte ein Dokument, das Franzén im Jahr 1954 fand. Es handelte sich um den offiziellen Bericht des schwedischen Reichsrats an König Gustav II. Adolf. Es hieß dort unter anderem: „... Und an jenem schicksalsschweren Sonntag, welcher der 10. dieses Monats war, setzte die *Wasa* Segel. Doch es geschah, daß sie nicht weiter kam als bis Bleekholmsudden, wo sie mit Kanonen und allem anderen auf den Grund sank und in 18 Faden Tiefe liegt." Geschrieben worden war dieser Bericht am 12. August 1628, zwei Tage nach dem spektakulären Untergang des Schiffes.

Die lautliche Ähnlichkeit von Bleekholmsudden mit der Insel Beckholmen im Stockholmer Hafen schien Franzén unüberhörbar. Er ahnte, daß er auf der richtigen Fährte war. In 18 Faden Tiefe sollte das Wrack liegen, das waren 33 Meter. Auf einer Hafenkarte markierte Franzén alle Punkte südlich von Beckholmen, die dieser Tiefenangabe entsprachen. Dann verglich er die Karte mit den Aufzeichnungen seines Echolots. Und tatsächlich: Es gab dort eine auffällige Erhebung. Leider war es dieselbe, die seine Kollegen als Bauschutthügel bezeichnet hatten.

Aber Franzén wollte sich mit dieser Erklärung nun nicht länger zufriedengeben. Im August 1956 machte er sein Motorboot klar, nahm die Sonde an Bord und fuhr zu der betreffenden Stelle. Die Sonde plumpste ins Wasser. Das kleine, durch Bleigewichte beschwerte und stabilisierte Gerät fiel schnell zehn Meter, 20 Meter und wurde in einer Tiefe von 30 Metern plötzlich gebremst. Die Sonde hatte einen Gegenstand getroffen. Schwankend zwischen Hoffnung und fast unerträglicher Spannung holte Franzén die Leine wieder ein. Er sah, daß die Sonde diesmal nicht in Schlamm und Ton geschlagen war, sondern daß ihre scharfkantigen Ränder ein kleines Stück Holz ausgestanzt hatten: altes geschwärztes Eichenholz. Wieder ließ er die Sonde hinunterfallen, wieder brachte sie Holz zutage. Er wiederholte die Versuche. Alle brachten das gleiche Ergebnis: ein Holzkörper, etwa 50 Meter lang und zwölf Meter breit. Das konnte, nein, das mußte die *Wasa* sein.

In den Seufzer der Erleichterung, das Schiff endlich entdeckt zu haben, mischte sich sofort die bange Frage, ob es wohl möglich sei, das Wrack auch zu heben, und wenn ja, wie es konserviert und aufbewahrt werden solle – Fragen, auf die Anders Franzén in diesem Augenblick noch keine Antwort wußte. Alle weiteren Überlegungen hingen ohnehin davon ab, ob es überhaupt möglich war, das Schiff zu bergen, ob es sich also in einem Zustand befand, der es erlaubte, es an die Wasseroberfläche zu hieven. Vielleicht war der Rumpf so stark beschädigt, daß er bereits beim ersten Bergungsversuch auseinanderbrach. Dies festzustellen, hätte eine kostspielige Angelegenheit werden können, wenn dem glücklichen Franzén nicht die rettende Idee gekommen wäre. Er bat die schwedische Admiralität, die jährlich stattfindende Eignungsprüfung für Marinetaucher doch an der Stelle vorzunehmen, wo das Wrack lag.

So geschah es auch, und schon bald stand fest: Die *Wasa* konnte gehoben werden.

Die Wasa sinkt

Welche Gefühle Kapitän Söfring Hansson bewegen, als er am Sonntag, dem 10. August 1628, gegen 16 Uhr den Befehl gibt: „Leinen los!", bleibt im Dunkel der Geschichte verborgen. Doch man darf vermuten, daß er stolz ist, stolz auf das Kommando der werftneuen *Wasa*, des mit 64 Kanonen bestückten Dreimasters, des größten und prächtigsten Kriegsschiffes der königlich-schwedischen Flotte.

Es herrscht prachtvolles Sommerwetter; am Himmel über dem Stockholmer Hafen ziehen ein paar Wolken, und es weht eine leichte Brise aus Südwest mit vereinzelten Böen. Die *Wasa* löst sich vom Kai. Hochrufe erschallen, Jubel an Bord und an Land, man schwenkt die Hüte. Das Ablegemanöver indessen verläuft langsam; das große Schiff muß erst mühevoll an eine Stelle gezogen werden, wo die sanft wehende Brise so günstig einfällt, daß Segel gesetzt werden können. Schließlich zieht man die Marssegel an Groß- und Fockmast und das Segel am Besanmast hoch; der Wind füllt das helle Tuch, gibt dem Schiff allmählich Fahrt, und langsam gleitet es an den Uferhöhen entlang.

Den Zuschauern bietet sich ein großartiger Anblick. Die Stückpforten auf den beiden Batteriedecks sind geöffnet, und in den Luken erkennt man die drohenden Bronzerohre der Kanonen. Überwältigend in seiner Pracht ist das Schnitzwerk der Heckgalerien und des Spiegels, des hochgezogenen, breiten Heckteils oberhalb des Ruders. Das Gold und die Farben des dort angebrachten Reichswappens und der vielen geschnitzten Skulpturen strahlen in der Nachmittagssonne. Das Flaggschiff symbolisiert deutlich die Macht des Schwedenkönigs.

Die *Wasa* passiert Kastellholmen; Kapitän Hansson läßt Salut schießen, und die Zuschauer am Ufer jubeln begeistert. Eine Bö fällt ein, das Schiff krängt nach backbord (nach links), doch es richtet sich schnell wieder auf und fährt weiter. Gleich wird es die Südspitze von Bleekholmsudden erreichen. Der Wind hat etwas aufgefrischt, noch einmal fegt eine Bö über das Wasser. Der Windstoß fällt in die Segel. Die *Wasa* legt sich wieder nach backbord über, sie krängt sehr stark, und die geöffneten Stückpforten geraten unter Wasser. Diesmal richtet sich das Schiff nicht wieder auf; Wasser strömt in die Luken und verstärkt die Schlagseite. Die großen Segel flattern gegen die schrägliegenden Masten und scheinen das Schiff hinunterzuziehen. Dann sinkt die *Wasa*, und das Wasser schlägt über ihr zusammen. Man hört ein dumpfes Gurgeln, Luftblasen steigen auf, ein leichter Wellenschlag schwappt über die Unglücksstelle, und überall schreien Menschen: die Schiffbrüchigen im Wasser und die Zuschauer an Land.

Mit geschnitzten Löwenköpfen *waren die Stückpfortendeckel der Wasa geschmückt (links). Zur Verzierung der Galerien gehörten zahlreiche Konsolen in Form grotesker Köpfe. Der unten abgebildete geflügelte Kopf ist 60 Zentimeter groß.*

Kapitän Hansson gehört zu denen, die sich retten können. Er wird sofort unter Arrest gestellt. Eine erste Vernehmung vor dem Reichsrat bleibt ergebnislos. Am 5. September, weniger als einen Monat nach dem Unglück, beginnt ein Untersuchungsausschuß mit seiner Arbeit. Er soll die Ursache des Untergangs klären und möglichst einen Schuldigen finden. Den Vorsitz führt Reichsadmiral Carl Carlsson Gyllenhjelm, Chef der Marine und Halbbruder des Königs.

Sehr schnell werden einige Unfallursachen ausgeschieden: Nein, die Böen seien nicht zu stark gewesen, und an den Segelmanövern habe es auch nicht gelegen. Die Kanonen seien ordentlich festgezurrt gewesen, und mehr Ballast zur Stabilisierung des Schiffes habe man nicht laden können, denn – so sagt der Generalfeldzeugmeister Jönsson aus – die Stückpforten des unteren Batteriedecks hätten sich nur vier Fuß über der Wasseroberfläche befunden. Lächerliche vier Fuß! Und das, obwohl das Schiff noch nicht voll ausgerüstet gewesen sei ... Er, Jönsson, habe der Seetüchtigkeit der *Wasa* nicht getraut. Topplastig sei sie gewesen, jawohl.

Das Stichwort ist gefallen. Der Segelmeister Jöran Matsson gibt zu Protokoll, Kapitän Hansson habe von der fatalen Eigenschaft des Schiffes gewußt und seinen Vorgesetzten, Admiral Fleming, informiert. Dieser habe einen Krängungsversuch durchführen lassen mit 30 Mann, die hin und her laufen mußten, von backbord nach steuerbord und zurück, und dann habe der Admiral gesagt: „Das Schiff wäre sofort gekentert, wenn ich noch weitere Läufe über das Deck befohlen hätte."

Die Sensation ist perfekt. Der Ausschuß steckt in der Klemme. Einen Schuldigen hat er noch immer nicht gefunden, es sei denn den Admiral ... Man befragt auch den Schiffsbauer Hein Jakobsson, der nach dem Tod Henrik Hybertssons den Bau der *Wasa* zu Ende geführt hat. Der kann jedoch glaubhaft nachweisen, daß die Konstruktionspläne der *Wasa* exakt den Richtlinien des Königs entsprachen, der ausdrücklich ein hohes, schlankes und schnelles Schiff gewünscht hatte. Doch solche Schiffe sind anfällig und nicht leicht zu manövrieren.

Gustav II. Adolf selbst scheint sich für die Schuldfrage nur wenig zu interessieren, aber er ordnet an, das Schiff bald zu heben. Doch alle Versuche scheitern an der Unzulänglichkeit der damals zur Verfügung stehenden Hilfsmittel.

Dieser römische Krieger *schmückte ursprünglich eine Seitengalerie der* Wasa. *Der bewaffnete, aus Lindenholz geschnitzte Mann, dessen Rüstung vermutlich vergoldet war, hatte 27 recht ähnlich aussehende Gefährten. Bis auf einen wurden sie alle gefunden. Die vielen hundert Skulpturen an Heck, Bug und Galerien der* Wasa *hatten nicht nur dekorative, sondern auch allegorische Bedeutung. Die Menschen der bilderfreundlichen Barockzeit verstanden die Figuren aus der griechischen und römischen Mythologie, die Helden der Geschichte, die Fratzen und Dämonen durchaus als Anspielung auf bestimmte Sachverhalte und Geschehnisse.*

Trossen unterm Kiel

Nachdem Anders Franzén die *Wasa* gefunden hatte, begann er, die Öffentlichkeit auf das geheimnisvolle Wrack aufmerksam zu machen. Die Auswertung der Dokumente, die sich mit der Flotte Gustavs II. Adolf und mit seinem gesunkenen Flaggschiff beschäftigten, ließ keinen Zweifel an der kulturhistorischen Bedeutung des Fundes. Die Bergung der *Wasa* wurde deshalb fast als eine nationale Aufgabe angesehen.

Um alle Aktivitäten zu koordinieren und um die technischen und finanziellen Probleme zu lösen, wurde im Frühjahr 1957 ein *Wasa*-Komitee gebildet. Die schwedische Marine erklärte sich zur Hilfe bereit, und die mit Schiffshebungen vertraute Bergungsgesellschaft Neptun stellte ihre Schiffe und Geräte kostenlos zur Verfügung.

Fünf Marinetaucher stiegen unter Leitung des Cheftauchers Per Edvin Fälting immer wieder zu dem Wrack hinunter, um zu prüfen, wie gut es erhalten war. Nur die Untersuchung der Planken und Balken konnte Aufschluß darüber geben, ob die *Wasa*, die schon mehr als drei Jahrhunderte unter Wasser lag, eine Bergung überhaupt aushalten würde. Außerdem benötigte das Komitee für die Planung und Vorbereitung des Unternehmens genaue Angaben über die Form und Größe des Schiffes.

Auf vorhandene Baupläne konnte man nicht zurückgreifen; es gab sie nicht. Zu der Zeit, als die *Wasa* konstruiert und gebaut wurde, war es nicht üblich, detaillierte Pläne von einem solchen Schiff herzustellen. Man fertigte nur ein sogenanntes Besteck an, das nichts weiter war als eine Entwurfsskizze. Diese Skizze enthielt einige technische Daten, die Größenangaben für die wichtigsten Bauteile des Schiffes und Hinweise auf die Proportionsverhältnisse. Wie ein Schiff im einzelnen zusammengesetzt wurde, war eines der am besten gehüteten Geheimnisse der Schiffsbauer. Außer dem Besteck bekam der Bauherr noch ein Modell des Schiffes zu sehen, das er in Auftrag gegeben hatte.

Die Taucher, die ständig in Sprechkontakt mit den Bergungsschiffen standen und jeden Arbeitsschritt, jede Entdeckung und jede Vermutung sofort zu Protokoll gaben, stellten fest, daß die *Wasa* aufrecht, ganz leicht nach backbord geneigt, auf dem Grund des Hafens stand. Ihr Rumpf war von einer fünf bis sieben Meter tiefen Ton- und Schlammschicht umgeben. Die Männer arbeiteten sich außen an der Bordwand entlang, gingen über Deck und stießen auch in das Innere des Wracks vor. Aufgrund ihrer Angaben berechnete man zunächst eine Rumpflänge von etwa 49 Metern. Der längste der querliegenden Decksbalken maß knapp acht Meter. Die Ausbuchtung des Schiffsbauchs betrug an jeder Seite etwa 1,8 Meter; die *Wasa* war also insgesamt ungefähr zwölf Meter breit. Die Fachleute konnten nun die Wasserverdrängung des Schiffes berechnen: Sie betrug rund 1200 Tonnen. Die genauen Maße ergaben sich jedoch erst bei der Rekonstruktion des Schiffes.

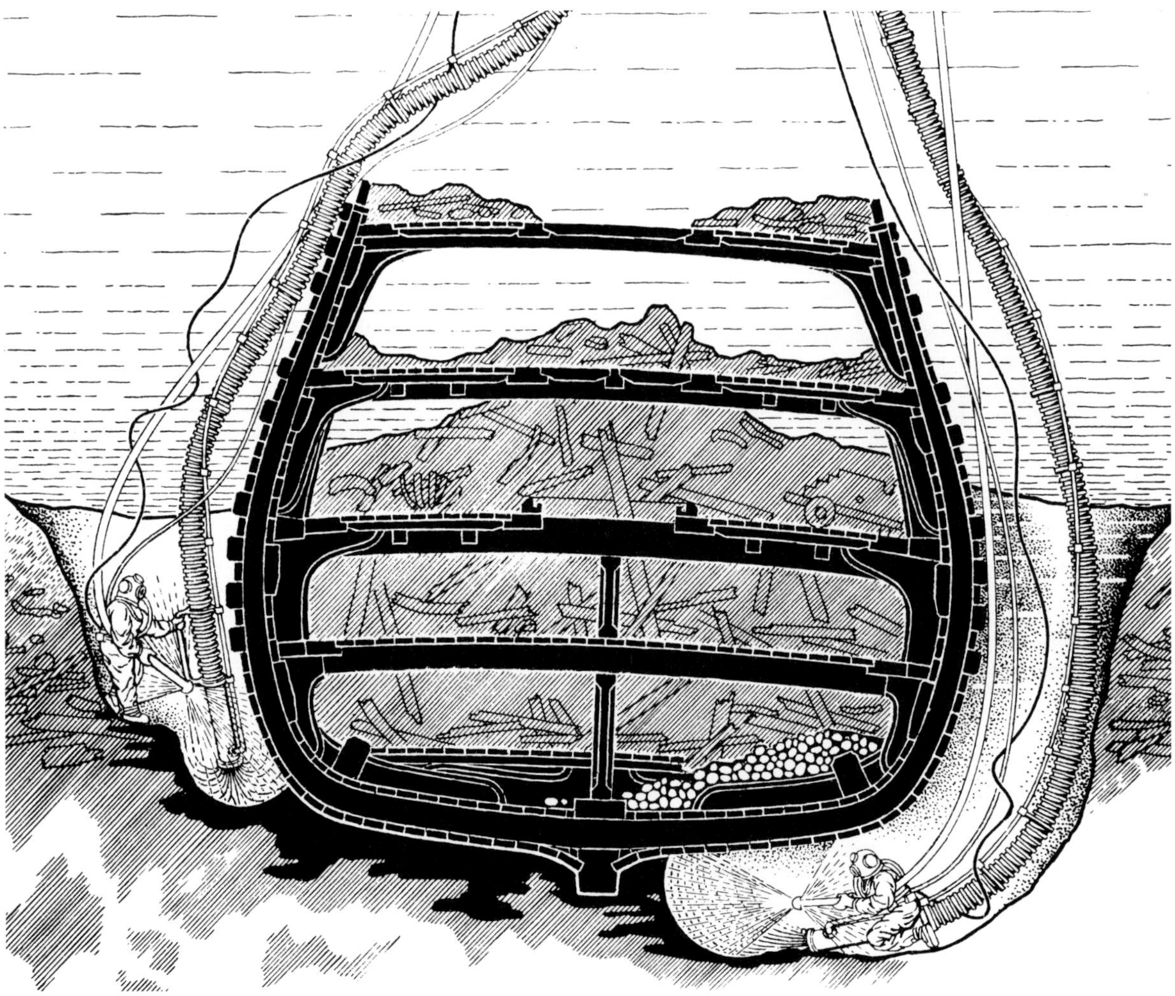

Der Rumpf des Wracks *stand leicht geneigt auf dem Grund des Stockholmer Hafenbeckens. Die Skizze zeigt, wie tief die* Wasa *in den schlammigen Boden eingesunken war und welche Zerstörungen Wasser und Schlick auf den einzelnen Decks angerichtet hatten. Die Männer, die die Tunnel für die Hebetrossen anlegten, arbeiteten jeweils von der linken und rechten Seite des Schiffskörpers aufeinander zu. Mit einem kräftigen Wasserstrahl lockerten sie den Schlamm, der dann durch große, biegsame Saugrohre nach oben an Bord des Bergungsschiffes befördert wurde.*

Obgleich sich der Rumpf in einem recht guten Zustand befand, blieb eine Unsicherheit: Würden bei einer Bergung die Verbindungen halten, also die Stellen, wo die Planken auf die Spanten genagelt waren? Seinerzeit hatten die Schiffsbauer eine große Anzahl von Holznägeln und Holzdübeln benutzt, die die drei Jahrhunderte unter Wasser sehr gut überstanden hatten. Aber es gab noch eine Anzahl von Eisenteilen – Scharniere, Bolzen und anderes mehr –, die natürlich mittlerweile verrostet waren.

Einige der Fachleute, die dem *Wasa*-Komitee ihre Vorschläge zur Bergung des Schiffes unterbreiteten, gingen bei ihren Überlegungen wohl davon aus, daß ein ungewöhnliches Wrack auch ungewöhnliche Bergungsmethoden erfordere. Es gab z. B. den Plan, ein Kühlmittel in den Rumpf des Wracks zu spritzen, damit der gesamte Schiffskörper sich in einen Eisblock verwandele, der dann aus eigener Kraft an die Wasseroberfläche steigen würde. Eine andere Überlegung sah vor, im Inneren des Rumpfes Ballons oder Plastiksäcke anzubringen, die mit Preßluft aufgeblasen werden sollten; man vermutete, daß das Schiff dann bei genügendem Auftrieb von selbst an die Oberfläche auftauchen würde.

Solche eher abenteuerlichen Vorschläge wurden jedoch bald verworfen, und man entschied sich für eine bewährte und relativ sichere Methode: die Hebung durch Trossen.

Die Techniker der Bergungsflotte errechneten, daß man zum Heben der *Wasa* sechs Trossen benötigen würde. Um die Trossen unter dem Schiff hindurchziehen zu können, mußte man nacheinander sechs Tunnel von je 24 Meter Länge graben. Die fünf Taucher, die einander häufig abwechselten, begannen ihre langwierige und gefährliche Arbeit im August 1957. An genau gegenüberliegenden Stellen der Steuer- und Backbordseite der *Wasa* glitt jeweils ein Taucher an der Bordwand hinab, bis er die Schlammschicht erreichte. Dann richtete er den Wasserstrahl eines Spülrohrs gegen den Rumpf und lockerte die Schlamm- und Lehmmassen, die sogleich durch ein riesiges Saugrohr abgepumpt wurden. An Bord der Bergungsschiffe wurde das abgesaugte Erdreich sorgfältig gesiebt, damit keines der zahllosen kleinen Fundstücke aus der Nähe des Wracks verlorenging.

Allmählich entstand ein enger, stets vom Einsturz gefährdeter Tunnel, in dem die Männer auf den letzten Metern unter dem Kiel nur noch liegend arbeiten konnten. Da in den Wintermonaten nicht gearbeitet wurde, dauerte es zwei Jahre, bis die sechs Tunnel vollendet waren. Fast 1500mal mußten die Taucher in die dunkle Tiefe hinabsteigen. Dann zog man zunächst dünne Stahlseile durch die Tunnel, anschließend schwere Trossen, die an den Hebepontons befestigt wurden.

Da die Kenntnisse über den Zustand des Wracks noch immer nicht ausreichten, entschloß man sich, die *Wasa*, die nun sicher in den Trossen hing, nicht in einem Zug, sondern langsam und etappenweise zu bergen: ein wenig anheben, in seichtes Wasser schleppen, absetzen und so fort, bis man sie auf diese Weise in ein Trockendock schaffen konnte.

Unter der Taucherglocke

Die Hoffnungen König Gustavs II. Adolf, die Wasa möglichst bald zu bergen, zerschlugen sich schnell. Immerhin gelang es dem Engländer Ian Bulmer noch 1628, im Jahr des Untergangs, das auf der Backbordseite liegende Schiff aufzurichten.

Jahre vergingen. Die Wasa mußte endgültig aufgegeben werden. Ihr Rumpf freilich barg noch die 64 nagelneuen Bronzekanonen – zu jener Zeit eine Handelsware von hohem Rang und wertvolles Gut für den, dem es gelang, sie ans Tageslicht zu holen. Dazu bedurfte es jedoch eines erheblichen technischen Aufwands, den die damals zur Verfügung stehenden Geräte nicht bieten konnten, großer Erfahrung und einer königlichen Bergungslizenz.

Eine solche Lizenz unterzeichnete am 2. Dezember 1658 Karl X. Gustav zugunsten des schwedischen Obristen Hans Albrecht von Treileben, dem damit erlaubt wurde, 21 Jahre lang Schiffe zu bergen, die in schwedischen Gewässern – ausgenommen im Stockholmer Hafen – gesunken waren. Treileben machte sich an die Arbeit, und es gelang ihm, aus mehreren Wracks die wertvollen Kanonen herauszuholen.

1663 lernte Treileben den Deutschen Andreas Peckel kennen, der sich ebenfalls als Bergungsfachmann einen Namen gemacht hatte. Die beiden Männer erhielten schließlich von den königlichen Behörden die Erlaubnis, nun auch das im Stockholmer Hafen ruhende Wrack der Wasa zu untersuchen. Treileben und Peckel waren auch deshalb so erfolgreich, weil sie sich des seinerzeit modernsten Bergungsgerätes bedienten: der Taucherglocke (oben eine zeitgenössische Darstellung).

Francesco Negri, ein reiselustiger italienischer Geistlicher, hat ihren Einsatz beobachtet, als Treileben im Oktober 1663 zusammen mit seinem Kollegen Peckel an der Wasa zu arbeiten begann. Er berichtet: „Der Taucher stand auf einer wuchtigen Plattform, die mit Ketten an einer schweren bleiernen Glocke hing. Die Glocke reichte bis über seine Knie herunter. Wurde die Glocke langsam ins Meer gelassen, so stieg das Wasser dem Taucher über seine in Leder gehüllten Beine bis zu den Hüften, bei größeren Tiefen bis zur Brust. Doch sein Kopf befand sich immer noch in der Luft, die der Wasserdruck im oberen Teil der Glocke zusammendrängte."

Negri beschreibt weiter, daß die etwa 1,5 Meter hohe Taucherglocke mit einer Sitzbank versehen gewesen sei. Der Taucher habe, um sich gegen die Kälte zu schützen, hohe Lederstiefel getragen und eine Lederjacke, die man mit schmalen Eisenbändern und Stricken so verschnürt habe, daß sie nahezu wasserdicht gewesen sei. Etwa 20 bis 30 Minuten, so berichtet der Italiener, sei der Taucher mit genügend Atemluft versorgt gewesen; dann habe er auftauchen müssen.

Sehen konnten die Taucher natürlich nichts. Sie waren unter Wasser nur auf ihren Tastsinn und auf ihr Gehör angewiesen. Wenn sie mit ihren Werkzeugen auf irgendeinen Widerstand trafen, war mit einiger Erfahrung erkennbar, ob es sich um einen Gegenstand aus Holz oder Metall handelte, ob er groß oder klein war.

Wie Treileben, Peckel und ihre Mannschaft die Geschützrohre der Wasa, die pro Stück etwa 1,5 Tonnen wogen (ganz oben eine der Geschützlafetten, auf denen die Rohre ursprünglich lagen), bergen konnten, ist bis heute ein Rätsel geblieben. Sie haben die Rohre größtenteils durch die offenen Stückpforten gezogen – aber wie? Zweifellos erforderte diese Arbeit jahrelange Erfahrungen und viel Kraft.

1665 beendeten die Taucher ihre Arbeit. Schwedischen Zollpapieren zufolge verkaufte Treileben in jenem Jahr 53 Kanonen der Wasa nach Lübeck.

Von Beckholmen zur Wasawerft

Minuten dauerte es nur, als die *Wasa* sank. Doch bis sie wieder aus der Tiefe heraufgeholt und in ein Trockendock gebracht werden konnte, dauerte es fast zwei Jahre.

Die Hebepontons *Oden* und *Frigg* ankerten lotrecht über dem Wrack. Zwischen ihnen lag in 33 Metern Tiefe die *Wasa,* eingefangen in sechs schweren Stahltrossen, die sich wie riesige Schlaufen um sie herumschlangen.

Am 20. August 1959, 331 Jahre und zehn Tage nach dem Untergang der *Wasa,* gab Kapitän Axel Hedberg, der Chef der 60köpfigen Bergungsmannschaft, um die Mittagszeit den Befehl, die Pontons zu lenzen (leerpumpen). Ein Hebeponton ist prinzipiell nichts anderes als ein schwimmender Stahlkasten. Strömt durch die Flutventile Wasser hinein, sinkt er. Wird das Wasser herausgepumpt, steigt er wieder und kann dabei eine Last heben.

Als die Lenzpumpen vier Stunden gearbeitet hatten, neigte sich der Ponton auf der Backbordseite leicht in Richtung zum Wrack. Ein Taucher stieg hinab, um die Ursache zu klären. Bange Viertelstunden vergingen. Dann kam die Meldung des Tauchers, daß unten alles klar sei. Die *Wasa* hing etwas buglastig in den Trossen; etwa einen halben Meter hatte sie sich aus ihrem Schlickbett gehoben; nichts war zerbrochen, der Rumpf hielt der Belastung stand. Der Grund für die geringe Schräglage des Pontons war bald gefunden: Die Ballaststeine in dem Schiff waren nach backbord, nach links, gerutscht, als es mit Schlagseite unterging. Höchstwahrscheinlich hatten sie sich schon beim ersten Krängen während der Jungfernfahrt selbständig gemacht, so daß die berühmte Bö leichtes Spiel gehabt hatte. Für die weitere Hebung entstanden dadurch keine Probleme.

Die Lenzpumpen wurden wieder in Betrieb gesetzt, und gegen 20 Uhr war der erste Tag der Bergung beendet. Schlepper nahmen die Pontons mit der wertvollen Beute auf den Haken und bugsierten sie in seichtes Gewässer. Behutsam senkte Kapitän Hedberg die *Wasa* wieder etwas ab und setzte sie auf Grund.

Siebzehnmal noch wurden diese Manöver wiederholt: Pontons fluten, Hebetrossen steifholen, Pontons lenzen, dabei das Wrack um ein weiteres Stück heben und in immer flacheres Wasser schleppen. Am 16. September 1959 lag die *Wasa* in 15 Meter Tiefe, über einen halben

Die Bergung der Wasa *war ein langwieriger und in der Geschichte der Schiffahrt einmaliger Vorgang. Das obere Bild zeigt im Modell den Stand der Arbeiten am 20. August 1959. Über der Wasa ankert die Bergungsflotte. Das Wrack hängt in den Trossen zwischen den Pontons und wird zum erstenmal leicht angehoben. Der Kiel löst sich aus dem Schlick. Das Arbeitsgebiet der Taucher, die unter dem Rumpf die Tunnel gruben, ist als Mulde erkennbar. Nach 18 Hebe- und Schleppmanövern gleitet die Wasa, von den Trossen befreit, in das Trockendock von Beckholmen (rechts).*

Kilometer von der Untergangsstelle entfernt, östlich von Kastellholmen.

Für dieses Jahr waren die Bergungsarbeiten abgeschlossen. Doch nun kamen die Taucher wieder an die Reihe. Noch einmal untersuchten sie den Rumpf des Schiffes, der nun von allen Seiten zu erreichen war.

Das ganze Jahr 1960 verging mit Ausbesserungsarbeiten und der Säuberung des Rumpfs. Vom oberen Batteriedeck mußten große Mengen von Schutt und Schlamm entfernt werden. Das ursprünglich über dem Batteriedeck liegende Oberdeck war stark zerstört und größtenteils zusammengebrochen, nicht zuletzt durch die unsachgemäßen Bergungsversuche im 17. Jh.

Die Geschützpforten, noch geöffnet wie bei der unglücklichen Jungfernfahrt, wurden mit Brettern verschlossen; die herabgefallenen Deckel hatte man bereits vorher geborgen. Mehr als 5000 durchgerostete Eisenbolzen hatten Löcher in den Bordwänden hinterlassen. Nun wurden Holzdübel hineingetrieben.

Nach Abschluß der Unterwasserarbeiten gab Kapitän Hedberg am 24. April 1961 das Zeichen zur endgültigen Hebung des Schiffes, und die *Wasa* tauchte aus dem Wasser empor.

Doch damit war der Bergungsvorgang keineswegs beendet. Noch hing das Schiff in den Trossen. Am nächsten Tag wurde es 200 Meter näher zum Ufer geschleppt. Archäologen und Konservatoren gingen an Bord, um die nun freiliegenden Holzteile des obersten Decks vor dem Austrocknen zu schützen; sie wurden mit Plastikfolie umwickelt.

Die Bergungsfachleute wußten, daß nichts gefährlicher war als eine schnelle Hebung des Schiffes. Das Wasser, das aus dem Rumpf nach außen strömte, hätte Planken oder andere Teile losreißen können; schlimmstenfalls würde der Wasserdruck im Inneren den Rumpf auseinanderreißen. Der Schiffskörper mußte gelenzt werden. 30 000 Liter förderten die Pumpen pro Minute, aber ebensoviel strömte wieder durch die Lecks hinein. Sollte das Schiff schwimmfähig werden, galt es, die Lecks abzudichten. Unermüdlich arbeiteten die Taucher. Am Nachmittag des 25. Aprils holten die Pumpen mehr Wasser aus dem Rumpf, als nachfloß. Die *Wasa* bekam Auftrieb.

***Das Standmodell** der rekonstruierten* Wasa *vermittelt einen lebhaften Eindruck von der Größe und Pracht des Regalschiffs. Alle Segel sind gesetzt, die Flaggen aufgezogen, und aus den geöffneten Stückpforten ragen die Geschützrohre.*

***Die Wasa verläßt das Trockendock** auf Beckholmen am 23. November 1961. Sie steht nun auf einem Spezialponton, der zugleich als Fundament für das Haus dient, das um sie herum errichtet wird. Das Stahlgerüst ist bereits montiert. Später wird das klimatisierte Gehäuse optimale Bedingungen für die Aufbewahrung des Schiffes schaffen. Durch große Scheiben können die Besucher den Archäologen bei der Arbeit zusehen.*

Unterdessen bereitete man den vorläufigen Standort des Schiffes, das Trockendock Gustav V. auf Beckholmen, für seine Ankunft vor. Ein Ponton aus Beton, der genau auf die Maße und das Gewicht der *Wasa* abgestimmt war, wurde in das Trockendock gezogen. Auf diesem Klotz, auf dem stabile Haltevorrichtungen für Kiel und Rumpf montiert waren, sollte das Schiff frei zugänglich aufgestellt werden.

Am 4. Mai 1961 wurde die *Wasa* zum Dock geschleppt, doch ihr Tiefgang war noch so groß, daß man sie nicht hineinziehen konnte. Wieder wurde Schlamm aus dem Rumpf abgesaugt, bis sich das Schiff hob. Endlich fielen die Trossen ab. Mit leichter Schlagseite nach Backbord lief die *Wasa* in das Dock ein. Aber sie lag noch immer drei Meter tiefer als der vor ihr schwimmende Ponton. Man befreite die *Wasa* von Schlamm und Ballast, Kanonenkugeln und lockeren Holzteilen, bis sie leicht genug war, um auf ihr Betonfundament aufzuschwimmen. Um sie herum wurde ein Stahlgerüst montiert – das Gerippe ihres künftigen Hauses, in dem sie konserviert und restauriert werden sollte. Die Liegezeit im Trockendock war knapp bemessen, denn im Sommer werden dort die Eisbrecher überholt. Am 26. Juli brachte ein Schlepper die auf ihrem schwimmenden Ponton aufgebockte *Wasa* zur Nordseite von Beckholmen. Dort „parkte" sie bis zum späten Herbst, bis sie ihre vorletzte Reise antrat: in die neu erbaute sogenannte *Wasa*-Werft, die am 16. Februar 1962 eröffnet wurde. Ihren endgültigen Liegeplatz wird sie Ende der 80er Jahre in einem neuen *Wasa*-Museum finden, das auf dem Gelände der Galärwerft erbaut wird.

Konservieren und restaurieren

Schon ehe die Bergungstechniker ihre Aufgabe, die Hebung der *Wasa,* erfüllt hatten, begann die Arbeit der Archäologen, der Historiker, der Chemiker und der Restauratoren. Es galt, ein Schiff wiederherzustellen, dessen Rumpf zwar relativ gut erhalten war, dessen einzelne Bauteile jedoch – die Aufbauten, die Ausrüstung, der reiche Skulpturenschmuck – weit verstreut am Ort des Untergangs lagen oder in den Schlammschichten der Decks verborgen waren. Insgesamt gab es 24 000 Fundstücke. Während der Vorbereitungen zur Bergung und beim sorgfältigen Absuchen der Unglücksstelle nach der Hebung des Schiffs wurden bereits Tausende von mehr oder minder gut erhaltenen Teilstücken, darunter sehr viele Skulpturen, entdeckt.

Die Überlegung lag nahe, daß beim Wrack viele Gegenstände zu finden sein würden, die einst zum Schiff gehört und sich dann im Lauf der Zeit von ihm gelöst hatten oder schon beim Untergang von Bord gefallen waren. Damit auch nicht das kleinste Teil verlorenging, hatte man beim Ausspülen der sechs Tunnel die Saugrohre mit Sieben ausgerüstet, in denen auch sehr kleine Bruchstücke hängenblieben.

Auf den ersten größeren Fund stießen die Taucher schon bei der Vermessung. Es war eine fast zehn Meter lange und 45 Zentimeter breite Decksplanke. Ein 19 Meter langes Teilstück des Großmastes und weitere Hölzer folgten.

Im September 1958 entdeckte man steuerbords, also an der rechten Schiffsseite, vom Heck aus gesehen, ein bronzenes Geschützrohr. Der Schwimmkran *Lodbrok* zog das rund 1,5 Tonnen schwere Stück nach oben. Die Mehrzahl der Kanonen, die mit zu den wertvollsten Ausrüstungsgegenständen gehörten, waren schon drei Jahrzehnte nach dem Untergang geborgen worden.

Die meisten Gegenstände und Bruchstücke wurden während dieser Bergungsphase allerdings von den Spülrohren freigelegt; insgesamt waren es fast 700 Objekte. Reich geschnitzte Kunstwerke waren es, die aus der Tiefe geholt und vom Schlamm gesäubert wurden: mythologische Gestalten aus der Antike, mittelalterliche Ritter in voller Rüstung, lächelnde Seejungfrauen, Tritonen, Nereiden, Putten und Masken. Auf manchen Holzteilen konnte man noch Farbreste erkennen.

Auch das etwa drei Tonnen schwere und zehn Meter lange Ruder der *Wasa* konnte geborgen werden. Die beiden Eichenbalken, aus denen es gefertigt war, hatten die lange Liegezeit unter Wasser hervorragend überstanden. Kurz vor der Bergung fand man auch die Galionsfigur vom Bug des Schiffes. Sie zeigt einen fast vier Meter langen, 90 Zentimeter hohen, im Sprung gestreckten Löwen mit goldener Mähne – eine eindrucksvolle Demonstration königlicher Macht.

***Ein springender Löwe,** der als Galionsfigur den Bug der Wasa schmückte, wurde schon früh neben dem Wrack gefunden und sofort in die Arbeitshallen der Archäologen gebracht (links). Beim Konservieren der Fundstücke wurden auch kleine Einzelteile (rechts) mit äußerster Sorgfalt behandelt.*

***Die im Pontonhaus stehende Wasa** (unten) wurde bis 1979 täglich mit der Konservierungsflüssigkeit PEG besprüht.*

Alle Funde wurden sofort katalogisiert, gereinigt und zum Schutz vor Austrocknung in feuchte Tücher gehüllt. Auf Beckholmen hatten Museumsleute inzwischen ein provisorisches Wasserbecken eingerichtet, in dem die Gegenstände bis zu ihrer endgültigen Konservierung aufbewahrt wurden.

Doch die eigentliche Stunde der Archäologen kam im Mai 1961, als die *Wasa* endlich im Trokkendock von Beckholmen lag. Immer mehr Holz mußten sie mit Plastikplanen vor dem Austrocknen schützen; immer größere Mengen Schlamm durchsiebten sie auf der Suche nach Gegenständen, die auf den Decks verborgen waren. Ein scheinbar wildes Durcheinander herrschte an Bord des Wracks: Elektroaggregate, Pumpen, Kabel, Rohre, Werkzeuge und dazwischen die Handwerker, Techniker und Archäologen. Sie wühlten, schaufelten und siebten sich rund um die Uhr durch den Schlamm. Sie fanden unter anderem eine Seemannskiste, Teller aus Holz und Zinn, Krüge und Töpfe aus Steingut, Zinnkanister, über 4000 Kupfermünzen und 71 Silbermünzen. Die schweren Lafetten der Kanonen, die aus Eichenbalken gebaut und mit schmiedeeisernen Bändern verstärkt waren, standen größtenteils noch an ihren Plätzen auf den beiden Batteriedecks. Kanonen- und Musketenkugeln fand man, die Werkzeugkiste des Schiffszimmermanns, eine Sonnenuhr und Teile einer Tischuhr. Unter den Fundstükken befand sich auch ein Holzbehälter mit Butter. Nur deren äußere Schicht war ranzig geworden; der Schlamm hatte die Butter nahezu luftdicht abgeschlossen und bestens konserviert.

Als man Rumpf und Decks gereinigt und alle schweren Einzelteile, die sich im Lauf der Zeit

gelockert hatten, zunächst einmal entfernt hatte, tropfte noch immer Wasser aus allen Ritzen und Fugen. Die Konservatoren sahen sich vor gigantische Probleme gestellt. Da war zunächst der Rumpf der *Wasa* – rund 900 Kubikmeter Holz mit einer Oberfläche von etwa 15 000 Quadratmetern, und dies zweimal: außen und innen. Man hatte etwa 12 000 einzelne Holzteile gefunden, die zum Spantenwerk gehörten, also Teile der gebogenen Querträger, die Form und Festigkeit des Rumpfes bestimmen. Hinzu kamen fast 1000 Holzskulpturen und sonstige Schnitzwerke. Außerdem gab es noch zahlreiche Ausrüstungsteile aus unterschiedlichen Materialien, wie Eisen, Kupfer, Leder, Stoff und anderes mehr. Wie konnte man dies alles vor dem Verfall bewahren?

Hauptfeinde des Holzes, das mehr als 300 Jahre im Wasser gelegen und sich dabei vollgesogen hatte wie ein Schwamm, waren das Austrocknen und die Fäulnis, wobei man letzterer vergleichsweise einfach mit Borax und Borsäure beikommen konnte. Die drohende Austrocknung war das größte Problem. Trockenes Holz schrumpft, verformt sich und reißt – nicht auszudenken, was mit der kostbaren *Wasa* in einem solchen Fall geschehen würde.

Bis sich die Experten endgültig über eine erfolgversprechende Methode der Konservierung im klaren waren, bewahrten sie alle losen Hölzer in wassergefüllten Behältern auf. Der Schiffsrumpf wurde, als er im Dock lag, mit Wasser besprüht – 20 000 Liter regneten pro Minute herab. Laborversuche hatten hoffnungsvolle Ergebnisse mit Polyäthylenglykol (PEG) gebracht, einer Chemikalie, die man je nach Bedarf bei unterschiedlichen Temperaturen und in verschiedenen Konzentrationen verwenden kann. Außerdem kann man fäulnishemmende Mittel beigeben. PEG dringt in das Holz ein, verdrängt das Wasser und setzt sich an dessen Stelle, ohne zu verdunsten. Das Holz behält auf diese Weise seine Form und kann weder schrumpfen noch reißen.

Verhältnismäßig unkompliziert verlief die Konservierung der losen Holzteile und der ge-

In der Galionsfigur des Regalschiffs *verkörperten sich Macht und Größe des schwedischen Königs Gustav II. Adolf. In der klassischen, weithin bekannten Bildersprache jener Zeit war der Löwe ein Symbol für Mut, Stärke und Adel. Die kraftvoll im Sprung gestreckte Figur bezeugte wohl auch die Absicht Gustav Adolfs, die Ostsee zu „überspringen“ und nach seiner Landung in Deutschland in die großen politisch-religiösen Auseinandersetzungen seiner Zeit einzugreifen. Das Bild zeigt den Löwen, der mit 3,8 Meter Länge zu den größten Skulpturen der* Wasa *zählt, am restaurierten Bug des Schiffes.*

schnitzten Bildwerke. Man legte sie in Behälter, die mit PEG gefüllt waren. Bis zu 18 Monate blieben sie in dem Bad, dann konnte man sie herausnehmen, mußte sie freilich noch, während sie langsam trockneten, ständig mit PEG bestreichen. Nach dieser Oberflächenbehandlung war die Konservierung abgeschlossen. Sehr viel problematischer gestalteten sich die Arbeiten am Rumpf. Sollte man ihn zerlegen, die Bauteile also so konservieren, wie man es mit den losen Hölzern getan hatte, und ihn schließlich wieder zusammensetzen? Oder wäre es sinnvoller, ihn als Ganzes mit PEG zu behandeln? Man entschloß sich für die zweite Möglichkeit, obwohl man sich des Risikos durchaus bewußt war. Ein Gegenstand dieser Größe war bisher noch nirgends auf der Welt konserviert worden; jede Erfahrung fehlte.

Da man das Schiff wegen seiner Größe nicht vollständig in ein mit PEG gefülltes Bassin tauchen konnte, mußte man es mit der PEG-Lösung besprühen, wie man es vorher mit Wasser besprüht hatte. Um sicher zu sein, daß die Flüssigkeit bis in die entferntesten Winkel dringen würde, baute man eine aufwendige technische Anlage, und täglich fünf Stunden lang setzte man die *Wasa* dem chemischen Regen aus. Im März 1965 nahm man ein verbessertes, programmgesteuertes System in Betrieb, das bis Ende 1979 seinen Dienst tat.

Schon während der Sprühphase schritten die Restaurierungsarbeiten zügig voran, wobei die Fachleute mit einer Schwierigkeit zu kämpfen hatten: Es gab weder eine Konstruktionszeichnung noch ein Werftmodell der *Wasa*. Niemand wußte, wie sie 1628, im Jahr ihres Untergangs, ausgesehen hatte. Wie sollte man das Schiff restaurieren, ohne es zu verfälschen? Immerhin existiert der Kupferstich eines sehr ähnlichen Schiffes, der *Saint Louis*, die 1626 in den Niederlanden für die französische Flotte gebaut worden war. Vermutlich kannte König Gustav II. Adolf ein Bild dieses Schiffes, als er die *Wasa* in Auftrag gab. Die *Saint Louis* wie auch die 1610 in England gebaute *Prince Royal* zeigt die typischen Merkmale vieler Kriegsschiffe aus dem 17. Jh. Sie waren schnell, schlank und hoch. Bei der Fahrt unter vollen Segeln tauchte der Bug tief in das Wasser, während das Achterschiff hoch emporragte.

Das auffällig große Achterschiff ist das Überbleibsel einer Schiffsbautradition, die in den vorausgegangenen Jahrhunderten Bug und Heck zu Kampfplattformen umgestaltet hatte. Von hier aus konnte das feindliche Schiff wirkungsvoller beschossen und leichter geentert werden. Achterkastell nannte man diese Konstruktion, und der vordere Aufbau hieß entsprechend Vor- oder Bugkastell. Diese Schiffsteile erinnern in der Tat an kleine Burgen. Als man im 15. Jh. Kanonen auf die Decks zu setzen begann, verloren die Kastelle allmählich ihre Bedeutung. Aber sie fügten sich harmonisch in die Linien des Schiffskörpers ein. Seit dem 16. Jh.

Die Besucher der Wasawerft *konnten verfolgen, wie die Restauratoren im Verlauf der Jahre aus dem Gewirr unzähliger Einzelteile wieder ein nahezu funktionstüchtiges Schiff zusammensetzten. Die Aufnahme zeigt den Blick über das Oberdeck zum Achterkastell. Im Vordergrund sieht man eine Balustrade, die von Reling zu Reling reicht. Zwischen den Stümpfen des Groß- und Besanmastes steht ein Gangspill, eine Winde, die zum Heben des Ankers und zum Hissen der Segel diente.*

prangte dort Schnitzwerk, das in der Zeit des Barocks das Heck und auch den Bug, den Vordersteven mit der Galionsfigur, nachgerade überwucherte.

Die Rekonstruktion des eigentlichen Schiffskörpers bereitete keine Schwierigkeiten. Wo die Originalteile fehlten, wurden sie durch Nachbildungen ersetzt. Der Wiederaufbau des stark zerstörten Achterkastells hingegen erwies sich als verzwicktes Puzzlespiel. Die Wissenschaftler prüften eingehend die Teile, die dafür in Frage kommen konnten, und bald schon entwickelten sie eine ungefähre Vorstellung vom Aufbau. Zeichnungen wurden angefertigt. Schließlich paßte alles zusammen und ergab ein eindrucksvolles Bild des von zwei übereinanderliegenden Galerien umgebenen Hecks.

Die ursprünglichen Standorte für alle geschnitzten Figuren zu finden – die meisten gehörten zum Achterschiff, einige zum Bug – war äußerst schwierig. Als wesentliche Hilfe entpuppten sich dabei Nagellöcher, so befremdlich dies auf den ersten Blick erscheinen mag. Der gesamte Zierat war seinerzeit aufgenagelt worden, und die Zimmerleute waren recht verschwenderisch mit Nägeln umgegangen. Für jede Skuptur war also sozusagen ein eigenes Lochmuster vorhanden. Konnte das entsprechende Muster auf den Planken oder anderen Hölzern gefunden werden, hatte man die richtige Stelle für das Bildwerk entdeckt.

Ein anderer, höchst kniffliger Fall war die Rekonstruktion der Takelage. Aber auch dies gelang, obwohl den Archäologen nur rund 450 Blöcke (Holzgehänge zum Führen der Leinen), Teile der Masten und die Überreste der Segel zur Verfügung standen, die man als einen mit Lehm vermischten Ballen von Stoffasern im Schiffsrumpf gefunden hatte.

Als die *Wasa* ihrer Fertigstellung entgegenging, erkannte man, daß sie an Größe und Bewaffnung viele Schiffe ihrer Zeit übertraf:

Länge einschließlich Galion:	61,0 Meter
Länge des Kiels:	38,3 Meter
Größte Breite:	11,4 Meter
Größte Höhe einschließlich Masten:	52,2 Meter
Höhe des Achterkastells:	20,2 Meter
Tiefgang:	4,8 Meter

Masten: Großmast, Fockmast, Besanmast
Decks: Orlopdeck, Trossendeck, unteres und oberes Batteriedeck, Oberdeck (von unten nach oben)
Bewaffnung: 64 Kanonen, davon 48 Vierundzwanzigpfünder auf zwei Batteriedecks, 8 Dreipfünder, 2 Einpfünder und 6 Mörser
Vorgesehene Besatzung: 133 Seeleute, 304 Soldaten, 20 Zivilisten
Gesamtsegelfläche: 1326 Quadratmeter
Wasserverdrängung: 1200 Tonnen

Die wiederaufgebaute *Wasa* ist ein Museumsstück, doch den Besuchern wird der Zugang auf die Planken verwehrt. Allzu kostbar ist das, was in so mühevoller Arbeit rekonstruiert wurde. Ausstellungen und maßstabsgerechte Nachbauten einzelner Schiffsteile befriedigen die Lust des Publikums am Anfassen.

Baumeister Natur

Das klassische Material im Schiffsbau ist das Holz. Erst in der Mitte des 19. Jh. traten Stahlkonstruktionen an seine Stelle. Für waldarme Länder war Holz ein wichtiger Handelsartikel. Schweden ist ein holzreiches Land, und die Beschaffung der 2000 bis 3000 Eichen, die man zum Bau der Wasa *benötigte, bereitete keine Schwierigkeiten. Masten und Planken wurden aus geraden Stämmen hergestellt; bei gekrümmten Bauteilen folgte man den Formen, die von der Natur vorgegeben waren. Man nutzte also die Biegung der Stämme und starker Astgabeln, so z. B. das sogenannte gewachsene Knie, dessen Funktion im Batteriedeck der* Wasa *die Fotomontage zeigt.*

Die Wasa *entstand in der traditionellen Schalenbauweise, die man im 17. Jh. in den Niederlanden bevorzugte – schließlich kamen die meisten Schiffsbauer auf Schwedens Werften von dort. Nachdem man auf dem Kiel die aus mehreren Einzelteilen bestehenden Vorder- und Achtersteven aufgerichtet und sorgfältig abgestützt hatte, begann man, auf jeder Seite des Kiels etwa zehn Bodenplanken zu befestigen. Danach wurden im rechten Winkel zum Kiel die langen Spanten errichtet, leicht gebogene Träger, die zur Querversteifung dienten. Die Spanten der* Wasa *hatten eine Breite von 20–37 Zentimetern und saßen in Abständen von 15–25 Zentimetern auf dem Kiel. Sie wurden untereinander und mit dem Vordersteven zunächst durch lange Leisten verbunden, so daß die Rumpfkonstruktion bereits Form und einigen Halt bekam. Die Auswahl und Berechnung der für die Spanten vorgesehenen Hölzer waren von grundlegender Bedeutung.*

Stabilität erhielt das Schiff durch das Aufbringen der Planken und das Einziehen der Decks. Die Planken der Wasa *waren etwa 32 Zentimeter breit. Die Dicke der Außenplanken betrug im Durchschnitt zehn Zentimeter; die Innenplanken waren zwei Zentimeter dünner. Die Spanten, die Außen- und Innenplanken und weitere zur Verfestigung der Konstruktion eingezogene Hölzer wurden durch lange Bolzen miteinander verbunden. Das Bohren der paßgerechten Löcher war eine schwierige Aufgabe, zumal das Holz bei dieser Gelegenheit leicht reißen konnte. Die Nähte zwischen den Planken füllte man mit Werg und dichtete sie mit Pech ab (kalfatern).*

Der Schutz des Holzes vor dem zerstörerischen Einfluß von Wasser und Witterung ist seit den Kindertagen der Seefahrt die Hauptsorge aller Schiffsbauer. Es war schon ein Vorteil, daß man den berüchtigten Schiffswurm (Teredo navalis) nicht zu fürchten brauchte, der in der salzarmen Ostsee nicht existieren kann. Doch das Holz hatte noch genügend andere Feinde. Deshalb wurde der Rumpf an der gefährdetsten Stelle, unterhalb der Wasserlinie, mit einer aus Teer, Schwefel und Rinderhaaren bestehenden Salbe bestrichen.

Zu den kritischen Punkten des Schiffes gehörten die Nahtstellen zwischen Bordwand und Decks. Gerade dort verwendete man dementsprechend das natürlich gewachsene „hängende Knie“, dessen Krümmung das Deck hervorragend stützte.

Leben an Bord

In Schweden bestand das Heer zur Zeit Gustavs II. Adolf aus angeworbenen Söldnern. Die Matrosen hingegen wurden ausgehoben bzw. eingezogen; ihre Dienstzeit betrug ein Jahr. Offiziere, Unteroffiziere und ausgebildete Seeleute dagegen wurden für längere Zeit eingestellt.

Die Lebensbedingungen der Männer, die an Bord der Schiffe der königlichen Marine ihren Dienst taten, waren hart. Zwar wurden die Grundbedürfnisse – Nahrung, Kleidung, Unterkunft – vom Staat gedeckt, doch blieben persönliche Wünsche und Vorstellungen dabei unberücksichtigt.

Als Sold erhielt jeder Matrose 56 Taler pro Jahr. Für die Kleidung bekamen die Matrosen blauen oder grauen Wollstoff zugeteilt, aus dem sie die Kleidungsstücke, also Jacke und Kniehosen, selber nähen mußten. Uniformen waren noch nicht üblich.

Bei der Bergung der *Wasa* hat man auch Skelette von Seeleuten gefunden, denen Reste von Textilien anhafteten. Ein Mann, 1,7 Meter groß und etwa 30–35 Jahre alt, trug – so das Ergebnis einer wissenschaftlichen Untersuchung – ein Hemd, genähte Leinenstrümpfe, Schnallenschuhe, eine Lodenjacke mit langen Ärmeln und eine weite Hose, die über den Knien geschnürt und an der Taille mehrfach gefaltet war. Bei schlechtem Wetter schützten sich die Männer zusätzlich mit knielangen Jacken, Filzhüten, Handschuhen und hohen Stiefeln, und sie sahen dann kaum anders aus als die Landbevölkerung. Derart ausgestattet versahen die Seeleute ihren Dienst bei Kälte, Regen, Sturm und schwerer See. In dieser Kleidung schliefen sie auch auf den zugigen Batteriedecks, denn Kajüten gab es für sie nicht. Sie lagen auf den Planken, da Hängematten auf schwedischen Kriegsschiffen zu dieser Zeit noch nicht benutzt wurden. Für Dekken und Matratzen mußte jeder selber sorgen.

Das Essen war zwar ausreichend, aber ziemlich eintönig und wenig schmackhaft: Pökelfleisch, getrockneter Fisch, Speck, Graupen, Erbsen, Mehl, Butter, hartes Brot und Bier. Da frisches Gemüse und Obst fehlten, erkrankten die Männer häufig an Skorbut. Auf dem untersten

Die Sonnenuhr, die auf der Wasa *gefunden wurde (rechts), gehörte vermutlich nicht zu den offiziellen Ausrüstungsgegenständen des Schiffs. Sie zählte wie viele andere Dinge, die man aus dem Schlamm auf den Decks barg, zum Privatbesitz des Kapitäns oder eines Offiziers.*

***Im Achterschiff** befanden sich die Kajüten und die Steuerhütte. Das Bild rechts zeigt die Schotten (wasserdichte Trennwände) der Steuerhütte und der oberen Kajüte. Die Eingänge waren ursprünglich mit Türen versehen und reich geschmückt mit holzgeschnitzten Figuren. Ein Teil des Schotts blieb offen, um die Verständigung mit dem tiefer im Schiffsinnern stehenden Rudergänger zu ermöglichen. Neben den Türen befinden sich Treppen, die jeweils auf das nächste Deck führen. Im Vordergrund steht ein sogenannter Knecht, ein Holzpfosten, an dem die Taue festgemacht wurden.*

Die Schiffsapotheke (links), die in einem Behälter gefunden wurde, macht deutlich, wie aussichtslos die Lage der Männer war, die ernstlich erkrankten oder während der Gefechte verletzt wurden. Rechts einiges Zinngeschirr, das sich wohl im Besitz der Offiziere befand.

Deck befand sich mittschiffs die Kombüse, eine offene, aus Ziegelsteinen gemauerte Feuerstelle. Der Kochtopf, der an einer Eisenstange über den Flammen hing, faßte 180 Liter. Doch nur bei ruhiger See gab es warmes Essen; wenn es stürmte oder ein Gefecht bevorstand, wurde das Feuer sofort gelöscht.

Die Mannschaft war in sogenannte Backschaften (Tischgemeinschaften) eingeteilt; man aß gemeinsam aus einem großen Topf. Das Besteck bestand meist nur aus einem Holzlöffel und einem Messer. Das dünne Bier, von dem jeder Matrose täglich etwa drei Liter erhielt, trank man aus einfachen Holzkannen oder Tonschalen. Zur Aufbesserung des Speisezettels durfte man angeln, und so hatte mancher Seemann Haken und Schnüre in seine Seekiste gepackt.

Die Offiziere brachten sich einen Vorrat an Lebensmitteln, eigene Getränke und standesgemäßes Tischgeschirr – überwiegend aus Zinn – mit an Bord, und sie schliefen vergleichsweise komfortabel in Kajüten auf dem Achterschiff.

Auf allen Schiffen jener Zeit wimmelte es von Ungeziefer. Die äußerst unhygienischen Verhältnisse an Bord und die einseitige Ernährung förderten Krankheiten und Seuchen. Die drangvolle Enge führte auch zu Aggressionen; es kam häufig zu Diebstählen und Schlägereien, und manchem Matrosen saß das Messer recht locker. Um die Disziplin aufrechterhalten zu können, wurde jedes Vergehen streng bestraft. Die absolute Befehlsgewalt lag beim Kapitän. Befehlsverweigerung wurde mit Kielholen geahndet. Im Wiederholungsfall drohte der Tod durch Erschießen.

Stand ein Treffen mit dem Gegner bevor, wurden die Gefechtsstationen besetzt. Man befeuchtete wegen der Brandgefahr die Decksplanken und die Segel. Die Stückpforten wurden geöffnet und die Geschütze geladen. Eine Kartusche wurde in das Rohr geschoben, danach ein Pfropfen und dann die Kugel. Mit brennenden Luntenstöcken wartete die Bedienungsmannschaft auf den Feuerbefehl. Bei jedem Geschütz stand ein Eimer voll Wasser zum Kühlen der Rohre und zum Feuerlöschen. Der Zimmermann hielt Bleiplatten, Hölzer, Nägel, geteertes Werg und Pflöcke bereit, um mögliche Lecks abzudichten. Einer Anordnung zufolge sollten auch die Säcke mit Graupen, die für die Mahlzeiten vorgesehen waren, „nicht im Lagerraum stehen, da sie zum Verschließen von Lecks recht brauchbar wären".

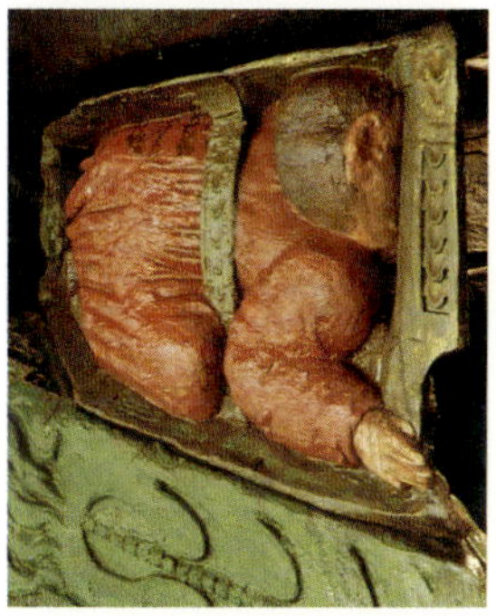

Zum Befestigen der Taue diente vermutlich dieses bunt bemalte Figürchen (oben). Es zeigt, wie sorgfältig auch unbedeutende Ausstattungsteile bearbeitet wurden. Unten ein hölzernes Branntweinfäßchen. Hochprozentiger Alkohol wurde, anders als Bier, an Bord nur selten ausgeschenkt.

Räuber, Sammler, Detektive

Der Dieb, der alte Gräber plündert, der Fälscher, der mit Absicht falsche Fährten legt, der Sammler aus Leidenschaft und ohne Skrupel – sie alle treten in diesen kleinen Geschichten auf. Die Hauptperson ist aber immer die gleiche: der Archäologe als Detektiv.

In die Affäre *um den falschen „ersten Engländer" verwickelt waren Sir Arthur Keith (in hellem Mantel) und, rechts neben ihm stehend, Charles Dawson sowie Sir Arthur Woodward. Wer jedoch welchen Anteil an der Fälschung des Schädels von Piltdown hatte, konnte im nachhinein nicht mehr geklärt werden.*

Der erste Engländer

Ein gefälschter Schädel aus Piltdown oder Paläanthropologen im Zwielicht

In einer Welt, für die Herkunft aus „gutem Hause" mehr galt als jede Qualifikation, in der man tunlichst „von Adel" war, wollte man Erfolg im Leben haben, in einer solchen Welt mußte Darwins Abstammungslehre als hinterhältiger Anschlag auf die Herren der Schöpfung empfunden werden. Freilich konnte man nicht jegliche Entwicklung der Spezies Mensch bestreiten, und so forschte man eifrig nach Spuren, die wieder ein wenig mehr Distanz zwischen Affe und Mensch hätten legen können.

Seit den Funden im Neandertal, bei Cro-Magnon, auf Java und bei Heidelberg hatte sich die Paläanthropologie zu einer anerkannten Wissenschaft gemausert, die zudem erhebliche Aufmerksamkeit in der Öffentlichkeit hervorrief. Die führenden Forscher genossen eine Art Starruhm. In Großbritannien waren das nach der Jahrhundertwende vor allem Sir Arthur Keith, Präsident des Anthropologischen Instituts, und Sir Arthur Woodward, Kustos am Britischen Museum. Der Glanz ihrer Namen gewann internationale Leuchtkraft, als sie 1912 der Fachwelt einen fossilen Schädel präsentieren konnten, den der Amateurarchäologe Charles Dawson in einer Kiesgrube bei Piltdown Common in Sussex geborgen hatte.

Die stark gedunkelten Knochen waren scheinbar sehr alt, denn in der gleichen Schicht wurden Fossilien ausgestorbener Tiere gefunden. Das Hirnvolumen des Piltdown-Menschen lag kaum unter dem des heutigen Menschen, nur das Gebiß war merkwürdig affenartig mit großen Eckzähnen. Endlich hatte man, was man wollte: einen offenbar sehr frühen Vorfahren, der zwar den Menschenaffen äußerlich ähnelte, aber intellektuell weit über ihnen gestanden haben muß. Die wissenschaftliche Welt und die interessierte Öffentlichkeit gerieten in eine typische Na-also-Stimmung. Stolz brachte Woodward die Untersuchungsergebnisse unter dem Titel heraus: *The First Englishman* – der erste Engländer.

Doch wo der Wunsch Vater des Gedankens, ist Mutter Vorurteil nicht fern. Ihre Kinder sind Kritikverlust, Oberflächlichkeit und Unsachlichkeit. 1940 kam die Wende, wieder durch einen Amateur. Der Zahnarzt Alvan T. Marston fand bei Swanscombe in Kent einen fossilen Schädel, zusammen mit nachweisbar sehr alten anderen Fossilien. Er setzte alles daran, nun seinem Fund den Ehrentitel eines „ersten Engländers" zu erkämpfen. Der Kiefer des Piltdown-Menschen nämlich hatte seinen zahnärztlichen Verdacht erregt: Er hielt ihn für einen Affenkiefer, der gar nicht zum Schädel gehörte.

Marston war es nicht beschieden, den Erfolg seiner Polemik einzuheimsen, aber sein Verdacht nagte am Renommee des Piltdown-Menschen. Die ehrfürchtige Scheu vor dem angeblichen Ahn und vor den großen Namen seiner Interpreten wich, und eine schreckliche Wahrheit kam durch junge Forscher ans Licht: Der Piltdown-Fund war eine plumpe Fälschung. Mit neuen Methoden der Altersbestimmung stellte man fest, daß er nur 500 Jahre „jung" war, seinem „alten" Aussehen war künstlich, mit Hilfe der Chemie, nachgeholfen worden. Die Bakkenzähne des Kiefers, nun klar einem Orang-Utan zuzuordnen, hatte der Fälscher abgeschliffen, um sie menschlichen Molaren anzugleichen. Die neben dem Schädel gefundenen Fossilien waren absichtlich in die Kiesgrube verbracht worden – sie stammten aus Nordafrika.

Wer konnte die Wissenschaft so genarrt haben? Auf alle Beteiligten fiel Verdacht, doch vor allem der Entdecker Dawson geriet ins Zwielicht. Nachweisen konnte man niemandem etwas, auch die möglichen Motive der einzelnen blieben umstritten. Die Paläanthropologie aber war nachhaltig diskreditiert. Das Vertrauen in ihre Methoden wurde erst durch die Arbeit und die Funde, die Louis Leakey und seine Nachfolger in Ostafrika machten, wiederhergestellt.

Weltreisender Herodot

Der Vater der Geschichtsschreibung als Helfer der Archäologen

Den Archäologen des 19. Jh., die mit Spaten und Spitzhacke buchstäblich die Ruinenfelder der Geschichte durchpflügten, bis zuweilen kein Stein mehr auf dem andern blieb, und ihren modernen Kollegen, die sich der Unterstützung von Wissenschaftlern aus benachbarten Disziplinen versichern und ihre Funde mit den Mitteln modernster Technik untersuchen, ist eines gemeinsam: Sie benötigen für ihren Beruf neben vielen anderen Voraussetzungen auch Phantasie und die Kenntnis antiker Autoren. Indessen: Deren Berichten, die allzu oft nur auf dem Hörensagen beruhen, hoffnungsvoll und kritiklos zu folgen, wäre gewiß der falsche Weg, denn keiner der Geschichtsschreiber ist ganz frei von der Lust am Fabulieren, und so werden leicht Fährten gelegt, die in die Irre führen.

Andererseits zeigt die Geschichte der Archäologie, wie lohnend es sein kann, den Hinweisen mit detektivischem Spürsinn zu folgen – wenn auch die „Zusammenarbeit" nur selten so gut gelingt wie im Fall Heinrich Schliemanns, der mit Hilfe Homers Troja fand.

Wer sich mit ägyptischer, persischer oder griechischer Geschichte beschäftigt, wer sich informiert über Pyramiden, antike Kulte und Religionen oder über die Seefahrt im Altertum, wer militär- oder kulturhistorisch interessiert ist, der wird irgendwann unweigerlich auf einen Autor stoßen, dem der römische Rhetor und Publizist Cicero den Ehrentitel „Vater der Geschichtsschreibung" verlieh: Herodot. Dieser Grieche aus dem kleinasiatischen Halikarnassos war ein Universalgenie. Geboren zwischen den beiden großen Perserkriegen, also nach 490 v. Chr., machte er es sich zur Aufgabe, den Existenzkampf seines Volkes nachzuzeichnen, und bemühte sich dabei, die Fakten möglichst ungefärbt und wahrheitsgetreu wiederzugeben. Auch die Berichte, die er über seine ausgedehnten Reisen schrieb, bieten dem Archäologen eine Fülle von Anhaltspunkten.

Als Robert Koldewey z. B. 1913 die Fundamente des berühmten babylonischen Turmes ausgrub und die Zikkurat zu rekonstruieren versuchte, stellte er fest, daß die Schilderung Herodots weitgehend zutraf. Er hatte Babylon um 460 v. Chr. besucht, zu einer Zeit also, in der der Turm schon teilweise zerstört war. Herodot schrieb damals: „Mitten in diesem heiligen Bezirk ist ein fester Turm errichtet, ein Stadion lang und breit, und auf diesem Turm steht wiederum ein Turm und dann noch einer, im ganzen acht Türme übereinander. (Herodot hat hier falsch gezählt, es sind nur sieben.) Alle diese Türme kann man ersteigen auf einer außen herumführenden Treppe. (Auch hier irrte der Autor; er hatte vermutlich nur die seitlichen Stufen vor Augen.) ... In dem höchsten Turm steht erst das eigentliche große Tempelhaus ..."

Nicht immer glückten Herodot sachliche Schilderungen. Gerade bei der Darstellung politischer Vorgänge schimmerte recht oft patriotische Parteinahme durch. Doch schon das bloße Bemühen um Objektivität stellte eine bahnbrechende Neuerung im Chronistenhandwerk dar, das zuvor und andernorts rein der Propaganda diente. Wer aber nun erwartet hatte, die Versachlichung bedeute Langeweile, erlebte das Gegenteil: Der Verzicht auf die ermüdenden Lobhudeleien, wie sie sonst zum höheren Ruhm von Herrschern und Feldherren üblich waren, machte die Erzählungen kurzweilig, die Faktentreue steigerte die Glaubwürdigkeit und diese wiederum die Spannung.

Nicht selten jedoch gingen Herodot auch Phantasie und Fabulierlust durch, besonders wenn er sich in seinen zahllosen Exkursen über fremde Länder und ihre Menschen ausließ. Er war ein weitgereister Mann, kannte Kleinasien, Mesopotamien, Ägypten, die gesamte Schwarzmeerküste, Griechenland natürlich und Unteritalien, wo er 444 v. Chr. an der Gründung der Kolonie Thurioi – dem ehemaligen Sybaris – beteiligt war. Stoff aus erster Hand also stand ihm reichlich zur Verfügung, dennoch mochte er nicht auf Geschichten vom Hörensagen verzichten. Das betraf hauptsächlich pikante Details, die auch damals schon begierig gelesen wurden. Ebenso schmückte Herodot die Schilderung exotischer Sitten oder wilder Tiere gern blumig aus vor seiner staunenden Hörer- und Leserschar, die ja meist nicht einmal über ihre eigenen Stadtgrenzen hinausgekommen war.

***Herodot** kann als antiker Helfer der Archäologen gelten. Das Werk des weitgereisten Griechen liefert immer wieder wertvolle Hinweise und führt die Forscher oft auf die richtige Spur.*

Der Obelisk, *der heute auf der Place de la Concorde in Paris steht, stammt ursprünglich aus Luxor. Von dort ließ bereits im Jahr 1800 Napoleon viele Altertümer nach Frankreich bringen (oben rechts). Sein Feldzug in das Land am Nil markiert den Beginn jener europäischen Selbstbedienung mit altägyptischen Kunstwerken.*

Ein Obelisk auf Reisen

Ägypten im 19. Jh. als Selbstbedienungsladen für Altertümer

„Das Altertum ist ein Garten, der nach dem Naturrecht denen gehört, die seine Früchte pflegen und ernten." Sprach's und ließ den Obelisken, der heute auf der Place de la Concorde in Paris steht, vom ägyptischen Luxor in die französische Hauptstadt transportieren und dort wieder aufrichten. So geschehen 1836. Der Mann, der in Piemont geborene und später als Diplomat in französischen Diensten stehende Bernardino Drovetti, dem diese Äußerung zugeschrieben wird, hatte sie keineswegs zynisch gemeint; sie entsprach gängiger europäischer Ansicht.

Ägypten als Selbstbedienungsladen für Altertümer – das war die traurige Wirklichkeit, seit Napoleon mit seinem ägyptischen Feldzug von 1798, an dem auch 175 Gelehrte teilnahmen, die Aufmerksamkeit nicht nur der Wissenschaftler auf das Land am Nil gelenkt hatte. Die Begeisterung der Europäer für das alte Ägypten und seine Kunstwerke kannte keine Grenzen mehr, und Bildungsreisen dorthin gehörten für die Begüterten ebenso zum Pflichtprogramm wie ein Aufenthalt in Italien.

Zu dieser Begeisterung in krassem Gegensatz stand das mangelnde Interesse, das die Verantwortlichen in Ägypten den in ihrem Lande ruhenden Schätzen entgegenbrachten. Sie ließen den nun einsetzenden schwungvollen Handel mit ägyptischen Altertümern zu. „Wenn man aus Ägypten nach Europa zurückkommt," merkte der Ordensgeistliche Ferdinand de Géromb 1831 bissig an, „kann man sich nicht mit Anstand sehen lassen ohne eine Mumie in der einen und ein Krokodil in der anderen Hand." Besonders taten sich in dieser Richtung der bereits erwähnte Generalkonsul Drovetti und sein britischer Kollege Henry Salt hervor. Beide waren in Ägypten tätig und eifrige Konkurrenten bei der skrupellosen Jagd nach Altertümern aus der Pharaonenzeit.

Ägyptens Vizekönig Mohammed Ali ließ sie gewähren; er buhlte zu jener Zeit um das Wohlwollen Großbritanniens und Frankreichs, und wenn sich das auch mit Hilfe uralter Steine und zerbröselnder Mumien gewinnen bzw. erhalten ließ, sollte man die Gelegenheit nutzen.

Drovetti hat ein Auge auf die beiden Obelisken am Tempel von Luxor geworfen, jene riesigen Steinnadeln, die Pharao Ramses II. im 13. Jh. v. Chr. dort hatte aufstellen lassen und deren Hieroglyphen von seinen Taten künden? Bitte sehr, er kann sie haben. Großzügig schenkte sie Mohammed Ali dem französischen König Louis Philippe. Drovetti stand ein schweres Stück Arbeit bevor – der Pfeiler war 23 Meter hoch und wog etwa 236 Tonnen. Beim Umlegen und Transport des Obelisken griff man mangels modernerer Möglichkeiten auf die Hilfsmittel der Antike zurück: einfache Zug- und Hebelgeräte, Holzrollen, schräge Rampen aus Sand und Gestein und Menschenkraft. Der riesige Stein wurde mit Seilen auf einer hölzernen stabilen Plattform festgezurrt und von angeworbenen ägyptischen Hilfskräften über untergelegte Holzrollen gezogen. Um den sandigen Boden, in dem alles zu versinken drohte, stabiler und gleitfähiger zu machen, befeuchtete man ihn unablässig mit Wasser. Die letztendlich erfolgreichen Transporttechniken entsprachen jenen, die auch auf zahlreichen ägyptischen Kunstwerken dargestellt und überliefert sind.

Die europäischen Aktivitäten in Ägypten, die auch vor Kolossalstatuen, Sarkophagen und Mumien nicht halt machten und in deren Verlauf man, wenn Eile geboten schien, hin und wieder eine Grabkammer mit einem Rammbock öffnete, stießen aber zum Teil auch auf heftige Kritik. Jean-François Champollion, der die Hieroglyphen entziffert hatte, versuchte mit Erfolg, Mohammed Ali zu einem Ausfuhrverbot zu bewegen, was dessen Interesse, sich die Geneigtheit der Europäer zu sichern, in gewisser Weise zuwiderlief. Dennoch, 1835 – drei Jahre nach Champollions Tod – erließ er endlich eine Verordnung zum Schutz der altägyptischen Kunstwerke. Es bestehe die Gefahr, „daß wir diese Denkmäler, den Stolz vergangener Jahrhunderte, bald bis aufs letzte vom Boden Ägyptens verschwinden sehen, um fremde Länder zu bereichern". Die Bereicherung des Pariser Stadtbildes durch den Obelisken ließ sich allerdings nicht mehr verhindern: Ein Geschenk fordert man nicht zurück. Auf die Übernahme des zweiten Obelisken jedoch verzichtete die französische Regierung angesichts des hohen Zeitaufwands und der erheblichen Kosten.

Computer der Steinzeit

Das Geheimnis der Megalithen von Stonehenge

An vielen Stellen Europas stehen riesige verwitterte Steinblöcke, manchmal halb verborgen unter Sand und Geröll oder überwuchert von der Vegetation. Mit Hilfe modernster wissenschaftlicher Methoden haben die Archäologen festgestellt, daß viele dieser Megalithen mehrere tausend Jahre alt sind. Von den Menschen, die in der Stein- und Bronzezeit die Anlagen schufen, weiß man wenig. Doch der erhebliche technische Aufwand bei der Bearbeitung, beim Transport und beim Aufrichten der Steine sowie die lange Zeit, die dies alles in Anspruch genommen haben muß, lassen vermuten, daß ihnen die steinernen Denkmäler außerordentlich wichtig waren. Doch warum solche Bauten entstanden und wozu sie dienten, bleibt weitgehend im dunkeln.

So ist es auch bis heute nicht gelungen, das Rätsel Stonehenge, zwölf Kilometer nördlich von Salisbury in Südengland, zu lösen. Stonehenge gilt vielen als das berühmteste Beispiel der europäischen Megalithkultur.

Inmitten eines ringförmigen Erdwalls von 98 Meter Durchmesser steht ein Kreis aus 30 etwa zwei Meter breiten und viereinhalb Meter hohen Steinpfeilern, die umlaufend durch fast einen Meter dicke Deckenplatten miteinander verbunden waren. Innerhalb dieses Steinkreises haben die Baumeister der Vorzeit fünf hufeisenförmig gruppierte Trilithen errichtet. Die Trilithen bestehen aus je zwei mächtigen, aufrecht stehenden Sandsteinquadern, verbunden durch einen darüber gelegten Steinblock. Sie ragen sechs bis sieben Meter empor.

Auf der Innenseite des Ringwalls befinden sich 56 kleine Gruben, die sogenannten Aubreylöcher, benannt nach dem Altertumsforscher John Aubrey, der sie im 18. Jh. entdeckte. Ihr Zweck ist unbekannt. Außerdem gibt es, nur noch unvollständig erhalten, zwei weitere, kleinere runde Steinsetzungen, vier „Stationssteine" auf der Innenseite des Erdwalls sowie eine Art Altarstein im Zentrum der Anlage und den berühmten sogenannten Heelstein, der als einziger außerhalb des Ringwalls steht.

Untersuchungen haben ergeben, daß Stonehenge während eines Zeitraums von fast 1000 Jahren in drei Bauphasen errichtet worden ist. Die erste Phase begann um 2750 v. Chr. mit der Anlage des Walls; man grub die Aubreylöcher und stellte den Heelstein auf. In die zweite Phase (um 2000 v. Chr.) fällt der Bau einer 2,5 Kilometer langen Prozessionsstraße von Stonehenge zum Fluß Avon und die Aufstellung von Steinen im Wallinnern. Die dritte Phase schließlich (um 1900 v. Chr.) bringt die gigantischen Trilithen und den großen Steinkreis hervor.

Der komplizierte Plan der Anlage und das nahezu völlige Dunkel um ihre mutmaßlichen Erbauer ließen neben den Archäologen und Vorgeschichtlern auch die Mythenforscher und die Astronomen aktiv werden, nicht zu reden von einem Schwarm phantasiereicher Spekulanten. Einen möglichen Ansatzpunkt für die Überlegungen bietet der griechische Geschichtsschreiber Diodor. Er erwähnt, „daß oberhalb des Landes der Kelten im Ozean eine Insel unter dem Großen Bären liege, nicht kleiner als Sizilien, die von den Hyperboreern bewohnt wird ... Ihre Bewohner verehren Apollo mehr als jeden andern Gott. Ein heiliger umschlossener Platz ist ihm geweiht und ein prächtiger Rundtempel mit vielen Votivgaben ..."

Da die Griechen Apollo mit der Sonne gleichsetzten, könnte demnach in Stonehenge das Tagesgestirn verehrt worden sein, vorausgesetzt, mit dem „Land der Hyperboreer" ist Großbritannien gemeint. Tatsächlich stellten die Forscher in detektivischer Kleinarbeit fest, daß eine Peilung vom Zentrum der Anlage aus über den Heelstein ziemlich genau den Punkt am Horizont markierte, an dem die Sonne am Tag der Sommersonnenwende aufgeht. In ähnlicher Weise ermittelten sie einige andere astronomische Daten, die sich auf die Mondbewegungen bezogen. Man begann, Stonehenge als einen „Computer der Steinzeit" zu betrachten, mit dessen Hilfe man eine Art Kalender aufstellen konnte, um z. B. den Ablauf bestimmter Feldarbeiten oder die Termine für Kulthandlungen festzulegen.

Die Schlußfolgerung bietet sich an, daß die Erbauer von Stonehenge, die mit enormen Gewichten zielsicher umzugehen wußten, nicht nur technisch sehr begabt waren, sondern auch bestimmte astronomische Kenntnisse besaßen, die sie beim Setzen der gewaltigen Steine anwendeten. Kaum zu bezweifeln ist, daß Stonehenge darüber hinaus oder vor allem auch ein Kultzentrum war. Doch genaue, wissenschaftlich gesicherte Aussagen gibt es nicht. Die monumentalen Steine auf der kahlen Ebene vor Salisbury wahren ihr Geheimnis.

Die mächtigen Steinblöcke von Stonehenge *gehören zu den berühmtesten Zeugnissen der europäischen Megalithkultur. Wie und warum man sie aufstellte, ist noch immer ein ungelöstes Rätsel.*

Die Königin von Saba, jene legendäre Herrscherin des im Süden der arabischen Halbinsel gelegenen Reichs, regte auch immer wieder die Phantasie der Maler an. Hier die Hofdamen der Königin von Saba, *wie der italienische Künstler Piero della Francesca sie sich im 15. Jh. vorstellte.*

Die Königin von Saba

Geheimnisvolle Herrscherin eines alten Reiches

Wie ein Schleier umhüllt die Königin von Saba das Geheimnis ihrer geschichtlichen Existenz. Unermeßlich reich soll sie gewesen sein, schön und klug dazu, und tatkräftig habe sie das Wohl ihres Reiches gefördert.

Die Archäologen, die in diesem Fall bei ihrer Spurensuche nicht nur von Historikern, sondern auch von bibelkundigen Theologen eifrig unterstützt werden, lokalisieren das Reich von Saba in der heutigen Arabischen Republik Jemen und den angrenzenden Gebieten, also im Süden der arabischen Halbinsel. Dort haben sie 1951–1952 Marib, die Hauptstadt des Königreichs, ausgegraben. Der an der Weihrauchstraße gelegene Ort lebte unter anderm vom Karawanenfernhandel und war im Altertum berühmt wegen seiner vorzüglichen Bewässerungsanlagen. Der berühmte Staudamm, der das Regenwasser speicherte, soll der Legende nach schon 1700 v. Chr. errichtet worden sein. Fachleute melden Zweifel an, bestätigen jedoch, daß ein möglicherweise schon lange vorhandener Erdwall im 8./7. Jh. v. Chr. erneuert und verstärkt wurde. Ebenfalls aus dem 8./7. Jh. stammt ein Tempel, dessen Überreste man drei Kilometer östlich von Marib ausgegraben hat und dessen Inschriften bezeugen, daß er dem Mondgott Ilumquh geweiht war. Nach der legendären Überlieferung war dieser Tempel ein Heiligtum der Königin von Saba.

An der Existenz des sabäischen Reiches, dessen Könige eine erfolgreiche Eroberungspolitik betrieben und das offensichtlich sehr intensive Handelsbeziehungen zu Syrien, Mesopotamien, Ägypten, Äthiopien und Indien unterhielt, ist nicht zu zweifeln. In assyrischen Texten werden die Sabäer bereits im 8. Jh. v. Chr. erwähnt, und auch in zahlreichen anderen Inschriften und Dokumenten macht dieses offensichtlich hochkultivierte Volk von sich reden.

Doch wie steht es nun um die Königin von Saba? Von ihr berichtet die Bibel (1. Könige, 10), doch ist es nicht eben viel, was hier in 13 Versen erzählt wird: Sie habe Salomo, den König des Israel und Juda umfassenden Reiches, besucht. Mit großem Gefolge sei sie aufgetreten und habe reichlich Kostbarkeiten mitgebracht: Gold, Edelsteine und Spezereien, Myrrhe vor allem. Der Besuch verlief offensichtlich zur beiderseitigen Zufriedenheit; man tauschte Artigkeiten und Geschenke, und zum Abschied gab Salomo der Königin „alles, was sie begehrte. Und sie wandte sich und zog in ihr Land samt ihren Knechten." Soweit die Heilige Schrift.

Doch dies ist nicht die einzige Überlieferung. Märchen und Legenden befassen sich mit der geheimnisvollen Königin und ihrem Zusammentreffen mit Salomo. Besonders intensiv und mit weitreichenden Folgen haben sich die Äthiopier des Falls angenommen. Bei der legendären Darstellung ihrer Frühgeschichte gingen sie davon aus, daß die Königin von Saba Herrscherin von Ägypten und Äthiopien war. Sie befanden sich dabei durchaus in Übereinstimmung mit der oft zitierten These des jüdischen Geschichtsschreibers Flavius Josephus, der im 1. Jh. n. Chr. Gleiches behauptete, dessen Behauptung jedoch durch moderne archäologische Erkenntnisse widerlegt ist.

Im *Kebra Negest* (Herrlichkeit der Könige), einem Hauptwerk der christlichen Literatur Äthiopiens, das im 14. Jh. entstand, wird abermals der Besuch der Königin von Saba beim König der Juden geschildert. Doch dem Austausch von Geschenken folgt, anders als im biblischen Bericht, der Austausch von Zärtlichkeiten. Und so gibt der Dichter gleichsam zu Protokoll, daß die Königin neun Monate nach ihrer Rückreise einem Knaben das Leben schenkte, den sie Menelik nannte. Herangewachsen, besucht der Sohn den Vater, und die beiden finden Gefallen aneinander. Menelik nimmt den mosaischen Glauben an und wird zum König von Äthiopien gesalbt.

Und auf ihn als Stammvater haben sich danach alle Könige und Kaiser berufen, solange es solche in Äthiopien gab. Noch die Verfassung des Landes von 1955 stellte fest, daß die Herrscher „in direkter Linie von Menelik I., Sohn der Königin von Äthiopien und von Saba und des Königs Salomo von Jerusalem, abstammen".

Legende und Wirklichkeit verfilzen sich hier zu einem Knäuel, das die Wissenschaft bisher nicht völlig entwirren konnte. Die kulturelle Ausstrahlung des Reiches der Sabäer nach Äthiopien ist belegt; das Rote Meer, das den Jemen von Äthiopien trennt, war kein unüberwindliches Hindernis und wurde schon im 1. Jt. v. Chr. von Booten und Flößen befahren. Auch einige tausend Kilometer Wüste zwischen dem Königreich Saba und dem Reich Juda waren zu jener Zeit für beide Länder kein Grund, auf Handelsbeziehungen zu verzichten; die arabische Halbinsel war längst von Kamelkarawanen erschlossen.

Keinen Pardon jedoch kennen die Archäologen bei Zeitdifferenzen: Die ältesten bisher ausgegrabenen Ruinen des Reiches der Sabäer stammen aus dem 8./7. Jh. v. Chr. Wer immer König Salomo, der etwa von 965 bis 926 v. Chr. regierte, besucht hat, die Königin von Saba kann es nicht gewesen sein. Die Schöne aus dem Morgenland bleibt geheimnisvoll.

Pferdetransport bei den Wikingern. *Die nachgestellte Szene (oben) entspricht dem Bild auf dem Teppich von Bayeux (links).*

Pferde gehen an Bord

Der Teppich von Bayeux und die Frachtschiffe der Wikinger

Die Bilder auf dem berühmten Teppich von Bayeux schildern die Eroberung Englands durch die Normannen, durch jene Wikinger also, die sich in der Normandie, in England und in Süditalien niederließen. Der 70 Meter lange und 50 Zentimeter breite, mit Wollfäden in acht verschiedenen Farben bestickte Leinenstreifen, der kurz nach der Invasion im Jahr 1066 für die Kathedrale von Bayeux hergestellt wurde, erzählt von den Vorbereitungen für den Feldzug, der Einschiffung des Heeres und der siegreichen Schlacht von Hastings.

Zu den bevorzugten Bildmotiven des Teppichs gehören Schiffe und Pferde. Die Wikinger, die fast drei Jahrhunderte lang als beutehungrige Seefahrer, als zähe Siedler an unwirtlichen Küsten sowie als erfolgreiche Händler und Kaufleute ihren Mann standen, waren auf leistungsfähige Schiffe angewiesen, und in der Kunst des Schiffsbaus waren die kühnen und einfallsreichen Männer aus dem Norden wahre Meister. Sie bauten schnelle, bewegliche Kriegsschiffe, kurze, ein wenig behäbig wirkende Handelsschiffe und kleinere Kriegsschiffe, die speziell in Küstennähe auch hervorragend für Handelszwecke zu gebrauchen waren. Diese relativ leichten Fahrzeuge konnten gesegelt, aber auch von 24 Männern gerudert werden.

Vollbemannt hatten sie weniger als einen halben Meter Tiefgang und gelangten deshalb auch an flache Strände so nahe heran, daß Waren leicht über einen Laufsteg an Bord gebracht oder von Männern durch das seichte Wasser herangetragen werden konnten.

Man weiß das sehr genau, denn man hat solche Schiffe nachgebaut und ausprobiert, was sie zu leisten vermochten. Zu den interessantesten Versuchen gehörte das Ausladen von Pferden, das in einer Szene auf dem Teppich von Bayeux dargestellt wird: Die Tiere springen munter vom Schiff und galoppieren durch den Sand davon. Tatsächlich konnten Pferde ohne besondere Hilfsmaßnahmen an Bord gehen. Man manövrierte das Schiff mit der Breitseite zum Strand und kippte es ein wenig durch Ziehen an einem Tau, das man an der Mastspitze befestigt hatte. Die Pferde kamen über den leicht abgesenkten Freibord sozusagen trockenen Hufes in das Schiff.

Raub an den Toten

Grabräuber in Kolumbien auf der Suche nach verborgenen Schätzen

Grabräuber gehören einer zwar nicht ehrwürdigen, aber doch uralten Zunft an. Wo immer auf der Welt man bedeutende oder auch weniger herausragende Persönlichkeiten zur letzten Ruhe bettete, gab man ihnen Schmuck und allerlei Wertvolles mit auf die Reise. Denn auch im Jenseits sollten sie nicht ohne Zeichen ihrer Würde dastehen oder gar entbehren, was ihnen zu Lebzeiten das Dasein angenehm gemacht hatte.

Grabräuber indessen nehmen darauf keine Rücksicht. Ihnen scheinen die Grabbeigaben entbehrlich für die Toten, für die Lebenden aber sehr nützlich, denn man kann sie als Tauschware nutzen oder verkaufen. Und so machen sie sich an ihr unheiliges Werk und plündern, was immer es zu plündern gibt. Dies geschah schon zu allen Zeiten und überall auf dem Erdkreis, und nur in den seltensten Fällen rechtfertigt die Not ein derartiges Tun, etwa bei dem Hungernden, der den dreckverkrusteten Armreifen, den er aus dem Boden wühlt, gegen Brot, Mais oder Reis eintauscht. Meist jedoch treibt die Grabräuber ohne Skrupel der Wunsch nach raschem Gewinn.

Diesem Ziel verschrieben haben sich auch die Guaqueros, die Grabräuber in Kolumbien. Dort, in den verschwiegenen Tälern der Anden, lohnt es noch heute, nach alten Gräbern zu suchen. Die Muisca, jene Indios, die in diesem Gebiet schon lange vor der Ankunft der Spanier in der Neuen Welt lebten, verstanden sich hervorragend auf die Bearbeitung von Gold und wußten auch mit Ton gut umzugehen. Vor allem ihre Arbeiten sind es, die man noch heute in verborgenen Grabstätten zu finden hofft, und dies um so mehr, als der Kunstmarkt in Europa und in den USA hohe Summen für diese Fundstücke zahlt. Den größten Gewinn allerdings streichen die Händler ein, nicht der Guaquero, der mit Hilfe einer *Media caña* genannten Bodensonde nach Gräbern stochert.

Ein bevorzugtes Gebiet ist das Tal des Rio Cauca. Die Guaqueros, die dort arbeiten, kommen zu Pferd oder zu Fuß. Die gut aufeinander eingespielte Gruppe ist ausgerüstet mit Wasser und Proviant, mit Schaufeln, Lampen und der Sonde. Bei der Wahl des Ortes, an dem der Grabräuber seine Schatzsuche beginnt, folgt er einer eigenartigen Mischung aus Wissen, Erfahrung und Gespür. Im allgemeinen weiß er, nicht zuletzt durch seinen Auftraggeber, für welche Gebiete sich die Archäologen interessieren und wo sie, vielleicht erfolglos, bereits den Spaten angesetzt haben. Aber er kennt natürlich auch all jene sich hartnäckig haltenden alten Geschichten von Gräbern und geheimnisvollen Orten; diese Geschichten sind gleichsam Familienbesitz, und jede Generation zieht aus ihnen aufs neue ihre Schlüsse. Darüber hinaus hat der Guaquero oft eine jahrzehntelange Erfahrung im Umgang mit speziellen Bodenspuren. Hinzu kommt noch eine Prise Irrationalität: Aberglaube und Magie. So wird er z. B. nie Frauen an der Grabungsstelle dulden, und gesalzene Nahrungsmittel müssen in mindestens drei Meter Entfernung abgestellt werden, sofern man nicht das Mißlingen des Unternehmens in Kauf nehmen möchte.

Wenn der Guaquero am Grabungsort angekommen ist, nimmt er die Media caña zur Hand. Es handelt sich um ein sehr einfaches Gerät, das aus einem langen Holzstiel besteht, an dessen einem Ende sich ein kurzes, der Länge nach halbiertes metallenes Rohrstück befindet. Der Guaquero bohrt das Gerät in die Erde und holt durch geschickte Drehungen die Bodenprobe, die sich im Rohrstück festklemmt, heraus. Allmählich wird das Loch tiefer – die Media caña ist etwa zwei Meter lang –, und jede Probe wird sorgfältig untersucht. Bei genügend Erfahrung kann man an der Zusammensetzung des Erdreichs erkennen, ob an dieser Stelle der Boden schon irgendwann durchwühlt worden ist. Die Durchmischung der normalerweise getrennten Schichten von Humus und Sand z. B. deutet an, daß hier bereits – möglicherweise vor Jahrhunderten – gegraben wurde, vielleicht anläßlich einer Beisetzung. Grund genug, der Sache nachzugehen. In einem solchen Fall treiben der Guaquero und seine Helfer einen schmalen, runden Schacht senkrecht in die Erde. Manchmal wird die gefährliche und mühevolle Arbeit belohnt, und sie stoßen in fünf, sechs oder sieben Meter Tiefe auf eine unversehrte Grabkammer. Es muß nun nicht gleich der begehrte, aber doch seltene Goldschmuck sein, der dort auf sie wartet. Es genügen schon Tongefäße oder deren Scherben, damit sich der Ausflug gelohnt hat.

Selbstverständlich sind derartige Grabungen und Plünderungen verboten. Aber die Obrigkeit drückt öfter ein Auge zu, als daß sie scharf hinsieht, und zuweilen ist sie sogar selber an solchen Aktivitäten beteiligt.

Belagerungstürme und Wurfmaschinen *haben sich von der Antike bis zum Mittelalter kaum verändert. Die Wurfmaschinen nutzten mechanische Kräfte aus; ihre Stein- und Brandgeschosse zerstörten die Gebäude im Innern einer Befestigungsanlage. Um jedoch eine Stadt oder Burg stürmen zu können, bedurfte man der hohen Belagerungstürme, mit deren Hilfe man die Mauern von oben überwinden konnte.*

Steine und Katapulte

Wissenschaftler rekonstruierten die Belagerungsmaschinen der Antike

Die meisten der von den Archäologen ausgegrabenen antiken Burgen, Paläste und Städte sind im Verlauf ihrer jahrhundertelangen Geschichte irgendwann einmal Schauplatz blutiger Schlachten gewesen. Dies kann der Historiker in vielen Fällen bei griechischen oder römischen Autoren mühelos nachlesen, dem Archäologen jedoch, der die düstere Geschichte von Erstürmung und Zerstörung gleichsam illustrieren soll, bereitet es erhebliches Kopfzerbrechen. Zwar stößt er auf kostbare Waffen in den Gräbern der Krieger, aber die Belagerungsmaschinen der Antike sind längst zerstört, verbrannt, zerfallen. Die Ausgräber entdecken bestenfalls Munitionslager, die Steinkugeln unterschiedlicher Größe bergen, so z. B. im hellenistischen Pergamon (3.–1. Jh. v. Chr.) oder in Masada, der letzten Festung der Juden im Kampf gegen die Römer.

Allerdings findet man an den Wänden antiker Tempel und Paläste eine Reihe von Malereien und Reliefs, die Belagerungsszenen darstellen und so auch Auskunft geben über die dabei verwendeten Belagerungsmaschinen, wie z. B. eine Szene von dem assyrischen Palast in Nimrud (8. Jh. v. Chr.), die Rammböcke und Steinschleudern zeigt.

Und es gibt den griechischen Mathematiker und Mechaniker Heron von Alexandria, der in der zweiten Hälfte des 1. Jh. n. Chr. das überlieferte technische Wissen seiner Zeit in detaillierten Schriften festhielt. Viele der Belagerungsmaschinen und Geschütze, die man im Kampf um befestigte Plätze und Burgen benutzte, konnten mit Hilfe Herons rekonstruiert werden. Den Archäologen gelang es sogar, irgendwelche obskuren Metallteile als Zubehör eines römischen Katapults zu identifizieren.

Die von den Belagerern – aber auch von den Verteidigern – verwendeten Geräte haben sich von der Antike bis zum Mittelalter im Prinzip kaum verändert. Entscheidend war, neben dem Einsatz des Feuers, die sinnvolle Anwendung mechanischer Kräfte, also die Ausnutzung der Schwer- und Fliehkraft sowie der Elastizität. Die benötigte Federkraft wurde, bevor man metallene Blattfedern herstellen konnte, von Seilen erzeugt, die aus zusammengedrehten Tiersehnen bestanden. Auch Pferde- und Menschenhaar wurde verwendet. Römische Historiker wissen von Fällen zu berichten, in denen die gesamte weibliche Bevölkerung belagerter Städte ihr Haar für diesen Zweck opferte.

Die Wurfmaschinen waren von unterschiedlicher Größe und hatten entsprechend unterschiedliche Reichweiten. Im Prinzip funktionierten sie wie ein Ziehbrunnen in der ungarischen Pußta, nur, daß sie nicht Wasser aus der Tiefe holten, sondern Steine in die Gegend schleuderten. Sie bestanden aus einem stabilen, im Boden verankerten Holzgestell mit einem um eine waagrechte Achse drehbaren Balken, der sogenannten Rute. An dem – vom Drehpunkt aus gesehen – längeren Ende war die Schleuder befestigt, die das Wurfgeschoß aufnahm; am kürzeren Ende hing ein Gegengewicht. Mit Hilfe von Seilen zog man die Rutenspitze mitsamt Schleuder auf den Boden herunter – das Gegengewicht ging dabei in die Höhe – und lud sie mit einem Stein. Ein Auslösemechanismus gab dann die Rute frei, worauf eine heftige Drehbewegung, verursacht durch das hinabstürzende Gegengewicht, einsetzte und die Rute samt Schleuder aufwärts schnellen ließ. Mitunter konnte die Flugbahn des Geschosses in einem gewissen Rahmen festgelegt werden, so daß sie z. B. flach oder steil verlief.

Eine andere Art der Wurfmaschine war ein Ballista oder Petraria genanntes Gerät. Es bestand aus einem gewaltigen Bogen, der waagrecht auf ein Fahrgestell montiert wurde. Statt eines Pfeils schnellte er eine Rute vor, in deren löffelartigem Ende sich das Geschoß befand.

Die Wurfmaschinen hatten eine Reichweite bis zu 400 Metern. Die Brandgeschosse oder zentnerschweren Steine konnten zwar schwere Schäden an Gebäuden anrichten, aber da sie von oben fielen, brachen sie keine Mauern, durch deren Lücken die Angreifer hätten eindringen können.

Um eine Bresche in eine Mauer zu schlagen, benutzte man den Widder, einen schweren Baumstamm mit eisenbeschlagener Spitze, der an Ketten in einem Gestell hing. Bei den größten Geräten versetzte eine Hundertschaft von Soldaten den Stamm in Schwingung.

Auch ein Belagerungsturm leistete bei der Überwindung von Mauern gute Dienste. Es war eine auf Rädern stehende, hochaufragende Holzkonstruktion mit Kampfplattformen, vor allem aber mit einer kleinen Zugbrücke an ihrer Spitze, die man auf die Mauerkrone niederließ, um so ins Innere der Burg oder Stadt zu gelangen. Es versteht sich von selbst, daß die Verteidiger einen solchen Turm unter allen Umständen abzuwehren versuchten. Am wirkungsvollsten war es, ihn in Brand zu schießen, was die Angreifer indessen zu erschweren wußten, indem sie ihn mit nassen Häuten behängten.

Rekonstruktion einer mittelalterlichen Wurfmaschine, *die einem riesigen Bogen gleicht. In die löffelartige Vertiefung der Rute legte man die Steinkugel und ließ die Rute dann vorschnellen.*

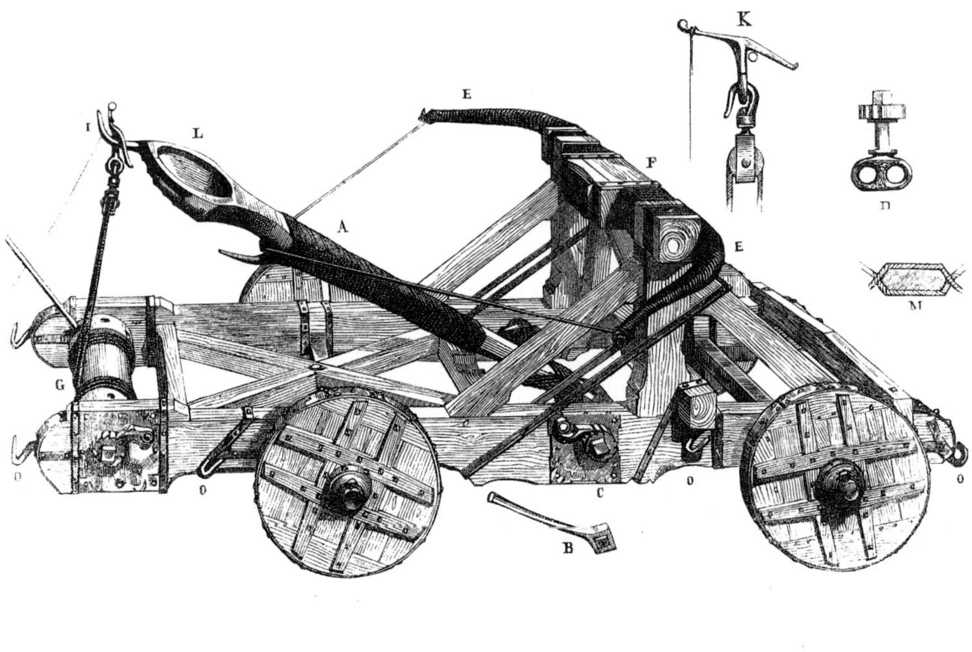

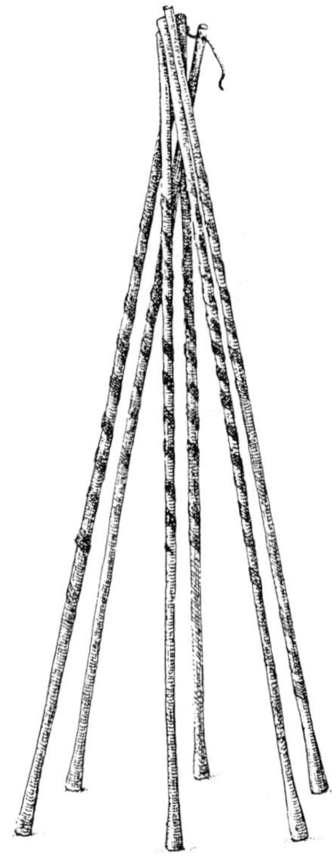

Zeltstangenbündel *aus einem Grab der Altainomaden in Pasyryk. Darüber warf man eine Decke aus Filz und Leder. In dieses Zelt krochen die Skythen, um ihr – wie Herodot meinte – „Dampfbad" zu nehmen.*

Das Dampfbad der Skythen

Der mißverstandene Haschischrausch

Als die Archäologen 1947 im Altaigebirge den zweiten Kurgan von Pasyryk öffneten, stießen sie neben den vom Frost konservierten Leichen der Altainomaden und vielen anderen aufsehenerregenden Funden auf einige seltsame Gegenstände. Da lag ein etwa 30 Zentimeter breiter, mit Steinen gefüllter Bronzekessel, dessen beide Henkel mit Birkenrinde umwickelt waren. Daneben fand man die Reste eines kleinen Zeltes, das man leicht transportieren und schnell aufstellen konnte: Sechs Holzstäbe von je 1,2 Meter Länge ergaben, an den Spitzen zusammengebunden, das Gerüst für eine darüber geworfene Decke aus Filz oder Leder. Ein Lederbeutel mit Hanfsamen und die teilweise verkohlten Samenreste zwischen den Steinen im Kessel führten die Wissenschaftler bald auf die richtige Spur. Da gab es doch im Werk Herodots einen Bericht, in dem von eben jenen Dingen die Rede war ...

Herodot hatte bei seinem Aufenthalt in Olbia, einer griechischen Kolonie am Nordufer des Schwarzen Meeres, die Skythen, die europäischen Verwandten der Altainomaden, kennengelernt und schreibt unter anderm: Nach einem Leichenbegängnis „... reinigen sie den Körper durch ein Dampfbad, wozu sie folgende Vorbereitungen treffen. Sie stellen drei Stangen gegeneinander, legen darüber eine Filzdecke, die sie möglichst fest anziehen, stellen ein Becken in den durch die Stangen und die Filzdecke abgeschlossenen Raum und werfen glühende Steine in das Becken. Nun wächst im Skythenlande auch Hanf ... Die Körner von diesem Hanf nehmen also die Skythen, kriechen damit unter die Filzdecke und legen die Körner auf jene glühenden Steine. Sie fangen an zu rauchen und erzeugen einen so starken Dampf, daß kein hellenisches Schwitzbad dies Dampfbad übertrifft. Die Skythen werden so froh dabei, daß sie laut heulen. Das sind ihre Bäder, in Wasser baden sie sich niemals."

Die Ausgrabungen in den Kurganen von Pasyryk im Altaigebirge bestätigten Herodots Beschreibung. Aber die Skythen benötigten diese Gegenstände nicht, um – wie der Grieche meinte – ein reinigendes Dampfbad zu nehmen, sondern die Nomaden krochen in die kleinen und engen Zelte, um sich an den aufsteigenden Haschischdämpfen zu berauschen. Wenn die Skythen also laut heulten, so nicht deshalb, weil sie sich freuten, endlich ihren Schmutz loszuwerden, sondern weil sie „high" waren.

Warum sie sich berauschten, gehört jedoch zu den Rätseln, die auch die Archäologen nicht zufriedenstellend zu lösen vermögen. Sie scheinen das „Dampfbad" nicht nur zu feierlichen Anlässen genommen zu haben, und es war wohl nicht nur das Vorrecht der Oberschicht oder bestimmter mit Kulthandlungen vertrauter Personen. Denkbar ist, daß der Genuß der Haschischdämpfe dazu diente, sich auf einen Kampf vorzubereiten.

Bronzegefäße mit glühenden Steinen. *Wenn man feuchten Hanfsamen darauf legte, entwickelten sich jene berauschenden Dämpfe, die die Skythen so „froh machten, daß sie laut dabei heulten".*

Bilderrätsel in Peru

Geheimnisvolle Zeichen im Wüstensand

Vom Flugzeug aus betrachtet, aus einer Höhe von etwa 500 Metern, erscheint das Gewirr von Linien und Kurven unten auf der Erde wie ein gigantischer Schnittmusterbogen. Nach einiger Gewöhnung kann das Auge geometrische Figuren ausmachen: Vierecke, Dreiecke, Trapeze und Kreise. Es sieht außerdem die Konturen von über 200 riesigen Tier- und Pflanzenfiguren. Es sind stark stilisierte Tiere: Vögel z. B. oder ein Affe mit einem langen, aufgerollten Schwanz; eine Spinne, eine Eidechse – eine Sammlung überdimensionaler, fremd anmutender Kreaturen. 18 Vögel hat man gezählt, die wie Kondore und Fregattvögel aussehen und gewaltige Schwingen besitzen. Ihre Größe reicht von 30 bis 300 Metern. Und zwischen ihnen liegen schnurgerade und kilometerlange Linien, die einander kreuzen oder parallel laufen und die Tiere durchschneiden. Wie mit dem Lineal gezogen, überspringen sie auch unwegsames Gelände, etwa schmale Schluchten und kleine Hügel.

Vor rund 2500 Jahren haben die Nazca-Indianer auf einem trockenen Hochplateau im Süden von Peru, nördlich der Stadt Nazca, diese Bildwerke angelegt, die sich über ein Gebiet von 50 Kilometer Länge und zehn Kilometer Breite erstrecken. Die Indianer haben diese Linien auf eine recht einfache Weise geschaffen: Sie scharrten die oberste Schicht der dunklen, verwitterten Steine beiseite, so daß der helle, sandige Untergrund hervortrat und eine kontrastreiche Linie bildete. Verblüffend ist die sichere Linienführung über weite Strecken hinweg, denn die Indianer konnten ihr Werk ja niemals aus der Luft als Ganzes betrachten. Vermutlich haben sie mit kleinen Modellen bzw. Mustern gearbeitet, die sie in einzelne Abschnitte zerlegten und dann in vergrößertem Maßstab auf den Boden übertrugen.

Niederschläge, die das Werk hätten zerstören können, kommen in dieser Region praktisch nicht vor. Und so zerbricht sich die Welt bis zum heutigen Tag den Kopf darüber, was diese Zeichnungen zu bedeuten haben. Sie sind eines der großen Rätsel der Menschheit, das bislang noch nicht überzeugend gelöst werden konnte.

Die wohl skurrilste Interpretation stammt von dem Hobbyforscher Erich von Däniken. Er vermutet, hier seien in grauer Vorzeit außerirdische Wesen gelandet und wieder weggeflogen. Die Ureinwohner, die auf die Rückkehr der Fremdlinge hofften, hätten dann jene Linien angelegt – zur Beschwörung gewissermaßen und nach Art eines Flugfelds für Raumfahrzeuge.

Die Fachwelt winkte amüsiert ab und widmete sich wieder dem wissenschaftlichen Tagesgeschäft – angesichts des hohen Unterhaltungswerts der Hypothesen Dänikens eine vergleichsweise langweilige Sache. Doch auch solide Astronomen und Mathematiker tappen seit Jahrzehnten im dunkeln. Der Amerikaner Paul Kosok und die Deutsche Maria Reiche, die seit 1932 das Rätsel auf dem Boden der Wüste untersucht, sind sich immerhin einig in der Annahme, daß die Zeichnungen bei Nazca Bestandteil eines astronomischen Kalenders sind. Demnach hätten bestimmte Linien den Auf- und Untergang bestimmter Himmelskörper am Horizont markiert, so daß man, kombiniert mit Erfahrungswerten, möglicherweise Wettervorhersagen machen konnte, was in einem regenarmen, auf Bewässerungstechniken angewiesenen Land von hoher Bedeutung war.

Doch selbst diese recht sachlichen Überlegungen werden bestritten. Der britische Astronom Gerald Hawkins z. B., der an der Universität von Boston lehrt, hat einen Computer mit den einschlägigen Daten von 93 Linien aus Nazca und 45 Gestirnen gefüttert und ihn dann gefragt, ob diese Linien in irgendeiner Beziehung zu den Himmelskörpern stehen. Die lakonische Antwort war: „No“.

Unterfüttert und gepflastert

Die Römer als unerreichte Meister des antiken Straßenbaus

Straßen sind seit Jahrtausenden die Voraussetzung für den Handel, das Militärwesen und eine funktionierende Verwaltung. Doch was die Historiker z. B. als die älteste Handelsstraße der Welt, die Weihrauchstraße, bezeichnen, die vom Golf von Aden zum Mittelmeer führte, ist vom Archäologen in der Landschaft kaum mehr zu identifizieren: ein System von längst verschwundenen Trampelpfaden und Karawanenwegen; nur an Paßübergängen waren einige kurze Stücke der Route mit Steinplatten befestigt. Mehr hingegen ist übriggeblieben von der berühmten Königsstraße der Perser, die von Susa nach Sardes führte; sie war zum Teil gepflastert und schon für Wagenverkehr geeignet.

Wesentlich besser erhalten sind Teilstücke der Römerstraßen. Das liegt nicht nur an der Länge des Straßennetzes, sondern auch an der fortgeschritteneren Technik. Auf diesem Gebiet errangen die Römer, die von persischen und etruskischen Vorbildern ausgingen, eine unerreichte Spitzenposition. Sie bauten gleichsam für die Ewigkeit und beherzigten dabei den mathematischen Grundsatz, wonach die kürzeste Verbindung zwischen zwei Punkten die Gerade ist. Nur wenn es sich gar nicht vermeiden ließ, gestatteten sie sich eine Umgehung oder Abweichung. Sonst bauten sie eine Straße schnurgerade durch das Gelände, ohne viel Rücksicht auf Berge, Täler, Flüsse und Sümpfe zu nehmen. Hindernisse wurden beseitigt, Dämme aufgeschüttet, Flüsse überbrückt und Sümpfe trokkengelegt.

Um Christi Geburt betrug die Gesamtlänge des Straßennetzes, das von Britannien bis zum Euphrat reichte, etwa 290 000 Kilometer; davon waren rund 100 000 Kilometer gepflastert. Natürlich marschierten hier nicht nur die römischen Legionen: Auf diesen Straßen ritten und fuhren ebenso die Händler und Kaufleute, und schließlich waren sie auch die unerläßliche Voraussetzung für den *cursus publicus*, den staatlichen Post- und Kurierdienst.

Man weiß genau, wie die Römerstraßen gebaut waren. Bereits das Zwölftafelgesetz, das älteste römische Gesetzgebungswerk aus dem Jahr 450 v. Chr., enthält Vorschriften für den Straßenbau; zeitgenössische Schriftsteller wie der Römer Publius Papinius Statius (um 40 bis 96 n. Chr.) haben sich ausführlich zu technischen Fragen geäußert, und die Archäologen haben anhand zahlreicher mehr oder minder gut erhaltener Straßenreste die geschilderten Verfahrensweisen überprüfen können.

Zunächst zog man zwei parallel laufende Randbegrenzungen und trug dann das dazwischen liegende Erdreich ab. So entstand eine breite, von Fall zu Fall unterschiedlich tiefe Rinne, die den Unterbau für die Straße aufnahm. Zu beiden Seiten setzte man Randsteine als feste Begrenzung. Nun wurde die Rinne mit einer Lage größerer, in Sand gebetteter Bruchsteine bedeckt, darüber wurden wieder Steine geschüttet, diesmal aber kleinere, dann folgte eine weitere Schicht noch feineren Schotters und so fort, bis das Niveau der Umgebung wieder erreicht war. Als Decke verwendete man kleine Steinschlagbrocken, die mit Sand vermischt, mit Lehm oder Kalkmörtel überzogen und dann festgestampft wurden. Man achtete sorgfältig darauf, daß eine Wölbung der Fahrbahn entstand, damit das Regenwasser über die Randsteine hinweg abfließen konnte.

Natürlich hing die Bauweise von den vorhandenen Materialien und der jeweiligen Bedeutung der Straße ab. Häufig befahrene Fernstraßen überschritten die normale Breite von 4,8 Meter erheblich; sie maßen dann zehn und mehr Meter und hatten einen Unterbau von mindestens ein bis zwei Meter Tiefe. Auf den halsbrecherischen Alpenstraßen hingegen wurde die vom Gesetz festgelegte Breite von 2,4 Meter oft unterschritten. Nur die wichtigsten Straßen oder die Strecken in unmittelbarer Stadtnähe erhielten eine Decke aus sorgfältig, nahezu fugenlos verlegten Pflastersteinen, so z. B. die berühmte Via Appia von Rom nach Capua, mit deren Bau 312 v. Chr. begonnen wurde und die man später über Tarent bis Brindisi weiterführte. Ab 123 v. Chr. stellte man an den Straßen im Abstand von einer römischen Meile (etwa 1480 Meter) zylinderförmige, 2,4 Meter hohe Meilensteine *(miliaria)* auf, deren Inschriften Entfernungsangaben, Hinweise auf Bau und Finanzierung der Straße und ähnliches enthielten – eine Fundgrube für Archäologen und Historiker.

Die Via Appia *(hier in der Nähe von Rom) war wohl die bedeutendste Straße des Römischen Reichs. Bereits 312 v. Chr. hatte man mit ihrem Bau begonnen; sie führte von Rom zunächst nach Capua und später weiter über Tarent nach Brindisi. Unten eine Querschnittzeichnung, die zeigt, wie eine solche Straße konstruiert war.*

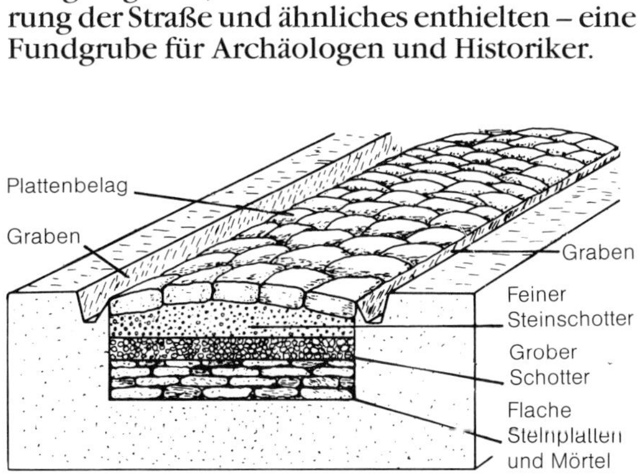

Die ägyptischen Pyramiden, *dargestellt in einer Reisebeschreibung aus dem Jahr 1670. Die monumentalen Grabanlagen der Pharaonen zählen zu den sieben Weltwundern, und auch heute noch will es dem staunenden Besucher fast unmöglich erscheinen, daß man ohne moderne Hilfsmittel schon vor Jahrtausenden derartige Bauwerke hat errichten können.*

Das Rätsel der Pyramiden

Astronomen, Mathematiker und Phantasten auf der Jagd nach Geheimnissen

Wo viel Majestät ist, da fehlt es auch nicht an geheimnisvollem Gemunkel. Und was gibt es Majestätischeres als die gewaltigen Monumente des altägyptischen Totenkults, die Pyramiden in der Wüste bei Gise? Von alters her hat man in ihnen mehr sehen wollen als gigantische Grabmale. Man spekulierte über kunstvolle Kornkammern, phantasierte über den Zusammenhang zwischen den Proportionen des Bauwerks und bestimmten mathematischen und geometrischen Regeln und erwog, ob nicht gar außerirdische Wesen beim Bau der Pyramiden geholfen hätten. Denn bis heute will es schier unglaublich scheinen, daß die Nilkultur vor 4500 Jahren zu solchen Bauleistungen fähig war.

Verständlicherweise entzündet sich die Phantasie vornehmlich an der größten, der Cheopspyramide, erbaut um 2530 v. Chr. für den Pharao Chufu (griechisch: Cheops). Schon im 5. Jh. v. Chr. berichtete Herodot, daß an dem 146,6 (heute nur noch 137) Meter hohen Kegel 100 000 Mann 20 Jahre lang gearbeitet hätten. Mögen diese Zahlen auch zu hoch gegriffen sein, so bleibt doch die Organisationsleistung, die dahintergestanden haben muß, fast unvorstellbar. Denn exakt in Nord-Süd-Ausrichtung erhebt sich auf einer Grundfläche von 53 000 Quadratmetern – das entspricht zehn Fußballfeldern – ein makelloser Steinkörper in Wolkenkratzerhöhe, zusammengesetzt aus 2,5 Millionen Quadern von je über zwei Tonnen Gewicht (manche wiegen sogar bis zu 400 Tonnen).

War die Pyramide selbst aus Kalksteinblöcken gebaut, die man noch in der näheren Umgebung brechen konnte, so kam der Granit, mit dem man das Innere der Grabkammer auskleidete, aus den Steinbrüchen bei Assuan, und die lagen rund 1000 Kilometer von der Baustelle entfernt. Kein Zweifel: Der Transport erfolgte auf dem Nil.

An Land aber war man ganz auf Menschenkraft angewiesen. Die Steinblöcke wurden auf Schlitten geladen und gezogen – des besseren Gleitens wegen über Rundhölzer, mit denen man den Weg gleichsam pflasterte. Aufeinandergetürmt hat man die Blöcke vermutlich mit Hilfe von ansteigenden Rampen, die parallel zu den Pyramidenseiten gebaut und später wieder entfernt wurden. Unwahrscheinlich ist hingegen die Verwendung von senkrecht zum Bauwerk laufenden Rampen; sie wären bei einem halbwegs vertretbaren Neigungswinkel mehrere Kilometer lang gewesen.

Die Pyramide entstand also in unvorstellbar mühseliger Muskelarbeit. Und mitten darin, als Zentrum eines verwirrenden Stollensystems, die Grabkammer des Pharaos, scheinbar unerreichbar verschlossen durch massive Steinriegel in den Gängen. Und doch war sie schon leer, als im Jahr 820 n. Chr. arabische Forscher sich mühsam zu ihr vorgearbeitet hatten. Die Pyramide – eine Attrappe? Diese Vermutung blieb bisher unbewiesen; die These vom Grabraub unmittelbar nach der Beisetzung scheint wahrscheinlicher. Immerhin ist diese Vermutung erwägenswert – im Gegensatz zu den zahlreichen „Berechnungen“, die bis heute immer neue Varianten erfahren:

So soll das Gesamtgewicht der Cheopspyramide exakt ein Billiardstel des Erdgewichts betragen und die Höhe ebenso genau und absichtsvoll einem Milliardstel der Entfernung Erde – Sonne entsprechen. Die Truhe in der Königskammer soll bewußt aus einem Material gefertigt sein, dessen Dichte angeblich genau der mittleren Erddichte entspricht. Abgesehen davon, daß alle diese Angaben nur äußerst ungenau oder gar nicht stimmen, gelten sie und ähnliche für viele andere Bauwerke zufällig auch. Zahlreiche weitere Rechenkunststücke sind von ebenso fragwürdiger Qualität.

Den Vogel aber schießen die Berufsmystiker ab, die nicht geruht haben, bis sie in den Maßverhältnissen der Kammern und Gänge in der Pyramide ein geheimes System zur Zukunftsvorhersage entdeckt hatten. Freilich ging es den konkret ausgesagten Prophezeiungen – 1881 etwa sollte ein Wunder in der Größenordnung von Christi Geburt anstehen – wie dem beliebten Weltuntergangsspiel: Die Daten mußten umständehalber „nach neuesten Ergebnissen“ immer wieder korrigiert werden. Immerhin gelang im Vorfeld des Ersten Weltkrieges die Vorhersage des Ausbruchs mit nur einem Jahr Differenz. Angesichts der vielen Fragen nach den Techniken und Zwecken des Pyramidenbaus, nach sozialen und religiösen Voraussetzungen scheint die ernsthafte Auseinandersetzung mit solchen beliebig zu variierenden Mutmaßungen eher müßig. Schon 1922 sah sich der deutsche Ägyptologe Ludwig Borchardt veranlaßt zu einer Schrift *Gegen die Zahlenmystik an der Großen Pyramide bei Gizeh*. Doch die „Rechenkünstler“ sterben nicht aus, so daß die ständige Wiederholung der Borchardtschen Mahnung geboten scheint.

Tongefäße, *wie dieses germanische aus der Eisenzeit, dienten den Forschern im Dorf bei Lejre als Muster für Form und Verzierung ihrer Töpferwaren. Daneben eine Lanzenspitze aus der gleichen Zeit.*

Ein Dorf auf dem Prüfstand

Eisenzeitliches Landleben

Wer den Besuch Kopenhagens mit einem Ausflug in die Umgebung verbindet, wird möglicherweise 40 Kilometer westlich der Hauptstadt auf die Ortschaft Lejre stoßen. Die Gegend dort ist flach und grün, die Hügel sind kaum höher als Bäume, Wald gibt es, Felder und sumpfige Wiesen. Doch plötzlich stutzt der Tourist, der seinen Wagen vielleicht nur verließ, um sich in dieser stillen Idylle ein wenig die Füße zu vertreten. Da steht ein merkwürdiges, fremd anmutendes winziges Dorf in der Landschaft: langgestreckte, mit Stroh gedeckte Häuser, deren Dächer fast bis zum Erdboden reichen. Eine Infrastruktur ist nicht zu erkennen, keine Straße, kein Hochspannungsmast, weder Kirche noch Kneipe. Dazwischen ein paar Menschen, in Felle und grobes Tuch gehüllt.

Eine Filmszene, denkt der Tourist und verwirft den Gedanken sofort angesichts der Ruhe, die nur vom Schnattern der Gänse und dem Muhen einer Kuh unterbrochen wird. Dann entdeckt er außerhalb des Dorfes eine Pferdehaut, die an einer Stange hängt, komplett mit Schädel, Schweif und Beinen; sie schlenkern leicht im Wind, und dem Betrachter wird beklommen zumute.

Das seltsame Dorf bei Lejre ist ein Forschungszentrum, in dem Wissenschaftler am originalgetreuen Modell und an sich selbst die Lebensbedingungen während der Eisenzeit (etwa 400 v. Chr. – 400 n. Chr.) erforschen.

Das Experiment auf der 20 Hektar großen Feld-, Wald- und Wiesenfläche begann 1964. Mit wissenschaftlicher Genauigkeit rekonstruierten die Forscher aufgrund reicher archäologischer Funde, die besonders in Mooren und Gräbern gemacht wurden, ein Dorf der Eisenzeit, authentisch bis zum benutzten Gerät und dem Vieh. Die Häuser liegen wie ihre „echten" Vorbilder an einer von Osten nach Westen verlaufenden Achse, und sie wurden mit den nachgebauten einfachen Werkzeugen der Eisenzeit errichtet.

Hier wohnen und arbeiten unterdessen Wissenschaftler und Studenten – ganze Testfamilien mit Männern, Frauen und Kindern – wie die vorgeschichtlichen Bauern.

Sie leben mit ihren Tieren unter einem Dach; es sind besondere Rinder- und Schweinerassen, die sich relativ leicht den harten klimatischen Umständen anpassen. Die Menschen verwenden den Hakenpflug, sie säen Flachs, Gerste, Einkorn und Emmer, Getreidearten, von denen man aufgrund sorgfältiger Pollenanalysen weiß, daß sie vor 2000–2400 Jahren am häufigsten angebaut wurden; sie ernten mit Sicheln, und sie zerschroten, auf dem festgestampften Lehmboden hockend, mit steinernen Getreidemühlen das Korn zu Mehl. Das Mehl wird in Trögen und Raufen aufbewahrt, die unter den Dachsparren hängen und mit Tüchern abgedeckt sind, um das Ungeziefer fernzuhalten. Sie backen ihr Brot in der heißen Herdasche, und sie räuchern das Fleisch der geschlachteten Tiere in den Schwaden, die von der Feuerstelle zum Dachboden aufsteigen.

Sie bauen einfache Brennöfen, die aus einem mit Lehm verkleideten Gerüst aus Flechtwerk bestehen und in deren mit Holz beheizten Kammern Töpfe und Schalen gebrannt werden. Das benutzte Material ähnelt in der chemischen Zusammensetzung weitgehend der eisenzeitlichen Keramik. Sie bauen aufrecht stehende Webstühle, wie sie in den skandinavischen Ländern jahrhundertelang bis zum Mittelalter in Gebrauch waren, und verarbeiten das grobe, handgesponnene Garn zu den schweren, plumpen Kleidungsstücken, mit denen sie sich vor der Kälte und Feuchtigkeit in den Häusern zu schützen versuchen. Diese handwerklichen Techniken wie auch die landwirtschaftlichen Versuche basieren auf einer jahrelangen hochspezialisierten Forschungsarbeit im Labor, bei der zahllose eisenzeitliche Funde aus dem nordeuropäischen Raum so lange untersucht wurden, bis genügend zuverlässige Ausgangsdaten für das Experiment in Lejre zur Verfügung standen.

Was auf den ersten Blick aussieht wie die Lust einiger Aussteiger am alternativen Leben, ist Knochenarbeit und setzt neben der wissenschaftlichen Qualifikation viel Ausdauer, Phantasie und eine gute körperliche Kondition voraus: Die Männer und Frauen haben auch einen Winter in den zugigen Hütten verbracht.

Der Versuch, archäologische Kenntnisse in die Praxis umzusetzen, war ein voller Erfolg, und das betrifft die gewonnenen wissenschaftlichen Daten ebenso wie die persönlichen Erfahrungen. Die Bewohner des Dorfes wissen nun, was machbar ist und was nicht, wie schnell sich die Hütten unter dem Einfluß des Klimas in ihre Bestandteile auflösen, wie warm es wird, wenn sich Vieh und Menschen unter dem Strohdach in kalten Winternächten zusammendrängen, und wie lange es dauert, Korn zu mahlen und Brot zu backen, um eine große Familie nur einen Tag lang satt zu machen. In Lejre weiß man nun besser als anderswo, daß die Vorfahren nicht auskamen ohne Kult und Zauber und die Hoffnung auf das Wohlwollen der Götter. Deshalb hängt am Dorfeingang die Haut des Pferdes, das für die Menschen der Eisenzeit ein Symbol der Macht und der Stärke war.

Register

Die **halbfett** gedruckten Seitenzahlen verweisen auf einen Haupteintrag, die *kursiv* gedruckten Seitenzahlen auf ein Bild.

Bildnachweis

8/9 Werner Gartung, Merzhausen. **10** o.: Westermann-Archiv, Braunschweig; u.: David L. Brill, Fairburn, Georgia. **11** Joachim Zwick, Gießen. **12** David L. Brill, Fairburn, Georgia. **13** l.: David L. Brill, Fairburn, Georgia; r.: Westermann-Archiv, Braunschweig. **14** Root/Okapia, Frankfurt. **14/15** Achim Kiel, PENCIL, Mitwirkung Claus Meyer, Braunschweig. **15** Fotoagentur Midgard, Burgpreppach. **16** Camerapix Rapho/I. Collignon, München. **17** ALI, Adalbert Homey, Wendeburg. **18** o.: Achim Sperber, Hamburg; u. l.: Werner Gartung, Merzhausen; u. r.: Achim Sperber, Hamburg. **19** Westermann-Archiv, Braunschweig. **20/21** Römisch-Germanisches Museum, Köln. **20–23** Westermann-Archiv, Braunschweig. **24/25** Bernhard Wagner, Oberboihingen. **25** o. l.: Westermann-Archiv, Braunschweig; o. r.: Joachim Zwick, Gießen. **26** o.: Bildarchiv Preußischer Kulturbesitz, Berlin; u.: ALI, Adalbert Homey, Wendeburg. **27** Bildarchiv Preußischer Kulturbesitz, Berlin. **28/29** Achim Kiel, PENCIL, Mitwirkung Claus Meyer, Braunschweig. **29** Westermann-Archiv, Braunschweig. **30–33** Kodak AG, Pressestelle, Stuttgart. **34** Bildarchiv Preußischer Kulturbesitz, Berlin. **35** o.: H. O. Schulze/Bantu, Wendeburg; u.: NAS St. J. Krasemann/Okapia, Frankfurt. **36** Fotoagentur Midgard, Burgpreppach. **36/37** Fotoagentur Midgard, Burgpreppach. **37** Andrew Mc Donald, London. **38/39** V. Höhfeld, Tübingen; Grafik: ALI, Adalbert Homey, Wendeburg. **40** V. Höhfeld, Tübingen. **40/41** James Mellaart, London. **41** Joachim Zwick, Gießen. **42/43** James Mellaart, London. **43** ALI, Adalbert Homey, Wendeburg. **44** o.: ALI, Adalbert Homey, Wendeburg; u.: James Mellaart, London. **45** Fotoarchiv Henning Christoph u. Thomas Mayer, Essen. **46** James Mellaart, London. **47–48** Bildarchiv Preußischer Kulturbesitz, Berlin. **49** Westermann-Archiv, Braunschweig; Karte: Joachim Zwick, Gießen. **50/51** Georg Gerster, Zumikon. **52/53** Toni Schneiders, Lindau/B. **54/55** H. Schlichtherle, Gaienhofen-Hemmenhofen. **55** Joachim Zwick, Gießen. **56–58** H. Schlichtherle, Gaienhofen-Hemmenhofen. **59** o.: Bernisches Historisches Museum, Bern; u.: Westermann-Archiv, Braunschweig. **60** Rosengarten-Museum, Konstanz. **60/61** Achim Kiel PENCIL, Mitwirkung Claus Meyer, Braunschweig. **61** l.: Rosengarten-Museum, Konstanz; r.: H. Schlichtherle, Gaienhofen-Hemmenhofen. **62–64** H. Schlichtherle, Gaienhofen-Hemmenhofen. **65** o.: H. Schlichtherle, Gaienhofen-Hemmenhofen; u.: Rosengarten-Museum, Konstanz. **66/67** Bio-Info Norbert Jorek, Hamburg. **68** Franz/Naturbild Agentur, Hannover. **68/69** Greiner/Photo-Center Greiner u. Meyer, Braunschweig. **69** o.: Joachim Zwick, Gießen; u.: Silkeborg Museum, Silkeborg. **70** o.: Thomas Eggers, Braunschweig; u.: Silkeborg Museum, Silkeborg. **71** Silkeborg Museum, Silkeborg. **72** Nationalmuseet Kopenhagen/Foto: Lennart Larsen. **72/73** Achim Kiel, PENCIL, Braunschweig. **73** Silkeborg Museum, Silkeborg. **74** l.: Dieter Schwille/Syndication art, Hamburg; r.: Landesmuseum für Vor- und Frühgeschichte Schloß Gottorf, Schleswig. **75** l.: Westermann-Archiv, Braunschweig; r.: Dieter Schwille/Syndication art, Hamburg. **76** Textilmuseum, Neumünster. **77** o.: Musées Royaux d'Art d'Histoire, Brüssel/Foto: Sergio Purin; u.: Westermann-Archiv, Braunschweig. **78** Nationalmuseet Kopenhagen/Foto: Lennart Larsen. **79** Landesmuseum für Vor- und Frühgeschichte Schloß Gottorf, Schleswig. **80** o.: Silkeborg Museum, Silkeborg; u.: Niedersächsisches Landesmuseum – Urgeschichtsabteilung, Hannover. **81** Landesmuseum für Vor- und Frühgeschichte Schloß Gottorf, Schleswig. **82/83** Britisches Museum, London. **84** Westermann-Archiv, Braunschweig. **84/85** Archiv Gerstenberg, Wietze. **85** Westermann-Archiv, Braunschweig. **86** Archiv für Kunst und Geschichte, Berlin. **86/87** Eduard Sacher, Ditzingen. **87** Bildarchiv Preußischer Kulturbesitz, Berlin. **88** o.: K. Goebel/ZEFA, Düsseldorf; u. l.: Archiv Gerstenberg, Wietze; u. r.: Westermann-Archiv, Braunschweig. **89** o.: Hans Roßdeutscher, Bielefeld; u.: Westermann-Archiv, Braunschweig. **90/91** Achim Kiel, PENCIL, Mitwirkung Claus Meyer, Braunschweig. **92** Archiv Gerstenberg, Wietze. **92/93** Biedermann/ZEFA, Düsseldorf. **93** Westermann-Archiv, Braunschweig. **94/95** Westermann-Archiv, Braunschweig. **95** o.: Westermann-Archiv, Braunschweig; u.: Archiv Gerstenberg, Wietze. **96/97** Hirmer Verlag, München. **98** Westermann-Archiv, Braunschweig. **98/99** John Bastias/Ekdotike Athenon S. A., Athen. **99** Joachim Zwick, Gießen. **100** ALI, Adalbert Homey, Wendeburg. **101** o.: Ingrid Wehrmann-Schindler, Hamburg; u. l.: Klaus Dieter Francke/Bilderberg, Hamburg; u. r.: Hirmer Verlag, München. **102/103** Achim Kiel, PENCIL, Braunschweig. **104** Silvestris Fotoservice, Kastl/Obb. **105** o.: Klaus-Dieter Francke/Bilderberg, Hamburg; u.: Ingrid Wehrmann-Schindler, Hamburg. **106** o.: Hirmer Verlag, München; u.: John Bastias/Ekdotike Athenon S. A., Athen. **107** o.: Eduard Sacher, Ditzingen; u. l.: Ingrid Wehrmann-Schindler, Hamburg; u. r.: Westermann-Archiv, Braunschweig. **108–111** Hirmer Verlag, München. **112** Eduard Sacher, Ditzingen. **113** Hirmer Verlag, München. **114** Bildarchiv Preußischer Kulturbesitz, Berlin. **114/115** Bildkunstverlag Klammet, Ohlstadt. **116** Westermann-Archiv, Braunschweig. **116/117** Bildkunstverlag Klammet, Ohlstadt. **117** Joachim Zwick, Gießen. **118–120** Westermann-Archiv, Braunschweig. **120/121** Achim Kiel, PENCIL, Mitwirkung Claus Meyer, Braunschweig. **121** Archiv für Kunst und Geschichte, Berlin. **122** Westermann-Archiv, Braunschweig. **123** o.: Westermann-Archiv, Braunschweig; u.: Leonard von Matt, Buochs. **124** Bildarchiv Preußischer Kulturbesitz, Berlin. **124/125** Bildkunstverlag Klammet, Ohlstadt. **125** Westermann-Archiv, Braunschweig. **126** l.: Westermann-Archiv, Braunschweig; r.: Bildarchiv Preußischer Kulturbesitz, Berlin. **127–129** Bildarchiv Preußischer Kulturbesitz, Berlin. **130** o.: Bildarchiv Preußischer Kulturbesitz, Berlin; u.: ALI, Adalbert Homey, Wendeburg. **131–132** Bildarchiv Preußischer Kulturbesitz, Berlin. **132/133** Eduard Sacher, Ditzingen. **134** Eduard Sacher, Ditzingen; Plan: ALI, Adalbert Homey, Wendeburg. **135** o.: Joachim Zwick, Gießen; u.: Bildarchiv Preußischer Kulturbesitz, Berlin. **136** Süddeutscher Verlag, Bilderdienst, München. **137** o.: Bildarchiv Preußischer Kulturbesitz, Berlin; u.: Westermann-Archiv, Braunschweig. **138** Westermann-Archiv, Braunschweig. **138/139** Achim Kiel, PENCIL, Braunschweig. **139–142** Westermann-Archiv, Braunschweig. **143–144** Hirmer Verlag, München. **145** Westermann-Archiv, Braunschweig. **146** o.: Westermann-Archiv, Braunschweig; u.: Eduard Sacher, Ditzingen. **147** Bildarchiv Preußischer Kulturbesitz, Berlin. **148** Eduard Sacher, Ditzingen. **149** Pelizaeus-Museum, Hildesheim. **150** Bildarchiv Preußischer Kulturbesitz, Berlin. **151** Westermann-Archiv, Braunschweig. **152/153** Eduard Sacher, Ditzingen. **154** Georg Gerster, Zumikon. **154/155** Georg Gerster, Zumikon. **155** Joachim Zwick, Gießen. **156/157** Georg Gerster, Zumikon. **158/159** Achim Kiel, PENCIL, Braunschweig. **160–162** Georg Gerster, Zumikon. **163** Keystone, Hamburg. **164/165** Georg Gerster, Zumikon. **165** Eduard Sacher, Ditzingen. **166/167** Scholz/dpa/Frankfurt. **168** Bildarchiv Preußischer Kulturbesitz, Berlin. **168/169** Scholz/dpa, Frankfurt. **169** Joachim Zwick, Gießen. **170** Süddeutscher Verlag, Bilderdienst, München. **170/171** Georg Gerster, Zumikon. **171** Süddeutscher Verlag, Bilderdienst, München. **172/173** Erich Lessing/laenderpress, Düsseldorf. **174/175** Achim Kiel, PENCIL, Mitwirkung Claus Meyer, Braunschweig. **175–176** Westermann-Archiv, Braunschweig. **177** Bildarchiv Preußischer Kulturbesitz, Berlin. **178** l.: Zeitbild, Hamburg; r.: Westermann-Archiv, Braunschweig. **179** ALI, Adalbert Homey, Wendeburg. **180/181** Westermann-Archiv, Braunschweig. **182** Archiv für Kunst und Geschichte, Berlin. **182/183** Scholz/Bavaria, Gauting. **183** Erich Lessing/laenderpress, Düsseldorf. **184/185** Leonard von Matt, Buochs. **186/187** Westermann-Archiv, Braunschweig. **187** Joachim Zwick, Gießen. **188** Leonard von Matt, Buochs. **189** Museo Nazionale Etrusco, Marzabotto. **190** Leonard von Matt, Buochs. **190/191** Achim Kiel, PENCIL, Mitwirkung Claus Meyer, Braunschweig. **191–192** Leonard von Matt, Buochs. **198** o.: Westermann-Archiv, Braunschweig; u.: Leonard von Matt, Buochs. **199–200** Westermann-Archiv, Braunschweig. **200/201** SCALA, Florenz. **201** Leonard von Matt, Buochs. **202/203** Landesdenkmalamt Baden-Württemberg, Stuttgart. **204** Landesdenkmalamt Baden-Württemberg/ALI, Adalbert Homey, Wendeburg. **204/205** Helmut Hermann, Markgröningen. **205** Joachim Zwick, Gießen. **206** Horst Rudel, Stuttgart. **207** o.: Landesdenkmalamt Baden-Württemberg, Stuttgart; u.: Achim Kiel, PENCIL, Mitwirkung Friedrich Kiel, Braunschweig. **208** Landesdenkmalamt Baden-Württemberg, Stuttgart. **208/209** o.: Landesdenkmalamt Baden-Württemberg, Stuttgart; u.: Achim Kiel, PENCIL, Braunschweig. **209** Landesdenkmalamt Baden-Württemberg, Stuttgart. **210** Dieter Kapff, Stuttgart. **210/211** Landesdenkmalamt Baden-Württemberg, Stuttgart. **211–214** Landesdenkmalamt Baden-Württemberg, Stuttgart. **214/215** Volker Krämer/Syndication Stern, Hamburg. **215** Horst Rudel, Stuttgart. **216** o.: Horst Rudel, Stuttgart; u.: Landesdenkmalamt Baden-Württemberg, Stuttgart. **216/217** Landesdenkmalamt Baden-Württemberg, Stuttgart. **217** Landesdenkmalamt Baden-Württemberg, Stuttgart. **218/219** Wolfgang Gogoll, Essen. **220/221** Agence Photographique TOP, Paris. **222/223** Heidt, Naturbild Agentur, Hannover. **223** o.: Joachim Zwick, Gießen; u.: Fulvio Rizzo, Reggio di Calabria. **224** Soprintendenza Archeologica, Reggio di Calabria. **225** o.: Soprintendenza Archeologica, Reggio di Calabria; m.: Studio X, Limours; u.: Soprintendenza Archeologica, Reggio di Calabria. **226–229** Liberto Perugi, Florenz. **230** o.: Bildarchiv Preußischer Kulturbesitz, Berlin; u. l.: Bildarchiv Foto Marburg, Marburg; u. r.: Klaus-Dieter Francke/Bilderdienst, Hamburg. **230/231** Internationales Bildarchiv, Horst von Irmer, München. **232–234** John Bastias/Ekdotike Athenon S. A., Athen. **234/235** Keystone Hamburg. **235** Joachim Zwick, Gießen. **236** o.: Achim Kiel, PENCIL, Mitwirkung Friedrich Kiel, Braunschweig; u.: John Bastias/Ekdotike Athenon S. A., Athen. **237–241** John Bastias/Ekdotike Athenon S. A., Athen. **240/241** Achim Kiel, PENCIL, Braunschweig. **242–244** John Bastias/Ekdotike Athenon S. A., Athen. **245** University Department of Medical Illustration, The Royal Infirmary, Manchester. **246** John Bastias/Ekdotike Athenon S. A., Athen. **247** Westermann-Archiv, Braunschweig. **248** l.: Westermann-Archiv, Braunschweig; r.: Internationales Bildarchiv, Horst von Irmer, München. **249** Archiv Gerstenberg, Wietze. **250/251** Hintergrund: Bildagentur Jürgens, Ost- und Europa-Photo, Köln; Vordergrund: Renate Rolle, Göttingen. **252** o.: Renate Rolle, Göttingen; u.: Westermann-Archiv, Braunschweig. **252/253** Bildarchiv Jürgens, Ost- und Europa-Photo, Köln. **253** Renate Rolle, Göttingen. **254** l.: und m.: Renate Rolle, Göttingen; r.: Westermann-Archiv, Braunschweig. **255** Renate Rolle, Göttingen. **256** Westermann-Archiv, Braunschweig. **256/257** Achim Kiel, PENCIL, Mitwirkung Claus Meyer, Braunschweig. **257–258** Westermann-Archiv, Braunschweig. **259** l.: Westermann-Archiv, Braunschweig; r.: Renate Rolle, Göttingen. **260** l.: Bildagentur Jürgens, Ost- und Europa-Photo, Köln; r.: Renate Rolle, Göttingen. **261** o.: Westermann-Archiv, Braunschweig; u.: Renate Rolle, Göttingen. **262/263** Gamma/Studio X, Limours. **264** Marc Riboud, Paris; Plan: ALI, Adalbert Homey, Wendeburg. **264/265** Else Tholstrup, Rungstedt Kyst. **265** Joachim Zwick, Gießen. **266/267** Anneliese Hornbostel, AD: Achim Kiel, PENCIL, Braunschweig. **267** Westermann-Archiv, Braunschweig. **268** Bildarchiv Jürgens, Ost- und Europa-Photo, Köln. **268/269** Achim Kiel, PENCIL, Braunschweig. **269** Bildarchiv Jürgens, Ost- und Europa-Photo, Köln. **270** o.: Bildarchiv Jürgens, Ost-und Europa-Photo, Köln; m.: Gamma/Studio X, Limours; u.: Hartmut Berier, Braunschweig. **271** China Features, Peking. **272** o. und u. l.: Else Tholstrup, Rungstedt Kyst; u. r.: Hartmut Berier, Braunschweig. **273** Else Tholstrup, Rungstedt Kyst. **274** l.: Gamma/Studio X, Limours; r.: Else Tholstrup, Rungstedt Kyst. **275** Hintergrund: Deutsche Forschungs- und Versuchsanstalt für Luft- und Raumfahrt e.V. (DFVLR); Vordergrund: Hartmut Berier, Braunschweig. **276** Else Tholstrup, Rungstedt Kyst. **276/277** China Features, Peking. **278/279** Klaus Bossemeyer/Bilderberg, Hamburg. **280** Gerhard P. Müller, Dortmund. **280/281** Klaus Bossemeyer/Bilderberg, Hamburg. **281** o.: Joachim Zwick, Gießen; u.: Gerhard P. Müller, Dortmund. **282** Verlag Das Beste, Stuttgart. **283** o. und u.: Verlag Das Beste, Stuttgart; m.: ALI, Adalbert Homey, Wendeburg. **284** Hans Roßdeutscher, Bielefeld. **285** Gerhard P. Müller, Dortmund. **286/287** Hans Roßdeutscher, Bielefeld. **288/289** Klaus Bossemeyer/Bilderberg, Hamburg. **289** Westermann-Archiv, Braunschweig. **290** Verlag Das Beste, Stuttgart. **290/291** Westermann-Archiv, Braunschweig. **291** l.: Klaus Bossemeyer/Bilderberg, Hamburg; r.: Westermann-Archiv, Braunschweig. **292/293** Klaus Bossemeyer/Bilderberg, Hamburg. **293** Westermann-Archiv, Braunschweig. **294/295** Herbert Heinemann, Braunschweig. **296/297** J. Blair/Black Star/I. Collignon, München. **297** Joachim Zwick, Gießen. **298** J. Blair/Black Star/I. Collignon, München. **298/299** Herbert Heinemann, Braunschweig. **299** o.: Herbert Heinemann, Braunschweig; u.: J. Blair/Black Star/I. Collignon, München. **300** J. Blair/Black Star/I. Collignon, München. **300/301** Achim Kiel, PENCIL, Braunschweig. **301** Westermann-Archiv, Braunschweig. **302/303** J. Blair/Black Star/I. Collignon, München. **304** l.: J. Blair/Black Star/I. Collignon, München; r.: Herbert Heinemann, Braunschweig. **305** Westermann-Archiv, Braunschweig. **306/307** Herbert Heinemann, Braunschweig. **307** J. Blair/Black Star/I. Collignon, München. **308** Westermann-Archiv, Braunschweig. **308/309** Herbert Heinemann, Braunschweig. **310/311** Ruprecht Bartels, Braunschweig. **312** Helge Ingstad, Oslo. **312/313** Valan-Photo, St. Lambert, Quebec. **313** o.: Joachim Zwick, Gießen; u.: Helge Ingstad, Oslo. **314** o.: Parks Canada/R. Ferguson, Halifax; m.: Parks Canada/G. Vandervloogt, Halifax; u.: Westermann-Archiv, Braunschweig. **314/315** Parks Canada/J. Steeves, Halifax. **315** Valan-Photo, St. Lambert, Quebec. **316** Universitetets Oldsaksamling, Oslo. **316/317** Achim Kiel, PENCIL, Braunschweig. **317** o.: Universitetets Oldsaksamling, Oslo; u.: Nationalmuseet Kopenhagen, Foto: Lennart Larsen. **318** Ruprecht Bartels, Braunschweig. **318/319** Foto-Agentur P. Bogner, Parsberg. **319** Franz-Dieter Miotke, Garbsen. **320** Vikingeskipshallen, Roskilde. **321** Achim Kiel, PENCIL, Braunschweig. **322/323** Karte: Joachim Zwick, Gießen; Vikingeskipshallen, Roskilde. **324** Westermann-Archiv, Braunschweig. **325** Universitetets Oldsaksamling, Oslo. **326** Nationalmuseet Kopenhagen, Foto: Lennart Larsen. **326/327** Nationalmuseet Kopenhagen, Foto: Lennart Larsen. **327–328** Statens Historiska Museer, Stockholm. **329** o.: Westermann-Archiv, Braunschweig; u.: Statens Historiska Museer, Stockholm. **330/331** Werner Gartung, Merzhausen. **332** Westermann-Archiv, Braunschweig. **332/333** Westermann-Archiv, Braunschweig. **333** o.: Joachim Zwick, Gießen; u.: ALI, Adalbert Homey, Wendeburg. **334** Ricatto/Mauritius, Mittenwald. **334/335** H. Winter/Mauritius, Mittenwald. **335–336** Westermann-Archiv, Braunschweig. **337** l.: H. Winter/Mauritius, Mittenwald; r.: Westermann-Archiv, Braunschweig. **338** Westermann-Archiv, Braunschweig. **339** Peter Simons, Köln. **340/341** Westermann-Archiv, Braunschweig. **342** Bildarchiv Preußischer Kulturbesitz, Berlin. **343** o.: Bildarchiv Preußischer Kulturbesitz, Berlin; © VG Bild-Kunst, Bonn/SPADEM, Paris, 1986; u.: Westermann-Archiv, Braunschweig. **344/345** Achim Kiel, PENCIL, Mitwirkung Claus Meyer, Braunschweig. **345** l.: Bildarchiv Preußischer Kulturbesitz, Berlin; r.: Westermann-Archiv, Braunschweig. **346–350** Westermann-Archiv, Braunschweig. **350/351** G. Mertins, Marburg. **351** Joachim Zwick, Gießen. **352** Bildarchiv Preußischer Kulturbesitz, Berlin. **352/353** Achim Kiel, PENCIL, Mitwirkung Claus Meyer, Braunschweig. **353–357** Westermann-Archiv, Braunschweig. **358** Peter Simons, Köln. **359** Westermann-Archiv, Braunschweig. **360/361** o.: Westermann-Archiv, Braunschweig; u.: G. Mertins, Marburg. **361** ALI, Adalbert Homey, Wendeburg. **362** Westermann-Archiv, Braunschweig. **363** Ferdinand Anton, München. **364** Westermann-Archiv, Braunschweig. **364/365** G. Mertins, Marburg. **365** Westermann-Archiv, Braunschweig. **366/367** Wasavarvet, Stockholm. **368** Wasavarvet, Stockholm. **368/369** Ricatto/Mauritius, Mittenwald. **369** o.: Joachim Zwick, Gießen; u.: Wasavarvet, Stockholm. **370** o.: Marco Schneiders/Bavaria, Gauting; u.: Wasavarvet, Stockholm. **371** l.: Bildarchiv Preußischer Kulturbesitz, Berlin; r.: Joachim Zwick, Gießen. **372** Wasavarvet, Stockholm. **372/373** Achim Kiel, PENCIL, Mitwirkung Friedrich Kiel, Braunschweig. **373** Wasavarvet, Stockholm. **374** Westermann-Archiv, Braunschweig. **375** o.: Wasavarvet, Stockholm; u.: Westermann-Archiv, Braunschweig. **376–378** Wasavarvet, Stockholm. **378/379** Wasavarvet, Stockholm. **379** l.: Wasavarvet, Stockholm; r.: Hartmut Schwenk, Stuttgart. **380** Hartmut Schwenk, Stuttgart. **381** Hintergrund: Wasavarvet, Stockholm; Vordergrund: Achim Kiel, PENCIL, Braunschweig. **382** Wasavarvet, Stockholm. **382/383** Wasavarvet, Stockholm. **383** o.: Wasavarvet, Stockholm; m.: Hartmut Schwenk, Stuttgart; u.: Wasavarvet, Stockholm. **384** Westermann-Archiv. **385** Archiv Gerstenberg, Wietze. **386** l.: dpa, Frankfurt; r.: Archiv für Kunst und Geschichte, Berlin. **387** Archiv Gerstenberg, Wietze. **388** Westermann-Archiv, Braunschweig. **389** Vikingeskipshallen, Roskilde. **390/391** Archiv Gerstenberg, Wietze. **392** Renate Rolle, Göttingen. **393** Archiv für Kunst und Geschichte, Berlin. **394** Peter Simons, Köln. **395** Archiv Gerstenberg, Wietze.

Schutzumschlag Vorderseite: Galligani/Mondadori Press, Mailand; Rückseite l.: Westermann-Archiv, Braunschweig; m.: Achim Kiel, PENCIL, Braunschweig; r.: Bildarchiv Preußischer Kulturbesitz, Berlin.